The Mathematics Teacher in the Digital Era:
International Research on Professional Learning and Practice

디지털 시대의
수학교사

Alison Clark-Wilson
Ornella Robutti
Nathalie Sinclair 지음

신보미 · 권나영
신동조 · 방정숙 옮김

KM 경문사

역자 머리말

디지털 테크놀로지의 발전으로 교육 전반에 커다란 변화가 일어나고 있으며, 수학교육에도 그 영향이 적지 않다. 칠판과 교과서 중심의 전통적인 수업 방식에서 벗어나, 다양한 디지털 도구와 교육 기술이 결합된 새로운 교수-학습 환경이 조성되고 있다. 이러한 변화 속에서 수학교사들은 테크놀로지를 수업에 단순히 도입하는 것을 넘어, 이를 효과적으로 활용하여 학생들의 사고력과 문제 해결 능력을 신장시키는 방법을 고민해야 하는 시점에 이르렀다. 이 책의 원저인 《The Mathematics Teacher in the Digital Era(2022)》는 이러한 도전에 대해 깊이 있는 연구와 실질적인 해결책을 제시하여, 디지털 시대에 적합한 수학교육의 방향을 모색하는 연구자와 교사들에게 폭넓은 통찰을 제공한다.

이 책은 단순히 테크놀로지를 활용하는 수학 수업을 다루는 것이 아니라, 디지털 환경에서 수학교육이 어떻게 변화하고 있는지를 다양한 국제 연구 사례에 비추어 조명한다. 특히, 교사들의 디지털 테크놀로지 활용 역량 개발, 테크놀로지 기반 수업 설계 및 실행, 프로그래밍 도구를 활용한 수학 탐구, 비디오 자료를 활용한 교수법 성찰 등 수학교사의 전문성 개발 및 실천과 관련되는 구체적인 주제를 다룬다. 예를 들어, 3D펜을 활용하는 교수-학습, 태블릿을 활용한 상호작용 수업, 프로그래밍을 통한 수학 개념 탐구 등은 최근 수학교사들이 테크놀로지 활용과 관련하여 직면한 실질적인 문제와 가능성을 탐색하는 데 큰 도움이 된다. 또한 코로나19 팬데믹으로 갑작스럽게 시행된 온라인 수업에 참여한 교사들의 경험을 다룬 연구는 원격 수업이 가져온 도전과 기회를 심층적으로 논의한다.

이 책의 또 다른 주요 특징은 디지털 도구가 수업의 단순한 보조 수단이 아니라, 교사의 교수 활동과 학생의 학습 방식을 근본적으로 바꾸는 강력한 도구임을 강조한다는 점이다. 이를테면, 기존의 일방적 강의식 수업에서 벗어나 학생들이 스스로 문제를 탐색하고 해결하는 과정에 적극적으로 참여하도록 유도하는 테크놀로지 활용 방식과 중재 전략이 소개된다. 또한, 교사와 연구자 간의 협력 모델을 통해 테크놀로지가 수업에 효과적으로 통합되기 위해서는 교사의 교육적 사고와 실천이 함께 변화해야 하며 이때 교사 교육자의 적절한 지원이 필요함에 주목한다. 나아가, 사회·경제적 요인이 디지털 도구의 활용에 미치는 영향을 다루어, 다양한 교육 환경에서 테크놀로지 기반 수학교육의 방안을 모색하는 데 유용한 자료를 제공한다.

이에 역자들은 이상과 같은 원서의 내용을 충실히 전달함은 물론, 독자들이 우리나라의 수학교육 환경에 쉽게 적용할 수 있도록 자연스럽고 명시적인 표현을 사용하고자 하였다. 특히, 수학교육과 디지털 테크놀로지의 통합은 논의하는 데 활용된 여러 전문 용어와 개념을 적절한 국문 용어와 문구로 옮기는 데 정성을 쏟았다. 국내에서 통용되는 수학교육 관련 용어를 반영하고, 생소한 용어나 개념에는 역자 주로 설명을 덧붙였으며 역자 참고문헌을 제시하여 독자들이 참조할 수 있도록 하였다. 이 책을 통해 독자들이 디지털 시대의 수학교육에 대해 나름의 안목을 얻어 테크놀로지를 활용하는 수학교육 연구와 개선에 의미 있는 시사를 얻기를 바라며, 급변하는 교육 환경에서 학생들에게 효과적이고 의미 있는 학습 경험을 제공하고자 그 실질적인 방안을 모색하는 수학교육 연구자와 수학교사들에게 이 책이 작은 발판이 되기를 기대한다. 마지막으로 이 책의 출간을 위하여 지속적인 관심과 도움을 주신 경문사 조경희 대표님과 편집부의 모든 분께 감사의 마음을 표한다.

2025년 3월
역자 일동

저자 머리말

이 책의 초판이 발간된 이후 2판이 나오기까지 지난 8년 동안 테크놀로지 활용 교육에서 교사가 수행하는 역할에 대해 관심이 커졌으며, 이는 예비교사와 현직교사 모두를 위한 교사 교육 프로그램의 구성 요소를 좀 더 구체화하려는 연구를 이끌었다. 또한 전 세계적인 코로나19 팬데믹으로 여러 세대의 학습자를 돌보는 교사와 강의자의 역할에 보다 주목하게 되었으며, 그와 동시에 교육용 테크놀로지가 지닌 교수-학습 매개체로서의 역할도 크게 부각되었다. 나아가 팬데믹 기간에 수행된 여러 연구(Bretscher et al., 2021; Clark-Wilson et al., 2021; Crisan et al., 2021; Drijvers et al., 2021; Maciejewski, 2021)는 학교와 대학에서 진행된, 상대적으로 새로운 현상인 "하이브리드" 교육 및 "원격" 교육에 대한 이론적 격차와 방법론적 격차에 주목하였다.

이 책의 초판은 이론적 관점과 방법론적 접근을 제시함으로써, 해당 분야의 집단적 이해를 발전시키는 데 주요한 학문적 성과를 이루었다. 두 번째 판인 이 책에는 초판의 저자가 모두 참여하여 자신들의 경험과 지식, 관행의 진보를 보여주는 새로운 연구 성과를 제시하였다. 또한 국제적인 논의의 확장과 비판적인 새로운 시각을 담기 위하여 아르헨티나, 호주, 캐나다, 프랑스, 독일, 홍콩, 아이슬란드, 이탈리아, 멕시코, 터키, 영국 등에서 새로운 연구자들이 저자로 참여하였다.

각 장에 대한 소개

수학교육에서 테크놀로지에 대한 연구가 활발히 진행됨에 따라 예비교사 교육부터 현직교사의 실행 맥락에 이르기까지 전문성 개발 과정에서 교사의 성장을 좀 더 상세히 이해하게 되었다. 이에 이 책은 교사들이 테크놀로지 활용을 경험하는 궤적에 따라 대학에서 수학을 배우는 학부 과정과 예비교사 교육과정, 현직교사를 위한 대학의 교사 교육과정, 현직교사가 참여하는 연구 프로젝트의 순으로 각 장을 구성하였다.

이에 예비교사와 현직교사 모두를 지원 및 교육하는 데 실질적인 관점을 제공하는 1장과 2장으로 이 책을 시작하였다.

교사 전문성 개발을 위한 대규모 온라인 교육이 활발해짐에 따라, 교사 교육과정의 설계와 그 적용 과정을 다루기에 적합한 방법론을 모색함과 동시에 그 이론적 해석을 도모하는 새로운 연구가 등장하였다. 1장은 독일 수학교사 교육 프로그램에 참여한 전문성 개발 퍼실리테이터 30명의 역할에 주목하여 수학교사 전문성 개발과 관련된 시사점을 기술한다. 해당 프로그램은 코로나19로 인해 온라인으로 진행되었으며, 저자들은 다중 표상 테크놀로지를 활용하는 수학 수업에 대한 비디오 기반 사례 연구에 참여한 교사들의 전문성 개발을 위해 설계된 강좌의 영향을 분석한다. 저자들은 Prediger, Roesken-Winter, & Leuders(2019)의 **삼중 사면체 모델**을 분석틀로 하여 수업 수준, 교사 전문성 개발 수준, 퍼실리테이터 전문성 개발 수준으로 구성된 전문성 개발 프로그램 설계의 복잡한 양상을 설명한다. 1장은 퍼실리테이터의 '노티싱' 역량에 주목하여, 교사와 퍼실리테이터의 협업 맥락에서 두 당사자 모두의 전문성 개발에 기여하는 비디오 기반 활동을 효과적으로 분석하기 위해서는 정교하게 구조화된 프롬프트가 필요함을 강조한다.

2장은 **도구 오케스트레이션**(Instrumental Orchestration, Drijvers et al., 2010; Trouche, 2004) 모델에 비추어 튀르키예의 예비교사 교육과정에서 개설되는 실습 강좌를 개선하고 그 영향을 살핀 질적 실행 연구를 다룬다. 해당 강좌는 예비 수학교사 4명이 학교 현장으로 실습을 가게 됨에 따라, 예비교사들이 대학에서 동적 수학 소프트웨어인 지오지브라를 활용하여 동료들을 대상으로 마이크로티칭을 실행하도록 한다. 2장은 예비 수학교사들이 작성한 수업 계획과 실행한 수업에 기반한 피드백 및 관련 면담으로 구성된 순환적 연구 방법론을 따른다. 연구 결과는 예비 수학교사들이 수업을 계획하는 단계에서는 테크놀로지에 대한 활용 양식을 간과하였으나, 마이크로티칭과 실제 교실 수업을 통해 좀 더 체계적으로 수업을 설계하게 되는 과정을 구체적으로 보여준다. 예비교사 교육과정 대다수가 수학 테크놀로지 활용과 관련하여 예비 수학교사들이 배운 바를 실제 수업 상황에 적용하도록 하지 않는다는 점에서, 이상과 같은 2장의 접근 방식은 비슷한 강좌를 담당하는 교사 교육자들에게 의미 있는 통찰을 제공한다.

이 책의 나머지 장 대부분은 여러 연구에 참여한 현직교사를 대상으로 하며, **상대적으로 새로운** 테크놀로지와 관련하여 교사들의 전문성이 발달하는 단계에 따라 각 장의 순서를 배치하였다. 이러한 단계는 10장에서 가져온 것으로, 이는 사회 공동체가 다양한 테크놀로지의 교육적인 활용 가능성을 고려한다고 하더라도, 모든 교사들이 어느 시점에서든 이러한 테크놀로지 모두를 의미 있게 인식할 수는 없다는 저자들의 경험과 견해를 반영한다.

3장은 교사, 툴, 수학 개념을 하나의 **앙상블**로 간주하는 관점에 비추어 캐나다 브리티시 콜롬비아의 초등학교 교사 2명이 새로운 멀티 터치 태블릿 테크놀로지인 터치타임스(TouchTimes)를 어떻게 활용하는지 탐구한다. 도구 기반 접근, 특히 Haspekian(2011, 2014)의 **이중 도구 발생**을 토대로, 3장은 새로운 오케스트레이션 유형 3가지를 제시하며 도구가 곱셈의 본질에 대한 이해를 어떻게 확장하고 어린 아동의 곱셈과 관련된 이해의 발달에 촉각 장치가 어떤 역할을 하는지에 대한 통찰을 제공한다.

4장 역시 좀 더 새로운 테크놀로지로, 3차원 도형을 구체물로 구현 가능한 3D펜에 주목한다.

3D펜에서 나오는 미지근한 플라스틱의 가는 실로 도형을 만들어 식히면 단단하게 굳은 구체물이 된다. 교사들이 이러한 3D펜의 어포던스를 잠재적인 교수 도구로 구체화할 수 있도록 4장은 홍콩의 현직 중등학교 교사 4명을 대상으로 비디오 기반 성찰 방법을 적용한다. 이를 통해 4장은 비디오가 교사와 연구자 사이의 **경계성 대상**(boundary object, Robutti et al., 2019)으로 기능하는 방식을 보여준다.

수학 개념을 소개하는 무성 비디오 과제는 20세기 초반부터 활용되었으며 1950년대 니콜레가 확장 발전시켰다. 5장은 설계 기반 연구를 통해 아이슬란드의 한 고등학교 수업에 무성 비디오 과제를 적용한 사례를 다룬다. 5장에서 다루는 2분 이하의 짧은 무성 영상은 **시청자에게 수학 문제를 제시하는 것이 아니라, 동적으로 변하는 수학적인 대상을 통해 궁금증을 유발하여 수학에 대해 새로운 뭔가를 발견하거나 이미 알고 있던 바를 견고히 하는 데 기여한다.** 교사는 학생들이 짝 활동을 통해 각각의 **무성 비디오 과제**에 걸맞는 음성 해설을 준비하도록 하며, 전체 학급 토론에서 이를 공유하도록 이끈다. 5장은 이러한 토론 과정에 대한 형성평가 국면을 **견고한 이해를 위한 수**(Teaching for Robust Understanding, Schoenfeld, 2018) 틀로 분석하여 그 시사점을 기술한다.

6장은 호주의 한 중학교 현직 교사에 대한 사례 연구를 통해 테크놀로지에 기반한 혁신적인 교수학적 접근으로 간주되는 **거꾸로 수업**을 탐구한다. 6장은 일반적으로 교실에서 수행되는 활동과 숙제로 행해지는 활동을 맞바꾸는 수업을 거꾸로 수업으로 정의하고, 일차 방정식 지도에 거꾸로 수업을 처음 적용한 교사의 경험과 인식을 분석한다. 이러한 탐색적 연구는 거꾸로 수업을 적용한 학급을 전통적인 방식으로 지도한 다른 학급과 질적으로 비교하여 활발한 학생 참여 및 효과적인 형성평가 관행 등의 긍정적인 성과를 확인한다. 6장에서 교사는 수업을 준비하는 데 오랜 시간을 할애하며 새로운 테크놀로지 활용 기능을 익힐 필요성도 드러나지만, 해당 연구는 수학교사의 거꾸로 수업 실행을 지원하는 전문성 개발에 의미 있는 방향을 제시한다.

7장은 프랑스의 초등학교 상황에서 태블릿의 활용 양상을 탐색한 연구 성과를 제시한다. 태블릿은 더 이상 새로운 테크놀로지가 아니지만, 7장은 이 책의 초판에서 다룬 아이디어를 확장하여 수학 수업에 새로운 테크놀로지를 도입하는 데 교사가 고려해야 할 사항을 **인지적, 실천적, 시간적** 축에 비추어 설명한다(Abboud-Blanchard, 2014). 7장은 **긴장**과 **근접성**이라는 추가 요소를 도입하여 이러한 요소가 태블릿을 활용하는 수업에 특히 부합한다고 역설한다. 7장은 해당 요소가 '활동 이론', 비고츠키 및 발시너의 '영역 이론'에 대한 정교화로부터 어떻게 발전하였는지 상세하게 다룬다.

8장은 '교수법에 대한 문서 기반 접근' (Documentational Approach to Didactics, Gueudet et al., 2014)에 비추어, 이 책의 초판에 실린 초기 연구를 확장하여 유치원 교사의 수업 관행에 대한 이론적 관점을 제시한다. 초판이 발간된 이후 교수법에 대한 문서 기반 접근의 이론적 측면과 방법론적 측면이 크게 발전하였기에, 8장은 교사가 작성한 **문서**와 **자원 체계**를 각각 미시적 관점과 거시적 관점에서 동시에 고려하여 유치원 교사의 전문성 발달을 기술한다. 8장에 따르면 디지털 테크놀로지와 관련된 장기적인 전문성 개발 과정에서 교사의 설계 역량을 효과적으로 평가하기 위해서는 미시적 관점과 거시적 관점 모두를 고려할 필요가 있다.

9장은 멕시코의 한 초등학교 교사 2명이 사회·경제적으로 어려운 학습자를 디지털 테크놀로지를 활용하여 어떻게 지원하는지 살핌으로써 초등학교 수학 수업에 대한 새로운 관점을 제시한다. 이 책의 초판에 실린 Trigueros et al.(2014)과 마찬가지로 9장은 교사의 행동과 그에 따른 학생 활동의 특징을 **행화주의**에 비추어 해석함으로써, 교육 시스템을 통해 일상적으로 소외되어 온 학습자를 위한 몰입형 환경에서 학생들이 보여주는 높은 수준의 참여도를 기술한다.

이상의 초등학교 상황을 중등학교 수준으로 옮겨 교사의 수업 관행이 일정 기간에 걸쳐 성장하는 과정을 다루는 두 개의 장이 이어진다. 10장은 영국 중학교에서 현직교사 3명이 11~14세 학생들에게 동적 테크놀로지인 **코너스톤 매쓰**로 한 달 동안 도형의 닮음을 지도하는 과정에서 해당 교사들의 전문성이 어떻게 발달하는지 기술한다. 10장은 이 책의 초판에 실린 Ruthven(2014)의 **수업 실행 양상의 구조화** 이론이 제시한 5가지 요소 중 하나인 '교수-학습 과정 안' 개념을 확장한다. 10장은 주목받기 어려운 생산적인 교수 관행을 구체화함으로써, 특정 수학 내용을 지도하는 교수-학습 과정 안의 사례를 제시하였다는 점에서 시사하는 바가 크다.

11장은 캐나다의 한 대학에서 예비교사와 현직교사를 위한 학부 수준의 강좌에 프로그래밍 테크놀로지를 통합하기 위하여, 교수진의 역량을 장기간에 걸쳐 개발하는 과정을 다룬다. Buteau & Muller(2014)의 초기 연구와 마찬가지로, 11장은 테크놀로지 통합과 관련된 20년의 궤적을 도구 오케스트레이션 분석틀에 비추어 교수진의 관점에서 분석한다. 11장은 해당 강좌의 교수자와 학생들의 계획안을 분석하여 **오케스트레이션 및 발생에 대한 연결 모델**을 제안하며, 이를 통해 학생들의 '도구 발생'을 조정하는 강의자의 정책 입안자이자 교사로서의 복잡한 역할을 드러낸다.

아르헨티나에서 수행된 12장의 연구는 한 중학교 수학교사가 예비교사 교육 프로그램부터 초임 현직교사로서 역할을 수행하기까지의 과정을 다룬다. 이 연구는 Goos(2000)가 제시한 **숙련가, 하인, 파트너, 자신의 확장**이라는 정교화 위계와, Ruthven et al.(2009)의 **수업 실행 양상의 구조화** 이론을 적용하여 테크놀로지 활용과 관련된 교사의 성장 과정을 이중으로 범주화한다. 이러한 2가지 분석틀을 통해 12장은 교사의 수업 관행이 발전하는 과정을 범주화하는 흥미롭고 참신한 관점을 제공함으로써, 교사교육 프로그램의 설계와 실행에 의미 있는 시사점을 제공한다.

13장은 코로나19 팬데믹 상황에서 수행된 연구이다. 해당 연구는 2020년 상반기에 있었던 학교 폐쇄로 갑작스럽게 투입된 디지털 테크놀로지에 대한 교사들의 인식을 아르헨티나, 칠레, 콜롬비아, 멕시코, 우루과이의 라틴 아메리카 5개국 교사 179명을 대상으로 조사한 결과를 기술한다. 이러한 조사는 교사들이 직면한 어려움을 그들의 **목소리**를 통해 제시함으로써 교사들이 느낀 생생한 경험을 포착하고자 하는 연구 방법론으로 조직되었다. 13장은 계산기, 동적 기하 소프트웨어, 스프레드시트 등과 같은 수학 관련 테크놀로지뿐 아니라 화상회의 소프트웨어 및 학습관리 플랫폼과 같은 좀 더 일반적인 테크놀로지의 역할을 폭넓게 탐색한다. 13장은 교사들이 어려움을 극복하는 과정에서 느낀 것과 행한 것을 6가지 범주로 설명한다.

다음으로 이 책의 마지막 두 장은 이론적인 관점을 다룬다.

이 책의 초판에서 Arzarello et al.(2014)은 수업에 영향을 미치는 제도 및 이러한 제도와 교사의 관계 등과 관련하여 교사교육이 지닌 복잡성을 탐색하기 위해 개발된 **메타-교수학적 변환**(Meta-Didactical Transposition, 이하 **MDT**)을 이론적 모델로 소개한 바 있다. 쉐발라드의 **인류학적 교수 이론**(Anthropological Theory of Didactics, 1985, 1992, 1999)을 확장한 초기 MDT 모델[1]은 교사교육의 성장 과정을, 외부에서 내부로의 변화를 일으키는 요소인 **개별화**, 이러한 요소와 교사들의 상호작용을 지원하는 매개체, 교사 공동체와 연구자 공동체의 변증법적 교류 등과 같은 다양한 변수에 비추어 분석하였다. 14장은 교사교육 프로그램에 참여하는 행위자들이 외적 요소 및 디지털 요소가 도입됨에 따라 점차 '공유된 프락시올로지' 를 개발하는 방식을 진화된 MDT, 즉 메타-교수학적 변환 2(Meta-Didactical Transposition 2, MDT 2)에 비추어 개별화 과정을 통해 설명함으로써 깊은 통찰을 제공한다.

15장은 테크놀로지 활용 수학 교수의 기틀을 마련한 연구가 성장해 온 과정을 역사적 관점과 인식론적 관점에서 다룬다. 이 책의 초판에 실린 루스벤의 연구를 토대로, 15장은 2014년 이후 관련 이론의 발전 과정을 기술하고 이러한 이론이 최근 연구에서 수행하는 역할을 설명한다. 나아가 15장은 디지털 테크놀로지 활용 수학 교수를 다룬 연구에서 일반적으로 적용되는 여러 이론의 철학적 기반을 명확히 하여, 각 이론이 드러내거나 숨기는 바를 독자들이 인식할 수 있도록 한다.

Alison Clark-Wilson
Ornella Robutti
Nathalie Sinclair

---

[1] 14장에서는 이를 MDT 1이라고 칭한다.

참고문헌

Abboud-Blanchard, M. (2014). Teachers and technologies: Shared constraints, common responses. In A. Clark-Wilson, O. Robutti, & N. Sinclair (Eds.), *The mathematics teacher in the digital era: An international perspective on technology focused professional development* (pp. 297–317). Springer.

Arzarello, F., Robutti, O., Sabena, C., Cusi, A., Garuti, R., Malara, N., & Martignone, F. (2014). Meta-didactical transposition: A theoretical model for teacher education programmes. In A. Clark-Wilson, O. Robutti, & N. Sinclair (Eds.), *The mathematics teacher in the digital era: An international perspective on technology focused professional development* (pp. 347–372). Springer.

Bretscher, N., Geraniou, E., Clark-Wilson, A., & Crisan, C. (2021, November). *Learning from the pandemic: Capitalising on opportunities and overcoming challenges for mathematics teaching and learning practices with and through technology* (*Part 3*). Paper presented at the British Society for Research into Learning Mathematics.

Buteau, C., & Muller, E. (2014). Teaching roles in a technology intensive core undergraduate mathematics course. In A. Clark-Wilson, O. Robutti, & N. Sinclair (Eds.), *The mathematics teacher in the digital era: An international perspective on technology focused professional development* (pp. 163–188). Springer.

Chevallard, Y. (1985). *La transposition didactique*. La Pensée Sauvage.

Chevallard, Y. (1992). Concepts fondamentaux de la didactique: perspectives apportées par une approche anthropologique. *Recherches en Didactique des Mathématiques, 12*(1), 73–112.

Chevallard, Y. (1999). L' analyse des pratiques enseignantes en théorie anthropologique du didactique. *Recherches en Didactique des Mathématiques, 19*(2), 221–266.

Clark-Wilson, A., Bretscher, N., Crisan, C., Geraniou, E., Gono, E., Neate, A.,& Shore, C. (2021). *Learning from the pandemic: Capitalising on opportunities and overcoming challenges for mathematics teaching and learning practices with and through technology* (*Part 2*). Paper presented at the British Society for Research into Learning Mathematics June 2021.

Crisan, C., Bretscher, N., Clark-Wilson, A.,& Geraniou, E. (2021). *Learning from the pandemic: Capitalising on opportunities and overcoming challenges for mathematics teaching and learning practices with and through technology*. Paper presented at the British Society for Research into Learning Mathematics March 2021.

Drijvers, P., Doorman, M., Boon, P., Reed, H., & Gravemeijer, K. (2010). The teacher and the tool: Instrumental orchestrations in the technology-rich mathematics classroom. *Educational Studies in Mathematics*, 1–22. https://doi.org/10.1007/s10649-010-9254-5

Drijvers, P., Thurm, D., Vandervieren, E., Klinger, M., Moons, F., van der Ree, H., ··· Doorman, M. (2021). Distance mathematics teaching in Flanders, Germany, and the Netherlands during COVID-19 lockdown. *Educational Studies in Mathematics, 108*(1), 35–64. https://doi.org/10.1007/s10649-021-10094-5

Gueudet, G., Bueno-Ravel, L., & Poisard, C. (2014). Teaching mathematics with technology at the Kindergarten level: Resources and Orchestrations. In A. Clark-Wilson, O. Robutti, & N. Sinclair (Eds.), *The mathematics teacher in the digital era* (pp. 213–240). Springer.

Haspekian, M. (2011). The co-construction of a mathematical and a didactical instrument. In M. Pytlak, T. Rowland, & E. Swoboda (Eds.), *Proceedings of the seventh congress of the european society for research in mathematics education* (pp. 2298–3007). University of Rzeszów.

Haspekian, M. (2014). Teachers' instrumental geneses when integrating spreadsheet software. In A. Clark-Wilson, O. Robutti, & N. Sinclair (Eds.), *The mathematics teacher in the digital era: An international perspective on technology focused professional development* (pp. 241–276). Springer.

Maciejewski, W. (2021). Teaching math in real time. *Educational Studies in Mathematics, 108*(1), 143–159. https://doi.org/10.1007/s10649-021-10090-9

Prediger, S., Roesken-Winter, B., & Leuders, T. (2019). Which research can support PD facilitators? Strategies for content-related PD research in the Three-Tetrahedron Model. *Journal of Mathematics Teacher Education, 22*(4), 407–425. https://doi.org/10.1007/s10857-019-09434-3

Robutti, O., Aldon, G., Cusi, A., Olsher, S., Panero, M., Cooper, J., ... Prodromou, T. (2019). Boundary objects in mathematics education and their role across communities of teachers and researchers in interaction. In G. M. Lloyd & O. Chapman (Eds.), (Vol. *International handbook of mathematics teacher education: Volume 3*, pp. 211–240). Brill.

Ruthven, K. (2014). Frameworks for analysing the expertise that underpins successful integration of digital technologies into everyday teaching practice. In A. Clark-Wilson, O. Robutti, &N. Sinclair (Eds.), *The mathematics teacher in the digital era: An international perspective on technology focused professional development* (pp. 373–394). Springer.

Ruthven, K., Deaney, R., & Hennessy, S. (2009). Using graphing software to teach about algebraic forms: A study of technology-supported practice in secondary-school mathematics. *Educational Studies in Mathematics, 71*(3), 279–297.

Schoenfeld, A. H. (2018). Video analyses for research and professional development: The teaching for robust understanding (TRU) framework. *ZDM*, 50(3), 491–506. https://doi.org/10.1007/s11858-017-0908-y

Trigueros, M., Lozano, M.-D., & Sandoval, I. (2014). Integrating technology in the primary school mathematics classroom: The role of the teacher. In A. Clark-Wilson, O. Robutti, & N. Sinclair (Eds.), *The mathematics teacher in the digital era: An international perspective on technology focused professional development* (pp. 111–138). Springer.

Trouche, L. (2004). Managing the complexity of human/machine interactions in computerized learning environments: Guiding students' command process through instrumental orchestrations. *International Journal of Computers for Mathematical Learning, 9*, 281–307.

차 례

01

테크놀로지를 활용한 수학 수업을 위한 전문성 개발: 교사와 퍼실리테이터의 노티싱 신장하기

Daniel Thurm
Patrick Ebers
Bärbel Barzel

퍼실리테이터의 전문성 개발은 전문성 개발 활동을 확장하는 데 결정적인 요인으로 강조되고 있다. 그러나 퍼실리테이터에 대한 연구가 급성장하고 있음에도 불구하고 테크놀로지를 활용한 수학 수업과 같은 많은 분야에서 퍼실리테이터를 전문화하는 방법에 관한 유효한 연구는 거의 없다. 이 연구는 다중 표상 도구를 활용한 수학 수업에서 교사를 지원하기 위한 퍼실리테이터 교육 방안에 대해 조사한다. 다중 표상 도구를 활용한 수학 수업에서 교사는 테크놀로지가 학생의 학습을 지원하는 미묘한 방식에 주목해야 하며, 이때 퍼실리테이터의 과제는 그러한 교사의 미묘한 노티싱을 지원하는 것이다. 그러므로 이 연구는 다중 표상 도구를 활용한 수업에서 교사와 퍼실리테이터의 노티싱 요소에 주목하고, 학생 학습에 대한 교사의 노티싱을 지원하기 위해 교사 전문성 개발을 담당하는 퍼실리테이터를 전문화하기 위한 비디오 사례 기반 전략의 설계와 실행에 관해 살펴본다. 이를 위해 이 연구에서는 테크놀로지를 활용한 학생의 학습 과정을 도식 형태로 파악하는데 도움이 되는 내용-활동-테크놀로지 모델을 개발하였다. 이 모델은 교사와 퍼실리테이터가 접근하기 쉬운 형태로 제공되어 교사와 퍼실리테이터의 노티싱을 재구성하는 것에도 사용될 수 있다. 이 연구는 3개의 수준으로 구성된 내용-활동-테크놀로지 모델 분석을 통해 이러한 방법의 잠재성과 과제를 확인하고, 다양한 수준의 비디오 기반 설계를 보다 개선할 수 있는 방안을 개략적으로 설명한다.

주요 용어: 전문성 개발, 퍼실리테이터, 수학, 디지털 테크놀로지, 노티싱, 교사, 비디오, CAT 모델

1. 서론

최근 많은 고소득 국가에서는 수학 교수-학습에서 디지털 테크놀로지의 활용을 수학과 교육과정에 잘 반영하고 있다(Clark-Wilson et al., 2020; Thurm et al., 2023). 선행연구에서는 수업 아이디어와 이론적 관점 개발의 큰 진전과 더불어 교사의 중요한 역할을 강조하고 있다(Clark-Wilson et al., 2014; Thurm & Barzel, 2020, 2021; Drijvers et al., 2010; Thurm et al., 2023). 교사는 교실에서 테크놀로지의 잠재성 발현에 결정적으로 기여한다. 이러한 맥락에서, 전문성 개발 프로그램은 교사가 수학 교실에서 의미 있는 방식으로 테크놀로지를 활용할 수 있도록 교사를 지원하는 데 중요한 역할을 하는 것으로 여겨진다. 전문성 개발 프로그램은 교사가 수업에서 테크놀로지를 활용할 때 요구되는 특수한 지식, 예를 들어 '테크놀로지 교수학적 지식' (Thomas

& Palmer, 2014)을 습득하고, 테크놀로지를 활용한 수학 수업을 조율하는데 요구되는 복잡한 과업을 다룰 수 있도록 지원할 수 있다(Thurm et al., 2023; Drijvers et al., 2010). 교사의 전문성 개발 프로그램 설계의 관점에서 선행연구에서는 수준 높은 교사 전문성 개발을 구성하는 몇 가지 특성을 확인한 바 있다(Ertmer & Ottenbreit-Leftwich, 2010; Grugeon et al., 2010; Ratnayake et al., 2020; Thurm et al., 2023; Thurm & Barzel, 2020). 이러한 특성 또는 설계 원리는 예를 들어, 테크놀로지 활용에 대한 성찰을 촉진하는 방향으로 교사의 '테크놀로지 교수학적 내용 지식' 에 중점을 두는 것과 학생이 테크놀로지를 활용한 수학 학습에서 가지게 되는 이점에 대해 교사가 이해하고 주목하도록 지원하는 것에 중점을 두는 것을 포함한다(Clark-Wilson & Hoyles, 2019; Ertmer & Ottenbreit-Leftwich, 2010; Thurm & Barzel, 2020). 더욱이 교사를 전문화하는 것은 사례와 관련되어야 하는데, 이는 전문성 개발 활동을 구체적인 학생 결과물이나 비디오 사례 또는 관행을 보여주는 또 다른 방식과 같이 실제적인 측면에 연관시키는 것을 의미한다(ibid).

그러나 수준 높은 전문성 개발 프로그램을 설계하는 것만으로 교사에게 질 높은 전문성 개발의 경험을 보장하기에는 한계가 있다. 선행연구에서는 학교 수업에서 교사가 핵심적인 역할을 하듯이, 전문성 개발 프로그램에서는 퍼실리테이터의 역할이 중요함을 지적한다. 퍼실리테이터는 교사 전문성 개발 프로그램의 설계, 조정, 실행에 책임이 있다. 즉, **"퍼실리테이터는 지속적인 전문성 개발을 확대하는 데 중요한 역할을 한다. 그들은 교사의 전문화 과정을 위해 프로그램을 설계하고 실행해야 한다"**(Peters-Dasdemir et al., 2020, p. 457). 그러나 이러한 중요한 역할에도 불구하고 퍼실리테이터를 전문화하는 방법에 대해 알려진 바는 미미하다(Lesseig et al., 2017; Peters-Dasdemir et al., 2020; Prediger et al., 2019; Roesken-Winter et al., 2015; Thurm et al., 2023). 특히, 퍼실리테이터를 위한 전문성 개발 설계를 안내하는 적절한 설계 원리를 확인하고 이와 관련된 어려움을 조사하기 위해 더 많은 연구가 필요한 시점이다(ibid). 이 장에서는 교사와 퍼실리테이터 역량의 주요한 개념으로써 그들의 노티싱에 주목하여 이러한 간극을 좁히기 위한 첫걸음을 내딛고자 한다(Lesseig et al., 2017; Schueler & Roesken-Winter, 2018; Stahnke et al., 2016). Sherin, Russ, & Colestock(2011b)은 노티싱 개념을 **"교사가 발생한 사건에 선택적으로 주의를 기울이고, 자신의 지식을 활용하여 인지된 사건을 해석하는 전문가적인 안목"**으로 정의한다(Sherin, Russ, & Colestock, 2011b, p. 80). 교사의 노티싱이 테크놀로지를 활용한 수학 수업과의 관련성이 크다는 것은 분명하다. 교사는 테크놀로지가 학생의 학습에 긍정적인 영향을 미치는 방식에 주목할 때 비로소 테크놀로지를 사용할 것이다. 또한, 학생의 학습에 대한 교사 노티싱은 학생의 학습을 지원하기 위한 선행조건이다. 마찬가지로 교사의 학습에 대한 퍼실리테이터의 노티싱도 중요하다. 예를 들면, 퍼실리테이터는 전문성 개발 프로그램에서 교사를 지원하기 위해 교사가 학생의 학습에서 어떤 점에 주목하는지 파악해야 한다. 이 연구에서는 교사와 퍼실리테이터의 노티싱을 신장하기 위한 비디오 사례 방안을 설명한다. 설계 및 연구 활동의 방법론적 토대는 교과 내용 관련 전문성 개발 연구를 위한 삼중 사면체 모델(Three-Tetrahedron-Model, 이하 3T 모델)에 두고 있는데, 이는 교실 수준, 교사 전문성 개발 수준, 퍼실리테이터 전문성 개발 수준을 연결하는 전략을 강조한다(Prediger et al., 2019).

2. 이론적 배경

2.1. 다중 표상 도구를 활용한 수학 수업

최근 사용 가능한 테크놀로지의 범위가 크게 증가하였지만, 수학 교실에서 흔히 사용되는 테크놀로지는 공학용 계산기, 함수 그리기 도구, 스프레드시트, 통계 및 기하 응용 프로그램, 컴퓨터 대수 체계의 기능을 결합한 소위, 수학 분석 소프트웨어(Pierce & Stacey, 2010)라고 불리는 다중 표상 도구(multi-representational-tools, 이하 MRT)이다. 이 장에서는 특별한 언급이 없는 한 "테크놀로지"라는 용어는 MRT를 지칭한다. MRT는 수치 및 그래프와 같은 다양한 형태의 표상에 쉽게 접근할 수 있게 하며, 다양한 형태의 표상을 동적으로 연결할 수 있게 하여 학생의 학습을 지원할 수 있다(Drijvers et al., 2016; Heid & Blume, 2008). 특히, 학생들은 다양한 수학적 표상을 동시에 다루면서 이들의 관계를 탐구할 수 있다. 이것이 특히 중요한 이유는 수학적 개념 이해를 신장하기 위해 수학적 표상 간의 변환, 연결, 해석하는 것이 강조되었기 때문이다(Duval, 2006). 또한 다양한 형태의 표상에 쉽게 접근하는 것은 발견학습과 같은 학생 중심 수업을 지원할 수 있다(Barzel & Möller, 2001; Pierce & Stacey, 2010; Thurm, 2020). 아래 [그림 1]에서 볼 수 있듯이, 특정 과제에 관한 MRT의 어포던스를 예로 설명한다. 해당 과제는 이 연구에서 교사와 퍼실리테이터의 노티싱을 지원하기 위한 기초 자료로 사용되었고, 이 장 전체에 걸쳐 "MRT 과제"로 부른다.

두 일차함수를 곱하면, 이차함수가 된다.
아래 조건을 만족하도록 일차함수를 바꾸시오.

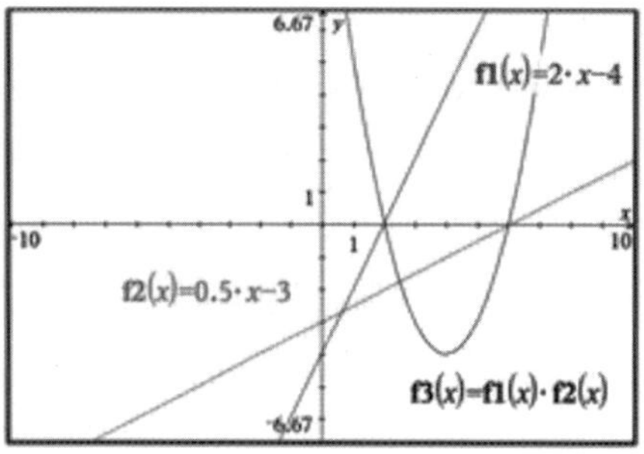

- 포물선의 열린 부분의 방향이 바뀌도록
- 포물선이 x축에 접하도록
- 두 일차함수의 교점의 x좌표와 포물선의 꼭짓점의 x좌표가 같도록
- 두 일차함수를 곱해서 표현할 수 없는 포물선이 있나요?

[그림 1] Drijvers(1994)로부터 재구성한 MRT 과제

이 MRT 과제에서 학생들은 두 개의 주어진 일차함수를 수정하여 두 일차함수의 곱이 특정 수학적 조건을 만족하도록 만들어야 한다. 또한, 학생들은 두 일차함수를 곱해서 얻을 수 없는 포물선의 유형에 대해 추측해야 한다. 이 과제에서는 MRT의 다양한 어포던스가 드러난다. 첫째, MRT는 학생들이 다양한 일차함수 쌍과 이들을 곱한 함수의 그래프를 생성하도록 돕는다. MRT가 없으면 학생들은 많은 함수를 손으로 그리는 지루하고 반복적인 작업을 해야 했을 것이다. 이는 훨씬 많은 시간이 소요되며 학생들이 일차함수 쌍과 이에 대응하는 포물선 사이의 관계에 주의를 기울이는 것을 방해했을 것이다. 또한, MRT는 예컨대 드래그를 통해 일차함수의 기울기가 **동적으로** 변화하는 것을 가능하게 한다. 동시에 MRT는 기호적 표상과 그래픽 표상에 동시에 접근하게 하여 학생들이 이 두 가지 형태의 표상 간의 관계를 관찰하고 탐구할 수 있도록 지원한다. 요약하자면, 해당 과제에서 MRT를 사용하는 것은 학생들이 일차함수와 이차함수 사이의 수학적인 관계를 탐구하고, 검증하고, 발견하는 것을 가능하게 한다.

2.2. 퍼실리테이터

선행연구에서는 교사를 전문화하는 과정을 계획하고 실행하는 사람을 기술하기 위해 예컨대, "퍼실리테이터", "교사 트레이너", "증폭자(multiplier)", "코치", "교수학자", "교사 교육자"와 같은 많은 용어를 사용한다(Peters-Dasdemir et al., 2020). 이 장에서는 교사의 전문성 개발을 촉진하는 과정이 **"일방적인 교사 학생 관계가 아닌 상호교환적인 관계"**임을 강조하는 "퍼실리테이터"(Peters-Dasdemir et al., 2020, p. 457)라는 용어를 사용한다.

교사 전문성 개발의 퍼실리테이터와 관련된 연구는 새로운 연구 분야이다(Lesseig et al., 2017; Poehler, 2020; Prediger et al., 2019; Thurm et al., 2023). 지난 10년간 선구적인 연구들은 퍼실리테이터에게 효과적으로 활동하기에 필요한 능력과 지식을 파악하는데 중점을 두었다(Borko et al., 2014; Elliott et al., 2009; Lesseig et al., 2017; Peters-Dasdemir et al., 2020). 퍼실리테이터에게는 분명 **"교사의 역량보다 훨씬 광범위한 성인 학습에 관한 역량과 수학교사들의 특정 지식 및 요구 사항에 관한 역량"**(Peters-Dasdemir et al., 2020, p. 457)을 필요로 한다. 예를 들면, 이것은 Peters-Dasdemir et al.(2020)이 개발한 퍼실리테이터를 위한 역량 모델에 의해 설명된다. 이 모델은 퍼실리테이터의 지식을 교수에 필요한 지식의 확장으로 개념화하고, 잘 정립된 '내용 지식', '교수학적 지식', '교수학적 내용 지식' 에 관한 구체적인 내용을 교실 수준에서 전문성 개발 수준에 맞게 조정한다. 특히, '전문성 개발 수준에서 교수학적 내용 지식' (이하, PCK-PD)은 **"교사를 수학 개념과 개념 사이의 관계에 대한 의도적인 행동과 대화에 참여시키고, 학생들이 관련 과제에 어떻게 접근하는지 더 잘 이해하도록 돕는데"** 요구되는 지식에 관한 것이다(Jacobs et al., 2017, p. 3). 또한, 선행연구는 퍼실리테이터의 효과적인 프로그램 설계에 대한 통찰을 선구적으로 제공한 바 있다(e.g., Kuzle & Biehler, 2015; Lesseig et al., 2017; Roesken-Winter et al., 2015). 예를 들어, Lesseig et al.(2017)는 교사의 학습 목표에 중점을 두고, 퍼실리테이터에게 전문화된 내용 지식을 확장할 수 있는 기회를 제공하며, 관행을 보여주는 방법으로써 비디오 사례를 사용하여 퍼실리테이터의 관행과 신념에 대한 깊이 있는 토론과 성찰을 유도하는 일련의 설계 원리를 제안한다.

이런 연구 결과에도 **"수학교사 전문성 개발의 퍼실리테이터를 교육하고 지원하는 연구는 여전히 매우 초기 단계이며…"** (Jacobs et al., 2017, p. 12), 특히 테크놀로지를 활용한 수학 수업의 맥락에서 퍼실리테이터의 경우는 더욱 그러하다(Thurm et al., 2023). 이는 예를 들어 이 책의 이전 판(Clark-Wilson et al., 2014), Hoyles & Lagrange(2010)의 ICMI 연구, 초등 및 중등 수학교육에서 테크놀로지 사용에 대한 ICME 13 논문, Drijvers et al.(2016)와 Hegedus et al.(2017)의 ICME 13의 주제별 설문 조사, 수학 수업에서 테크놀로지 사용에 대한 국제 학술 대회(ICTMT, Barzel et al., 2020; Aldon & Trgalová, 2017)의 최근 두 프로시딩, 최근 출판된 테크놀로지를 활용한 수업에 대한 ZDM 특별호(Clark-Wilson et al., 2020) 중 어느 것도 퍼실리테이터의 전문성 개발을 특별히 다룬 부분이나 기여한 점이 없다는 사실로 설명될 수 있다. 그러나 이 분야의 연구 활동이 서서히 성장하고 있다. 예를 들면, Psycharis & Kalogeria(2018) 및 최근 ICME 25의 프로시딩(Borko & Potari, 2020)은 이 주제에 대한 몇 가지 요소를 제공한다. 많은 국가에서는 퍼실리테이터가 교사를 위한 수업에 특정 전문성 개발 프로그램이나 자격증을 이수할 필요가 없기 때문에 퍼실리테이터의 전문성 개발에 더 큰 중점을 두는 것이 특히 중요하다(Lesseig et al., 2017; Roesken-Winter et al., 2015). 오히려, **"리더[퍼실리테이터]를 위한 공식적인 전문성 개발 기회는 일반적이라기보다 예외적이라 볼 수 있다"**(Lesseig et al., 2017). 게다가 영국의 국가 수학교육 우수 센터, 스웨덴의 국가 수학교육 센터, 오스트리아의 교육 및 학교 발전 연구소, 독일의 수학교사 교육 센터와 같이 대규모로 수준 높은 전문성 개발을 제공하는 것을 목표로 하는 전문성 개발 기관의 등장으로 인해, 퍼실리테이터를 공식적으로 전문화하는 것이 점점 더 중요해지고 있으며, 이는 퍼실리테이터를 어떻게 전문화할 것인가에 대한 문제를 부각시킨다.

퍼실리테이터에 대한 더 많은 연구가 필요하다는 것은 분명하지만 그러한 연구를 수행하는 것은 쉽지 않은 과제이다. 예를 들어, Borko(2004)는 퍼실리테이터, 전문성 개발 프로그램, 참여 교사와 그 맥락이 상호적이고 호혜적인 관계를 통해 필연적으로 얽혀 있다는 점을 강조하였다. 최근 Prediger et al.(2019)는 이 복잡성을 보다 세밀하게 분석하기 시작하였고, 교실, 교사 전문성 개발, 퍼실리테이터 전문성 개발 수준에서 교수-학습의 복잡성을 포착하는 전문성 개발 연구와 설계를 위한 3T 모델을 제안하였다. 이 모델은 다음 장에서 자세히 설명될 것이다.

2.3. 전문성 개발 설계와 연구를 위한 삼중 사면체 모델

Prediger et al.(2019)의 3T 모델은 교사와 퍼실리테이터의 전문성 개발 프로그램 연구와 설계를 위한 분석틀을 제공한다. 이 틀의 목적은 **"전문성 개발의 설계와 연구에 필요한 교실, 교사, 퍼실리테이터 수준에서 교수-학습의 복잡성"**을 포착하는 것이다(Prediger et al., 2019, p. 407).

3T 모델은 교사, 학생, 학습할 내용의 일반적인 교수학적 삼각형의 아이디어를 확장하여 교실, 교사 전문성 개발, 퍼실리테이터 전문성 개발 수준을 고려한 일련의 사면체 유형의 구성 방식을 취한다([그림 2] 참조).

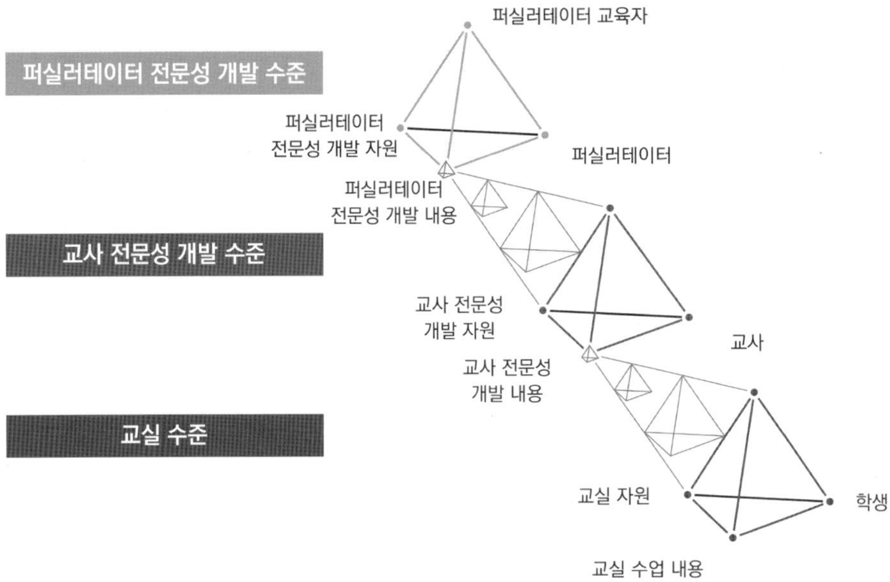

[그림 2] 교과 내용 관련 전문성 개발 연구를 위한 3T 모델(Prediger et al., 2019)

교실 수준 사면체는 학생, 내용, 교실 자원, 교사 사이의 관계로 이루어져 있다. 이 구조는 이제 교사 전문성 개발 수준으로 전환될 수 있다. 이 수준에서 교사는 학생의 입장을 취하고 퍼실리테이터는 교사의 역할을 수행한다. 교사 전문성 개발 수준(teacher professional development, 이하 TPD)에서 학습은 교사 전문성 개발 자원에 의해 지원되며, 교실 수준에서의 내용은 교사 전문성 개발 내용으로 대체된다. 마지막으로, 이 구조는 퍼실리테이터 전문성 개발 수준(facilitator professional development, 이하 FPD)으로 전환될 수 있다. 이 모델은 다양한 맥락에서 사용되었다. 예를 들어, 이 모델은 퍼실리테이터의 관행을 조사하고(Leufer et al., 2019), 다양한 수준에서 실행 전략을 설명하며(Roesken-Winter et al., 2021), 퍼실리테이터 전문성 개발 세션에 소개된 내용과 능력을 자신의 관행에 통합하도록 지원하는 효과적인 전략에 대한 통찰을 얻기 위해 사용되었다(Borko et al., 2021).

Prediger et al.(2019)은 [그림 2]에 제시된 전문성 개발의 다중 수준 구조를 고려하여 전문성 개발 설계 및 연구를 위한 리프팅(lifting), 네스팅(nesting), 언팩킹(unpacking)의 세 가지 일반적인 전략을 설명한다. 이하에서는 이 연구에서 설계 및 연구에 사용한 리프팅과 네스팅 전략에 대해 자세히 설명한다.

리프팅 전략([그림 3]의 왼쪽)은 설계 및 연구에 관한 접근을 한 수준에서 다음 수준으로 올리는 것으로 구성된다. 예를 들어, 설계에 관한 접근을 올린다는 것은 **"교실 수준에서 개발된 설계 원리 또는 설계 요소가 암묵적으로 또는 명시적으로 TPD로 또는 TPD에서 FPD로 전이 및 조정된다는 것을 의미"**한다(Prediger et al., 2019, p. 412). 마찬가지로, 연구 관행을 올린다는 것은 교실 수준의 연구 문제 및 방법이 **"암묵적으로 또는 명시적으로 TPD로 또는 TPD에서 FPD로 전이 및 조정되고 유사한 방식으로 적용된다는 것을 의미"**한다(Prediger et al., 2019, p. 413). 예를 들어, 학생 학습에 대한 교사의 노티싱을 지원하기 위한 비디오 사례 기반 학습을 활용한 설계 접근은 교사 전문성 개발 수준에서 퍼실리테이터 전문성 개발 수준으로 올려 교사 학습에 대한 퍼실리테이터의 노티싱을 지원할 수 있다. 또 다른 예로는 학생의 사고와 학습 경로를 조사하기 위한 연구에 관한 접근이 교사의 사고와 교사 학습 경로를 조사함으로써 교사 전문성 개발 수준으로 상승할 수 있다.

네스팅 전략([그림 3]의 오른쪽)은 교사 전문성 개발 내용이 일반적으로 교실 내용보다 더 복잡하고, 퍼실리테이터 전문성 개발 내용이 일반적으로 교사 전문성 개발 내용보다 복잡하다는 사실을 설명한다(Prediger et al., 2019). 따라서 네스팅 전략은 교실 사면체의 전체 요소들이 교사 전문성 개발 내용으로 들어가야 하고, 교사 전문성 개발 사면체의 전체 요소들이 퍼실리테이터 전문성 개발 내용으로 들어가야 한다는 점을 고려한다. 따라서 네스팅 전략은 **"하위 사면체들의 복잡성을 고려하여 TPD/FPD 내용을 자기 유사 네스팅 구조로 구조화하는 아이디어를 바탕으로 전문성 개발을 설계한다"**(Prediger et al., 2019, p. 413).

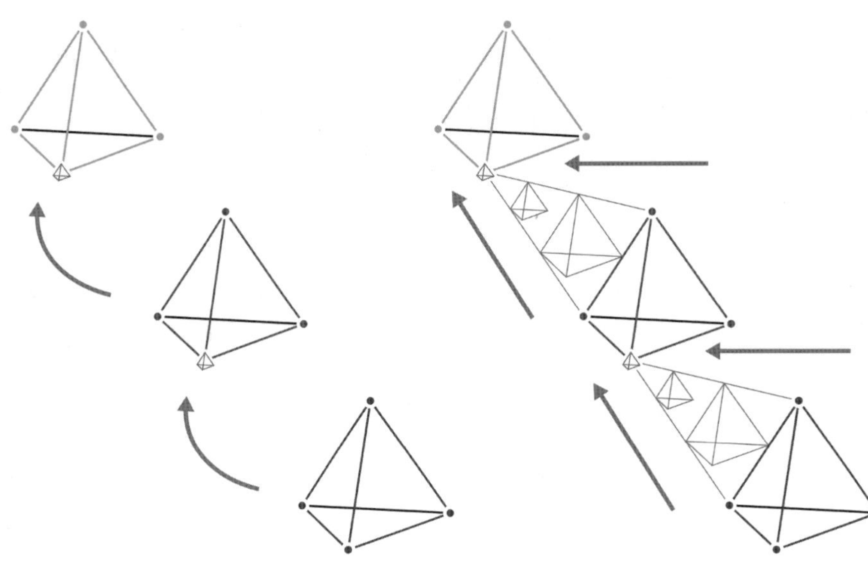

[그림 3] 삼중 사면체 모델에서 리프팅 전략(왼쪽)과 네스팅 전략(오른쪽)

(Prediger et al., 2019)

이 연구 프로젝트에서는 3T 모델을 사용하여 전문성 개발 활동들의 설계 방향을 설정하였고 프로젝트의 다양한 측면을 전문성 학습의 서로 다른 수준에 맞추어 배치하였으며, 서로 다른 수준 간의 내재적인 연결로 인해 발생하는 복잡성을 고려하였다. 그러나 3T 모델은 전문성 개발 설계와 연구에 대한 거시적인 관점을 제공하는 데 적합하지만, 종종 다른 추가 모델과 결합하여 사용하는 것이 도움이 된다. 예를 들어, Borko et al.(2021)은 경험이 풍부한 교사의 리더십 역량에 대한 연구가 용이하도록 3T 모델을 리더십 사이클(Learning to Lead Cycle)과 통합한다.

2.4. 교사 노티싱과 비디오 사례 기반 학습

이 연구는 이하에서 자세히 설명할 교사와 퍼실리테이터의 노티싱 개념에 중점을 둔 전문성 개발 활동을 설계하기 위해 3T 모델을 사용하였다. 교사의 노티싱은 Goodwin(1994)이 소개한 '전문가적 안목'에 관한 개념을 기반으로 하며, 이는 **"특정 사회 집단의 고유한 관심사에 답할 수 있는 사건들을 사회적으로 조직화된 방식으로 보고 이해하는 것"**으로 정의된다(Goodwin, 1994, p. 606). Sherin(2007)의 개념화에 따라 이 연구에서 노티싱은 수업의 질과 관련된 교수 상황의 측면을 인지하는 선택적 집중과 적절한 전문 지식에 기반하여 이러한 측면을 해석하는 지식 기반 추론을 의미한다. 분명 교사들이 교실 상황을 관찰한다면 매우 다른 측면에 주의를 기울이고, 이를 다양한 방식으로 해석할 것이다. 특히, 교사 노티싱은 학생들의 수학적 사고에 주의를 기울이고, 이를 해석하며, 학생들의 수학적 이해의 발달을 인식하기 위해 중요하다(Sherin, Jacobs, & Philipp, 2011a, p. 3). 이는 **"효과적인 수업을 위해 교사는 학생의 아이디어에 주목하고, 주의를 기울이며, 반응해야 한다"**는 점에서 특히 그러하다(Beattie et al., 2017, p. 323; Kilic, 2018). 그러나, 노티싱은 교사뿐만 아니라 교사 전문성 개발의 퍼실리테이터에게도 중요하다(Lesseig et al., 2017). 교사의 학습에 관한 퍼실리테이터의 노티싱은 중요한데, 예를 들어 적절한 촉진 행위를 통해 교사 학습에 강력한 기회를 촉진하기 때문이다(Lesseig et al., 2017; D. Thurm et al. Schueler & Roesken-Winter, 2018). 선행연구에서는 일반적인 노티싱부터 보다 구체적인 노티싱까지 노티싱의 깊이를 포착하는 다양한 수준의 노티싱 연구를 진행하였다(Lee & Choy, 2017; van Es, 2011). 일반적인 노티싱은 예를 들어, 교실 수준에서 학생의 학습 또는 교사 전문성 개발 수준에서 교사의 학습과 직접적으로 연관되지 않은 표면적인 특징에 주목하여 발생한 상황에 관해 매우 전반적인 느낌을 가지게 된다. 반면 구체적인 노티싱은 교과 내용, 교사, 교실 자원, 학생이나 교사의 학습 및 사고의 세부 사항 간의 관계에 주목한다. 또한, 구체적인 노티싱은 세부 사항을 회상하는 데 있어 구체성과 진술을 증거로 뒷받침하거나 설명을 제시하는 것을 포함한다(van Es, 2011). 이 연구에서는 교사가 학생들의 수학적 사고의 더 많은 세부 사항에 주의를 기울이는 것으로 노티싱의 수준을 4개로 구분한 van Es(2011)의 모델을 재구성하여 분석틀로 사용한다(〈표 1〉 참조).

〈표 1〉 van Es(2011, p. 139)를 재구성한 노티싱 수준에 관한 분석틀

수준	교사가 무엇을 주목하는지	교사가 어떻게 주목하는지
1수준 기초적인 노티싱	교수-학습의 일반적인 측면에 주의를 기울인다. 예를 들어, 자리 배열, 학생 행동 등.	관찰에 대한 근거가 거의 없거나 전혀 없는 일반적인 기술적 또는 평가적 의견을 제공한다.
2수준 혼합된 노티싱	학생들의 수학적 사고와 행동의 특정 사례에 주의를 기울이기 시작한다.	전반적인 느낌을 형성하고 주목할 만한 사건이나 세부 사항을 강조한다.
		주로 평가적인 의견을 제공하며 약간의 해석적인 의견을 덧붙인다.
		구체적인 사건과 상호작용을 증거로 언급하기 시작한다.
3수준 초점이 있는 노티싱	특정 학생들의 수학적 사고에 주의를 기울인다.	해석적인 의견을 제공한다.
		특정 학생들의 어려움, 사건, 그리고 상호작용을 증거로 언급한다.
		특정 학생들의 어려움, 사건, 그리고 상호작용에 대해 상세히 설명한다.
4수준 확장된 노티싱	특정 학생들의 수학적 사고, 테크놀로지 사용, 수학적 활동 간의 관계에 주의를 기울인다.	해석적인 의견을 제공한다.
		구체적인 사건과 상호작용을 증거로 언급한다.
		구체적인 사건과 상호작용에 대해 상세히 설명한다.
		사건과 교수-학습 원리 사이의 연결을 만든다.
		해석을 바탕으로 대안적인 교수학적 전략을 제안한다.

교사와 퍼실리테이터의 노티싱이 매우 중요하다는 점을 고려할 때, 그들의 노티싱 역량을 어떻게 지원할 수 있을지에 대한 질문이 제기된다. 이러한 측면에서 선행연구에서는 실제 교실이나 전문성 개발 상황처럼 즉각적인 행동을 요구하지 않으면서 교실 수업이나 전문성 개발의 내재된 높은 복잡성을 포착할 수 있기 때문에 비디오 사례의 활용 가능성을 강조한 바 있다(Koc et al., 2009; Lesseig et al., 2017; Schueler & Roesken-Winter, 2018; Sherin, 2007): **"비디오가 교실 환경의 풍부한 장면을 많이 포착함에도 교사에게 즉각적인 반응을 요구하지 않고 대신 교사의 지속적인 성찰을 촉진할 수 있다**(Sherin, 2004). **또한, 비디오는 교실 상호작용에 대한 기록을 영구적으로 제공하기 때문에 반복적으로 다양한 관점에서 볼 수 있으며, 이는 교사가 교실에서 발생하는 상황을 새로운 방식으로 '보는 것을' 촉진한다"**(Sherin & Russ, 2015, p. 3). 따라서 비디오 사례는 전문성 개발 활동이 실제적인 관행을 보여주는 것을 중심으로 이루어지는 사례 중심적 접근을 가능하게 하며, 이는 교사와 퍼실리테이터를 위한 전문성 개발의 중요한

설계 원리로 여겨진다(Kuzle & Biehler, 2015; Roesken- Winter et al., 2015). 하지만, 비디오 사례 그 자체만으로는 교사와 퍼실리테이터의 노티싱을 촉진하기에 충분하지 않다. 다시 말해, **"… 사례만 사용하는 것만으로는 학습이 보장되지 않으며, … 적절한 교육적 지원이 필요하다"** (Goeze et al., 2014, p. 97; Kirschner et al., 2006). 비디오 사례는 전문성 개발 프로그램에 신중하게 포함시켜야 하는데, 선행연구에서는 초점을 설정해 주는 적절한 프롬프트와 비디오 사례를 결합하는 것이 교사나 퍼실리테이터의 노티싱을 끌어내는 데 도움이 된다는 것을 제안한 바 있다(Lesseig et al., 2017).

테크놀로지를 활용한 수학 학습에서 노티싱 역량

테크놀로지를 활용한 수업에서는 세밀하고 구체적인 형태의 노티싱이 중요하다. 테크놀로지를 활용한 수학 학습은 수학, 테크놀로지, 학생 사이의 미묘한 상호작용으로 구성되며(Trouche & Drijvers, 2010), 교사는 이러한 미묘한 상호작용과 테크놀로지를 활용한 수학 학습의 잠재성에 주목해야만 장기적으로 테크놀로지를 수업에 활용할 것이다. 또한, 앞서 소개된 MRT 과제([그림 1])와 같은 발견학습 과제는 교사가 학생의 학습을 적절히 안내하기 위해 학생들의 다양한 아이디어와 각자의 접근 방식에 주목해야 한다. 나아가, 테크놀로지를 활용할 때 학생들의 수학 학습에 대한 구체적인 노티싱은 학생들에게 적절한 지원, 예컨대 수업 중 프롬프트, 힌트, 또는 질문을 제공하기 위한 선행조건이다(Sherman, 2012). 퍼실리테이터에게는 **학생** 학습뿐만 아니라 **교사** 학습에 대해서도 구체적인 노티싱이 필요하다. 특히, 퍼실리테이터는 교사들이 테크놀로지를 활용한 수학 교수-학습에 관련된 측면에 대해 깊이 있는 노티싱을 할 수 있게 지원해야 한다. 이를 위해, 퍼실리테이터는 교사들이 테크놀로지를 활용한 수학 학습에 대해 무엇에 주목하는지 세밀한 주의를 기울여야 한다.

테크놀로지를 활용한 수학 학습의 미묘한 과정을 설명하기 위한 이론적 접근은 '도구 발생' 이론이다(Guin & Trouche, 1999). 도구 발생 이론은 예를 들어, 특정 테크놀로지와 같은 하나의 인공물이 수학을 수행하고 학습하기 위한 도구가 되는 과정을 설명한다. 그러나 도구 발생 이론은 하나의 설명 이론이다. 이 이론은 테크놀로지를 활용한 수학 수업과 관련된 교사의 노티싱을 신장하는 접근 방식을 개발하는 데 중점을 두고 있지 않다. 특히 이 분석틀은 학습 경로를 조명하거나 교사나 교사 전문성 개발 퍼실리테이터가 테크놀로지와 수학 학습의 상호작용에 쉽게 접근할 수 있도록 하는데 도움이 되지 않는다. 따라서 이 연구는 도구 기반 접근을 토대로 하되, 교사와 퍼실리테이터의 전문성 개발 프로그램에서 테크놀로지를 활용하여 수학 학습을 할 때 학습 경로를 분석하고, 서술하며, 주목하는데 보다 적합한 분석틀을 개발하였다. 이는 언어 반응적 교수와 관련하여 학습 경로를 분석하고 서술하는 맥락에서 개발된 Prediger(2019)의 분석틀을 기반으로 한다. Prediger(2019)의 모델은 교사의 사고와 노티싱의 다양한 범주(내용 목표, 학생의 담화 관행, 어휘적 수단)와 이들 간의 상호작용 및 차이를 강조한다. 이 연구는 내용 목표, 수학적 활동, 테크놀로지 사용 간의 연결을 강조하기 위해 이 분석틀을 재구성하였다. 그 결과 내용-활동-터크놀로지 모델(CAT 모델)이 [그림 4]와 같이 제시된다.

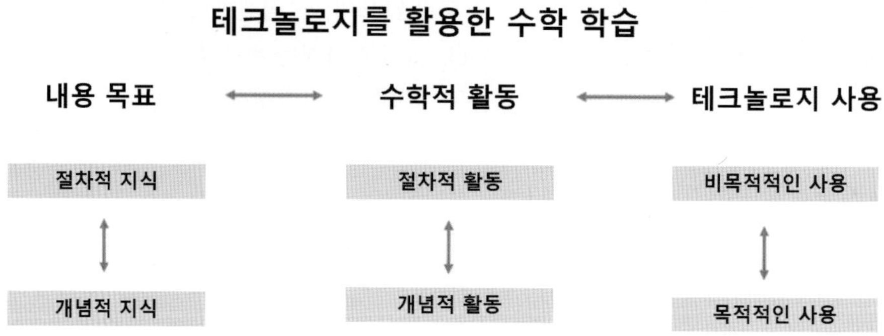

[그림 4] CAT 모델의 범주와 범주 간 상호작용(↔) 및 차이(↕)

내용 목표는 학생들의 행동으로부터 추론할 수 있는 규범적인 내용 목표를 의미한다. 이 내용 목표는 종종 개념적 지식과 절차적 지식으로 구분되며, 둘 다 수학적 역량의 필수적인 부분으로 간주된다. 다시 말해, **"수학적 역량은 개념적 지식과 절차적 지식을 모두 개발하는 것에 달려있다."**(Rittle-Johnson et al., 2015, p. 594). CAT 모델에서는 개념적 지식과 절차적 지식을 항상 분리할 수 없음을 인정하여(Rittle-Johnson & Schneider, 2015), 내용 목표를 절차적 지식에서 개념적 지식에 이르는 연속체로 개념화한다. 특정 상황에서 학생의 행동으로부터 추론할 수 있는 학습된 내용 목표는 반드시 예상되거나 의도된 내용 목표를 반영하는 것은 아닐 수 있다. 예를 들어, MRT 과제([그림 1])를 수행하는 학생들은 과제의 목표가 개념적 지식을 활성화하고 촉진하는 것임에도 불구하고 이러한 유형의 지식을 암시하는 행동을 전혀 보이지 않을 수 있다.

수학적 활동은 인지 과정을 추론할 수 있게 하는 관찰 가능한 행동을 의미한다. 이러한 활동은 다양한 참여 수준을 반영하는 연속선상에 위치할 수 있다. 절차적 활동은 예를 들어, 학생들이 주로 현상학적 수준에서 소통하는 경우, 자신이 하는 일이나 관찰한 것에 관해 이야기하는 경우와 같이 낮은 수준의 활동과 관련이 있다. 개념적 활동은 학생들의 설명이 반드시 정확할 필요는 없지만 수학적 개념을 설명하려고 시도하거나 수학적 개념에 대해 논쟁하거나, 가설을 세우는 등 높은 수준의 활동을 의미한다. 다시 말하지만, 과제나 맥락이 절차적 또는 개념적 활동을 의도했음에도 불구하고 학생들이 그러한 모습을 보이지 않을 수도 있다. 또한, 활동이나 과제가 의도하지 않은 수학적 활동을 유발할 수도 있다.

테크놀로지 사용은 비목적적인 사용과 목적적인 사용으로 구분된다. 비목적적인 사용은 학생들이 특정 목적 없이 테크놀로지를 사용하는 것을 말하며, 예를 들어 학생이 비목적적인 시행착오를 거치거나 매개 변수 슬라이더를 무작위로 드래그하는 경우가 이에 해당한다. 이와는 대조적으로, 목적적인 테크놀로지 사용은 학생들이 그들의 학습에 의도적으로 테크놀로지를 사용하는 것을 말한다. 예를 들어, 가설을 검정하거나 수학적 관계를 탐색하기 위해 체계적으로 매개 변수를 변경하는 데 테크놀로지를 사용하는 것이 여기에 포함된다. 따라서, 목적적인 사용과 비목적적인 사용은 동적 기하 환경에서 드래깅 관행과 관련하여 Arzarello et al.(2002)가 확인한 테크놀로지 사용과 유사하다.

이 연구는 CAT 모델의 범주([그림 4])가 예를 들어, 절차적 지식에서 개념적 지식 또는 절차적 활동에서 개념적 활동으로의 연속적인 구조를 보여준다는 점을 강조하고자 한다. 예를 들어, 하나의 수학적 활동은 덧셈을 계산하는 것과 같은 절차적 활동이나 개념을 설명하는 것과 같은 개념적 활동 중 명확하게 하나에 속하지 않을 수 있으나, 연속체의 양극단 사이 어딘가에 있는 두 유형의 활동의 융합일 수 있다.

이 연구에서는 CAT 모델을 두 가지 목적으로 사용할 것이다. 한 가지는 CAT 모델을 사용하여 MRT 과제를 수행하는 두 명의 학생의 학습 경로를 분석하고 설명함으로써 이 학생들의 수학적 활동이 목표가 없는 테크놀로지 사용에서 개념적 이해로 진행되는 과정을 보여주고자 한다([그림 7]). 다른 한 가지는 CAT 모델을 사용하여 교사가 학생들의 MRT 과제 수행을 관찰할 때 내용 목표, 수학적 활동, 테크놀로지 사용 중 어떤 측면에 주목하는지를 분석하고자 한다.

3. 연구 문제 및 연구 방법론

개략적으로 제시된 이론적 분석틀을 통해 서론에서 약식으로 제시되었던 연구 목적과 연구 문제를 명확히 할 수 있다. 이 연구의 초점은 테크놀로지를 활용한 수학 수업에서 교사와 퍼실리테이터의 노티싱 개념 요소이다. 연구의 목적은 교실, 교사 전문성 개발, 퍼실리테이터 전문성 개발 수준 간의 연결을 명시적으로 고려하고 교사와 퍼실리테이터의 노티싱을 촉진하는 교사 전문성 개발과 퍼실리테이터 전문성 개발을 위한 비디오 사례 기반 활동을 개발하는 것이다. 각 수준에서 설계와 연구를 위해 3T 모델과 네스팅 및 리프팅 전략을 사용하였다(2.3절 참조). 이 연구는 교실 수준 설계를 시작하여 이를 교사 전문성 개발과 퍼실리테이터 전문성 개발 수준으로 확장하였다. 이하에서는 연구 설계와 방법에 관한 고려 사항을 자세히 설명하고, 교사 전문성 개발과 퍼실리테이터 전문성 개발 수준에서 중점을 둔 연구 문제와 목표를 개략적으로 제시한다. 교사 전문성 개발 및 퍼실리테이터 전문성 개발 프로그램의 전체 설계 과정과 실행은 선행연구에서 확인된 설계 원리(e.g., Goldsmith et al., 2014)를 고려하였고, 교사 및 퍼실리테이터를 위한 양질의 전문성 개발 프로그램을 구축하고 실행하는 독일 전역의 대학 기반 기관인 독일 수학교사 교육 센터에서 이루어졌다.

교실 수준

교실 수준에서는 MRT 과제를 해결하는 학생들을 대상으로 적절한 비디오 사례를 찾기 시작하였다([그림 1]). 이를 위해, MRT 과제를 해결하는 여섯 쌍의 학생들의 모습을 비디오로 촬영하였다(2.1절 [그림 1] 참조). 2.4절([그림 4])에서 설명된 CAT 모델을 사용하여, 학생들이 테크놀로지를 비목적적인 사용으로부터 개념적 이해로 나아가는 비디오 사례를 확인하였다. 자세한 설명은 4.1절에 제시된다.

교사 전문성 개발 수준

설계: 교사 전문성 개발 수준에서의 목표는 MRT 과제를 해결하는 동안 학생들의 학습 과정에 대한 교사의 노티싱을 지원하는 것이었다. 이를 위해 학생, 교실 수업 내용(일차함수와 이차함수의 관계), 교실 자원(MRT, MRT 과제)으로 구성된 교실 수준의 사면체가 교사 전문성 개발 프로그램의 내용(MRT를 활용한 수업)이 되었다([그림 2] 참조). 교사 전문성 개발 프로그램에서 교사들은 먼저 개별적으로 MRT 과제를 해결하였다. 그 후 앞서 언급한 교실 수준에서 촬영된 학생 비디오 사례를 시청하고 학생들의 학습 과정에 대해 분석하였다. 이후 비디오 사례에서 교사들이 주목한 것을 논의하기 위해 퍼실리테이터가 이끄는 전체 모둠 토론이 진행되었다. 자세한 설명은 4.2절에 제시된다. 전체 모둠 토론은 녹화되었고, 다음의 연구 문제에 따라 분석되었다. 자세한 설명은 4.2절에 제시된다.

연구 문제:

- 교사들은 학생 비디오 사례에서 무엇에 주목하는가?
- 교사 전문성 개발 수준에서 어떠한 어려움이 포착될 수 있는가?

퍼실리테이터 전문성 개발 수준

설계: 퍼실리테이터 전문성 개발 수준에서의 목표는 퍼실리테이터가 테크놀로지를 활용한 수학 수업에서 교사의 노티싱을 지원할 수 있도록 하는 것이었다. 이를 위해 교사, 교사 전문성 개발 내용(MRT를 활용한 수업), 교사 전문성 개발 자원(MRT 과제, MRT, 학생 비디오 사례)으로 구성된 교사 전문성 개발 수준은 퍼실리테이터 전문성 개발 프로그램의 내용(전문성 개발을 통한 수업 촉진, [그림 2] 참조)이 되었다. 퍼실리테이터 전문성 개발 프로그램에서 퍼실리테이터들은 먼저 개별적으로 MRT 과제를 해결한 후 학생 비디오 사례를 보고 자신들이 주목한 학습 과정에 대해 분석하였다. 그 후, 퍼실리테이터들이 관찰한 내용을 논의하기 위해 전체 모둠 토론이 진행되었다. 여기까지는 퍼실리테이터 전문성 개발 활동이 교사 전문성 개발 수준에서의 교사 활동과 동일하였다. 이후, 퍼실리테이터들은 4~5명씩 모둠으로 나누어져 앞서 언급한

교사 전문성 개발 수준에서 촬영된 교사들의 전체 모둠 토론 비디오 사례를 시청하고 교사들이 주목한 것을 분석하였다. 퍼실리테이터들의 소모둠 토론은 녹화되었고, 다음의 연구 문제에 따라 분석되었다. 자세한 설명은 4.3절에 제시된다.

연구 문제:

- 퍼실리테이터들은 교사 비디오 사례에서 무엇에 주목하는가?
- 퍼실리테이터 전문성 개발 수준에서 어떠한 어려움이 포착될 수 있는가?

교실 수준, 교사 전문성 개발 수준, 퍼실리테이터 전문성 개발 수준 간 리프팅과 네스팅

[그림 5]는 네스팅 설계의 개요를 보여주는데, 낮은 수준의 사면체의 요소들이 높은 수준의 사면체의 내용으로 들어간다. 리프팅과 관련하여, 몇몇 설계 및 연구에 관한 접근이 상승된다. 한편으로는, MRT 과제를 해결하는 것이 교실 수준에서부터 교사 전문성 개발 수준과 퍼실리테이터 전문성 개발 수준으로 상승되었다. 또한, 교사의 노티싱을 지원하기 위한 도구로써 비디오 사례의 사용은 교사 전문성 개발 수준에서 퍼실리테이터 전문성 개발 수준으로 상승되었다. 나아가, CAT 모델은 데이터를 분석하기 위한 도구로써 교실 수준에서 교사 전문성 개발 수준으로 상승되었다. 또한, 학습 목표와 연구 문제는 교사 전문성 개발 수준에서 퍼실리테이터 전문성 개발 수준으로 상승되었다.

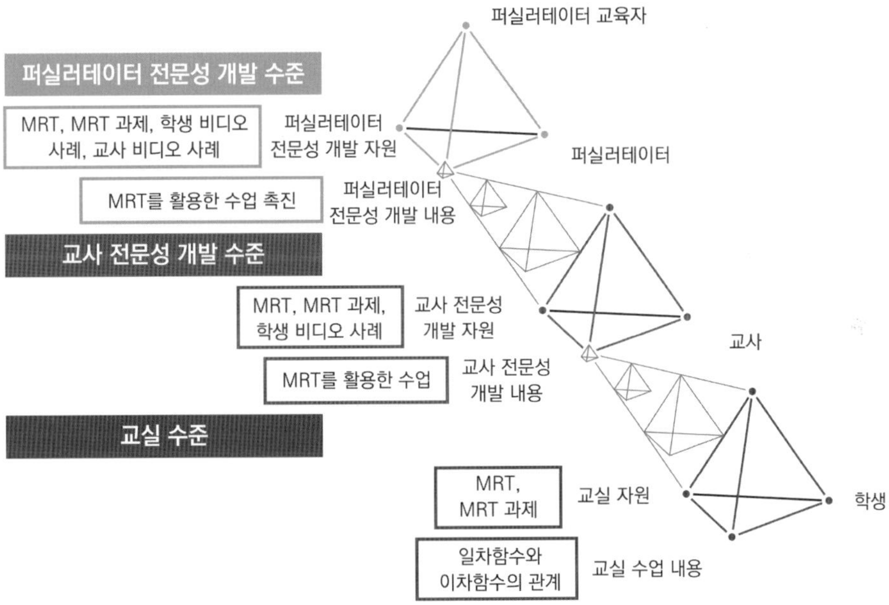

[그림 5] 3T 모델의 여러 수준에 걸친 전문성 개발 내용의 네스팅

학습 목표:

- 교실 수준: MRT를 사용하여 학생들이 일차함수와 이차함수 사이의 연결을 발견하도록 지원한다.
- 교사 전문성 개발 수준: MRT 과제를 수행하는 학생들의 학습 과정에 대한 교사의 노티싱을 지원한다.
- 퍼실리테이터 전문성 개발 수준: 퍼실리테이터들이 교사의 노티싱에 주목하고 이를 지원할 수 있도록 돕는다.

참여자 및 전문성 개발 프로그램의 맥락

교사 전문성 개발 프로그램은 독일 연방주인 "슐레스비히 홀슈타인"에서 실시되었다. 이 전문성 개발 프로그램은 18개월 동안 하루에 8개의 모듈로 구성되었다. 이 중 4개의 모듈은 대면 수업으로 진행되었고 나머지 4개의 모듈은 온라인으로 진행되었으며, 테크놀로지를 활용한 수학 수업을 지원하는 데 중점을 두었다. 각 모듈은 MRT, 비디오, 앱, 청중 응답 시스템, 학습 관리 시스템 등의 다양한 유형의 테크놀로지를 다루었다. 각 모듈 후에는 일명 "샌드위치 모델"이라고 불리는 실습과 성찰 단계가 이어졌다(Roesken-Winter et al., 2015). 총 23명의 중등학교 교사들이 이 전문성 개발 프로그램에 참여하였다. 이 연구는 MRT를 활용한 수학 수업에 중점을 둔 대면 수업인 첫 번째 모듈에서 수집한 데이터를 사용한다.

퍼실리테이터 전문성 개발 프로그램은 함부르크 연방주에서 진행되었다. 이 프로그램은 코로나19 팬데믹으로 인해 약 1년간 전면 온라인으로 진행되었다. 이 프로그램은 세 번의 종일 세션으로 구성되었으며, 각 종일 세션 후 약 일주일 후에 2시간의 추가 세션이 진행되었다. 총 30명의 퍼실리테이터가 이 전문성 개발 프로그램에 참여하였다. 이 연구에서는 MRT를 활용한 수학 수업을 위한 양질의 전문성 개발 세션을 진행할 수 있도록 지원하는 데 중점을 둔 첫 번째 모듈에서 수집한 데이터를 사용한다. 이 세션에서 퍼실리테이터는 먼저 양질의 전문성 개발 프로그램의 기본 설계 원리(Roesken-Winter et al., 2015)와 양질의 수업의 기본 요소(Praetorius et al., 2017)에 대해 배웠다. 그 후, 퍼실리테이터는 4.3절에서 기술한 비디오 사례를 중심으로 여러 활동에 참여하였다.

교사 및 퍼실리테이터 전문성 개발 프로그램은 모두 독일의 수학교사 교육 센터에서 설계하고 운영하였다.

4. 비디오 사례 기반 활동의 연구 기반 설계 및 연구 결과

이 절에서는 이전 절에서 설명한 설계 및 연구 과정을 자세히 설명하고, 각 수준에서 수행된 분석 결과를 제공한다. 먼저 4.1절에서 교실 수준을 다루고, 이어서 4.2절과 4.3절에서 교사 및 퍼실리테이터 전문성 개발 수준을 다룬다.

4.1. 교실 수준

MRT 과제를 해결하는 여섯 쌍의 학생들의 모습이 촬영되었다. 이 녹화된 영상에서 교사와 퍼실리테이터 전문성 개발 프로그램에서 사용할 5분 미만의 너무 길지 않고(Krammer et al., 2008) 학생들의 수학 학습에 중점을 둔 비디오 발췌본을 확인하기 시작하였다. 이는 학생 비디오 사례가 수업에서 중점적으로 다루는 수학 내용과 관련된 뚜렷한 학습 과정을 보여주어야 한다는 것을 의미한다. 비디오 영상의 초기 검토에서 잠재적으로 적합한 일련의 비디오 사례들이 확인되었다. 이후, 전문가 검토를 통해 이 비디오 사례들이 전문성 개발 프로그램에서 사용될 수 있는지에 대한 가능성을 평가하였다. 특히, 학생들의 학습과 테크놀로지 사용의 상호작용에 대해 전문가들이 무엇에 주목하는지에 대한 면담이 진행되었다. 가장 적합한 두 개의 비디오 사례를 CAT 모델([그림 4] 참조)을 사용하여 심도 있게 분석하였다. 수학 수업에서 테크놀로지의 사용이 비목적적인 사용을 넘어서지 못한다는 것이 교사들의 공통된 우려라는 점에서(Mackey, 1999; Thurm, 2017; Thurm & Barzel, 2020), 이 연구에서는 학생들이 비목적적인 사용에서 개념적 지식으로 나아가는 과정을 보여주는 비디오 사례를 선택하였다. 이하에서는 이 비디오 사례에 등장하는 학생들의 학습 경로에 대해 설명한다. 이는 [그림 7]에서도 CAT 모델의 측면에서 묘사되어 있다.

라라와 로즈의 학생 비디오 사례

이 비디오 사례는 라라와 로즈라는 두 학생이 MRT 과제의 첫 번째 부분을 수행하는 모습을 보여준다([그림 1], 첫 번째 항목 참조). 그들은 일차함수 f1의 기울기를 변경하기 위해 MRT의 드래그 모드를 사용하는 것으로부터 시작한다. 그들은 무작위로 기울기를 변경하기 시작하고, 이를 통해 포물선의 열린 부분의 방향을 반전시킬 수 있었지만, MRT 보기 창이 그래프의 일부만 보여주기 때문에 이를 알아차리지 못하였다. 그들은 약간 굽은 직선처럼 보이는 반전된 포물선의 일부만 볼 수 있었다([그림 6], 왼쪽 참조). 다음으로, 그들은 드래그 모드를 사용하여 함수 f2의 기울기에 변화를 주기 시작한다. 마지막으로, 그들은 더 잘 볼 수 있게 하기 위해 보기 창을 조정하려 하지만, 성공하지 못한다. 그들은 매개변수를 원래 값으로 바꾸어 처음 상황으로 돌아간다. 그 후, 두 일차함수가 축을 기준으로 대칭이 되어야 결과로 만들어지는 포물선도 축을 기준으로 대칭이 된다는 가설을 세운다. 그들은 f1과 f2의 대칭 함수인 새로운 함수 f4와 f5를 입력하기 시작한다. 그런 다음 그들은 새로운 함수 f6 = f4·f5를 입력한다. 이제 그들은 자신들의 함수 f6이 함수 f3 = f1·f2와 같다는 것을 깨닫는다([그림 6], 오른쪽 참조). 그들은 놀라워하며 갑자기 그 이유를 알아차린다. 그들은 두 함수에 모두 (-1)을 곱하면 결과가 양수가 된다는 것을 대수적으로 주장한다. 이 비디오 사례는 학생들이 새로운 아이디어를 제안하는 열린 결말로 끝난다. 그들은 두 일차함수를 에 대칭시키면 포물선의 방향이 바뀔 것이라는 가설을 세운다.

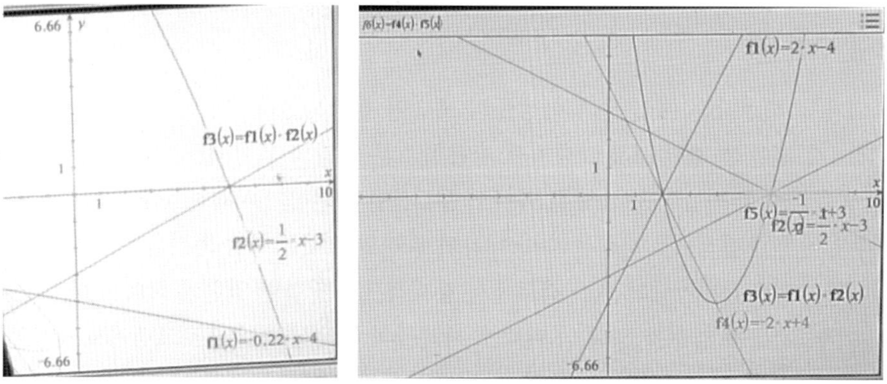

[그림 6] 라라와 로즈가 MRT과제를 수행할 때의 화면

비록 학생들이 이 비디오 사례에서 포물선의 방향을 반대로 바꾸는 원래 문제에 대한 해답을 찾지는 못하지만, 이 과정은 테크놀로지를 비목적적인 사용으로 시작하여 가설을 세우고, 이를 반증하면서 개념적 통찰을 얻는 학습 과정을 보여준다. 이는 수학적 활동, 테크놀로지 사용, 수학적 사고의 상호작용으로 이루어진 학생의 도구 발생 과정의 예이다. 따라서 이 사례는 교사의 노티싱을 구체화하고, 포착하며, 성찰하는 데 사용될 수 있는 가능성을 제공한다.

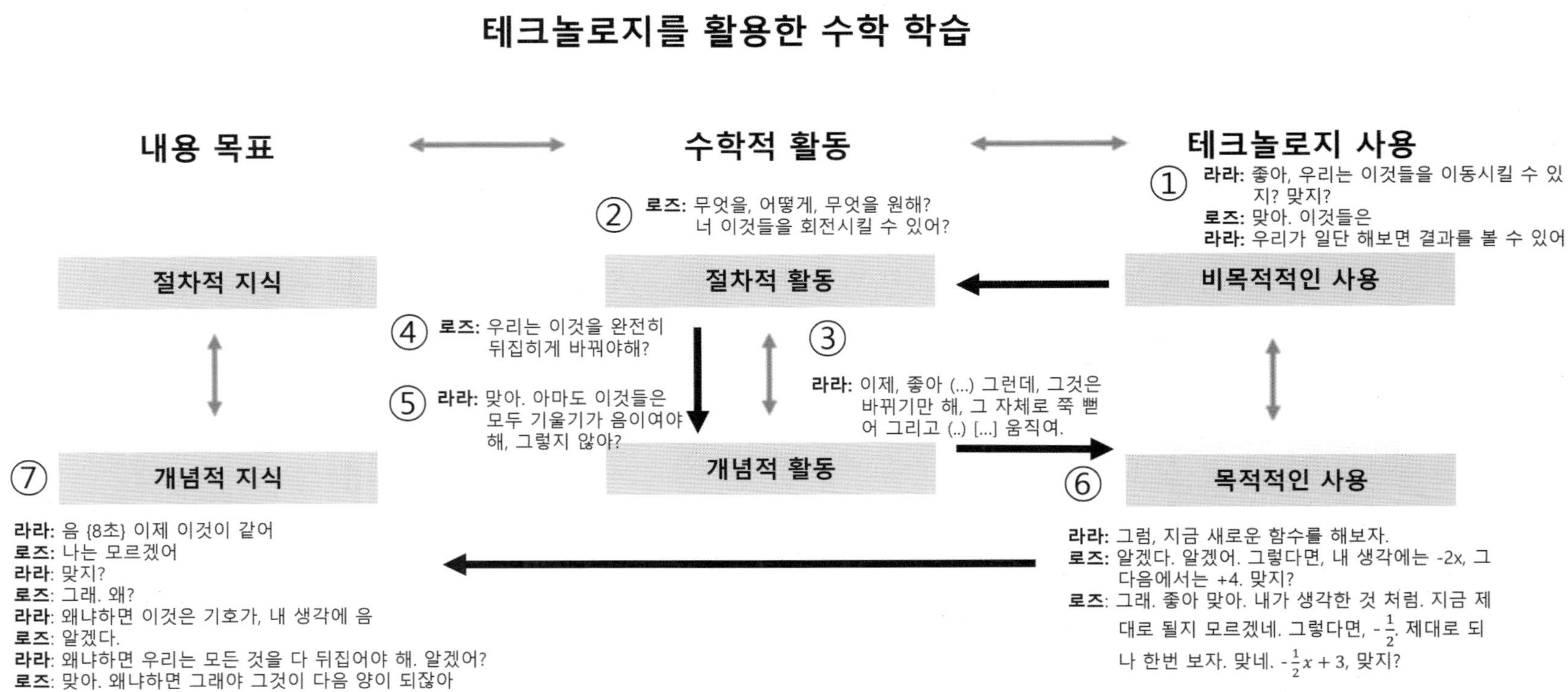

[그림 7] CAT 모델을 활용하여 분석된 라라와 로즈의 학습 경로

4.2. 교사 전문성 개발 수준

위 학생 비디오 사례는 처음에는 비목적적으로 사용한 테크놀로지가 어떻게 개념적 지식의 발달로 이어질 수 있는지를 보여주는 실제 사례이다. 하지만, 교사 전문성 개발 프로그램에서 학생 비디오 사례를 사용하려면 교사의 노티싱을 이끌 수 있는 프롬프트의 설계가 중요하다(2.4절 참조). 따라서, 학생 비디오 사례를 지원하기 위해 적절한 토론 프롬프트를 설계하고자 한다. Ebers(2020b)의 예비 연구에 따르면, **"학생들의 인지 활성과 MRT 사용 간의 상호작용과 관련된 장면을 논의하라."**와 같은 토론 프롬프트는 너무 일반적이며 보다 구체적인 토론 프롬프트로 개선될 수 있음이 확인되었다. 따라서 이 연구는 아래와 같이 방식으로 토론 프롬프트에 명시적으로 초점을 두었다:

학생들의 인지 활성과 MRT 사용 간의 상호작용과 관련된 장면을 논의하라. 다음 질문이 도움이 될 수 있다.

1. 학생들의 문제해결 방법은 무엇인가? 학생들은 자신의 생각을 성찰하거나 수정하는가?
2. 당신은 학생들이 MRT와 상호작용할 때 어떤 시각적 프롬프트에 주목하는가? 학생들이 어떤 프롬프트를 사용하고 어떤 프롬프트를 사용하지 않는가? 사용하지 않는 경우 그 이유는 무엇인가?
3. 당신은 어떤 어려움에 주목하는가?

교사 전문성 개발 프로그램에서 교사들은 먼저 MRT 과제를 스스로 해결한 후, 소모둠으로 나누어 학생 비디오 사례를 분석하였다. 소모둠 작업을 마친 후, 교사 전문성 개발 퍼실리테이터가 이끄는 전체 모둠 토론에서 교사들이 주목한 것에 대해 정리하였다. 전체 모둠 토론은 6분 45초 동안 진행되었다. 6명의 교사가 총 7개의 발언을 하였다. 동일 교사에 의해 만들어진 두 개의 발언은 하나의 분석 단위로 묶였다. 이 연구에서는 모둠 토론을 전사하고, 교사들의 발언을 노티싱 수준과 범주에 따라 분석하였다. 노티싱 수준은 van Es(2011)의 연구를 기반으로 재구성된 분석틀을 사용하여 분석되었다(2.4절 참조). 교사들이 무엇에 주의를 기울였는지를 포착하는 노티싱 범주는 2.4절([그림 4])에 설명된 CAT 모델을 사용하여 분석되었다. 발언 분석은 10명의 수학교육 연구자들에 의해 수행되었다. 연구자들은 각 교사의 발언을 개별적으로 코딩하기 시작하였다. 그 후 연구자들은 짝을 지어 그들의 코딩 간의 차이점에 대해 논의하였다. 그러나 평가자들 간 의견이 대체로 일치하였다. 각 연구자 짝은 이후 비디오 사례에 대한 하나의 공통 코딩을 생성하였다. 그 결과 생성된 코딩들은 차이점을 확인한 후 하나의 공통 코딩을 생성하기 위해 결합되었다.

노티싱 수준과 관련된 분석 결과 교사들의 노티싱 수준이 매우 다른 것으로 확인되었다(〈표 2〉 참조). 세 명의 교사는 기초적인 노티싱 수준을 보였다(1수준). 노티싱의 범주와 관련하여,

두 명의 교사는 테크놀로지의 비목적적인 사용에만 집중한 반면, 한 명의 교사는 구체적인 측면에 주의를 기울이지 않고 매우 일반적인 수학 활동에 집중하였다. 한 명의 교사는 혼합된 노티싱 수준을 보였다(2수준). 이 교사는 학생들의 학습의 구체적인 측면에 주의를 기울이기 시작했지만, 학생들이 보기 창을 변경하지 못한 부분에 매우 집중하였다. 마지막으로, 두 명의 교사는 초점이 있는 노티싱 수준을 보였다(3수준). 〈표 2〉는 네 명의 교사의 결과에 대한 예시를 제공한다.

〈표 2〉 교사 노티싱의 수준과 범주 분석

1수준-기초적인 노티싱	
노티싱 범주	교사로부터의 발췌
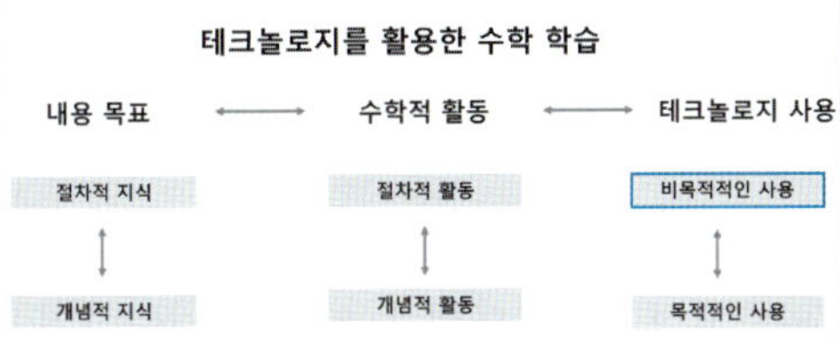	"학생들에게 올바른 방향으로 끌어주는 프로그램에서의 지침이 없으며, 그냥 학생들 스스로 하도록 내버려둡니다. 두 명의 비수학자가 함께 앉아 막연하게 무언가를 시도할 뿐이며, 설령 결과를 얻더라도 어떻게 그리고 왜 그러한 결과를 얻었는지 알 수 없습니다."
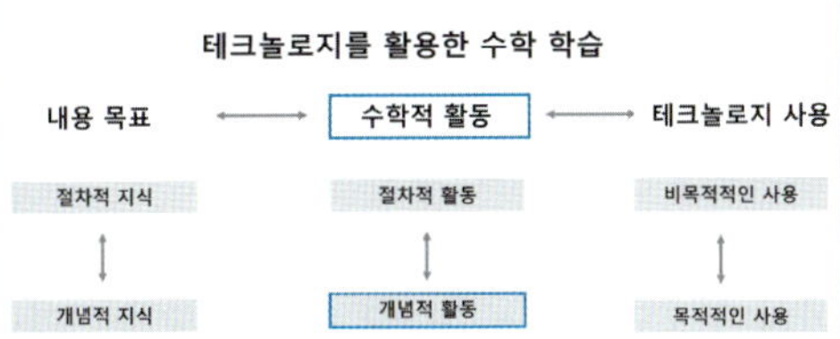	"제 생각에는 여기에 많은 것들이 수학적으로 표현되어 있지만, 그것들이 해당 과제를 해결하는데 유용한가라는 질문이 듭니다. 글쎄요, 학생들은 이야기했지만, 과제의 목표가 포물선과 포물선의 매개변수를 다룰 수 있어야 한다면 그들은 해내지 못하였습니다…"
2수준-혼합된 노티싱	
노티싱 범주	교사로부터의 발췌
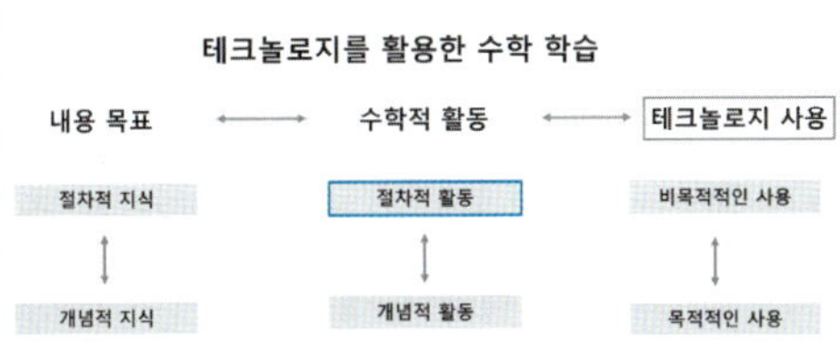	"제 생각에는 학생들이 단순히 시행착오적으로 하는 것이 아니라 유용한 아이디어를 가지고 있습니다. 학생들은 포물선의 방향이 아래로 열리는 경우는 마이너스가 어떤 형태로 작용하는 것을 기억하고 있습니다. … 학생들은 포물선의 방향을 반전시키는 것은 성공하였지만, 그것을 알아차리지는 못하였습니다. 그들은 이미지 부분을 그런 식으로 조정하지 않았고, 그것이 아쉬웠습니다."

〈표 2〉 교사 노티싱의 수준과 범주 분석

3수준-초점이 있는 노티싱	
노티싱 범주	교사로부터의 발췌
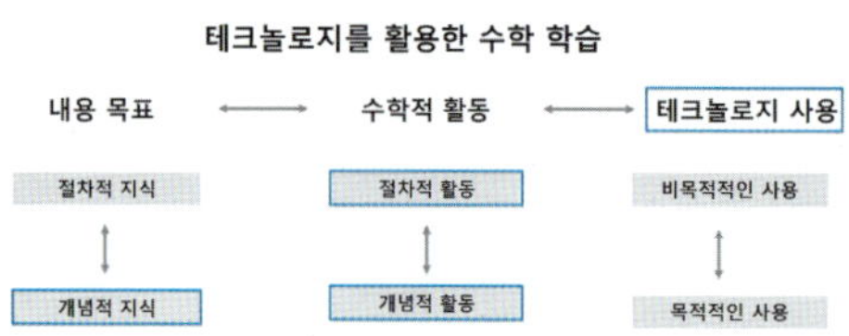	"왜냐하면 학생들은 대칭이 되는 함수식을 입력하였을 때, 직선들이 서로 다르지만 곱한 결과 같은 포물선이 된다는 것을 알았고, 마이너스를 일차함수 앞에 붙이면, 제 생각에 그들이 "마이너스 곱하기 마이너스는 플러스"라고 말하고, 결과적으로 같은 포물선이 다시 된다고 말한 것으로 생각됩니다." "… 학생들이 가설을 검정하고, 해석하고, 정당화하는 것보다 더 좋은 것이 무엇일까요…"

4.3. 퍼실리테이터 전문성 개발 수준

퍼실리테이터 전문성 개발 수준에서, 이 연구는 퍼실리테이터의 노티싱을 지원하기 위한 도구로 교사 전문성 개발 수준에서 녹화된 교사 모둠 토론 비디오 사례를 사용하였다(4.2장 참조). 퍼실리테이터들은 앞서 확인된 교사 노티싱의 수준과 범주의 이질성에 주목하고 이를 다룰 수 있어야 함은 분명하다. 이 연구는 교사 비디오 사례를 사용할 때 퍼실리테이터의 노티싱에 집중하기 위해 특정 프롬프트를 만들었다. 학생 비디오 사례와 교사 비디오 사례의 중요한 차이점은 학생 비디오 사례는 교사가 보이지 않지만, 교사 비디오 사례는 교사들의 모둠 토론을 이끄는 퍼실리테이터의 행동을 보인다는 점이다. 따라서 교사 비디오 사례는 두 가지 방식으로 사용할 수 있다. 한편으로 교사 비디오 사례는 영상에서 교사 노티싱의 다양한 수준과 범주와 관련하여 퍼실리테이터의 노티싱을 지원하는 데 사용될 수 있다. 다른 한편으로 교사 비디오 사례는 퍼실리테이터들이 퍼실리테이터의 행동과 이러한 행동이 교사의 학습을 어떻게 지원하는지 또는 방해하는지를 분석하는데 도움을 줄 수 있다(Schueler & Roesken-Winter, 2018). 따라서 이 연구는 퍼실리테이터를 위한 프롬프트를 두 부분으로 명확하게 구분하였다. 첫 번째 토론 프롬프트는 퍼실리테이터들에게 교사 비디오 사례에 나오는 교사들에게 주의를 기울이도록 요청하였다. 두 번째 토론 프롬프트는 퍼실리테이터들에게 교사 비디오 사례에 나오는 퍼실리테이터에게 주의를 기울이도록 요청하였다.

퍼실리테이터 전문성 개발 프로그램에서 퍼실리테이터들은 먼저 MRT 과제를 스스로 해결해 본 후, 교사 전문성 개발 수준에서 교사들이 했던 것과 같은 방식으로 라라와 로즈의 학생 비디오 사례를 분석하였다. 한 주 뒤에 열린 다음 전문성 개발 미팅에서, 퍼실리테이터들은 소모둠으로 위의 두 개의 토론 프롬프트를 바탕으로 교사 비디오 사례를 분석하였다. 퍼실리테이터들의 두 개의 소모둠 토론은 전사되었다. 퍼실리테이터들의 각 발언은 Sherin & van Es(2009) 및 Lesseig et al.(2017)에 따라 초점(focus) 범주의 코드와 견지(stance) 범주의 코드를 사용하여 코딩되었다.

초점 범주의 코드

초점 범주의 코드는 퍼실리테이터들이 교사 비디오 사례를 시청할 때 무엇에 주의를 기울이는지를 포착하게 해준다. 이를 위해 Sherin & van Es(2009) 및 Lesseig et al.(2017)의 범주를 확장하여 이 연구에서의 전문성 개발 설계의 네스팅 구조를 반영하였다. Sherin & van Es(2009)는 학생 비디오 사례와 관련하여 "학생", "교사", "기타"를 가능한 초점들로 구분한 반면, Lesseig et al.(2017)은 "비디오 사례 교사", "비디오 사례 퍼실리테이터"와 "일반적인 전문성 개발" 또는 "자기 자신"과 같은 일반적인 코드를 구분하였다. 이 연구의 설계가 네스팅 구조를 가지고 있기에 TPD와 교실 수준에 따라 초점 범주의 코드를 구조화하였다. 〈표 3〉은 교사 비디오 사례를 코딩하기 위해 사용된 초점 범주 코드를 간략히 보여준다. 퍼실리테이터의 각 발언에 하나의 주요 초점 코드를 부여하였으며, 이는 발언에서 퍼실리테이터가 주로 집중한 내용을 포착하였다. 또한, 각 발언은 여러 개의 하위 초점 코드를 가질 수 있는데, 이는 퍼실리테이터들이 그들의 발언에서 어떤 측면을 연결했는지를 포착하였다.

〈표 3〉 초점 코드 개요

교사 전문성 개발 수준 초점	교실 수준 초점	일반적인 초점
교사에 초점	과제에 초점	학생 일반
퍼실리테이터에 초점	학생들에 초점	교사 일반
	테크놀로지에 초점	퍼실리테이터 일반
		전문성 개발 일반
		테크놀로지 일반
		자기 자신

견지 범주의 코드

Lesseig et al.(2017)에 따라, 견지 코드는 퍼실리테이터가 설명하였는지, 동의하였는지, 반대하였는지, 해석하였는지, 추측하였는지(선언적 발언이 아닌 궁금증으로서의 의견) 또는 확장하였는지(다른 맥락이나 대안을 고려하는 것)를 포착하였다.

전사본에 대한 코딩은 저자 중 두 명에 의해 수행되었다. 먼저, 연구자들은 각각의 전사본을 개별적으로 코딩하였다. 이후, 짝을 이루어 그들의 코딩 간의 차이에 대하여 논의하였다. 〈표

4〉는 각 초점 코드가 퍼실리테이터의 토론에서 주요 초점 또는 하위 초점이 등장하는 빈도를 보여준다. 〈표 5〉는 모든 발언에서 견지 코드의 분포를 보여준다. 퍼실리테이터들은 대부분 교사 비디오 사례의 퍼실리테이터에 초점을 맞춘 반면, 교사 비디오 사례의 교사나 교실 수준의 측면에는 초점을 맞춘 경우가 드물었다. 하위 초점과 관련하여, 퍼실리테이터들은 발언에서 교사 비디오 사례의 교사를 가장 많이 언급하였다. 견지 코드 분포에 따르면, 퍼실리테이터들은 설명하기(29%) 평가하기(28%)를 자주 하는 반면, 해석하기(19%), 추측하기(8%), 확장하기(16%)는 덜 나타나는 경향이 있었다. 해석하기와 대안을 생각하기는 단순히 설명하기 또는 동의 및 반대하기와 같은 평가하기보다 생산적인 노티싱 지표라는 점에서(Lesseig et al., 2017), 퍼실리테이터의 노티싱은 더욱 향상될 수 있을 것으로 보인다.

앞서 언급한 것처럼, 퍼실리테이터들은 주요 초점을 교사 전문성 개발 수준, 특히 교사 전문성 개발에서 토론을 이끄는 퍼실리테이터에게 두었다. 퍼실리테이터들의 토론 주제를 보다 잘 이해하기 위해, 가장 빈번하게 다루어진 두 가지 주요 초점 코드인 교사 비디오 사례의 퍼실리테이터와 교사 비디오 사례의 교사에 대해 간략히 요약한다.

〈표 4〉 주요 초점과 하위 초점 코드의 분포 (VC=video-case, 비디오 사례)

	교사 VC 퍼실리테이터	교사 VC 교사	학생 VC 학생	학생 VC 과제	학생 VC 테크놀로지	교사 일반	퍼실리테이터 일반	전문성 개발 일반	자기 자신
주요 초점	28	5	0	1	0	0	3	2	1
하위 초점	6	17	3	1	7	3	0	2	3
합계	34	22	3	2	7	3	3	4	4
	56		12			14			

〈표 5〉 견지 코드의 분포

설명하기	동의하기	반대하기	해석하기	추측하기	확장하기
12	8	8	11	5	9

교사 비디오 사례의 퍼실리테이터에 관한 논의

교사 비디오 사례에서 토론을 이끄는 퍼실리테이터는 전체 비디오 사례 동안 두 가지 발언을 한다. 이 발언들은 모두 학생 비디오 사례에서 학생들의 비목적적인 테크놀로지 사용을 비판한 교사들의 발언에 대한 응답이었다(교사 노티싱 1수준, 4.2절 참조). 교사 비디오 사례는 한 교사가 비목적적인 테크놀로지의 사용을 강하게 비판하는 것으로 시작되었고, 이에 교사 비디오 사례의 퍼실리테이터가 다음과 같이 대답한다. **"저는 이 점에 대해 논의하고 싶습니다. 조심스럽게 말하자면, 이것은 전적으로 제 의견이 아닙니다. 이는 누구나 두려워할 만한 부분이고, 이에 대해 우리가 좀 더 논의할 수 있습니다."** 이어 보다 높은 노티싱 수준의 교사들의 응답으로 이어지고(2수준과 3수준, 4.2절 참조), 또 다른 교사가 학생들의 비목적적인 테크놀로지 사용에 관한 비판을 지지한다. 이는 교사 비디오 사례 퍼실리테이터의 다음 반응으로 이어진다. **"하지만 학생들은 단순히 조작한 것은 아닙니다. 우리는 다른 측면에서도 이런 이야기를 들었습니다."** 교사 전문성 개발 프로그램의 퍼실리테이터들은 교사 비디오 사례 퍼실리테이터의 이러한 개입이 적절했는지 여부에 대해 심도 있게 논의하였다. 일부 퍼실리테이터들은 일반적으로 퍼실리테이터가 이러한 방식으로 판단해서는 안 된다고 주장하였다. 다른 이들은 그러한 판단의 필요성을 명확히 강조하였다. **"만약 첫 번째 의견이 이미 너무 격앙된 상태라면, 상황이 악화되어 다시 논의를 되돌리기 어려워질 수 있으므로 그녀(퍼실리테이터)는 이 상황에서 바로 빠져나와야 합니다."**

교사 비디오 사례의 교사에 관한 논의

교사 비디오 사례의 교사들이 교사 노티싱의 주요 초점이 되었던 몇 안 되는 경우에, 전문성 개발 프로그램의 퍼실리테이터들은 주로 교사들의 발언을 설명하고 그것을 학생 비디오 사례의 학생들과 테크놀로지 사용에 피상적으로 연결하였다. 때때로 교사 비디오 사례 교사들의 발언에 대한 평가가 있었지만, 이것은 퍼실리테이터들 간의 깊이 있는 논의로 이어지지 않았다.

5. 논의

이 연구는 교실, 교사 전문성 개발, 퍼실리테이터 전문성 개발 수준 간의 연결을 고려하고 이를 활용하는 방식으로 교사와 퍼실리테이터를 위한 연구 기반 전문성 개발 활동을 설계하였다. 이하에서는 이 세 가지 수준에 걸친 주요 연구 결과에 대해 논의하고자 한다.

교실 수준과 교사 전문성 개발 수준

개발된 CAT 모델은 교사의 전문성 개발 프로그램과 퍼실리테이터의 전문성 개발 프로그램에서 사용할 잠재적인 학생 비디오 사례를 식별하는 데 매우 적합하다는 것이 입증되었다. 또한 CAT 모델은 교사의 노티싱을 분석하는 유용한 관점으로서 역할을 하였다. 교사의 노티싱을 분석한 결과 학생 비디오 사례가 다양한 수준과 범주를 구분하는 데 매우 적합하다는 것을 보여주었다. 결정적으로 학생 비디오 사례는 두 학생이 다양한 수준의 수학적 활동을 통해 비목적적인 테크놀로지 사용에서 목적 지향의 개념적 이해로 발전하는 복잡한 학습 경로를 보여주었다.

나아가, 교사 전문성 개발 수준에서 확인된 노티싱의 다양한 이질성은 테크놀로지를 활용한 수학 수업 전문성 개발 프로그램에서 빈번히 나타날 수 있으며, 이는 퍼실리테이터들에게도 도전적인 과업이 될 수 있다. 퍼실리테이터들은 이 가능한 이질성을 인식해야 하며, <표 2>에 제시된 결과는 이러한 교사 노티싱의 다양한 수준과 범주를 보여준다. 이들은 향후 퍼실리테이터 전문성 개발 프로그램 설계에 통합되어, 노티싱에 관한 교사의 다양한 출발점을 이해하는 데 도움을 줄 수 있다. 또한, 교사 노티싱의 이질성은 심지어 초점을 설정한 토론 프롬프트를 제공한다고 해서 모든 교사가 학생의 학습을 더 깊은 수준에서 주목하도록 하는 것은 아니라는 것을 보여준다. 토론 프롬프트의 추가적인 개선이 교사 노티싱의 깊이를 실질적으로 향상시킬 수 있을지는 의문이다. 오히려 교사들은 그들의 노티싱을 돕기 위한 보다 구체적인 도구가 필요하다고 가정한다. 그러한 방법 중 하나는 교사에게 CAT 모델을 사용하여 학생 비디오 사례를 분석하도록 하는 것이다. 모델의 범주를 사전에 설명해 준다면 교사는 CAT 모델을 사용하여 학생들의 학습 경로를 재구성하도록 유도할 수 있을 것이다.

퍼실리테이터 전문성 개발 수준

퍼실리테이터 전문성 개발 수준에서 분석한 결과, 퍼실리테이터의 노티싱은 주로 교사 비디오 사례에서 퍼실리테이터의 촉진 행동에 집중되는 것으로 나타났다. 해당 교사 비디오 사례에서 퍼실리테이터는 2개의 아주 짧은 발언만 하기 때문에 교사 비디오 사례의 퍼실리테이터에게 이렇게 집중될 것이라 예상하지 못하였다. 퍼실리테이터에게의 집중은 교사 비디오 사례에서 교사 노티싱에 대한 심도 있는 논의를 제한하였다. 교사 비디오 사례에서 주로 퍼실리테이터에게 주목한 것은 퍼실리테이터가 자신의 역할과 동일시하였기 때문일 수 있다. 또 다른 설명은 퍼실리테이터가 교사의 학습에 주목하는 것보다 동료에게 주목하는 것이 더 익숙하기 때문일 수 있다. 이러한 일방적인 주목 현상은 교사 전문성 개발 과정에서 사용된 학생 비디오 사례와 관련한 선행연구에서 설명된 바 있다(Goeze et al., 2014; Hogan et al., 2003). 따라서, 이러한 연구 결과는 이 문제가 퍼실리테이터 전문성 개발 수준으로 상승된다는 것을 시사한다. 퍼실리테이터는 첫 번째 프롬프트가 이러한 측면에 명확하게 중점을 두고 있었음에도 불구하고, 교사 비디오 사례에서 교사 노티싱의 다양한 수준과 그것이 학생 비디오 사례에서 학생들의 학습과 어떻게 관련이 있는지에 대해 명시적으로 논의하지 않았다. 3T 모델의 언어로 표현하자면, 퍼실리테이터들은 낮은 수준의 사면체에 중점을 두지 못하고, 오히려 자신들의 역할인 전문성 개발 퍼실리테이터 관점을 취하였다. 이로부터 퍼실리테이터 전문성 개발 비디오 사례의 설계는 2개의 방법으로 개선될 수 있다는 결론을 내릴 수 있다.

- 이 연구에서 구현한 설계에서는 교사 비디오 사례의 교사와 교사 비디오 사례의 퍼실리테이터에 동시에 초점을 둔 토론 프롬프트를 제공하였다. 이보다 교사 비디오 사례의

교사에게만 초점을 둔 토론 프롬프트를 먼저 제공하면서, 퍼실리테이터들에게는 교사 비디오 사례 속 퍼실리테이터에게 주목하지 않아야 한다는 점을 명확히 강조하는 것이 도움이 될 것으로 보인다.

• 또 다른 가능성은 퍼실리테이터가 포함되지 않은 교사 비디오 사례를 만드는 것이다. 이러한 접근의 단점은 교사 비디오 사례에서 교사의 노티싱과 교사 비디오 사례에서 퍼실리테이터의 행동을 논의하기 위해서는 또 다른 교사 비디오 사례가 필요하다는 것이다.

퍼실리테이터들이 실제로 교사 비디오 사례의 교사에게 초점을 둔 몇 안 되는 경우를 살펴보면, 그들은 높은 수준의 노티싱에 도달하지 못한 것으로 나타났다. 따라서 퍼실리테이터들 역시 그들의 노티싱을 지원할 수 있는 구체적인 도구가 필요한 것으로 보인다. 교사 비디오 사례를 시청할 때 퍼실리테이터의 노티싱을 지원하는 한 가지 방법은 이 연구에서 했던 것과 같은 방식으로 퍼실리테이터들에게 CAT 모델과 노티싱의 다양한 수준을 구체화한 표(〈표 1〉 참조)를 사용하여 교사 비디오 사례를 수준과 범주에 따라 분석하도록 요구하는 것이다.

마지막으로, 이 연구는 PCK-PD의 역할을 부각시킨다. 교사의 PCK가 교사의 노티싱과 관련이 있는 것처럼(Schoenfeld, 2011), 퍼실리테이터의 노티싱도 퍼실리테이터의 PCK-PD와 관련이 있다(Peters-Dasdemir et al., 2020). 그러므로 예컨대, 테크놀로지를 활용한 수업에 관련된 교사 노티싱의 다양한 수준(〈표 2〉 참조)을 퍼실리테이터 전문성 개발의 명시적인 콘텐츠로 만들어 PCK-PD를 개선할 필요가 있다.

앞서 언급한 사항들을 종합하여, 테크놀로지를 활용한 수학 수업과 관련된 퍼실리테이터 전문성 개발 프로그램을 설계할 때 다음 2개의 잠정적 설계 원리를 강조하고자 한다.

- 퍼실리테이터에게 교사 노티싱의 다양한 수준과 측면에 대한 정보를 제공한다. 특히, CAT 모델과 〈표 2〉에 제시된 예시는 퍼실리테이터에게 교사 노티싱의 다양한 측면에 대한 정보를 제공하고, 퍼실리테이터가 이러한 교사 노티싱을 분석하는 데 도움을 줄 수 있다.

- 퍼실리테이터를 위한 비디오 사례는 퍼실리테이터가 교실 수준, 교사 수준, 퍼실리테이터 수준과 같은 다양한 수준에서 관련된 측면을 주목하도록 자극해야 한다. CAT 모델과 같은 도구는 퍼실리테이터 전문성 개발 프로그램에서 퍼실리테이터가 교사 노티싱의 다양한 수준을 이해하고 주목할 수 있도록 도와야 한다.

6. 결론

퍼실리테이터를 위한 전문성 개발 프로그램의 설계와 실행에 관한 연구는 여전히 제한적이다(Thurm et al., 2023). 이 장에서는 교사 노티싱과 퍼실리테이터 노티싱 모두를 지원하기 위한 비디오 사례 기반 전략을 설계하는 접근에 대해 자세히 설명한다. 교실 수준, 교사 전문성 개발 수준, 퍼실리테이터 전문성 개발 수준과 같은 다양한 전문성 개발 수준에 걸친 설계와 연구는 각 수준에서 고려해야 할 미묘한 문제들과 한 수준에서의 연구 및 설계에 대한 결정이 어떻게 다른 수준에 영향을 미치는지를 강조한다. 이 연구는 테크놀로지를 활용한 수학 수업과 관련하여 교사 노티싱의 다양한 수준과 범주를 확인하였다. 또한, 교사 비디오 사례를 시청할 때 퍼실리테이터의 노티싱은 교사 비디오 사례에 나오는 퍼실리테이터에 집중될 수 있고, 교실 수준과 교사 전문성 개발 수준으로 확장되지 않을 수 있음을 확인하였다. 심지어 섬세하게 만든 토론 프롬프트만으로는 교사와 퍼실리테이터의 노티싱을 관련된 측면에 집중시키기에 충분하지 않을 수 있다는 사실도 확인하였다. 오히려 이 연구는 CAT 모델과 노티싱의 수준 및 범주를 이 연구에서 예시한 것처럼 연구 도구로 사용할 뿐만 아니라 비디오 사례를 시청할 때 교사와 퍼실리테이터 노티싱을 지원하는 "전문성 개발 도구"로 사용할 것을 제안한다. 이런 의미에서, 이 연구는 퍼실리테이터들이 연구자와 유사한 분석 도구를 가지고 보다 연구적인 입장을 취할 필요가 있음을 주장한다. 이를 위한 전제 조건은 이러한 도구가 연구적인 관점에서 관련된 측면을 포착할 수 있을 만큼 충분히 복잡해야 하지만, 동시에 연구자뿐만 아니라 넓은 범주에서 교사와 퍼실리테이터들도 접근할 수 있고 사용할 수 있어야 한다는 것이다.

우리는 이 연구에서 보고된 결과가 테크놀로지를 활용한 수업 분야에서 적절한 퍼실리테이터 전문성 개발 프로그램의 설계와 연구에 대한 지식을 확장하는데 있어 초기 단계에 불과하다는 것을 알고 있다. 이러한 복잡성은 교실 수준, 교사 전문성 개발 수준, 퍼실리테이터 전문성 개발 수준이 불가피하게 얽혀 있다는 사실에 있으며, 연구와 설계 수준 모두에서 이러한 복잡성을 적절히 해결하기 위해서는 도구와 이론이 필요하다.

참고문헌

Aldon, G., &Trgalová, J. (2017). Proceedings of the 13th international conference on Technology in Mathematics Teaching. Technology in Mathematics Teaching ICTMT 13 Ecole Normale Supérieure de Lyon/ Université Claude Bernard Lyon 1 3 to 6 July, 2017.

Anderson, L. W., &Krathwohl, D. R. (Eds.). (2001). *A taxonomy for learning, teaching, and assessing: A revision of Bloom's taxonomy of educational objectives*. Allyn & Bacon.

Arzarello, F., Olivero, F., Paola, D., &Robutti, O. (2002). A cognitive analysis of dragging practises in Cabri environments. *Zentralblatt für Didaktik der Mathematik, 34*(3), 66–72.

Ball, L., Drijvers, P., Ladel, S., Siller, H. S., Tabach, M., &Vale, C. (2018). *Uses of technology in primary and secondary mathematics education*. Springer.

Barzel, B., &Möller, R. (2001). About the use of the TI-92 for an open learning approach to power functions. *Zentralblatt für Didaktik der Mathematik, 33*(1), 1–5.

Barzel, B., Bebernik, R., Göbel, L., Pohl, M., Ruchniewicz, H., Schacht, F., &Thurm, D. (2020). *Proceedings of the 14th international conference on Technology in Mathematics Teaching – ICTMT 14: Essen, Germany, 22nd to 25th of July 2019.* https://doi.org/10.17185/duepublico/48820.

Beattie, H. L., Ren, L., Smith, W. M., & Heaton, R. M. (2017). Measuring elementary mathematics teachers' noticing: Using child study as a vehicle. In E. O. Schack, M. H. Fisher, & J. Wilhelm (Eds.), *Teacher noticing: Bridging and broadening perspectives, contexts, and frameworks* (pp. 321–338). Springer.

Biggs, J. (2003). *Teaching for quality learning at university* (2nd ed.). The Society for Research into Higher Education and Open University Press.

Borko, H. (2004). Professional development and teacher learning: Mapping the terrain. *Educational Researcher, 33*(8), 3–15.

Borko, H., & Potari, D. (Eds.). (2020). Teachers of mathematics working and learning in collaborative groups (ICMI STUDY 25 conference proceedings). University of Lisbon.

Borko, H., Koellner, K., & Jacobs, J. (2014). Examining novice teacher leaders' facilitation of professional development. Journal of Mathematical Behavior, 33, 149–167.

Borko, H., Carlson, J., Deutscher, R., Boles, K. L., Delaney, V., Fong, A., …Villa, A. M. (2021). Learning to Lead: An approach to mathematics teacher leader development. *International Journal of Science and Mathematics Education*, 1–23.

Clark-Wilson, A., & Hoyles, C. (2019). A research-informed web-based professional development toolkit to support technology-enhanced mathematics teaching at scale. *Educational Studies in Mathematics, 102*(3), 343–359.

Clark-Wilson, A., Robutti, O., & Sinclair, N. (2014). *The mathematics teacher in the digital era: An international perspective on technology focused professional development*. Springer.

Clark-Wilson, A., Robutti, O., & Thomas, M. (2020). Teaching with digital technology. *ZDM Mathematics Education, 52*, 1223–1242. https://doi.org/10.1007/s11858-020-01196-0

Drijvers, P. (1994). Graphics calculators and computer algebra systems: Differences and similarities. In H. Heugl & B. Kutzler (Eds.), *Derive in education: Opportunities and strategies* (pp. 189–200). Chartwell-Bratt.

Drijvers, P., Doorman, M., Boon, P., Reed, H., & Gravemeijer, K. (2010). The teacher and the tool: Instrumental orchestrations in the technology-rich mathematics classroom. *Educational Studies in Mathematics, 75*(2), 213–234.

Drijvers, P., Ball, L., Barzel, B., Heid, M. K., Cao, Y., & Maschietto, M. (2016). *Uses of Technology in Lower Secondary Mathematics Education: A concise topical survey*. Springer.

Duval, R. (2006). A cognitive analysis of problems of comprehension in a learning of mathematics. *Educational Studies in Mathematics, 61*(1–2), 103–131.

Ebers, P. (2020a). Videofälle zur Vorbereitung von Lehrkräften auf das Unterrichten mit digitalen Medien. In H.-S. Siller, W. Weigel, & J. F. Worler (Eds.), *Beiträge zum Mathematikunterricht 2020* (pp. 1297–1300). WTM-Verlag.

Ebers, P. (2020b). Development of video cases regarding technology use for professional development programs. In B. Barzel, R. Bebernik, L. Göbel, M. Pohl, H. Ruchniewicz, F. Schacht, & D. Thurm (Eds.), *Proceedings of the 14th International Conference on Technology in Mathematics Teaching – ICTMT 14: Essen, Germany, 22nd to 25th of July 2019* (pp. 287–288). https://doi.org/10.17185/duepublico/48820

Elliott, R., Kazemi, E., Lesseig, K., Mumme, J., Carroll, C., & Kelley-Petersen, M. (2009). *Conceptualizing the work of leading mathematical tasks in professional development. Journal of Teacher Education, 60*(4), 364–379.

Ertmer, P. A., & Ottenbreit-Leftwich, A. T. (2010). Teacher technology change: How knowledge, confidence, beliefs, and culture intersect. *Journal of Research on Technology in Education, 42*(3), 255–284.

Goeze, A., Zottmann, J. M., Vogel, F., Fischer, F., & Schrader, J. (2014). Getting immersedin teacher and student perspectives? Facilitating analytical competence using video cases in teacher education. *Instructional Science*, 42(1), 91–114. https://doi.org/10.1007/s11251-013-9304-3

Goldsmith, L. T., Doerr, H. M., & Lewis, C. C. (2014). Mathematics teachers' learning: A conceptual framework and synthesis of research. *Journal of Mathematics Teacher Education, 17*(1), 5–36.

Goodwin, C. (1994). *Professional vision. American Anthropologist, 96*(3), 606–633.

Grugeon, B., Lagrange, J.-B., Jarvis, D., Alagic, M., Das, M., & Hunscheidt, D. (2010). Teacher education courses in mathematics and technology: Analyzing views and options. In C. Hoyles & J.-B. Lagrange (Eds.), *Mathematics education and technology—Rethinking the terrain* (pp. 329–345). Springer.

Guin, D., & Trouche, L. (1999). The complex process of converting tools into mathematical instruments: The case of calculators. *The International Journal of Computers for Mathematical Learning, 3*(3), 195–227.

Hegedus, S., Laborde, C., Brady, C., Dalton, S., & Siller, H.-St., Tabach, M., Trgalova, J., & Moreno-Armella, L. (2017). *Uses of Technology in Upper Secondary Mathematics Education*. Springer.

Heid, M. K., & Blume, G. W. (Eds.). (2008). *Research on technology and the teaching and learning of mathematics: Volume 1: Research synthesis*. Information Age Publishing.

Hogan, T., Rabinowitz, M., & Craven, J. A., III. (2003). Representation in teaching: Inferences from research of expert and novice teachers. *Educational Psychologist*, 38(4), 235–247. https://doi.org/10.1207/S15326985EP3804_3

Hoyles, C., & Lagrange, J. B. (Eds.). (2010). *Mathematics education and technology: Rethinkingthe terrain*. Springer.

Jacobs, J., Seago, N., & Koellner, K. (2017). Preparing facilitators to use and adapt mathematics professional development materials productively. *International Journal of STEM Education, 4*(30), 1–14.

Kilic, H. (2018). Pre-service mathematics teachers' noticing skills and scaffolding practices. *International Journal of Science and Mathematics Education, 16*(2), 377–400.

Kirschner, P. A., Sweller, J., & Clark, R. E. (2006). Why minimal guidance during instruction does not work: An analysis of the failure of constructivist, discovery, problem-based, experiential, and inquiry-based teaching. *Educational Psychologist, 41*(2), 75–86. https://doi.org/10.1207/s15326985ep4102_1

Koc, Y., Peker, D., & Osmanoglu, A. (2009). Supporting teacher professional development through online video case study discussions: An assemblage of preservice and inservice teachers and the case teacher. *Teaching and Teacher Education, 25*, 1158–1168.

Krammer, K., Schnetzler, C. L., Ratzka, N., Reusser, K., Pauli, C., Lipowsky, F., &Klieme, E. (2008). Lernen mit Unterrichtsvideos: Konzeption und Ergebnisse eines netzgestützten Weiterbildungsprojekts mit Mathematiklehrpersonen aus Deutschland und der Schweiz. *Beiträge zur Lehrerbildung, 26*(2), 178–197.

Kuzle, A., &Biehler, R. (2015). Examining mathematics mentor teachers' practices in professional development courses on teaching data analysis: Implications for mentor teachers' programs. *ZDM, 47*(1), 39–51.

Lee, M. Y., &Choy, B. H. (2017). Mathematical teacher noticing: The key to learning from lesson study. In E. Schack, M. Fisher, & J. Wilhelm (Eds.), *Teacher Noticing: Bridging and broadening perspectives, contexts, and frameworks. Research in mathematics education* (pp. 121–140). Springer.

Lesseig, K., Elliott, R., Kazemi, E., Kelley-Petersen, M., Campbell, M., Mumme, J., & Carroll, C. (2017). Leader noticing of facilitation in videocases of mathematics professional development. *Journal of Mathematics Teacher Education, 20*(6), 591–619.

Leufer, N., Prediger, S., Mahns, P., &Kortenkamp, U. (2019). Facilitators' adaptation practices of curriculum material resources for professional development courses. *International Journal of STEM Education, 6*(1), 1–18.

Mackey, K. (1999). Do we need calculators? In Z. Usiskin (Ed.), *Mathematics education dialogues* (p. 3). NCTM.

Peters-Dasdemir, J., Holzäpfel, L., Barzel, B., & Leuders, T. (2020). Professionalization of facilitators in mathematics education: A competency framework. In M. Inprasitha, N. Changsri, & N. Boonsena (Eds.), *Proceedings of the 44th conference of the International Group for the Psychology of mathematics education* (*interim volume*) (pp. 457–465). PME.

Pierce, R., & Stacey, K. (2010). Mapping pedagogical opportunities provided by mathematics analysis software.*International Journal of Computers for Mathematical Learning, 15*(1), 1–20.

Poehler, B. (2020). Role of facilitators in supporting teacher collaboration during PD courses on language-responsive mathematics teaching. In H. Borko & D. Potari (Eds.), *ICMI study 25: Teachers of mathematics working and learning in collaborative groups* (pp. 516–523). University of Lisbon.

Praetorius, A.-K., McIntyre, N. A., & Klassen, R. M. (2017). Reactivity effects in video-based classroom research: An investigation using teacher and student questionnaires as well as teacher eye-tracking. *Zeitschrift für Erziehungswissenschaft, 20*(1), 49–74.

Prediger, S. (2019). Investigating and promoting teachers' expertise for language-responsive mathematics teaching. *Mathematics Education Research Journal, 31*(4), 367–392.

Prediger, S., Roesken-Winter, B., & Leuders, T. (2019). Which research can support PD facilitators? Strategies for content-related PD research in the three-tetrahedron model. *Journal of Mathematics Teacher Education, 22*(4), 407–425.

Psycharis, G., & Kalogeria, E. (2018). Studying the process of becoming a teacher educator in technology-enhanced mathematics. *Journal of Mathematics Teacher Education, 21*(6), 631–660.

Ratnayake, I., Thomas, M., & Kensington-Miller, B. (2020). Professional development for digital technology task design by secondary mathematics teachers. *ZDM, 52*(7), 1423–1437.

Rittle-Johnson, B., & Schneider, M. (2015). Developing conceptual and procedural knowledge of mathematics. In R. C. Kadosh & A. Dowker (Eds.), *Oxford handbook of numerical cognition* (pp. 1118–1134).

Rittle-Johnson, B., Schneider, M., & Star, J. R. (2015). Not a one-way street: Bidirectional relations between procedural and conceptual knowledge of mathematics. *Educational Psychology Review, 27*(4), 587–597.

Roesken-Winter, B., Schueler, S., Stahnke, R., & Bloemeke, S. (2015). Effective CPD on a large scale: Examining the development of multipliers. *ZDM, 47*(1), 13–25.

Roesken-Winter, B., Stahnke, R., Prediger, S., & Gasteiger, H. (2021). Towards a research base or implementation strategies addressing mathematics teachers and facilitators. *ZDM–mathematics. Education*, 1–13.

Schoenfeld, A. (2011). Noticing matters. A lot. Now what? In M. G. Sherin, V. R. Jacobs, & R. A. Philipp (Eds.), *Mathematics teacher noticing: Seeing through teachers' eyes* (pp. 3–14). Routledge.

Schueler, S., & Roesken-Winter, B. (2018). Compiling video cases to support PD facilitators in noticing productive teacher learning. *International Journal of STEM Education, 2018*(5), 50. https://doi.org/

10.1186/s40594-018-0147-y

Sherin, M. G. (2004). *New perspectives on the role of video in teacher education*. In J. Brophy (Ed.), Using video in teacher education (pp. 1–27). Elsevier Science.

Sherin, M. G. (2007). The development of teachers' professional vision in video clubs. In R. Goldman, R. Pea, B. Barron, & S. J. Deny (Eds.), *Video research in the learning sciences* (pp. 383–395). Erlbaum.

Sherin, M. G., & Russ, R. S. (2015). Teacher noticing via video. In B. Calandra & P. J. Rich (Eds.), *Digital video for teacher education* (pp. 3–20). Routledge.

Sherin, M. G., & van Es, E. A. (2009). Effects of video club participation on teachers' professional vision. *Journal of Teacher Education, 60*(1), 20–37.

Sherin, M. G., Jacobs, V., & Philipp, R. (2011a). Situating the study of teacher noticing. In M. G. Sherin, V. R. Jacobs, & R. A. Philipp (Eds.), *Mathematics teacher noticing: Seeing through teachers' eyes* (pp. 3–14). Routledge.

Sherin, M. G., Russ, R. S., & Colestock, A. (2011b). Accessing mathematics teachers' in-the-moment noticing. In M. G. Sherin, V. R. Jacobs, & R. A. Philipp (Eds.), *Mathematics teacher noticing; seeing through teachers' eyes* (pp. 79–94). Routledge.

Sherman, M. F. (2012). Supporting students' mathematical thinking during technology-enhanced investigations using DGS. In D. Martinovic, D. McDougall, & Z. Karadag (Eds.), *Technology in mathematics education: Contemporary issues* (pp. 147–182). Informing Science Institute.

Stahnke, R., Schueler, S., & Roesken-Winter, B. (2016). Teachers' perception, interpretation, and decision-making: A systematic review of empirical mathematics education research. *ZDM, 48*(1–2), 1–27.

Thomas, M. O. J., & Palmer, J. (2014). Teaching with digital technology: Obstacles and opportunities. In A. Clark-Wilson, N. Sinclair, & O. Robutti (Eds.), *The mathematics teacher in the digital era* (pp. 71–89). Springer.

Thurm, D. (2017). Psychometric evaluation of a questionnaire measuring teacher beliefs regarding teaching with technology. In B. Kaur, W. K. Ho, T. L. Toh, & B. H. Choy (Eds.), *Proceedings of the 41st Conference of the International Group for the Psychology of Mathematics Education* (*Bd. 4*) (pp. 265–272).

Thurm, D. (2020). *Digitale Werkzeuge im Mathematikunterricht integrieren: Zur Rolle von Lehrerüberzeugungen und der Wirksamkeit von Fortbildungen*. Springer.

Thurm, D., & Barzel, B. (2020). Effects of a professional development program for teaching mathematics with technology on teachers' beliefs, self-efficacy and practices. *ZDM Mathematics Education, 52*, 1411–1422. https://doi.org/10.1007/s11858-020-01158-6

Thurm, D., & Barzel, B. (2021). *Teaching mathematics with technology: A multidimensional analysis of teacher beliefs and practice*. Educational Studies in Mathematics. https://doi.org/10.1007/s10649-021-10072-x

Thurm, D., Bozkurt, G., Barzel, B., Sacristán, A. I. & Ball, L. (2023). A review of research on professional development for teaching mathematics with digital technology. In B. Pepin,G. Gueudet, & J. Choppin (Eds.), *Handbook for Digital Resources in Mathematics Education*. Springer.

Trouche, L., & Drijvers, P. (2010). Handheld technology for mathematics education: Flashback into the future. *ZDM, 42*(7), 667–681.

van Es, E. A. (2011). A framework for learning to notice students' thinking. In M. G. Sherin, V. R. Jacobs, & R. A. Philipp (Eds.), *Mathematics teacher noticing: Seeing through teachers' eyes* (pp. 134–151). Routledge.

02

실습 강좌에서 테크놀로지 기반 수학 과제를 계획 및 실행하는 데 도구 오케스트레이션 모델 사용하기

Gülay Bozkurt
Melike Yiğit Koyunkaya

예비 수학교사가 수업에 테크놀로지를 활용할 수 있도록 준비시키는 것은 교사교육 프로그램이 직면한 주요 문제이다. 이는 예비 수학교사가 테크놀로지를 수업에 활용하는 기능과 지식을 개발하는 데 필요한 교육과정을 어떻게 구성할지에 대한 핵심 쟁점을 불러 일으켰다. 이 장은 튀르키예의 한 대학에서 테크놀로지를 활용한 수학 수업을 목표로 실습 강좌를 개편하여 운영한 사례를 다룬다. 이 연구는 동적 수학 소프트웨어인 지오지브라를 사용하는 예비 수학교사의 교수 관행이 발달하는 과정을 설명하고 분석하는 데 '도구 오케스트레이션' 모델을 활용하였다. 연구 참여자는 튀르키예 한 주립 대학의 4년제 중등 수학교육과에 다니는 학생들이다. 이 연구는 예비 수학교사가 테크놀로지 기반 수업을 설계, 실행, 반성하는 주기적 과정에 실행연구 방법론을 적용하였다. 연구 결과, 예비 수학교사는 설계 과정에서 행동 계획의 목표와 수업의 일반적인 구조를 설정하는 데만 주목함으로써 교실 오케스트레이션의 '활용 양식'을 간과하였다. 마이크로티칭을 통해 예비 수학교사들은 자신들이 설정한 목표와 관련하여 동적 테크놀로지가 지닌 복잡성을 인지하였으며, 수업 목표, 테크놀로지 활용 활동, 프롬프트와 학생들의 잠재적 반응을 고려하는 체계적인 방식으로 과제를 조직하였다.

주요 용어: 도구 오케스트레이션, 예비 수학교사, 동적 수학 과제 설계, 실행연구, 교실 수업, 마이크로티칭

1. 서론

여러 나라의 국가 수준 교육과정과 규준(예, Common Core State Standards for Mathematics, 2010; Ministry of National Education, 2018; National Center for Excellence in the Teaching of Mathematics, 2014)은 수학 교수-학습을 개선하는 데 의 활용을 특히 강조하였다. 이를테면, 중등 기하 교육에 동적 기하 소프트웨어나 어플리케이션의 활용이 제안된 바 있다. 그러나 이러한 테크놀로지를 수업에 활용하는 방법에 대한 구체적인 지침이나 자료가 거의 제공되지 않으므로, 테크놀로지 활용에 주목하는 국가 수준 교육과정의 변화는 수학교사 양성과정의 설계와 운영에 큰 영향을 미친다. 이에 교사교육을 위한 초기 프로그램은 예비 수학교사들에게 테크놀로지 활용법을 지도하는 방향으로 진행되었다(Hofer & Grandgenett, 2012; Niess, 2005; Yeh et al., 2014). 1990년대 이후 테크놀로지와 관련된 교과목이 교사교육 프로그램에 포함되었지만, 예비 수학교사가 수업에서 테크놀로지를 효과적으로 활용할 수 있다는 증거는 그리 많지

않다(McCulloch et al., 2019). 이러한 교과목은 주로 학교 수학을 지도하는 데 테크놀로지가 지닌 어포던스(affordance) 및 그 방법적 절차에만 주목하였다는 비판을 받았다(예, Powers & Blubaugh, 2005). 최근 들어 교사교육자와 연구자는 수학 내용 및 테크놀로지 활용의 효과적인 교수 관행에 관심을 기울이게 되었다(예, Bowers & Stephens, 2011; Lee & Hollebrands, 2008; McCulloch et al., 2020).

한편 여러 연구는 예비 수학교사가 테크놀로지 기반 과제를 수학 수업에 활용할 수 있도록 지원하는 현장 경험을 강조하였다(예, Darling-Hammond et al., 2009; Strutchens et al., 2016). 이는 예비 수학교사가 디지털 테크놀로지를 사용하여 수학 내용을 학생들에게 직접 가르쳐 보는 실습 교과목이 테크놀로지 활용과 관련된 예비 수학교사의 지식과 기능을 개발하는 데 중요함을 보여준다(Grugeon et al., 2009; Meagher et al., 2011; Niess, 2005, 2012; Zbiek & Hollebrands, 2008). 이에 여러 연구는 교사교육자들이 예비 수학교사들의 전문 지식과 테크놀로지 활용 수업 역량을 개발하기 위해 교사 양성과정의 정규 강좌와 현장 실습을 연결하는 방안을 모색하도록 제안하였다(McCulloch et al., 2020; Niess, 2012; Strutchens et al., 2016). 이를테면, 예비 수학교사가 "디지털 테크놀로지의 어포던스와 제약에 비추어 구체적인 내용과 학생의 요구, 특정 교실 상황과 관련되는 수업 아이디어를 설계, 조직, 비평, 추상화하는 활동"(Niess, 2012, p. 332)을 고려할 수 있다. 예비 수학교사 교육과정과 현장 실습을 연계하는 방안을 다룬 일부 연구(예, McCulloch et al., 2020)가 있지만, 이 문제는 "체계적인 연구와 통합 자료 개발이라는 폭넓은 노력이 필요한 신생 연구 분야"(Huang & Zbiek, 2017, p. 23)라는 국제적인 견해가 여전하다.

이상에 따라 연구자이자 교사교육자인 이 장의 저자들은 예비 수학교사가 테크놀로지 기반 수업을 설계 및 실행할 수 있도록 튀르키예의 한 대학교 현장 실습 강좌에 일련의 주기적 과정을 도입하였다. 이 장의 목적은 이러한 활동을 통해 예비 수학교사들이 디지털 테크놀로지를 수학 수업에 성공적으로 통합할 수 있도록 전문 지식과 경험을 제공하는 것이다. 이에 이 연구는 예비 수학교사가 작성한 테크놀로지 기반 수업 계획을 평가하고 예비 수학교사들의 현장 경험 및 이러한 실행 지식의 영향을 검토하는 데 명시적 목표를 두도록 현장 실습 교과목을 개편함으로써, 예비 수학교사들이 자신들의 교수 경험을 디지털 테크놀로지 활용 역량으로 구체화할 수 있도록 하였다. 해당 강좌에서 예비 수학교사들이 수업을 설계하고 실행하는 데 익숙해지고 이를 개념화하여 연계할 수 있도록, 테크놀로지를 활용하는 수업의 교수-학습 상황을 다루기 위해 특별히 개발된 **도구 오케스트레이션 모델**(Drijvers et al., 2010; Trouche, 2004)을 이론적 틀로 사용하였다. 이 책의 초판(Clark-Wilson et al., 2014)에서 여러 연구(Drijvers et al., 2014; Gueudet et al., 2014)는 디지털 테크놀로지를 활용하는 현직 교사들의 다양한 수업 오케스트레이션에 대해 고찰한 바 있다. 다음 단계로 이 연구는 "반성적 전용(reflexive appropriation)을 통해 구체적인 교사 전문성 개발을 구조화하고 지원하는 데 목적을 둔"(Ruthven, 2014, p. 390) 교사교육 프로그램에 이상과 같은 연구 성과가 지닌 유용성을 살피고자 한다. 이에 이 연구는 수학 수업에서 동적 수학 소프트웨어, 특히 지오지브라를 활용해 본 경험이 없는 초보 예비 수학교사를 연구대상으로 한다. 연구문제는 다음과 같다.

- 예비 수학교사가 테크놀로지 기반 과제를 준비하는 과정은 도구 오케스트레이션 모델과 어떻게 관련되는가?
- 수업에서 예비 수학교사는 자신이 개발한 과제를 어떻게 오케스트레이션하는가?
- 실습 강좌를 통해 예비 수학교사의 오케스트레이션은 어떻게 변화 또는 발전하는가?

이하에서는 도구 오케스트레이션의 개념, 특히 이 연구에서 조작적으로 다루게 될 수업 오케스트레이션에 대해 논의한다.

2. 도구 오케스트레이션

'도구 오케스트레이션 모델'(instrumental orchestration model, Drijvers et al., 2010; Trouche, 2004)은, 학습에 활용되는 툴(tool)을 심리적 측면에서 인공물(artefact)과 도구(instrument)로 구분하여 설명하는 '도구 기반 접근'(instrumental approach, Verillon & Rabardel, 1995)을 토대로 한다. Verillon & Rabardel(1995)에 따르면 "도구는 그 자체로 존재하는 것이 아니라 인식 주체가 이를 자신에게 맞도록 전용하여 활용할 때 비로소 도구가 된다."(p. 84) 이러한 도구 기반 접근에 따라 Trouche(2004)는 도구를 사용하여 학생의 학습을 유도하는 교사의 핵심 역할을 모델링하는 데 오케스트레이션이라는 은유를 사용하였다. Trouche(2020)는 이와 관련하여 다음과 같이 언급하였다.

> 오케스트레이션을 계획할 때 교사는 교수학적 목표에 따라 수학 문제를 주의 깊게 선별하여 문제를 해결하는 데 인공물이 기여하는 정도를 예측하고, 이러한 인공물을 통해 학생이 보일 수 있는 도구 사용(instrumentatio)[1] 양상을 예상해야 한다(p. 410).

도구 오케스트레이션 개념을 정의하는 데 Trouche(2004)는 '교수학적 배치'(didactical configuration)와 '활용 양식' (exploitation mode)이라는 2가지 구성 개념을 활용하였다. 교수학적 배치는 환경에 테크놀로지를 어떻게 배치하는가를 의미하며, 활용 양식은 교사가 수업 목표를 달성하기 위해 테크놀로지를 어떻게 활용하는가와 관련된다. Drijvers et al.(2010)은 이러한 도구 오케스트레이션 개념을 발전시켜 "교사가 사전에 준비하는 어떤 것이라기보다는 즉흥적 실체로서의 특징을 강조하기 위하여"(Drijvers et al., 2020, p. 1457), '교수학적 실행'(didactical

[1] 역자 주: 이 책에서는 instrumentation과 instrumentalization을 각각 '도구 사용'과 '도구화'(이경화 외, 2017)로 번역하였다.

performance)이라는 개념을 교사의 도구 오케스트레이션을 구성하는 필수 요소로 추가하였다. 교수학적 실행은 수업에서 수학 과제나 테크놀로지 등에 대해 예상치 못한 상황이 발생했을 때, 사전에 준비한 교수학적 배치 및 활용 양식과 관련하여 교사가 취하는 즉흥적인 전략을 의미한다.

이 연구는 튀르키예의 일반 수업 상황을 감안하여 학급 전체를 대상으로 하는 수업 오케스트레이션에 주목하였으며, 이와 관련되는 선행 연구를 검토하였다. 원래 도구 오케스트레이션 모델은 네덜란드의 한 고등학교에서 애플릿을 활용하여 함수 개념을 다룬 교수 관행을 기술하는 데 활용되었다(Drijvers, 2012; Drijvers et al., 2010). 이 때 연구자들은 학급 전체를 대상으로 하는 수업을, '기술-설명'(Technical-demo), '화면-칠판-연결'(Link-screen-board), '화면-토론'(Discuss-the-screen), '화면-설명'(Explain-the-screen), '발견-보여주기'(Spot-and-show), '쉐르파-활동'(Sherpa-at-work) 등의 6가지 오케스트레이션 방법으로 설명하였다. 이상과 같이 학급 전체를 대상으로 한 수업 오케스트레이션은 이를 조직하는 것과 관련하여서는 문제를 야기하지 않았으며, 동적 소프트웨어의 활용, 컴퓨터 화면을 투사하는 장비 구비, 학생이 화면을 볼 수 있는 교실 배치 등만을 필요로 하였다. 기술-설명은 새로운 도구로 무엇을 할 수 있는지, 어떻게 사용하는지 등과 같이 도구의 기능을 설명하는 것과 관련된다. 화면-설명은 컴퓨터 화면에서 일어난 일을 학급 전체에 설명하는 것으로, 때로는 학생들에게 새로운 과제를 제시하는 출발점이 되기도 하였다. 화면-토론은 화면으로 제시된 문제에 대해 교사와 학생들이 논의하는 수업의 상호작용을 의미한다. 이상의 오케스트레이션은 보통 수업의 교수 관행을 테크놀로지가 어떻게 대체하는지를 보여주는데, 이를테면 화면-토론은 테크놀로지를 활용하지 않는 수업의 칠판-토론을 의미한다.

한편 화면-칠판-연결은 테크놀로지 환경과 지필 환경의 관계를 학생들에게 보여주기 위한 의도로 사용되었다. 발견-보여주기는 수업에서 추가 논의를 위하여 교사가 관련이 있다고 판단한 학생의 활동을 의도적으로 가져오는 것을 의미한다. 쉐르파-활동은 소위 쉐르파라 불리는 학생이 자신의 테크놀로지 활동을 발표하거나, 교사의 요청 사항을 수행하는 것을 말한다. 이상은 테크놀로지 활용 환경에 특화된 오케스트레이션으로, 화면-칠판-연결은 이와 관련된 가장 명확한 예이다. Drijvers et al.(2013)은 학급 전체를 대상으로 하는 오케스트레이션으로 안내-설명(Guide-explain)과 칠판-교수(Board-instruction)를 추가로 구체화하였다. 전자를 통해 교사는 화면에 나타난 바에 비추어 폐쇄형 설명을 제시하거나, 폐쇄형 질문을 통해 제한적인 상호작용을 수행하는 경향이 있다. 후자는 교사가 어떠한 디지털 테크놀로지도 사용하지 않고, 일반 수업처럼 학급 전체를 대상으로 판서를 통해 수학을 지도하는 경우를 말한다. 또한 이 연구는 전체 학급을 대상으로 하는 오케스트레이션에 예측-테스트(Predict-test, Bozkurt & Ruthven, 2018; Ruthven et al., 2009)를 추가하였다. 이는 교사가 직접 학생의 추측이 옳고 그름을 입증하기보다는 전체 학급을 대상으로 학생들의 설명과 질문을 유도하고 컴퓨터로 학생들이 제안한 아이디어를 검토하는 것을 의미한다.

도구 오케스트레이션 개념이 도입(Trouche, 2004) 및 발전(Drijvers et al., 2010)된 이후, 여러 연구는 다양한 교육 맥락에서 이를 활용하고 확장하였다(예, Bozkurt & Ruthven, 2018; Erfjord, 2011; Ndlovu et al., 2013; Powell et al., 2017; Tabach, 2011; Tabach et al., 2013). 이상의 연구는 테크놀로지를 활용하는 교사들의 교수 관행을 기술하는 데 목표를 두었으며, 이들 모두는 테크놀로지를 어떻게 활용할지에 대한 사전 준비와 사후 성찰의 중요성을 강조하였다. 이는 테크놀로지 활용 수업을 분석하는 수단으로 도구 오케스트레이션 틀의 유용성을 보여주며, 일부 연구(예, Tabach, 2011; Tabach et al., 2013)는 잠재적인 오케스트레이션 유형을 구체화하여 확장하는 데도 기여하였다. 그러나 Drijvers et al.(2020)은 관련 연구 대부분이 "교수학적 배치와 활용 양식의 레퍼토리 증가에 초점을 맞춤에 따라 교수학적 실행은 거의 다루지지 않았다"(p. 1462)고 비판하였다. 이에 이 연구는 교사 교육과정에서 운영되는 실습 강좌를 설계하고 실행하는 데 도구 오케스트레이션 개념을 적용함으로써, 마이크로티칭과 실제 학교 현장의 교실 수업을 통해 예비 수학교사들의 교수학적 실행이 어떻게 변화하는지 분석하고자 한다. 이를 통해 이 연구는 예비 수학교사들이 자신의 수업을 성찰하여 수업에서 일어날 수 있는 바에 비추어 자신의 수업 계획을 개선하도록 하는 데 목표를 둔다. 이러한 의미에서 이 연구는 교사교육에 도구 오케스트레이션 모델을 적용하여 예비 수학교사가 도구 오케스트레이션의 레퍼토리를 이해하도록 함으로써 관련 분야의 발전에 기여하며, 궁극적으로는 예비 수학교사들이 테크놀로지 기반 수업을 조직하는 실천적 전략을 개발하도록 지원한다.

3. 방법

이 연구는, 실행하는 사람이 자신이 수행한 바를 해석하고 개선하는 체계적 교육 연구의 한 형태인 '실행연구' (action research, Cochran-Smith & Lytle, 1990; Sagor, 1992; Shagoury & Power, 2012)로 설계되었다. 교사교육 맥락에서 예비 교사는 "교육 프로그램과 실습 모두에 성찰적으로 참여하여 자신의 전문성을 능동적으로 개발하는 학습자"가 되어야 한다(Clarke & Hollingsworth, 2002, p. 984). 여러 연구에 따르면, 예비 교사들은 교사교육자가 실행연구에 함께 참여할 때 전문적인 학습 기회를 더 많이 갖게 되며 자신의 수업을 보다 비판적으로 성찰하게 된다(Darling-Hammond, 2006; Shank, 2006; Snow-Gerono, 2005; Stark, 2006). 이에 교사교육자인 이 장의 저자들은 "협력적 실행연구를 통해 얻은 연구 결과를 좀 더 실질적이고 비판적인 방식으로 교육 시스템에 도입하는 기회를 강화"(Burns, 1999, p. 13)하기 위하여, 이번 실행연구에서 예비 수학교사들과 협력적으로 작업하였다.

교사교육자인 저자들은 "실행연구 과정에 필요한 방법론적 프로토콜을 개발"(O' Leary, 2004, p. 98)하기 위하여 연구 과정에 촉진자로 참여하였다. 저자들은 예비 수학교사들이 수업을 계획하고 실행하는 과정을 설계 및 평가하였으며, 예비 수학교사들이 작성한 테크놀로지 기반 과제를 분석하고 그들이 실행하는 수업을 관찰하였다. 특히, 저자들은 이 연구의 분석 과정과 이 연구가 추구하는 관점 및 경험을 연구 질문에 비추어 확인함으로써, 예비 수학교사들이 수학 과제를 설계 및 실행하는 데 테크놀로지의 역할을 고려하고 도구 오케스트레이션 모델을 충분히 활용할 수 있도록 촉진하였다. 예비 수학교사들은 테크놀로지 기반 수업을 설계하고 실행하였으며, 자신들의 수업을 평가하였다.

3.1. 연구 맥락

이 연구는 튀르키예 서부에 위치한 4년제 주립 대학의 수학교사 양성과정에서 개설되는 필수 실습 교과목을 통해 수행되었다(Bozkurt & Yigit Koyunkaya, 2020a, b, 2022). 이 실습 교과목에서 예비 수학교사들은 실습 지도교사의 수업을 관찰한 다음, 14주에 걸쳐 최소 6시간의 수학 수업을 실행해야 한다. 예비 수학교사들이 디지털 테크놀로지를 수업에 활용해야 한다는 지침은 없으며, 보통의 실습 교과목에서는 마이크로티칭을 수행할 필요 없이 교사교육 프로그램을 통해 학습한 교수 자료와 방법에 따라 자신의 수업을 설계하고 실행하면 된다. 예비 수학교사들이 수업을 준비하고 실행할 때, 대학 교수와 실습 지도교사가 수업 개선을 위한 제언과 피드백을 제공한다. 이 연구는 이러한 실습 교과목을 2가지 측면에서 개편하였다. 우선, 예비 수학교사들이 수업에 테크놀로지를 활용할 수 있도록 준비시키는 데 주목하였다. 다음으로는 실습 교과목을 3단계로 구조화하여, 디지털 테크놀로지 활용 수업에 대한 세미나, 다른 예비 수학교사를 대상으로 대학에서 진행하는 마이크로티칭, 학교 현장에서 실행하는 수업으로 구성하였다. 매 단계마다 개별 및 모둠 토론을 실시하여 예비 수학교사들이 자신이 계획한 것과 실행한 것을 설명하고 성찰하도록 하였다. 또한 테크놀로지 특화 모델인 '동적 기하 과제 분석' (Dynamic Geometry Task Analysis, Trocki & Hollebrands, 2018)과 '도구 오케스트레이션' (Instrumental Orchestration)을 통합하여, 예비 수학교사들의 테크놀로지 기반 과제 설계 및 실행 과정을 3단계 주기(Bozkurt & Yigit Koyunkaya, 2020a, b, 2022)로 지원하였다. 이 장은 예비 수학교사의 테크놀로지 기반 수학 과제 설계 및 실행 과정을 도구 오케스트레이션 모델에 비추어 살펴보는 데 중점을 둔다.

3.2. 참여자

이 연구는 실습 강좌를 수강한 예비 수학교사 8명 중 여학생 2명과 남학생 2명을 의도적 표집 방법(Merriam & Tisdell, 2016)으로 선정하였다. 연구 참여자 4명은 테크놀로지 관련 교과목을 수강하여 수학교육에서 활용되는 다양한 디지털 테크놀로지에 익숙하였으며 전공 성적이 상대적으로 우수하였다. 즉, 수학교육에 쓰이는 디지털 테크놀로지에 대한 기존 지식과 기능을 기준으로 연구 참여자를 선정하였다. 해당 실습 강좌의 교수자인, 이 장의 두 번째 저자는 예비 수학교사들에게 수학교육과 테크놀로지 기반 교과목을 모두 가르친 경험이 있으므로, 연구 참여자를 선정하는 과정에 주요한 의견을 제시하였다. 이 연구는 예비 수학교사들에게 디지털 테크놀로지를 가르치는 데 목적이 있는 것이 아니라, 예비 수학교사가 디지털 테크놀로지를 활용한 수학 수업을 어떻게 설계하고 실행하는지에 주목하기 때문에 이상과 같은 참여자 선정 기준이 무엇보다 중요하다. 연구 참여자인 예비 수학교사 4명은 사전 모둠 활동에 협력적으로 참여하였으며, 동료 및 교수자와 바람직한 인간관계를 유지하였다. 실습 강좌를 수강한 연구 참여자, 연구에 참여하지 않는 예비 수학교사, 교수자 사이의 이러한 관계는 이 연구에서 다루는 협력 활동을 활성화하는 데 핵심 역할을 하였다.

한편 연구 참여자들은 학교 체험 강좌를 통해 한 학기 동안 일반적인 수업 환경을 관찰한 경험이 있다. 연구 결과를 기술할 때 연구 참여자 4명은 각각 PMT1, PMT2, PMT3, PMT4로 칭한다.

3.3. 절차

이 연구는 계획, 실행, 관찰 및 성찰(Kemmis & McTaggart, 2004)로 구성된 3단계 주기로 진행되었다. 첫 번째 단계에서 교수자는 수학 과제 설계에 활용할 수 있는 다양한 디지털 테크놀로지를 설명하고 그 선별 방식에 대해 세미나를 진행하였다. 특히, 테크놀로지 기반 과제 설계와 실행에서 교사가 수행할 역할의 중요성을 강조하면서 지오지브라(GeoGebra), GSP 등과 같은 소프트웨어의 활용 어포던스에 대해 논의하였다. 또한 데스모스(Desmos), NCTM의 일루미네이션(Illuminations) 등의 대화형 어플리케이션, 칸 아카데미(Khan Academy)와 같은 동영상 기반 웹사이트 등을 소개하였다. 이어지는 강좌에서 교수자는 도구 오케스트레이션 모델을 이론적 틀로 소개하였으며, 지오지브라를 활용하여 각의 이등분선 작도를 지도하는 수업 영상에 등장하는 수학교사의 다양한 오케이스트레션을 검토하는 논의를 진행하였다. 논의를 마친 다음 교수자는 예비 수학교사에게 도구 오케스트레이션 모델에 대한 성찰 일지를 작성하도록 하였다. 토론 과정에서 교수자는 동영상의 특정 시점에 교사의 오케스트레이션을 통해 테크놀로지가 수업에 적절히 통합되었는지 질문하였다. 처음에 예비 수학교사들은 동영상에 등장하는 교사의 교수학적 조치에 대해 상세히 논의하지 못하였으며, 대신에 교사의 일반적인 수업 관리 기술을 언급하거나 관찰한 오케스트레이션 유형의 명칭을 간단한 설명과 함께 제시하였다. 이에 교수자는 교사의 특정 행동에 초점을 맞추어 "자신이 동영상에 등장하는 교사라면 쉐르파 학생을 어떻게 사용했을 것 같나요? 또는 토론을 어떻게 이끌었을까요?"등의 질문을 통해 예비 수학교사들의 토론을 유도하였다. 이상의 과정은 도구 오케스트레이션 모델에 쓰이는 다소 어려운 용어를 교사의 수업 사례와 연결하여 이론적으로 소개함으로써 예비 수학교사들의 수업 계획을 수업 오케스트레이션과 관련하여 지원하는 데 목표를 둔다. 이와 같은 모델 제시 방식은 예비 수학교사들이 성공적인 교수학적 실행을 위한 교수학적 배치와 활용 양식을 심사숙고하여 조직해야 하는 필요성을 인식하는 데 효과적으로 기여할 수 있다.

7주에 걸쳐 진행된 이상의 단계가 끝날 무렵, 예비 수학교사들에게 자신이 선택한 주제에 대한 테크놀로지 기반 수업을 설계하도록 하였다. 이후 이 연구는 예비 수학교사들이 작성한 수업 계획안에 대한 개별 면담을 실시하여 이들이 설계한 테크놀로지 기반 과제를 개선할 수 있도록 피드백을 제공하였다. 두 번째 단계에서 예비 수학교사는 이상의 면담에 비추어 자신들이 작성한 계획안을 수정하고 마이크로티칭을 실행하였다. 이 연구에서 마이크로티칭은 동료 수강생이 중학생 역할을 맡았으며 대학 강의실에서 진행되었다. 이상을 통해 예비 수학교사들은 자신의 수업 계획안을 학교 현장에서 실행하기 전에 테크놀로지 활용 수업을 실습해 봄으로써 동료 및 교수자가 제공하는 피드백에 따라 자신의 교수법을 개선하였다. 대학 강의실에서 예비 수학교사들을 대상으로 실행되는 마이크로티칭은 현지 교육 기관의 관점에서도 선호되는바, 실제 학교 현장에서 이를 수행하려면 실제적이고 윤리적인 문제를 좀 더 고려해야하기 때문이다.

마이크로티칭은 현장의 교실 환경처럼 칠판 옆에 전자칠판과 노트북이 배치된 대학 강의실에서 진행되었다. 마이크로티칭 단계에는 연구자 2명, 연구 참여자인 예비 수학교사 4명, 연구에 참여하지 않는 예비 수학교사 2명 등 총 8명이 함께 하였으며, 연구 참여자 중 1명이 마이크로티칭을 수행하는 동안 나머지 7명은 중학생 역할을 수행하였다. 예비 수학교사의 마이크로티칭 후에는 피드백을 제공하거나 예비 수학교사와의 개별 면담을 위해 사후 협의회를 진행하였다. 2주에 걸쳐 진행된 두 번째 단계의 주요 목적은 예비 수학교사들이 실제 교실에서 수업을 하기 앞서 자신들이 설계한 과제를 실행해 볼 기회를 제공하는 것이다. 5주 동안 진행된 마지막 단계에서 예비 수학교사들은 두 번째 단계의 경험과 피드백에 비추어 자신의 수업 계획을 재수정하고 이를 활용하여 실습 학교에서 실제 수업을 진행하였다. 튀르키예의 중등학교 교실에는 전자칠판, 일반칠판, 컴퓨터가 있어 마이크로티칭이 수행된 환경과 유사한 배치이며, 보통 25~30명의 학생이 있다. 예비 수학교사가 칠판과 컴퓨터를 활용하여 전체 학급을 대상으로 수업을 할 때 학생들은 어떤 테크놀로지도 사용하지 않고 예비 수학교사의 질문에 답하거나 토론을 진행하였다. 수업 후에는 예비 수학교사를 대상으로 사후 개별 면담 및 모둠 토론을 실시하였으며, 최종 과제로 예비 수학교사는 테크놀로지 기반 수업 계획의 수정본을 작성하였다. 매 단계마다 이 연구는 테크놀로지 기반 과제를 계획, 설계, 실행하는 과정에서 예비 수학교사들이 드러내는 발전과 행동에 비추어 연구 계획을 검토하고 수정하였다.

3.4. 자료 수집

이 장은 각 예비 수학교사들의 수업 계획에 포함된 테크놀로지 기반 과제 중 대표 과제 하나씩에 주목한다. 이를 위해 이 연구는 예비 수학교사들이 설계한 테크놀로지 기반 과제, 마이크로티칭 및 수업 녹화 동영상, 수업 후 개별 면담 및 모둠 토론 내용을 연구 자료로 삼았다. 이 연구에서 다룰 분석 자료의 세부 내역은 〈표 1〉과 같다.

〈표 1〉 연구 자료 세부 내역

단계	자료
1단계 (1~7주)	도구 오케스트레이션 모델을 소개하는 세미나 녹화 영상, 면담 영상, 수업 계획서
2단계 (8~9주)	마이크로티칭 녹화 영상, 마이크로티칭 후 협의회 영상, 수정된 수업 계획서
3단계 (9~14주)	교실 수업 녹화 영상, 수업 후 개별 면담 녹화 영상, 수업 후 최종 포커스 모둠 면담 영상, 수정된 수업 계획서

예비 수학교사들은 실습 지도교사의 수업 계획서 및 시간표에 따라 자신들이 실행할 수업의 주제를 정하고 〈표 2〉와 같은 과제를 설계하였다. PMT1은 9학년에게 삼각비를 지도하는 수업 계획을 세우고 단위원을 소재로 한 테크놀로지 기반 과제를 설계하였다. PMT2는 11학년을 대상으로 원의 넓이 공식을 지도하는 수업을 계획하고 원에 내접하는 정 n각형을 다루는 테크놀로지 기반 과제를 설계하였다. PMT3은 9학년에게 삼각형의 넓이 공식을 지도하기 위하여 직사각형을 삼각형으로 분할하는 내용으로 테크놀로지 기반 과제를 설계하였다. PMT4는 직사각형을 여러 각도로 회전하여 만들어지는 도형의 부피와 밑넓이를 11학년에게 지도하는 테크놀로지 기반 과제를 설계하였다.

〈표 2〉 예비 수학교사가 설계한 테크놀로지 기반 과제 요약

과제명	그림	예비 교사들이 제시한 과제 의도
단위원	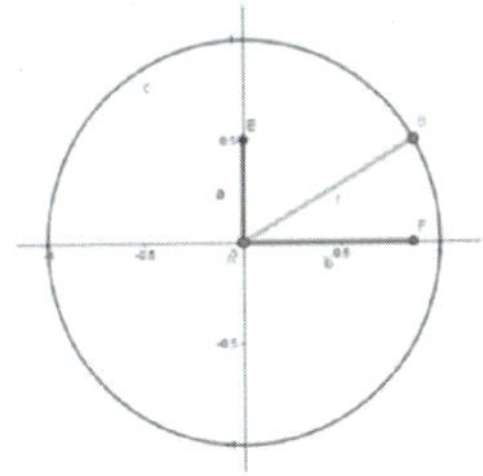	직각삼각형에서 한 각의 크기가 변하면 이와 관련된 삼각비가 어떻게 달라지는지 보여주는 단위원 과제이다. 학생들이 도형에서 변하는 것과 변하지 않는 것에 주목하여 각의 크기와 삼각비 사이의 관계를 일반화하는 데 목표를 두었다.
원의 넓이 공식	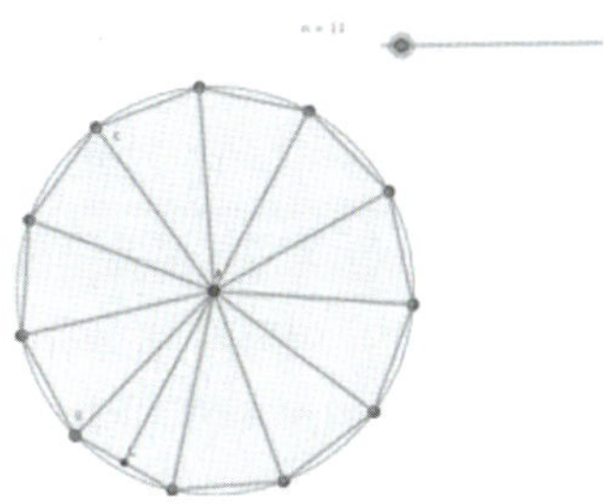	슬라이더로 정다각형의 변의 개수를 바꿀 수 있게 하여 원의 넓이 공식을 유도하는 과제이다. 변의 개수가 슬라이더의 최댓값이 되면 다각형이 거의 원이 됨을 학생들이 탐구하도록 하는 데 목표가 있다. 이를 통해 학생들이 원의 넓이 공식을 유도할 수 있도록 정 n각형을 이등변삼각형으로 나누어 그 넓이를 구하도록 계획하였다.
삼각형의 넓이	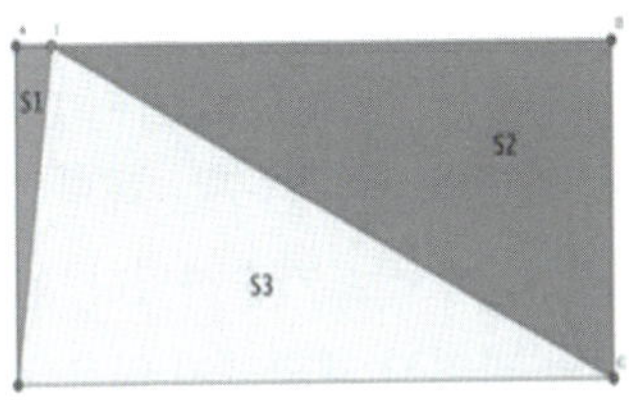	삼각형 BEC의 넓이가 삼각형 ABE의 넓이와 삼각형 ECD의 넓이를 합한 것과 같다(S3=S1+S2)는 추론에 도달하도록 하는 과제이다. 학생들이 변 AD 위의 점 E를 드래그하여 넓이의 불변성을 일반화하도록 설계하였다.
원기둥의 부피와 밑넓이	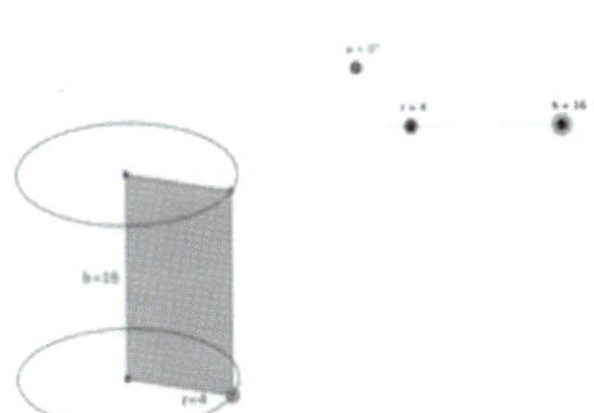	직사각형을 360°, 180°, 120°의 여러 각도로 회전하여 만들어지는 도형의 밑넓이와 부피를 지도하는 데 밑면에 그려지는 원의 반지름과 회전각의 크기에 대한 두 슬라이더를 활용하는 과제이다. 직사각형을 회전한 각도에 따라 달라지는 도형의 부피와 밑넓이 공식을 학생들이 일반화하는 데 과제의 목적이 있다.

3.5. 자료 분석

도구 오케스트레이션 모델이 제시한 여러 개념에 비추어 질적 자료 분석을 수행하였다. 개별 과제에 대한 계획 및 실행 과정을 분석함에 있어 예비 수학교사들이 제시한 오케스트레이션의 목표 및 계획안을 마이크로티칭과 실제 수업에서 그들이 실행한 오케스트레이션 방식과 비교

하였다. 특히 이 연구는 이러한 오케스트레이션의 변화와 발달을 구체화하고 이러한 변화가 일어난 이유를 밝히고자 한다.

우선 '문서 분석' (document analysis, Bowen, 2006)을 통해 예비 수학교사들이 제시한 과제의 목표와 활용 양식을 검토하고 이들이 계획한 오케스트레이션 유형을 구체화하였다. '영상 분석 기법' (video analysis method, Erickson, 2006)을 적용하여 수업 실행 단계에서 예비 수학교사들이 수행한 수업의 모든 영상 자료를 시청하였으며, 마이크로티칭과 실제 수업 모두에서 이들이 사용한 오케스트레이션을 분석하였다. 연구 참여자의 각 영상에 대해 처음에는 전체 영상을 멈추지 않고 시청하면서 주요 내용을 메모하였다. 그런 다음, 영상을 다시 시청하면서 해당 참여자의 오케스트레이션 기법을 보여주는 주요 장면을 추출하고 관련 영상 클립을 전사하였다.

전사한 영상 클립에서 이 연구는 예비 수학교사들이 수행한 오케스트레이션의 교수학적 의도와 관련되는 주요 장면에 주목하였다. 이러한 주요 장면을 식별하는 데 개별 면담 및 모둠 토론 자료를 활용하였다. 수업 후 실시한 개별 면담 및 모둠 토론을 통한 삼각분석을 수행함으로써 구체화된 주요 장면에서 예비 수학교사들의 오케스트레이션이 어떻게 변화하거나 발전하는지 확인하였다. 구체적인 예로 화면-칠판-연결 오케스트레이션의 전형적인 장면인 PMT2의 경우를 살펴보자. PMT2는 칠판에 적힌, 원에 내접하는 다각형의 넓이 공식과 슬라이더를 움직임으로써 화면에서 일어나는 변화 사이의 관계를 학생들이 파악하도록 하는 데 목표를 두었다. 첫 번째 마이크로티칭에서 PMT2는 내접하는 정다각형의 넓이를 구하는 패턴을 학생들이 알아내도록 유도하지 못하였으며, 결국에는 수업을 중간에 종료하였다. 이 연구는 해당 장면을 〈표 3〉과 같이 PMT2가 보인 테크놀로지 활용 행동과 교수학적 실행으로 기술하였다. 수업 후 논의에서 PMT2가 언급한 발언에 따르면, 수업에 활용한 그림과 관련된 계획되지 않은 논의 때문에 내접하는 정다각형에 주목하여 원의 넓이 공식을 유도하려는 교수학적 실행에서 실패하였다고 볼 수 있다. 그러나 두 번째 마이크로티칭에서 PMT2는 활용 양식을 더욱 명확하게 표현하였으며 정다각형이 원에 가까워지도록 슬라이더를 사용함으로써 학생들이 화면에서 본 바를 원에 내접하는 정다각형의 넓이 공식과 관련하여 칠판에 적힌 내용과 연결할 수 있도록 안내하였다.

'삼각분석법'(Triangulation)은 연구 결과의 신뢰성 확보를 위하여 사용하였다. 이 연구는 분석 과정을 뒷받침하는 데 예비 수학교사가 작성한 수업 목표, 수업 세션의 녹화 영상에 대한 예비 수학교사의 설명, 수업 후 면담과 토론을 삼각분석하였다. 또한 참여형 실행연구에서 협업의 중요성을 고려하여, 참여자에게 언제든지 연구 참여를 철회할 수 있으며 연구 전반에 걸쳐 비밀과 익명성이 보장될 것임을 안내하였다.

〈표 3〉 PMT2가 수행한 첫 번째 마이크로티칭의 자료 분석 예시

	테크놀로지 활용 행동	교수학적 실행	마이크로티칭 후 면담	오케스트레이션 유형
마이크로티칭 1	정삼각형, 정사각형, 정오각형을 만들기 위해 슬라이더를 3, 4, 5로 이동하였다. 그러나 정 n 각형을 만들 정도로는 슬라이더를 움직이지 않음으로써 그 관계를 논의하려한 초기 의도를 간과하였다.	이 단계에 도달하지 못하였다. 학생들이 칠판에 적힌 공식과 화면의 변화 사이에 존재하는 관계를 파악하도록 안내하지 못하였다.	처음에 저는 통제력을 잃었고, 그 후에는 논의를 진행할 수가 없었어요. 삼각형의 한 변의 길이인 a 와 높이인 h의 곱을 2로 나눈 $\frac{ah}{2}$ 을 통해 $\frac{3ah}{2}$ 을 유도하려고 계획하였어요. 그러니까 둘레에 높이를 곱하고, 둘레에 높이를 곱하는 방법을 반복하여 결론에 도달하려고 했어요. … 학생들이 두 변을 같은 길이 a 로 나타냈을 때 이에 대처할 수가 없었고 오각형에서 멈출 수밖에 없었어요.	화면-토론

4. 결과

이 절은 예비 수학교사 4명이 수행한 마이크로티칭과 교실 수업에서 이들의 테크놀로지 기반 수업 오케스트레이션 과정의 특징을 기술한다. 특히 동적 수학 과제를 다루는 도구 오케스트레이션의 발달 과정에 주목하여 연구 결과를 (1) 마이크로티칭과 교실 수업에서 드러난 예비 수학교사 4명의 일반적인 오케스트레이션 관점과, (2) 동적 수학 과제에 대해 PMT2가 보인 오케스트레이션에 대한 상세 정보로 구분하여 제시한다.

특히 이 연구는 PMT2가 수업 세션에 참여함으로써 특정 오케스트레이션 유형을 개발한 주요 근거를 해당 사례에 비추어 좀 더 상세히 살피고자 한다. 실제 PMT2는 최종 면담에서 다음과 같이 언급하였다.

> 첫 번째 마이크로티칭을 통해 수업에 대한 저의 모든 오케스트레이션이 변화되었어요. 특히 과제를 어떻게 시작해야 하며, 테크놀로지를 사용할 때 어떤 질문을 해야 하는지, 내접하는 정다각형의 넓이를 어떻게 계산하면 되는지 등에 큰 영향을 받았어요. 정말 모든 것이 바뀐 것 같아요.

4.1 마이크로티칭과 교실 수업에서 드러난 예비 수학교사의 일반적인 오케스트레이션 관점

수업을 계획할 때 예비 수학교사 모두는 목표와 실행 계획의 일반적인 구조를 설정하는 데 주목하였으며, 교수학적 배치와 관련되는 활용 양식은 간과하였다. 모든 예비 수학교사가 수업에서 사용하려고 계획한 주요 오케스트레이션 유형은 화면-토론이었다. 또한 이들은 활용 양식에 대한 상세한 설명 없이 화면-설명, 예측-테스트, 쉐르파-활동, 화면-칠판-연결 등과 같은 다른 오케스트레이션 유형도 언급하였다. 마이크로티칭을 통해 예비 수학교사들이 효과적인 방식으로 과제 오케스트레이션을 실행하는 데 어려움이 있다는 것이 드러났다. 특히 이들은 동적 테크놀로지를 사용하여 과제를 도구화하는 데 어려움을 겪었으며, 뚜렷한 의도 없이 테크놀로지를 제한적으로 사용하였다. 이러한 이유로 이들 대부분이 안내-설명 혹은 칠판-교수의 오케스트레이션 유형만을 보여주었다.

예를 들어, PMT1은 단위원 과제에서 학생들이 화면에서 변하는 것과 변하지 않는 것을 관찰하도록 수업을 계획하였으며 이를 동적인 화면-토론이라고 명시하였다. 마이크로티칭을 통해 PMT1은 테크놀로지를 다룰 때 드래그하는 방법이나 프롬프트를 제공하는 방법이 자신이 설정한 목표 달성에 중요하다는 사실을 깨달았다. PMT1은 학생들이 단위원 위의 선분을 움직여서 관련되는 각에 대한 사인 값, 코사인 값 및 점 B의 좌표 사이의 관계를 탐구하도록 안내하는 데 목표를 두었다. 마이크로티칭에서 PMT1은 학생들이 원 위의 점 B를 이동하여 다양한 각도의 삼각비를 관찰하도록 안내하려 하였지만, 실제로는 단위원에서 점 B를 제 1, 2, 3, 4분면의 여기저기에 무작위로 드래그하였다. 여러 연구는 이를 **종잡을 수 없는 드래그**(wandering dragging)이라고 설명한 바 있다(Arzarello et al., 2002). 그런 다음 PMT1은 선분의 길이를 측정하고 대수 창을 통해 점 B의 좌표를 보여주었다. 이 과정에서 점 B를 다시 드래그하면서 학생들이 그래픽 창에서 원 위의 점 B와 대수 창에서 점 B의 좌표를 동시에 관찰하도록 하였으며, "sin50처럼 점 B와 연결된 뭔가를 말하려고 한다면 그것은 무엇일까요? 이를 일반화할 수 있을까요? B와 관련되는 어떤 것으로 결론을 내릴 수 있을까요?"와 같은 질문을 제시하였다. 그러나 학생들은 PMT1이 묻고 싶은 바가 무엇인지 알 수 없었다. 이후 PMT1은 [그림 1]과 같이 칠판에 삼각비와 점의 좌표 사이의 관계를 보여주면서 완전히 전통적인 방식의 설명을 제시하며 수업을 이어갔다.

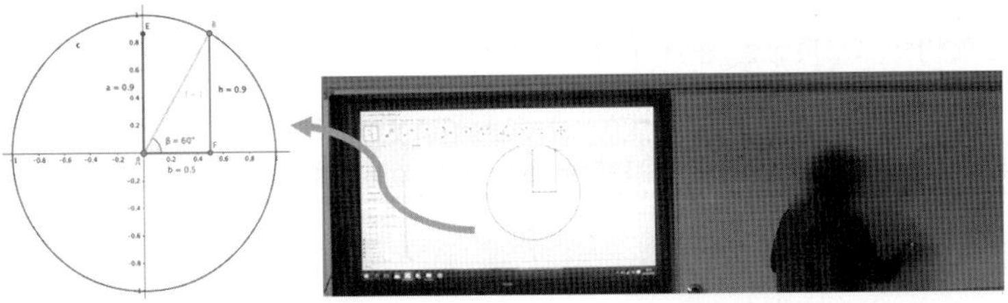

[그림 1] PMT1이 칠판에서 설명하는 마이크로티칭 장면

이상의 경험을 바탕으로 PMT1은 교실 수업을 위한 과제의 점 B에 슬라이더를 추가하여 점 B가 자동으로 움직이도록 하였다. 이는 화면에서 일어나는 변화에 따라 질문을 제기하는 데 집중하도록 함으로써 화면-토론 오케스트레이션을 개선한 것이다. 단위원을 따라 점 B가 자동으로 움직이는 동안 PMT1은 학생들에게 단위원에서 변하는 것과 변하지 않은 것에 주목하도록 하였다. 그런 다음 점 B가 움직임에 따라 선분AF와 선분AE가 동시에 변한다는 사실을 알려주고 이러한 선분이 점 B와 어떤 관련이 있는지 학생들에게 질문하였다. 이후 토론 과정에서 PMT1은 선분을 측정하여 학생들이 선분사이의 관계를 알아낼 수 있도록 지원하였다. 마이크로티칭의 교수학적 실행을 바탕으로, PMT1은 [그림 2]와 같이 점 B를 나타내는 동적 텍스트를 추가하여 학생들이 선분AF와 선분AE, 점 B사이의 관계를 깨닫도록 유도하였다. 슬라이더를 자동으로 움직이게 하거나 드래그함으로써 PMT1은 이러한 선분과 점 B의 변화를 학생들이 동시에 관찰할 수 있도록 하였다.

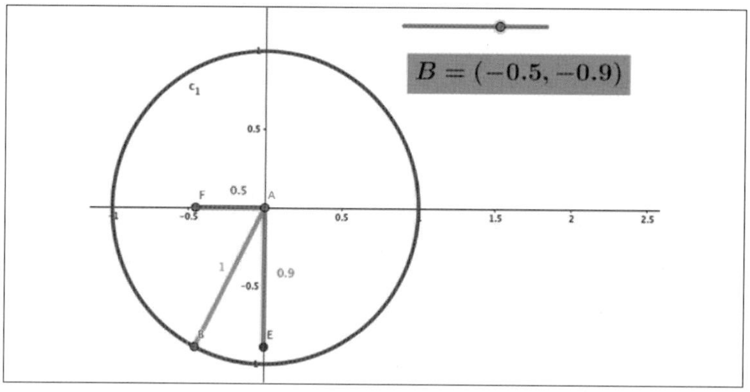

[그림 2] 점 B를 나타내는 동적 텍스트와 슬라이더가 추가된 단위원 과제

이상과 유사하게 PMT3 역시 첫 번째 마이크로티칭을 통해 직사각형 내부에 있는 여러 삼각형의 넓이를 소프트웨어를 활용하여 논의하는 능력이 부족함을 드러내었다. 실제로 PMT3은 관련 도형을 한 번만 드래그해 본 다음 삼각형의 넓이를 측정하는 데 그쳤다. PMT3은 첫 번째 마이크로티칭에서 너무 긴장하여 제대로 수업을 하지 못하였으며, 교실 수업에 앞서 해당 과제를 다루는 마이크로티칭을 한 번 더 진행하기를 원하였다. 두 번째 마이크로티칭에서 PMT3은 테크놀로지를 활용하는 다양한 행동을 보여줌으로써 이전의 접근 방식을 개선하였다. 예를 들어, 영역 S1, S2, S3을 비교하도록 학생들에게 요구하면서 "만약 이 모양을 나누고 싶다면, 그러니까 S1과 S2를 사용하여 삼각형 S3을 표현하고 싶다면, 어떻게 하면 될까?"와 같은 질문을 통해 학생들이 직사각형을 삼각형으로 분할할 수 있음을 이해하도록 안내하였다. 학생 1명이 점 A에서 변 BC까지 수선을 그리자고 제안함에 따라 PMT3은 학생들이 수선을 그려 넓이를 비교하도록 한 다음 [그림 3]과 같이 각 삼각형의 넓이를 측정하였으며, 점 E를 드래그하여 S1

과 S2의 넓이가 어떻게 S3의 넓이를 구성하는지 보여주었다. PMT3은 작은 두 삼각형의 넓이를 합한 것이 큰 삼각형의 넓이와 같음을 입증하는 데 드래그 도구를 보다 의도적으로 사용하였다.

실제 교실 수업에서도 PMT3은 두 번째 마이크로티칭과 비슷한 교수학적인 실행을 하였으며, 학생들에게 질문을 제시하거나 다양한 테크놀로지를 사용하는 데 더욱 자신감 있는 모습을 보였다.

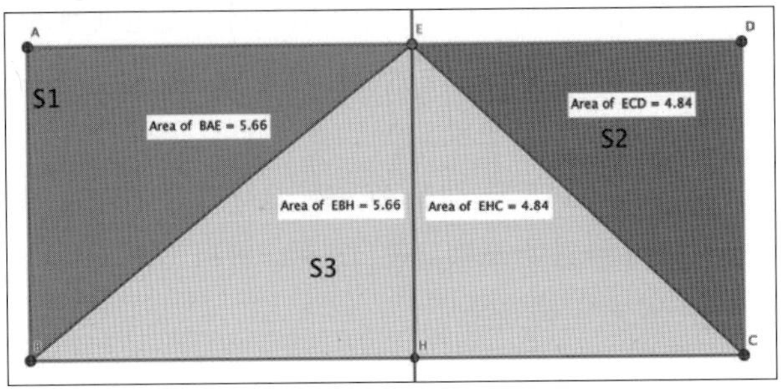

[그림 3] 수선 및 넓이 측정값이 추가된 PMT3의 과제

한편 마이크로티칭을 통해 예비 수학교사들이 쉐르파-활동 오케스트레이션 기법을 이해할 필요가 있음이 드러났다. 마이크로티칭에서 PMT4는 직사각형을 각각 360°, 180°, 120°로 회전하여 만든 도형의 밑넓이에 대해 논의한 다음, 높이의 변화가 도형사이의 부피 비에 어떤 영향을 미치는지 학생들에게 질문하였다. PMT4는 높이의 변화에 따른 부피 비의 변화를 학생들이 추측해 보도록 하는 질문으로 토론을 시작하였으나, 학생들의 의견은 전혀 고려하지 않고 자신이 제기한 질문의 답을 설명하는 데 주목하였다. PMT4는 교실 앞 쪽에서 테크놀로지를 조작할 쉐르파 학생을 선발하였지만, 학생에게 특별한 지침을 제시하지 않고 그저 높이 슬라이더만 움직이도록 요구하였다. 쉐르파 학생이 [그림 4]와 같이 슬라이더를 위 아래로 드래그하며 6초 동안 높이를 변경하였지만, PMT4는 이러한 움직임에 따라 질문을 조정하지 않았으며 학급 또는 쉐르파 학생에게 화면의 변화를 관찰하거나 토론하도록 안내하지도 않았다. 대신에 PMT4는 칠판에 적혀 있는 공식을 이용하여 부피의 비를 설명할 뿐이었다.

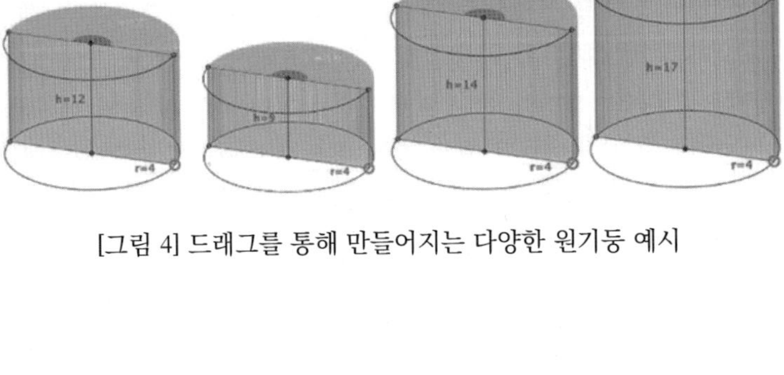

[그림 4] 드래그를 통해 만들어지는 다양한 원기둥 예시

마이크로티칭 후 예비 수학교사 일부는 토론 세션을 통해 서로의 다양한 오케스트레이션 기법을 되돌아 본 다음 쉐르파-활동 오케스트레이션의 진정한 의미를 이해하였다고 언급하였다. 그 결과 몇몇 예비 수학교사는 실제 교실 수업에서 테크놀로지를 사용할 쉐르파 학생을 선발하지 않기로 결정하였다. 이는 실습학교 학생들이 지오지브라를 사용해 본 경험이 없기 때문으로, 쉐르파를 선발하면 그 학생에게 테크놀로지 활용 방법을 안내하느라 교실 토론의 흐름을 방해할 우려가 있었다.

마이크로티칭 세션을 통한 교수학적 실행과 제안 덕분에, 예비 수학교사 대부분은 자신들이 설정한 목표에 맞도록 동적 테크놀로지를 활용하기 위해서는 상당한 복잡성이 존재함을 인식하였다. 예비 수학교사들은 수업 목표, 테크놀로지 활용 행동, 질문과 이에 대한 학생들의 잠재적 반응 등을 고려하여 과제를 보다 체계적으로 조직해야 함을 깨달았다. 또한 예비 수학교사들은 학생들의 예측을 검토하고 토론을 조직하여 의도한 목표를 달성하는 데 테크놀로지를 활용하는 것이 얼마나 효과적인지 깨달았다. 특히 화면-토론, 쉐르파-활동, 예측-테스트와 같은 특정 오케스트레이션 유형의 의미와 역할을 인지하였다. 결과적으로, 테크놀로지 기반 과제의 오케스트레이션을 소개하고 그에 대해 논의하는 과제 설계 단계에서 예비 수학교사들에게는 과제를 오케스트레이션하는 것이 주요 쟁점이 아니었음이 드러났다. 이 단계에서 예비 수학교사들은 과제의 활용 양식을 상세화할 필요가 없다고 생각하였다. 그러나 수업을 실습해 본 다음, 예비 수학교사들은 사전에 과제 수행에 대해 구조화하고 계획함으로써 자신들이 설정한 수업 목표에 따라 과제를 성공적으로 다룰 수 있다는 중요한 사실을 깨달았다. 마지막 모둠 토론을 통해 PMT3은 이상의 쟁점에 대해 다음과 같이 성찰하였다.

> 처음 이 연구에 참여할 때 저는 과제를 설계한 다음 이 과제에 어떤 오케스트레이션 유형이 포함될 수 있을지 찾아보았어요. 하지만 지금은 여기서 무엇을 할지 생각합니다. 그림을 동적으로 조작하면 좋을까? 이걸 측정하면 무슨 일이 일어날까? 혹은 이 위에 뭔가를 그려야 할까? 이 단계를 통해 일반화가 가능할까? 그러니까 저는 과제를 설계하면서 이 모든 문제를 고려하며, 과제 오케스트레이션에 대해 생각합니다. 이것이 저에게 일어난 변화입니다.

4.2. PMT2의 사례

본 절은 PMT2의 수업 오케스트레이션을 계획 수립, 마이크로티칭, 교실 수업에 비추어 상세히 분석함으로써 PMT2의 수업 오케스트레이션에 대한 교수학적 의도가 발달하는 양상을 살펴본다.

4.2.1. PMT2는 무엇을 계획하였는가?

도구 오케스트레이션 모델을 소개하는 세미나가 끝난 후, PMT2는 다음과 같이 소감을 밝혔다.

> 수업을 진행하는 교사를 오케스트라 지휘자로 비유한 것이 마음에 듭니다. 오케스트레이션 유형은 수업에서 교사가 수행하는 일을 설명하는 데 정말 유용한 용어라고 생각합니다. 제 수업을 설계할 때 기술-설명, 화면-설명 및 화면-칠판-연결을 자주 사용할 것 같습니다. 물론 과제에 따라 다른 유형도 사용할 수 있을 것 같습니다.

이상과 같이 소감을 밝힌 다음 PMT2는 원의 넓이 공식을 다루는 테크놀로지 기반 과제를 준비하였다. PMT2는 [그림 5]와 같이 원에 내접하는 정다각형의 변의 개수를 조정하는 슬라이더를 만들어 변의 개수를 늘리면 정다각형의 모양이 원과 가까워지는 과제를 설계하였다.

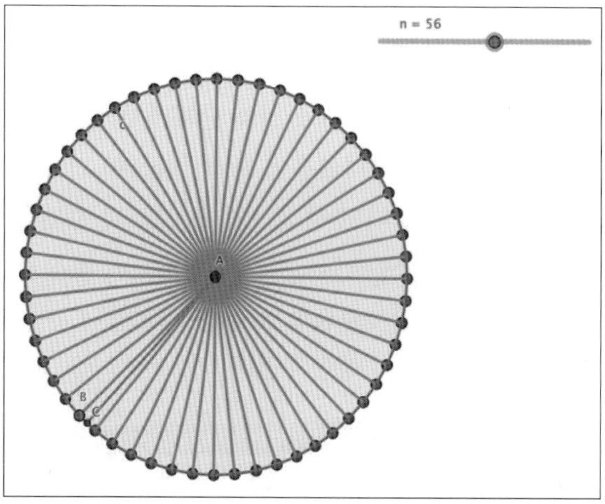

[그림 5] 슬라이더가 있는 PMT2의 과제

PMT2는 오케스트레이션 활용 양식을 상세화하지 않은 채, 화면-설명, 화면-토론 및 화면-칠판-연결 오케스트레이션을 사용할 것이라고 계획하였다. 이를테면, 화면-칠판-연결에 대해 다음과 같이 언급하였다.

> 화면-칠판-연결 오케스트레이션을 사용함으로써 학생들이 다각형의 변의 개수가 변하는 것을 보고 칠판에 적힌 공식과 화면에서 일어나는 변화사이의 관계를 이해하도록 하여 원의 넓이 공식을 찾도록 유도하려고 합니다.

위 발췌문에 따르면 PMT2는 화면-칠판-연결 오케스트레이션을 사용하겠다고 하면서, 정작 가르치는 상황이나 사용하려는 지오지브라 도구가 작동하는 특정 순간에 대해서는 고려하지 않았다. PMT2가 계획한 전체 수업 오케스트레이션의 교수학적 배치에는 모든 학생이 화면을 볼 수 있는 전체 수업 환경에서 동적 테크놀로지와 전자칠판을 활용하는 내용이 있다. PMT2는 컴퓨터 화면이 보여주는 내용에 대해 학급 전체 토론이 이루어지도록 유도하는 화면-토론을 주로 사용할 오케스트레이션으로 계획하였다. 구체적으로, PMT2는 학생들이 정삼각형, 정사각형, …에서 정 n각형에 이르기까지 내접하는 정다각형의 넓이를 구하여 원의 넓이 공식에 대해 결론을 내리는 토론을 유도하는 데 목적을 두었다. 특히 PMT2는 학생들이 각 다각형을 합동인 이등변삼각형으로 분할해 둔 [그림 6]과 같은 동적 기하 파일을 통해 선분 a를 활용하여 각 삼각형의 넓이를 '$\frac{1}{2}$×(밑변)×(높이)'로 구하기를 원하였다. PMT2는 이러한 공식을 통해 '(삼각형의 개수)×(밑변)'이 다각형의 둘레의 길이를 나타내므로, '$\frac{1}{2}$×(삼각형의 개수)×(밑변)×(높이)'로 다각형의 넓이를 구하는 공식을 유도하는 데 목표를 두었다. 이를 바탕으로 학생들이 다각형의 넓이 공식을 '$\frac{1}{2}$×(정다각형의 둘레 길이)×(높이)'로 표현하기를 의도하였다.

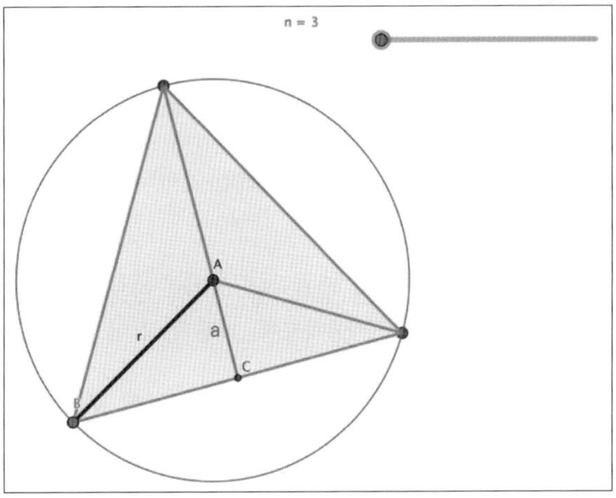

[그림 6] $n=3$일 때, 합동인 이등변삼각형으로 분할된 정삼각형 사례

4.2.2. 마이크로티칭 1

첫 번째 마이크로티칭에서 PMT2는 학생들에게 원에 내접하는 정삼각형과 정사각형의 넓이를 구하도록 하였으나, 학생들의 방법은 당초 PMT2가 계획한 것과 달랐다. 이러한 차이로 학생들은 PMT2가 의도한 패턴을 찾는 데 어려움을 겪었다. 그러다가 PMT2는 내접하는 오각형에서 방향을 잃고 자신이 의도한 목표에 도달하지 못한 채 수업을 종료하였다. PMT2가 테크놀로지를 활용하여 유도한 토론의 구체적인 내용은 〈표 4〉와 같다.

〈표 4〉 첫 번째 마이크로티칭에서 PMT2가 유도한 토론의 상세 내용

테크놀로지 활용 행동	교수학적 실행
슬라이더를 n=3으로 이동하여 원에 내접하는 정삼각형을 만든다. 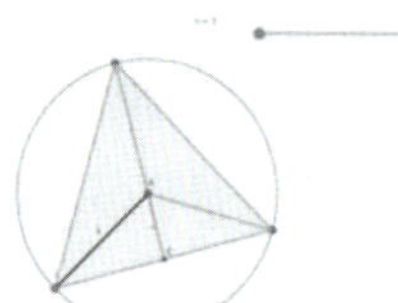	학생들은 정삼각형의 넓이를 공식 $\frac{(\text{한 변})^2\sqrt{3}}{4}$ 로 구하자는 의견을 제시한다. 그런 다음 이등변삼각형의 높이인 선분인 a를 사용하여 정삼각형의 한 변의 길이를 다음과 같이 계산한다. 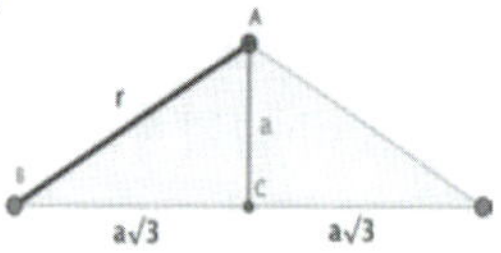 (직각삼각형 ABC의 한 변인 높이)=a (반지름)= $2a$ (직각삼각형의 다른 한 변)=$a\sqrt{3}$ (정삼각형의 한 변)=$2a\sqrt{3}$ PMT2는 자신이 설정한 당초 계획을 고려하지 않고 위와 같은 논의를 칠판에 그대로 적는다.
슬라이더를 4로 이동하여 원에 내접하는 정사각형을 만든다. 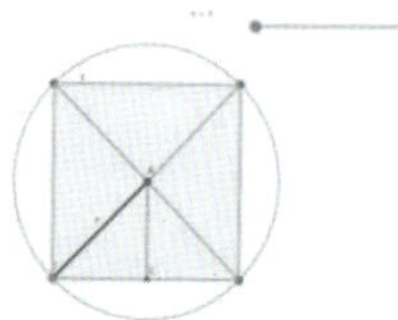	학생들은 PMT2에게 정삼각형의 경우와 비슷하게 선분 a를 이용하여 정사각형의 한 변을 다음과 같이 표현하자고 말한다. 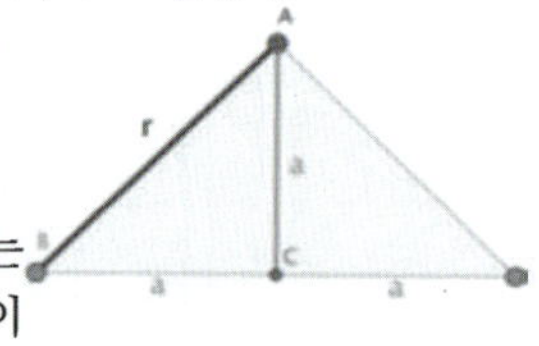 (이등변삼각형 ABC의 한 변인 높이)=a (정사각형의 한 변의 길이)=$2a$ (반지름)=$a\sqrt{2}$ PMT2는 학생들이 정사각형 내부에 있는 이등변삼각형을 사용하도록 다음과 같이 유도한다. T: 공식을 사용하여 정삼각형의 넓이를 구하였어요. (화면의 정사각형을 가리키며) 여기에 뭐가 보이나요? 정사각형 내부에 뭐가 있나요? 이 정사각형은 합동인 이등변삼각형 4개로 나뉘어져 있어요. S: 이등변삼각형의 넓이를 구하고 거기에 4를 곱할까요? T: 네. 정삼각형에도 같은 방법을 사용할 수 있어요. (슬라이더를 3으로 이동하며) 정삼각형도 합동인 이등변삼각형 3개로 나눌 수 있어요. (정삼각형 내부의 이등변삼각형을 가리키며) 여기에 3을 곱하면 되요. T: (칠판 앞에 서서) 그럼, 정사각형에서 반지름은 무엇인가요? S: r T: a를 이용하면요? S: $a\sqrt{2}$ T: 높이는요? S: a

	T: 여기서, 이등변삼각형 1개의 넓이는 얼마인가요? S: $\frac{2a^2}{2}$ 곱하기 4 T: 이렇게 써 볼까요? 삼각형 1개의 넓이는 a의 제곱이니까 정사각형의 넓이는 여기에 4를 곱하면 되요. (PMT2는 칠판을 한동안 보다가 슬라이더를 5로 옮긴다.)
슬라이더를 5로 이동하여 원에 내접하는 정오각형을 만든다. 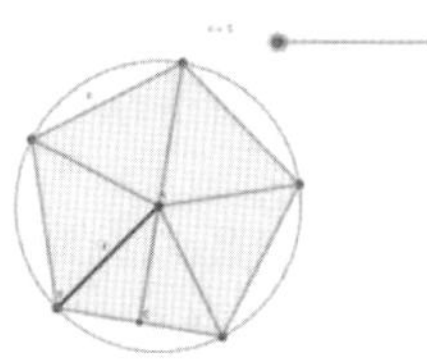	PMT2는 오각형의 넓이를 구할 수 없으므로, 학생들을 어떻게 안내해야 할지 혼란스러운 상황에 직면한다. T: (슬라이더를 5로 드래그하며) 앞서와 같은 방식으로 넓이를 구할 수 있나요? S: 이건 조금 어려워요. 먼저 각을 찾아야 해요. (학생들이 각에 대해 토론하는 동안 PMT2는 원에 내접하는 오각형을 칠판에 그리며 의아한 표정을 짓는다. 칠판에서 떨어져 그림을 본다.) T: 자, 우리가 알고 있는 것이 뭐죠? 반지름이 r인 것은 알아요. S: 54°를 찾았으니 다른 두 각은 36°이어야 해요. (이 상황에서도 PMT2는 여전히 멀리 떨어져 그림을 보며 생각한다.) PMT2는 토론을 계속할 수 없어 자발적으로 수업을 포기한다.

위 담화는 교사의 의도와 학생들 반응의 차이가 불러올 수 있는 혼란을 보여준다. PMT2는 (정다각형의 변의 개수)×(이등변삼각형의 넓이)를 이용하여 정다각형의 넓이를 구하는 것으로 수업을 설계하였지만, 학생들은 서로 다른 정다각형에 대해 항상 동일하게 표현되는, 이등변삼각형의 높이인 a를 사용하여 정다각형의 넓이를 구하였다. 이에 PMT2는 혼란에 빠졌고 당초 계획한 방향으로 학생들을 안내하지 못하였다. PMT2는 마이크로티칭 후 면담에서 다음과 같이 성찰하였다.

> 수업에 대한 통제력을 잃어서 토론을 지속할 수가 없었어요. 정삼각형의 한 변의 길이를 a라 하고 작은 이등변삼각형의 높이를 h라 하면, 원에 내접하는 정삼각형의 넓이를 $(3\times a\times h)/2$로 찾을 것이라고 생각했어요. 즉, 둘레의 길이에 높이를 곱하고, 다시 둘레의 길이에 높이를 곱하는 것을 반복하도록 수업을 설계하였어요. 그러나 학생들이 정삼각형의 한 변과 정사각형의 한 변을 모두 a로 표현했을 때, 혼란에 빠졌고 오각형의 넓이에서 멈출 수밖에 없었어요.

PMT2가 수업을 중단한 후 진행된 토론에서, 마이크로티칭에 학생으로 참여한 연구자와 다른 예비 수학교사들은 수업에 대해 몇 가지 제안하였다. 그 중 하나는 다각형의 한 변을 $n1$, $n2$, $n3$…으로, 높이를 $h1$, $h2$, $h3$…과 같이 달리 표현하는 것이 좋겠다는 것이었다. 또한 PMT2가 제기한 질문이나 지침의 의도가 명확하지 않아 수업 목표를 이해하기가 어려웠다고 하였다. 이에 활동을 시작하기 앞서 학생들이 해당 활동의 수학적 맥락을 이해하도록 준비시킬 필요가 있음이 제안되었다. 또한 화면과 칠판을 효과적으로 연결하기 위해 칠판에 공식을 정확히 적은 다음 공식에서 둘레의 길이를 3×(한 변의 길이)=(정삼각형의 둘레의 길이)와 같이 강조하는 것이 좋겠다는 의견도 있었다.

4.2.3. 마이크로티칭 2

두 번째 마이크로티칭에서 PMT2는 수업을 좀 더 성공적으로 조율하였다. 특히, 지오지브라의 슬라이더 및 줌 도구를 효과적으로 사용하였다. 첫 번째 마이크로티칭에 비하여 PMT2는 화면-토론 오케스트레이션의 활용 양식을 사전에 준비하였으며, 수업 목표를 달성하는 데 필요한 질문과 교실 토론을 촉진하는 테크놀로지 활용 방법을 미리 계획하였다. PMT2는 화면-토론을 명시적인 오케스트레이션으로 활용하였지만, 이와 더불어 예측-테스트, 화면-칠판-연결 등의 구체적인 오케스트레이션을 사용하기도 하였다.

PMT2는 "원의 넓이를 어떻게 근사할 수 있을까?"라는 질문으로 교실 토론을 시작하고 학생들이 예측해보도록 하였다. 그런 다음 동적 테크놀로지를 사용하여 학생들의 예측을 검토하는 활동을 진행하였다. 예를 들어, 한 학생이 정사각형 하나로 원의 넓이를 구할 수 있다고 했고, 다른 학생은 팔각형을 이용하면 구할 수 있다고 하자, PMT2는 준비된 [그림 7]과 같은 지오지브라 파일을 열고 "가장 간단한 다각형에서 시작하겠어요. 이 삼각형의 넓이를 어떻게 구할 수 있을까요?"와 같이 질문하였다.

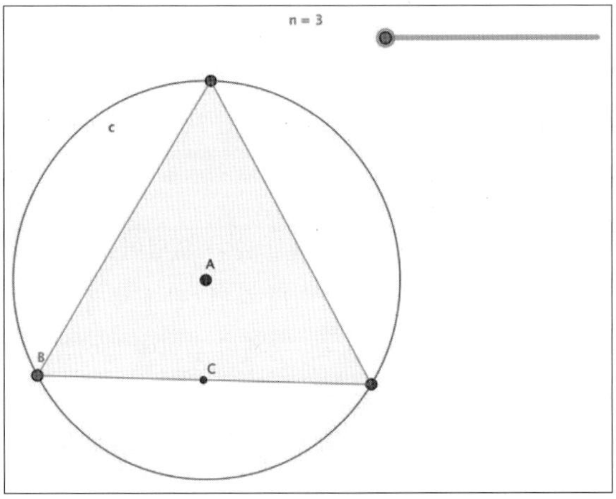

[그림 7] 이등변삼각형과 높이 선분이 없는 지오지브라 파일

[그림 7]의 지오지브라 파일에서 보듯이, PMT2는 정다각형의 넓이를 구할 때 첫 번째 마이크로티칭을 실패로 이끌었던 이등변삼각형과 그 높이를 나타내는 선분을 의도적으로 숨겼다. 사후면담에서 PMT2는 다음과 같이 언급하였다.

학생들은 정삼각형 내부의 이등변삼각형을 사용하여 정삼각형의 넓이를 구할 수 있어요. 그래서 의도적으로 이등변삼각형으로 나뉘지 않은 정삼각형을 주고 넓이를 어떻게 구할지 학생들에게 직접 물어보았어요.

나아가 PMT2는 학생들이 정삼각형의 넓이를 다른 방법으로 구할 수 있게 유도하여 자신이 계획한 단계를 활용하는 모습을 보였다. 이와 관련된 에피소드 전사는 다음과 같다.

S1: 한 변을 알면….

T: 그래요. 넓이를 구할 수 있어요. 또 뭐가 있을까요?

⋮

S2: $\frac{1}{2}$×(밑변)×(높이)을 사용할 수도 있어요.

T: 어떤 높이를 말하는 건가요? (화면에 손을 대며) 큰 삼각형의 높이요?

S2: 네.

T: 좋아요. 다른 방법도 있어요. 또 뭐가 있을까요?

S3: 큰 삼각형을 작은 삼각형으로 나눠서 구할 수 있을까요?

T: (아래 그림을 보여주며) 이걸 말하는 건가요?

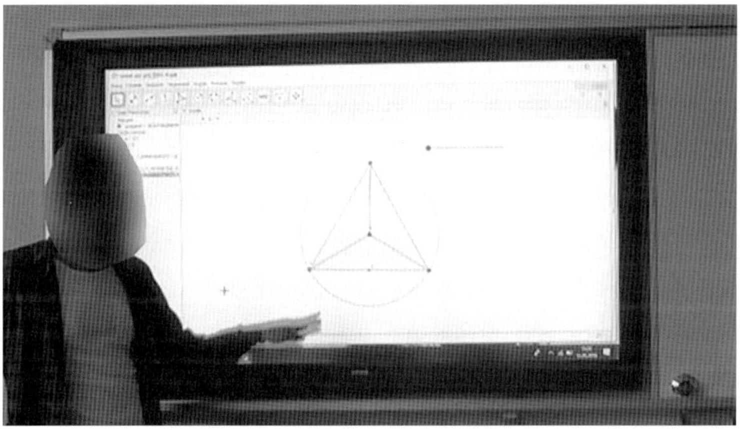

S3: 네.

T: (이등변삼각형 중 하나를 가리키며) 이 삼각형의 넓이를 어떻게 구할 수 있을까요?

S1: 전체 넓이는 (작은 삼각형)×3입니다.

T: 좋아요, 그럼 작은 삼각형의 넓이는 어떻게 되나요?

S1: 밑변이 $r\sqrt{3}$이니까, $\frac{r\sqrt{3}\times|CA|}{2}$ 입니다.

T: (그림에서 작은 이등변삼각형의 높이를 보여주며) 좋아요. 여기 AC가 보입니다. (PMT2는 칠판에 학생이 말한 내용을 적는다.)

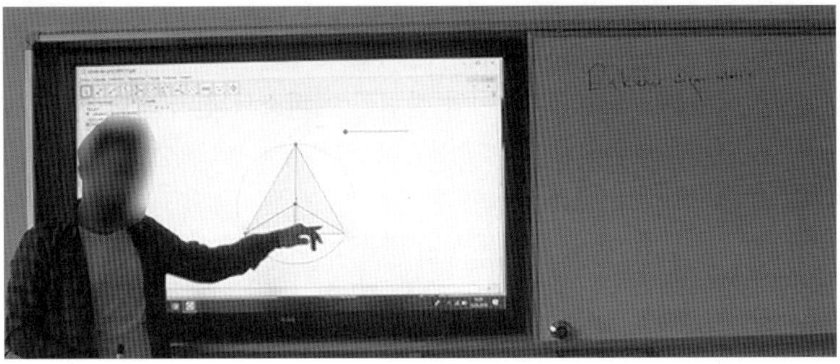

T: 다시 설명해줄 수 있을까요? 자, 정삼각형의 한 변을 $n3$으로, 높이를 $h3$으로 나타내 봅시다. (PMT2는 칠판에 그림을 그린다.)

⋮

S1 : 네, 그러면 $\frac{n3 \times h3}{2} \times 3$입니다. (PMT2는 칠판에 S1이 말한 식을 적는다.)

위 에피소드와 같이 PMT2는 슬라이더를 단계적으로 늘려 학생들이 정사각형과 정오각형의 넓이에 대해 토론하고 이를 구하여 패턴을 파악하도록 지원하였다. 그런 다음, 슬라이더를 각각 20, 50, 100으로 드래그하여 다각형의 넓이가 어떻게 변하며, 변의 수가 늘어남에 따라 원에 내접하는 다각형의 넓이가 원의 넓이와 어떻게 비교되는지 토론하도록 하였다. 이 때 PMT2는 학생들이 변의 수가 늘어나면 어떤 일이 일어날지 예측하도록 하였으며, 테크놀로지를 활용하여 학생들의 아이디어를 확인하고 동적 테크놀로지로 이를 검증하는 데 효과적인 질문을 제기하였다. 특히, PMT2는 다각형의 넓이가 원의 넓이에 가까워진다는 아이디어를 촉진하기 위하여 [그림 8]과 같이 줌 도구로 화면을 확대하였으며, 다각형의 전체적인 모양은 원과 비슷하지만 다각형과 원 사이에는 여전히 차이가 있다는 점에 대해 논의하였다.

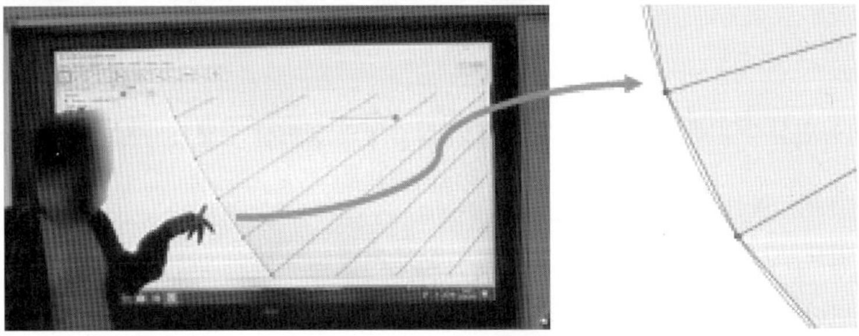

[그림 8] PMT2가 원과 다각형의 차이를 보여주는 장면

토론의 마지막 단계에서 PMT2는 슬라이더가 자동으로 움직이는 화면과 [그림 9]와 같이 다각형 각각의 넓이 공식이 적힌 칠판을 통해 학생들이 그 관계를 파악할 수 있도록 유도하였으며, 학생들에게 화면에서 본 바와 칠판에 쓰인 공식을 명시적으로 연결하도록 요구하였다.

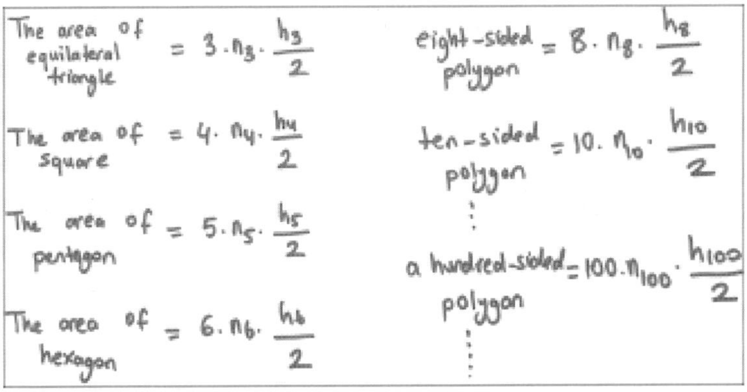

[그림 9] PMT2가 작성한 판서

칠판 앞에서 PMT2는 "백각형의 넓이 공식을 어떻게 쓸 수 있을까요?"라고 질문한 다음, 화면으로 이동하여 학생들이 이등변삼각형의 높이에 비추어 이를 해석하도록 안내하였다. PMT2는 슬라이더로 변의 수를 늘리면서 학생들이 다각형 내부에 있는 작은 이등변삼각형의 변과 높이가 어디에 가까워지는지 관찰하도록 유도하였다. 이 때 PMT2는 [그림 10]과 같이 전자칠판과 칠판 사이에 서서 화면의 변과 높이를 가리키는 제스처를 취하였다.

[그림 10] PMT2가 화면과 칠판을 연결하여 설명하는 장면

칠판 앞에서 PMT2는 학생들이 화면을 통해 관찰한 관계에 비추어 원의 넓이 공식을 유도하도록 하였다. 학생들이 쉽게 알아볼 수 있게 PMT2는 슬라이더를 효과적으로 드래그하였으며, 다음 담화와 같이 공식과 관련된 질문을 제기하였다.

> T: 좋습니다. 다각형이 원에 가까워지면, n이 매우 큰 내접 정 n각형의 넓이를 어떻게 구할 수 있을까요? n각형 내부에 있는 합동인 삼각형에 대하여 각각의 변은 반지름에 가까워질 거예요. 원의 둘레의 길이를 구하는 공식은 무엇인가요?

S: $2\times\pi\times r$ 입니다.

T: 그렇지요. $2\times\pi\times r$. 높이는 어때요? 무엇에 가까워질까요?

S: 반지름이요.

T: 그렇지요. 반지름에 가까워집니다. 그럼 공식이 어떻게 될까요?

S: $2\times\pi\times r\times r/2$

T: 이것은 π에 r^2을 곱한 것입니다.

다각형이 원에 가까워진다는 설명에 대하여 학생 1명이 "다각형은 무한대로 가도 절대 원이 되지는 않아요."라고 말하자, PMT2는 이등변삼각형의 높이가 원의 반지름에 가까워진다는 사실을 지적하면서 이 질문에 답하고자 하였다. 특히, PMT2는 "원과 다각형 사이에 차이가 아주 작기는 해도 여전히 존재합니다."라고 답하였지만 이를 통해 학생들을 설득하지는 못하였다. 수업 후 진행된 논의에서 연구자들과 다른 예비 수학교사들은 이러한 문제를 해결하기 위해 극한 개념을 언급하는 것이 좋겠다고 제안하였다.

수업 후 토론에서 연구자들과 다른 예비 수학교사들은 PMT2가 진행한 수업의 성공 포인트를 언급하였다. 특히 슬라이더를 이용하여 다양한 예를 보여주고 그림에 대해 학생들이 제시한 예측을 검토한 것이 교수학적 배치를 성공적으로 이끈 결정적 요인이었다고 강조하였다. 그러나 연구자들과 다른 예비 수학교사들은 PMT2가 설명을 직접 제시하는 대신에 학생들 사이의 논의를 효과적으로 유도하기 위해 학생들이 화면의 변화를 탐구할 수 있도록 슬라이더를 좀 더 천천히 움직이는 것이 좋겠다고 제안하였다. 두 번째 마이크로티칭에 대한 이상과 같은 제안은 과제의 수학적 맥락과는 거리가 있었으며, 테크놀로지의 특징과 역할을 보다 상세히 고려하는 것과 관련되었다.

4.2.4. 교실 수업

PMT2의 교실 수업에서 교수학적 배치는 교사가 칠판과 나란히 있는 중앙 스크린에서 지오지브라를 사용한 마이크로티칭 상황과 유사하였다. 교사는 동적 테크놀로지를 조작하면서 교실 토론을 촉진하는 프롬프트를 제공하였으며, 학생들은 교사가 조작하는 화면을 관찰하면서 토론에 적극적으로 참여하였다. PMT2는 앞선 두 번의 마이크로티칭에서 얻은 피드백을 바탕으로 과제 활용 양식을 설계하면서 수업에서 자신이 수행할 오케스트레이션에 좀 더 자신감을 갖게 되었다. 특히 PMT2는 교실 토론을 성공적으로 유도하기 위하여 테크놀로지를 조작하면서 이에 따라 적절한 질문을 제기하는 데 화면과 칠판을 성공적으로 관련시켰다. 나아가 화면과 칠판 사이에서 손가락과 몸을 적절히 움직이는 제스처를 통해 효과적인 오케스트레이션을 진행하였다.

수업에서 PMT2가 보인 과제 오케스트레이션은 두 번째 마이크로티칭의 과제 오케스트레이션과 거의 같았다. 나아가 PMT2는 과제와 테크놀로지, 관련 맥락에 익숙하지 않은 고등학생들이 토론에 효과적으로 참여할 수 있도록 보다 구조화된 질문을 제기하였다. 이를 통해 PMT2는 공식을 일반화하는 과정에서 화면과 칠판을 의미 있게 연결하여 학생들의 참여를 한층 체계적으로 촉진함으로써 교실 토론을 효과적으로 유도하였다.

이를테면, 두 번째 마이크로티칭의 참가자들은 PMT2가 설계한 수업 목표와 과제에 이미 익숙하였기 때문에 공식에서 둘레의 길이를 알아차리거나 높이가 원의 반지름에 가까워진다는 아이디어 등과 같이 교사가 의도한 바에 쉽게 도달하였다. 이에 PMT2는 교실 수업에서 학생들이 공식을 유도하는 데 둘레의 길이를 사용하거나 이등변삼각형의 높이가 반지름에 가까워진다는 사실을 깨달을 수 있도록 수업에서 다루는 관련 내용을 단계별로 차근차근 유도하였다. 이 과정에서 PMT2는 과제를 통해 극한 개념이 포함된 맥락을 효과적으로 다루었다. 해당 에피소드 전사는 다음과 같다.

T : 자, 화면을 봅시다. $3 \times n3$은 무엇을 의미하나요?

S: 세 변이요

T: 난 $3 \times n3$를 묻고 있어요.

S: 둘레의 길이요.

T: 네, 삼각형의 둘레의 길이지요. 정삼각형의 둘레의 길이. (이를 칠판에 적은 다음 화면의 슬라이더를 3으로 이동하고 화면에서 설명을 이어간다.). 자, 한 변이 $n3$이므로 이제 세 변에서 이를 볼 수 있어요.

T: 그럼, $4 \times n4$은 어때요?

S: 둘레예요.

T: 무엇의 둘레인가요?

S: 정사각형의 둘레입니다. (PMT2는 슬라이더를 드래그하고 화면과 칠판을 연결하여 오각형, 십이각형, 백각형에 대해서도 비슷한 조작을 수행하며 논의를 진행한다.)

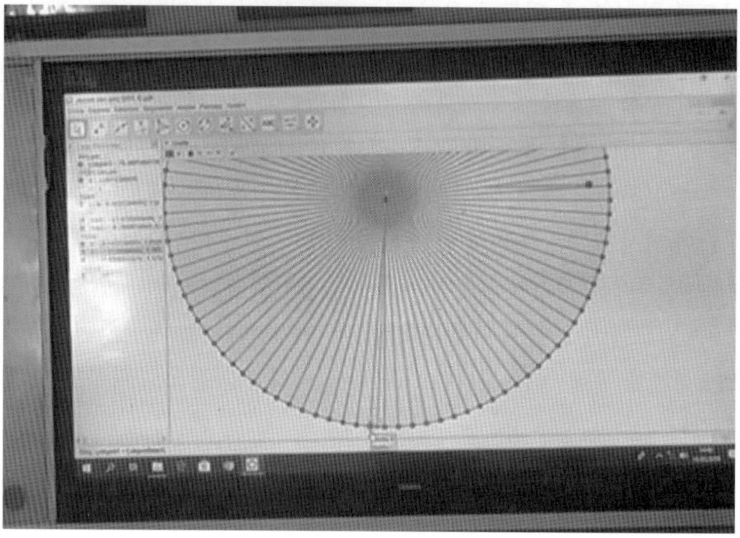

T: 그것이 어디로 가나요?

S: 무한대요.

T: 네, 무한대로 가지요. 그러면, $\frac{h3}{2}$, $\frac{h4}{2}$, $\frac{h100}{2}$, …은 어떻게 되나요?

S: 반지름의 절반이요.

T: 왜 반지름의 절반인가요?

S: 삼각형에서 그 높이가 반지름이 될 거예요.

T: 결국 그것이 반지름이 되나요?

S: 아니요. 그렇지는 않아요. 모양이 원에 가까워집니다.

T: 네, 원에 가까워지죠. … 하지만 두 지점 사이에는 항상 틈이 있고 그 사이에는 늘 어떤 영역이 존재합니다. 무한히 많은 점이 원을 구성하는 데, 이것이 뭔가에 가까워진다고 말하기도 합니다. … 이는 내년에 배울 극한 개념과 연관이 있어요. 어쨌든 이 경우에 높이는 r에 가까워질 것입니다.

S: 하지만 그것은 절대로 반지름이 되지는….

T: 네, 절대로 반지름이 되지는 않을 겁니다. 또한, n각형의 둘레도 절대 원주가 되지는 않을 것이고요.

T: 항상 차이가 있어요. 백각형에서 보았듯이 (화면을 확대하며) 천각형이 되면 그 차이가 작아집니다. 12학년에서 배울 극한 개념에 따르면 이 차이는 무시할 수 있습니다. 사실은 무시하는 것이 아니라 그 어림값을 취한다는 뜻입니다.

수업의 끝 부분에서 PMT2는 변이 무한히 많은 다각형을 이용하여 원의 넓이 공식을 유도하는 전체적인 과정을 설명하였다.

결론적으로, 전체 과정을 통해 얻은 경험을 바탕으로 [그림 11]과 같이 도구 오케스트레이션의 활용 양식과 교수학적 실행을 발전시킨 결과, PMT2는 자신이 설정한 수학적 목표에 도달하는 데 과제 오케스트레이션을 성공적으로 수행하였다. 마지막 개별 면담에서 PMT2는 다음과 같이 실습 강좌의 전체 단계를 되돌아보았다.

첫 번째 마이크로티칭은 저의 모든 것을 바꿔 놓았습니다. 제가 할 수 있는 모든 실수를 저질렀기 때문에 제가 발전하는 데 없어서는 안 될 부분이었다고 생각합니다. 두 번째 마이크로티칭에서는 계획을 신중하게 수정하여 과제를 성공적으로 조직하는 데 필요한 모든 제안을 고려하였습니다. 두 번째 마이크로티칭은 테크놀로지를 사용하는 방법, 학생들을 안내하기 위해 어떤 종류의 질문을 해야 하는지 등에 대해 깊이 생각할 수 있는 기회를 주어 매우 중요했습니다. 하지만 교실 수업은 교사로서 가장 중요한 경험이었다고 생각합니다. 학생들과 함께 실제 상황에서 가르치다 보니 더 긴장했습니다. 학생들의 질문에 답하고, 가까워진다는 아이디어를 보여주기 위해 테크놀로지를 사용하고, 교실에서 제가 설정한 계획을 실행하고…. 정말 좋은 경험이었습니다.

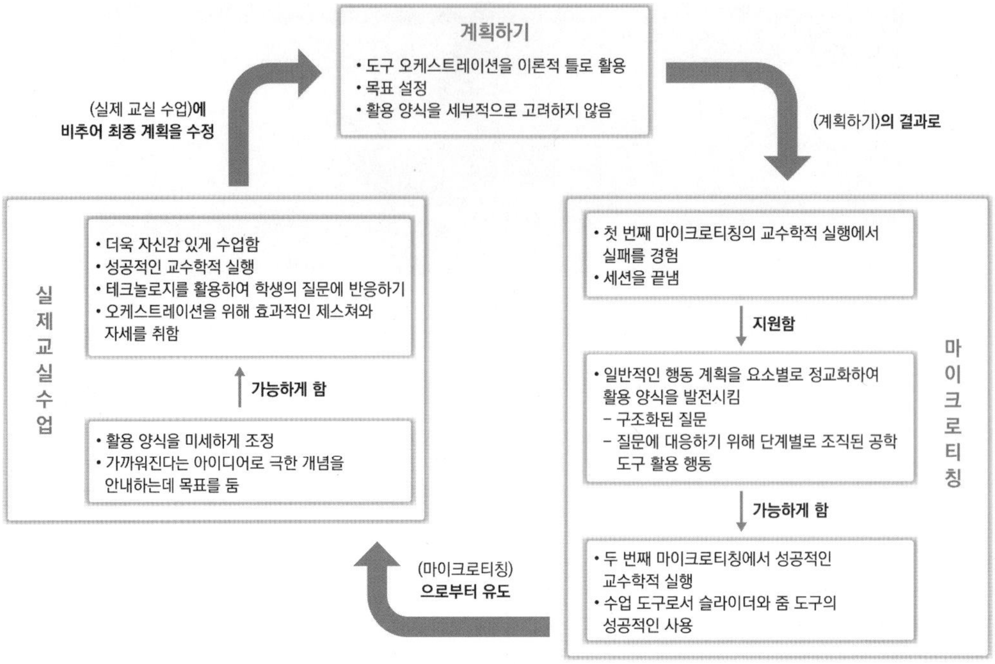

[그림 11] 실습 강좌의 전체 단계를 통한 PMT2의 도구 오케스트레이션 발달

5. 결론 및 논의

이 장은 튀르키예의 한 대학교에서 중등 교사 양성을 위해 개설되는 실습 강좌를 도구 오케스트레이션 모델에 기반하여, 동적 수학 소프트웨어를 활용하는 수업을 설계 및 실행하는 예비 수학교사의 역량을 개발하는 데 목표를 두고 개편한 사례를 다루었다. 이 장의 연구 질문은 예비 수학교사가 테크놀로지 기반 과제를 설계할 때 도구 오케스트레이션 모델을 어떻게 활용하며, 교실에서 이러한 과제 오케스트레이션을 어떻게 실행하는지 살피는 것이었다. 특히, 실습 강좌에서 진행한 여러 단계를 통해 예비 수학교사의 도구 오케스트레이션에 어떤 변화와 발전이 있었는지 조사하였다.

연구 결과에 따르면, 예비 수학교사는 계획 단계부터 오케스트레이션 유형을 고려하였지만, 마이크로티칭을 통해 교수학적 배치의 활용 양식을 상세화하는 것이 주요함을 깨달았다. 예비 수학교사들은 자신이 설정한 목표에 따라 동적 테크놀로지의 기능을 활용하는 것의 복잡성을 인식하였으며, 수업 목표, 테크놀로지 활용 행동, 프롬프트 및 잠재적 학생 반응을 고려하여 보다 체계적으로 과제를 조직해야 할 필요성에 주목하였다. 과제를 실행해 보기 전에 예비 수학교사들은 도구 오케스트레이션의 교수학적 의도를 간과하는 경향이 있었다. 예를 들어, 예비 수학교사 대부분은 화면-토론과 화면-칠판-연결 오케스트레이션을 중심으로 과제를 설계하였지만, 계획대로 테크놀로지의 동적 특징을 활용하지 못하였으며 테크놀로지를 사용하는 행위와 학생들에게 제기하는 프롬프트를 적절히 조율하는 데 실패하여 대체로 칠판-수업 오케스트레이션을 진행하는 데 그쳤다. 특히 화면-칠판-연결에서 예비 수학교사들은 칠판에 머물며 테크놀로지를 무시하는 경향을 보였다. PMT1은 "칠판에서 뭔가를 할 때, 화면 쪽으로 이동하여 B 지점을 드래그해야 함을 잊었다는 걸 깨달았어요. 그래서 어쩔 수 없이 칠판에서 계속 과제를 다루었고요, 화면은 이전 상태에 머물러 있었어요."라며 성찰하였다. 이러한 의미에서 마이크로티칭을 통해 얻은 통찰과 피드백은 예비 수학교사가 자신의 수업 오케스트레이션을 재고하고 실제 교실 수업의 계획을 정교화하는 데 중요한 근거로 활용되었다(Agyei & Voogt, 2011; Zbiek & Hollebrands, 2008). 그 결과 예비 수학교사들의 실제 수업 실행과 수업에 대한 성찰은 테크놀로지 활용 학습을 안내하는 교수 경로와 관련하여 예비 수학교사들이 적절하게 준비되어 있음을 보여주었다(Goos, 2005; Rocha, 2020; Ruthven, 2014; Trgalova et al., 2018). 특히, 예비 수학교사들은 과제 오케스트레이션을 성공적으로 실행하기 위해 목표를 명료화하고 학생에게 제기할 질문과 테크놀로지 활용 행동을 확장 및 구조화하였다.

나아가 이 연구는 테크놀로지 활용에 주목하여 교사 양성 과정의 실습 강좌를 개편하는 방안에 대한 근거를 제공한다(Niess, 2012). 이는 학교 현장에서 디지털 테크놀로지 활용 수업을 진행해야 하는 구체적인 요구 사항이 없는 현재의 교육 맥락에서 더욱 중요하다. 실습 강좌를 개편하는 데 고려해야 하는 2가지 측면은 이론적 모델과 방법론적 접근이다. 전자와 관련하여 도구 오케스트레이션 모델을 실습 강좌 전반에 통합함으로써 예비 수학교사와 연구자 모두에게 유용한 렌즈를 제공하였다. 이에 이 연구는 예비 수학교사 및 교사교육자들이 테크놀로지 활용 수업에 대한 실제적인 지식과 이익을 얻는 데 도구 오케스트레이션 모델이 지닌 유용성을 구체화하였다. 그러나 강좌의 첫 번째 단계에서 사전에 정립된 전체 수업 오케스트레이션을 제공하였기 때문에 예비 수학교사들이 모델에 속한 개념을 깊이 있게 이해하지 못한 채 행동 계획을 수립하였다. 수업 실습을 통해 예비 수학교사들은 교수 활동의 세부 내용과 체계적인 오케스트레이션의 의미를 이해하기 시작하였다. 이는 계획 단계에서만 이론적 모델을 소개하는 것(Bowers & Stephens, 2011)은 수업에서 성공적인 오케스트레이션을 수행하는 데, 특히 예비 수학교사가 교수학적 배치의 활용 양식을 이해하는 데 기여하지 못함을 보여준다. 실습 강좌는 수정, 실행, 성찰에 기반한 주기적 과정으로 구성되어야 하며, 참여형 실행연구 전략을 활용하면 다음과 같이 2가지 측면에서 예비 수학교사와 연구자의 협력적 학습을 촉진할 수 있다. 첫째, 협력 활동을 통해 연구자들이 제공한 피드백과 제안은 예비 수학교사들의 도구 오케스트레이션 모델에 대한 이해와 수업 실행 역량을 성장시킨다. 둘째, 테크놀로지 기반 과제 설계 및 실행 과정에 대한 예비 수학교사의 성장에 비추어, 연구자들은 당초에 설정한 행동 계획을 수정할 수 있었다. 세 단계에 걸쳐 이처럼 강도 높은 협업을 진행하는 것이 해당 강좌에 강의자가 1명만 존재하는 대규모 예비 수학교사 그룹에서는 불가능할 수도 있다. 그러나 이 연구는 예비 수학교사가 지닌 '잠재적 즉흥성'(potential hiccups, Clark-Wilson, 2010)과 '핵심 교수 순간'(pivotal teaching moment, Stockero & Van Zoest, 2013)을 드러내어 논의할 기회를 제공하였으며, 이는 학교 현장의 테크놀로지 기반 수업을 개선하도록 예비 수학교사를 교육시키는 데 활용될 수 있다. 또한, 이 연구는 장래의 교사들이 연구 기반 개념에 접근하여 이를 고려하는 기회를 제공함으로써 "연구와 실천 사이의 격차"(McIntyre, 2005, p. 357)를 해소하는 데도 기여하였다. McIntyre(2005)에 따르면 학계 구성원은 교사의 전문 지식을 탐색하여 공동으로 연구함으로써 그 격차를 해소할 책임이 있으며, 실천가가 연구 지식에 단순히 관여하기만을 기대해서는 안 된다.

그럼에도 불구하고 이 연구에서 진행한 전문성 개발 프로그램이 예비 수학교사의 교수학적 역할과 도구 오케스트레이션의 역동적 활용 역량을 완전하게 개발하였다고 주장할 수는 없다. 특히, 예비 수학교사가 수학적 개념 및 관계를 일반화하고 교육과정이 제시한 여러 주제와 개념을 탐구하는 과제를 의미 있게 설계하기 위해서는 교수 도구인 슬라이더의 '도구 사용'(instrumentation)을 학습하는 추가 기회를 제공할 필요가 있다. 나아가 학생들이 직접 컴퓨터를 조작하는 디지털 테크놀로지 활용 개별 학습을 촉진하기 위해 예비 수학교사가 알아야 하는 도구 오케스트레이션에 주목하는 후속 연구가 진행되기를 바란다.

참고문헌

Agyei, D. D., & Voogt, J. (2011). ICT use in the teaching of mathematics: Implications for professional development of pre-service teachers in Ghana. *Education and Information Technologies, 16*(4), 423–439.

Arzarello, F., Olivero, F., Paola, D., & Robutti, O. (2002). A cognitive analysis of dragging practises in Cabri environments. *ZDM—The International Journal on Mathematics Education, 34*(3), 66–72.

Bowen, G. A. (2006). Document analysis as a qualitative research method. *Qualitative Research Journal, 9*(2), 27–40.

Bowers, J. S., & Stephens, B. (2011). Using technology to explore mathematical relationships: A framework for orienting mathematics courses for prospective teachers. *Journal of Mathematics Teacher Education, 14*(4), 285–304.

Bozkurt, G., & Ruthven, K. (2018). The activity structure of technology-based mathematics lessons: A case study of three teachers in English secondary schools. *Research in Mathematics Education, 20*(3), 254–272.

Bozkurt, G., & Yigit Koyunkaya, M. (2020a). Preparing prospective mathematics teachers to design and teach technology-based lessons. In B. Barbel, B. Ruth, G. Lisa, P. Maximilian, R. Hana, S. Florian, & T. Daniel (Eds.), *Proceedings of the 14th international conference on technology in mathematics teaching – ICTMT 14* (pp. 255–262). University of Duisburg-Essen.

Bozkurt, G., & Yigit Koyunkaya, M. (2020b). From micro-teaching to classroom teaching: An examination of prospective mathematics teachers' technology-based tasks. *Turkish Journal of Computer and Mathematics Education, 11*(3), 668–705.

Bozkurt, G., & Yigit Koyunkaya, M. (2022). Supporting prospective mathematics teachers' planning and teaching technology-based tasks in the context of a practicum course. *Teaching and Teacher Education, 119, 103830.*

Burns, A. (1999). *Collaborative action research for English language teachers*. Cambridge University Press.

Clarke, D., & Hollingsworth, H. (2002). Elaborating a model of teacher professional growth. *Teaching and Teacher Education, 18*(8), 947–967.

Clark-Wilson, A. (2010). *How does a multi-representational mathematical ICT tool mediate teachers' mathematical and pedagogical knowledge concerning variance and invariance?*. Unpublished Ph.D. thesis. Institute of Education.

Clark-Wilson, A., Robutti, O., & Sinclair, N. (2014). *The mathematics teacher in the digital era*. Springer.

Cochran-Smith, M., & Lytle, S. L. (1990). Research on teaching and teacher research: The issues that divide. *Educational Researcher, 19*(2), 2–11.

Common Core State Standards Initiative (2010). *Mathematics standards*. Retrieved April 16, 2021, from http://www.corestandards.org/Math/

Darling-Hammond, L. (2006). Constructing 21st-century teacher education. *Journal of Teacher Education, 57*(3), 300–314.

Darling-Hammond, L., Wei, R. C., Andree, A., Richardson, N., & Orphanos, S. (2009). *Professional learning in the learning profession*. National Staff Development Council.

Drijvers, P. (2012). Teachers transforming resources into orchestrations. In G. Gueudet, B. Pepin, & L. Trouche (Eds.), *From text to 'lived' resources* (pp. 265–281). Springer.

Drijvers, P., Doorman, M., Boon, P., Reed, H., & Gravemeijer, K. (2010). The teacher and the tool: Instrumental orchestrations in the technology-rich mathematics classroom. *Educational Studies in Mathematics, 75*(2), 213–234.

Drijvers, P., Tacoma, S., Besamusca, A., Doorman, M., & Boon, P. (2013). Digital resources inviting changes in mid-adopting teachers' practices and orchestrations. *ZDM—The International Journal on Mathematics Education, 45*(7), 987–1001.

Drijvers, P., Tacoma, S., Besamusca, A., van den Heuvel, C., Doorman, M., & Boon, P. (2014). Digital Technology and Mid-Adopting Teachers' Professional Development: A case study. In A. Clark-Wilson, O. Robutti, & N. Sinclair (Eds.), *The mathematics teacher in the digital era* (pp. 189–212). Springer.

Drijvers, P., Grauwin, S., & Trouche, L. (2020). When bibliometrics met mathematics education research: The case of instrumental orchestration. *ZDM—The International Journal on Mathematics Education, 52*(7), 1455–1469.

Erfjord, I. (2011). Teachers' initial orchestration of students' dynamic geometry software use: Consequences for students' opportunities to learn mathematics. *Technology, Knowledge and Learning, 16*(1), 35–54.

Erickson, F. (2006). Defnition and analysis of data from videotape: Some research procedures and their rationales. In J. L. Green, G. Camilli, & P. B. Elmore (Eds.), *Handbook of complementary methods in education research* (pp. 177–191). Erlbaum.

Goos, M. (2005). A sociocultural analysis of the development of pre-service and beginning teachers' pedagogical identities as users of technology. *Journal of Mathematics Teacher Education, 8*(1), 35–59.

Grugeon, B., Lagrange, J. B., Jarvis, D., Alagic, M., Das, M., & Hunscheidt, D. (2009). Teacher education courses in mathematics and technology: Analyzing views and options. In C. Hoyles & J. B. Lagrange (Eds.), *Mathematics education and technology-rethinking the terrain* (pp. 329–345). Springer.

Gueudet, G., Bueno-Ravel, L., & Poisard, C. (2014). Teaching mathematics with technology at the kindergarten level: Resources and orchestrations. In A. Clark-Wilson, O. Robutti, & N. Sinclair (Eds.), *The mathematics teacher in the digital era* (pp. 213–240). Springer.

Hofer, M., & Grandgenett, N. (2012). TPACK development in teacher education: A longitudinal study of preservice teachers in a secondary MA Ed. program. *Journal of Research on Technology in Education, 45*(1), 83–106.

Huang, R., & Zbiek, R. M. (2017). Prospective secondary mathematics teacher preparation and technology. In M. E. Strutchens et al. (Eds.), *The mathematics education of prospective secondary teachers around the world* (pp. 17–24). Springer.

Kemmis, S., & McTaggart, R. (2005). Participatory action research: Communicative action and the public sphere. In N. Denzin & Y. Lincoln (Eds.), *The Sage handbook of qualitative research* (3rd ed., pp. 559–603). Sage.

Lee, H., & Hollebrands, K. (2008). Preparing to teach mathematics with technology: An integrated approach to developing technological pedagogical content knowledge. *Contemporary Issues in Technology and Teacher Education, 8*(4), 326–341.

McCulloch, A. W., Lovett, J. N., Leatham, K. R., Bailey, N., & Reed, S. D. (2019). Preparing secondary mathematics teachers to teach with. technology: Findings from a nationwide survey. In S. Otten, A. G. Candela, Z. de Araujo, C. Haines, & C. Munter (Eds.), *Proceedings of the 41st annual meeting of the North American Chapter of the International Group for the Psychology of Mathematics Education* (pp. 1126–1130). University of Missouri.

McCulloch, A. W., Bailey, N., Fye, K., & Scott, G. (2020). Creating a third-space for learning to design technology-based math tasks. *Mathematics Teacher Educator, 9*(1), 7–22.

McIntyre, D. (2005). Bridging the gap between research and practice. *Cambridge Journal of Education, 35*(3), 357–382.

Meagher, M., Ozgun-Koca, A., & Edwards, M. T. (2011). Pre-service teachers' experiences with advanced digital technologies: The interplay between technology in a pre-service classroom and in feld placements. *Contemporary Issues in Technology and Teacher Education, 11*(3), 243–270.

Merriam, S. B., & Tisdell, E. J. (2016). *Qualitative research: A guide to design and implementation* (4th ed.). John Wiley & Sons.

Ministry of National Education in Turkey. (2018). *Teaching programs for secondary mathematics lesson* (*Grades 9, 10, 11, 12*). MEB.

National Centre for Excellence in the Teaching of Mathematics -NCETM. (2014). *The national curriculum in England*. Retrieved April 16, 2021, from https://assets.publishing.service.gov.uk/government/uploads/system/uploads/attachment_data/fle/840002/Secondary_national_curriculum_corrected_PDF.pdf

Ndlovu, M., Wessels, D., & De Villiers, M. (2013). Competencies in using Sketchpad in geometry teaching and learning: Experiences of preservice teachers. *African Journal of Research in Mathematics, Science and Technology Education, 17*(3), 231–243.

Niess, M. L. (2005). Preparing teachers to teach science and mathematics with technology: Developing a technology pedagogical content knowledge. *Teaching and Teacher Education, 21*(5), 509–523.

Niess, M. L. (2012). Rethinking pre-service mathematics teachers' preparation: Technological, pedagogical and content knowledge (TPACK). In D. Polly, C. Mims, & K. Persichitte (Eds.), *Developing technology-rich, teacher education programs: Key issues* (pp. 316–336). IGI Global.

O' Leary, Z. (2004). *The essential guide to doing research*. Sage.

Powell, A. B., Alqahtani, M. M., & Singh, B. (2017). Supporting students' productive collaboration and mathematics learning in online environments. In R. Jorgensen & K. Larkin (Eds.), *STEM education in the junior secondary: The state of play* (pp. 37–56). Springer.

Powers, R., & Blubaugh, W. (2005). Technology in mathematics education: Preparing teachers for the future. *Contemporary Issues in Technology and Teacher Education, 5*(3), 254–270.

Rocha, H. (2020). Using tasks to develop pre-service teachers' knowledge for teaching mathematics with digital technology. *ZDM—The International Journal on Mathematics Education, 52*(7), 1381–1396.

Ruthven, K. (2014). Frameworks for analysing the expertise that underpins successful integration of digital technologies into everyday teaching practice. In A. Clark-Wilson, O. Robutti, & N. Sinclair (Eds.), *The mathematics teacher in the digital era* (pp. 373–393). Springer.

Ruthven, K., Deaney, R., & Hennessy, S. (2009). Using graphing software to teach about algebraic forms: A study of technology-supported practice in secondary-school mathematics. *Educational Studies in Mathematics, 71*(3), 279–297.

Sagor, R. (1992). *How to conduct collaborative action research*. Association for Supervision and Curriculum Development.

Shagoury, R., & Power, B. M. (2012). *Living the questions: A guide for teacher-researchers*. Stenhouse Publishers.

Shank, M. J. (2006). Teacher storytelling: A means for creating and learning within a collaborative space. *Teaching and Teacher Education, 22*(6), 711–721.

Snow-Gerono, J. L. (2005). Professional development in a culture of inquiry: PDS teachers identify the benefts of professional learning communities. *Teaching and Teacher Education, 21*(3), 241–256.

Stark, S. (2006). Using action learning for professional development. *Educational Action Research, 14*(01), 23–43.

Stockero, S. L., & Van Zoest, L. R. (2013). Characterizing pivotal teaching moments in beginning mathematics teachers' practice. *Journal of Mathematics Teacher Education, 16*(2), 125–147.

Strutchens, M., Huang, R., Locano, L., Potari, D., Ponte, J. P., Cyrino, M. C., da Ponte, Z. P., & Zbiek, R. M. (2016). *The mathematics education of prospective secondary teachers around the World*. Springer.

Tabach, M. (2011). A mathematics teacher's practice in a technological environment: A case study analysis using two complementary theories. *Technology, Knowledge and Learning, 16*(3), 247–265.

Tabach, M., Hershkowitz, R., & Dreyfus, T. (2013). Learning beginning algebra in a computerintensive environment. *ZDM—The International Journal on Mathematics Education, 45*(3), 377–391.

Trgalova, J., Clark-Wilson, A., & Weigand, H.-G. (2018). Technology and resources in mathematics education. In T. Dreyfus, M. Artigue, D. Potari, S. Prediger, & K. Ruthven (Eds.), *Developing research in mathematics education: Twenty years of communication, cooperation and collaboration in Europe* (pp. 142 161). Springer.

Trocki, A., & Hollebrands, K. (2018). The development of a framework for assessing dynamic geometry task quality. *Digital Experiences in Mathematics Education, 4*(2-3), 110–138.

Trouche, L. (2004). Managing the complexity of human/machine interactions in computerized learning environments: Guiding students' command process through instrumental orchestrations. *International Journal of Computers for Mathematical Learning, 9*(3), 281–307.

Trouche, L. (2020). Instrumentalization in mathematics education. In S. Lerman (Ed.), *Encyclopedia of mathematics education* (pp. 404–412). Springer.

Verillon, P., & Rabardel, P. (1995). Cognition and artifacts: A contribution to the study of though in relation to instrumented activity. *European Journal of Psychology of Education, 10*(1), 77–101.

Yeh, Y. F., Hsu, Y. S., Wu, H. K., Hwang, F. K., & Lin, T. C. (2014). Developing and validating technological pedagogical content knowledge-practical (TPACK-practical) through the Delphi survey technique. *British Journal of Educational Technology, 45*(4), 707–722.

Zbiek, R. M., & Hollebrands, K. (2008). Incorporating mathematics technology into classroom practice. In K. Heid & G. W. Blume (Eds.), *Research on technology and the teaching and learning of mathematics* (Vol. I, pp. 287–344). Information Age Publishing, Inc.

역자 참고문헌

이경화, 정혜윤, 강완, 안병곤, 백도현(2017). 수학 교구 활용을 위한 교수학적 원리의 제안 및 적용. **수학교육 논문집, 31**(2), 203-221.

03

터치타임스 활용 곱셈 수업 분석을 위한 앙상블 관점

Sandy Bakos

이 장은 캐나다 브리티시 콜롬비아의 두 초등학교 교사가 진행하는 수업에서 활용된 아이패드 애플리케이션인 **터치타임스**의 교수학적 역할을 검토한다. 이 연구는 수업에서 일어나는 교사, 툴, 곱셈과 같은 수학 개념의 **앙상블**을 분석하는 데 목적이 있다. **앙상블**은 개별 요소를 전체와 관련지어 해석하는 관점이다. 교사가 해당 디지털 툴을 수학 수업에 도입한 구체적인 방식을 확인하는 데 '이중 도구 발생' 개념과 '도구 오케스트레이션'의 구성 요소를 활용하여 이 연구에서 다룰 사례를 분석한다. 초등학교 수학 수업에 터치스크린 기술을 도입함으로써 새로운 오케스트레이션 유형 3가지가 구체화되었다. 특히, 곱셈을 설명하는 새로운 말하기 방식과 곱셈 관계를 표현하고 조작하는 수단으로 손가락에 새롭게 주목함으로써 툴이 수업에서 발휘하는 행위성을 관찰할 수 있었다.

주요 용어: 터치스크린 기술, 개인적/전문적 차원의 이중 도구 발생, 도구 오케스트레이션, 터치타임스, 곱셈, 초등수학

1. 서론

학교에 디지털 테크놀로지가 널리 보급됨에 따라 수학교육 연구자들은 교사가 수학 수업에서 이러한 자원을 활용하는 방법(예, Monaghan, 2004; Thomas & Palmer, 2016)과 이러한 테크놀로지가 학생의 학습에 미치는 영향(예, Calder & Murphy, 2018; Sinclair & Baccaglini-Frank, 2015)에 지속적인 관심을 보였다. 터치스크린 장치는 그 사용의 편리성으로 인해 초등학교 교사가 수학 학습을 지원하는 새로운 수단이 되고 있다. 그러나 Larkin & Milford(2018)는 터치스크린 장치에 설치된 많은 응용 프로그램이 "개념적, 교수학적, 방법론적 기반 없이" 수업에서 활용되고 있다고 우려하였다(p. 12). 테크놀로지 활용 수업은 여전히 복잡한 활동으로(Monaghan, 2004), 테크놀로지의 일부 측면이 점점 더 사용자 친화적으로 발달하였음에도 교사들 대부분은 학생의 학습을 지원하는 데 테크놀로지를 능숙히 사용하기가 쉽지 않다고 여긴다(Trigueros et al., 2014). 이는 특히 **터치타임스**(TouchTimes)와 관련하여서도 마찬가지이다(Sinclair et al., 2020).

수학 수업에 디지털 테크놀로지 활용을 다룬 초기 연구 대부분은 연구자가 교사로 참여하는 수업에서 학생에게 일어나는 학습 양상에 초점을 맞추었지만(예, Behr & Wheeler, 1981; Noss, 1987), 점차로 테크놀로지를 이용하는 교수 현상을 살피는 연구로 관점의 전환이 이루어지고

있다(Artigue, 2010). 디지털 테크놀로지의 활용이 수학 교수 관행에 미치는 영향을 설명하기 위해 등장한 이론에는 교사의 개인적, 전문적 도구 발생을 다룬 '이중 도구 발생'(double instrumental genesis, Haspekian, 2011) 개념과 '도구 오케스트레이션'(instrumental orchestration, Toruche, 2004)의 구성 요소가 있다.

특별히 이 장은 **터치타임스**와 관련된 교사의 이중 도구 발생과 교사가 주도하는 도구 오케스트레이션[1]에 주목한다. 그러나 도구 오케스트레이션 관점은 교사가 디지털 툴(tool)을 사용하기 위해 교실 활동을 구성하는 방식에 중요한 통찰을 제공하지만 툴보다는 인간을 우선시하므로(Carlsen et al., 2016), 수학 개념 형성과 관련하여 툴 자체의 기능이 교사에게 영향을 미치는 방식을 별도로 탐구할 필요도 있다. 이는 터치타임스가 곱셈을 다루는 방식이 브리티시 콜롬비아 및 그 외 지역의 초등학교에서 기존에 곱셈을 지도해 온 방식과는 다르다는 점, 오히려 경우에 따라서는 반대라는 점에서 이 연구의 이상과 같은 의도와 어울리며, 관련 내용은 다음 절에서 상세히 다루고자 한다. 이 연구에 참여한 교사들은 자신의 교육 레퍼토리에 새로운 디지털 툴을 추가하였을 뿐만 아니라, 해당 응용 프로그램이 기반하는, 곱셈과 관련된 완전히 다른 아이디어를 활용하여 곱셈을 지도하였다. Clark-Wilson(2010)은 교사의 수학적 아이디어가 디지털 툴을 사용하는 방식에 영향을 주지만, 툴 자체에 친숙해짐에 따라 교수법 역시 달라진다는 사실을 발견하였다. 실제로 Noss & Hoyles(1996)에 따르면 "툴은 환경이라는 수학적 존재를 감싸서, 거기에 내재된 아이디어 및 행동 망의 일부를 구성한다."(p. 227)

교사를 수업 내에서 의도를 지닌 유일한 행위자로 우선시하면 툴 자체나 수학의 효과를 설명하는 데 한계가 있다. 이는 교사에게 책임감과 의도성을 과도하게 부여하는 동시에, 교사가 수업에서 행하는 다양한 역할을 과소평가함으로써 엄밀히 말하여 교사의 모든 행위가 교수학적이지는 않을 수 있음을 간과한다. 이 연구는 주체-대상 틀을 앙상블 관점으로 전환하여 교사-툴-수학적 개념을 개별 요소가 아니라 하나의 전체로 간주함으로써 교사가 의도적으로 선별하여 구성하지 않은, 예상치 못한 즉흥적 사건이 일어나는 교실 현상에 좀 더 주목할 수 있다.

다음 절은 곱셈과 관련된 몇 가지 맥락을 살펴보고, 후속 절에서는 이 연구의 이론적 토대와 활용될 개념을 개관한다. 다음으로는 터치타임스에 대한 간략한 설명과 연구 맥락, 참가자 등을 포함한 연구 방법을 기술한다. 그런 다음 수학 수업에 터치타임스를 활용하는 두 초등학교 교사의 사례를 상세히 설명한다. 끝으로, 터치타임스에서 다룬 수학과 직접 연관된 몇 가지 쟁점을 다루고, 터치스크린 기술로 인해 초등학교 수업에서 새롭게 사용되는 오케스트레이션 유형에 대해 논의한다. 이론적 틀을 정교화한 다음 연구 문제를 명확히 설명하겠지만, 이 연구는 초등학교 수업에서 교사와 **터치타임스**의 협업으로 발생한 교사-툴-수학의 **앙상블**을 분석하는 데 목적이 있다.

---

[1] 트루케(Trouche)가 창안하고 Drijvers et al.(2010, 2013)이 강화 및 확장한 개념이다.

2. 곱셈

여러 연구가 곱셈을 동수누가로만 특징짓는 데 문제가 있음을 지적하였으나(Askew, 2018; Boulet, 1998; Davydov, 1992), 초등 저학년에서는 여전히 곱셈을 뛰어 세기와 묶어 세기 및 동수누가로 지도한다(Davis & Renert, 2013; Greer, 1992). Askew(2018)에 따르면 교육과정 개발자는 곱셈을 동수누가로 지도하는 관행을 권장하는 경향이 있으며, 이는 초등교사와 학생들이 곱셈을 이해하는 데 지속적인 영향을 미친다. 이는 브리티시 콜롬비아에서도 마찬가지로, 주정부가 의무화한 3학년(8~9세) 수학교육과정에 곱셈이 처음 도입되며 그 예로 묶어 세기, 동수누가 및 배열이 제시되어 있다(Province of British Columbia, 2016). Fischbein et al.(1985)은 동수누가가 "수학에 대해 상당히 훈련을 받은 사람도 곱셈을 이해하고 활용하는 데 암묵적으로 영향을 미치는(p. 6)" **원시**(primitive) 모델이며, "곱셈 개념과 연산이 학교에서 처음 지도되는 방식을 반영한다."(p. 15)고 하였다.

여러 연구는 곱셈 교수-학습을 위한 수학적 툴로 시각적 표현과 다양한 모델의 활용을 강조하였다(Anghileri, 1989; Kosko, 2018; Maffia & Mariotti, 2018). Davis & Renert(2013)는 수직선에서 뛰어 세기, 모눈종이 또는 직사각형 배열 만들기, 영역 만들기, 수형도 그리기, 크기 변화시키기 및 선형 함수와 같은 여러 곱셈 모델을 제시하면서, 동수누가로서의 곱셈 아이디어가 만연되어 있어 다른 방식으로 곱셈을 해석해 볼 가능성이 제거되었다고 비판하였다. Kosko(2018)는 Bolden et al.(2015) 및 Davydov(1991)를 참고하여 곱셈을 통해 단위의 복수적(plural) 측면을 다루는 방안을 모색하였으며, "시각적 표상을 활용하는 학생들 사이의 상호 작용은 모든 단위를 1로 세는 활동을 통해 곱셈의 본질을 드러낼 수 있다."(pp. 262–263)고 언급하였다. Davydov(1992)에 따르면, 첫 번째 단위화는 피승수(예, 자동차의 타이어 수)가 설정될 때 일어나며, 두 번째 단위화는 승수(예, 자동차 수)가 설정될 때 발생한다. Steffe(1992)에 따르면 곱셈 연산을 적용하기 위해서는 "복합 단위 중 하나가 다른 복합 단위의 구성 요소에 분배"(p. 264)되듯이, 적어도 2개의 복합 단위를 조작할 필요성이 있어야 한다. Jacob & Willis(2003)는 "상황 내에서 피승수와 승수를 식별하고 조작하여 이러한 요소를 동시에 조정하는 활동이 승법적 사고와 관련된다."(p. 460)고 하였다.

사전 연구(Sinclair et al., 2020)를 통해 곱셈 지도 방법에 대해 논의하는 과정에서, 이 연구에 참여한 초등 교사인 리(Leah, 가명)와 레이첼(Rachel, 가명)은 교육과정의 요구 사항과 교과서에 제시된 전략에 따라 수업을 설계 및 실행한다고 하였다. 리는 3학년 교과서까지 꺼내며 "모두 묶음(group-of)입니다. 묶음이 첫 번째로 나와요. 덧셈을 반복하는 …묶음이요. (수식 2×5와 5개씩 2묶음을 표현한 그림을 가리키며) 5개씩 2묶음은, 2배를 말하는데, (터치타임스가 실행된 아이패드를 가리키면서) 이것은 다른 방식을 보여 줍니다."라고 말하였다. 이처럼 이 연구에 참여한 교사들이 의존하는 주요 자원에는 '이중 수직선' (double number line, Askew, 2018)이나

'이중 단위화' (double unitisation, Davydov, 1992) 등의 대안적 접근은 포함되지 않았으며, 이러한 인식 부족으로 초등 교사들은 균등 묶음, 뛰어 세기, 동수누가에 지나치게 의존하는 경향이 있었다.

3. 이론적 배경

이하에서는 우선 '도구 기반 접근'(instrumental approach, Artigue, 2002; Guin et al., 2005)의 이론적 요소와 '이중 도구 발생'(Haspekian, 2011)에 대하여 개관한다. 다음으로 테크놀로지 활용 초등학교 수학 수업에 주목하여 '도구 오케스트레이션'(Trouche, 2004)의 구성 요소를 살펴본다.

3.1. 도구 기반 접근

툴(tool)의 활용과 관련하여 Rabardel(1995)이 주장한 '도구화 이론'(theory of instrumentation)을 확장함으로써, 수학에서 테크놀로지를 매개로 한 교수-학습을 분석하기 위한 도구 기반 접근이 개발되었다(Artigue, 2002; Guin et al., 2005). 도구화 이론의 일부로서 도구 기반 접근은 인공물/도구의 특성화와 툴을 활용하는 양방향 과정에 대한 인식이라는 2가지 아이디어에 기반한다. Vérillon & Rabardel(1995)은 물리적 대상으로서의 인공물(artefact)과 인간이 사용함으로써 도구(instrument)가 되는 툴을 구별하였다. 인공물과 인간 사이의 이러한 상호작용은 사용자가 툴에 **적응하는 도구 사용**(instrumentalisation)과, 툴이 사용자의 행동이나 사고를 형성하는 **도구화**(instrumentation)라는 양방향 과정인 **도구 발생**(instrumental genesis)으로 구성되며, 이를 통하여 도구가 구축된다. 수업 상황에 디지털 툴을 사용하기 전에, 교사는 우선 학습자처럼 인공물이 수학 활동을 위한 도구가 되는 '개인적 도구 발생'을 경험해야 한다. 나아가 교사는 인공물을 수학 수업의 교수학적 도구로 조직하고 적정화하기 위하여 '전문적 도구 발생'도 진행해야 한다. "교사의 전문적 도구 발생은 학생의 도구 발생을 포함하기 때문에 훨씬 더 복잡하다"(Haspekian, 2014, p. 254). Haspekian(2011)은 이를 **이중 도구 발생**으로 명명하였다. 나아가 여러 연구는 도구 기반 교실을 구성하기 위하여 교사가 어떻게 수업을 설계하고 교수학적 결정을 내리는지 논의하였으며, 다음 절에서는 이에 대해 살펴본다.

3.2. 도구 오케스트레이션의 구성 요소

Trouche(2004)가 처음 제안한 **도구 오케스트레이션**(instrumental orchestration)은 "주어진 수학 과제 상황, 특히 테크놀로지 활용 학습 환경을 교사가 의도적이고 체계적으로 조직하여 다양한 인공물을 활용하는 것"(Drijvers et al., 2010, pp. 214–215)과 관련된다. 이를 통해 교사는 개별 학습자의 도구 발생을 유도하거나, 학급 전체의 집단적 도구 발생을 안내할 수 있다.

〈표 1〉과 같이 교사 주도의 전체 학급을 대상으로 하는 수업에는 8가지의 도구 오케스트레이션 유형이 있으며 개별 학습을 지원하는 도구 오케스트레이션 유형에는 5가지가 있다(Drijvers et al., 2010; Drijvers et al., 2013). 교사는 교사 중심의 오케스트레이션을 사용할지, 학생 참여를 명시적으로 유도하는 오케스트레이션을 사용할지 결정할 수 있다. 교육 목표 달성을 위해 교사는 자신이 사용할 **활용 양식**(exploitation modes)의 일부로서 이러한 결정을 한다. 이러한 활용 양식에는 툴이나 과제를 도입하여 사용하는 방식, 짝 활동 등과 같이 사용자의 상호작용 유형, 학생들이 개발하는 테크닉 등이 포함된다. 수업에서 교사가 '즉흥적으로' 계획을 조정하는 방법인 **교수학적 실행**(didactical performance)은 학생 중심 오케스트레이션을 수행할 때 특히 중요하다. 학생의 의견, 질문할 내용과 시기, 문제 해결 과정의 예상치 못한 쟁점[2] 등을 처리하는 방법을 비롯하여, 공학적 툴, 수학 과제, 학생 자체 등과 관련되는 모든 부분은 교사-툴-수학 **앙상블**(ensemble)의 상호작용적 본질을 드러낸다.

〈표 1〉 학급 전체 학습과 개별 학습을 위한 오케스트레이션(Drijvers et al., 2013)

오케스트레이션 유형	교수학적 의도	학급 전체	개별
기술-설명 (Technical-demo)	교사가 툴을 사용하는 방식에 대해 설명	V	V
안내-설명 (Guide-and-explain)	교사가 화면에 대해 설명하거나 이와 관련된 폐쇄형 질문을 제기	V	V
화면-설명 (Explain-the-screen)	교사가 디지털 테크놀로지와 관련되는 수학 내용을 설명	V	
화면-칠판-연결 (Link-screen-board) 또는 화면-종이-연결 (Link-screen-paper)	교사가 수학적 아이디어 또는 기술 장치에서 얻은 표상을 수학적 표현과 연결	V	V
화면-토론 (Discuss-the-screen)	화면에 일어난 일에 대한 학급 토론	V	V
발견-보여주기 (Spot-and-show)	학생의 활동 사례를 학급 토론 또는 수업에 사용	V	

[2] Clark-Wilson(2010)은 이를 '뜻밖의 상황(hiccups)'이라고 부른 바 있다.

〈표 1〉 학급 전체 학습과 개별 학습을 위한 오케스트레이션(Drijvers et al., 2013)

오케스트레이션 유형	교수학적 의도	학급 전체	개별
쉐르파-활동 (Sherpa-at-work)	학생이 자신의 활동을 발표하거나 교사의 지시를 실행하기 위하여 테크놀로지를 사용	V	
칠판-교수 (Board-instruction)	테크놀로지를 참조하거나 조작하지 않고 칠판 앞에서 수업	V	
기술-지원 (Technical-support)	기술적인 지원을 제공		V

Tabach(2011)는 수업에 테크놀로지를 활용할 수 있지만 교사가 의도적으로 이를 사용하지 않는 경우를 오케스트레이션 유형에 포함시켜 **공학도구-미사용**(Not-use-technology) 오케스트레이션이라고 명명하였다. Drijvers(2012)는 학생이 독립적으로 활동하는 동안 교사가 학생의 진행 상황을 살펴 필요에 따라 학생을 지원하는 개별 오케스트레이션에 **구역-활동**(Work-and-walk-by)이라는 용어를 사용하였다. 한편 Tabach(2013)는 학생이 독립적으로 활동하는 동안 교사가 온/오프라인으로 학생을 점검하고 안내하여 피드백을 제공한다는 점에서 이를 **점검-안내**(Monitor-and-guide)라는 용어로 설명하였다. 또한 이 연구의 5, 6학년 수업에서 교사는 테크놀로지가 없을 때도 그 사용에 대해 논의하는 사례가 있으며, 이를 **기술-없는-토론**(Discuss-tech-without-it) 오케스트레이션으로 칭한다.

Gueudet et al.(2014)은 프랑스의 한 유치원에 오케스트레이션 요소를 적용해 봄으로써 2가지 새로운 유형을 확인하였다. 하나는 아동이 독립적으로 테크놀로지를 다루는 동안 교사가 원거리에서 이를 살피는 **자율-사용**(Autonomous-use)이고, 다른 하나는 개별 아동이 테크놀로지를 활용하거나 수학을 다루기 위해 교사에게 도움을 청하는 **지원-사용**(Supported-use)이다. 이상의 2가지 오케스트레이션은 학급의 수준 차이를 관리하고 개별 학습자의 요구에 맞는 개별화 수업을 진행하는 데 활용되었다. 또한 프랑스 유치원 상황에서 **화면-칠판-연결** 오케스트레이션의 변형이 나타났는데, 교사가 디지털 테크놀로지를 반영하여 구체물을 만들고 이를 전시 및 조작함으로써 소프트웨어 활용에 대하여 설명하였다. Besnier(2018)는 이를 **함께-소프트웨어-조작**(Manipulatives-and-software-duo) 오케스트레이션이라고 명명하였다.

도구 오케스트레이션에 주목한 연구 대부분은 중등 수준(Trouche, 2004; Drijvers, 2012)이나 유치원 수준(Besnier, 2018; Gueudet et al., 2014)을 배경으로 하였다. 실제로 '학습에 대한 오케스트레이션'을 주제로 열린 디지털 테크놀로지 활용 수학교육 학회에서 Joubert(2013)는 초등학교와 관련하여 테크놀로지 사용을 다룬 논문은 전체 100편 중 5편에 불과하다고 지적하였다.

또한 도구 오케스트레이션에 대한 이전 연구는 터치스크린 테크놀로지가 아니라, 데스크톱 소프트웨어나 전자칠판을 주로 다루었다.

이에 이 연구는 학생들의 나이와 테크놀로지의 특징이 교사의 오케스트레이션에 어떤 영향을 미치는지 살피고자 한다. 예를 들어 이 연구에서 다룬 두 교실에는 아이패드가 여러 대 있어 아동들이 개별적으로든 짝으로든 자신의 장치로 동시에 탐구 활동을 수행할 수 있으며, 이는 프로젝터와 연결된 고정형 컴퓨터나 단일 상호작용만이 가능한 전자칠판처럼 공용의 디지털 도구를 그저 관찰만 하는 교실 상황과는 다르다. 또한 컴퓨터 마우스를 효과적으로 다루는 데 필요한 손동작은 어린 아동에게 어려운 반면, 아이패드의 터치스크린 어포던스는 초등학생들의 접근을 수월하게 한다.

도구 오케스트레이션 관점에 따르면 교사는 일반적으로 과제와 툴, 교실 상호작용을 구성하거나 배열 및 조정, 관리하는 주요한 행위 주체이다. 툴을 통해 교수학적 배치와 활용이 촉발되며 교수학적 실행이 형성된다는 기본 전제가 있다. 그러나 행위 주체로서 툴 자체의 역할에 대해서는 최근까지도 거의 주목되지 않았다. 예를 들어, Gueudet et al.(2014)는 "테크놀로지 활용 수업에 대한 교사의 선택에 따라 오케스트레이션이 달라진다."(p. 215)고 주장하였으나, 유치원 교사가 오케스트레이션을 선택하는 데 소프트웨어의 여러 특징이 영향을 미친다는 사실이 데이터로부터 드러났다고 간단히 언급하는 데 그쳤다.

두 번째 예로, Carlsen et al.(2016)은 Pickering(1995)에 따라, 행위 주체로서 교사, 학습자, 디지털 툴 및 수학의 상호작용을 상정하고 이를 "분산된 행위성(distributed agency)"로 명명하였다. Carlsen et al.(2016)에 따르면 Drijvers et al.(2010)이 주장한 **교사의 선택**(teachers' choice)이라는 문구는 "교사가 수학 수업에 디지털 테크놀로지를 활용하는 상황을 해석하는 데 디지털 툴의 영향력과 행위성을 모호하게 한다"(p. 15). 이는 교사의 의도하지 않은 행동에 툴이 미치는 영향을 고려할 필요가 있음을 시사한다.

이에 이 장은 다음 3가지 연구 문제를 다룬다.

1) 수학교육에 터치스크린 기술, 특히, 터치타임스를 사용할 때 초등학교 교사는 어떤 오케스트레이션 계열을 사용하는가?

2) 터치타임스가 곱셈이라는 수학 개념을 구체화하는 방식은 교사의 교수학적 선택에 어떤 영향을 미치는가?

3) 터치타임스를 수업의 툴로 활용함으로써 교사의 전문적 도구 발생은 어떻게 발전하는가?

이상과 같은 질문에 답하기 위하여, 다음 장인 연구 방법에서 설명할 프로젝트를 통해 데이터를 수집하였다.

4. 연구 방법

터치타임스의 초기 연구팀 일원인 이 장의 저자는 터치타임스의 설계 의도, 터치타임스가 지닌 수학 교수-학습에 대한 잠재성 등을 잘 알고 있다. 이하에서는 곱셈 교수-학습과 관련되는 연구 문헌에 비추어 설계된 터치타임스의 주요 특징을 설명한다.

4.1. 곱셈 기계인 터치타임스

어린 아동이 곱셈을 가법적이 아니라 승법적으로 경험할 수 있도록 설계된 터치타임스(Jackiw & Sinclair, 2019)는 멀티 터치가 가능한 아이패드 기반 응용프로그램이다. 아동은 터치타임스 화면에 손끝으로 곱셈 상황에 대한 그림 표현을 만들고 변형하면서 시각적이고 상징적이며 촉각적인 피드백을 즉시 받는다. 터치타임스에는 **그래스플리파이**(Grasplify)와 **재플리파이**(Zaplify)라는 2개의 마이크로월드가 있으며, 여기서는 이 장과 직접 관련되는 그래스플리파이에 대해 간략히 소개한다.[3] 시각적으로 단일하게 단위를 조정하는 그래스플리파이 월드에서, 사용자의 손은 각각 피승수 또는 승수가 된다. 그래스플리파이에서 수학이 사용자의 손끝에 따라 어떻게 작동하는지 좀 더 쉽게 이해하려면 [그림 1]에 링크된 2분짜리 영상을 활용할 수 있다.

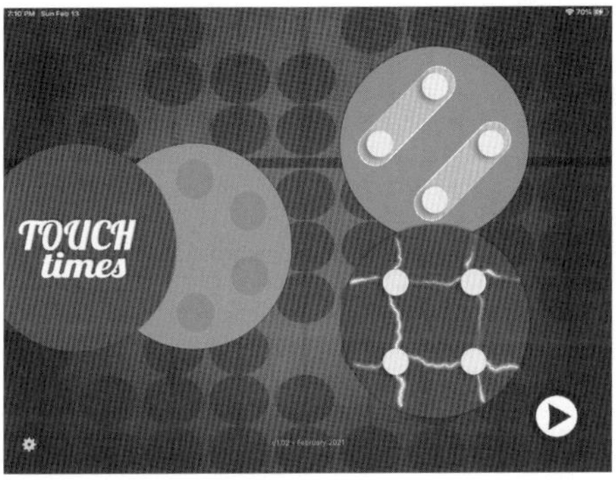

[그림 1] 그래스플리파이 기본 사항에 대한 영상
(https://doi.org/10.1007/000-8wt)

그래스플리파이는 세로선으로 분할된 빈 화면으로 열린다(그림 2a). 사용자가 처음으로 터치한 화면에 '핍(pip)'이라 불리는 동그란 색 점이 나타나며, 손끝이 화면에 접촉해 있는 동안에는 계속 표시된다(그림 2b의 왼쪽). 핍을 고정한 다음 반대쪽 화면에 손가락을 한번 혹은 여러 번 탭하면 핍 묶음인 '팟(pod)'이 생성된다(그림 3a). 핍이 화면에 보이도록 하려면 손가락을 계속 화면에 접촉하고 있어야 하는 것과 달리, 팟은 손가락을 떼도 핍의 색상과 배치된 모양 등이 그대로 복제되어 나타난다. 0을 곱한다는 의미로 핍을 표현하는 손가락을 모두 떼서

[3] 그래스플리파이에 대한 상세한 설명은 Bakos & Pimm(2020, pp. 148-150)을 참고하기 바란다.

화면이 재설정되지 않는 한, 팟의 구성과 모양은 화면에서 핍을 생성하는 손가락을 추가하거나 제거함에 따라 즉시 조정된다. 화면 상단에는 숫자를 통해 승수, 피승수 및 해당 곱셈 결과가 기호로 나타나며(그림 3b), 이는 핍과 팟이 생성되거나 제거됨에 따라 자동으로 조정된다.

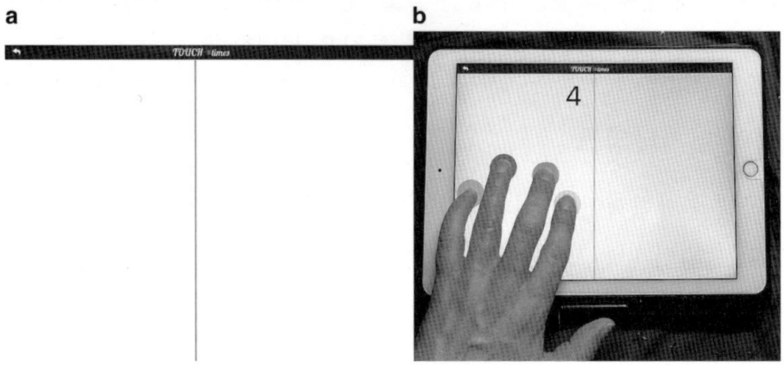

[그림 2] (a) 초기 화면 (b) 핍 생성

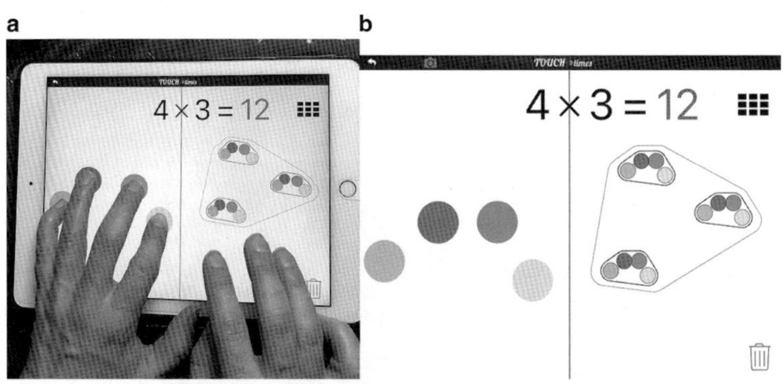

[그림 3] (a) 팟 생성 (b) 화면에 나타난 2개의 합성 단위

터치타임스는 기능적, 관계적으로 Vergnaud(1983)의 연구에서 영감을 받아, 동수누가보다는 2배, 3배 …라는 곱셈에 대한 개념 장을 토대로 설계되었다. 또한 그래스플리파이는, 핍으로 표현된 피승수인 단위가 먼저 생성되어야만 팟으로 표현된 승수로서 단위의 단위가 생성된다는 점에서 Davydov(1992)가 제안한 '단위의 이중 변형 과정'(double change-in-unit process)을 구현한 것으로 볼 수 있다. 이처럼 곱셈을 (피승수)×(승수) 순서로 다루는 것은 브리티시 콜롬비아의 초등 교사들이 교과서에서 일반적으로 접하는 방식과 반대이다. 그러나 이 순서는 터치타임스의 설계 의도이며, 단위의 크기(unit quantity)가 단위의 수(number of units)보다 먼저 결정되는 측정 및 비율 상황을 반영한 초기 수학과 관련된다. 피승수가 승수 앞에 오는 터치타임스의 순서는, '단위들이 몇 개 있는가?'를 묻기 전에 단위의 크기를 정해야 한다는 곱셈에 대한 Davydov(1992)의 접근과 일치한다. 이러한 접근은 두 요소가 등장하는 시간적 순서가 중요하다는 점에서 비대칭적이다. 그러나 이 순서는 캐나다에서 사용되는 교과서 대부분이 제시하는 순서와 반대로,

곱셈은 주로 동수누가를 통해 도입되며 표기법상 승수는 항상 피승수보다 앞선다. 터치타임스는 곱셈의 대안적 모델을 구현함과 동시에 기능적 접근과 단위의 변경 접근을 어린 아동이 경험할 수 있도록 설계되었다.

4.2. 연구 맥락과 참여자

이 장은 2019~2020학년도에 캐나다 브리티시 콜롬비아의 두 초등학교 교실에서 일어난 에피소드를 다룬다. 연구에 참여한 교사 2명은 모두 석사 학위가 있으며, 3학년 또는 3~4학년 프랑스어 집중 학급을 담당하였다. 교사들은 터치타임스 활용 과제를 공동으로 개발하는 대규모 다단계 프로젝트에 참여하였다.

이 장의 데이터는 프로젝트 2단계에서 터치타임스를 활용하는 두 학급의 수학 수업을, 저자를 포함한 교수 2명과 박사과정 학생 2명으로 구성된 연구팀이 관찰한 결과이다. 2~4명으로 구성된 팀은 두 학급에서 60~90분 동안 진행되는 수학 수업을 총 7회에 걸쳐 관찰하고 녹화하였다. 2019년 10월부터 11월까지 리(Leah)의 3학년 수업을 3번, 2019년 12월에 레이첼(Rachel)의 3~4학년 수업을 2번, 2020년 3월에 2번 관찰하였다.

교사가 주도하는 전체 수업 상황을 효과적으로 촬영하기 위하여 교실 구석이나 중앙에 카메라 1대를 설치하였다. 연구팀 중 1명은 주어진 과제를 아이패드로 탐구하는 학생들의 개별 활동이나 짝 활동을 별도의 카메라로 촬영하였다. 수업을 관찰하면서 작성한 필드 노트와 학급 전체 활동 및 짝 활동을 녹화한 디지털 자료를 분석하여, 수업에서 각 교사가 터치타임스를 활용함으로써 보인 오케스트레이션의 특징과 터치타임스가 교사에게 미친 영향을 드러내는 에피소드를 추출하였으며 이에 대해 이 장에서 설명하고자 한다.

다음 절은 초등학교 교사 2명의 사례 연구를 위해 수집된 이상의 데이터에 기반하며, 모든 에피소드는 각 교사가 보이는 터치타임스 오케스트레이션의 구체적인 양상과 디지털 테크놀로지의 영향 및 수학적 아이디어 제시 방식을 기술하기 위해 선별되었다.

4.3. 자료 분석

데이터는 2가지 구체적인 목표 아래 분석되었다. 첫째는 오케스트레이션과 관련되며, 둘째는 이중 도구 발생과 관련된다. 이 연구는 우선 각 교사의 오케스트레이션 유형을 구체화하고 두 교사가 공통으로 사용하는 오케스트레이션 계열을 분석한 다음, 각 교사가 터치타임스를 수업의 틀로 활용함으로써 교사의 전문적인 도구 발생이 어떻게 발전하는지 살펴보았다.

이에 이 연구와 관련되는 3가지 필수 요소를, (1) 초등학교 맥락, (2) 터치스크린이라는 디지털 테크놀로지의 특징, (3) 교사와 학생 모두에게 새로운 터치타임스의 곱셈 모델로 설정할 수 있다.

또한 이 연구는 교사가 드러내는 일련의 오케스트레이션을 분석할 때, 교사-툴-수학의 앙상블이 일어나는 '뜻밖의 상황'(hiccups, Clark-Wilson, 2010)[4]에 주목하였다.

이중 도구 발생을 다룬 연구(Haspekian, 2011, 2014)는 스프레드시트를 활용하는 중등학교 수업 맥락을 통해 수행되었다. 스프레드시트와 달리 터치타임스는 초등학생에게 수학을 가르치기 위해 특별히 개발된 디지털 툴이다. 그러나 앞서 논의하였듯이 곱셈에 대한 터치타임스의 기능적 접근 및 단위 변경 방식은 브리티시 콜롬비아의 초등학교 교사들에게는 익숙하지 않았다.

5. 도구 오케스트레이션에 대한 사례 연구

우선 두 교실의 오케스트레이션 유형 및 배치에 대한 일반적인 수준의 관찰 결과를 제시한다. 이를 통해 교사-툴-수학의 **앙상블** 사례, 교사의 전문적 도구 발생, 새로운 오케스트레이션 유형이 생성되는 '뜻밖의 상황'이 수업에 미치는 영향 등을 기술한다.

5.1. 오케스트레이션 계열

리와 레이첼에게는 학생들이 개별 활동 또는 짝 활동에서 활용할 수 있는, 터치타임스가 설치된 아이패드가 충분히 제공되었으며, 아이패드 1개는 프로젝터와 연결되어 벽에 걸린 큰 스크린을 통해 학생들이 터치타임스의 확대된 화면을 볼 수 있도록 설정되었다. 레이첼은 때때로 실물화상기를 통해 사용자의 손가락이 아이패드 화면에서 움직이는 모습을 보여주었다.

연구팀이 관찰하는 동안 두 교사는 터치타임스를 통해 새로운 과제를 소개할 때 유사한 오케스트레이션 양상을 보였다. 예를 들어, 리는 모든 사람이 볼 수 있도록 프로젝터로 투영되는 아이패드 화면에서 [그림 4a]와 같이 1×2 = 2를 만든 다음(**기술-설명**), "곱이 무엇입니까?"라고 물으면서 3학년에게는 익숙하지 않은 수학 레지스터의 요소인 수학 용어를 도입하였다. 이후 리는 교사 중심의 **화면-설명** 오케스트레이션을 통해 화면에 등장한 곱셈 결과를 직접 가리켰다.

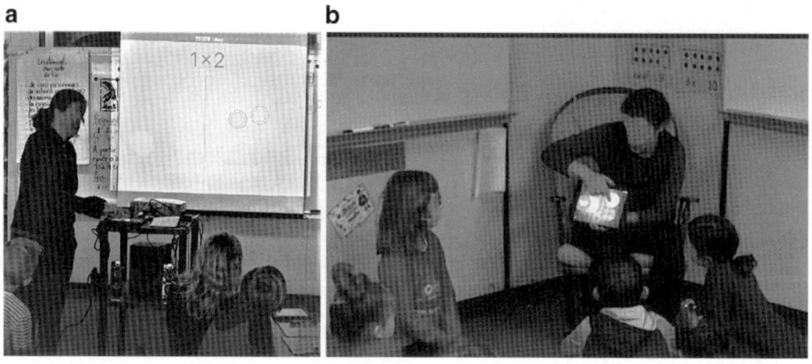

[그림 4] (a) 리의 프로젝터를 활용하는 기술-설명 (b) 레이첼의 기술-설명

[4] "테크놀로지 활용 수업에서 교사가 겪은 심리적 동요로, 교사 지식의 불연속성을 드러내어 해당 내용 요소에 대해 교사가 인식론적으로 성장할 기회를 제공하는 순간"(p. 138)을 말한다.

레이첼은 학생들을 모둠으로 카펫에 앉혀서 수업을 시작하는 것을 선호하였으며, 학생들이 해야 할 활동을 볼 수 있도록 아이패드를 들고 [그림 4b]와 같이 설명하였다(**기술-설명**). 때때로 레이첼은 **칠판-교수** 오케스트레이션을 사용하여 터치타임스 과제를 구두로 설명하면서 칠판을 활용하였다. 이를 테면, 터치타임스를 사용하여 학생들이 생성해야 하는 곱셈 결과인 3의 배수를 칠판에 적어 주었다.

이제 레이첼이 3~4학년 교실에서 보여준 두 번째 수업의 후속 오케스트레이션에 대해 설명하고자 한다. 모든 학생들이 레이첼 앞에 있는 카펫에 앉았고, 레이첼은 학생들에게 곱셈 결과가 무슨 색인지를 물었다. 이 때 레이첼은 손에 아이패드도 들지 않았고, 학생들이 보도록 프로젝터를 사용하지도 않았다. 그럼에도 한 학생이 곧바로 "흰색"이라고 답하였다. 테크놀로지를 물리적으로 제시하지 않았지만 레이첼은 **화면-설명** 오케스트레이션을 통해 학생들이 정신적 이미지에 비추어 터치타임스가 표현한 곱셈 기호의 색상을 수학적 용어와 연결하도록 하였다. 다음으로 레이첼은 학생들에게 곱셈 결과를 2개씩 늘리는 데 터치타임스를 활용할 수 있다고 설명하였다. [그림 5]에 링크된 84초짜리 영상을 통해 그래스플리파이에 추가 팟을 생성하여 뛰어 세는 방법, 화면에 더 많은 핍을 생성하는 손가락을 통해 뛰어 세는 방법 등을 시각적으로 살펴볼 수 있으며, 여기에는 2가지 뛰어 세기 방법의 수학적 차이도 알아볼 수 있다.

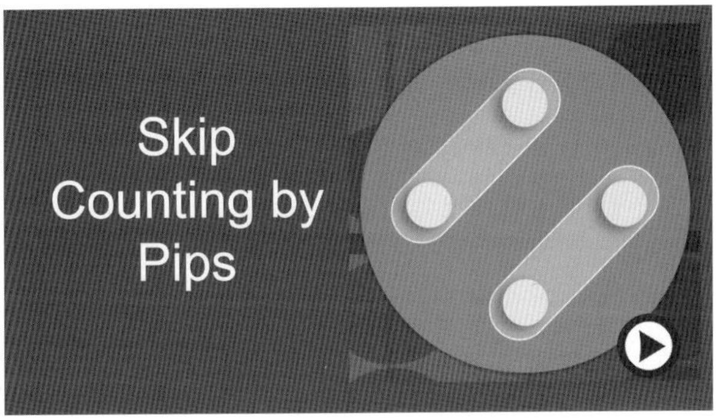

[그림 5] 핍으로 뛰어 세는 방법을 보여주는 영상

(https://doi.org/10.1007/000-8ws)

학생들이 짝을 이루어 과제를 수행하는 동안, 레이첼은 교실 전체를 이동하면서 학생들의 진행 상황을 살펴보고 질문에 답하였으며, 필요에 따라 개별 지도를 제공하는 **점검-안내** 오케스트레이션을 사용하였다. 짝 활동을 통해 학생들 대부분이 과제를 성공적으로 완료하였을 때, 레이첼은 학급 전체를 다시 모아 짝 활동 결과를 공유하는 **발견-보여주기** 오케스트레이션을 사용하였다. 선택된 두 학생은 [그림 6]과 같이 맨 앞으로 나와 동료들이 볼 수 있도록 아이패드를 들고 주어진 과제를 어떻게 해결하였는지 설명하는 **쉐르파-활동**을 진행하였다.

[그림 6] 쉐르파-활동

레이첼은 짝을 이룬 두 학생을 **화면-설명** 오케스트레이션에 참여시킴과 동시에 해당하는 짝 또는 학급 전체와 상호작용을 통해 수학에 대해 주목하도록 유도하는 **화면-토론** 오케스트레이션을 다음[5]과 같이 사용하였다.

레이첼: 2개씩 세는 **1가지** 방법을 보여주세요. (학생 1은 핍을 생성하는 손가락 2개를 화면에 놓는다. 그런 다음 학생 2가 2개의 팟을 생성한다.) 잠깐, 방금 무엇을 했는지 설명해 주세요. (학생들이 손가락을 떼고 다시 시작한다.)

학생 2: 그러니까 2개씩 늘어나요. (학생 1이 2개의 핍을 생성한다.)

레이첼: 그건 2개의 핍이에요. (핍이 생성되는 왼쪽 화면을 가리킨다.)

학생 2: 핍.

레이첼: 핍. (끄덕인다.)

학생 2: 그 다음 여기에 팟을 추가해요. (학생 2가 $2 \times 2 = 4$를 만들기 위해 2개의 팟을 추가한다.)

레이첼: 팟. (끄덕인다.)

학생 2: 하나를 추가하면 그 다음에 … (학생 1이 다른 핍 손가락을 화면에 추가하여 $3 \times 2 = 6$을 만든다. 이후 다른 손으로 핍 손가락을 1개, 2개, 3개로 추가하여 $4 \times 2 = 8$, $5 \times 2 = 10$, $6 \times 2 = 12$를 만든다.)

레이첼: 핍을 추가하나요? 팟을 추가하나요? (학생 2가 핍을 1개, 2개, 3개 추가하여 $7 \times 2 = 14$, $8 \times 2 = 16$, $9 \times 2 = 18$을 만든다.)

학생 2: 핍이요. 그러면 그건 2개씩 늘어나요. (레이첼이 손가락을 추가하여 2개의 핍을 화면에 만들어 $10 \times 2 = 20$, $11 \times 2 = 22$를 만든다.)

---

[5] 전사 자료는 프랑스어를 번역한 것이다.

레이첼: 그래서 팟이 몇 개 있나요?

학생 2: 2개요.

레이첼: 그럼 각 팟에 핍이 몇 개 있나요?

학생 2: 11개요.

레이첼: 이 친구들이 하는 것을 모두 보았나요?

학생들: (몇 명은 보았다고 답하고, 몇 명은 반응이 없다.)

레이첼: 어디에 추가하였나요? 팟인가요? 핍인가요?

학생 2: 핍이요.

레이첼: 핍. 맞아요. 곱을 2개씩 늘리는 다른 방법을 찾은 사람 있나요?

두 학생이 뛰어 세는 방법을 설명할 때, 레이첼은 핍 생성 손가락을 추가하여 학생들을 돕는 동시에 핍과 팟의 개수가 얼마인지 명확히 하는 질문을 통해 **화면-토론** 오케스트레이션을 진행하였다. 또한 레이첼은 팟에 핍이 몇 개 있는지, 곱을 2개씩 늘리기 위해 핍 또는 팟의 개수를 어떻게 조정하였는지 구체적으로 질문하였다. 이를 통해 레이첼은 발표하는 두 학생이 테크놀로지 활용 능력을 넘어 곱셈과 관련된 수학 용어를 보다 명확히 하도록 유도하였으며, 해당 학생들이 매번 핍의 수를 변경하여 2개씩 뛰어 세는 방법을 고안하였다는 것을 강조함으로써 집단적인 도구 발생을 구축하였다.

이 순간은 교사-툴-수학의 **앙상블**이 작동하여 각 구성 요소가 서로 영향을 주었음을 보여준다. 레이첼은 터치타임스의 용어인 핍과 팟을 사용하여 아동들을 지도하였으며, 이를 뛰어 세기라는 용어와 연결 지었다. 또한 손가락이 곱셈 표현의 일부로 기능하였다. 수업 후반에 학생들은 20에서 수를 거꾸로 뛰어 세는 활동을 하였는데, 레이첼은 5×4=20을 터치타임스 화면에 생성한 학생들에게 "5개씩 또는 4개씩 줄여서 셀 수 있는 이유를 설명해 주겠어요? 손가락 하나를 떼면 5개가 줄어 드나요? 4개가 줄어 드나요?"라고 질문하였다. 툴과 수학이 통합되는 이 사례는 어느 지점에서 툴이 사라지고 대신 수학이 시작되는지 구분하기 어렵다는 것을 보여준다.

레이첼은 예전에도 뛰어 세기를 가르쳐 본 경험이 있었지만, 터치타임스를 활용함에 따라 뛰어 세기는 좀 더 미묘하고 복잡한 새로운 수학적 개념이 되었다. 개념과 그에 따른 교수학적 전략 모두가 바뀌었으며, 이제 레이첼의 교수법은 터치타임스 활용 개념과 연결되었다. 터치타임스의 기능과, 손가락을 추가하여 화면에 표현되는 곱셈 모델을 바꾸는 방식은 레이첼의 교수학적 실행에 영향을 미쳤다는 점에서 수학적 함의를 지닌다. 터치타임스의 기능은 여러 방식으로 곱셈 결과를 2개씩 증가시킬 수 있도록 하여 레이첼에게 교수학적 기회를 제공하였으며, 이에 대해서는 다음 절에서 상세히 논의한다. 학생의 도구 발생과 수학 학습을 지원하기 위해 해당 상황을 인지하고 활용하는 레이첼의 역량을 통해 터치타임스가 수업의 툴로서 지닌 전문성 발생의 맥락을 볼 수 있다.

5.2. 새로운 오케스트레이션

이하에서는 두 교실에서 확인된 새로운 오케스트레이션 유형 3가지에 주목한다. 첫째는 앞서 논의한 레이첼의 수업과 관련된다. 이 수업에서 다른 학생들은 팟을 연속적으로 추가하여 2개씩 뛰어 세는 새로운 방법을 다음과 같이 보여주었다.

레이첼: 이제 팟이 몇 개있나요? (팟이 있는 오른쪽 화면을 가리킨다. $2\times12=24$.)

학생 3: 12개요.

레이첼: 그래요, 12개예요. 그럼 핍은 몇 개인가요?

학생 4: 2개요.

레이첼: 이 그림을 보세요($2\times12=24$). 이 그림은 첫 번째 모둠이 발견한 것과 다른가요 ($12\times2=24$)? 그림이 어떻게 다른가요?

학생 5: 첫 번째 모둠은 팟을 추가한 거지 핍을 추가한 것이 아니에요.

두 학생이 아이패드로 2개씩 뛰어 세는 방법을 설명하는 동안, 레이첼은 최종 화면에 핍과 팟이 각각 몇 개인지 묻는 **화면-토론** 오케스트레이션을 다시 한 번 실행하였다. 그런 다음 레이첼은 [그림 7]과 같이 화면을 가리키면서 학급 전체에게 지금 보는 그림과 첫 번째 모둠의 설명에서 보았던 그림이 어떻게 다른지 질문하였다. 이 때, 레이첼은 학생들이 눈으로 볼 수 있는 테크놀로지와 첫 번째 모둠이 공유한 이전 화면의 정신적 이미지를 차례로 비교하도록 하는 변형된 화면-토론 오케스트레이션을 진행하였다. 두 교사 모두 이와 같은 오케스트레이션을 서로 다른 전략을 비교하는 데 여러 번 활용하였으며, 이를 **연속–화면-비교**(Compare-successive-screens) 오케스트레이션으로 명명한다.

[그림 7] 화면-토론

이 오케스트레이션은 리의 전체 학급 오케스트레이션에서도 약간 다른 방식으로 관찰되었다. 때때로 리는 화면에 등장하는 특정 배치에 대하여 "핍 손가락을 하나 추가하면, 맨 위에 있는 수식은 어떻게 바뀔까요? 맨 위에 있는 수는 무엇을 의미할까요?"와 같이 예측 질문을 제기하였다. 이는 학생들이 핍과 팟 및 터치타임스가 나타내는 수식 사이의 상호작용을 인식하도록 유도하는 **화면-칠판-연결** 오케스트레이션으로 볼 수 있다. 한편으로 이는 현재 화면과 상상한 미래 화면을 비교하도록 한다는 점에서 **연속-화면-비교** 오케스트레이션으로도 볼 수 있다.

학생들이 피승수인 핍이 승수인 팟에 미치는 영향에 주목하도록 교사는 **연속-화면-비교** 오케스트레이션이라는 활용 양식을 사용하였으며, 이는 교사-툴-수학의 **앙상블**을 다시 한 번 보여준다. 레이첼은 터치타임스에서 곱셈이 행해지는 2가지 다른 방식에 학생들이 주목하도록 하였다. 2개씩 뛰어 세는 방법을 통해 터치타임스에서 2×12 = 24를 만들기 위하여 학생들은 핍 2개로 시작해 차례로 팟을 추가하였으며 이는 동수누가와 관련되는 전략이다. 반면 12×2 = 24는 핍 1개와 팟 2개로 시작하는 전략으로 학생들은 화면에 두 번째, 세 번째, 네 번째, …핍 손가락을 올려놓아 추가된 각각의 핍이 모든 팟에 '퍼지도록' 하였다.[6] 레이첼과 리는 **연속-화면-비교**와 예측 질문을 통해 추가된 손가락이 곱셈 결과에 미치는 영향에 주목하도록 하였다. 또한 레이첼은 2개씩 뛰어 세는 다른 방법을 강조하기 위하여 해당 오케스트레이션을 활용하였다. 두 교사의 교수학적 실행 과정에서 등장한 **연속-화면-비교** 오케스트레이션은 곱셈을 이해하고 지도하는 방식에 터치타임스가 공동으로 함축되었음을 보여준다. 이는 터치타임스가 수학을 가르치는 도구(instrument)가 되었음을 의미한다.

다음 사례에서 리는 **화면-종이-연결**과 관련되는 특정 오케스트레이션을 사용하여, 화면의 특정한 배치를 그리도록 요구하였다. 학생들은 핍 1개와 팟 3개로 된 초기 배치에서 시작하여, 3개를 2배로 늘리는 방법을 찾아야 했다. 리는 학생들이 자신의 전략을 공유한 다음, 3개를 2배로 늘린 터치타임스 화면이 어떠할지 작은 화이트보드에 그리도록 하였다. 이는 중요하고 특징적인 오케스트레이션으로, 이 연구는 이를 **화면-종이-기록**(Document-screen-on-paper)이라 명명하고자 한다. 해당 오케스트레이션은 학생들이 터치타임스의 다양한 요소, 즉 화면을 둘로 나누는 직선, 서로 다른 색상으로 표현된 핍, 해당 색상을 그대로 재현한 팟, 곱셈 등식, 화면 아이콘 등을 [그림 8]과 같이 재현하도록 유도하였다.

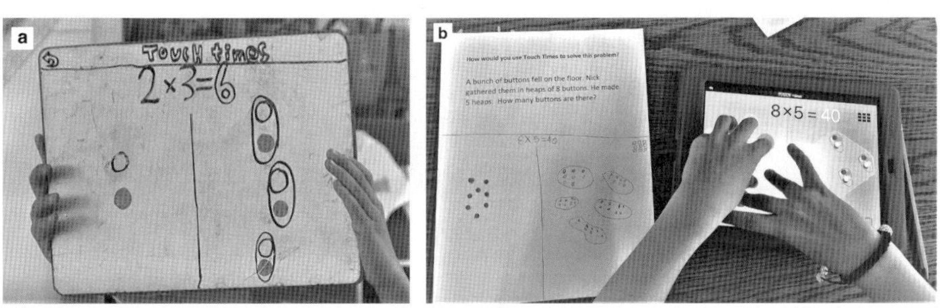

[그림 8] (a) 작은 화이트보드에 그린 화면-종이-기록, (b) 화면-종이-기록 그림

[6]팟이 2개 있으면 핍이 새롭게 추가될 때마다 2개씩 증가한다.

학생들은 터치타임스의 동적 특징 덕분에 활동지의 정적인 이미지를 통해 얻는 것과는 완전히 다른, 손끝으로 만들고 시각적으로 보고 느낄 수 있는 곱셈을 경험하였다. 그러나 터치타임스 화면에서 손가락을 떼면 그러한 동적 이미지가 사라진다. 초등학교 수업에서 주로 사용되는 그리기 활동은 아이디어를 담고 표현하는 주요 방식으로, **화면-종이-기록** 오케스트레이션을 통해 곱셈을 모델링하는 화면의 이미지에 학생들이 좀 더 주목하여 이를 자신의 그림으로 복제하도록 유도할 수 있다. 승수인 팟의 모양과 색상 및 구성 요소는 피승수인 핍과 관련된다는 점에서 모두 중요하다.

터치스크린이 가능한 터치타임스의 주요 특징이 잘 드러나는 새로운 오케스트레이션은 전체 학급 오케스트레이션 중에 발생한 '뜻밖의 상황'을 통해 드러났다. 학생들은 사용자의 아이패드 화면을 큰 스크린으로 볼 수 있었지만, 사용자가 화면에서 손가락을 어떻게 움직이는지는 보기가 어려웠다. 큰 스크린에 투영된 화면으로 손가락이 조작한 결과는 알 수 있었지만 어떻게 이를 생성했는지는 볼 수 없었기 때문에 이는 상당한 문제를 초래하였다. 이와 관련된 리의 전문성이 초보 수준이었으므로 해당 문제를 사전에 예상하지 못하였으며, 사용자의 손가락이 화면에서 어떻게 움직이는지를 보여주는 다른 방법을 찾아야 했다. 이를 위하여 리는 때때로 화면을 직접 가리키거나(그림 9a), 발표하는 학생이 화면에 대해 설명하고 시연할 때 화면을 가리키도록 하였으며(그림 9b 및 10a), 경우에 따라서는 아이패드를 수직으로 들어 주었다(그림 10b). 이 연구는 이를 **손가락-화면-토론**(Discuss-the-finger-and-screen) 오케스트레이션으로 칭한다.

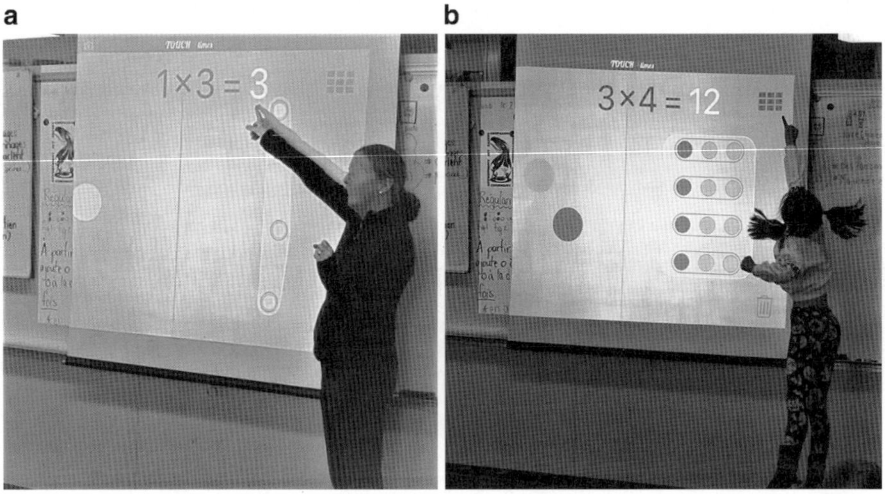

[그림 9] (a) 곱셈 결과를 가리키기 (b) 배열 버튼을 가리키기

[그림 10] (a) 팟에 있는 검은색 핍을 가리키기 (b) 아이패드에 대한 쉐르파-활동

터치타임스가 작동하려면 손가락이 화면에 닿아야 하므로, **손가락-화면-토론** 오케스트레이션이 자연스럽게 등장한다. 터치타임스로 만들어내는 수학은 화면에 손가락이 닿음으로써 구체화된다. 터치타임스를 활용할 때 손가락이 지닌 중요성, 손가락으로 터치타임스를 조작하는 모습을 보여주는 활동의 필수성 등은 툴이 교사의 행위에 미치는 영향을 보여준다. 더욱이, 손가락은 곱셈을 표현하는 방법과, 곱셈 표현을 [그림 10a]와 같이 정적 이미지의 결과로만이 아니라 이를 생성하는 과정의 일부로 만든다는 점에서 새롭다. 이는 일반적인 실행과는 교수학적, 수학적, 공학적으로 매우 다르게 작동하는 **앙상블**을 보여준다.

5.3. 툴과 교사의 관계 탐구

앞 절에서는 **터치타임스**, 수학, 교사를 분리하지 않고 서로 연관시킴으로써 일련의 오케스트레이션 유형과 새로운 오케스트레이션을 다루는 데 중점을 두었다. 이하에서는 툴이 영향력 있는 행위 주체로 작동하는 에피소드에 주목한다.

첫 번째 수업에서, 리는 교사 중심의 **기술-설명**을 활용하여 학생들에게 그래스플리파이 월드로 들어가기 위해서는 어떤 버튼을 눌러야 하는지 보여주며 터치타임스를 소개하였다. 한 학생이 그래스플리파이 버튼의 색깔을 가리키며 "하늘색?"이라고 답하는 것이 우연히 들리자, 리는 "(그림 11a를 지칭하며) 이쪽에서 무슨 일이 일어났고, (그림 11b를 가리키며) 저쪽에는 무슨 일이 일어났나요?"라고 질문하였다. 리는 테크놀로지의 기능을 거의 설명하지 않고, 핍과 팟을 만드는 방법만을 보여주었다. [그림 11c]와 같은 아이패드 화면이 프로젝터로 투영되었지만, 학생들은 리가 손가락으로 무엇을 하였는지 볼 수 없었다. 리의 설명은 테크놀로지를 다루고 탐색하는 것과, 손가락을 들어 올리거나 움직이거나 추가하여 화면 상단에 일어나는 바에 주목하도록 하였다.

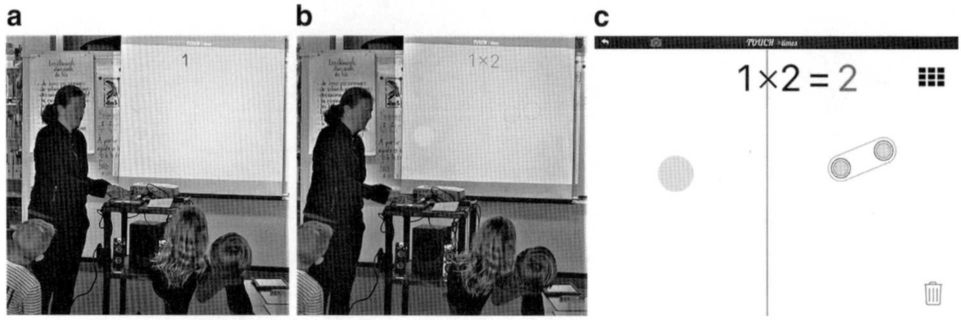

[그림 11] (a) 핍 만들기 (b) 팟 만들기 (c) 투영된 화면

학생들은 아이패드를 개별적으로 탐구하였다. 초기 탐구 활동에서 한 학생이 "항상 1개씩 늘어나는데, 0개씩 늘어나게 할 수는 없는지 궁금합니다."라고 질문하자, 리는 수업을 중단하고 해당 학생에게 다른 학생들과 질문을 공유해 달라고 요청하였다. 리는 질문에 답하는 대신 이를 터치타임스를 다룰 때 생길 수 있는 '궁금증'의 예로 제시하며, 학생들에게 자신이 느낀 '궁금증' 을 작은 화이트보드에 쓰도록 하였다.

이상은 특정 학생의 '궁금증'으로 야기된 비본질적인 요소를 수업에 통합하려는 교사의 의도를 보여준다. 리의 수업 목적은 "언제 무슨 일이 일어나는지 한번 해 봐요"라는 말에도 드러나듯이 분명하다. 리는 0을 곱하는 쟁점에 대해 논의할 의도가 없었으며, 학생이 핍 생성 화면에 0이 나타날 수 있는지 물었을 때 당황한 것처럼 보였다. 이와 같은 '뜻밖의 상황'은 터치타임스에 의해 촉발되었다고 볼 수 있다.

곱셈 수식 $a \times b$에서 a, b는 어떤 수도 될 수 있으므로 이상의 사례는 터치타임스의 물리적 한계를 보여준다. 터치타임스에서는 화면을 0번 터치할 수 없기 때문에 0이라는 단위가 없다. 이러한 '뜻밖의 상황'을 통해 동수누가 접근에서는 일반적으로 다루지 않는, 0을 곱하는 문제에 대해 논의할 기회가 생겼지만, 리는 학생들을 테크놀로지에 익숙해지도록 하려는 원래의 수업 목적을 고수하였다. 학생이 제기한 질문은 '궁금증'을 확인하고 개방형 질문을 유도하는 데 활용되었다. 이상은 범자연수에 대한 곱셈 기계로서 터치타임스가 지닌 특징을 구체화하며, 툴로 인해 교사의 불안정이 유발되는 순간을 보여준다.

5.4. 순서가 중요하므로 용어도 중요하다.

전문적 도구 발생 과정에서 리는 "교수학적 목표를 달성하기 위해 툴을 도구로 활용"(Haspekian, 2014, p.253)하는 '도구 사용'을 진행하였다. 터치타임스에 익숙해짐에 따라 리의 곱셈에 대한 생각 및 곱셈 개념과 관련하여 사용하는 용어가 바뀌었다.

2018년 연구 프로젝트의 일환으로 터치타임스를 처음 접하였을 때, 리는 터치타임스가 "반대"(backwards)라고 하면서 "제가 가르칠 때 … 곱셈은 항상 이와 같은 5배가 아니라 묶음(group-of)이었습니다. 예를 들어, 3×4를 수행하는 경우, 3개씩 4묶음을 예상하지만(그림 12a), 4개씩 3묶음이 표현됩니다(그림 12b)"라고 설명하였다. 실제 수업에서 이러한 '뜻밖의 상황'이 논의되지는 않았지만, 이는 터치타임스의 특징에서 촉발되었으며 프로젝트가 진행되는 첫 해 동안 리는 해당 아이디어를 여러 번 떠올렸다. 리는 터치타임스를 다른 교사들에게 보여주었더니 "교사들이 익숙하게 가르치는 방법과 터치타임스가 보여주는 방식이 … 반대"라는 사실에 동의하였으며, 교과서에서 "곱셈은 항상 묶음이지만, 터치타임스는 … 반대이다"라고 설명하였다. 터치타임스로 인해 리는 승수와 피승수의 순서와 관련하여 불편함을 느끼게 되었으며, 터치타임스를 사용할 때 곱셈 자체를 다르게 생각해야만 하였다.

a b

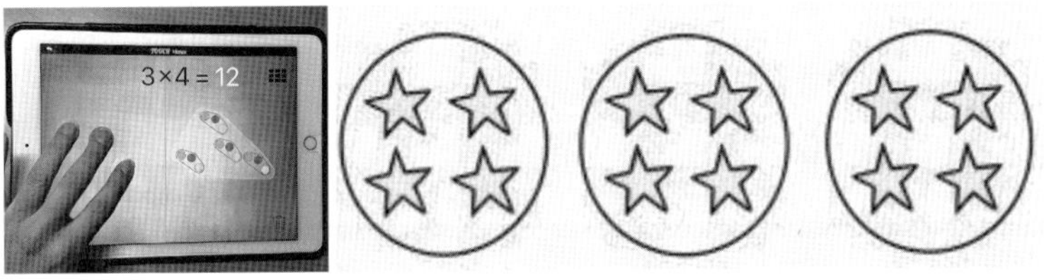

[그림 12] (a) 3×4에 대한 터치타임스 모델 (b) 3×4에 대한 '묶음' 모델

1년 후 리의 수업에서 터치타임스가 스크린에 투영되었을 때 유사한 문제가 발생하였다.

리: 고래 떼(pod)에는 1마리 이상이 있지요? 그것이 묶음예요. 그러니까 팟, 꼬투리(pod) 안에 완두콩을 생각하면 그 안에는 완두콩이 1개 이상 있어요. 이것이 어떤 것의 묶음(group of)입니다. 아참, 이 단어는 쓰고 싶지 않습니다. (웃으며 연구팀을 본다.)

연구자: 괜찮아요.

리: 이것은 어떤 것의 모음(collection)이에요. 하나 이상이죠. 맞죠?

학생: 그냥 묶음이라고 하는 게 어때요?

리: (연구팀을 바라보며) **터치타임스**를 보기 전에, 저는 곱셈을 묶음이 되는 것이라고 불렀어요. 하지만 곱셈을 항상 그런 식으로만 간주하고 싶지는 않아요. 그리고 **터치타임스**를 통해 곱셈을 다른 방식으로 생각해 볼 수 있어요. 그래서 저는 예전에 쓰던 용어를 피하고 곱셈을 보는 방식도 바꾸려고 해요. 계속 하면서 배우고 있어요.

이상은 터치타임스가 곱셈에 대한 리의 생각에 어떤 영향을 미쳤으며 리의 개인적인 발생이 전문적 발생에 어떤 간섭을 가하였는지를 보여준다. 처음에는 터치타임스의 화면 상단에 등장한, 승수가 피승수의 앞에 표현된 수식을 통해 리는 곱셈에 대한 자신의 생각과 3학년 학생들에게 곱셈을 지도하는 방식에 주목하게 되었다. 곱셈은 더 이상 리가 이전에 알고 있던 것처럼 '묶음(group-of)'에 관한 것만이 아니었다. 리가 곱셈과 관련된 자신의 생각을 조정함에 따라 학생들에게 곱셈을 설명할 때 사용하는 용어도 바뀌었다.

2020년 3월 초 면담에서 리는 터치타임스가 제시하는 순서와 관련하여 학생들이 생각하는 바와 그 순서가 학생들에게 쟁점이 되는지에 대해 다음과 같이 설명하였다.

> 리: 네, 저는 "7 곱하기 1이 **터치타임스**에서도 같은가요?"라고 물었어요(그림 13a). 그리고 물론, 제가 프랑스어로 말하였듯이, 교환 가능성을 언급했습니다. 학생들은 모두 결국 같다고 하더군요. 그래서 저는 "하지만 똑같아 보이나요?"라고 물은 다음 화면에 1 곱하기 7을 만들었어요(그림 13b). "여러분도 **터치타임스**에서 만들어 보세요. **터치타임스**에서 이는 무엇을 의미하나요? **터치타임스**의 용어로 설명해 보세요."라고 말했어요. 많은 아이들이 "글쎄요, 7개가 있는 한 묶음이군요."라고 말하는 게 재밌었어요. 마침내 한 아이가 "아니, 그렇지 않아. 그건 1의 7배야."라고 크게 말했어요. 이는 학생들이 곱셈을 이처럼 **보게** 만들었다는 점에서 대단한 일이었어요. 일부 학생들은 혼란스러워했지만, 이제 1을 2로 바꿨어요. 이를 바꾸면 볼 수 있을 거예요. 좋습니다. 2의 7배입니다(그림 13c).

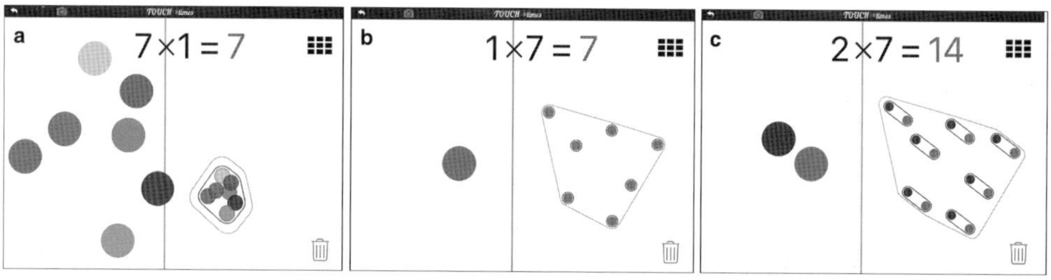

[그림 13] (a) 7×1 (b) 1×7 (c) 2의 7배

영상으로 녹화된 수업을 관찰하면서 연구팀원이 리에게 학생들이 "순서를 이해했어요."라고 말했다고 전하였다. 이와 관련하여 리가 느낀 바를 알아보기 위하여 해당 영상 자료를 리에게 보여주고 자신의 생각을 설명해달라고 하였다.

> 리: 이는 예전에 곱셈을 다룬 방식인 묶음이 아니에요. … 이게 무슨 뜻이냐면, 그건 … 저는 아직도 이 전체 묶음, 수식의 순서를 제대로 하려고 노력 중이에요. 사람들은 제가 여전히 노력중이라는 것을 눈치 챌 거예요. 그러나 아이들은 괜찮아요. 학생들은 5배를 이해했어요. 그렇다면 왜 우리는 그렇게 집착할까요? 그렇죠? 그게 제가 말하고 싶은 거예요. 아이들은 이것이 괜찮고, 이미 배웠으며 이해했어요.
>
> 샌디: 좋아요. 그렇게 생각한 이유는 뭔가요?
>
> 리: 왜냐하면 그 아이가 주춤거리지 않고 터치타임스와 똑같은 방식으로 해냈기 때문이죠.

리가 예전에 곱셈을 생각하고 가르친 방식은 주로 7×2를 동수누가로, 즉 2개씩 7묶음으로 다루는 것에 기반하였다. 터치타임스에서 곱셈은 단위의 단위와 관련되며 이는 7이라는 단위를 2배 한 것으로도 볼 수 있다. 교사-툴-수학의 통합적 본질에 따르면 터치타임스의 (피승수)×(승수) 모델은 리에게 '뜻밖의 상황'을 불러일으켰다. 이는 리의 수업이 아니라 곱셈에 대한 리의 이해와 관련되며, 리의 전문성 발달이나 학생들의 탐구 활동 자체에는 간섭을 일으키지 않았지만, 터치타임스에 대한 리의 개인적 이해에는 주요한 영향을 미쳤다. 동수누가 접근과 반대인 터치타임스의 (피승수)×(승수) 설계에 대해 어려움을 겪었음에도 **불구하고**, 리는 교수학적 목적을 달성하는 데 터치타임스를 도구화하였으며 곱셈 지도 방식의 교육적 레퍼토리에 터치타임스를 통합하였다.

리는 순서와 관련되는 이와 같은 어려움을 지속적으로 공유하고 교환 가능성을 언급하기도 하였지만, 동수누가 모델로는 교환 가능성을 이해할 수 없었다. 터치타임스에서는 순서가 중요하지 않다는 점을 스스로에게 납득시키기 위하여 리는 교환 가능성을 활용하였다. $a\times b$와 $b\times a$에 대하여 그 곱셈 결과는 동일하지만, 그래스플리파이에서 주요한 것은 결과 자체가 아니라, 핍을 만들어 팟 단위 전체에 핍을 '확산(spreading)'시키는 것이다. 이러한 이유로 피승수는 승수와 상호 교환될 수 없다. 피승수와 승수는 서로 다른 역할을 하기 때문에 교환 가능성은 리가 터치타임스를 이해하는 데 기여하지 못하였다. 그러나 리가 주목하지 **않을 수 없었던** 것은 터치타임스를 성공적으로 다루는 학생들의 도구 오케스트레이션이었다. 곱셈을 동수누가로 보는 뿌리 깊은 관점에 방해받지 않고, 리의 학생들은 3×5에 대해 '3의 5배' 또는 '3개씩 5묶음'이라는 용어를 쉽게 사용하였다.

리가 이 연구 프로젝트에 참여하지 않았다면 터치타임스와 관련하여 개인적이면서 전문적인 발달을 이루었을지 의문을 제기할 수 있다. 곱셈과 관련하여 리에게 익숙한 모델과 달라서 곱셈에 대한 생각과 말하는 방식과도 맞지 않는 툴인 터치타임스를 마주하였을 때, 리는 이를 계속하여 사용할 수 있었을까? 툴과 수학 개념 **모두**가 교사에게 불협화음을 만든다면, 이는 교사-툴-수학의 **앙상블**이 발전하는 데 방해가 되지 않을까?

6. 논의

이 절에서는 본 사례 연구에 비추어 교사-툴-수학의 **앙상블**에 대한 보다 깊은 이해를 얻고자 하는 연구 목적에 대해 논의한다. 이러한 목적을 달성하기 위하여 앞 절에서는 이하에서 논의할 사례 중 주요 요소 몇 가지를 개관하였으며 터치타임스를 통해 수업 관행이 조정되는 방식을 예시하였다. 이 연구는 터치타임스 활용과 관련되는 연구 프로젝트에 자발적으로 참여한 교사 2명만을 관찰한 것이므로 연구 범위에 제한이 있다. 그러나 이 연구를 통해 논의하고자 하는 바는 교사 2명의 특정 사례에만 국한되지 않는다. 이하에서는 우선 터치타임스가 제시하는 수학과 관련된 쟁점을 다룬 다음, 터치스크린 테크놀로지를 활용하는 초등학교 수업의 오케스트레이션 유형에 대해 논의한다.

6.1. 수학, 교사, 툴

동수누가는 초등학교 교사 대부분이 곱셈을 도입하는 일반적인 방식이며, 리를 비롯한 많은 교사들은 곱셈을 '묶음'으로 지도한다. 사용자가 승수에 앞서 피승수를 만들면 이에 따라 화면 상단에 핍과 팟의 개수를 반영한 수식이 표현되는 터치타임스의 방식은 '묶음'이라는 아이디어와 일치하지 않는다. 터치타임스 자체와 터치타임스가 곱셈을 제시하는 방식은 교사와 학생들이 곱셈에 대해 어떻게 논의하는지를 결정하며, 이는 리가 '핍'과 '팟'을 언급할 때도 확인할 수 있다.

실제로 리는 아이패드 화면에 나타난 바를 '2의 7배'라는 용어로 설명하는 데 매우 유의하였다. 이처럼 새롭게 곱셈을 언급하는 방식은 수학 자체와 상당한 관련이 있으며, 교사-툴-수학의 **앙상블**을 통한 상호작용을 보여준다. 리가 학생들과 함께 터치타임스를 사용할 때 곱셈을 언급하는 방식은 터치타임스 없이 곱셈을 가르칠 때의 방식과 완전히 다를 것이다. 이는 눈으로 볼 수는 있지만 구체적인 용어로 표현되지 않기 때문에, 곱셈의 대안적 표상을 다룬 여러 문헌(예, Anghileri, 1989; Kosko, 2018; Davis & Renert, 2013)에는 드러나지 않는다.

또한 두 교사 모두 팟의 구성에 핍 손가락의 추가 또는 제거가 미치는 영향에 학생들이 주목하여 이러한 단위화를 수식으로 표현된 곱셈 결과와 연결시킬 수 있도록 학급 전체 오케스트레이션을 활용하였다. 이 과정에서 **연속-화면-비교**, **화면-종이-표현**, **손가락-화면-토론**과 같은 새로운 오케스트레이션이 드러났다. 이러한 오케스트레이션은 중등 수준에서도 활용될 수 있지만, 초등학교 맥락에서 처음으로 등장하였다. **연속-화면-비교**와 **손가락-화면-토론** 오케스트레이션은 교사와 아동의 상호작용을 통해 해당 아이디어가 전체 학급 토론으로 공유되는 과정에서 자연스럽게 나타났다. **연속-화면-비교** 오케스트레이션은, 단위가 바뀔 때 발생하는 일 또는 곱셈과 관련된 새로운 아이디어의 출현 등과 같이 터치타임스로 인해 구체화되는 수학적 아이디어의 중요성을 강조하는 데 활용되었다.

아동들에게 자신의 수학적 아이디어를 공책에 그려 시각화하도록 하는 것은 캐나다 초등학교 수업의 흔한 교육적 관행으로, **화면-종이-표현**을 통해 아동들은 터치타임스에서 손가락으로 만든 수학을 공책에 재현함으로써 나중에 이를 참고할 수 있다. 이는 핍 화면과 팟 화면 사이의 관계에 주목하도록 하여 학생들이 핍과 팟의 색상과 모양을 통해 표현되는 공통의 변화를 인식하는 데 도움이 된다. **손가락-화면-토론**은 터치스크린이라는 테크놀로지의 특징에 종속되는 오케스트레이션으로, 손가락의 움직임이 버튼을 누르는 것처럼 도구적으로만 쓰이지 않고 특정 관계를 표현하는 개념적 역할을 하였다는 점에서 그러하다.

리와 레이첼은 학생들에게 수학 과제를 준 다음 학생들이 개별적으로 또는 짝을 이루어 과제를 탐색하도록 유도하였으며, 전체 학급을 대상으로 그 결과를 공유하고 토론하는 방식으로 수업을 진행하였다. 이는 캐나다 초등학교 수업에서 흔히 사용되는 교수법이다. 흥미로운 것은 전체 학급 토론에서 해당 오케스트레이션이 일어나는 방식으로, 이는 초등학교 맥락에서 좀 더 보편적으로 발생할 수 있다. 초등학생들은 교사의 지배를 받기보다는 주도적으로 자신의 탐구 결과를 공유하고 시연 및 토론하며, 교사는 학생의 사고를 끌어내고 수학적 아이디어를 강조하거나 확장하는 데 도움을 주는 코칭 활동을 한다. 교사의 교수학적 실행은 아동이 제시한 아이디어, 수업의 초점인 수학 내용, 터치타임스 및 주어진 과제가 지닌 잠재성 등에 따라 결정되는 복잡한 과정이다.

이는 Carlsen et al.(2016)에서 교사가 보조자, 중재자 또는 교수자의 역할을 맡는 유치원 상황과 상당한 차이가 있다. Carlsen et al.(2016)의 발췌문에서 교사는 전자칠판과 아동의 눈 또는 손과의 상호작용, 디지털 툴의 기술적 측면과 수학적 측면사이의 관계 등을 아동-테크놀로지 활동으로 중재하는 주요한 역할을 맡아 교사 주도적으로 수업을 진행하였다. Besnier(2018)에 따르면 유치원 교사는 "수학의 언어화 및 학생 간의 상호작용을 통해 학습되는 아이디어"(p. 261)에 주목하며, 이는 이 연구에서 3학년과 4학년 수업에서 관찰한 것과 유사하다. 그러나 Besnier(2018)는 유치원 교사가 아동들이 소프트웨어를 조작하고 이를 모방하도록 칠판에 여러 라벨을 만드는 **함께-소프트웨어-조작** 오케스트레이션에 주목하였으며, 이 과정에서 교사와 학생의 상호작용에 대해서는 상세히 설명하지 않았다.

터치타임스의 행위 주체성은 0을 곱하는 것과 관련하여 학생이 제기한 예상치 못한 질문을 통해 관찰되었다. 이러한 상황은 의도하지 않은 방식으로 전개되었으며, 터치타임스가 일련의 새로운 행동을 촉발한 것처럼 보인다. 이는 툴이 교사의 실행에 의도치 않게 영향을 미치는 행위 주체성을 띤다는 점을 보여주는 주목할 만한 사례이다. 교사, 테크놀로지(터치타임스) 및 수학(곱셈)이라는 3가지 구성 요소 사이에는 시너지 효과가 있었다. 이는 교사의 선택을 통해 일어나기도 하지만, 경우에 따라서는 터치타임스 자체에 의해 활성화되기도 한다. 교사가 터치타임스 **때문에** 실행하는 수업 오케스트레이션이 있다. 터치타임스의 특징은 곱셈을 보고 느끼는 구체적인 방식을 결정하며, 이는 교사가 곱셈에 대해 말하는 방식에도 영향을 미친다. 또한 손가락이라는 신체와 터치타임스의 상호작용은 새로운 오케스트레이션을 촉발한다.

6.2. 초등학교 수업의 오케스트레이션 유형

처음부터 이 연구는 터치스크린 기술을 사용하는 오케스트레이션과 컴퓨터나 전자칠판을 활용하는 이전 연구(예, Carlsen et al., 2016; Drijvers, 2010; Gueudet et al., 2014)를 통해 보고된 오케스트레이션 사이에 상당한 차이가 있을 것이라고 예상하였다. 일부 차이점은 개별 활동이나 짝 활동을 통해 터치타임스에 동시 접근이 가능하다는 아이패드의 가용성과 관련되며,

나머지는 수업의 토론 국면에서 터치타임스의 화면을 학생들과 공유하는 방식과 관련된다. 리가 터치타임스 화면을 모두 볼 수 있도록 스크린에 투영하였을 때 학생들은 디지털 화면을 볼 수는 있었지만 정작 중요한 사용자의 손가락이 화면에서 어떻게 움직이는지는 알 수 없었다. 이를 해결하기 위하여 리는 학생들에게 **화면-종이-기록**을 요구하여, 학생들의 의견이 공유되고 토론이 지속되도록 하였다.

손가락-화면-토론 오케스트레이션은 터치스크린이라는 디지털 테크놀로지의 특징뿐만 아니라 사용자의 손가락이 터치타임스 화면에 미치는 효과를 보여줄 때 생기는 어려움과도 관련된다. 해당 오케스트레이션은 팟의 구성과 관련하여 핍 손가락을 추가하거나 제거하는 효과를 인식할 수 있도록 학생들이 손가락 자체에 주목하게 하려는 리의 교수학적 실행에서 자연스럽게 드러났다. 학생들의 연령을 고려하여 두 교사는 토론을 진행하기 위해 학생들 모두를 칠판 앞에 있는 카펫 위에 앉도록 하였다. 이에 학생들은 아이패드를 들거나 모두가 볼 수 있도록 화이트보드 선반에 세워 놓고 자신이 수행한 바를 시연할 수 있었다.

리와 레이첼의 수업 모두에서 학생들은 화면에 있는 이미지를 작은 화이트보드에 표현하였다. 두 교사는 터치타임스 화면에서 행했던 손가락의 움직임을 실제 손으로 쓰거나 그리는 활동을 통해 수학과 연결하고자 하였다. 큰 스크린을 통해서는 드러나지 않는 손가락의 움직임이나, 터치타임스 화면에서 손가락을 떼면 사라지는 수학적 아이디어 등과 같은 문제는 모두 교사-툴-수학의 앙상블과 관련된다. 그러나 이러한 문제를 해결하는 과정을 통해 수업의 툴로서 터치타임스를 활용하는 교사 전문성이 발전하였다.

7. 결론

이 장은 초등 교사들이 터치타임스를 활용하여 곱셈을 가르칠 때, 교사-툴-수학이라는 요소가 서로에게 미치는 영향을 검토하기 위하여 **앙상블** 관점을 사용하였다. 초등교사가 사용하는 이중 도구 발생 및 도구 오케스트레이션이나 터치스크린 테크놀로지를 다루는 도구 오케스트레이션에 대한 연구가 거의 없는바, 이 연구는 해당 연구 분야에 의미 있는 기여를 하였다고 볼 수 있다. Drijvers et al.(2010, 2013)이 보고한 여러 오케스트레이션이 이 연구의 초등학교 수학 수업에서도 관찰되었다.

초등학교 맥락에서 터치스크린 테크놀로지를 활용하는 동안 **연속-화면-비교**, **화면-종이-기록**, **손가락-화면-토론** 등의 3가지 새로운 오케스트레이션 유형을 관찰하였다. 또한 곱셈에 대해 말하는 새로운 방식이나 곱셈 관계를 물리적으로 표현하는 수단으로 손가락에 새로이 주목하도록 하는 등과 같이 **터치타임스**가 수업에 작용하는 행위 주체성도 살펴볼 수 있었다. 이는 다양한 유형의 디지털 테크놀로지를 다루는 연구가 필요함을 보여주는데, 테크놀로지에 따라 다른 특정 오케스트레이션이 일어날 수 있기 때문이다.

참고문헌

Anghileri, J. (1989). An investigation of young children's understanding of multiplication. *Educational Studies in Mathematics, 20*(4), 367–385.

Artigue, M. (2002). Learning mathematics in a CAS environment: The genesis of a reflection about instrumentation and the dialectics between technical and conceptual work. *International Journal of Computers for Mathematics Learning, 7*(3), 245–274.

Artigue, M. (2010). The future of teaching and learning mathematics with digital technologies. In C. Hoyles & J. Lagrange (Eds.), *Mathematics education and technology: Rethinking the terrain* (pp. 463–475). Springer.

Askew, M. (2018). Multiplicative reasoning: Teaching primary pupils in ways that focus on functional relationships. *The Curriculum Journal, 29*(3), 406–423.

Bakos, S., & Pimm, D. (2020). Beginning to multiply (with) dynamic digits: Fingers as physical–digital hybrids. *Digital Experiences in Mathematics Education, 6*(2), 145–165.

Behr, M., & Wheeler, M. (1981). The calculator for concept formation: A clinical status study. *Journal for Research in Mathematics Education, 12*(5), 323–338.

Besnier, S. (2018). Orchestrations at Kindergarten: Articulation between manipulatives and digital resources. In V. Gitirana, T. Miyakawa, M. Rafalska, S. Soury-Lavergne, & L. Trouche (Eds.), *Proceedings of the Re(s)sources 2018 International Conference* (pp. 259–262). École Normale Supérieure de Lyon (ENS de Lyon).

Bolden, D., Barmby, P., Raine, S., & Gardner, M. (2015). How young children view mathematical representations: A study using eye-tracking technology. *Educational Research, 57*(1), 59–79.

Boulet, G. (1998). On the essence of multiplication. *For the Learning of Mathematics, 18*(3), 12–19.

Calder, N., & Murphy, C. (2018). How might apps reshape the mathematical learning experience? In N. Calder, K. Larkin, & N. Sinclair (Eds.), *Using mobile technologies in the teaching and learning of mathematics* (pp. 31–50). Springer.

Carlsen, M., Erfjord, I., Hundeland, P., & Monaghan, J. (2016). Kindergarten teachers' orchestration of mathematical activities afforded by technology: Agency and mediation. *Educational Studies in Mathematics, 93*(1), 1–17.

Clark-Wilson, A. (2010).*How does a multi-representational mathematical ICT tool mediate teachers' mathematical and pedagogical knowledge concerning variance and invariance?* Unpublished doctoral dissertation. University of London. https://discovery.ucl.ac.uk/id/eprint/10019941.

Davis, B., & Renert, M. (2013). *The math teachers know: Profound understanding of emergent mathematics*. Routledge.

Davydov, V. (1991). The psychological analysis of the operation of multiplication. In V. Davydov (Ed.), *Psychological abilities of primary school children in learning mathematics* (pp. 9–85). National Council of Teachers of Mathematics.

Davydov, V. (1992). The psychological analysis of multiplication procedures. *Focus on Learning Problems in Mathematics, 14*(1), 3–67.

Drijvers, P. (2012). Teachers transforming resources into orchestrations. In G. Gueudet, B. Pepin,& L. Trouche (Eds.), *From text to 'lived' resources: Mathematics curriculum materials and teacher development* (pp. 265–281). Springer.

Drijvers, P., Doorman, M., Boon, P., Reed, H., & Gravemeijer, K. (2010). The teacher and the tool: Instrumental orchestrations in the technology-rich mathematics classroom. *Educational Studies in Mathematics, 75*(2), 213–234.

Drijvers, P., Tacoma, S., Besamusca, A., Doorman, M., & Boon, P. (2013). Digital resources inviting changes in mid-adopting teachers' practices and orchestrations. *ZDM: The International Journal on Mathematics Education, 45*(7), 987–1001.

Fischbein, E., Deri, M., Nello, M., & Marino, M. (1985). The role of implicit models in solving verbal problems in multiplication and division. *Journal for Research in Mathemarics Education, 16*(1), 3–17.

Greer, B. (1992). Multiplication and division as models of situations. In D. Grouws (Ed.), *Handbook of research on mathematics teaching and learning* (pp. 276–295). Macmillan Publishing Co.

Gueudet, G., Bueno-Ravel, L., & Poisard, C. (2014). Teaching mathematics with technology at Kindergarten level: Resources and orchestrations. In A. Clark-Wilson, O. Robutti, & N. Sinclair (Eds.), *The mathematics teacher in the digital era: An international perspective on technology focused professional development* (pp. 213–240). Springer.

Guin, D., Ruthven, K., & Trouche, L. (Eds.). (2005). *The didactical challenge of symbolic calculators: Turning a computational device into a mathematical instrument*. Springer.

Haspekian, M. (2011). The co-construction of a mathematical and a didactical instrument. In M. Pytlak, T. Rowland, & E. Swoboda (Eds.), *Proceedings of the Seventh Congress of the European Society for Research in Mathematics Education* (pp. 2298–2307). CERME.

Haspekian, M. (2014). Teachers' instrumental geneses when integrating spreadsheet software. In A. Clark-Wilson, O. Robutti, & N. Sinclair (Eds.), *The mathematics teacher in the digital era: An international perspective on technology focused professional development* (pp. 241–275). Springer.

Jackiw, N., & Sinclair, N. (2019). *TouchTimes* [*iPad application software*]. Tangible Mathematics Group, Simon Fraser University. https://apps.apple.com/ca/app/touchtimes/id1469862750

Jacob, L., & Willis, S. (2003). The development of multiplicative thinking in young children. In L. Bragg, C. Campbell, G. Herbert, & J. Mousley (Eds.), *Proceedings of the 26th Annual Conference of the Mathematics Education Research Group of Australasia* (pp. 460–467). MERGA.

Joubert, M. (2013). Using digital technologies in mathematics teaching: Developing an understanding of the landscape using three 'grand challenge' themes. *Educational Studies in Mathematics, 82*(3), 341–359.

Kosko, K. (2018). Third-grade teachers' self-reported use of multiplication and division models. *School Science and Mathematics, 119*(5), 262–274.

Larkin, K., & Milford, T. (2018). Mathematics apps–stormy with the weather clearing: Using cluster analysis to enhance app use in mathematics classrooms. In N. Calder, K. Larkin, & N. Sinclair (Eds.), *Using mobile technologies in the teaching and learning of mathematics* (pp. 11–30). Springer.

Maffia, A., & Mariotti, M. (2018). Intuitive and formal models of whole number multiplication: Relations and emerging structures. *For the Learning of Mathematics, 38*(3), 30–36.

Monaghan, J. (2004). Teachers' activities in technology-based mathematics lessons. *International Journal of Computers for Mathematical Learning, 9*(3), 327–357.

Noss, R. (1987). Children's learning of geometrical concepts through Logo. *Journal for Research in Mathematics Education, 18*(5), 343–362.

Noss, R., & Hoyles, C. (1996). *Windows on mathematical meanings: Learning cultures and computers*. Kluwer Academic

Publishers. Pickering, A. (1995). *The mangle of practice*. The University of Chicago Press.

Province of British Columbia. (2016). *Building student success – B.C. curriculum – mathematics 3*. https://curriculum.gov.bc.ca/curriculum/mathematics/3/core

Rabardel, P. (1995). *Les hommes et les technologies: Approche cognitive des instruments contemporains*. Armand Colin.

Sinclair, N., & Baccaglini-Frank, A. (2015). Digital technologies in the early primary school classroom. In L. English & D. Kirshner (Eds.), *Handbook of international research in mathematicseducation* (3rd ed., pp. 662–686). Taylor Francis.

Sinclair, N., Chorney, S., Güneş, C., & Bakos, S. (2020). Disruptions in meanings: Teachers' experiences of multiplication in *TouchTimes. ZDM. Mathematics Education, 52*(7), 1471–1482.

Steffe, L. (1992). Schemes of action and operation involving composite units. *Learning and Individual Differences, 4*(3), 259–309.

Tabach, M. (2011). A mathematics teacher's practice in a technological environment: A case study analysis using two complementary theories. *Technology, Knowledge and Learning, 16*(3), 247–265.

Tabach, M. (2013). Developing a general framework for instrumental orchestration. In B. Ubuz, C. Haser, & M. Mariotti (Eds.), *Proceedings of the Eighth Congress of the European Society for Research in Mathematics Education* (pp. 2744–2753). Middle-East Technical University.

Thomas, M., & Palmer, J. (2016). Teaching with digital technology: Obstacles and opportunities. In A. Clark-Wilson, O. Robutti, & N. Sinclair (Eds.), *The mathematics teacher in the digital era: An international perspective on technology focused professional development* (pp. 71–89). Springer.

Trigueros, M., Lozano, M., & Sandoval, I. (2014). Integrating technology in the primary school mathematics classroom: The role of the teacher. In A. Clark-Wilson, O. Robutti, & N. Sinclair (Eds.), *The mathematics teacher in the digital era: An international perspective on technology focused professional development* (pp. 111–138). Springer.

Trouche, L. (2004). Managing the complexity of human/machine interactions in computerized learning environments: Guiding students' command process through instrumental orchestrations. *International Journal of Computers for Mathematics Learning, 9*(3), 281–307.

Vergnaud, G. (1983). Multiplicative structures. In R. Lesh & M. Landau (Eds.), *Acquisitions of mathematics concepts and processes* (pp. 127–174). Academic.

Vérillon, P., & Rabardel, P. (1995). Cognition and artifacts: A contribution to the study of though in relation to instrumented activity. *European Journal of Psychology of Education, 10*(1), 77–101.

04

3D펜을 활용하는 교수-학습에 대한 현직 교사의 비디오 기반 성찰에 1차 및 2차 순서 모델 활용하기

Oi-Lam Ng
Biyao Liang
Allen Leung

이 연구는 수학 수업에서 새로운 테크놀로지를 활용하는 데 필요한 전문지식을 교사들이 인지하고 개발하는 과정에서 비디오 기반 성찰이 지닌 잠재성을 다룬다. 이 연구는 수학교사 4명을 연구 참여자로 하여, "3D펜"이라는 테크놀로지 활용 수업에 대한 교사들의 초기 경험, 즉, 학습자가 손을 움직여 3차원 모델을 즉흥적으로 구성하도록 유도하는 수업에 대한 교사들의 논의 과정을 분석하였다. 수학 교수-학습에 3D펜을 활용하는 수업 비디오를 연구 참여자들이 시청하는 동안 반구조화된 면담을 실시하여, 연구 참여자가 학생들의 행동을 어떻게 성찰하고 해석하는지 분석하였다. 이러한 분석에 '1차 및 2차 순서 모델'을 적용함으로써 성찰의 순간에 교사들에게 일어나는 수학적, 교수학적 학습의 상세한 특징을 기술하였다. 그 결과, 연구 참여자들은 자신들이 지닌 1차 순서 모델을 조작하는 것에서 3D펜을 활용하는 학생들의 기하적 사고에 대한 2차 순서 모델을 구축하는 것으로 관점을 이동하였으며, 2차 순서 모델에 기반하여 교수학적 추론을 진행하였다. 테크놀로지를 활용하는 실제 수업을 시청함으로써 교사들은 3D펜의 교수학적 잠재력을 드러내는 생산적인 '주목하기' 경험을 개발하였다.

주요 용어: 테크놀로지 활용 수업, 수학교사, 비디오 기반 전문성 개발, 구성주의, 1차 및 2차 순서 모델링, 3D 프린팅

1. 서론

학습을 개선하기 위해 수학 수업에 테크놀로지를 효과적으로 활용하는 데 여러 도전이 있으며, 특히 교사의 참여 및 전문성과 관련된 주요한 쟁점이 있다(Roschelle, 2006). 테크놀로지가 수업에 성공적으로 활용되기 위해서는 적절한 테크놀로지를 설계하는 것뿐만 아니라 교사가 학생들의 학습을 돕는 데 보다 적응적이며 전문적이게 되는 적응 전문성(adaptive expertise)이 필요하다. 지난 10년 동안 수학교육을 위해 다중 표상(multi-representational) 및 교실 네트워킹 공학 등을 사용하는 교사의 적응 전문성이 높아졌다(예, Bellman et al., 2014; Clark-Wilson, 2014). 교사들은 새로운 테크놀로지를 자신들의 수업 관행에 따라 적정화하였으며, 학생들의 수학 학습을 돕기 위해 다중 표상과 네트워크로 연결된 교실 환경을 활용할 수 있도록 자신들의 교수학직 견해를 바꾸었나. 교육에 새로운 유형의 테크놀로지를 활용하는 사례가 늘어남에 따라, 새로운 테크놀로지로 교과 내용을 지도하는 교사들의 개인 역량과 전문성 개발을 다루는 연구(Haspekian, 2014), 수업을 실행할 때 테크놀로지가 지닌 어포던스(affordance)를 효과적으

로 활용하는 교사 전문성 개발에 주목하는 연구(Drijvers et al., 2016) 등의 필요성이 대두되었다. 특히, 교수-학습에 새로운 테크놀로지를 활용함으로써 얻을 수 있는 기회를 교사들이 인지하도록 지원하는 방법을 모색할 필요가 있으며, 이 장에서 바로 이 점에 대해 다루고자 한다.

최근 몇 년 동안 교사의 '주목하기'(noticing)는 복잡한 수업 상황을 해석하는 수학교사의 역량을 개발하기 위한 실천 및 연구에서 두드러지게 다루어졌다(Jacobs et al., 2010; van Es & Sherin, 2002). 주목하기라는 용어는 교사의 관행을 구체화하여 해석하고 탐구함으로써 이를 생산적으로 유지하도록 지원하는 데 초점을 둔 Mason(2002)의 연구에서 비롯되었다. 특히 교사의 주목하기와 관련된 비디오 기반 접근은, 교수-학습의 중요한 순간이지만 쉽게 간과되거나 방치되는 수업 상황의 복잡성을 포착하는 데 기여한다(Stockero & Zoest, 2013). 비디오 기반 토론을 통해 교사는 시청한 내용을 해석하여 자신의 교수 관행을 재고할 수 있으며(Coles, 2019), 다른 사람의 수업 비디오를 시청함으로써 영상에서 일어난 많은 사건이 직접 경험한 것임을 의식할 수 있다(Borko et al., 2008). 또한, 비디오를 사용하면 테크놀로지를 활용하는 수업과 같이 익숙하지 않은 상황에서 일어날 수 있는 바를 예측하는 데도 도움을 준다. Mason(2014)에 따르면 테크놀로지의 특정 어포던스는 수업에서 드러날 수도 있고 그렇지 않을 수도 있다. 교사와 학생의 관심사가 비슷하게 조정되면 활용 중인 테크놀로지와의 상호작용이 개선되고, 비디오를 통해 수업에서 일어날 수 있는 의사소통과 활동 유형을 예측할 수 있다. 다른 사람의 수업을 녹화한 비디오는 서로 다른 공동체가 공유하는 "경계성 대상(boundary object)"으로 개념화할 수 있으며, 이는 서로 다른 시청자에 의해 다양한 방식으로 해석 및 이해될 수 있다(Robutti et al., 2019). 예를 들어, Baccaglini-Frank et al.(2018)은 "하나의 실제 교실 공동체와 거기서 일어난 활동이 재현될 미래의 잠재적 교실 공동체 사이의" 경계(p. 102)로 비디오를 사용하였다. 이와 같은 맥락에서 비디오를 활용한 성찰 활동, 특히 비디오 기반 전문성 개발에 쓰이는 주목하기 과제에 교사들을 참여시키는 효과적인 방법을 다룬 실험적 근거를 탐색할 필요가 있다(Coles, 2019; Tripp & Rich, 2012).

이 연구는 교사들이 수학 수업에 활용되는 새로운 테크놀로지를 인식하고 성찰하는 활동을 분석하고자 한다. 참여 교사들은 해당 테크놀로지 사용법을 이제 막 배워서 수업에는 아직 활용해 보지 않았으며, 이들이 향후 수업에 테크놀로지를 활용할지, 어떻게 활용할지 등을 결정하는 과정을 살피고자 한다. 이에 이 연구는 3차원 도형을 만들 수 있는 "3D펜"(그림 1)이 초·중등학교 기하 교수-학습 개선에 지닌 잠재성에 대한 현직 교사들의 주목하기 역량을 개발하는 데 비디오 기반 성찰 방법을 활용한다(Ng et al., 2018; Ng & Ferrara, 2020). 3D펜은 연구 참여 교사뿐만 아니라 수학교육 공동체 전반에게도 새로운 테크놀로지로 이 연구의 목표를 달성하는 데 적합하다. 이 연구는 연구 참여 교사들이 3D펜을 활용하는 수학 수업 비디오를 시청한 후 자신들이 느낀 것을 어떻게 해석하는지를 분석한다. 선행 연구에 따르면 비디오 기반 성찰 활동은 학생들의 수학적 사고를 교사들이 직접 경험할 수 있도록 하여 교사들의 교수학적 내용 지식을 풍부히 한다(Jacobs et al., 2010). 이 연구는 교수학적 지식의 개발 기회를 제공하는 도구로 3D펜을 활용하는 수업 비디오를 제시하여, 테크놀로지를 활용하는 교실 맥락에 대한 비디오 기반 성찰을, 3D펜을 이용하는 학습 활동에서 학생이 보이는 사고를 예상하고 성찰하는 데까지 확장한다.

[그림 1] 3D펜으로 3차원 도형 만들기

다음으로 이 연구는 성찰 활동에서 교사들에게 일어나는 수학적, 교수학적 학습의 특징을 상세히 분석하고자 한다. 교사의 주목하기에 대한 현재의 이론적 틀과 경험적 연구는 교사가 무엇에 주목하며, 어떻게 주목하는지와 같은 특징과 행위에 초점을 맞추었으며(Sherin & Star, 2011), 이는 주목하기가 기반하는 인지 과정을 밝히는 데는 한계가 있다. 이 연구는 교사의 주목하기가 일어나는 동안 교사들의 지식이 어떻게 상호작용하는지에 대해 인지적 수준의 통찰을 얻고자 한다. 이 연구는 교사 지식을 소유의 관점이 아니라 역동적이고 건설적인 조정 과정의 조직체로 개념화함으로써(Fennema & Franke, 1992; Liang, 2021), 교사들이 수업 에피소드를 시청하고 이에 대해 논의하는 과정을 통해 학생의 사고 양상에 대한 지식과 수학적 지식을 개선하는 기회를 제공한다. 다음 절에서는 교사의 주목하기와 관련되는 인지활동을 탐구하는 데 필요한 이론적 관점과 구성 요소를 살펴본다.

2. 이론적 틀

이 연구는 개인의 지식은 객관적 사실의 표상이 아니라 경험적인 앎의 산물이며, 주체의 경험을 통해 실질적으로 기능하고 조직되므로 주체에게 고유하다(von Glasersfeld, 1995)는 구성주의 인식론을 따른다. 따라서 각 개인은 타인의 지식에 직접적으로 접근할 수 없으며 관찰자로서 타인의 지식에 대한 가상의 인지 모델을 구성하거나 해석을 붙일 뿐이다. 학생의 수학적 사고를 이해하고자 하는 맥락에서 교사 역시 학생의 지식에 접근할 수 없기 때문에 그에 대한 모델만을 구성할 뿐이다. 이하에서는 이론적 틀의 핵심에 부합하는 '탈중심화' (decentering) 및 '1차 및 2차 순서 모델'(first- and second- order model)에 대하여 다룬다.

2.1. 탈중심화

탈중심화 개념은, 아동의 사회화 및 언어 발달(Piaget, 1926/1959), 공간 구성(Piaget & Inhelder, 1948/1967), 환경이나 다른 사물에서 자신을 분리하는 능력(Piaget, 1947/2001; 1954/2013) 등과 관련되는 아동의 '자기중심성'(egocentrism) 및 탈중심화에 대한 피아제(Piaget)의 연구에 기원을 둔다. 예를 들어, 유아는 자아를 탈중심화하여 사물을 독립적인 존재로 인식할 때까지 다른 사물의 속성을 모델링할 수 없다. 아동이 대상 영속성을 이해하기 전에는 사물을 지각적으로 다룰 수 있을 때만 그 사물이 실제로 존재한다고 생각한다.

피아제의 탈중심화 연구를 토대로 수학교육 연구자들은 수업 맥락에서 일어나는 탈중심화를 개념화하였다(Confrey, 1990; Silverman & Thompson, 2008; Steffe & Thompson, 2000a). 이들은 **교사의 탈중심화**를, 관찰자가 자신의 생각을 제쳐두고 타인의 관점을 이해하려고 시도하는 관찰자의 인지적 행위로 정의하였다. 교사가 학생의 수학적 사고에 대한 지식을 구성하려면 학생의 지식을 이해하기 위해 자신의 사적인 수학적 지식에서 벗어나야 한다. 탈중심화를 이룬 교사는 학생들이 자신과 동일한 수학적 사고를 공유한다고 여기지 않는다. 이들은 학생들과의 상호작용을 통해 학생들의 수학적 사고를 적극적으로 해석하며 학생들의 수학적 활동을 성찰한다(Baş-Ader & Carlson,2021; Teuscher et al.,2016).

나아가 학생들의 수학적 사고를 이해하는 데 필요한 탈중심화를 위하여 교사는 학생들의 수학적 경험이 성인들의 경험과는 다를 수 있지만 정당하고 합리적이며 가치가 있다고 진심으로 믿어야 한다(Steffe & Thompson, 2000b). 이와 관련하여 Confrey(1990)는 다음과 같이 언급하였다.

> 타인의 눈으로 상황을 볼 수 있는 능력인 탈중심화는, 타인의 지적 구성물, 특히 가장 견고한 구성물조차도 타인의 눈으로 보면 무결성(integrity)과 감성(sensibility)이 있다는 사실에 기반한다(p. 108).

이는 수학 교수-학습 맥락에서 교사가 학생들의 수학적 사고를 존중할 필요가 있음을 의미한다. 이 연구에서 교사들이 수행할 과업 중 하나는, 학생들의 사고가 그들의 관점에서 보면 얼마나 합리적이고 내적으로 그럴듯한지 등을 인식하여 학생들의 수학적 현실에 대한 통찰을 얻는 것이다.

2.2. 1차 및 2차 순서 모델

학생들의 수학에 대한 교사의 관점을 분석하는 틀로서 탈중심화 개념이 어떻게 활용될 수 있는지 여러 의문이 있을 수 있다. 이러한 의문은, 1차 및 2차 순서 모델로 탈중심화를 설명한 Teuscher et al.(2016)에 비추어 해결할 수 있다. Steffe et al.(1983)은 **1차 순서 모델**(first order model, 이하 FOM)을 "관찰 대상인 주체가 자신의 경험을 정리하고 이해하며 조절하기 위해 구성하는 가설적 모델"로 정의하였다(p. xvi). 학생(또는 교사)의 1차 수학은 자신의 수학적 활동을 관리하는 학생(또는 교사)의 정신적 활동으로 구성된다. 연구자가 관찰 대상인 교사의 1차 수학에 접근할 수 없는 것처럼 교사 역시 학생의 1차 수학에 접근할 수 없다. 그러나 교사(또는 연구자)는 관찰 대상인 학생(또는 교사)의 지식을 추론하거나 해석할 수 있으며, 이는 학생(또는 교사)의 관찰 가능한 행동을 설명하는 데 기여한다. 이러한 추론이나 해석을 **2차 순서 모델**(second order model, 이하 SOM)이라고 하며 "관찰자는 관찰 대상의 상태 및 활동 등과 같은 관찰 결과를 설명하기 위해 관찰 대상의 지식에 대한 가설적 모델을 구성한다"(Steffe et al., 1983, p.16).

교사가 SOM을 구성하려면 탈중심화가 필요하다. 즉 탈중심화를 이룬 교사는 학생들의 사고에 대한 가설을 생성하는 2차 순서 모델링을 수행할 수 있으며, 교사가 그러한 가설적 방식으로 수학적 추론을 한다고 스스로에 대해 상상하면 교사도 학생과 비슷한 방식으로 행동할 것이라는 점에서 그러하다. 이와 대조적으로 FOM에 묶여있는, 탈중심화되지 못한 교사는 전적으로 자신의 관점만을 작동시켜 학생들의 이해가 자신과 동일하다고 생각하거나 그 차이를 식별하려고 하지 않는다.

2.3. 2차 순서 모델링의 교수학적 성과

학생들의 수학에 대한 SOM을 구축할 때 교사는 FOM과 SOM을 구성하는 인지 활동을 비교하여 학생들의 사고가 자신의 사고와 어떻게 비슷하거나 다른지, 또는 관련이 있는지를 성찰한다. 또한 교사는 여러 학생들이 지닌 사고의 차이를 통해 학생들의 SOM을 비교한다. 다양한 수학적 의미 간의 이러한 상호 작용과 재구성은 과제 설계와 발문 및 응답 등의 교수학적 함의를 해석하는 데 중요하다(Silverman & Thompson, 2008; Simon, 1995, 2014). Simon(2014)은 "2차 순서 모델에 대한 연구를 효과적인 교수학적 설계와 실행에 연결하는 교수 이론의 필요성"을 강조하였다(p. 350). 그는 "교수학을 통해 학생이 어디에서 시작하여 어디로 나아가며, 어떻게 거기에 도달하는지 밝힐 필요가 있다"(Simon, 2014, p. 349)고 하였다. 어디에서 시작하여 어디로 나아가는지를 알기 위해서는 SOM의 구성과 FOM에 대한 조작이 동시에 일어나야 한다. 수업에서 의미 있는 수학적 담화를 조정하고 여러 학생들에게 적절한 학습 경험을 제공하는 방안을 모색하기 위해서 교사는 다양한 학생들의 SOM에서 드러나는 미묘한 차이를 식별할 수 있어야 한다. 이 장은 학생의 사고를 고려한 교수학적 조치를 개발하는 데 교사들의 SOM과 FOM이 중요함을 보이는 경험적 증거를 제공한다.

3. 방법

3.1. 연구 참여자와 맥락

심층적인 질적 연구를 위하여 교사 4명(남성 3명, 여성 1명)을 연구 참여자로 하였다. 이들은 모두 현직 중등학교 수학교사로 데니, 샘, 데니스, 마이클이며, 연구 참여 당시 이들의 교직 경력은 각각 1년, 4년, 7년, 10년이었다. 이들은 다양한 교직 경력에 따라 선정되었으며, 제 1 저자의 홍콩 현직 수학교사 네트워크를 통해 연구에 참여하기로 동의하였다.

이 연구는 새로운 테크놀로지인 휴대용 3D펜을 활용하는 교수-학습 상황을 탐구하는 설계 기반 대규모 연구 프로젝트에 속하며, 구성주의 학습에 기반한 교육 개혁에 주목하는 제 1 저자(Ng, 2020; Papert, 1980)와 연구 참여자 4명의 협업으로 진행되었다. 3D펜을 활용하면 3차원 다이어그램을 만들고 이를 조작할 수 있기 때문에 공간을 인식하고 도형을 시각화하여 조작하는 학교 수학의 다양한 주제를 학습하는 데 유용하다. 이에 설계 기반 대규모 연구는 교사 참여자들이 연구자들과 협력하여 3D펜을 활용하는 일련의 수학 수업을 설계하고 이를 수업에서 실행할 수 있도록 하였으며, 이를 위해 4회에 걸친 월간 프로젝트 회의를 진행하였다. 프로젝트 회의 1, 2를 통해 연구 참여자들은 3D펜을 직접 사용해보고 이를 활용하는 것이 가능한 수학 수업 주제에 대해 논의하였다. 프로젝트 회의 3에서는 3D펜을 "실제로" 활용하는 수업 비디오를 시청하고 그 개선점에 대해 토론하였으며, 프로젝트 회의 4에서는 앞으로 실행할 3D펜 활용 수학 수업을 12차시 분량으로 설계하였다. 연구에 참여한 교사 4명 중 2명은 프로젝트 회의에서 설계한 수업을 실행하였다. 이 연구는 학생들의 수학에 대한 1차 및 2차 순서 모델을 구축함으로써 3D펜을 수업에 활용하는 교사 지식이 어떻게 발현되는지 살피고자 하므로, 이 장에서는 프로젝트 회의 3을 통해 비디오 기반 주목하기 활동을 수행한 연구 참여자에게서 얻은 자료의 분석 결과를 다룬다.

3.2. 비디오

연구 참여 교사들은 3D펜을 활용하는 초등 5학년(11 ~ 12세) 수학 수업 비디오를 시청하였다. 다른 사람의 수업 비디오를 시청함으로써 교사들은 수업의 여러 측면을 평가할 수 있으므로 (Nickerson et al., 2017), 이 연구는 비디오 형식을 활용하는 것이 적절하다고 판단하였다. 초등 5학년 수업을 선택한 이유는 연구 참여자들에게 수업과 관련되는 명시적인 상을 제공하는 대신 이를 중등 수학의 맥락으로 연결시킬 수 있도록 하기 위해서이다. 실제로 중등 수학에도 연구 참여자들이 시청한 비디오와 같이 3차원 도형 및 공간의 시각화를 다루는 내용이 상당히 많다. 이 연구에서 선정한 비디오는 각기둥의 밑면과 옆면의 개수 및 전체 면의 개수 등 "각기둥의 성질"(Hong Kong Curriculum Development Council, 2015)에 대한 교수-학습에 3D펜을 활용하는 수업이다. 홍콩의 학교 맥락에서 해당 주제는 컴퓨터 조작 활동으로 다루어지기도 하고 그렇지 않기도 하며, 대체적으로 관계적 성질보다는 면의 개수와 관련된 수치적 성질 위주로 지도되는 경향이 있다. 해당 비디오는 제 1저자와 함께 수업을 준비한 교사가 지도하는 초등 5학년 수업을 촬영한 것으로, 이하에서는 수업을 실행한 교사를 이 연구에 참여한 교사들과 구별하기 위해 강의자로 칭한다.

수업의 주요 학습 활동은 짝을 이룬 두 학생이 3D펜을 활용하여 각각 직각기둥 2개와 삼각기둥 2개를 만드는 것이다(그림 2a). 학생들이 3차원 입체를 만든 다음, 마지막에 교사는 입체가 지닌 성질을 논하는 전체 학급 토론을 진행하였다(그림 2b, c). 〈표 1〉은 13분 54초 분량의 비디오를 카메라 초점과 함께 에피소드 9개로 구분하여 개관한 것이다. 에피소드 9개는 수업의 주요 순간인 도입부, 3D펜을 활용한 학습 활동, 활동에 대한 발표 및 결론을 시간 순서로 구분한 것이다. 각 에피소드는 교수-학습 상황 전체와 세부 활동 모두를 살피기 위하여 전체 학급 및 개별 학생 활동을 촬영한 카메라를 통해 수집되었다.

(a) (b) (c)

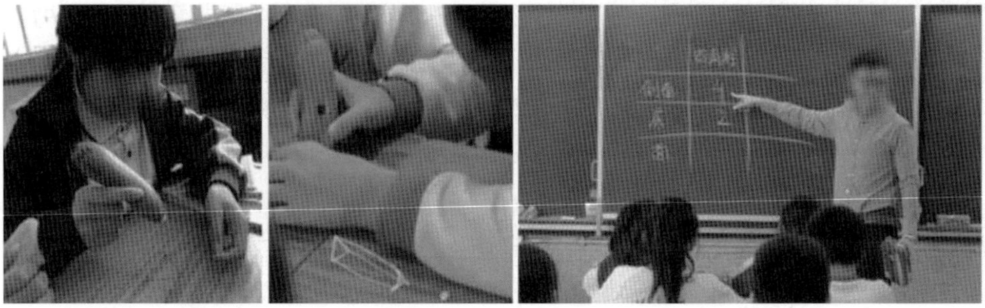

[그림 2] (a) 3D펜으로 삼각기둥을 만드는 학생(에피소드 2), (b) 학생의 산출물(에피소드 3), (c) 각기둥의 성질에 대해 전체 학급 토론을 진행하는 강의자(에피소드 8)

〈표 1〉 3D펜을 활용하는 수학 수업의 에피소드와 카메라 초점

시간 순서에 따른 수업 내용	에피소드 번호	에피소드 길이 [분:초]	카메라 초점
전체 학급 논의를 통해 각기둥 이름 짓기	1	[00:40]	전체 학생
짝 활동을 통해 3D펜으로 각기둥 만들기(그림 2a)	2-6	[01:20],[01:42],[01:43], [01:13], [02:06]	개별 학생
각기둥의 성질에 대한 전체 학급 토론(그림 2b, 2c)	7	[01:44]	전체 학생
성질을 일반화하는 전체 학급 토론	8, 9	[02:18], [01:08]	전체 학생
		전체 길이 [13:54]	

3.3. 비디오 기반 반구조화 면담

비디오 기반 반구조화 면담은 주목하기를 통해 수업의 특정 순간에 대해 교사들이 관찰 및 성찰하는 기회를 제공하므로, 교사들의 수학 및 교수학적 학습의 양상을 탐색하는 데 적합하다. 프로젝트 회의 3에서 연구 참여 교사 4명, 제 1저자와 공동 연구자(발췌문에서 각각 R1, R2로 표기)는 앞서 언급한 비디오를 시청하였다. 대형 프로젝터 화면으로 비디오의 각 에피소드를 재생한 다음, 두 연구자는 자신들에게 배정된 연구 참여자 한 쌍과 반구조화 면담을 진행하였다. 제 1저자는 데니스와 마이클을, 다른 연구자는 데니와 샘을 면담하였다. 반구조화 면담의 프롬프트는 Mason(2002)이 제시한 전문적인 주목하기의 2가지 요건에서 추출하였다. 첫 번째 요건은 "상황을 기술(account of)"하는 것으로, 연구 참여자가 본 바를 단계별로 재구성하여 비디오의 일부 상황을 간략하면서도 생생하게 묘사하는 것이다. 두 번째 요건은 "상황에 대해 설명하는 것(account for)", 즉 자신이 기술한 바를 해석하거나 이유를 설명하는 것, 가치를 부여하거나 판단을 내리는 것, 정당화나 비판을 제공하는 것 등을 의미한다. 교실에 카메라 2대를 설치하여 연구 참여자인 교사들이 에피소드를 보면서 주목한 바를 기술하고 성찰하는 언어적, 비언어적 의사소통을 포착하였다. 비디오 기반 반구조화 면담은 80분 동안 진행되었다.

비디오 기반 반구조화 면담이 끝난 후, 참여자들은 강의자가 준비한 수업 계획서의 인쇄본에 주석이나 메모를 달면서 방금 시청한 수업을 15분 동안 개별적으로 재검토하였다. 그런 다음 교사 참여자 4명은 자신들의 수업을 개선하기 위한 세부 내용과 그러한 결정을 내린 이유에 대해 15분 동안 연구자 2명과 논의하였다. 이 장의 목적은 교사들이 진행한 수업 개선 활동을

상세히 기술하기보다는 해당 활동에서 논의된 내용 중 교사의 FOM 및 SOM에 대해 이 연구가 주장하는 바와 관련되는 진술을 분석하는 데 있다.

3.4. 분석 방법

면담 내용 모두를 비디오로 녹화하고 전사하여 교사 참여자의 언어적 진술과 손동작을 분석함으로써, 3D펜을 활용하는 수업에 대해 교사들이 얻은 수학적, 교수학적 통찰 영역 및 그 과정을 추론하였다. 이를테면 이 연구자들은 비디오 기반 면담과 수업 개선 세션에 대한 녹화 자료를 반복적으로 시청하여 연구 참여 교사들의 FOM 및 SOM을 구성하는 수학적 의미와 이러한 모델이 교사들의 교수학적 견해에 미친 영향을 분석하고 정교화하였다.

데이터 분석의 첫 번째 단계에서는 교사들이 자신의 수학적 사고와 학생들의 수학적 사고에 대해 논의한 사례를 파악하는 데 중점을 두었다. 이를 위해 수업 관리, 교실 환경, 비수학적인 의사소통이나 과제에 대한 진술은 분석에서 제외하였다. 예를 들어, "강의자가 수업 관리와 관련하여 어떠한 일을 하였다"거나 "두 학생이 펜 하나로 하나의 과제를 해결하도록 하는 것은 정말 어렵다고 생각해요"는 비수학적 진술로 간주하였다. 두 번째 분석은 교사의 사고에 대한 SOM의 구성에 초점을 맞추었다. 선택한 각 사례에 대하여, 교사들의 수학적 사고 및 학생들의 사고에 대해 교사들이 내린 해석과 관련하여 설명을 붙였다. 이 연구는 특정한 수학적 상황에서 어떻게 행동하거나 생각할지를 논할 때 교사들이 자신의 FOM을 조작하고 있다고 보았으며, 학생들의 행동에 대해 설명하거나 해석할 때 교사들이 자신의 SOM을 구성하고 있다고 추론하였다. 한편, 교사들이 학생들의 사고에 대해 자신들이 만든 추론과 자신의 수학적 사고를 비교하거나, 다른 학생들의 사고를 서로 비교할 때 교사의 SOM과 FOM이 상호작용한다고 보았다. 이 연구는 이러한 추론을 뒷받침하거나 뒷받침하지 않는 증거를 지속적으로 찾아내면서 해당 추론을 검토하고 다듬었으며 안정화시켰다. 최종 분석 단계에서 이 연구는 선택한 각 사례의 발췌문을 검토하고 교사들이 내린 교수학적 결정을 통해 FOM 및 SOM의 특징이 드러날 만한 추가 사례를 추출하였다. 이를 통해 데이터 분석의 첫 번째 단계에서 배제된 일부 사례를 분석 데이터에 포함시켰으며, FOM 및 SOM의 구성과 조작에 대해 교사들이 지닌 교수학적 사고의 최종 특징과 관련하여 의미 있는 통찰을 얻을 수 있었다.

4. 결과

교사들의 2차 순서 모델링 활동 및 그 교수학적 잠재성에 초점을 맞춤으로써 학생 2명이 짝 활동을 통해 각기둥을 만드는 에피소드 3, 4, 6에 대한 연구 참여 교사 4명의 성찰 활동을 특징지을 수 있었다. 구체적으로 이 연구는 교사들의 FOM 및 SOM을 구성하는 수학적 의미에 대해 논의하고, 3D펜으로 만든 학생들의 산출물을 교사들이 해석하여 교수학적 견해를 생성하는 데 이러한 의미와 상호작용이 어떻게 작용하는지 분석하였다. 이러한 분석 결과는 다음 3가지 상황을 통해 기술한다. 첫째, 한 교사의 FOM에 기반하여 해당 교사의 교수학적 견해를 다룬다. 둘째, 두 그룹의 학생들에 대해 교사 2명이 구성한 SOM을 비교하고 그 교수학적 의미를 설명한다. 마지막으로 교사 3명의 SOM 및 SOM과 FOM간의 상호작용을 살펴보고 이러한 모델에 비추어 그 교수학적 견해의 특징을 설명한다. 이 장은 3D펜을 활용하는 교수-학습에 대한 비디오 기반 성찰 활동에 교사들이 참여하는 다양한 방식을 상세히 기술하는 데 목적이 있으며, 이러한 접근에는 어떠한 가치 판단도 존재하지 않음에 유의할 필요가 있다.

4.1. 상황 1: 3D펜으로 만든 입체의 크기

학생 2명이 짝 활동을 통해 3D펜으로 기하 구조물을 만드는 에피소드 3에 대한 비디오 클립을 시청한 다음, 데니스와 마이클은 학생들이 만든 구조물의 크기에 대해 토론하였다. 마이클은 일부 학생들이 만든 입체가 매우 작다는 것에 주목하였으며, "교사가 학생들에게 입체를 좀 더 크게 만들도록 요청하였다면 만드는 과정이 보다 쉬워질 것이며 입체의 성질도 더 분명히 파악할 수 있었을 텐데"라고 하였다. 마이클의 의견에 이어 데니스는 학생들이 만들어야 하는 입체의 정확한 크기를 활동지에 제시하는 것이 좋겠다고 제안하였다. 이 의견에 대해 마이클은 다음과 같이 동의하지 않는 이유를 언급하였다.

> 저는 크기가 정확할 필요는 없을 것 같아요. 크기가 다른 도형을 통해서 일종의 수학적 개념을 드러낼 수 있으니까요. 학생들이 만든 도형의 크기가 다르면 수학적 개념을 이해하는 데 도움이 될 것 같아요.

이상에서 마이클은 학생들에게 입체를 좀 더 크게 만들도록 요구하는 것은 좋지만, 그렇다고 같은 크기의 입체를 만들도록 할 필요는 없다고 하였다. 오히려 학생들이 3D펜을 이용하여 다양한 크기의 입체를 만들면 "수학적 개념"을 파악하는 데 도움이 될 것이라고 하였다. 마이클이 언급한 "수학적 개념"이란 입체의 일반적 구조와 성질로 해석할 수 있으며, 입체의 크기가 다양하면 여러 입체의 공통 성질에 대해 학생들이 토론할 가능성이 높아질 것이다. 마이클이 말한 "수학적 개념"에 대한 이러한 해석에 대해 마이클에게 직접 확인하지는 못했지만, 이 연구는 마이클이 발언할 때 SOM보다는 주로 FOM을 사용하였다고 판단하였다. 마이클은 그의 관점에서, 크기가 다양한 입체의 일반적 성질과 구조를 파악할 수 있기 때문에 학생들이 어떤 크기로든 입체를 만들 수 있도록 허용하는 교수학적 결정을 중요시 하였다. 이러한 교수학적 고려 및 그가 제시한 근거가 학생들의 수학 활동에 대해 마이클이 지닌 SOM을 토대로 한다는 증거를 구체적으로 찾지는 못하였으며, 그의 교수학적 추론이 FOM에 기반하였다는 이유로 그것에 뭔가 부족한 점이 있다고 말하려는 것도 아니다. 오히려 마이클은 학생들의 수학적 추론을 개발하는 도구로서 3D펜을 활용하는 방법에 대한 좋은 예를 제시하였다고 볼 수 있다.

4.2. 상황 2: 3D펜으로 곧은 모서리 만들기

다음은 샘과 데니가 자신의 FOM을 조작하는 대신 두 학생 그룹에 대한 SOM을 구성하고 비교하는 과정을 살펴본다. 에피소드 6은 3D펜으로 삼각기둥을 완성한 다음 두 학생 그룹이 수행하는 활동을 보여준다. 데니는 두 그룹의 차이에 주목하여 다음과 같이 말하였다.

데니: 일부 학생이 가위로 필요 없는 부분을 자르는 것을 보았어요(그림 3a). 첫 번째 그룹은 작은 삼각기둥을 만든 다음 매우 좋아했어요(학생들이 만든 산출물인 그림 3b). 그런데 두 번째 그룹의 남학생은 모든 모서리가 평행한지 확인하는 등 이를 똑바로 만드는 데 집착하였어요(그림 3c의 학생 활동 및 이 그룹이 만든 산출물인 그림 3d). 제 생각에는 학생들이 주목하는 것이 서로 다른 것 같아요. 어떤 학생들은 모서리가 평행한지에는 신경 쓰지 않고 각기둥 모양을 완성하는 것에만 관심을 둔 것 같아요.

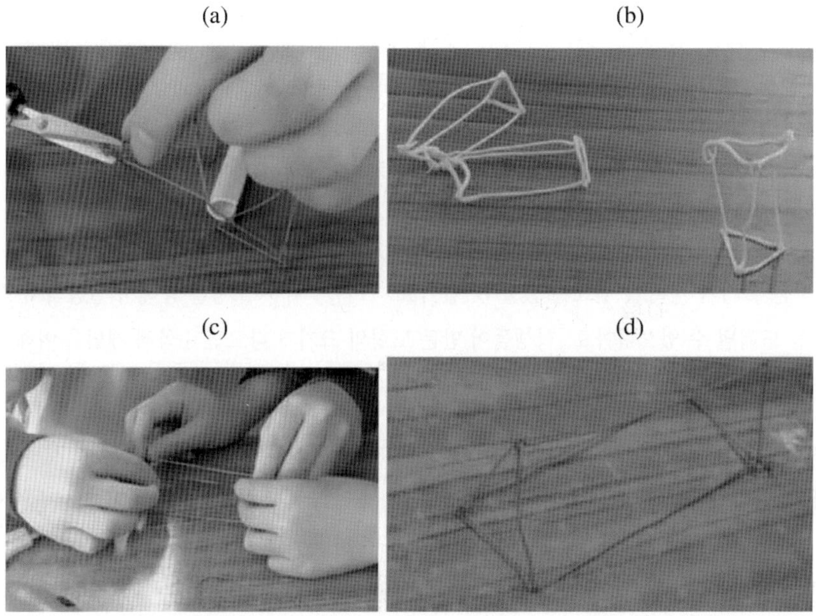

[그림 3] (a) 완성한 각기둥의 모서리에서 필요 없는 부분을 자르는 학생, (b) 학생들이 만든 산출물, (c) 각기둥의 모서리를 똑바로 만드는 그룹, (d) 이 그룹의 산출물

샘: 제가 보기에 그 학생들은 각기둥의 변은 반듯해야 하고 울퉁불퉁하면 안된다는 것을 이해한 것 같아요. 그렇지 않으면, 즉 두 밑면이 다르면 각기둥이 아니니까요. 이 사실을 명확히 표현하지는 않았지만 적어도 개념을 알고 있는 것 같기는 해요.

R2: 그러니까 그 학생들이 개념은 안다고 생각하나요?

샘: 네, 맞아요. 해당 학생들이 모서리를 반듯하게 펴려고 하고, 모서리가 만나는 곳에는 한 점만 있도록 조정하는 것을 보면 그래요. 이는 적절한 태도로 보여요.

위 발췌문에서 데니와 샘은 학생 한 그룹이 각기둥의 모서리를 곧게 펴고 꼭짓점에서 필요 없는 부분을 잘라내는 데 힘쓰는 것에 대해 논하였다. 데니와 샘은 이 학생들이 평행한 변과 평평한 밑면을 각기둥의 중요 성질로 이해한 반면, 다른 그룹의 학생들은 그렇지 못하였다고 추론하였다. 이는 데니와 샘이 학생들에 대한 SOM을 구성하였으며, 두 교사가 3D펜으로 구조물을 만들 때 학생들이 보이는 특정 행동, 즉 그리기, 곧게 펴기, 자르기 등이 학생들의 수학적 사고를 보여주는 지표라고 간주함을 보여준다. 테크놀로지를 활용하는 학생들의 학습에 대해 데니와 샘이 내린 이와 같은 해석은 두 교사의 향후 수업에 중요한 교수학적 잠재력을 발휘할 것으로 보인다. 예를 들면, 두 교사는 학생들이 3차원 입체인 각기둥을 만들 때, 평행성, 꼭짓점, 평행한 밑면 등의 아이디어에 유의하도록 강조할 것이라고 예측할 수 있다.

4.3. 상황 3: 삼각기둥을 만들고 이해하는 2가지 방법

이하에서는 연구 참여 교사들이 자신들의 FOM을 조작하는 방식에서 SOM을 구성하는 방식으로 어떻게 전환하며, 이러한 SOM에 비추어 교수학적 추론을 어떻게 만들어 내는지 하위 절 3개를 통해 논의한다.

4.3.1. "처음에는 뭔가 잘못 그리는 줄 알았어요."

에피소드 3을 보던 중 데니스는 학생 한 그룹이 삼각기둥이 아니라 [그림 4]와 같이 직사각형을 먼저 만드는 뜻밖의 상황에 주목하였다. 이에 대하여 데니스는 "학생 대부분이 삼각기둥을 만들고 있는데, 한 그룹은 그렇지 않아요"라고 말하였다. 연구자가 "직사각형을 먼저 만들면 안 되나요?"라고 묻자 데니스는 대답하기를 주저하였다. 이는 데니스가 직사각형을 먼저 그리면 삼각기둥을 만들 수 없다고 생각하였음을 보여준다. 이에 비해 마이클은 같은 그룹의 학생들이 [그림 4]와 같이 직사각형 위에 모서리를 추가하는 것에 주목하였으며, 이 학생들이 직사각형이 아니라 직각기둥을 만들려고 한다고 해석하였다. 데니스와 마찬가지로 마이클도 학생들이 강의자가 지시한 삼각기둥을 만들지 않고 있다고 결론지었다. 이는 두 교사 모두 자신들의 FOM을 조작하고 있으며, 학생들의 행동이 이러한 FOM에 위배된다고 해석하였음을 보여준다.

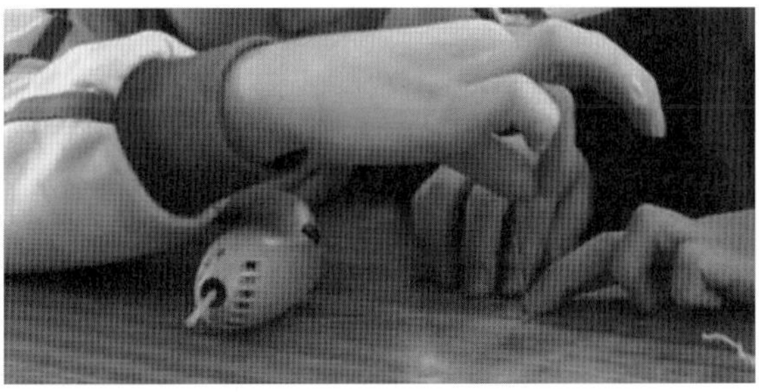

[그림 4] 직사각형을 통해 삼각기둥을 만드는 두 학생

대화가 진행되자 데니스는 “아마 이 학생들이 먼저 직사각형을 만든 다음 삼각형을 만들려고 했나 봐요”라고 추측하였다. 데니스는 직사각형 하나를 만들고 직사각형의 마주보는 변 위에 삼각형 2개를 만드는 과정을 반복하여 설명하였다(그림 5a, 데니스 제스처 참조). 이는 데니스가 학생의 사고에 대한 SOM을 구성하기 시작하였으며, 직사각형을 그리는 학생의 행동을 설명하는 가설을 세우고 있음을 보여준다. 처음에 데니스는 학생들의 이러한 행동을 탈중심화하지 못한 채 자신의 생각과 반대된다고 여겼지만, 이 순간에는 학생들의 행동이면에 있는 합리성을 추론할 수 있었다. 손으로 삼각기둥을 그려본 데니스는 이를 3D펜으로 만들 때는 “수평 모서리가 아무리 길어도 삼각형이 튼튼하게 유지”될 것이며 그렇지 않으면 “쉽게 떨어질 것”이므로(그림 5b, 데니스 제스처 참조), 학생들의 방식이 더 좋은 것 같다고 적극적으로 언급하였다. 몇 번을 반복하여 설명한 다음, 데니스는 “이처럼 만들 수 있다고 전혀 생각하지 못했어요. 저는 학생들이 뭔가 잘못하고 있거나 다른 것을 만들고 있다고 생각했어요.”라고 하였다. 학생들이 삼각기둥을 만드는 방식의 어포던스에 대해 데니스가 제기한 의견에 따르면 데니스는 그러한 방식이 색다르기는 하지만 가치 있는 실행 방식으로 간주하고 있음을 시사한다. 이는 데니스가 사적인 수학에서 탈중심화하여 학생들의 입장에서 생각함으로써 학생들의 수학적 사고를 진심으로 이해하였음을 보여준다.

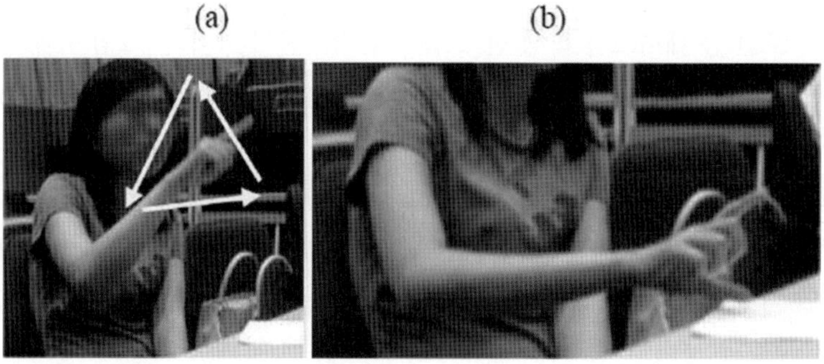

[그림 5] 데니스가 (a) 삼각형을 그리는 모습, (b) 수직 방향으로 삼각기둥을 만드는 모습

4.3.2. “학생들은 왜 그렇게 했을까요, 무슨 생각을 하고 있었을까요?”

데니스의 의견에 이어 마이클은 학생들이 3D펜으로 만든 구조물에 대해 다음과 같이 감탄과 호기심을 표하였다.

> 비디오에서 강의자는 만드는 방법을 가르쳐 주지 않았어요. 학생들은 그 방법을 스스로 발견해요. … 지금 생각해보니 제가 삼각기둥을 만든다면 먼저 삼각형을 만들고 다음에 이것을 만들 것 같아요(그림 6a~b 참조). 이것과 저것이 확실히 같기 때문에 우선 밑면을 먼저 만들 것 같거든요. 그러니까 이것부터요(그림 6c를 가리키며). 다르게 생각해보면

학생들이 만든 방식은 매우 흥미로운 것 같아요. 학생들은 왜 그렇게 했을까요, 무슨 생각을 하고 있었을까요? 실제로 저는 그 점을 고민하고 있었어요.

(a) (b) (c)

[그림 6] (a~b) 종이에 삼각기둥을 그리면서 자신의 방식을 설명하는 마이클, (c) 마이클이 "이것과 저것이 확실히 같다"고 말한 다음 점선 처리된 영역을 지적하면서 "우선 밑면을 먼저 만들 것 같아요. 그러니까 이것부터요"라고 말할 때 사용한 그림

마이클은 자기가 삼각기둥을 그리는 방식과 학생들의 방식이 어떻게 다른지, 즉 삼각형을 먼저 그리는 것과 직사각형을 먼저 그리는 것에 대해 언급하였다. 이는 마이클이 자신의 FOM과 SOM을 동시에 조작하면서 비교하고 있음을 보여준다. 이러한 비교를 통해 마이클이 "학생들은 왜 그렇게 했을까요, 무슨 생각을 하고 있었을까요?"와 같이 학생들의 의도와 생각에 호기심을 갖게 되었다는 점도 의미가 있다.

나중에 마이클은 3D펜으로 각기둥을 만드는 학생들의 독특한 방식이 도형을 인식하는 다른 접근에 기반하는 것 같다고 다음과 같이 설명하였다.

> 학생들이 도형을 만들 때 도형에 대해 가지고 있던 개념이 그 구성 방식을 통제하는 것 같아요. … 학생들이 그린 그림을 통해 그들이 생각한 바를 역으로 추적해 보면 아마도 그와 같은 방식으로 도형을 시각화하고 있을 겁니다. … 인지적인 측면에서 보면 이 학생들은 다른 학생들과는 다른 방식으로 생각하는 듯하지만, 그것을 좋다, 나쁘다로 판단할 수는 없을 것 같습니다.

위 발췌문에서 마이클은 각기둥을 만드는 학생들의 행동을 통해 그들이 삼각기둥을 어떻게 상상하는지 추측할 수 있다고 하였다. 이처럼 마이클이 입체에 대한 학생들의 인식을 추론하기 위하여 학생들이 그림을 그리는 물리적 행위 이면을 볼 수 있게 된 것은 2차 순서 모델링에 중요 준거가 된다. 또한, 마지막 말에 따르면 마이클은 이를 "좋다, 나쁘다"로 판단하지 않고 학생들의 새로운 사고방식에 가치를 두었다.

이상에 따르면 데니스와 마이클 모두 탈중심화되지 않은 상태로 FOM만을 조작하던 단계에서 탈중심화를 통해 학생들의 수학에 대한 SOM을 구성하는 단계로 전환하였으며, 이러한 변화는 두 교사에게 중요한 수학적 성과를 가져왔다. 기하 도형을 만들기 위하여 3D펜을 사용하는 것도 참여 교사들에게 새로운 경험이 되었다. 학생들이 3D펜을 사용하여 다양한 방식으로 도형을 만드는 것은 놀라운 일이 아니며, 이러한 도구를 사용해 본 경험이 부족한 교사들이 자신들의 FOM에만 의존하여 다양한 구성 방식을 이해하지 못하는 것도 당연하다. 데니스와 마이클의 사례는 2차 순서 모델링을 통해 교사들이 기하 도형을 만드는 학생들의 방식을 실행 가능한 추가적 접근으로 간주함으로써 자신들의 FOM을 풍부히 할 수 있음을 시사한다. 다음 절에서는 2차 순서 모델링 활동에 기반한 교사들의 교수학적 추론에 대해 논의한다.

4.3.3. "이해하기 어려울 수도 있어요." "강의자가 …을 했을 수도 있었을 텐데"

수업 개선 단계의 상호작용을 통해 데니스가 SOM을 기반으로 교수학적 결정을 내리는 것을 관찰할 수 있었다. 데니스는 강의자가 각기둥을 만드는 다양한 방법을 다루지 않았다고 언급하면서 교실 토론을 좀 더 활성화할 필요가 있다고 다음과 같이 제안하였다.

> 어떤 학생들은 옆면을 먼저 만들고 밑면을 만들었는데 강의자는 그 학생들을 보지 못한 것처럼 완전히 무시했어요. 학생들이 그렇게 만드는 이유 등에 대해 강의자가 좀 더 이야기를 나눌 수도 있었을 텐데 말이지요.

데니스는 강의자가 학생들이 각기둥을 만드는 다양한 방식을 보지 않았다고 지적하면서 강의자가 학생들의 다양한 방법을 무시하지 않고 이를 통해 여러 사고 전략을 개발할 수 있었다고 하였다. 데니스는 삼각기둥을 관찰하거나 각 구성 요소의 위치를 설정하는 다양한 방법에 대해 학생들과 논의해 보는 것이 가치 있다고 여겼다. 이처럼 데니스가 학생들의 사고 방법에 대해 적절히 반응할 필요성을 강조한 것은 학생들에 대한 데니스의 SOM에 의한 것으로, 앞서 논의했던 대로 데니스가 학생들의 사고를 소중히 여겼기 때문이라고 볼 수 있다. 이와 반대로 녹화된 비디오의 강의자는 데니스와 같은 2차 순서 모델링을 수행하지 않았을 가능성이 높다. 이 사례는 수업 비디오를 시청하고 성찰하는 과정을 통해 교사들이 2차 순서 모델링을 수행하는 교수학적 가능성을 보여준다.

다른 교사 참여자인 샘도 학생들이 만든 도형에 대해 설명하는 가설을 세우고 학생들이 지닌 사고의 잠재적 결과를 다음과 같이 언급하였다.

> 샘: 학생들이 입체를 뉘어서(그림 7a를 7b로 바꾸는 제스처) 옆면을 먼저 만들었어요. 이는 아마 옆면이 더 크기 때문인 것 같아요. (그림 7b와 비슷한 제스처를 취하며) 학생들은 옆면을 밑면으로 다루었던 것 같아요. …
>
> R2: 이처럼 만드는 방식이 각기둥 개념에 영향을 미칠 것이라고 생각하나요?
>
> 샘: 학생들에게 기둥을 다시 똑바로 세우려는 의도가 있었는지 잘 모르겠어요(그림 7c와 7d처럼 손으로 90도 회전하는 제스처를 취하며). 결과적으로 옆면을 밑면으로 다루었

기 때문에 각기둥 개념이 달라진 것 같아요. 학생들이 각기둥의 성질을 이해하는 데 어려움을 겪을 것으로 보입니다.

(a) (b) (c) (d)

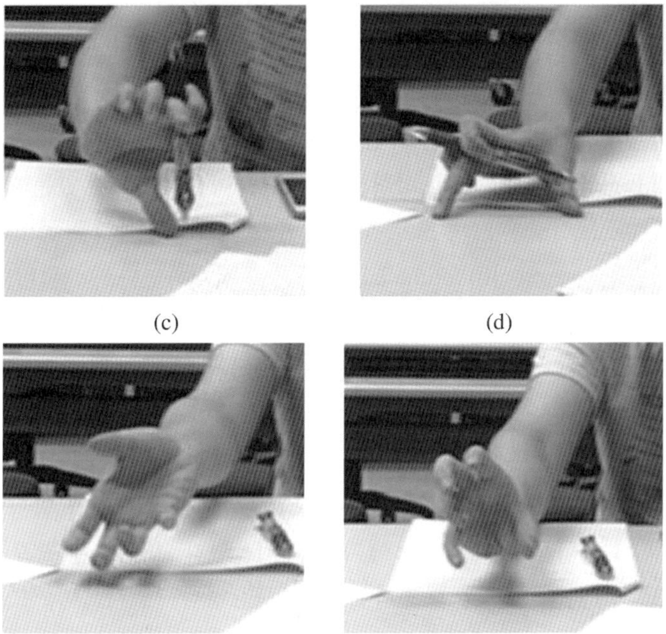

[그림 7] 입체를 (a~b) 눕히거나 (c~d) 세우는 샘의 제스처

이상에 따르면 샘은 직사각형 면을 먼저 만들어 삼각기둥을 만든 학생들이 삼각형을 밑면으로 인식하는 데 어떻게 어려움을 겪을지 가설을 세웠다. 즉, 해당 학생들은 위치상 직사각형이 각기둥의 아래쪽에 있기 때문에 이를 각기둥의 밑면으로 인식하였을 수 있다. 이와 같이 각기둥의 성질을 그 구성 요소의 위치와 관련하여 인식하는 방식은 삼각형을 밑면으로 하여 각기둥을 수직으로 구성하는 샘의 FOM과 대조를 이룬다. 샘은 학생들의 테크놀로지 활동에 대한 SOM을 구성하면서 동시에 이를 자신의 FOM과 비교하였다. 이를 통해 샘은 자신과 학생들이 지닌 사고의 불일치에 비추어 3D펜을 활용하는 학생들의 행동이 가져올 암묵적인 수학적 결과를 예측하였다. 이와 같은 샘의 추론은 중요한 교수학적 가치가 있는데, 수업에서 비슷한 현상이 발생하면 샘은 밑면과 옆면이 무엇인지 토론하도록 유도할 것이며 각각과 관련된 전통적인 정의를 명확히 하려는 교수학적 조치를 취할 수 있기 때문이다.

5. 논의 및 결론

5.1. 3D펜을 활용하는 교수-학습 상황에 대한 비디오 기반 성찰

이 연구에 참여한 교사들은 3D펜을 수업에서 사용해본 적이 없었으므로, 비디오 시청은 이들이 3D펜을 활용한 수업의 실제 교수-학습 에피소드를 직접 확인하는 데 기여하였다. 교사들이 비디오 자체에서 일어난 것의 대부분을 직접 경험하였던 선행 연구(Borko et al., 2008)와 달리, 이 연구에서 교사들은 익숙하지 않은 상황에서 자신들이 경험할 수 있는 것을 예측하는 데 비디오를 사용하였다. 교사들은 3D펜으로 도형을 만드는 가상의 과정을 종이에 직접 그리거나 제스처로 재연하는 등 다중 양식(multimodal)의 담론을 전개하였다. 이는 비디오 기반 성찰의 한 가지 어포던스를 시사하며, 비디오 기반 성찰을 통해 교사들이 새로운 테크놀로지 사용과 관련된 다중 양식의 FOM을 경험적으로 구성할 수 있음을 보여준다.

또한 비디오 기반 성찰은 교사들이 FOM을 조작하는 데만 그치지 않고 다른 사람의 활동을 관찰하여 이에 대한 SOM을 구성하는 데, 즉 FOM을 좀 더 탈중심화하는 데 기여하였다. 연구 결과에서 보듯이 교사들은 학생들의 손동작부터 최종 산출물의 크기와 방향에 이르기까지 3차원 입체와 관련된 학생들의 미묘한 행동에 주의를 기울였다. 비디오에 최종 **결과**만이 아니라 학생들이 3D펜으로 그리는 **과정**도 담겼다는 것이 중요하다. 교사들이 성찰을 진행하는 데 학생들의 정적인 필기나 최종 결과물만 사용되었다면 교사들은 3차원 도형 그리기의 역동적인 활동을 파악할 수 없었을 것이다. 또한 수학 수업의 교사 활동과 학생 활동의 일반적인 비율을 생각하면 비디오로 녹화된 과정은 교사 활동이 일어나는 순간을 모두 다루지는 않았다. 3D펜을 활용하는 교수-학습과 관련하여 학생들의 구성 과정에 주목하는 것은 교사들이 세밀하고 설명적인 SOM을 구성하는 데 기여할 뿐만 아니라 필수적이다. 왜냐하면 학생들의 추론은 그들의 신체 활동에 내재되어 있으며, 이를 통해 전적으로 형성되고 영향을 받기 때문이다. 삼각기둥을 뉘어서 만드는 학생들의 방식에 대해 교사들이 나눈 대화에서 보듯이, 학생들이 3차원 도형을 만드는 일련의 행위를 비디오가 보여주기 때문에 교사들의 SOM 구성이 가능하였다.

특히 수학교육에서 교육 공학의 활용을 기획하는 데 다중 양식 및 촉각 환경의 중요성이 부각되는 오늘날에는(Carreira et al., 2017 참조), 3D펜과 같은 새로운 형태의 테크놀로지를 활용할 때 수학교사들이 사적이면서도 전문적인 역량을 어떻게 개발하는지 분석하는 좀 더 많은 연구가 필요하다. 이에 이 연구는 테크놀로지를 활용하는 수학 수업에 대한 교사 전문성을 개발하는 데 비디오 기반 접근법이 중요한 가치를 지니며, 테크놀로지 활용 수업 맥락에서 학생의 사고를 이해하고 그 모델을 구축하는 데 기여함을 확인하였다.

또한 비디오 기반 성찰은 교사들에게 FOM, SOM 및 테크놀로지 활용 맥락과 관련되는 교수학적 추론을 불러일으킨다. 이 연구 결과는 교사들이 3D펜을 활용한 수업에서 중요시하거나 가치롭게 여긴 것을 구체화하였을 뿐만 아니라 비디오 시청을 통해 교사들이 3D펜의 교수학적 어포던스를 어떻게 인식하였는지도 명확히 하였다. 예를 들어 교사들은 3D펜을 통해 학생들이 3차원 도형을 다양한 방향에서 여러 크기로 시각화할 수 있다고 설명하였다. 실제로 마이클은 만들고자 하는 입체의 크기를 제한하지 않는 것이 좋겠다고 하였으며 다양한 크기의 입체를 통해 학생들이 "수학적 개념"을 구성할 수 있다고 주장하였다. 이를 통해 교사들은 3D펜으로 입체를 만들거나 산출물을 시각화하는 특정 방식을 당연하게 여겨서는 안된다는 것을 인식하였다. 이를테면 샘은 삼각기둥을 뉘어진 형태로 만든 학생들에게는 삼각형 면이 밑면이라는 사실이 그렇게 당연하지 않을 수 있다고 주장하였다. 또한 교사들은 3D펜으로 도형을 만드는 학생들의 다양한 방식을 배우는 데 개방적인 자체를 취함으로써 향후 수업에서 개별 학생의 사고에 적절히 대응하는 교수학적 조치에 대해 성찰하였다. 예를 들어 데니스와 샘은 삼각기둥을 구성하고 인식하는 다양한 방식에 대한 깊이 있는 논의가 의미 있다고 생각하였다.

결론적으로, 비디오는 새로운 유형의 테크놀로지를 활용하는 교수 전략 및 교육과정 설계와 관련하여 교사와 연구자 모두의 의도에 부합하며, '경계성 대상'(Robutti et al., 2019)으로 기능하였다. 교사들은 비디오 기반 성찰 맥락에서 2차 순서 모델링 및 교수학적 추론을 진행함으로써 3D펜으로 입체를 만드는 학생들의 다양한 방식에 적절히 반응하여 수업에서 의미 있는 담화를 촉진하는 방법을 배울 수 있다. 참여 교사들은 수업에서 3D펜을 사용해 본 적이 있거나 사용할 계획이 있기 때문에, 연구의 다음 단계로서 이와 같은 주목하기 경험이 3D펜을 활용한 수업을 구현하는 데 어떻게 기여하는지 살펴볼 필요가 있다.

마지막으로 방법론의 또 다른 측면인 면담 방법에 대해 살펴보자. 이 연구에서 실시한 면담 프롬프트는 참여 교사들이 비디오에서 본 것을 **해석하고**[1](accounting for), **설명을 구성**[2](made accounts, Mason, 2002)하는 데 기여하였으며, 이는 교사들의 2차 순서 모델링을 촉진하였을 뿐만 아니라 교사들이 자신의 FOM을 성찰하도록 유도하였다. 이를 통해 교사들은 관찰한 수업 상황을 해석하였으며(Star & Strickland, 2008), 수업의 특정 에피소드와 교수-학습 원리 사이의 연관성을 파악할 수 있었다. 보통의 수업 상황과는 거리가 있는 특정 분야에 대한 교사 전문성 개발에 비디오 기반 성찰을 활용하는 다양한 후속 연구가 수행되기를 바란다.

5.2. 테크놀로지 활용 수업과 관련된 교사들의 2차 순서 모델링에 대한 연구

지난 30년 동안 구성주의 연구자들은 2차 순서 모델링 개념 및 관련되는 방법론을 활용하여 다양한 주제, 맥락 등에 관한 개인의 수학적 인지를 다루는 연구를 수행하였다. 그러나 교사 전문성 개발 프로그램은 대체로 "교사 지식 및 그 발달의 본질을 다룬 연구에 기반을 두지

---

[1] 역자 주: 상황 자체에 대해 설명하는 것을 의미한다.

[2] 역자 주: 상황에 대한 해석에 설명을 붙이는 것을 의미한다.

않았다"(Doerr & Lesh, 2003, p. 128). 이에 이러한 공백을 메우기 위해 교사들의 2차 순서 모델링을 다룬 실증적인 연구의 필요성이 대두되었다(Kastberg, 2014; Liang, 2021; Wilson et al., 2011). 이 연구는 교사들의 전문성 개발에 모델링 관점을 제안한 Doerr & Lesh (2003)의 연구, 교사들의 관행을 설명한, 즉 연구자의 관점에서 교사의 관점을 다룬 Simon & Tzur(1999)의 연구를 기반으로 한다. 이 연구는 학생의 사고를 모델링하고 성찰하는 교사들의 역량이 지닌 특징을 연구자와 교사의 상호작용을 통해 구체화하였다. 특히, 이 연구는 현직 교사 4명이 자신의 FOM을 조작하고 학생들의 수학적 사고에 대한 SOM을 구성하는 과정을 기술하였으며 이러한 구성의 수학적 어포던스를 상세화하였다는 점에서 앞서 기술한 연구의 필요성과 관련된 새로운 시도라고 볼 수 있다. 데니스와 마이클의 사례에서 보듯이, 교사들이 구성한 SOM은 3D 펜으로 만든 삼각기둥에 대해 교사 자신의 FOM을 개선하는 데 중요한 역할을 하였다. 또한 이 연구는 1차 및 2차 순서 모델링이 교사들의 교수학적 관점을 생성하는 3가지 방법으로, FOM을 직접 조작하기(상황 1 참조), 서로 다른 개인의 SOM을 비교하기(상황 2 참조), FOM과 SOM을 비교하기(상황 3 참조) 등을 구체화하였다. 이러한 결과는 2차 순서 모델링 및 탈중심화와 관련되는 추론 유형을 구체화하고 이러한 추론의 교수학적 잠재성을 드러내었다는 점에서 관련 연구에 기여한다.

구성주의 연구자들이 학생들의 수학 인지를 탐구하기 위하여 일반적으로 사용하는 2차 순서 모델링과 비교할 때 이 연구에서 논한 SOM의 용도는 다소 느슨하게 보일 수 있다. 우선, 2차 순서 모델링은 관찰자와 관찰 대상 사이의 지속적인 상호작용을 통하여 일어난다(Steffe & Thompson, 2000b; Ulrich et al., 1995). 또한 2차 순서 모델링은 지속적이고 역동적이며 반복적인 과정으로 간주되었다(Liang, 2021; Steffe & Thompson, 2000b). 타인에 대한 SOM은 추가 행동이 관찰됨에 따라 수정되거나 확실시되며, 거부되기 마련이다. 따라서 탈중심화를 이룬 교사들은 자신의 SOM을 지속적으로 개발하고 검토하며 개선함으로써 이러한 모델을 보다 안정화하고 일관되게 만들어 학생들의 수학적 활동을 설명하거나 예측하는 데 활용할 것이다.

이 연구는 참여 교사들에게 학생들과 직접적으로 상호작용할 기회를 제공하지는 않았다. 대신에, 교사들은 학생들의 수학적 활동을 촬영한 비디오를 시청함으로써 SOM을 구성하였다. 교사들과의 제한된 상호작용으로, 교사들의 SOM이 발달하는 과정을 탐색하려던 목표 역시 달성하지 못하였다. 그러나 이 연구는 테크놀로지 활용 환경에서 학생들의 수학 활동에 대한 교사들의 이해를 분석하는 데 구성주의의 2차 순서 모델링 개념을 적용하는 새로운 시도를 하였다. 이러한 초기 시도를 통해 이 연구는 교사들의 SOM을 구성하는 수학적 본질, 여러 SOM 및 SOM과 FOM 간의 상호 작용, 테크놀로지 활용과 관련되는 중요한 교수학적 견해 등에 주목하였다. 이 장에서 다룬 결과를 검토하고 개선 및 보안하는 수학적, 기술적, 교수학적 맥락을 포함하여 다양한 후속 연구가 지속적으로 수행되기를 바란다.

참고문헌

Baccaglini-Frank, A., Di Martino, P., & Sinclair, N. (2018). In E. Bergqvist, M. Österholm, C. Granberg, & L. Sumpter (Eds.), *Proceedings of the 42nd conference of the international group for the psychology of mathematics education* (Vol. 2, pp. 99–106). PME.

Baş-Ader, S., & Carlson, M. P. (2021). Decentering framework: A characterization of graduate student instructors' actions to understand and act on student thinking. In *Mathematical Thinking and Learning*. Advanced online publication. https://doi.org/10.1080/10986065.2020.1844608

Bellman, A., Foshay, W. R., & Gremillion, D. (2014). A developmental model for adaptive and differentiated instruction using classroom networking technology. In A.Clark-Wilson, O. Robutti,& N. Sinclair (Eds.), *The mathematics teacher in the digital era: An international perspective on technology focused professional development* (pp. 91–110). Springer.

Borko, H., Jacobs, J., Eiteljorg, E., & Pittman, M. E. (2008). Video as a tool for fostering productive discussions in mathematics professional development. *Teaching and Teacher Education, 24*(2), 417–436.

Carreira, S., Clark-Wilson, A., Faggiano, E., & Montone, A. (2017). From acorns to oak trees: Charting innovation within technology in mathematics education. In E. Faggiano, F. Ferrara, & A. Montone (Eds.), *Innovation and technology enhancing mathematics education* (pp. 9–35). Springer.

Clark-Wilson, A. (2014). A methodological approach to researching the development of teachers' knowledge in a multi-representational technological setting. In A. Clark-Wilson, O. Robutti, &N. Sinclair (Eds.), *The mathematics teacher in the digital era: An international perspective on technology focused professional development* (pp. 277–295). Springer.

Coles, A. (2019). Facilitating the use of video with teachers of mathematics: Learning from staying with the detail. *International Journal of STEM Education, 6*(1), 1–13.

Confrey, J. (1990). Chapter 8: What constructivism implies for teaching. *Journal for Research in Mathematics Education Monograph, 4*, 107–210.

Doerr, H. M., & Lesh, R. (2003). A modeling perspective on teacher development. In R. Lesh & H. M. Doerr (Eds.), *Beyond constructivism: Models and modeling perspectives on mathematics problem solving, learning, and teaching* (pp. 125–139). Lawrence Erlbaum Associates.

Drijvers, P., Ball, L., Barzel, B., Kathleen Heid, M., Cao, Y., & Maschietto, M. (2016). *Uses of technology in lower secondary mathematics education: A concise topical survey*. Springer Nature.

Fennema, E., & Franke, M. L. (1992). Teachers' knowledge and its impact. In D. A. Grouws (Ed.), *Handbook of research on mathematics teaching and learning* (pp. 147–164). Macmillan.

Haspekian, M. (2014). Teachers' instrumental geneses when integrating spreadsheet software. In A. Clark-Wilson, O. Robutti, & N. Sinclair (Eds.), *The mathematics teacher in the digital era: An international perspective on technology focused professional developmenth* (pp. 241–276). Springer.

Hong Kong Curriculum Development Council (HKCDC). (2015). *Ongoing renewal of the school curriculum – Focusing, deepening and sustaining: Updating the mathematics education key learning area curriculum (primary 1 to secondary 6)*. The Printing Department.

Jacobs, V. R., Lamb, L. L. C., & Philipp, R. A. (2010). Professional noticing of children's mathematical thinking. *Journal for Research in Mathematics Education, 41*(2), 169–202.

Kastberg, S. E. (2014). The power of what we know: Further directions for exploring constructivist model building. *Constructivist Foundations, 9*(3), 352–354.

Liang, B. (2021). Learning about and learning from students: Two teachers' constructions of students' mathematical meanings through student-teacher interactions. *Unpublished doctoral dissertation*. University of Georgia.

Mason, J. (2002). *Researching your own practice: The discipline of noticing*. Psychology Press.

Mason, J. (2014). Interactions between teacher, student, software and mathematics: Getting a purchase on learning with technology. In A. Clark-Wilson, O. Robutti, & N. Sinclair (Eds.), *The mathematics teacher in the digital era: An international perspective on technology focused professional development* (pp. 11–40). Springer.

Ng, O. (2020). How 'tall' is the triangle? Constructionist learning of shape and space with 3D pens. In *International Journal of Mathematical Education in Science and Technology*. Advanced online publication. https://doi.org/10.1080/0020739X.2020.1844910

Ng, O., & Ferrara, F. (2020). Towards a materialist vision of 'learning as making': The case of 3D printing pens in school mathematics. *International Journal of Science and Mathematics Education, 18*, 925–944.

Ng, O., Sinclair, N., & Davis, B. (2018). Drawing off the page: How new 3D technologies provide insight into cognitive and pedagogical assumptions about mathematics. *The Mathematics Enthusiast, 15*(3), 563–578.

Nickerson, S., Lamb, L., & LaRochelle, R. (2017). Challenges in measuring secondary mathematics teachers' professional noticing of students' mathematical thinking. In E. O. Schack, M. H. Fisher, & J. A. Wilhelm (Eds.), *Teacher noticing: Bridging and broadening perspectives, contexts, and frameworks* (pp. 381–398). Springer.

Papert, S. (1980). *Mindstorms—Children, Computers and Powerful Ideas*. New York Basic Books, Inc.

Piaget, J. (1959). *The language and thought of the child* (M. Gabain & R. Gabain, Trans.; 3rd ed.). Routledge. (Original work published 1926).

Piaget, J. (2001). *The psychology of intelligence* (M. Piercy & D. E. Berlyne, Trans.; 1st ed.). Routledge. (Original work published 1947).

Piaget, J. (2013). *The construction of reality in the child*. Routledge. (Original work published 1954).

Piaget, J., & Inhelder, B. (1967). *The child's conception of space* (F. J. Langdon & J. L. Lunzer, Trans.). The Norton Library. (Original work published 1948).

Robutti, O., Aldon, G., Cusi, A., Olsher, S., Panero, M., Cooper, J., Carante, P., & Prodromou, T. (2019). Boundary objects in mathematics education and their role across communities of teachers and researchers in interaction. In K. Kraine & T. Wood (Eds.), *International handbook of mathematics teacher education* (Vol. 3, pp. 211–240). Brill Sense.

Roschelle, J. (2006). *Effective integration of dynamic representations and collaboration to enhance mathematics and science learning*. Keynote address at Curriculum Corporation 13th National Conference.

Sherin, B. L., & Star, J. R. (2011). Reflections on the study of teacher noticing. In M. G. Sherin, V. R. Jacobs, & R. A. Philipp (Eds.), *Mathematics teacher noticing: Seeing through teachers' eyes* (pp. 66–78). Routledge.

Silverman, J., & Thompson, P. W. (2008). Toward a framework for the development of mathematical knowledge for teaching. *Journal of Mathematics Teacher Education, 11*, 499–511.

Simon, M. A. (1995). Reconstructing mathematics pedagogy from a constructivist perspective. *Journal for Research in Mathematics Education, 26*(2), 114–145.

Simon, M. A. (2014). Models of students' mathematics and their relationship to mathematics Pedagogy. *Constructivist Foundations, 9*(3), 348–350.

Simon, M. A., & Tzur, R. (1999). Explicating the teacher's perspective from the researchers' perspectives: Generating accounts of mathematics teachers' practice. *Journal for Research in Mathematics Education, 30*(3), 252–264.

Star, J. R., & Strickland, S. K. (2008). Learning to observe using video to improve preservice mathematics teachers' ability to notice. *Journal of Mathematics Teacher Education, 11*(2), 107–125.

Steffe, L. P., & Thompson, P. W. (2000a). Interaction or intersubjectivity? A reply to Lerman. *Journal for Research in Mathematics Education, 31*(2), 191–209.

Steffe, L. P., & Thompson, P. W. (2000b). Teaching experiment methodology: Underlying principles and essential elements. In R. A. Lesh & A. E. Kelly (Eds.), *Handbook of research design in mathematics and science education* (pp. 267–307). Lawrence Erlbaum Associates.

Steffe, L. P., von Glasersfeld, E., Richards, J., & Cobb, P. (1983). *Children's counting types: Philosophy, theory, and application*. Praeger Scientific.

Stockero, S. L., & Van Zoest, L. R. (2013). Characterizing pivotal teaching moments in beginning mathematics teachers' practice. *Journal of Mathematics Teacher Education, 16*(2), 125–147.

Teuscher, D., Moore, K. C., & Carlson, M. P. (2016). Decentering: A construct to analyze and explain teacher actions as they relate to student thinking. *Journal of Mathematics Teacher Education, 19*(5), 433–456.

Tripp, T., & Rich, P. (2012). Using video to analyze one's own teaching. *British Journal of Educational Technology, 43*(4), 678–704.

Ulrich, C., Tillema, E. S., Hackenberg, A. J., & Norton, A. H. (1995). Constructivist model building: Empirical examples from mathematics education. Constructivist Foundations, 9(3), 328–339.

van Es, E. A., & Sherin, M. G. (2002). Learning to notice: Scaffolding new teachers' interpretations of classroom interactions. *Journal of Technology and Teacher Education, 10*(4), 571–596.

von Glasersfeld, E. (1995). *Radical constructivism: A way of knowing and learning*. Falmer Press.

Wilson, P. H., Lee, H. S., & Hollebrands, K. F. (2011). Understanding prospective mathematics teachers' processes for making sense of students' work with technology. *Journal for Research in Mathematics Education, 42*(1), 39–64.

05

무성 비디오 과제가 수학 교실에 가져다주는 기회와 도전

Bjarnheiður Kristinsdóttir

이 장에서는 짧은 애니메이션 비디오 클립이 수학 교실에서 학생들의 사고를 끌어내고, 주의를 기울이게 하며, 이에 대해 토론, 해석, 반응하기 위해 어떻게 활용될 수 있는지에 관한 새로운 관점을 독자들에게 제공한다. 이 장은 한 학기 동안 3명의 아이슬란드 고등학교 교사들과 협력하여 그들이 수업에서 **무성 비디오 과제**를 실행하고, 해당 과제의 실행 순서를 개발하는데 적극적으로 참여한 사례연구 결과를 보고한다. 견고한 이해를 위한 수업 분석틀에 정의된 강력한 수학 교실의 5가지 차원을 통해 이러한 과제의 잠재성을 살펴보고 이를 교실 관찰 및 교사 면담에서 수집된 자료와 비교함으로써 무성 비디오 과제가 수학 교실에 가져오는 기회와 도전을 확인하는 것이 이 연구의 목적이었다. 특히 형성평가 차원에 중점을 두었다. 이 장에서는 짧은 애니메이션 비디오가 형성평가에 대한 교사의 관행에 어떤 역할을 할 수 있는지에 대해 시사점을 제공하고자 한다. 이 연구의 결과는 무성 비디오 과제에 대한 학생의 반응이 교사에게 학생의 수학적 이해에 대한 의미 있는 통찰을 제공하고 교사가 수업에서 학생의 아이디어를 새로운 방식으로 사용할 수 있게 한다는 선행연구 결과를 뒷받침해 준다. 학생들의 과제 응답을 바탕으로 의미 있는 교실 토론을 조율하는 섬세한 작업이 무성 비디오 과제를 실행할 때 직면하게 되는 가장 큰 도전으로 확인되었다.

주요 용어: 과제 설계, 무성 비디오 과제, 견고한 이해를 위한 수업, 형성평가, 비디오 해설 테크놀로지, 교사 관행, 테크놀로지 기반 관행

1. 서론

플립 러닝에 관한 접근과 칸 아카데미 같은 동영상 자료가 인기를 얻으면서 짧은 영상 자료를 활용하는 수학 교수-학습이 보다 일반화되었다(Cargile & Harkness. 2015). 수학 수업에서 사용되는 교육용 비디오는 주로 교사들이 제작하지만, 비디오 해설 및 제작 기술에 대한 접근성이 높아지면서 교사와 학생의 역할이 달라질 수 있다. 예를 들어, 학생이 무성 애니메이션 비디오에 맞는 해설을 제작하거나(Kristinsdóttir et al. 2020b), 직접 비디오 제작자가 되어(Oechsler & Borba, 2020) 학습에 보다 주도적인 역할을 할 수 있다.

*추가 정보: 온라인 버전에는 추가적인 자료를 포함한다(https://doi.org/10.1007/978-3-031-05254-5_5). SN More Media App으로 관련 이미지를 스캔하면 동영상을 볼 수 있다.

이 장에서는 수학 수업에서 학생들이 무성 애니메이션 비디오 과제에 자신의 해설을 추가하고, 이를 교사 및 친구들과 공유하며, 전체 학급 토론을 통해 서로의 활동을 반성하도록 하는 무성 비디오 과제(silent video tasks)에 대한 교사의 실행 과정을 기술하고 분석한다. 이 연구는 아이슬란드 고등학교 교사들과 협력하여 무성 비디오 과제를 설계, 정의, 개발, 실행하는 것을 목적으로 한 다단계 설계 기반 박사 학위 연구의 마지막 단계에서 얻은 자료를 바탕으로 한다. 여기부터는 이 특정 단계를 사례연구라고 부른다. 선행연구에서는 무성 비디오 과제가 학생의 현재 이해 수준에 대한 통찰을 교사에게 제공함으로써 형성평가를 실천하는데 유용하다는 것을 확인한 바 있다(Kristinsdóttir 외. 2020a, b). 따라서, 이 사례연구는 교사의 테크놀로지 활용 형성평가를 지원하기 위해 무성 비디오 과제의 실행 순서를 추가로 개발하는 데 중점을 두었으며, 교사가 수업에서 무성 비디오 과제를 형성평가에 사용하는 이유와 방법을 구체적으로 살펴보고자 한다.

이 장에서는 수학 평가를 목적으로 비디오 해설 테크놀로지를 통합하는데 있어 교사의 역할에 초점을 맞춘다. 이러한 테크놀로지는 학생들의 소셜 미디어 문화에서 중요한 부분이지만, 지금까지 수학 교수-학습에 활용된 사례는 거의 없었다. 이 장에서는 비디오 해설을 중심으로 평가에 테크놀로지를 활용하는 것과 관련된 최신의 수학교육 연구(예, Aldon & Panero, 2020; Bellman et al., 2014; Olsher et al., 2016; Venturini, 2015; Venturini & Sinclair, 2017)에 시사점을 제공하고자 한다. 다음 절에서는 무성 비디오 클립이 수학 교수-학습에 사용된 방식에 대한 역사를 개관하고, 연구 맥락에 대한 설명과 자료 분석에 사용되는 분석틀을 소개하고자 한다.

2. 배경: 수학 교수-학습을 위한 무성 비디오 클립

비록 무성 비디오에는 글자, 음악, 음성 해설, 교실 환경에 관한 기록, 또는 사람이 등장하지 않는다. 비록 무성 비디오에는 수학적인 대상의 동적인 표상, 즉 시간에 따라 변하지만 대상의 정의와 속성은 그대로 유지되는 삽화만 포함된다. 예를 들어, 무성 비디오는 원에 내접하고 한 변의 길이가 원의 지름과 같은 삼각형을 보여줄 수 있다. 이때 지름을 마주하는 꼭짓점이 원주를 따라 움직일 때 그 각이 90°로 유지된다. 탈레스의 정리에 익숙하지 않은 학생에게 이는 놀랍고 호기심을 불러일으키며 정당화할 가치가 있을 수 있다.

비록 무성 비디오에서 상호작용은 할 수 없지만, 수학을 동적으로 보여주는 애니메이션 무성 영상은 1980년대에 등장한 디지털 기하 소프트웨어의 전신으로 볼 수 있다. 무성 비디오 클립을 수학 교수-학습에 사용한 것은 1910년 독일의 수학 교사 루트비히 뮌히(Ludwig Münch, 1852~1922)가 그의 학생들을 위해 기하학과 천문학에 관한 단편 애니메이션 영상 30편을 제작하여 상영한 것으로 거슬러 올라간다. 뮌히의 영상 중 20편은 아폴로니우스 원과 같은 주제를 다루고 있는데, 현재 아카이브에 보존되어 있지만 일반 대중은 접근할 수 없다(Kitz, 2013).

1930년대에 스위스 교사 장 루이 니콜렛(Jean Louis Nicolet)이 제작한 기하 애니메이션 영상은 1950년대 수학 교육자 칼렙 가테뇨(Caleb Gattegno)에 의해 교사들에게 널리 소개되면서 더 잘 알려져 있다(Tahta, 1981). 이후 가테뇨는 1952년부터 1979년 사이에 영국 교사 트레버 플레처(Trevor Fletcher)가 만든 대학 교육용 영상도 소개하였다(Tahta & Fletcher 2004). 수학 교사협회(Association of Teachers of Mathematics)의 창립 구성원이었던 가테뇨는 니콜렛의 영화를 다양한 색의 컴퓨터 애니메이션으로 재구성하였고, 이것이 단순한 삽화가 아니라 교사가 교실에서 수학 학습을 촉진하기 위한 설명과 활동 자료로도 다양하게 활용할 수 있는 도구라는 점을 강조하였다(Gattegno, 2007; Tahta, 1981). 최근에는 싱클레어(Sinclair)가 원의 개념을 지도하는데 니콜렛-가테뇨의 영화 중 '평면위의 원'을 사용하여 학생들에게 제스처를 유도한 사례가 있다. 해당 수업에서 학생들은 영상을 여러 번 반복하여 시청한 다음, 시청한 영상을 처음에는 말로 기술하고, 이후 손으로 표현하고, 마지막으로 그림을 그려 설명하는 새로운 과제를 수행하였다(Sinclair, 2016).

무성 비디오는 수학을 직접 가르치지 않는다는 점에서 유튜브나 비메오(Vimeo) 등에서 제공하는 일반 수학 비디오와 다르다. 무성 비디오는 오히려 시청자의 사고를 자극하려는 의도를 담고 있다. 무성 비디오 과제에 사용되는 무성 비디오는 보통 2분 미만으로, 뮌히, 니콜렛, 플레처의 영상보다 짧다. 모든 무성 비디오는 시간은 다양하지만 풀어야 할 수학 문제를 제시하지 않는다는 공통점이 있다. 시청자는 무성 비디오를 통해 호기심을 갖고, 동적으로 변화하는 수학 대상을 경험할 수 있으며, 비디오에서 본 수학 현상의 특징을 숙고함으로써 새로운 것을 발견하거나 이전의 수학적 사고를 공고히 할 수 있다.

3. 무성 비디오 과제

무성 비디오 과제는 이전에 학습한 수학 내용에 대한 2분 미만의 짧은 무성 애니메이션 비디오 클립을 포함한다. 이 비디오는 수학적 아이디어를 일반화할 수 있는 기술, 설명, 해석을 안내하도록 설계되었다. 학생들은 짝을 지어 비디오 클립에 대한 음성 해설을 준비하고 녹음한다. 그런 다음 교사가 주도하는 전체 학급 토론에서 과제에 대한 학생들의 답변을 듣고 토론한다. 토론하는 동안 교사는 학생들이 수학 개념과 성질에 대한 공통된 이해에 도달하기 위해 질문하고 자극할 수 있다. 다음 발췌문은 과제가 어떻게 활용되는지에 대한 독자의 이해를 돕는다.

> 지금부터 안나의 교실로 들어가 보자. 그녀는 16세 학생을 대상으로 한 보충 수업에서 1분짜리 비디오 클립([그림 1] 참조)을 보여준다. 이 비디오는 학생들이 지난 2주 동안 학습한 주제인 좌표평면을 다루는데, 예컨대 $x > 0$와 같은 좌표평면의 여러 영역이 서로 다른 색으로 강조되어 표시되고 4개의 점이 차례로 나타난다. 학생들이 비디오를 시청하는 동안 한

학생이 소리가 들리지 않는다고 언급하는 것이 들린다. 안나는 이 점을 인정하고 학생들에게 비디오에 해설을 추가하는 것이 과제라고 설명한다.

한 학생이 "무슨 이야기를 해야 하나요?"라고 묻자, 안나는 "생각나는 것은 무엇이든 좋아요. 비디오의 내용을 시각장애인에게 설명한다고 생각하고 말해 보세요."라고 답한다. 그녀는 학생들을 무작위로 두 명씩 짝지어 준 다음, 20분 동안 원하는 만큼 동영상을 시청하며 녹음 작업을 할 수 있도록 한다. 일부 학생들은 안나가 "원하는 바"를 알아내려고 노력하지만 성공하지는 못한다. 다른 학생들은 짧은 대화를 나눈 후 녹음을 시작한다. 학생들이 교실로 다시 모인 뒤, 안나는 학생들이 녹음한 것을 차례로 재생하다 특정 상황에 재생을 멈추고 "이 부분을 이해했나요? 여기서 무슨 말을 하려고 한 것 같나요?", "무슨 의미인지 설명해 줄 수 있나요?" 등의 설명을 요구하거나 학생들의 주의를 환기시킨다.

4. 아이슬란드 상황

연구 프로젝트 기간 저자는 아이슬란드의 고등학교 교사들과 함께 무성 비디오 과제의 실행 순서를 개발하고 수학 교수-학습에 있어 그 가치를 확인하기 위해 노력하였다. 아이슬란드에는 38개의 고등학교가 있으며, 이 중 30개 학교는 학생들이 STEM 분야의 진학을 준비할 수 있는 교육과정을 제공한다. 대부분의 고등학교는 공립학교로 운영되지만, 사립학교도 국가의 지원을 받는다. 2015년까지 대부분의 아이슬란드 고등학교는 4년제였지만 현재는 3년제로 운영되고 있으며, 학생들은 보통 17~19세이다. 일부 직업 프로그램은 더 오랜 기간의 학습을 요구한다. 직업 프로그램의 학생들은 추가 과목을 이수함으로써 고등교육 진학에 필요한 입학시험을 통과할 수도 있다. 고등학교 교육이 의무는 아니지만, 초등학교와 중학교에서 의무교육을 마친 학생들에게 결과와 상관없이 고등학교 교육을 제공하는데 중점을 두고 있다. 유치원, 초·중학교, 고등학교의 세 학교급은 각 수준에 따라 국가 교육과정에 명시된 타인에 대한 존중과 배려, 관용, 책임감 등과 같은 동일한 가치를 토대로 운영된다.

아이슬란드의 고등학교 수학 수업은 주로 교사 중심으로 이루어진다(Sigurgeirsson et al., 2018). 일부 학교에서 디지털 기하 소프트웨어를 사용하기는 하지만, 학습자가 발견을 위해 디지털 기하 소프트웨어를 사용하는 것보다 교사가 시연을 보이는 목적으로 사용하는 경우가 많다(Jónsdóttir et al., 2014). 아이슬란드 고등학교 수학 수업에서 형성평가나 모둠 토론은 거의 진행되지 않는다(Jónsdóttir et al., 2014).

2011년부터 아이슬란드 고등학교의 주 교육과정에 따라, 수학 교사는 아이슬란드 교육과학문화부에 수업 개요를 제안하고 교육과학문화부는 이를 검토하여 승인한다. 수업 개요에는 학생들이 달성해야 하는 목표와 역량이 포함되어야 한다. 예컨대, 30명씩 5개 학급처럼 많은 학급에 동일한 수업이 적용되는 규모가 큰 고등학교에서는 각 학급에 1명의 교사가 있으며,

교사들은 협력하여 일반적으로 매 학기 동일한 수업 일정을 따르려고 노력한다. 2011년 국가 교육과정이 역량을 강조하였지만, 아이슬란드의 많은 고등학교에는 '다루어야 할 목록'이 있는 '비밀스러운' 수학 수업 일정이 존재한다. 이러한 현상은 1999년에 국가 교육과정이 개정된 후에도 관찰된 바 있다(Harðarson, 2010).

5. 수학에서 TRU

'최고의 교수법'으로 규정된 것이 없다는 것은 널리 알려진 사실이다. 숀펠드(Schoenfeld)와 그의 동료들은 다양한 수업 방법을 적용하는 교사들과 함께 서로 다른 유형의 수학적으로 강력한 교실(학생의 수학 학습을 지원하는 교실 환경)을 분석함으로써 교사가 주목해야 할 이러한 교실의 특징을 몇 가지 차원으로 요약하였다. 이는 하나의 수업 방법이 최고라고 주장하려는 것이 아니라 교사들이 의식할 필요가 있는 중요한 요소를 구체화하기 위한 것이었다. 이 과정에서 견고한 이해를 위한 수업(Teaching for Robust Understanding, 이하 TRU) 분석틀을 구성하는 5가지 차원이 도출되었다. 이들은 첫째, 수학적 내용의 풍부함과 관련된 '수학', 둘째 학생들의 생산적인 도전의 기회와 관련된 '인지적 요구', 셋째 모두가 의미 있는 방식으로 참여하는 '내용에 관한 공평한 접근', 넷째 학생들이 주체성을 키우고, 자기 자신의 수학을 만들고, 사고자이자 학습자로서 생산적인 수학적 정체성을 개발하는 기회와 관련된 '주체성, 자주성, 정체성', 다섯째 학생들의 아이디어가 어느 정도 공유되고 생산적인 방식으로 다루어지는지와 관련된 '형성평가'이다(Schoenfeld, 2018). 이는 물론 수업 관행의 일부 중요한 측면을 다른 측면보다 더 강조한다는 점에서 문제가 있다. 그러나, 교사가 학생들이 "풍부한 지식을 지닌 유연하며 창의적인 사고자 및 문제 해결자"(Schoenfeld, 2018, p. 494)로 성장할 수 있는 교실을 만들기 위해 고안된 TRU 분석틀은 구체적인 실천 방법을 규정하지는 않는다. 이는 교사가 TRU 분석틀의 5가지 차원에 비추어 자신들의 현재 관행을 개선하는 다양하고 가능한 많은 방법을 의식하고 이에 주의를 기울일 것을 제안할 뿐이다.

TRU 분석틀은 주로 교사 전문성 개발을 위해 활용되었기 때문에, 이 장에서 제시된 연구에 유용할지는 분명하지 않다. 무성 비디오 과제가 TRU 분석틀의 차원에 따라 교사에게 기회를 제공하는지 확인하고자 하는 아이디어는 자료를 수집하고 분석하는 과정에서 떠올랐다. 이는 TRU 분석틀이 교사와 학생 사이의 담화 및 지속적인 성찰, 즉 경험에서 인식하고 학습하는 과정을 강조하기 때문이다. 과제의 의도는 TRU 분석틀의 차원과 잘 부합할 수 있지만, 이론과 실제는 더불어 성장해야 한다. 따라서, 이 연구는 교사들의 무성 비디오 과제 사용 경험에 대한 자료를 TRU 분석틀에 비추어 분석하여 잠재적 도전들을 구체화하고자 하였다. 이러한 도전은 주로 사회적 규범 또는 사회 수학적 규범(Yackel & Cobb, 1996)이 위배될 때 교사의 관행에서 발생하는 긴장과 관련된다. TRU 분석틀의 다섯 번째 차원과 관련하여, 이 연구는 Wiliam &

Thompson(2008)이 제시한 형성평가 관행을 위한 핵심 전략 및 Wright et al.(2018)이 제시한 수학 성취도 향상을 위한 사회 공학적 접근(socio-technical approaches)과 연결하고자 한다.

6. 형성평가

말컴 스완(Malcolm Swan)은 "테크놀로지 사용은 단순히 절차적 기술을 피드백을 통해 연습하는 것에서 벗어나 외부 세계를 반영하는 방식으로 변화해야 하며, 우리가 생각하고 추론하는 방식을 바꾸는 도구가 되어야 한다"(2017, p. 31)고 주장하였다. 결국, 수학은 일반화에 관한 것이고 변화와 불변에 관한 것인데, 이러한 점을 강조함으로써 학생들의 수학 학습을 향상시킬 수 있다. 선행연구에서는 무성 비디오 과제가 형성평가에 관한 아래의 Wiliam(2011)의 정의에서 언급된 것처럼 수업의 다음 단계를 결정할 수 있는 도구로 사용될 수 있음을 시사한다(Kristinsdóttir et al. 2020a).

> 평가는 학생 성취에 대한 증거를 도출하고 해석하여 교사, 학생, 또는 동료가 그러한 증거 없이 내린 결정보다 더 나은 또는 더 근거 있는 다음 단계의 수업에 관한 결정을 내릴 수 있도록 형성적으로 기능한다. (p.43)

이를 실행하기 위해, Wiliam & Thompson(2008)은 형성평가를 위한 5가지 핵심 전략으로 (1) 학습 의도와 성공 기준을 명확하게 하고 공유, (2) 학생 이해에 대한 증거를 이끌어내는 효과적인 교실 토론과 학습 과제 설계, (3) 학생을 성장시키는 피드백 제공, (4) 학생들을 서로에 대한 교육적 자원으로 활성화, (5) 학생들을 자신의 학습에 대한 주체로서 활성화하는 것을 확인한 바 있다.

이번 장의 초점은 교사의 형성평가를 지원하기 위한 테크놀로지 사용 방법에 있다. 〈표 1〉은 교수-학습을 지원할 수 있는 잠재력을 가진 6가지 테크놀로지 기반 형성평가 전략을 정의한 Wright et al.(2018, p. 219)의 연구를 참조하였다. 선행연구는 피드백이 즉각적이지 않았고 후속 수업에서 나중에 이루어졌기 때문에 무성 비디오 과제가 〈표 1〉에 나열된 마지막 전략을 제외한 모든 전략을 다루었음을 시사하였다(Kristinsdóttir et al. 2020a). 그러나, 이 장의 결과에서 더 자세히 설명하겠지만, 형성평가를 사용한 경험이 있는 교사들은 즉각적인 피드백의 중요성을 강조하였고 학생 반응 기반 토론이 학생들이 응답을 제출한 직후에 이루어지도록 무성 비디오 과제의 실행 순서를 변경하였다.

다음 절에서는 이 장에서 제시된 사례 연구를 소개한다.

〈표 1〉 Wright et al.(2018, p. 219)이 분석한 무성 비디오 과제가 테크놀로지 기반 형성평가 전략이 교수-학습을 지원할 수 있는 잠재력을 다루었던 방식에 대한 사전 분석

교수-학습을 지원하는 테크놀로지 기반 형성평가 전략	사례연구가 수행되기 전 무성 비디오 과제가 이러한 잠재력을 다루었던 방식
즉각적인 피드백 제공	현재는 다루어지지 않음. 학생이 무성 비디오 과제를 수행한 1~3일 후 후속 수업에서 피드백이 제공
토론 장려 및 협력 증진	학생들은 일부 선택되거나 자발적으로 수행된 과제 응답을 기반으로 무성 비디오가 다루는 수학 개념을 이해한 방식을 토론하고 성찰하도록 장려
문제와 오개념을 나타내기 위한 객관적이고 의미 있는 방법 제공	학생의 응답에서 나타내는 오개념은 학생이 이해를 향해 나아가는데 유용한 단계로 직접 언급되고 논의될 수 있음
선호하는 전략을 새로운 방식으로 활용하는 기회 제공	교실에서 토론하고 협력하는 문화를 조성하려는 교사는 학생들이 자신의 수학적 생각을 단지 글로만 표현하기를 원하지 않음. 무성 비디오 과제는 과제에 대한 음성 답안을 요구하여 학생들의 생각과 아이디어를 토론의 전면에 내세움
교사에게 이전에는 암묵적이거나 명백하지 않았던 문제들을 제기하는 것을 지원	예를 들어, 평소 실시간 수업에서 말을 잘하지 않는 학생이 음성 녹음 형식으로 발언할 기회를 얻는 경우, 학생들이 교실을 안전한 토론 공간으로 생각하지 않는 불신의 문제가 발생할 수 있으므로 이를 다루어야 할 필요가 있음
다양한 피드백 결과 제공	피드백은 토론을 통해 학급 전체에 제공됨. 필요한 경우, 교사는 토론이 끝난 후 개별 피드백을 준비하고 제공할 수 있음

7. 연구 방법

다음 하위 절에서는 연구 참여자를 소개하고, 자료 수집과 분석 방법에 관해 설명한다. 자료 수집 및 윤리적 고려 사항에 대한 어려움도 논의된다.

7.1 연구 참여자

이 연구는 무성 비디오 과제를 형성평가를 위한 도구로 더욱 발전시키는데 관심이 있었기 때문에, 의도적으로 형성평가를 강조하는 것으로 알려진 3개의 학교를 선택하여 연구에 참여하도록 요청하였다. 도시 지역의 2개의 학교가 동의하였고, 관심 있는 모든 교사가 참여하도록

초대하였다. 16~19세 대상 소규모 도시 종합학교인 블랙버드(가명)의 교사 1명과 16~19세 대상 도시 종합학교인 말러드(가명)의 교사 2명이 프로젝트에 참여하였다(〈표 2〉 참조). 두 학교 정책 모두 학생들이 "학습에 적극적으로 참여"하기를 기대하며, 블랙버드는 학교 정책에서 학습이 "형성평가에 의해 이루어진다"[1]고 분명하게 명시하고, 말러드는 "다양한 평가 방법을 통해 학생들의 학습 과정을 지속적으로 평가하는 것"을 강조한다. 또한, 교사들이 지오지브라와 데스모스와 같은 디지털 기하 소프트웨어를 사용하는 것을 장려하고 수학 수업에서 모둠 토론을 진행하는데 어느 정도 익숙하다면 도움이 될 것으로 간주되었다.

〈표 2〉 연구 프로젝트의 2차 구현 단계에 참여한 교사와 그들의 교직 경력

교사 가명(성별)	학교 가명	디지털 기하 소프트웨어 사용	교직 경력
안드리(남)	말러드 고등학교	지오지브라	10년
에다(여)	말러드 고등학교	지오지브라	20년
오리(남)	블랙버드 고등학교	데스모스, 지오지브라	2년

연구에 참여하기로 지원한 안드리, 에다, 오리는 모두 새로운 교수법을 시도하는 것에 열려 있었다. 오리는 비교적 초임 교사였으며, 연구 프로젝트에서 협력의 기회와 도전을 동시에 보았다. 그는 이전에 지오지브라와 데스모스를 사용한 활동을 한 경험이 있었다. 안드리와 에다는 각각 말러드 학교에서 지오지브라를 약 10년간 사용한 경험이 있었다. 이들은 교사 전문 개발을 위한 다양한 아이슬란드, 북유럽, 발트해 및 유럽 협력 프로젝트에 함께 참여하였다.

2019년 가을, 안드리, 에다, 오리는 모두 낮은 성취를 보이는 16세 학생들과 함께 다양한 학급 규모에서 보충 수업을 천천히 진행하였다. 이들은 이 수업의 일정이 유연하게 조정될 수 있어 무성 비디오 과제를 시도하기에 좋은 상황이라고 설명하였다. 세 교사 모두 한 학기 동안 2~3개의 무성 비디오 과제를 사용할 계획이었다. 결과적으로, 오리(N=14~16)는 한 학기 내에 3개의 무성 비디오 과제를 실행한 반면, 안드리(N=22)와 에다(N=13)는 각각 1개의 무성 비디오 과제를 실행하였다. 괄호 안의 숫자는 과제 실행 중 수업에 참석한 학생 수인 N을 나타낸다.

연구 참여에 대한 보상으로 참여 교사들에게 그들의 관행에 어떠한 변화를 주고자 할 경우 지원 회의를 제안하였다. 오리는 이 제안을 수락하였고, 회의는 녹음되었지만 전사되거나 분석되지는 않은 채 사고 중심의 교실을 구축하는 방법(예, Liljedahl, 2018)에 대해 논의하기 위해 여섯 차례 만났다.

[1] 연구 참여자의 익명성을 위해, 홈페이지에 게시된 해당 학교 정책 문서는 참조할 수 없다. 여기에 제시된 인용문은 아이슬란드어에서 영어로 번역되었다.

7.2 연구에서 사용된 무성 영상

안드리, 에다, 오리와의 첫 회의에서 교사들의 강의 계획서에 대해 논의하고, 무성 비디오로 시각화할 수 있는 주제를 식별하기 위해 아이디어를 구상하였다. 안드리와 에다와의 논의 및 아이디어 구상을 바탕으로, 좌표 기하와 일차 방정식에 관한 3개의 비디오 초안을 작성하고 아이디어를 논의하였다. 이후 오리의 피드백을 바탕으로, 지오지브라와 화면 녹화 소프트웨어를 사용하여 시나리오를 만들고 비디오 제작을 완성하였다. 3개의 비디오 모두 중심에 $(0,0)$인 좌표계가 나타나고 축과 축에는 숫자가 표시된다. 비디오는 학생들이 수학 현상의 개념과 특성의 세부 사항에 주의를 집중하도록 의도적으로 제작되었다. 이 비디오는 평가를 위해 사용하도록 제작되었지만, 수업을 시작할 때 각 수학 주제에 대한 학생들의 초기 아이디어를 워드 클라우드로 수집하는 데에도 사용할 수 있다.

무성 비디오 과제1 첫 번째 비디오([그림 1] 참조)는 좌표계의 성질에 초점을 맞추고 있다. 먼저, 좌표계의 영역인 $x > 0$, $y > 0$, $x < 0$, $y < 0$가 순차적으로 하나씩 색으로 표시되면서 강조된다. 다음으로, 사분면이 하나씩 강조되어 표시되고, 각 사분면에는 점이 나타난다. 1사분면에는 $(4,2)$, 2사분면에는 $(-3,5)$, 3사분면에는 $(-2,-2)$, 4사분면에는 $(9,-1)$이다.

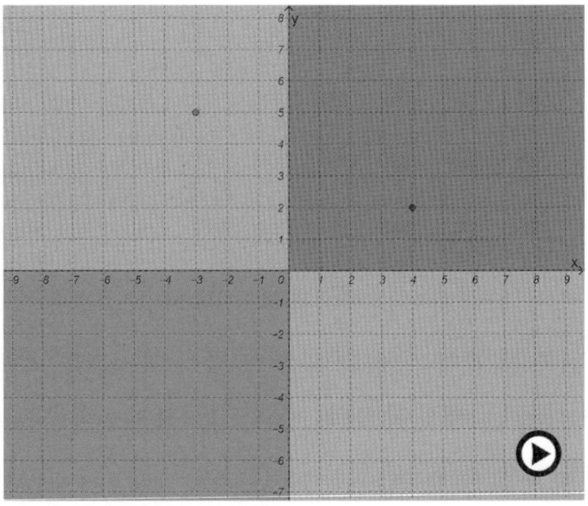

[그림 1] 좌표계의 성질에 초점을 맞춘 무성 비디오

무성 비디오 과제1의 정지 화면(▶ https://doi.org/10.1007/000-8ww)

무성 비디오 과제2 두 번째 비디오([그림 2] 참조)는 직선의 기울기에 초점을 맞추고 있다. 두 점 A$(-3,1)$, B$(-5,2)$가 나타나고, 비디오의 시작부터 직선 AB도 같이 나타난다. 점 A는 일정하게 유지되는 반면 점 b와 그에 따른 직선은 직사각형 모양의 경로를 따라 이동하며 $(-1,3)$, $(-2,3)$, $(-3,3)$, $(-4,3)$, $(-5,3)$, $(-5,2)$, $(-5,1)$에서 잠시 멈춘다. 따라서, 직선의 기울기가 $\frac{1}{2}$, 1, 2, 정의되지 않음, -2, -1, $-\frac{1}{2}$, 0의 순서로 변화할 때, 섬 b의 이동이 멈춘다.

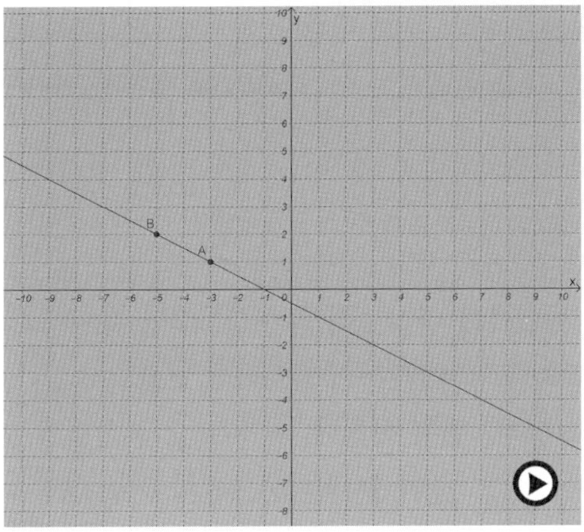

[그림 2] 직선의 기울기에 초점을 맞춘 무성 비디오

무성 비디오 과제2의 정지 화면(▶ https://doi.org/10.1007/000-8wv)

무성 비디오 과제3 세 번째 비디오([그림 3] 참조)는 x의 함수로서 직선의 그래프에 초점을 맞추고 있다. 이 비디오에서는 $y = x$선을 따라 $(-7, -7)$에서 $(8, 8)$까지 정수 좌표를 가진 점들이 차례로 나타난 후, 점들을 지나는 선이 그려진다. 다음으로, $y = 2x + 4$선 위에 있는 점들이 $(-5, -6)$에서 $(2, 8)$까지 차례로 나타난 후, 그 점들을 지나는 선이 그려진다. 그런 다음, 모든 점들이 가장 짧은 경로를 따라 x축으로 이동한 후 다시 원래의 선으로 돌아간다. 비디오가 끝나기 전에 점들이 x축을 향해 움직이고 다시 각각의 선 위로 돌아오는 과정이 한 번 더 반복된다.

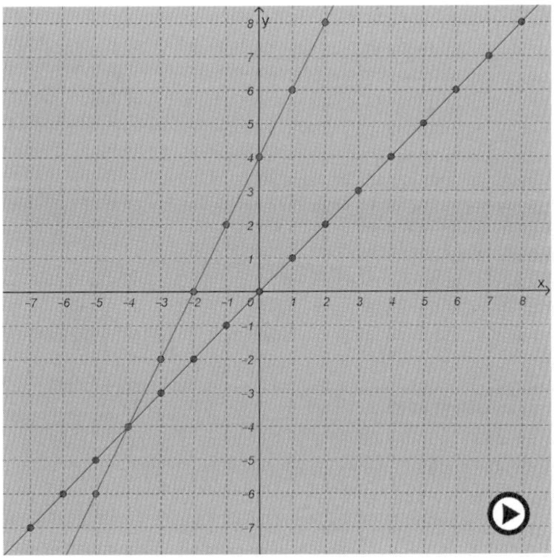

[그림 3] x의 함수로서 직선의 그래프에 초점을 맞춘 무성 비디오

무성 비디오 과제3의 정지 화면(▶ https://doi.org/10.1007/000-8wx)

이하에서는 이 3개의 과제를 각각 무성 비디오 과제1, 무성 비디오 과제2, 무성 비디오 과제3으로 지칭하고 사용한다. 다음 절에서는 이 연구의 틀 내에서 어떠한 자료가 수집되었는지를 명확히 설명할 것이다.

7.3. 자료 수집

수집한 자료는 참여 교사들과의 반구조화된 면담, 수업 참관에서 작성된 현장 노트, 무성 비디오 과제에 대한 학생들의 응답, 학생들의 피드백이 포함되어 있다. 이 사례연구에서는 주로 면담과 현장 노트에 집중하였다. 연구 이전에, 저자는 교사 회의의 분석틀 안에서 블랙버드와 말러드 학교를 방문한 적이 있다. 참여 교사들과 그들의 근무 환경을 더 잘 알기 위해 2019년 8월에 그들의 학교를 방문하였다. 또한 에다를 1번, 오리를 3번 방문하여 무성 비디오 과제가 포함되지 않은 수업을 관찰하였다. 각 무성 비디오 과제 실행 전후에, 참여한 교사들과 반구조화된 면담(Brinkmann & Kvale, 2009)을 진행하고 오디오 녹음을 실시하였다. 면담은 안드리와 에다와 함께 2번, 안드리와 1번, 에다와 1번, 오리와 5번 진행하였다([그림 4] 참조). 이 면담에는 교사들이 교실에서 무성 비디오 과제를 실시할 때의 기대와 경험에 관한 질문들이 포함되었다. 모든 면담은 교사들의 교실이나 학교의 회의실에서 이루어졌다. 이 연구를 위해 오리의 교실을 3번, 안드리와 에다의 교실을 각각 1번씩 방문하여 수업 관찰 현장 노트를 작성하였다. 교실에서 비디오 녹화 대신 현장 노트에 대한 자료를 수집한 이유는 다음 절에서 설명된다.

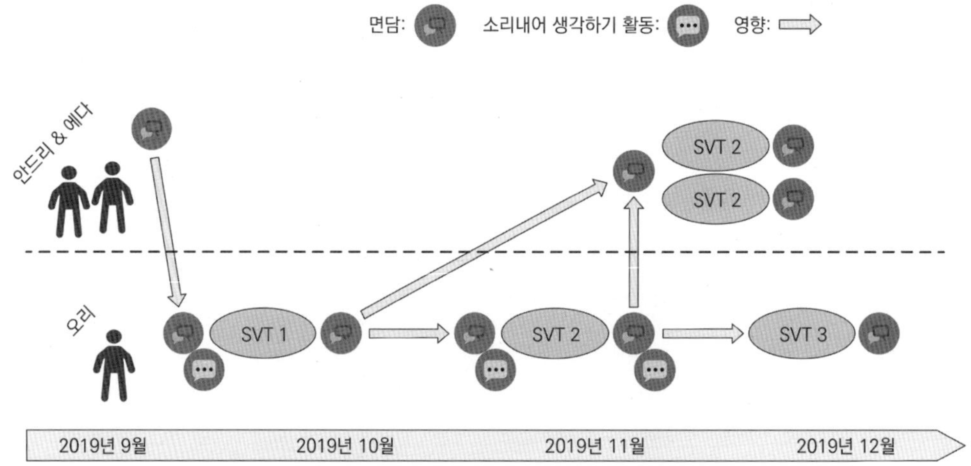

[그림 4] 자료 수집 과정에 대한 타임라인. 안드리와 에다는 말러드 학교에서 긴밀하게 협력하므로, 과제 실행 후에만 개별 면담을 진행. 블랙버드 학교에서 오리와의 3번의 면담에는 '소리 내어 생각하기' 활동이 포함. 가능한 경우, 저자는 교사들 간에 정보를 전달했으며, 이는 두 학교 사이의 점선 사이를 가로지르는 화살표로 표시. 블랙버드 학교에서 3번의 과제 수행 사이의 화살표는 각 과제 수행이 다음의 수행에 정보를 제공했음을 나타냄

7.4. 자료 수집의 어려움

교실에서 일어나는 일들은 말, 제스처, 마임 등을 포함하며, 이는 교실이나 학교 건물의 여러 곳에서 동시에 일어난다. 이러한 행동들은 참여자에게는 명백해 보일 수 있지만, 방문자에게는 덜 명백할 수 있으며 더 세심한 조사가 필요하다. 따라서, 교실에서 실제로 일어나는 일을 파악하기 위해, 연구자들은 일반적으로 수업 관찰 노트 외에도 비디오 녹화 자료를 수집한다.

자료 수집 시점에, 최근 도입된 일반 데이터 보호 규정으로 인해 아이슬란드의 학교장들은 교실에서 자료 수집과 관련된 복잡한 문제에 대해 점점 더 인식하게 되었다. 학교장들은 교실에서의 비디오 녹화보다 현장 노트를 선호하였다. 따라서, 교사와 협력을 통해 진행되는 연구에 필요한 신뢰와 긍정적인 소통을 구축하기 위해, 현장 노트를 작성하기로 결정하였다.

7.5. 윤리적 고려 사항

아이슬란드 데이터 보호 당국에 연구 프로젝트에 대한 정보가 전달되었다. 교사들은 언제든지 연구 참여를 철회할 수 있음을 포함한 동의서에 서명하였다. 학교장들은 학생들에 대한 식별 가능한 정보를 수집하지 않는다는 조건으로 교사 면담 및 교실 방문에 대한 허가를 부여하는 동의서에 서명하였다. 학교장들은 수집된 자료를 신중하게 다루고 이름을 익명화할 것에 대해 연구자를 신뢰하였다. 학생들은 연구 프로젝트에 대한 서면 및 구두 정보를 받았고 연구 참여를 거부할 수 있는데, 이 경우 그들의 녹음된 음성이 연구자가 아닌 교사만 들을 수 있다는 사실을 안내받았다. 모든 학생이 참여에 동의하였다.

7.6. 연구 설계 및 자료 분석

교사들에게 교실에서 무성 비디오 과제를 실행하고 그들의 기대와 경험을 반성하도록 요청하는 등 교사들과 협력하면서, 저자는 교사가 수학 교실에서 무성 비디오 과제를 어떻게 그리고 왜 사용할 수 있는지에 대한 질문에 답하고자 해석적 현상학적 입장(van Manen, 2016)을 취하였다. 교사들의 행동과 그 행동에 대한 이유를 연구하였고, 무성 비디오 과제의 실행 순서 개발과 관련된 모든 제안을 참가자들 간에 전달하였다([그림 4] 참조). 연구 참여 교사들의 바쁜 교실 환경에서 그들의 활동을 관찰하고 면담을 통해 이 도구를 수학 교수-학습에 사용할 수 있는지, 그리고 어떻게 사용할 수 있는지에 대한 개인적인 통찰을 들었다. 또한, 면담 직후 메모를 작성하고 면담 전사본을 다시 분석하면서 교사들의 통찰을 성찰하였다. 노트 작성과 성찰의 반복은 수학 교실에서 무성 비디오 과제를 어떻게 사용할 수 있는지에 대한 집단적이고 발전적인 이해를 도출하였다.

오리와의 면담 동안, 그는 다음에 무성 비디오 과제를 어떻게 실행할지와 그 이유에 대해 생각을 말해 보도록 하는 소리 내어 생각하기 활동을 구안하였다. 첫 번째 면담에서, 소리 내어 생각하기 활동의 목적은 그의 아이디어를 듣는 것이었고, 이후 면담에서의 목적은 각각의 과제를 실행 후 그의 경험을 재구성하고 다음 과제 실행에 대한 기대를 함께 그의 성찰을 기록하는 것이었다.

일반적으로 자신의 해석을 인식하고 기억하며 재구성하는 것은 훈련이 필요하다. 오리는 훈련을 받지 않았음에도 불구하고 자신이 순간순간 생각한 것을 성찰하고 그것을 다음 과제 실행을 위한 계획된 행동과 연결하였다. 이것은 즉흥적이고 순간적인 연습으로, 오리는 진행 중에 그의 생각을 수정할 수 있음을 의미한다. 따라서, 저자는 소리 내어 생각하기 활동 동안 즉각적인 설명이 필요한 경우를 제외하고는 끼어들지 않았다.

모든 면담은 아이슬란드어로 문자 그대로 전사되었다. 가능하다면 면담이 끝난 직후에 전사함으로써 괄호 안에 추가 메모를 남길 수 있었다. 첫 번째 면담 후 즉시 분석을 시작하였으며, 첫 번째 익숙화 단계에서는 실행 순서 설계 및 개발에 중점을 두었다. 마지막 면담을 전사한 후, 자료에서 흥미로운 내용을 아이슬란드어로 개방 코딩하면서 자료에 대한 두 번째 익숙화 단계를 거쳤다. 두 번째 익숙화 단계 직후, 전사본을 다시 읽으며 영어로 자세한 메모를 작성하여 생각을 요약하고 심화하였다. 이러한 메모를 바탕으로, 오리와의 5번의 면담을 큰 종이()에 요약하여 오리의 아이디어, 경험, 기대가 시간에 따라 어떻게 발전했는지에 대해 파악하였다.

과제가 수학 교실에 가져다주는 기회는 우리가 중요하게 생각하는 것이 무엇인지에 따라 달라진다. 무성 비디오 과제는 수업에 대한 사회적 구성주의 접근 방식으로 개발되었으며, 교사가 학생들이 수학에 대한 자신의 이해를 발전시키도록 지원하는 도구로 사용할 수 있다. 선행연구는 무성 비디오 과제가 교사 중심에서 학생 중심의 교육으로 관점의 근본적인 변화를 일으켰으며(Kristinsdóttir et al., 2020b), TRU 분석틀은 가르치는 방법에 대한 처방을 제공하지 않지만 이러한 근본적인 관점 변화를 포함하고 있다(Schoenfeld, 2018). 또한, TRU 분석틀은 관심 요소에 따라 수업에 관해 이야기할 수 있는 언어를 제공하는 것으로 보였다. 따라서, 익숙화 단계와 분석 이후에도 다시 TRU 분석틀(Baldinger, Louie, & the ATSMAP, 2018; Schoenfeld, 2018)에 관한 질문을 떠올리며 상세하게 작성했던 메모를 다시 읽었다. 이러한 질문들([그림 5] 참조)을 사용하여 무성 비디오 과제가 수학 교실에 가져오는 기회와 도전을 확인하였고, 박사과정 세미나에서 그 결과를 논의하였다. 결과는 다음 절에서 제시된다.

수학적으로 강력한 교실에 관한 5가지 차원	
수학	이 단원/강좌의 수학적 아이디어는 수업/수업 순서에서 어떻게 발전하나요? 어떻게 하면 더 의미 있는 연결을 만들 수 있나요?
인지적 요구	학생들이 수학적 아이디어를 스스로 이해할 수 있는 기회는 어떤 것이 있을까요? 진정한 도전을 통해? 어떻게 하면 더 많은 기회를 만들 수 있을까요?
내용에 관한 공평한 접근	누가 수학 활동에 참여하고, 누가 참여하지 않나요, 그리고 어떻게 참여하나요? 어떻게 개별 학생이 의미 있게 참여하도록 더 많은 기회를 만들 수 있을까요?
주체성, 자주성, 정체성	학생들이 자신과 동료를 강력한 수학적 사고자로 여길 수 있는 기회는 무엇이 있을까요? 어떻게 하면 더 많은 기회를 만들 수 있을까요?
형성평가	우리는 각 학생의 현재 수학적 사고에 대해 무엇을 알고 있을까요? 그리고 이를 어떻게 발전시킬 수 있을까요?

[그림 5] TRU 분석틀에 따라 수학적으로 강력한 교실에 관한
5가지 차원에서 제기되는 질문 요약(Baldinger et al., 2018, p. 2, 재인쇄 허가).

8. 연구 결과

이 절은 교사들의 현재 평가 관행과 이러한 관행이 무성 비디오 과제의 실행 순서에 어떻게 영향을 미쳤는지 소개하는 것으로 시작한다. 이어서 교사가 무성 비디오 과제를 실행하는 방법과 무성 비디오 과제가 수학 교실에 가져오는 기회와 도전을 살펴보기 위해 어떻게 TRU 분석틀을 사용하는지에 대해 설명한다.

8.1. 교사들의 현재 평가 관행과 이러한 관행이 무성 비디오 과제의 실행 순서에 미치는 영향

말러드 학교의 안드리와 에다 그리고 블랙버드 학교의 오리의 동료들이 만든 주제별 책자는 보충 수업의 주요 초점이었다. 이 책자는 부분적으로 탐구적이거나 지오지브라를 사용하여 수행하도록 설계된 연습 문제들로 구성되었지만, 대부분은 폐쇄형 문제들을 포함하고 있다. 이 책자의 문제 풀이는 학생들의 최종 성적에 반영되었다. 말러드 학교에서 학생들은 온라인으로 자기 평가가 가능한 연습 문제에 접근할 수 있었고, 학기 중에 배운 내용을 평가하는 3번의 시험을 완료하였다. 이 3번의 시험에서 좋은 성적을 받은 학생들은 최종 시험을 선택적으로 치를 수 있다. 블랙버드 학교에서는 학생들의 수업 관찰, 데스모스 수업 활동 참여, 책자에

포함된 문제와 유사한 문제들에 대한 풀이 제출, 그리고 마지막 주에 한 학기 동안 다룬 모든 주제에 대한 지식이 요구되는 모둠 프로젝트 참여를 토대로 평가가 이루어졌다.

말러드와 블랙버드 학교에서는 모둠 활동을 어느 정도 강조했지만, 학생들의 수학적 의사소통 능력을 개발하는데 특별히 중점을 두지는 않았다. 교사들은 전체 학급 토론의 중요성을 인식하고 있었지만, 그러한 토론은 거의 이루어지지 않았고, 주로 교사가 폐쇄형 질문을 하고, 응답을 기다린 후 스스로 질문에 답하거나 받은 응답을 평가하는 방식으로 제한되었다.

3명의 교사 모두 형성평가의 실행과 그에 수반되는 내용에 대해 잘 알고 있었다. 이는 안드리와 에다와의 첫 면담에서 나타났는데, 그들은 학생들이 과제에 대한 답을 제출한 직후에 모둠 토론을 통한 피드백이 이루어져야 한다고 제안하였다. 따라서, 그들은 선행연구(Kristinsdóttir et al. 2020b)에 기반하여 학생들이 과제에 대한 답을 제출한 지 며칠 후 후속 수업에서 모둠 토론을 실시하려 했던 기존 무성 비디오 과제의 실행 순서를 변경하였다. 기존의 순서는 교사가 학생들의 응답을 듣고, 몇 개의 응답을 선택하고, 순서를 정하여 후속 토론을 준비할 시간을 제공하기 위함이었다. 안드리와 에다는 Wright et al.(2018)의 제안과 유사하게 피드백이 즉각적이지 않으면 덜 효과적이고 유용할 것으로 예상하였다. 또한, 안드리와 에다는 일부 선택된 응답을 순서대로 나열하는 대신, 모든 학생의 응답을 무작위 순서로 듣기를 원하였다. 그렇지 않으면 학생들은 마치 그들의 응답을 "가장 나쁜 것부터 가장 좋은 것까지" 평가하는 것으로 해석할 수 있기 때문이다.

또한, 안드리는 학생들이 서로의 응답에 대해 서면 피드백을 제공할 수 있도록 자기 평가와 동료 평가를 사용할 수 있는지 물었다. 그의 아이디어는 무성 비디오 과제1의 실행 전에 오리에게 전달되었다. 오리는 학생들을 위해 온라인 성찰지를 준비하였는데, 짝으로 이루어진 각 모둠이 3개의 다른 모둠의 응답에 대해 성찰하고, 적어도 두 모둠이 각각의 응답을 듣도록 했다. 그러나 실제로 오리는 학생들이 동료 평가자로서 역할을 진지하게 받아들이지 않는 것을 경험하였다. 따라서, 무성 비디오 과제2를 실행하기 전 소리 내어 생각하기 활동에서 전체 모둠이 과제에 대한 모든 응답을 무작위 순서로 듣는 새로운 방식을 제안하였다.

8.2. 인지된 교실 규범에 대한 설명

안드리와 에다는 특히 보충 수업을 듣는 학생들을 위해 안전하고 구성주의적 학습 환경을 조성하는 것이 목표라고 하였다. 그들은 차분하고 참여 분위기를 조성하는 명확한 규범을 설정하였다. 무성 비디오 과제를 실행하기 전, 그들은 수업의 초점이 수학에서 기술적 이슈를 해결하는 것으로 옮겨지지 않도록 화면 녹화 소프트웨어를 위한 노트북과 음성 녹음 소프트웨어를 스마트폰에 저장하여 테스트하고 학습 관리 시스템이 학생들의 과제 응답을 받기에 충분한지 확인하는 등의 준비를 마쳤다.

오리는 그의 교실에서 편안한 분위기를 조성하는 것을 목표로 하였다. 이로 인해 다소 느슨한 분위기가 형성되어 학생들이 자주 지각하고 수시로 교실을 나가는 일이 발생하였다. 그는 과제를 준비하고 학생들에게 피드백 기회를 제공하는데 많은 시간을 투자하였지만, 학생들이 준비된 과제에 노력을 기울이지 않고 피드백 노트를 읽거나 비디오를 듣지 않아 실망하는 일이 반복되었다. 오리는 수학이 재미있기를 바란다는 목표를 직간접적으로 표현하였으며, 이를 통해 학생들이 더 많은 노력을 기울일 것으로 기대하였다.

8.3. 교사가 무성 비디오 과제2를 사용하는 방법에 대한 설명

오리는 새로운 수학 주제에 대한 학생들의 초기 아이디어를 수집하기 위해 일차 방정식을 주제로 한 수업을 시작할 때 무성 비디오 과제2의 비디오를 학생들에게 보여주었다. 그는 학생들에게 비디오와 관련된 단어나 개념을 생각하여 쓰도록 하고 이를 워드 클라우드의 형태로 수집하였다. 오리는 학생들이 쓴 단어 중 나침반, 상자, 시간, 회전과 같은 단어는 자신이 미처 생각하지 못했던 것이라고 설명하였다. 2주 후, 해당 주제에 대한 수업의 마지막 순서로 무성 비디오 과제2를 실행하였다.

참여한 모든 교사들은 무성 비디오 과제2를 유사한 방식으로 실행하였다. 그들은 수업이 시작될 때 전체 학급에 비디오를 보여주었다. 비디오의 주제인 직선의 기울기는 지난 몇 주 동안 수업의 핵심 주제였다. 교사는 학생들에게 비디오에 설명이나 해설을 추가하는 것이 학생들의 과제라고 설명한 후, 학생들을 무작위로 두 명씩 짝을 지어 음성 해설 작업을 하도록 하였다. 기술적 이슈에 대한 준비에도 불구하고, 녹음 소프트웨어를 저장하거나 음성 녹음을 올리는데 어려움을 겪는 몇몇 학생들을 있어 주의 깊게 관찰하였다.

각 모둠의 일부 학생들은 즉시 비디오 링크를 열고 과제를 시작하였지만, 다른 학생들은 더욱 혼란스러워하는 모습이 보였다. 이로 인해 교사들은 과제에 응답 시 무엇에 집중해야 하는지에 대한 지침이나 그들의 참여가 '올바른' 방향으로 가고 있는지 확인을 원하는 학생들에게 반응하는데 바빴다. 준비 과정에서 교사들과 이러한 생각 멈춤(stop-thinking) 상황(Liljedahl, 2018 참조)의 위험에 대해 논의하였다. 교사들은 학생들의 질문에 답변하지 않는 것이 어렵다고 생각하였음에도, 그러한 상황에 직면하자 음성 해설에서 무엇에 중점을 둘 것인지 결정하는 것은 학생의 책임임을 분명히 하였다. 그럼에도 불구하고, 생각 멈춤 상황으로 인해 분명한 긴장감이 조성되었다.

학생들의 음성 해설 녹음을 수합한 직후, 교사는 학생들을 한자리에 모아 모든 녹음을 듣고 반응하는 시간을 가졌다. 교사의 예상과 같이, 학생들은 과제에 대한 자신의 응답이 재생되는 것을 중요하게 생각하였고, 교사와 동료의 반응을 듣기를 원하였다. 하지만, 학생들을 토론에 참여시키려는 교사의 노력은 짧은 성찰과 피상적인 수준의 토론만 이어졌을 뿐 학생들 간의 토론은 관찰되지 않았다. 토론을 촉진하기 위해 교사가 사용한 질문에는 학생들에게 그들의 응답 간의 차이점과 유사점을 인식하도록 요구하는 질문과 학생들이 말한 내용을 이해했는지 그리고 어떻게 이해했는지에 대한 명확한 질문이 포함되었다. 수업이 끝날 무렵, 안드리와 에다는 학생들에게 그들의 음성 녹음에서 변경하고 싶은 것이 있다면 무엇을 변경하고 싶은지, 궁금한 점이 있는지, 무성 비디오 과제에 관한 의견이나 질문을 추가하고 싶은지에 대한 설문지에 답하도록 요구하였다. 반면에, 오리는 학생들이 변경할 것이 있다면 무엇을 변경하고 싶은지 궁금해하며 새로운 음성을 녹음하도록 요구하였다.

다음 절에서는 TRU 분석틀의 5가지 차원에 따라 무성 비디오 과제의 목표를 파악할 것이다. 그 후, 이 분석틀의 차원에 따라 교사의 무성 비디오 과제 실행에 관한 수업 관찰과 면담 자료를 토대로 식별된 기회와 도전을 제시할 것이다.

8.4. 이론에서 무성 비디오 과제가 가져오는 기회와 도전

TRU 분석틀 내에 있는 대화 가이드(Baldinger et al. 2018)에는 교사의 계획과 성찰을 위해 의도된 질문들이 나열되어 있다. 이 질문들은 TRU 분석틀의 5가지 차원([그림 5] 참조)에 따라 구성되어 있다. 무성 비디오 과제가 설계되고 개발된 의도를 바탕으로, 이 질문들에 대한 답은 〈표 3〉에 제시되어 있다.

〈표 3〉 TRU 분석틀의 차원에 따라 무성 비디오 과제의 설계 의도를 살펴보면 어느 정도 일치하는 부분이 나타날 수 있음. 여기에서 [그림 5]의 질문은 견고한 이해를 위한 수업에서 무성 비디오 과제가 교사를 지원하는 방법에 대한 가정을 토대로 답변됨

TRU 차원	무성 비디오 과제의 설계 의도
수학	비디오를 기술, 설명, 해설함으로써 학생들의 수학적인 아이디어를 명시적으로 말로 표현하여 전체 모둠이 듣고, 성찰하고, 토론할 수 있음. 학생들이 자신의 음성을 녹음하고 전체 모둠 토론에 참여함으로써, 자신의 수학적인 아이디어를 발전시키고 의미 있는 연결을 만들 수 있음. 또한, 비디오에서 나타난 수학을 어느 정도 이해하고 있는지와 어떤 방법으로 이해하는지 깨닫게 됨
인지적 요구	학생들은 무성 비디오를 시청하면서 떠오르는 수학적 아이디어를 스스로 이해하고, 그들이 음성 녹음에서 어떤 부분에 중점을 둘지 짝을 지어 토론. 학생들이 무엇에 중점을 둘지 결정하는 것은 도전이 될 수 있음
내용에 관한 공평한 접근	학생들은 전통적인 수업 참여 방식이 아닌 녹음된 구두의 의사소통 방식을 제공받음. 이를 통해 개별 그리고 모든 학생이 수학적 소통에 의미 있게 참여할 기회를 만듦

TRU 차원	무성 비디오 과제의 설계 의도
주체성, 자주성, 정체성	자신의 의견이 경청 되고 반응을 받을 때, 학생들은 소속감을 느끼고 자신의 의견이 전체 모둠에서 논의됨에 따라 새로운 관점을 가질 수 있음. 단순 청중이 아닌 토론의 참여자로서, 학생들은 자신과 동료를 수학적 사고자로 보는 기회를 얻게 됨
형성평가	무성 비디오 과제에 대한 학생의 반응을 듣고, 토론하고, 다시 들으면서, 교사는 학생들이 무성 비디오를 볼 때 무엇에 주의를 기울이는지에 대해 파악하여 현재 학생들의 개념적 이해에 대한 통찰을 얻을 수 있음. 교사는 이러한 통찰을 기반으로, 현재 학생들에게 불분명해 보이는 측면을 보다 깊이 탐구할 수 있음. 또한, 학생들의 토론을 좀 더 추상화하거나 일반화하여 비디오에서 나타나는 수학적 개념에 대한 공통된 이해로 모둠을 이끌 수 있음. 현재 학생 모둠과의 과제 수행은 교사가 다음에 동일한 수학적 아이디어에 대해 학생들과 과제를 수행할 때 도움이 될 수 있음

[그림 5]의 질문에 답을 제시함으로써 무성 비디오 과제가 이론적으로 의도한 역할을 수행하였는지를 평가할 수 있는 방법을 제공하였다. 그런 다음 실제와의 연결을 위해, 면담과 수업 관찰 자료를 새롭게 살펴보고 5가지 차원에 따라 교사의 관행을 입증하는 사례를 수집하는 하향식 분석을 수행하였다. 이 하향식 분석에 이어 교사가 과제를 실행하는 동안 직면하였던 기회와 도전을 식별하는데 중점을 두고 선택된 발췌 자료에 대한 상향식 분석을 실시하였다. 분석 결과는 식별된 주제에 따라 다음 절에서 제시된다.

8.5. 실제에서 무성 비디오 과제가 가져오는 기회와 도전

이 하위절은 5가지 차원 중 하나 이상에서 교사 관행과 관련 있는 것으로 확인된 관찰 및 면담 자료에서 발췌한 내용을 기반으로 한다. TRU 분석틀의 각 차원은 해당 차원을 강조하는 새로운 관점을 제공하지만, 각 차원에서 논의되는 범주가 완전히 구별되지는 않기 때문에 일부 중복은 피할 수 없다. 그럼에도 불구하고, 보통 각 발췌 자료에서 가장 두드러진 1개의 차원이 확인되었다. 각 인용구나 참조한 자료가 어떤 차원에 속하는지에 대한 분류는 여기에 제공되지 않는다. 그보다 무성 비디오 과제가 수학 교실에 가져오는 기회와 도전과 관련하여 주제별로 확인된 자료를 소개하는데 중점을 둔다. 주제를 나열한 후 이러한 결과에 대해 논의할 것이다.

8.5.1. 도전: 지배적인 사회 수학적 규범을 바꾸는 것의 어려움(예, 수학에는 하나의 정답이 있다)

안드리와 에다는 기울기에 대해 전혀 언급하지 않고 좌표에만 주목한 학생들의 반응에 대해 놀랐다.

안드리: 이건 단지[2] 좌표에 관한 것이었어요.

에다: 하지만 학생들은 직선의 기울기를 언급하지 않았어요. 그런데도 그들은 새로 녹음하게 된다면 음성 녹음을 변경하지 않을 것이라고 말해요.[수업 말미에 학생들의 피드백을 언급하며][3] 그들은 학생들이 좌표의 점을 나열하는 방법을 익힌 것을 보고 기뻐하였다.

안드리: 제가 놀란 것은 거의 모든 학생들이 좌표를 좌표 앞에 놓는다는 거에요 … 제 경험상, 이건 어떤 학생들에게는 한없이 어려운 일이에요.

에다: 적어도 학생들이 좌표를 완전히 이해한 것 같아요.

그럼에도 안드리와 에다는 학생들이 좌표를 정확히 읽더라도, 점뿐만 아니라 일차 함수에 대해서도 이해했으면 좋겠다고 말하였다. 안드리와 에다는 학생들이 아직 확신하지 못한 정보를 공유하는 것과 관련하여 수학 활동에 대한 학생들의 생각을 바꾸는 것이 도전적임을 알게 되었다. 만약 학생들이 기울기에 대해 언급하지 않기로 결정하였다면, 그것은 아이슬란드 학교 시스템에서 지속적으로 존재하는 , 즉 수학은 가장 중요한 하나의 정답만 존재하는 활동이라고 가정하는 규범에 따른 대처 전략일 수 있음을 시사한다.

8.5.2. 기회: 학생들의 과제 답안을 통해 확인된 이전에는 접근할 수 없었던 정보

학생들의 답안은 기울기 개념에 대한 그들의 어려움을 이해하고 논의할 수 있게 만들었다.

안드리: 예를 들어, 그들이 아직 [기울기 개념이 무엇인지], 알다시피[4], [어떤 의미인지], 적어도 소수의 학생들은 아직 깨닫지 못했다는 것이 너무 분명해요.

안드리: 사실 저는 항상 그들에게 이 [기울기]를 새롭게 가르쳐야 할 것 같아요…. 여러 번 보여줬지만, 알다시피, … 제대로 전달되지 않는 것 같아요.

에다: 저는 학생들이 [직선이] 수평일 때와 수직일 때, [기울기]에 대한 언급을 피한다는 것을 알아챘어요.

에다: 기울기와 음의 기울기가 학생들을 혼란스럽게 한다는 것을 알 수 있어요 … 학생들은 결과가 음수일 때 기울기도 음수가 된다는 것을 알지 못해요. 그들은 대략적으로는 알지만, 그것을 연결하지 못해요. 저는 그것이 매우 흥미롭다고 생각해요.

---

[2] 민담 참가자가 특정 단어를 특별히 강조했을 경우, 해당 단어들은 전사본에서 밑줄을 그어 나타낸다.

[3] 몇몇 사례에서 명확히 나타내기 위한 경우, 면담 발췌문 내에 대괄호를 사용해 단어를 추가하였다.

[4] 면담에서 발췌한 내용에 대한 가독성을 위해 "당신도 알다시피"와 같은 망설임 표현 주위에 쉼표를 추가하였다.

마지막 인용문에서, 에다는 직선의 기울기 변화를 $\frac{1}{2}$, 1, 2, 정의되지 않음, -2, -1, $-\frac{1}{2}$, 0으로 언급하지 않고 $\frac{1}{2}$, 1, 2, 0, 2, 1, $\frac{1}{2}$, 0으로 변한다고 언급한 학생들의 답안을 인용하고 있었다. 이러한 어려움은 이전에는 눈에 띄지 않았지만, 학생들의 과제 응답을 통해 드러났고, 에다는 이를 가치 있는 정보로 받아들였다. 마찬가지로 무성 비디오 과제3에 대한 응답을 통해 좌표평면에서 절편을 설명할 때 이전에는 알아차리지 못했던 단어 사용의 정확성 부족이 드러났다. 돌이켜보면서 오리는 자신의 정확성 수준이 개선될 수 있음을 깨달았다.

> 오리: 이런 과제를 부여하고 수행하면, 알다시피, 그것이 너무 당연하게 여겨서 그것이 전혀 당연하지 않다는 사실을 잊어버릴 때가 있다는 것을 깨달아요. 계속해서 절편에 대해 말하지만, 절편이 2개 있다는 것이 항상 당연한 것이 아닐 수 있어요. 절편이 1개만 있는 것이 아니라 y절편과 x절편 2개가 있다는 것을 이해해야 해요. 우리는 그것을 완전히 명확하다고 느끼지만 … 학생들에게는 그것이 제대로 다루어진 적이 없었던 것일 수 있어요.

따라서, 오리의 인식은 학생들의 수학적 담화뿐만 아니라 자신의 담화에 대해서도 높아졌다. 학생들의 정확성을 어떻게 다룰지에 대해 성찰하면서, 오리는 무작위로 예시 과제 응답을 영상 없이 오디오 파일로 재생하고 자신이 들은 내용을 바탕으로 화이트보드에 그림을 그리는 것을 제안하였다. 그러면 학생들은 다음과 같이 깨달을지도 모른다.

> 오리: 그럼 이렇게 말할 수 있을 것에요. "좋아, x축에서는 -4에서 만나고, y축에서는 -4에서 만나니 이 두 점을 통과하는 거야" 그리고 학생들이 "아니, 우리가 그런 의미로 말한 게 아니에요"라고 말할 거예요. 그러면 제가 "그러면 어떻게 말해야 이해할 수 있을까요?"라고 물을 수 있어요.

이 아이디어는 오리가 3번째 과제를 실행한 후에 생각해 낸 것이기 때문에 실제로 테스트 되지 않았다.

8.5.3. 도전: 교사 중심의 지식 전달 방식으로 돌아가고 싶은 유혹

학생들이 기울기를 항상 양수로만 인식하는 것을 알게 된 에다는 이를 명확히 해야 할 책임이 자신에게 있다고 여겼다.

> 에다: … 학생들은 아직 그것[기울기가 양수인지 음수인지]을 연결하지 못하기 때문에, 좀 더 잘 설명해야 할 것 같아요. 그래서 마지막[학생 응답]을 보여준 후에 그렇게 했어요.

다시 말해, 에다는 토론을 마무리할 때 학생들의 반응을 활용하고 싶었지만, 기울기에 관한 수업을 하지 않을 수 없었다. 에다가 교사 중심의 지식 전달 방식으로 돌아간 것은 다음 주에 계획된 시험에 영향을 받았을 수 있다. 에다는 학생들이 무성 비디오 과제에 참여하였기 때문에 자신의 설명에 연결을 시킬 수 있을 것으로 기대하였다.

> 에다: 그래서 저는 이런 과제[무성 비디오 과제]를 하는 것이 좋다고 생각해요. 그런 다음, 교사는 비디오를 다시 살펴보고 더 잘 설명할 수 있어요. 학생들은 이미 자신만의 방식으로 비디오 영상을 표현했기 때문에 더 잘 이해할 거예요. 무엇이 잘못되었는지, 무엇이 아닌지를 이해할 수 있으니까, 그런 면에서 매우 긍정적이라고 생각해요. 그래서 저는 이 과제를 [수업] 교육과정에 추가하는 것이 흥미로울 것 같아요.

이 아이디어를 발전시켜 학생들의 응답과 더 명확하게 연결하면, 학생들의 아이디어에 기반하여 이러한 불일치나 장애가 발견되었을 때 Swan(2006)이 말한 **개념적 재조직**이 촉진될 수 있다. 이러한 방식으로, 학생들은 자신의 아이디어를 발전시키거나 간극을 메울 다리를 놓을 수 있다. 그러나 다음 주제에서 알 수 있듯이, 이것은 교사들에 의해 도전적인 과제로 여겨졌다.

8.5.4. 도전: 학생들의 아이디어에 기반을 둔 모둠 토론 진행의 어려움

모둠 토론을 진행하는 것, 특히 학생들의 말과 수학적 아이디어를 연결하여 진행하는 것은 그 자체가 교사들에게 꽤나 어려운 도전이라는 것이 확인되었다.

> 안드리: 음, 알다시피, 이걸 하는 것이 좀 두려워요. 예전이 비슷한 경험을 한 적이 있지만, 이렇게 한 건 처음인 것 같아요 … 다시 해보면 좋을 것 같네요.
>
> 오리: 제 생각에는 학생들이 무엇을 말하고 있는지, 그들이 왜 그런 생각을 하는지를 이해하기 위해 어느 정도의 훈련이 필요한 것 같아요. 제가 스스로 알아내지 못한 것들을 당신[연구자]은 자주 들을 수 있다고 느꼈어요.

이것은 놀라운 일이 아니었다. 결국, 수학 교실에서의 토론을 조율하는 것은 많은 연습이 필요한 어려운 과업이다(Stein & Smith, 2011). 또한, 오리가 언급한 것처럼 “학생들이 말하는 것”(Pai, 2018, p. 41)을 잘 인식하기 위해서는 순간적으로 성찰하고 그 순간을 성찰하는 것이 중요하다. 교사들은 학생의 활동을 기반으로 모둠 토론을 진행하는 것이 어렵다는 것과 얼마나 중요한지를 알고 있었다.

> 오리: 솔직히 말해서, 저는 그것[대화와 토론]에 대해 큰 비중을 두지 않았어요. 그것이 정말 중요한 거라는 건 알지만, 어떻게든 너무 깊이 발을 들여놓는 것은 감히 시도하지 못했어요.

3번의 무성 비디오 과제의 실행 이후 오리는 올바른 방향으로 가고 있다는 느낌을 갖게 되었다.

> 오리: 하지만 지난번에 우리가 무성 비디오 과제를 했을 때처럼 … 무성 비디오를 보여주고 있었고 … 잘 안되고 있는 것 같이 느꼈어요 … 왜냐하면 그때 학생들의 응답의 절반 정도를 봤는데 누구도 따라오지 못한 느낌이었고, 제가 말하지는 않았지만 아무도 관심을 두지 않았다고 느꼈어요 … 그런데, 지금은 뭔가 더 쉬워졌고, 모두가 함께 비디오를 시청할 때 재미있진 않았지만 흥미로웠어요.

무성 비디오 과제2와 과제3의 실행을 비교하면, 후자의 경우 시간적 압박감이 덜했다. 오리는 모두 학생의 관심이 서서히 늘어가는 것을 관찰할 수 있었으며, 학생들이 서로의 답안에 대해 논평하는 참여가 천천히 증가하였다. 학생의 응답을 성찰하는데 많은 시간을 할애하였으며, 이는 학생들의 참여에 긍정적인 영향을 미친 것으로 보인다. 또한, 자신의 음성 녹음에 대한 동료의 첫 반응이 웃음을 터트리는 것에도 당황하는 기색이 없는 학생들을 보면서 신뢰감이 더 커졌다는 것도 확인하였다. 학생들은 다음 응답이 재생될 때 서로에게 "우리 잘했어"라고 말하였다.

무성 비디오 과제2와 과제3의 실행 간의 차이는 다음 주제에서 자세히 설명된다.

8.5.5. 기회: 무성 비디오 과제 실행은 교사가 지식을 제도화하는 것을 지원

오리는 무성 비디오 과제2의 전체 모둠 토론을 중재하는 동안 주로 명확한 질문들을 던졌다. 학생들의 참여가 높지는 않았지만 개선의 가능성을 보았고 무성 비디오 과제3의 실행에서 다시 시도하기로 결정하였다. 오리는 성찰을 통해 토론을 마무리할 때 학생들의 참여를 높이는 방법에 대해 고민하였고, 결국 소리 내어 생각하기 활동 중에 계획을 세웠다.

> 오리: 그러니깐 마지막에 학생들과 개념에 대해 전반적으로 이야기하고 싶어요. 예를 들어, 이 경우에는 기울기에 대해 "기울기가 무엇인가요? 누구든지 이것에 대해 생각해볼까요?" 어떻게든 이런 식으로 하면, 마지막에 모든 것을 하나로 요약하여 정리할 수 있을 것 같아요.

그 후, 무성 비디오 과제3에 대한 학생들의 응답을 기반으로 한 모둠 토론에서, 오리는 학생들이 토론을 요약하는데 참여하도록 유도함으로써 자신의 계획을 실행하였다. 또한, 학생들의 의견을 지난 몇 주 동안 수업에서 다루었던 주제와 연결시켰다. 이로써 지식을 제도화하려고 시도하였는데(Brousseau, 1997), 이는 Swan(2006)과 Aldon(2014)이 중요하지만 종종 수업 관행에서 간과되는 부분이라고 확인한 것이다.

8.5.6. 도전: 최종 성적이라는 동기부여 역할에 대한 기존의 사회적 규범을 바꾸기 어려움

블랙버드와 말러드 학교 교사들은 학생들이 "잠재성을 제대로 발휘하지 않거나" "충분한 노력을 기울이지 않을 때" 좌절감을 느꼈다.

오리: 학생들은 여기에 별로 노력을 기울이지 않고 있는 것 같아요. … 새로 녹음을 하려는 시도도 하지 않는 것 같고요.

에다: 저는 이러한 과제를 다시 활용해서 최종 성적에 반영되게 하면 학생들이 더 열심히 노력할 것 같아요.

3명의 교사는 모두 성적이 노력 증진에 미치는 동기부여 역할에 대해 언급하였다. 즉, 학생들은 일반적으로 성적에 반영되는 과제에 더 많은 노력을 기울인다는 것이다. 이러한 사회적 규범을 변화시키는 것은 어려운 것처럼 보였다.

8.5.7. 기회/도전: 교실 토론에 대한 접근성 제공

오리: … 학생들은 누군가가 자신의 목소리를 듣고 있다는 사실에 불편함을 느낄 수도 있을 것 같아요. … 대부분의 학생들은 괜찮겠지만, … 아마도 일부 학생들은 불편함을 느낄 수도 있어요.

오리는 무성 비디오 과제1을 실행하기 전, 일부 학생들이 이 과제에 불편함을 느낄 수 있다고 제안하였다. 학생들은 심한 불안, 자폐스펙트럼 장애 또는 언어장벽과 같은 장애로 인해 모둠 과제에 불편함을 느끼거나 의사소통에 어려움을 겪을 수 있다. 오리와 안드리는 학급에 자폐스펙트럼에 있는 학생이 있었고, 에다는 아이슬란드어가 모국어가 아닌 학생 3명이 있었다. 오리는 그의 학생이 전통적이지 않은 과제를 어떻게 종종 거부하였는지를 설명하였다. 그럼에도 불구하고 오리와 안드리의 학생들은 모두 무성 비디오 과제에 참여하였다. 오리는 학생들에게 개별적으로 과제를 수행하고 녹음 대신 서면 대본을 제출하도록 제안함으로써 참여를 유도하였다. 안드리의 학생은 약간의 불편함에도 모둠 과제에 참여하여 그를 놀라게 했다.

안드리: … 그녀가 [모둠 과제에서] 주도적으로 나서고 주로 말하는 역할을 했다는 점이 저를 조금 놀라게 했어요.

그녀의 답변에는 시간에 따라 변화는 점 A와 B의 좌표와 2개의 절편을 나열하는 등 매우 상세한 내용이 포함되어 있었다. 이는 학생이 세부 사항을 기술하는 것에서 패턴을 일반화하는 것으로 나아갈 수 있도록 지원하는 기회를 제공하였지만, 그 기회는 나중에야 인식되었다.

에다는 말러드 학교에서 아이슬란드어가 모국어가 아닌 학생과 그 학생을 가르치는 교사에게 추가적인 지원이 제공되지 않았다고 설명하였다. 학생들을 무작위로 짝지을 때, 그녀는 아이슬란드어가 모국어가 아니며 영어도 능숙하지 않은 3명의 학생이 하나의 모둠에 포함되도록 전략적으로 예외를 두었다.

에다: 하지만 실제로 과제를 수행한 것은 주로 두 사람뿐이었어요.

그럼에도 불구하고, 토론에 대한 접근성을 부여하려던 에다의 의도는 과제를 수행한 2명의 학생이 과제에 대한 응답을 녹음하기 전, 과제 수행에 참여하지 않았던 나머지 학생으로 하여금 준비에 참여하도록 하는 효과를 보였다.

9. TRU의 5가지 차원에 따른 논의

앞의 두 하위절을 비교하여 무성 비디오 과제가 가져오는 기회와 도전을 파악하면 TRU 분석틀의 5가지 차원에 따라 몇 가지 경향을 확인할 수 있다.

수학: 수학이 하나의 정답만 있다는 일반적인 사회 수학적 규범과 대조되는 경험에 학생들을 참여시키는 교사들의 모습이 관찰되었다. 교사는 학생들의 오개념을 포함하여 그들의 수학적 아이디어에 대해 이전에는 접근하기 어려웠던 정보에 대한 통찰을 얻었고, 무성 비디오 과제를 반복적으로 사용함으로써 오리는 수학적 대상을 설명할 때 정확성의 중요성에 대한 인식을 높였다. 따라서 무성 비디오 과제의 실행을 통해 교사들은 (a) 존재하는 다양한 설명/기술, (b) 제시된 수학 주제와 관련된 일반적인 오개념, (c) 수학 담론에서 정확성이 왜 중요한지에 대한 그들의 인식을 높임으로써 학생들의 학습을 지원할 수 있다는 결론을 내릴 수 있었다.

인지적 요구: 과제에 답하기 위해 무엇에 초점을 맞추어야 하는지 결정하기 어려워하는 학생들에게 주의를 기울이는 교사들의 모습이 관찰되었다. 이는 교실 환경이 대부분 하나의 정답만 있는 과제로 이루어져 있었기 때문으로 보인다. 무성 비디오 과제2에 참여한 학생들이 비디오를 시청할 때 자신이 확신하는 것에만 집중함으로써 인지적 요구를 낮추기로 하였는지, 아니면 단순히 직선의 기울기를 생각하지 못했는지는 확실하지 않다. 그러나 모둠 토론에서 기울기에 대한 학생들의 아이디어를 모으는 것은 교사의 과제이다. 토론에서 학생들은 수학적 아이디어를 스스로 이해할 수 있는 기회를 갖게 될 것이다. 교사가 모둠 토론을 이끄는 도전에 지속적으로 임한다면, 교실의 모든 학생에게 문제와 오개념이 객관적이고 의미 있는 방식으로 논의될 수 있다. 다시 말해, 교사는 학생들이 자신의 생각이 틀렸든 아니든 다른 학생들과 공유할 수 있는 안전한 환경을 조성할 수 있다.

내용에 관한 공평한 접근: 수학적 의사소통에 모든 학생이 참여할 수 있도록 기회를 만들기 위해, 모든 학생을 무성 비디오 과제에 참여하도록 하고 모든 의견을 경청하고 반응할 수 있도록 수업을 조정하는 교사들의 모습이 관찰되었다. 모국어가 아이슬란드어가 아닌 학생의 경우 이러한 조정은 부분적으로만 성공적이었기 때문에 더 발전시켜야 할 부분이 남아있다. 예를 들어, 교사는 이러한 학생들에게 자신이 유창하게 하는 언어로 과제에 응답할 수 있도록 할 수 있다.

주체성, 자주성, 정체성: 학생들은 교사가 그들을 강력한 수학적 사고자로 대하지 않는 한 스스로 자신을 그렇게 보지는 않을 것이다. 이는 교사가 과제 실행 중에 생각 멈춤 질문에 답하지 말아야 하는 이유와 관련이 있다. 또한, 이것은 교사 중심 관행으로 돌아가 학생들의 반응과 아이디어에 연결되지 않거나 의미 있게 발전시키지 못하는 수업을 하는 것이 (종종 유혹적이어서 도전적이나) 얼마나 문제가 되는지 와도 관련되어 있다. 예를 들어, 교사가 학생들에게 교사 자신을 위한 하나의 과제 응답을 준비해서 재생했다면, 이는 '모범' 답안에 대해 학생들에게 관찰되는 기대를 확인하는 행위로 끝날 것이다.

형성평가: 즉각적인 피드백 사용을 주장하면서, 실시간으로 학생들의 반응에 따라 의미 있는 교실 토론을 조율하는데 과도한 부담을 느끼는 교사들의 모습이 관찰되었다. 그럼에도 불구하고, 교사들이 즉각적인 피드백을 강조하는 것은 Wright et al.(2018)의 목록에 따르면 이론적으로 타당하다. 실제로 과제에 대한 응답을 녹음하는 것과 동료들의 응답을 성찰하는 것 사이의 시간이 길어지면, 교사에게만 준비할 시간이 주어지기 때문에 교사 중심 수업이 될 수 있다고 생각해 볼 수 있다. 하나의 사례로, 수업 토론이 끝날 때 오리가 학생들의 아이디어를 '함께 묶으려는' 것이 관찰된 바 있다. 이는 3번째 과제의 실행 중에 일어난 일로, 토론을 조율하는 능력을 개발하려면 경험, 훈련, 성찰이 필요하다는 것을 강조한다. 형성평가와 교실 토론에 더 많은 중점을 두고 실천하면서, 교사는 최종 성적보다 학습 과정에 더 많은 중점을 두기 때문에 성적이 주는 동기부여적인 역할을 능가할 수 있다.

10. 결론

이 장에서는 수학 교실에서 무성 비디오 과제를 실행하는 방법을 기술하고, 수학 교수-학습을 위한 테크놀로지 기반 형성평가 관행의 기회와 도전을 파악하는데 TRU 분석틀을 어떻게 사용할 수 있을지를 보여주었다. 안드리, 에다, 오리가 무성 비디오 과제를 실행하면서 경험한 것을 바탕으로, TRU 분석틀의 관점을 통해 교실 관찰 및 면담 자료를 분석함으로써 3개의 기회(그중 1개는 도전 역시 포함)와 4개의 도전이 확인되었다. 기회는 다음과 같이 다시 표현될 수 있다.

- 무성 비디오 과제는 학생들의 수학적 아이디어와 이해에 관한 문제, 이전에 주목하지 않았던 불일치, 또는 학생들이 아이디어를 표현하는 방식(단어 사용의 정확성)을 교사에게 가시화하는 잠재성을 가지고 있어, 교사가 이를 다룰 수 있게 한다.
- 무성 비디오 과제에 의해 만들어진 상황은 교사가 수학적 지식을 제도화하는 것을 가능하게 한다.
- 무성 비디오 과제를 실행하여 학생들에게 의사소통을 위한 테크놀로지 사용의 새로운 방식을 제공함으로써, 교사는 토론에 더 많은 학생들의 목소리를 포함시킬 수 있다.

이러한 기회 중 첫 번째는 이전에는 교사에게 암묵적이었던 문제를 제기하는데 도움이 되기 때문에 Wright et al.(2018)이 확인한 잠재성 중 하나로써 형성평가 관행에 중요하다. 두 번째 기회는 형성평가에 관한 Wiliam & Thompson(2008)의 3개의 핵심 전략인 학생을 성장하게 하는 피드백 제공, 학생들이 서로를 교육 자원으로 활용, 학습의 주인으로서 학생을 활성화하는 것과 연결된다. 왜냐하면 제도화된 상황에서 학생들의 아이디어는 논의되고 이전에 교실에서 논의되었던 수학적 대상에 연결되기 때문이다. 다시 말해, 학생들이 수학을 설명하는 방식은 교사가 수학을 설명하기 위해 사용하였던 방식과 연관되어 지위를 부여받게 된다. 여기서 중요한 것은 지식을 제도화하는 행위는 지식의 **습득**(acquisition)으로서 학습을 의미하는 반면, 무성 비디오 과제에서 의도한 것은 **참여**(participation)로서의 학습이라는 점이다(Sfard, 1998; Sfard, 2008). 그러나, 참여로서의 학습은 학생들을 **구상화**(reification) 과정(Sfard, 2008) 즉, 과정을 기술하는 것에서 대상에 대한 논의로 전환하는 과정을 지원함으로써 달성될 수 있으며, 이는 학생들이 모둠 토론에 참여함으로써 지원될 수 있는 과정이다.

세 번째 기회는 때때로 교사들이 그들에게 명확하지 않은 방식으로 과제를 조정해야 한다는 점에서 도전으로도 간주되었다. 아마도 유튜브, 틱톡, 스냅챗과 같은 학생들의 대중문화와의 유사성 때문에, 무성 비디오에 음성을 추가하는 과제는 학생들이 쉽게 이해할 수 있었던 것으로 판단된다. 몇몇 학생들은 소프트웨어 저장이나 녹음을 올리는데 기술적인 지원이 필요했지만, 테크놀로지 사용 자체는 큰 장애는 아니었다. 주로 연습과 지원이 필요한 부분은 의미 있는 토론을 촉진하는 것이다. 2개의 도전은 사회 수학적 및 사회적 규범과 관련이 있었다. 이 연구는 이를 확인할 수 없지만, 이들은 나라별 특수성이 있을 수 있다. 이 2개의 도전은 다음과 같이 다시 표현될 수 있다.

- 학생들이 '하나의 정답' 만이 존재한다는 일반적인 규범에 따라, 교사는 무성 비디오 과제와 같은 개방형 과제를 실행할 때 긴장을 겪을 수 있다.
- 학생들이 주로 최종 평가에 주도되는 경우, 교사가 형성평가 실행에서 학생들의 동기부여를 강화하는 것은 다루기 어려울 수 있다.

다른 2개의 도전은 무성 비디오 과제가 토론을 통해 학생들의 아이디어를 토대로 피드백을 제공하는 사회적 구성주의 방식으로 교사 수업의 전환을 요구하는 것과 관련된다.

- 학생들의 아이디어를 기반으로 모둠 토론을 이끄는 것은 어려운 과업이다.
- 교사 중심의 지식 전달로 돌아가고 싶은 유혹을 느낄 수 있다.

교사들이 테크놀로지 기반 형성평가 실행으로 전환할 때 이러한 도전들을 인식하는 것은 중요하다. 이들은 형성평가의 주요 전략과 테크놀로지 기반 형성평가 전략의 잠재성 모두에 연결된다(Wiliam & Thompson, 2008; Wright et al., 2018). 교사 중심의 지식 전달은 "직선이 수직일 때, 기울기는 무엇인가요?"와 같은 몇 가지 질문으로 구성된 강의식 수업이나 독백 형태를 취할 수 있으며, 이는 학생들에게 수학은 항상 하나의 정답만 존재한다는 인식을 강화한다. 대부분의 교사가 테크놀로지를 사용하면서 동시에 토론 수업이 요구되는 개방형 과제를 실행하는데 익숙하지 않다는 사실을 고려할 때 교사 중심 관행으로 돌아가는 것이 이해가 되는 부분이다. 또한, 학생들의 아이디어를 기반으로 토론을 이끄는 것이 학생들의 학습에 더 오래 지속되는 효과가 있을 수 있다는 것보다 이러한 토론이 종종 더 많은 시간을 필요로 할 수 있다는 사실이 더 중요하다고 여길 수 있다. 그러나 교사가 시간적으로 빠듯한 일정에 매몰되어 학생들이 수학적으로 생각하는 시간을 만들지 못한다면, 어떤 방식으로든 변화가 반드시 요구된다.

Mason(2002, p. 8)에 따르면, 교사가 선택의 순간에 정보를 토대로 결정을 내리고 단순히 반응하는 것이 아니라 인식한 것을 기반에 두고 전문가적 안목으로 반응했음을 느끼는 것이 중요하다. 이 연구에서는 무성 비디오 과제를 사용한 초임 교사가 성찰과 소리 내어 생각하기 활동을 통해 한 학기 내에 교실 토론의 가능성에 대한 순간순간의 인식을 발전시키기 시작했음을 보여주는 사례가 있었다. 이 초임 교사와 2명의 경력 교사에게 모둠 토론을 조율하는 것은 무성 비디오 과제 실행에서 가장 큰 도전이었다. Kooloos et al.(2020)은 Stein & Smith(2011)의 연구에 기반을 두고 교사 전문성 개발이 개방형 과제를 사용하여 교실 토론 관행을 신장하고자 하는 교사를 어떻게 지원할 수 있는지 논의한 바 있다. 이 연구에서 연구자들은 4번의 수업을 통해 한 교사가 자신의 수학 교실에서 담화 공동체를 형성하는 것을 지원하였다. 무성 비디오 과제 및 이와 유사한 관행(학생의 생각을 이끌어내고, 주의를 기울이고, 토론하고, 해석하고, 반응하는 교사의 능력을 개발하는 관행)을 수업에 포함하려는 교사에게는 교사 전문성 개발의 다음 단계로 같은 생각을 가진 교사들과 함께 실천 공동체를 형성하는 것이 적절해 보인다.

참고문헌

Aldon, G. (2014). Didactic incidents: A way to improve the professional development of mathematics teachers. In A. Clark-Wilson, O. Robutti, & N. Sinclair (Eds.), *The mathematics teacher in the digital era: An international perspective on technology focused professional development* (pp. 319–343). Springer.

Aldon, G., & Panero, M. (2020). Can digital technology change the way mathematics skills are assessed? *ZDM, 52*(7), 1333–1348. https://doi.org/10.1007/s11858-020-01172-8

Baldinger, E. M., Louie, N., & The Algebra Teaching Study and Mathematics Assessment Project. (2018). *The TRU math conversation guide: A tool for teacher learning and growth*. Graduate School of Education, University of California, Berkeley & College of Education, Michigan State University. https://truframework.org/wp-content/uploads/2018/03/TRU-CG-Math-2018-version.pdf

Bellman, A., Foshay, W. R., & Gremillion, D. (2014). A developmental model for adaptive and differentiated instruction using classroom networking technology. In A. Clark-Wilson, O. Robutti, & N. Sinclair (Eds.), *The mathematics teacher in the digital era: An international perspective on technology focused professional development*. Springer.

Brinkmann, S., & Kvale, S. (2009). *Interviews: Learning the craft of qualitative research interviewing* (3rd ed.). Sage.

Brousseau, G. (1997). *Theory of didactical situations in mathematics*. Kluwer Academic Publishers.

Cargile, L. A., & Harkness, S. S. (2015). Flip or flop: Are math teachers using khan academy as envisioned by Sal khan? *TechTrends, 59*(6), 21–28. https://doi.org/10.1007/s11528-015-0900-8

Gattegno, C. (2007). The method of Jean Louis Nicolet. *Mathematics Teaching, 205*, 42–43.

Harðarson, A. (2010). Hvaða árif hafði Aðalnáskrán frá1999 ábónásbrautir framhal-dsskóla? [What effect did the National Curriculum Guide from 1999 have on academic study lines in Icelandic upper secondary schools?] *Netla–Veftímarit um uppeldi og menntun*. 19 pages. http://hdl.handle.net/1946/13799

Jónsdóttir, A. H., Briem, E., Hreinsdóttir, F., Þóarinsson, F., Magnúson, J. I., & Möler, R. (2014). *Úttekt á stærðfræðikennslu íframhaldsskóum* [Assessment of mathematics teaching practices in upper secondary schools]. Reykjavík, Iceland: Mennta-og menningarmálaráðuneytið. Retrieved from https://www.mrn.is/media/frettir2014/Uttekt-a-staerdfraedikennslu-i-framhaldsskolum-2014.pdf

Kitz, S. (2013). Dynamische Geometrie ohne Computer: Die mathematischen Trickfilme des Geheimen Schulrats Münch. *Mathematische Semesterberichte, 60*(2), 139–149. https://doi.org/10.1007/s00591-013-0124-y

Kooloos, C., Oolbekkink-Marchand, H., Kaenders, R., & Heckman, G. (2020). Orchestrating mathematical classroom discourse about various solution methods: Case study of a teacher's development. *Journal für Mathematik-Didaktik, 41*(2), 357–389. https://doi.org/10.1007/s13138-019-00150-2

Kristinsdóttir, B., Hreinsdóttir, F., & Lavicza, Z. (2020a). Using silent video tasks for formative assessment. In B. Barzel, R. Bebernik, L. Göbel, M. Pohl, H. Ruchniewicz, F. Schacht, & D. Thurm (Eds.), *proceedings of the 14th international conference on Technology in Mathematics Teaching—ICTMT 14* (pp. 189–196). University of Duisburg-Essen. https://doi.org/10.17185/duepublico/70763

Kristinsdóttir, B., Hreinsdóttir, F., Lavicza, Z., & Wolff, C. E. (2020b). Teachers' noticing and interpretations of students' responses to silent video tasks. *Research in Mathematics Education*. https://doi.org/10.1080/14794802.2020.1722959

Liljedahl, P. (2018). Building Thinking Classrooms. In A. Kajander, J. Holm, & E. J. Chernoff (Eds.), *Teaching and Learning Secondary School Mathematics: Canadian Perspectives in an International Context* (pp. 307–316). Springer.

Mason, J. (2002). *Researching your own practice: The discipline of noticing*. Routledge.

Oechsler, V., & Borba, M. C. (2020). Mathematical videos, social semiotics and the changing classroom. *ZDM, 52*(5), 989–1001. https://doi.org/10.1007/s11858-020-01131-3

Olsher, S., Yerushalmy, M., & Chazan, D. (2016). How might the use of technology in formative assessment support changes in mathematics teaching? *For the Learning of Mathematics, 36*(3), 11–18.

Pai, J. (2018). Observations and conversations as assessment in secondary mathematics. In D. R. Thompson, M. Burton, A. Cusi, & D. Wright (Eds.), *Classroom assessment in mathematics: Perspectives from around the globe* (pp. 25–44). Springer.

Schoenfeld, A. H. (2018). Video analyses for research and professional development: The teaching for robust understanding (TRU) framework. *ZDM, 50*(3), 491–506. https://doi.org/10.1007/s11858-017-0908-y

Sfard, A. (1998). On two metaphors for learning and the dangers of choosing just one. *Educational Researcher, 27*(2), 4–13. https://doi.org/10.3102/0013189X027002004

Sfard, A. (2008). *Thinking as communicating. Human development, the growth of discourses, and mathematizing*. Cambridge University Press.

Sigurgeirsson, I., Eiríksdóttir, E., & Jóhannesson, I. Á. (2018). Kennsluaðferðir í130 kennslus-tundum í framhaldsskólum [Teaching methods in 130 lessons in Icelandic upper secondary schools]. *Netla – Veftímarit um uppeldi og menntun., Special issue 2018: Focus on upper secondary schools*, 27 pages. https://doi.org/10.24270/serritnetla.2019.9

Sinclair, N. (2016). Learning circles: Imitation and imagery. *Mathematics Teaching, 253*, 11–14.

Stein, M. K., & Smith, M. S. (2011). *5 practices for orchestrating productive mathematics discussions* (1st ed.). National Council of Teachers of Mathematics.

Swan, M. (2006). *Collaborative learning in mathematics: A challenge to our beliefs and practices*. NRDC and NIACE.

Swan, M. (2017). Towards a task-based curriculum: Frameworks for task design and pedagogy. In T. McDougal (Ed.), *Essential mathematics for the next generation: What and how students should learn* (pp. 29–60). Tokyo Gakugei University Press.

Tahta, D. (1981). Some thoughts arising from the new Nicolet films. *Mathematics Teaching, 94*, 25–29.

Tahta, D., & Fletcher, T. (2004). *An account of the first decade of AT(a)M. ATM.* Retrieved from https://www.atm.org.uk/write/MediaUploads/About/History_Gattegno/an_account_of_the_first_decade_of_AT(A)M.pdf

van Manen, M. (2016). *Researching lived experience: Human science for an action sensitive pedagogy* (2nd ed.). Routledge, Taylor & Francis Group.

Venturini, M. (2015). *How teachers think about the role of digital technologies in student assessment in mathematics* [PhD thesis]. University of Bologna.

Venturini, M., & Sinclair, N. (2017). Designing assessment tasks in a dynamic geometry environment. In A. Leung & A. Baccaglini-Frank (Eds.), *Digital technologies in designing mathematics education tasks: Potential and pitfalls* (pp. 77–98). Springer.

Wiliam, D. (2011). Embedded formative assessment. Solution Tree Press. Wiliam, D., & Thompson, M. (2008). Integrating assessment with learning: What will it take to make it work? In C. A. Dwyer (Ed.), *The future of assessment: Shaping teaching and learning* (pp. 53–82). Routledge. https://doi.org/10.4324/9781315086545

Wright, D., Clark, J., & Tiplady, L. (2018). Designing for formative assessment: A toolkit for teachers. In D. R. Thompson, M. Burton, A. Cusi, & D. Wright (Eds.), *Classroom assessment in mathematics: Perspectives from around the globe* (pp. 207–228). Springer.

Yackel, E., & Cobb, P. (1996). Sociomathematical norms, argumentation, and autonomy in mathematics. *Journal for Research in Mathematics Education, 27*(4), 458–477. https://doi.org/10.2307/749877

06

테크놀로지를 활용한 일차 방정식 가르치기: 거꾸로 수업 관점에서

Andrew McAlindon
Lynda Ball
Shanton Chang

이 장에서는 호주 빅토리아에 있는 한 중학교 수학교사가 9학년 수학 수업에서 일차 방정식을 주제로 가르치는 4주 동안 테크놀로지를 활용한 거꾸로 수업 방식을 구현한 경험과 인식에 대해 논의한다. 이 연구에서 거꾸로 수업 교육을 처음 구현하는 동안 주로 교사의 테크놀로지 역량을 구축하는 과정에 상당한 시간이 소요되는 것으로 나타났다. 학생들의 성장을 살피기 위해서 형성평가를 사용하는 것은 교사가 학생 참여를 계획하고 확인하는데 도움이 된 것으로 밝혀졌다. 거꾸로 그룹에서 학생 참여가 증가했는데, 이는 교사가 수업에서 개별 학생들을 도울 시간이 더 많이 확보되어 교사들의 수업 내 시간 압박이 줄어들었기 때문일 것으로 보인다. 우리는 교사들이 거꾸로 수업 방식을 구현하는 것을 지원하기 위해서 교사의 테크놀로지 역량 개발, 수학 학습에 대한 학생들의 기대를 모니터링하는 교사 전략, 거꾸로 수업 접근을 통해 강화될 수 있는 교수-학습의 측면에 대해 비판적인 교사의 사고 능력과 같은 몇 가지 전문성 개발 기회들을 고려해야만 한다고 결론지었다.

주요 용어: 거꾸로 수업, 전문성 신장, 중학교, 일차 방정식

1. 서론

21세기는 학생과 교사 모두에게 물리적인 교실 공간 안팎으로 테크놀로지에 대한 의존성과 접근성이 증가하는 시대로 접어들었다(Groff & Mouza, 2008). 테크놀로지에 대한 접근성의 증가는 교사들에게 "무엇을 가르치고, 어떻게 가르치고, 그리고 왜 가르치는지에 대한 새로운 사고"(Moyle, 2010, p.5)를 촉진하는 수많은 기회를 제시하였다. 2020년 코로나19 팬데믹은 호주와 전 세계 많은 지역에 원격 교수-학습을 강제하게 해서 교사들이 수학 교수·학습에서 테크놀로지 지원 활동을 고려하는 생각을 가속화하였다.

이 장에서는 거꾸로 수업 접근을 통해 9학년 수학에서 일차 방정식을 푸는 방법을 배우는 학생들의 이해, 태도 및 관점을 조사하는 더 큰 연구의 일환으로 교사 측면을 보고한다(McAlindon, 2020). 이 장은 호주 수학 교실에서 거꾸로 수업 교육 방식을 구현한 특정 교사의 경험을 사례 연구로 제시하여 다음과 같은 연구 문제에 답한다.

"처음 거꾸로 수업 방식을 구현하는 교사의 경험과 관점은 무엇인가?"

대부분의 거꾸로 수업 연구가 고등교육 환경에서 이루어지는 것을 고려한다면(Akçayır & Akçayır, 2018), 우리 연구는 중등 교육의 구현이라는 관점에서 통찰을 제공한다. 고등 교육에서 거꾸로 수업 방식이 전통적인 강의보다 참여도가 높아진다는 보고가 있다(Yeung & O'Malley, 2014). 하지만 새로운 교수 접근을 계획하고 준비하는데 있어 교사에게 시간 제약(Critz & Wright, 2013; Hoffman, 2014)에서부터 학생 참여를 적절히 지원하거나 모니터하지 못하는 문제(Lo et al., 2017)까지, 실제 구현에 있어 도전 과제들도 있다. 고등 교육과 중등 교실은 학생들의 나이와 교육 단계가 다르기 때문에 거꾸로 수업 구현과 관련된 연구 결과에서도 차이가 날 가능성이 크다. 이 연구는 고등 교육에서 거꾸로 수업 방식을 구현하는 것과 관련된 이점이나 도전 과제들이 중등 수학 교실 환경에서도 동일하게 나타나는지를 확인하는데 통찰을 제공한다.

이 장에서 보고하는 연구는 거꾸로 수업 하나와 거꾸로 방식이 아닌 수업 하나를 포함한 두 개의 수업 비교를 포함한다. 이것은 교사가 거꾸로 수업과 거꾸로 방식이 아닌 수업 간의 차이점들을 되돌아볼 수 있게 한다. 이 두 수업들의 조건은 다음과 같다.

- 교사가 동일하였다.
- 계획된 예제들이 동일하였다.
- 거꾸로 수업이 아닌 수업은 거꾸로 수업 콘텐츠, 즉, 교사 비디오에 접근할 수 없었다.

1.1. 거꾸로 수업: 구성 요소 및 구현 개요

거꾸로 수업은 "교실에서 전통적으로 진행되는 일부 활동들, 예를 들어 교사의 내용 제시는 집에서 하는 활동이 되고, 일반적으로 숙제로 구성되던 활동이 이제는 교실 활동이 되는 교수 모델"(Akçayır & Akçayır, 2018)로 정의된다. 교사가 제시하는 내용은 일반적으로 디지털 기술을 활용하여 수업을 비디오로 녹화하거나 기존에 있는 적절한 온라인 비디오들을 확인해서 학생들이 수업 전에 숙제로 시청하게 한다(Lo et al., 2017). 테크놀로지가 내용 전달에 사용되는 거꾸로 수업을 테크놀로지가 강화된(technology-enhanced) 거꾸로 수업이라고 한다(Lo et al., 2017). 수학 교실에서 내용 제시는 일반적으로 수학적 절차들의 사용을 보여주고 개념을 설명하고 구체적인 자료를 보여주고 또는 테크놀로지를 사용하는 모델을 쓰는 교사 예시들을 포함할 수 있다.

일반적으로 교실 수업은 교실 밖과 교실 안 구성 요소로 2가지 주요 구성 요소로 생각해 볼 수 있다. 이 2가지 구성 요소는 일반적으로 활동의 시간과 장소에 따라 다르며, 문제나 과제들 같은 교실 밖 구성 요소와 일반적으로 교사가 어떤 내용을 제시하는 대면 수업 같은 교실 내 구성 요소로 비동기적으로 발생한다. 거꾸로 수업은 이 패러다임을 "뒤집어" 비동기적인 교실 밖

구성 요소로 교사 내용 제시를 수업 전 활동으로 해서 숙제로 제공하고, 교사가 설정한 문제나 과제들을 교실에서 완료하게 한다.

비교적 단순한 개념처럼 보이지만, 거꾸로 접근 방식은 '과정을 뒤집는' 교수 방식이 다양하게 구현되는 방법들로 제안할 수 있는 것보다 더 미묘하다. 이를 구현하는데 전 세계적으로 통용되는 방식도 없고 테크놀로지를 반드시 사용해야만 한다는 규정도 없다(Lo & Hew, 2017; Love et al., 2014). Lo et al.(2017)의 거꾸로 교수법에 대한 연구를 종합하면 수학교육 문헌에서 거꾸로 수업 구현에 대한 표준적인 접근법은 없다고 결론짓는다. 거꾸로 수학 교실에서 보고된 수업 전 활동에는 동영상 시청, 기사 읽기, 프리젠테이션 보기, 교과서 읽기 등이 포함되어 있는데(Lo et al., 2017; Lo & Hew, 2017), 이는 수업 전 활동이 교사와 학생 모두에게 얼마나 다양할 수 있는지를 강조한다. 또한 거꾸로 수업들에서 보고된 다양한 수업 내 활동은 교사가 학생들에게 독립적인 연습 시간 제공하기, 능동적 학습 활동, 교과서 검토 활동, 학생 발표, 소그룹 활동, 그룹 토론, 이전에 미리 확인된 문제를 중심으로 한 집중 학습 등이 포함된다(Lo et al., 2017).

교사의 구현에서 다양한 접근 방식은 거꾸로 수업의 효능에 대한 서로 다른 결론을 이끌어 내었다(Bishop & Verleger, 2013; Kadry & Hami, 2014; Love et al., 2014; Jensen et al., 2015). 거꾸로 수업 연구에서 수업 전과 수업 내 활동의 차이점은 효능을 결정하거나 거꾸로 구현의 성공/단점들을 수업 전 또는 수업 내의 어떤 특정 구성 요소의 탓으로 돌리기를 어렵게 한다. 여러 과목을 통틀어 거꾸로 수업의 영향에 대해 저자들은 "불명확한 그림"이라고 주장한다(Låg & Sæle, 2019).

따라서 우리의 연구는 중등 수학 수업에서 거꾸로 접근 방식을 구현할 때 수업 전 활동을 변경하는 것이 미치는 영향을 조사하고 그렇게 수행한 교사의 관점을 기술하고자 하였다.

1.2. 테크놀로지, 교수법, 거꾸로 수업 구현

거꾸로 수업에서는 사용되는 테크놀로지의 유형들을 구분하는 것이 중요하다. 여기에는 교사의 내용을 녹화하는 테크놀로지, 예를 들어, 예제 설명을 비디오로 녹화한 것, 거꾸로 수업 콘텐츠 전달을 지원하는 테크놀로지, 예를 들어, 학생들이 자신의 컴퓨터로 유튜브 클립에 접근하거나 교사가 제공한 파일을 재생하는 것, 형성 평가를 수집하기 위해 교사가 사용하는 테크놀로지, 예를 들어, 온라인 플랫폼 사용, 그리고 교사나 학생이 문제를 풀거나 개념이나 절차를 설명하는데 도움을 주기 위해 사용하는 테크놀로지 등이 포함된다.

결과적으로 거꾸로 수업은 테크놀로지를 사용해 지원할 수 있지만, 교사들에게는 테크놀로지가 강화된 거꾸로 수업들에서 이를 효과적으로 구현하기 위해 극복해야 하는 잠재적 장애물도 있다. Kearney et al.(2018)은 교사들이 새로운 테크놀로지를 자신들의 교수 활동에 채택할 때 직면하는 도전 과제들, 특히 적절한 시기의 전문성 개발에 접근하는 것을 포함해, 어려움들을 강조하였다. 교수법 내에서 효과적인 테크놀로지 통합의 복잡성은 테크놀로지 관련 교수학적 내용 지식(Technological Pedagogical Content Knowledge, 이하 TPACK)의 분석틀(Mishra & Koehler, 2006, TPACK)에 의해 강조되는데, 이것은 교사가 과목 내용, 교수학적 지식, 테크놀로지 지식을 통합할 필요성을 설명한다. TPACK은 거꾸로 수업 연구와 직접적으로 연결되지는 않지만, 테크놀로지가 강화된 거꾸로 수업을 구현하는데 있어서 교사에게 요구되는 사항들을 예로 들어준다. 교사들은 학생들이 교실 밖에서 새로운 수학적 기술과 개념을 배울 때 학생들의 수학적 이해를 발전시키기 위해 테크놀로지를 활용하는 방법을 고려해야만 하고 이런 새로운 이해는 이후 이뤄지는 대면 수업을 뒷받침한다.

중요한 교수학적 고려 사항의 하나는 학생들이 거꾸로 콘텐츠와 함께 학습하는 동안 교사에게 질문할 수 없을 것이라는 점이다. 그래서 교사들은 학생들을 참여시키기 위해서 거꾸로 콘텐츠의 성격과 범위를 고려해야만 하고 예상되는 학생들의 어려움을 예측하고 완화할 방법도 생각해야만 한다. Mishra & Koehler(2006)는 테크놀로지가 교수학적 결정들을 제한할 수 있을 거라고 제안한다. 거꾸로 수학 교실에서 거꾸로 콘텐츠 설명이 교사와 학생 간의 상호작용 없이 일어나고 교사는 실시간으로 학생들의 이해를 모니터링하거나 대응할 수 없는 것 등이 이를 잘 보여준다. 교사들은 학생들의 질문에 즉각적으로 응답할 수 없는 상황에서 논리, 수학적인 해결 단계들, 대수식을 간단히 하기 위한 CAS 계산기 같은 테크놀로지 사용, 또는 구체적인 자료를 시연하는 것 등을 어느 정도 포함할지 고려해야만 한다. 이것은 교사들이 수업 전 자료를 계획할 때 교사들이 하는 교수학적 선택에 영향을 미친다.

이러한 교수학적 문제들과 더불어, 교사들이 극복해야만 하는 구체적인 테크놀로지 관련 어려움들도 있다. 많은 경우 이것들은 테크놀로지에 대한 숙련도와 새로운 수업 내용을 개발하기 위한 증가된 업무량과 관련이 있다(Akçayır & Akçayır, 2018; O'Flaherty & Phillips, 2015).

1.3. 거꾸로 방식을 구현하는 교사의 경험

거꾸로 수업에서 교사들은 수업 전과 수업 중 활동 모두에 대해 내용 전달에 대한 결정을 내려야 한다. 수업 전 활동을 위해 비디오 준비나 내용을 선택하는 과정에서 기술적 고려사항이 있다. 또한 교사들은 학생들이 수업 중 활동 동안 학습이나 수학하기(doing mathematics)를 위해 테크놀로지, 예를 들어, 동적 기하학, 컴퓨터 대수 시스템, 그래프 소프트웨어, 앱 등을 사용할 것인지를 결정해야만 한다. 결국 교사는 수업 전과 수업 중 활동 모두에 대해서 테크놀로지를 어떻게 그리고 언제 활용할 것인지를 고려해야 하는 것이다. 이 장에서 중심은 수업 전 활동을 위한 테크놀로지 사용에 있다.

수학적 기술 및/또는 개념을 비동기적인 방식으로 가르치기 위한 내용을 준비하는데 교사들의 계획이 필요하다. 수업 전 내용을 준비하는 것은 심지어 가장 경험이 많은 교사들에게도 준비 시간을 증가시킨다(Akçayır & Akçayır, 2018; Bergmann & Sams, 2016). 준비 시간 증가는 교사들이 극복해야 할 과제이면서 이 접근 방식에 대한 주요한 비판 중 하나이다(Lo & Hew,

2017). Adams & Dove(2016)의 선행 연구는 거꾸로 접근 방식을 위해 과정을 재설계하는데 70시간 이상의 작업 시간이 필요하다고 보고하였다. 이런 시간 증가는 주로 비디오 강의를 만들고 편집하는데 걸리는 시간과 수업 중 활동을 준비하는데 필요한 시간 때문이다(Akçayır & Akçayır, 2018; Lo et al., 2017).

Johson & Renner(2012)는 한 교사의 관점을 강조하였다. 이 교사는 거꾸로 수업을 계획하는데 필요한 업무량이 번거로웠고 각 수업마다 두 개의 수업 계획(즉, 수업 전과 수업 중)이 필요함을 느꼈다고 하였다. 이와 마찬가지로 Wanner & Palmer(2015)는 47명의 호주 대학 교수들이 가장 큰 걱정으로 증가한 업무량을 꼽았으며 한 교수는 준비 시간이 여섯 배 증가하였다고 언급하였다. 이런 것에도 불구하고 교사들은 직업 만족도가 증가하였다고 보고되었다(예를 들어, Brunsell & Horejsi, 2013). 거꾸로 수업은 교사들에게 학생들의 필요에 따라 차별화된 교육 기회들을 제공하였고(Finkel, 2012; Fulton, 2012; Speller 2015), Saunders(2014)는 고등학교 수학교사들이 모든 유형의 학습자를 위한 학습 기회들을 풍부하게 할 수 있는 기회를 향상시켰다고 보고하였다.

일부 교사들은 증가된 시간 투자가 긍정적인 효과로 더 목표 지향적인 수업 중 활동을 가져왔다고 하지만, 다른 교사들은 이것을 보상이 적은 번거로운 일로 보았다(Johnson & Renner, 2012). 이 장에서는 거꾸로 수업과 하나의 병행하는 거꾸로가 아닌 수업을 동시에 가르치면서 거꾸로 수업 도입 경험들을 성찰할 수 있었던 한 교사의 경험과 관점을 통해 거꾸로 수업 구현의 장점과 단점을 소개한다.

2. 연구 방법론

2.1. 연구 방법론의 기초

고등 교육과 다양한 학문 분야에 걸쳐 거꾸로 수업 연구가 집중되어 있는 상황에서 중등 수학교사들에게 이런 접근 방식이 미치는 영향에 대한 이해는 부족하다. 거꾸로 방식을 구현할 때 교사들의 경험 그리고 이런 접근 방식에 대한 그들의 관점을 이해하는 것은 중요하다. 이는 교사들이 그들의 수업에서 교수 방식을 결정하는데 중요한 역할을 하기 때문이다. 거꾸로 접근 방식의 실현가능성을 판단하는데 있어서 하나의 중요한 측면은 그 교사의 관점으로부터 본 잠재적인 기회들과 장애 요인들을 이해하는 것이다.

이 연구에서는 한 교사의 경험과 관점을 거꾸로 수업 구현 전, 구현 중, 구현 후의 3가지 다른 시점에서 인터뷰를 통해 수집하였다. 이 3가지 단계에서 교사의 경험과 관점을 수집하는 것은 교사의 계획(구현 전), 교사 고려 사항(구현 중), 교사의 반성(구현 후)에 대한 충분한 이해를 보장하기 위해 중요하였다.

9학년에서 거꾸로 학급과 거꾸로 수업이 아닌 학급은 동일한 교사가 가르쳤으며 이들은 일차 방정식의 풀이에 중점을 두었다. 교사의 설명과 예제는 각 학급에 동일하도록 계획되었고 오직 지도 전달 방식만이 계획된 차이였다. 교사는 거꾸로가 아닌 학급에서 예제를 제시할 때는 명시적으로 지도하려고 계획하였다. [그림 1]은 그 교사가 사용한 예제로 녹화되는 절차적 단계를 보여준다. 이 수업 내용이나 비디오 분석은 이 장에서는 제공되지 않는다. 교사의 동일한 예제에 대한 명시적 가르침은 비디오로 녹화되었고 거꾸로 학급에 제공되었다.

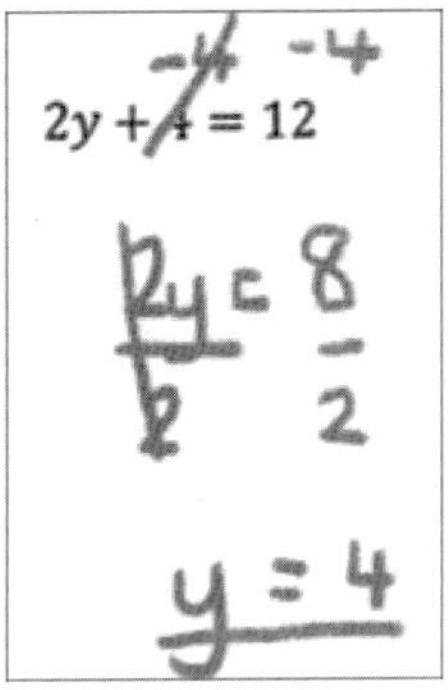

[그림 1] 일차 방정식을 대수적으로 해결하기 위해 교사가 제시한 절차적 예제

사례 연구 방법론은 교사 활동에 대한 풍부한 증거로 우리의 이해를 돕는데 사용되었다 (Hamilton & Corbett-Whittier, 2013). 우리 맥락에서는 교사의 두 학급에 대한 자연스러운 관찰을 바탕으로 한 경험과 관점들을 자세히 설명하는데 이 방법론이 사용되었다. 이런 접근 방식은 교사와 학생들에게 자연스러운 환경을 제공했고 학생들은 평상시 수학 수업에서 자신들의 수학교사와 함께 하였다.

2.2. 연구 배경

이 연구는 연구자 이름들 중 처음 언급된 연구자가 근무하는 장소인 호주 빅토리아주의 남녀 공학 중등학교인 학교 A에서 진행되었다. 학교 A는 각 학생과 교사가 학교와 집에서 사용할 수 있도록 애플 맥북을 지급하는 1:1 컴퓨터 사용 전략을 채택하였다. 교사들은 또한 그래픽 태블릿(Wacom Intuos)을 포함한 다양한 테크놀로지에 접근할 수 있다.

학교 A는 교사들이 자신의 관심사에 맞는 전문성 개발을 선택할 수 있는 학기 기반 전문성 개발 워크숍을 제공한다. 한 워크숍 시리즈는 거꾸로 수업 교수법에 집중하였고 이것은 학교 A의 전문성 개발 코디네이터인 첫 번째 언급된 연구자가 진행하였다. 7회 각 1.5시간 동안 진행된 거꾸로 수업 워크숍에서는 거꾸로 수업에 대한 일반적인 소개, 수업 내 및 수업 전 활동의 일반적인 진행방법, 비디오 탑재 방법과 비디오 제작 및 탑재 시간을 포함한 내용들을 다루었다.

교사들은 Lo et al.(2017)이 수업 구현을 지원하기 위해 고안한 10가지 설계 원칙에 대한 다음 요약 자료를 제공받았다.

1. 학생들을 위해 거꾸로 수업으로의 전환을 관리하기.
2. 강의자를 위해 거꾸로 수업으로의 전환을 관리하기.
3. 도입 자료를 설명하고 비디오 강의에서 온라인 지원을 제공하는 것을 고려하기.
4. 강의자가 제작한 짧은 비디오를 사용하여 효과적인 멀티미디어 학습 가능하게 하기.
5. 학생들의 수업 준비를 유도하기 위하여 성적을 매기는 온라인 연습문제를 사용하기.
6. 학생들의 수업 외 학습 성과를 기반으로 수업 교수 계획을 수정하기.
7. 대면 수업 시작 때 퀴즈와 같은 구조화된 형성 평가를 사용하여 학생들의 사전 학습을 활성화하기.
8. 학생들에게 다양한 과제와 실세계 문제들을 해결하도록 요구하기.
9. 강의자 피드백과 차별화된 지도를 통해 학생들의 요구 충족시키기.
10. 소그룹 학습 활동을 통해 동료 지원 학습을 촉진하기(Lo et al., 2017, pp.62-66).

2.3. 교사 참가자

수학과 교수들은 거꾸로 수업 세션에 참가했던 교사들을 연구에 참여하도록 초대하였다. 첫 번째로 언급된 연구자는 이 연구에 대해 설명하고, 두 개의 비교 수업을 가르친 한 명의 교사가 교수 접근에서 변동성을 최소화하면서 두 수업 비교 반성을 지원하는데 도움이 될 것이라는 합리적인 이유를 설명하였다.

한 명의 교사, 케이트(가명)는 9학년 두 개의 수업을 가르치며 이 연구에 참여한다고 자원하였다. 케이트는 15년 이상 수학을 가르쳐왔고, 대부분의 시간에 맥북이나 CAS 계산기 같은 테크놀로지를 사용해 가르쳐왔다. 케이트는 이전에 거꾸로 접근 방식을 사용해 가르친 경험은 없었지만, 9학년 일차 방정식을 가르친 경험은 있었다. 케이트는 자신의 수업 중 하나를 실험 그룹으로, 다른 하나는 통제 그룹으로 지명하였다. 실험 그룹은 테크놀로지가 강화된 거꾸로 접근 방식을 사용해 교육 내용을 받았고 이 수업은 거꾸로 그룹이라고 지칭하였다. 통제 그룹은 케이트의 일반적인 교수 방식을 따랐고 그녀가 수업 중에 내용을 설명하고 학생들이 문제를 해결하며 숙제로 주제와 관련된 문제들을 해결하는 방식이었다. 이 수업은 거꾸로가 아닌 그룹으로 지칭된다. 학교의 교장이었던 케이트와 그녀의 학생들, 그들의 부모 모두에게 이 연구를 설명하는 평이한 언어로 된 설명서와 이 연구에 참여하도록 동의하는 서명된 동의서를 제공하였다. 서명된 동의서를 내지 않은 학생들은 수업 활동에는 참여했지만 그들의 자료는 분석에서 제외되었다.

2.4. 연구 설계

케이트는 거꾸로 그룹과 거꾸로가 아닌 그룹 모두에게 일차 방정식 주제에 대해 동일한 설명과 예제를 계획하도록 요청받았다. 이것은 유일한 계획된 차이가 설명과 예제를 전달하는 방식이 되도록 해서 거꾸로와 거꾸로가 아닌 접근 방식 간의 비교를 가능하게 하였다.

케이트는 전문성 개발 세션 동안 Lo et al.(2017)의 설계 원칙을 제공받았지만, 비디오를 제작할 때 이 원칙들을 적용하라고 지시받지는 않았다. 하지만 케이트는 이 원칙들을 알았기 때문에 이것들은 그녀의 수업 설계와 이후 교수에 영향을 미쳤을 수 있다.

각 50분 또는 100분의 수업을 위해 4주(16번의 수업) 동안 케이트는 학생들이 사전 수업 활동으로 볼 비디오를 준비하였다. 케이트는 각 수업을 위해 설명과 예제의 양과 질에 대해 스스로 결정하였다. 그 결과 케이트는 총 11개의 비디오에 73분 48초 분량의 온라인 콘텐츠를 제작하였다.

케이트는 그래픽 태블릿과 자신의 컴퓨터를 연결하여 화면 캡쳐된 오디오와 비디오로 자신의 예제와 설명들을 녹화하였다. 녹화 비디오는 첫 번째 연구자의 요청에 따라 Edpuzzle(edpuzzle.com)이라는 온라인 플랫폼에 탑재되었다. 이 플랫폼은 학생 참여 자료를 수집할 수 있는 기능이 있어서 모니터링을 지원한다. 케이트는 거꾸로 그룹 학생들이 각각의 비디오를 시청하면서 답하기를 기대하는 형성평가 항목을 포함시켰다.

학생들이 각 비디오에 접근한 시청 시간 데이터와 교사의 형성 평가 항목에 대한 응답은 케이트가 학생들의 참여와 이해를 모니터링할 수 있게 해 주었다. 〈표 1〉처럼 학생들은 숙제로 사전 녹화된 비디오에 접근하였다.

2.5. 거꾸로와 거꾸로가 아닌 수업 내용과 구조

거꾸로 그룹과 거꾸로가 아닌 그룹 모두의 교수법과 학생 작업에 대한 기대치의 개요는 〈표 1〉에 요약되어 있다. 두 그룹의 학생들에게는 수학에 대해 동일한 시간 투자를 기대한다.

〈표 1〉 거꾸로 그룹과 거꾸로 아닌 그룹의 유사점과 차이점 분류

분류	항목	그룹	
		거꾸로	거꾸로가 아닌
교수학적	교사	동일	동일
	교수 내용 (사용된 예제)	동일	동일
	교수 내용 초기 전달 방식	비디오를 통해 숙제로 완성	예정된 수업 시간 동안 교사가 설명
학생 과제 요구	학생들에게 할당된 연습 문제	동일	동일
	예정된 수업 시간 활용	비디오에서 개념 명확히 하기 문제 해결	교사의 교수 내용 설명 듣기 개념 명확히 하기 문제 해결
	일반적인 숙제 루틴	다음 수업을 위해 비디오 보기	문제 해결
	전체 시간 투자	동일	동일

수업에서 수학 내용인 일차 방정식 풀이는 동류항 모으기, 같은 값 인식하기, 산술 방정식 풀이인데, 예를 들어, $Ax + B = C$ 형태의 방정식, $Ax + B = Cx + D$ 형태의 방정식인 비산술 방정식 해결이 포함된다. 케이트는 맥락적이 아닌 문제들을 해결하기 위해서 단계별 일반 절차를 시연하는 [그림 1]과 같은 절차적 예제를 사용하였다. 거꾸로 그룹과 거꾸로가 아닌 그룹 모두에게는 동일한 설명 노트, 예제 및 문제를 사용하였고 거꾸로 접근 방식의 성공 여부를 고찰할 수 있게 하였다.

2.6. 반구조화된 인터뷰

반구조화된 인터뷰는 소규모 연구에 적합하고 유연한 접근 방식을 제공한다(Drever, 1995). 사전에 정해진 질문 모음은 인터뷰하는 사람이 그 순간에 가장 적절하다고 생각하는 것에 따라 변경된 순서, 단어 선택 또는 구조 등을 쓸 수 있어서이다(van Teijlingen, 2014). 각각의 반구조화된 인터뷰는 케이트의 계획, 실행, 기술적 어려움들, 학생 진도에 대한 인식과 거꾸로 접근 방식에 대한 문제점들을 이해하기 위해 사전에 준비된 질문들로 구성되었다(부록 참조).

케이트는 20분씩 세 번의 반구조화된 인터뷰에 참여하였다. 주제를 가르치기 전(사전 실행)에 한 번, 주제를 가르치는 중간(실행 중)에 두 번째, 주제의 끝(사후 실행)에 세 번째 인터뷰를 하였다. 인터뷰는 그대로 전사되었으며 전체 전사본은 케이트에게 확인하고 추가 설명이나 명확하게 하도록 제공되었다.

2.7. 자료 분석

각 세 번의 반구조화된 인터뷰들에 대한 질적 분석은 Ball(2011)이 제시한 전사본을 사용해 주제를 도출하는 과정을 포함하는 9단계 접근법을 따라 [그림 2]처럼 진행하였다. 이 과정은 케이트가 한 유사한 주제 발언들을 모아서 Ball(2011)이 클러스터라 불렀던 하위주제를 만들었다. 하위 주제들은 〈표 2〉처럼 유사한 관련 하위 주제들을 대표하는 포괄적인 주제로 그룹화되었다.

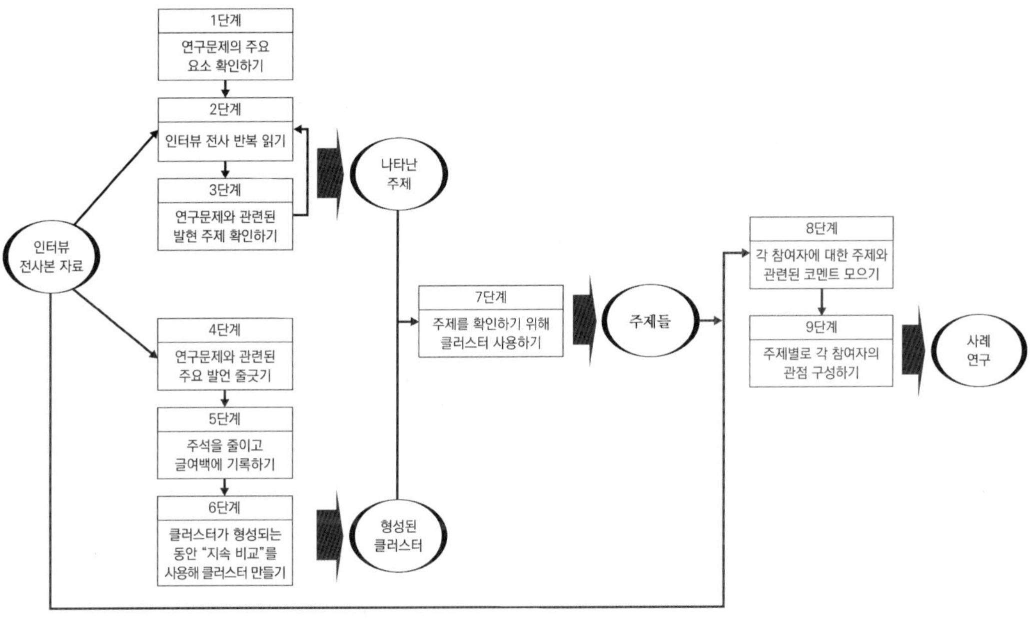

[그림 2] 인터뷰 전사 자료를 분석하기 위한 9단계 접근법(Ball, 2011, p.91)

자료는 "무슨 일이 일어나고 있는가"에 대한 최선의 설명을 제공하는 주제를 도출하기 위해 지속적으로 재검토되었다(Srivastava & Hopwood, 2009). 모든 저자들은 대표적인 하위 주제들을 세우고 최종적으로 각 인터뷰의 내용을 포착하는 주제 집합을 검증하기 위해서 재검토하였다.

〈표 2〉 세 번의 반구조화된 교사 인터뷰에서 주제와 하위 주제 및 빈도수

주제	하위주제	빈도수	인터뷰
1. 거꾸로 수업에서 요구사항	1.1 거꾸로 수업에 학생 참여를 위한 명확한 기대치가 필요하다	15	1,2,3
	1.2 교사의 테크놀로지 역량 필요	11	1,2,3
2. 과정 이해하기	2.1 거꾸로 수업을 위한 수업 계획과 준비는 일반 수업에 비해 시간이 더 많이 소요된다	10	1,3
	2.2 비디오의 품질이 완벽할 필요는 없다	6	1,2
	2.3 대면 수업 전에 학생의 진행 상황을 보는 것은 교사의 미래 계획과 준비에 도움이 될 수 있다	4	1,2,3
3. 주요 인식 결과: 자원	3.1 거꾸로 튜토리얼은 재사용가능하다	6	1,2,3
4. 주요 인식 결과: 교실 참여	4.1 거꾸로 그룹은 일반 수업에 비해 대면 수업 시간 동안 더 많은 참여와 더 적은 행동 문제를 보인다	11	2,3
	4.2 거꾸로 수업은 협업 기회를 제공한다	4	2,3
5. 주요 인식 결과: 교사 관련	5.1 대면 일반 수업에 비해 대면 거꾸로 수업에서는 학생들의 학습을 관찰하고 지원할 수 있는 기회가 더 많다	7	1,2,3
	5.2 대면 일반 수업에 비해 대면 거꾸로 수업에서 교사는 스트레스를 덜 느낀다	6	2,3
6. 주요 인식 결과: 학습자 관련	6.1 거꾸로 수업에서는 일반 교실에 비해 대면 수업 시간 동안 학생들이 더 많은 질문에 시간을 할애할 수 있다	13	1,2,3
	6.2 거꾸로 수업은 성취도가 낮은 학생들을 지원한다	8	1,2,3
	6.3 거꾸로 수업 튜토리얼은 유연하고 개별화된 학습을 가능하게 한다	5	1,3

케이트는 동일 또는 후속 인터뷰에서 아이디어를 재진술하거나 반복하였고 이러한 유사한 아이디어들은 "하위 주제"로 그룹화되었다(4-6단계). 이것은 전사본의 여백에 발언들을 강조하고 바꾸어 표현하는 것으로 얻어졌고 관련된 바꾸어 표현된 발언들이 하위 주제를 형성하였다. 4단계와 5단계의 결과 예시는 [그림 3]에 설명되었다.

4 단계: 연구 문제와 관련된 인터뷰 발언에 하이라이트하기	5 단계: 발언 재구성하기
음...예, 나는 거꾸로 수업에 들어가면서, 이것도 하고 저것도 해야 해 라는 시간 제약이 없기 때문에 스트레스를 덜 받는다고 말할 거예요.	교사는 거꾸로 수업에 들어갈 때 스트레스를 덜 받는다고 느낀다.
음. 나는, 거꾸로 수업에서 무슨일이 일어나는지 알아요… 음 우리가 이것을 하려고 하는데 얼마나 많은 시간이 걸릴지도 알아요.	교사는 매 거꾸로 수업에서 무엇이 일어날지와 수업이 어떻게 진행될지에 대한 명확한 기대치가 있다.
다른 수업에 비해서, 나는 학생들이 수업내에서 활동에 시간을 쓰기를 원하니까 항상 어려움이 있죠. 그러면 학생들이 당신 얘기를 충분히 듣지 않기 때문에 행동 문제도 있구요....	교사는 일반 수업에서 시간과 그에 따른 행동 문제들을 안다.
그래서 거꾸로 수업으로 합니다. 네. 이 수업은 놀랍게도 거꾸로가 아닌 수업보다 더 편안하고, 당신도 알다시피 시간 스트레스도 적어요.	교사는 일반 수업에서 대면 요소에 더 많은 스트레스가 있고 대면 거꾸로 수업이 더 편안하다는 것을 안다.

[그림 3] 인터뷰 전사본에서 발췌한 의견을 재구성한 예시

세 번의 인터뷰를 통해서 하위 주제와 주제들이 결정되었다. [그림 3]과 [그림 4]의 동일한 재구성된 예시들을 사용해서 어떻게 여러 인터뷰에 거쳐 하위 주제가 형성되었는지를 보여준다. 거꾸로 수업 구현에 대한 교사의 경험과 관점에 관한 주제들은 다음 절에서 나온다.

하위주제	재구성된 발언 (인터뷰 1)	재구성된 발언 (인터뷰 2)	재구성된 발언 (인터뷰 3)
교사는 대면 일반 수업에 비해 대면 거꾸로 수업에서 스트레스를 덜 느낀다	N/A	교사는 거꾸로 수업에 들어갔을 때 스트레스를 덜 느낀다. 교사는 일반 수업의 대면 요소들에서 스트레스를 더 찾고 대면 거꾸로 수업에서 좀 더 편안함을 느낀다. 교사는 각 거꾸로 수업에서 무엇이 일어날지, 어떻게 수업이 전개될지에 대해서 더 명확한 기대를 가진다. 교사는 일반 수업에서 시간에 대한 어려움을 느낀다.	교사는 한 단원을 대면 수업으로 운영하는데 필요한 "에너지"가 적게 필요하다. 교사는 그 수업을 어떻게 진행할지에 대한 끊임없는 기대가 있는 거꾸로 수업으로 진행하는데 있어 지속적으로 스트레스를 덜 받는다.

[그림 4] 여러 번의 인터뷰에서 여러 번 재구성된 발언으로부터 하위주제의 예시

3. 결론 및 논의

여섯 가지 주제는 케이트와의 인터뷰 분석에서 도출되었으며 이는 다음의 세 가지 광범위한 영역으로 정리된다.

- 거꾸로 실행에 대한 요구사항들(주제 1)
- 실행 과정에 포함된 절차들(주제 2)
- 실행의 주요 인식 결과들(주제3-6)

각 주제들, 하위 주제들과 각 하위 주제에 관련된 의견들의 빈도, 그리고 그 의견들이 나왔던 인터뷰들은 〈표 2〉에 제시되었다.

다음은 자료로부터 나온 각 주제에 대한 예를 설명한 것이다.

3.1. 거꾸로 실행에 대한 요구사항들-주제 1

이 주제는 거꾸로 수업 실행을 위해서 중요하게 확인된 주요 요구사항들을 분류한다. 두 가지 하위 주제들은 학생들에 대한 기대와 교사의 테크놀로지 역량과 관련되어 있다.

3.1.1. 거꾸로 수업에서 학생 참여에 대한 명확한 기대

비디오를 숙제로 시청하게 하는 것에 대한 학생들의 명확한 기대의 필요성은 모든 인터뷰에서 명확하게 드러났다(하위 주제 1.1). 실행 전에 케이트는 학생들이 비디오를 시청하지 않고 "수업에서 시간을 낭비"할 수도 있을 것이라는 우려를 제기하였다. 이러한 우려를 완화하기 위해 케이트는 학생들이 문제해결을 위해 수업에서 얻은 시간을 효과적으로 활용해야 한다는 것을 이해하도록 하였고, 수업에서 완료하지 못한 문제들은 "여전히 해야만 하고, 당연히 집에서 하며, 새로운 튜토리얼(즉, 비디오)을 시청하고 노트도 만들면서 한다"는 것을 명확히 하였다. 케이트는 인터뷰 1과 2에서 학생들은 숙제와 수업 과제를 책임져야 한다는 명확한 기대를 논의하면서 학생에 대한 기대는 여전히 중요하다는 점을 강조하였다. 인터뷰 2에서 케이트는 그녀의 학생들에게 제공했던 다음과 같은 사전 활동을 완료하라는 기대에 대해 설명하였다.

- 비디오 튜토리얼을 시청하고 노트를 공책에 필기하기; 튜토리얼을 시청하는 방법(예, 필요시 일시정지나 되감기)은 학생들에게 맡기기;
- 다음 수업에 들어가기 전에 어려운 점들을 강조하면서 수업 내에 이 어려운 점들을 명확히 할 수 있도록 하기;

• 공책에 튜토리얼에 있는 퀴즈 질문을 완료하기.

에드퍼즐(Edpuzzle)은 케이트가 학생들의 과제 완료 여부를 모니터링할 수 있도록 하였다. 케이트는 몇몇 학생들이 수업 당일 오전 6시에 비디오를 시청하였다는 것을 알고는 모든 학생들에게 추가적인 기대로 수업 전날 밤까지 과제를 완료하도록 요청하였다. 두 번째 인터뷰 즈음에서 케이트는 자신의 기대들이 충족되고 있다고 확신했고 "튜토리얼을 첫 시간에 시청하지 않은 몇몇 학생들이" 있었지만, 그녀의 지속적인 후속 조치가 모든 학생들이 그녀의 의도대로 거꾸로 수업에 참여하도록 하였다. 주제의 중반에 이르러서는 "모든 학생들이 무엇을 해야 하는지 알고 있고" 대면 수업에 "매우 준비가 잘 되어 있다"고 언급하였다.

세 번의 인터뷰에서 케이트는 거꾸로 수업 실행 과정에서의 발전을 강조하였다. 케이트의 경험에서 학생 참여를 최대화하기 위해 교사의 개입이 요구되었다. 케이트가 기대사항들을 전달한 것은 적절한 학생 참여를 도왔고 이는 교사가 학생들이 거꾸로 수업으로 전환하는 것을 관리해야 한다는 Lo et al.(2017)의 지침과 일치한다. 케이트는 학생들이 다음 수업 전에 비디오를 시청하고 비디오를 시청한 후에 요약 노트를 작성하도록 기대함으로써 학생들이 사전 수업 비디오에 참여하도록 하였다. 이는 학생들이 비디오에서 본 지식을 바탕으로 문제 해결이 이루어지는 수업 내에서 활동을 준비하였다는 것을 의미한다. 또한 학생 참여를 모니터링 할 필요성도 강조되었다. 이런 능력이 없으면 교사의 개입은 더 제한적일 수 있기 때문이다.

3.1.2. 교사의 테크놀로지 역량

교사 테크놀로지 역량(하위 주제 1.2)은 세 번의 인터뷰에서 일관되게 나타난 하위 주제였다. 인터뷰 1에서 케이트는 새로운 종류의 테크놀로지(예, 그래픽 태블릿, 스크린캐스트 소프트웨어, 마이크로소프트 원노트, 에드퍼즐)를 다루는데 익숙해지기 위해 추가적인 시간 투자가 필요하다고 언급하였다. 그녀는 이런 기술들을 사용하기 위해 "조정하는데 시간이 꽤" 걸렸다고 말하였다. 케이트는 "첫 번째 비디오는 아마도 … 2시간 정도 걸렸을 거에요, 내가 비디오랑 펜이랑 모든 것을 정렬하는 것이, 모든 것을 알 수 없었기 때문에요."라고 언급하면서 테크놀로지의 여러 측면을 익히는데 상당한 시간 투자가 필요하다는 점을 강조하였다. 케이트에게 첫 번째 비디오를 준비하는 것은 가장 시간이 많이 걸리는 작업이었지만, 인터뷰가 진행될수록 비디오를 제작하는데 필요한 시간이 줄어들었다는 것이 그녀의 발언에 나타났다.

두 번째 인터뷰에서는 테크놀로지 역량이 향상되었음에도 불구하고, 케이트는 여전히 테크놀로지의 측면에서 문제점들이 남아있다고 언급하였다. 이런 문제들은 플랫폼 내의 기능을 사용하는 데 필요한, 예를 들면, "에드퍼즐에서 학생들의 진행 상황에 대한 피드백을 받는 방법을 배우는 것…"과 같은 적절한 기술적인 전문 지식을 개발하는 것에 집중되었다. 이 피드백은 학생들의 시청 데이터나 퀴즈 질문에 대한 응답과 관련되어 있었고 이것들은 모두 케이트가 학생들의 참여를 모니터링 하는데 중요한 요소들이었다.

세 번째 인터뷰가 되어서는 테크놀로지 문제는 나타나지 않았지만, 케이트는 거꾸로 수업을 구현하는 교사들을 위한 초기 준비 사항들에 대해 반성하였다. 여기에는 기술적인 전문 지식(예, 그래픽 태블릿, 스크린캐스트 소프트웨어, 탑재 플랫폼 사용)을 개발하는 것과 이러한 도구들을 사용하거나 때로는 동시에 사용하도록 조정하는 것이 포함되었다.

시간이 많이 소요되기는 하지만, 케이트는 "거꾸로 수업을 준비하는데 시간을 쓰는 것은 가치 있는 일이다"라고 인정하였다. 케이트는 이러한 역량을 구축하는 데 시간을 들이지 않으면 교사들이 "… 많은 시간을 들여 노트를 준비해도 학생들은 여전히 이해하지 못할 것이다."라고 경고하였다. 교사들이 테크놀로지의 일부 측면을 사용하는 방법을 이해할 수는 있지만, 여러 테크놀로지들을 통합하고 유창하게 조작할 수 있어야 한다고 케이트의 인터뷰는 시사하였다. 예를 들어, 그래픽 태블릿을 음성 해설과 함께 관리하면서 그 태블릿에 명확한 필체로 쓰는 것은 학생들이 최종 결과물을 이해할 수 있도록 하기 위함이다.

McGivney-Burelle & Xue(2013)는 "거꾸로 수업이 처음인 사람들은 첫 몇 개의 비디오를 만들 때 많은 기술적 문제를 예상해야 한다."(p.484)고 경고하였다. 세 번째 인터뷰에서 케이트는 테크놀로지에 대한 자신의 역량이 더 이상 문제가 되지 않을 정도로 향상되었으며, 이러한 테크놀로지 역량은 몇 주 만에 구축되었다고 제안하였다. 따라서 새로운 테크놀로지들을 사용하여 가르치는 법을 배우는 데 있어서 초기에는 시간 요구가 증가할 수 있지만, 이러한 요구는 시간이 지남에 따라 감소한다.

이 주제는 거꾸로 수업을 위한 요구 사항들이 다면적이라는 점을 강조하였다. 교사들은 비록 거꾸로가 아닌 수업과 동일한 지정된 숙제 완료 같은 기대일지라도 학생들에게 기대치를 설정하고 학생 참여를 모니터링 해야 한다. 또한 교사들은 여러 종류의 테크놀로지들을 동시에 통합하여 사용할 수 있는 테크놀로지 역량을 개발해야 할 필요가 있다.

3.2. 수업을 거꾸로 하는 과정 이해하기 – 주제 2

이 주제는 교실을 거꾸로 하는 과정과 관련이 있으며, 시간 요구의 증가, 요구되는 비디오의 품질, 학생 데이터를 이용한 계획 수립 등을 포함한다.

3.2.1. 수업을 거꾸로 하는 것은 시간이 걸리는 과정이다

이 하위 주제는 거꾸로 수업을 구현하는 데 걸리는 추가적인 시간에 대한 케이트의 우려를 강조하였다. 인터뷰 1에서 케이트는 그녀의 15년 이상의 교직 경력 덕분에 자신의 정규 수업을 계획하는데 50분 수업 기준으로 약 5분이 소요된다고 언급하였다. 케이트는 거꾸로 수업을 준비하는 시간이 "확실히 5분보다 더 길다"고 지적하였다. 비디오를 녹화하기 위해 준비하는 과정에 케이트는 예제와 설명을 위한 계획을 작성했으며, "노트를 준비하는 데… 전체 단원을 준비하는데 2~3시간 정도가 걸렸다"고 말하였다. Talbert(2015)는 "비디오의 재생 시간에 비해 각 비디오의 대본 작성과 제작에 소요되는 시간은 대략 6:1의 비율"(p. 624)이라고 시간 비율을 설명하였다. 케이트는 약 10분 길이의 첫 번째 비디오를 만드는 데 약 2시간이 걸렸다고 언급하였다.

교사의 높은 수준의 테크놀로지 역량이 요구되어 수업 준비 시간이 늘어나는 문제는 이전 주제에서 논의되었지만, 각 수업을 위한 노트 준비와 순서 배치 또한 케이트가 정규 수업 준비보다 더 많은 시간을 투자하게 만들었다. 케이트는 이러한 추가 시간이 가치 있는 투자라고 인정했는데, 비디오가 학생들의 참여에 즉각적인 영향을 미치고, 내용을 차별화할 수 있는 그녀의 능력을 향상시켰기 때문이다. 이는 이후 주제 4와 5에서 다룬다. 또한 이후 주제 3에서 다룰 텐데 케이트는 비디오의 재사용 가능성에 대한 이점도 인정하였다.

3.2.2. 비디오의 품질이 완벽할 필요는 없다

교사들이 학생들을 위해 비디오를 만들 때, 비디오가 높은 품질을 갖추고 상당한 편집과 정제가 되었을 거라는 기대가 있을 수 있다. 하위 주제 2.2는 케이트에게 이것이 필수적이지 않으며, 따라서 상당한 시간을 소비할 필요가 없다는 점을 나타낸다.

처음에 케이트는 음성 해설의 결함이나 사소한 글씨의 결함으로 인해 녹화를 처음부터 다시 시작하는 경우가 많아서 완벽한 비디오를 만들기 위해 시도하는데 많은 시간을 투자하였다(인터뷰 1). 약 다섯 번의 수업 후에, 케이트는 "덜 완벽하게" 되는 것을 받아들였으며, "실수가 있더라도 처음부터 다시 시작하지 않아도 그저 이것이 올바른 방법이라고 말하며 진행하였다." 인터뷰 2에서는 케이트가 학생들로부터 그 비디오들에 대한 피드백을 받았고, 학생들은 비디오가 완벽하리라 기대하지 않는다는 긍정적인 피드백을 받았다고 언급하였다.

학생들은 "아니, 저희는 이게 좋아요, 선생님", "이해할 수 있어요", "예시가 충분해요" 라고 말하였다. 퀴즈 질문을 검토한 후 바로 과제에 착수하는 것을 보면 알 수 있죠. 음, 그래서 그 피드백이 좋았어요.

케이트의 학생들이 완벽하지 않은 비디오 품질을 받아들였다는 점은 교사들이 비디오 편집에 많은 시간을 할애할 필요가 없음을 시사한다. 초기 비디오들에서 케이트는 "음"과 "아" 같은 표현을 없애고 사소한 실수들을 수정하기 위해 비디오를 다시 녹화하였다. 다른 연구에서는 거꾸로 수업 구현에 스스로 만든 비디오를 선호한다고 제안한 바 있지만(Lo et al., 2017), 케이트의 경험은 학생 만족도를 저해하지 않는다면 사소한 오류를 받아들이는 것이 비디오 제작 시간을 절약할 수 있음을 강조한다.

3.2.3. 거꾸로 수업에서 형성 평가는 계획과 준비를 돕는다

플랫폼을 통해 학생들의 진행 상황을 모니터하는 케이트의 능력을 통해서 대면 수업 준비가 향상되었다. 이 플랫폼은 온라인 질문들에 대한 학생들의 답변에 관한 요약을 제공하였다. 인터뷰 1과 2에서 케이트는 다음 대면 수업에서 논의를 이끌 이러한 질문들로부터 나온 학생 진행 데이터의 활용에 대해 논의했으며, 인터뷰 2에서는 "여러분 중 얼마나 많은 학생이 이 문제를 틀렸는지 …보여줄 것이고, 칠판에서 이것에 대해 논의해보자"라고 시작하였다.

케이트는 일차 방정식을 가르친 풍부한 경험을 바탕으로, 형성 평가 과제에 대한 학생들의 반응이 그녀가 예상하지 못한 것을 드러내지 않았다고 언급하였다. 그러나 그녀는 여전히 이러한 반응들을 교실 내 수업의 그룹 집중도를 조정하는데 사용하였다.

우리가 방정식을 변형할 때, 거꾸로 그룹 학생들이 대부분의 질문과 퀴즈 문제들을 틀려서 수업 시간에 다시 튜토리얼을 진행해야 했어요. 그래서… 우리는 칠판에서 추가 예제들을 논의했고, 제가 칠판에서 설명하자 학생들이 "아, 이제 이해했어요"라고 말했어요.(인터뷰3)

Bhagat et al.(2016)은 사전 수업 활동에서의 진행 상황에 기초해 특정 학습자 그룹을 대상으로 하는 맞춤형 교수의 이점을 보고하였다. 케이트는 특정 그룹을 대상으로 해서 효율성을 제한할 수도 있는 좀 더 맞춤형 개입을 설계하기보다는, 퀴즈 질문을 통해 식별된 어려움들을 해결하기 위한 전체 수업 지도법을 사용하였다.

3.3. 주요 인식된 결과들: 자원 – 주제 3

이 주제는 생성된 자원의 재사용 가능성과 관련이 있고 하나의 하위 주제만을 포함한다.

3.3.1. 거꾸로 튜토리얼은 재사용가능하다

케이트는 비디오 설명을 만드는 장점으로 해마다 또는 한 해에 여러 수업에 걸쳐 비디오 동영상들 같은 튜토리얼을 재사용할 수 있는 능력을 강조하였다. 이러한 장점은 인터뷰 1에서 논의되었지만, 케이트는 인터뷰 2를 하는 동안 추가적인 장점을 찾았는데, 그것은 결석한 학생들에게 비디오를 제공할 수 있다는 것이었다. 케이트는 비디오가 "그 자리에 없었던 학생들에게 이미 유용하였다"고 언급하였다. 이는 주제 1과 2에서의 광범위한 초기 시간 투자를 줄이기 위해 그녀 자신을 위한 시간 절약으로 거꾸로가 아닌 접근에서는 가능하지 않은 기회인 학생 학습을 위한 기회 향상을 위해 비디오를 사용할 수 있다는 점으로 강조점이 이동했음을 보여준다.

인터뷰 3 동안에 케이트는 이러한 장점들을 재차 강조했지만, 동일 학년 수준의 여러 수업 그룹에 비디오를 사용할 수 있는 관점에서 교사의 이점으로 다시 돌아갔다.

> 같은 수업을 진행해야 할 때, 알다시피, 두세 번 같은 수업을 해야 하는 경우가 있어요. 튜토리얼을 준비해 두면 매우 효율적인데, 하루에 두세 번 같은 내용을 반복하는 것은 매우 피곤할 수 있기 때문이죠.

이 하위 주제는 거꾸로 수업 구현에서 특정 자원 결과를 강조한다. 자원의 재사용 가능성은 교사와 학생들 모두에게 이익이 된다. 이전 주제들이 거꾸로 수업 구현에 대한 상당한 시간 투자를 설명했었다면, 이번 주제는 잠재적인 이익을 인정하기 시작한다. 케이트의 관점은 "한 번 완성된 비디오와 교재가 만들어지면 준비 시간은 크게 줄어들 것이다."(p. 484)라고 주장한 McGivney-Burelle & Xue (2013)의 의견과 일치한다.

그러나 이러한 장점들에 대한 논의에는 주의할 점이 있다. 교사들은 새로운 수학 개념이나 절차를 설명하는 동안 학생들과 소통할 수도 없고, 학생들도 필요할 경우 다른 학생들과 그 수학에 대해 토론할 수 없다. 따라서 설명을 구성하는 과정에 학생들을 참여시키거나, 설명의 일부에 대해 질문하거나, 개발되어야 하는 새로운 이해와 관련된 토론에 참여시키는 것이 불가능하다. 사전 녹화된 비디오를 사용하는 이런 접근 방식은 수학 교실에서 몇 가지 장점을 가지고 있지만, 교사들은 학습의 사회적 본성에서 발생하는 인식된 이점들과 균형을 맞출 필요가 있다. 예를 들어, 논증을 통한 이해 구성(Yackel, 2002)이나 테크놀로지가 보여주는 화면에 대한 토론을 통한 지식 개발 촉진(Ball & Barzel, 2018)과 같은 방식이다. 이런 특정한 주의점은 이 연구가 수행된 더 넓은 연구 내에서 학생들의 피드백에 의해 거꾸로 접근법의 단점으로도 인정되었다 (McAlindon, 2020).

3.4. 주요 인식된 결과들: 학생 수업 참여 – 주제 4

주제 4는 케이트의 관점에서 본 것으로, 거꾸로 수업 구현을 통해 영향을 받은 학생들의 교실 참여 측면과 관련이 있다. 두 가지 하위 주제들은 학생 행동과 그들의 교실 내 상호작용에 관한 것이다.

3.4.1. 거꾸로 수업 이후 늘어난 수업 참여와 줄어든 행동 문제들

하위 주제 4.1의 출현은 거꾸로 수업 구현 이후 인터뷰 2와 3 동안 발생한 11개의 댓글에 의해 뒷받침되었다. 케이트는 거꾸로 그룹을 위한 대면 수업에서 학생들의 행동 문제를 지적하였으며, 인터뷰 1에서는 예상된 이점으로 논의하지 않았음에도 불구하고, 인터뷰 2에서는 이 그룹의 행동 개선에 대해 구체적으로 언급하였다.

> 거꾸로 그룹의 행동은 개선된 것 같아요. 알다시피, 그들은 계속 공부를 하다가 휴식을 요청하고, 다시 돌아와서 공부를 이어가요. 반면에 다른 그룹은 여전히 그 문제가 있는데, 설명이 끝나면 휴식을 원해요. 왜냐하면 그들은 이미 거의 충분하다고 느끼고. 그 후에도 여전히 공부는 시작해야 하죠. 네, 그래서 거꾸로 그룹에서 행동이 훨씬 나아요.

두 수업들 간의 참여에서의 차이는 인터뷰 3에서 더욱 강조되었는데, 케이트는 대면 수업에서 "… 거꾸로 그룹은 자신들의 공부에 더 몰두해 있었어요. 정말, 고개를 숙이고 그저 그들의 일을 끝내고 있었어요."라고 언급하였다. 그녀는 거꾸로 그룹이 연구 이전과 비교해 행동이 개선되었으며, 거꾸로가 아닌 그룹에 비해 수업에서 공부에 더 몰두하는 것 같다고 보고하였다. 케이트는 거꾸로 그룹이 예제와 설명에 적극적으로 참여한 반면, 거꾸로가 아닌 그룹은 새로운 절차 및/또는 개념을 배우는 것과 문제를 해결하는 것을 같은 수업 시간에 해야 하는 인지적 요구 때문에 아마도 같은 내용을 피곤하게 여기는 것 같다고 제안하였다.

거꾸로 그룹은 그들의 수업에 새로운 형식을 도입하여, 학생들이 수업 전에 자신의 속도에 맞춰 설명을 볼 수 있었고, 수업 시간은 이미 알고 있는 절차와 개념을 적용하는 것과 관련된 문제 해결에 할애되었다. 이로 인해 거꾸로 그룹에서는 행동 방해가 줄어들고 더 활발한 참여가 이루어졌다. 거꾸로 그룹에서 학생 참여가 증가한 것은 의도적으로 수업 중 활동을 변경한 것이라기보다는 사전 수업 활동의 "연쇄" 효과 덕분일 수 있다. 이것은 거꾸로 수업에서 대학원생들의 참여 증가가 거꾸로 그 자체가 아니고 수업 중 활동 변화에서 기인한 것으로 본 Jensen et al.(2015)의 연구 결과와는 대조된다.

3.4.2. 거꾸로 수업에서 증가한 협력 기회

인터뷰 2와 3에서 케이트는 거꾸로 접근법이 학생들이 수학에서 그들의 또래들을 돕는 성향에 미친 영향에 대해 언급하였다. 그녀는 "내가 본 바로는 학생들이 서로 더 많이 돕는 것 같아요. 왜냐하면 영상을 보고, 그들은 내용을 이해했고, 그 후에는 서로 돕는 것이 더 편하다고 느끼는 것 같거든요."라고 말하였다. 케이트는 거꾸로가 아닌 학습 환경에서는 이러한 관찰을 보고하지 않았다.

거꾸로 접근법에서는 수업 중 학생들이 상호작용하고 협력할 수 있는 기회가 증가하여 구조화된 또래 기반 학습을 통해 학습이 촉진된다는 보고가 있었다. 예를 들어, Lo et al.(2017)의 수학에서 거꾸로 수업 관련 문헌 검토에서 33개의 연구가 소개되었는데, 이 연구들은 거꾸로 수업에서 또래가 돕는 학습으로 얻어진 학습 효과를 보고하였다. 비록 케이트가 대면 수업에서 또래가 돕는 학습 기회를 명시적으로 구조화해 만들지는 않았지만, 거꾸로 수업의 수업 내 구성요소는 교사가 예제를 설명하는데 중점을 두지 않기 때문에 상호작용의 기회가 더 많아 또래 기반 학습에 도움이 되었다.

3.5. 주요 인식된 결과들: 교사 관련 – 주제 5

이 주제는 학생들에게 제공되는 교사 지원 증가와 거꾸로 수업에서 교사의 스트레스 감소와 관련된 두 가지 하위 주제를 가진다.

3.5.1. 학생 성장을 관찰하고 지원하는 기회 증가

케이트는 거꾸로 그룹을 위한 수업 내 활동 중에 학생들의 학습을 관찰하고 지원할 수 있는 능력이 향상되었다고 언급하였다. 첫 번째 인터뷰에서 케이트는 거꾸로 수업의 잠재력에 대해 성찰하면서, 거꾸로가 아닌 그룹이 불리할 수 있다고 제안하였다. 왜냐하면 대부분의 교과서 문제들을 "그들은 집에서 혼자 공부해야 하며, 그때 교사가 곁에 있지 않은 채로" 끝낼 것이라고 설명하였다. 반면에, 그녀의 거꾸로 그룹은 집에서 영상을 통해 학습하고, "수업 과제를 완수하는데 … 나의 도움과 더 많은 시간"이 있다는 점에서 유리해 보였다고 말하였다.

케이트는 거꾸로 그룹을 위해서 개별 학생의 질문들에 더 집중하는 시간을 들이는 교사 능력을 중요하게 여겼으며, 2차와 3차 인터뷰에서 거꾸로 학생들이 "그들의 손을 들기만 하면 내가 도와줄 수 있다"는 능력이 향상되었다고 언급하였다. 이러한 향상된 지원 개념은 학생들을 돕는데 할애하는 추가 시간 덕분이었으며, 케이트는 "거꾸로 그룹에서 좀 더 이해할 수 있었는데, 왜냐하면 학생들이 내 앞에서 작업을 하는 것을 보고 있기 때문이다"고 말하였다. 이는 거꾸로가 아닌 그룹에서는 수업 시간 대부분이 내용 설명에 소비되었기 때문에 불가능하였다.

Bhagat et al.(2016), Clark(2015), 그리고 Strayer(2012) 또한 수업 시간이 확보되면서 학생들이 문제를 적극적으로 해결하는 과정에서 추가적인 지원 기회가 증가하였다고 보고하였다. 특정한 목표 지향적인 개입 프로그램이 없더라도, 거꾸로 수업의 사전 학습 요소는 교사가 수업 중 개별 학생들을 더 효과적으로 지원할 수 있는 시간을 제공하였다.

3.5.2. 거꾸로 수업에서 교사 스트레스 감소

하위 주제 5.2는 수업 중 일반적인 시간 제약으로 인한 교사의 스트레스 감소에 대해 강조하였다. 수업 실행 후, 케이트는 주제를 끝내는 것이 "항상 약간의 어려움"이었던 거꾸로가 아닌 수업 방식과 비교했을 때, 거꾸로 접근법을 통해 교육과정을 가르치는 데 있어 시간 압박을 덜 느낀다고 강조하였다.

케이트는 거꾸로가 아닌 그룹에서는 시간 관리와 학생 참여를 유지하는데 둘 다 어려움을 겪었다고 하였지만, 이러한 문제들은 거꾸로 그룹에서는 나타나지 않았다. 거꾸로 접근법의 잠재적인 이점 중 하나는 수업 중 시간 스트레스의 감소일 수 있으며, 이는 거꾸로 실행을 위해서 초기 계획에 드는 시간을 감수할 만한 가치 있는 교환이 될 수 있다. 이와 더불어 주제 3에서 논의된 비디오의 재사용 가능성은 장기적인 의미에서 이 접근법의 잠재적인 장점을 강조한다.

3.6. 주요 인식된 결과: 학생 관련- 주제 6

이 주제는 케이트가 인식한 학생들에게 특화된 거꾸로 수업의 잠재적인 결과에 중점을 둔다. 여기에는 수업 내에서 차별화를 향상시키는 역량과 관련된 3가지 하위 주제가 있다.

3.6.1. 대면 수업에서 학생 과제에 쓰이는 더 많은 시간

케이트는 거꾸로 수업에서 학생들이 수업 중 문제를 풀 시간이 더 많았다고 인식했으며, 이를 인터뷰 1에서 잠재적인 이점으로 언급하였다.

> 그래서, 거꾸로 그룹의 경우 100분 동안 진행되는 연속 수업에서, 최대 20분 정도를 학생들이 퀴즈 문제에서 어려움을 겪는 것을 확인하는 데 쓴 것 같아요. 음, 반면에 다른 수업에서는 지난 수업에 겪었던 어려움을 다루고, 새로운 내용을 다루고 나면, 실제로 학생들이 문제를 푸는 데 20분 정도만 남게 돼요. 이건 큰 차이죠.

케이트가 거꾸로 그룹 학생들에게 있어 "큰 차이"라고 묘사한 것은 수업 시간의 80%가 문제 해결에 사용된 반면, 일반 수업 그룹에서는 단지 20%만 사용된다는 점이 강조되었다. 이는 학생들이 수업 중 문제를 해결하는 시간에 있어서 큰 격차를 보여준다. 이 차이는 아마도 케이트가 그녀의 학생들을 지원하는데 시간을 더 쓴다고 느낀다는 3.5.1의 설명과, 3.4.1에서 그들의 수업 활동에 관여할 수 있었으며, 3.4.2에서 학생들 간의 상호작용을 촉진한다고 느낀 이유일 수 있다. 이 차이는 학생들이 약 7분 분량의 비디오를 시청하는 사전 학습 활동의 변화에서 비롯되었다. 3.6.3에서 학생들이 자신의 속도에 맞추어 학습할 수 있는 능력은 3.5.1에서처럼 자연스럽게 교사에게 기회를 제공하고, 3.6.1에서처럼 학생들이 수업 중 문제를 해결할 시간이 증가하게 된다.

3.6.2. 거꾸로 수업은 저성취 학생들을 돕는다

케이트는 거꾸로 접근법이 학생들이 설명의 속도를 더 잘 조절할 수 있게 해주었기 때문에 (McAlindon, 2020의 학생 데이터에서도 이 결과를 뒷받침함), 특히 학업 성취도가 낮은 학생들을 지원하는 그녀의 능력을 향상시켰다고 인식하였다. 그리고 교실에서 설명 이후에 더 많은 시간을 확보할 수 있어 그 시간을 이러한 학생들을 돕는데 사용할 수 있었다.

케이트는 이전에는 학습 주제의 난이도로 인해 수업에 참여하지 않았을 특정 학생들이 이제는 적극적으로 수업 내용을 이해하고 과제를 완수하고 있다고 언급하였다. 이는 거꾸로 수업의 사전 학습 요소가 이러한 학생들에게 거꾸로가 아닌 수업에서는 아마도 불가능했던 새로운 학습 기회를 제공했음을 시사할 수 있다.

3.6.3. 거꾸로 수업은 유연하고 개별화된 학습이 가능하다

수업을 실행한 후, 케이트는 학생들이 "튜토리얼을 자신의 속도에 맞춰 원하는 만큼 여러 번 시청할 수 있었기 때문에" 그 후에 "내가 수업 시간에 그들을 더 도울 수 있었다"고 했고 학생들은 더 나은 학습 결과를 얻을 수 있었다고 느꼈다. 이러한 온디맨드 비디오 시청 기능은 학생들이 예제들을 이해하기 위해 설명을 원하는 만큼 반복해서 시청할 수 있었기 때문에, 거꾸로 접근법의 효율성이 높게 인식된 것을 설명할 수 있다. 이는 거꾸로가 아닌 그룹에서 학생들이 어려움을 겪을 때 케이트가 수업 중에 개념을 다시 설명해줘야 했던 것과는 대조적이다.

케이트는 100분 수업 중 80분이 소요될 수 있는 내용을 평균 7분의 비디오로 설명할 수 있었다고 제안하였다. 이는 전달되는 내용의 감소 없이 달성되었다.

케이트는 인터뷰에서 학생들이 어려움을 겪을 때 도와주기 위해서 더 깊이 설명하거나 학생들의 이해를 심화하기 위해 예제와 설명이 추가적으로 필요할 수 있다는 점은 고려하지 않았다. 케이트는 일차 방정식을 푸는 과정에서 학생들의 이해를 돕기 위한 수업 내 토론의 역할에 대해서도 언급하지 않았다. 이는 예제에서 절차에 초점을 맞춘 것과 관련이 있을 수 있으며, 추론, 문제 해결 또는 개념적 이해를 촉진할 때는 다를 수도 있다.

4. 결론 및 시사점

이 장에서는 9학년 학생들에게 일차 방정식 풀이를 가르치는데, 처음으로 거꾸로 접근법을 적용한 한 교사의 경험과 관점을 보고하였다. 전반적으로 이 교사는 긍정적인 경험을 했으며 거꾸로 수업을 구현하는데 필요한 시간 투자가 가치 있다고 믿었다. 이 연구는 첫째, 거꾸로 접근법을 사용하려면 교사가 초기 시간 투자를 해야 하고 둘째, 거꾸로 접근법을 사용하면 교사와 학생 모두에게 잠재적인 이점이 있고 셋째, 수학교육에서 거꾸로 접근법을 사용할 때 교사가 고려해야 할 사항들이 있다는 세 가지 주요 결론을 도출하였다. 이러한 결과는 아래에서 논의하는데, 향후 교사들을 위한 전문성 개발 프로그램 설계에 도움이 될 수 있다.

4.1. 교사 장점

교사는 거꾸로 수업을 구현함으로써 4가지 장점들을 확인하였다. 학생들이 개별적으로 내용 설명을 시청하거나 복습할 수 있는 능력, 교사의 수업 중 시간 압박 감소, 학생들의 수업 참여도 증가, 그리고 교사가 학생들과 상호작용할 수 있는 기회 증가의 4가지이다.

학생들의 개별적인 내용 설명 시청/복습. 거꾸로 수업은 결석한 학생들이나 내용 지식을 보완할 필요가 있는 학생들을 지원한다. 교사가 관련 단원 수업을 개발할 때, 학생들이 이전 수학 개념이나 기술에서 어려움이 확인되었던 부분을 복습할 수 있도록 비디오 설명을 제공하는 것이 가능할 것이다.

수업 중 시간 압박과 교사의 스트레스 감소. 거꾸로 수업 전에 내용 설명을 전달하면 대면 수업에서 교사 스트레스가 줄어든다. 케이트는 거꾸로가 아닌 교실에 비해 거꾸로 수업에서는 설명을 "서둘러 마칠" 필요가 없었기 때문에 압박이 줄어들었다고 언급하였다.

수업 참여도 증가. 케이트가 언급하기를 거꾸로 그룹이 거꾸로가 아닌 그룹에 비해 더 "활동적인" 공부 환경을 보였다고 언급하였다. 참여도 증가는 행동 방해가 줄어들고, 학생들 간의 협력이 증가하며, 과제에 대한 집중력이 높아지는 결과가 나타났다. 이러한 차이들은 거꾸로 구현 이전의 동일한 그룹과 비교할 때도 나타났다.

교사가 학생들과 상호작용할 수 있는 시간 증가. 케이트의 수업에서 거꾸로 그룹은 수업 시간의 80%, 거꾸로가 아닌 그룹은 수업 시간의 20%로 문제를 해결하는데 더 많은 수업 시간을 할애할 수 있었다. 이를 통해 수업 시간 동안 학생들과 함께 작업하고, 학생들이 문제를 해결하는 과정을 관찰할 수 있는 추가 시간을 확보할 수 있었으며, 케이트는 학생들의 이해를 더 잘 모니터링할 수 있었다.

Anderson & Brennan(2015)은 거꾸로 구현에 많은 시간과 노력을 투자한 교사들이 여전히 자신감과 방향성이 부족해서 결국은 교사와 학생 모두에게 부정적인 결과를 보인 사례를 보고하였다. 〈표 3〉에 제시된 전문성 개발 권장사항은 거꾸로 학습 구현에서 적절한 지원과 방향성을 보장하기 위한 것이다.

〈표 3〉 전문성 개발 권장사항과 관련 근거

전문성 개발 권장사항	근거
거꾸로할 내용 선택에 대한 기준 논의하기	내용이 거꾸로 학습에 적합하려면, 학생들이 교실 토론이나 교사-학생 간 상호작용에 의존하지 않고도 핵심 개념이나 기술을 독립적으로 이해할 수 있어야 한다. 내용 선택 기준에 대한 논의는 교사들이 거꾸로 접근법에 적합한 내용을 식별하는데 도움을 줄 것이다.
거꾸로 학습을 구현하는 다양한 단계에서 요구되는 시간 투자의 차이를 논의하기	거꾸로 구현 초기 계획과 준비 단계에서 교사의 시간 투자가 상당하다고 보여졌다(3.2 참고). 이것은 테크놀로지 관련 교수학적 내용 지식(Technological Pedagogical Content Knowledge)에서 교사 역량 향상 필요성과 관련된 여러 요인에 의해 발생한다. 그러나 일단 초기 준비가 완료되면, 수업 중에는 시간 압박이 줄어들고, 교사 스트레스가 감소하며, 행동 참여도가 개선되는 등의 결과가 나타난다(3,4 참고). 동영상의 재사용 가능성(3.3 참고)도 초기 투자에 대한 보상으로 인정될 수 있다.
추가적인 수업 중 시간을 활용해 학생들의 이해를 심화하고 확장할 수 있는 전략 논의하고 모델화하기	교사들은 수업 중에 학생들이 자신의 수학적 이해를 발전시킬 수 있도록 지원하는 추가 시간을 가지게 되며(3.5 및 3.6 참고), 이 시간에 학생들의 학습을 최대화하기 위해 어떻게 가장 잘 활용할지 방법을 고려해야 할 것이다.
교사가 논의하고 비평하기 위한 거꾸로 튜토리얼의 비디오 예제 제공하기	거꾸로 튜토리얼 비디오에 대한 비판적 분석은 교사들에게 학생들의 이해 발달에 기여하거나 방해하는 요소들을 식별할 기회를 제공할 것이다. 이것은 교사들이 비디오 콘텐츠를 제작하고 선택하는 데 있어 정보에 입각한 결정을 내리는데 도움을 줄 것이다.
거꾸로 접근법에서 학생 참여 지침 논의하고 발전시키기	학생들이 수학 이해를 발전시키기 위해 거꾸로 접근 방식에 참여하도록 지원하려면, 그들이 거꾸로 교실에서 어떻게 참여하기를 기대하는지에 대한 지침이 필요할 것이다(3.1 참고).
학생 참여와 이해를 모니터하기 위한 접근법을 논의하고 모델화하기	학생 데이터는 대면으로 가르치려는 계획에 정보를 제공하고, 거꾸로 접근 방식의 효과에 대한 정보를 교사에게 제공할 것이다.

4.2. 테크놀로지 고려사항

동영상이 제작되는 거꾸로 수업을 위해서 교사의 테크놀로지 역량은 중요한 요구 사항이다. 학교에서 지원하는 전문성 개발은 이러한 교사 역량을 지원하는 데 도움이 될 것이다. 프레젠테이션을 위한 다양한 종류의 테크놀로지 사용에 대한 논의와 지원, 예를 들어, 교사가 동적 기하 파일을 동영상에 삽입하는 방법을 배우거나 학생들이 사용할 수 있는 가상 조작 도구의 링크를 넣는 것 등이 포함될 수 있다. 초기에는 케이트가 학교에서 제공하는 전문성 개발에 참여하였지만, 테크놀로지 역량을 쌓는 데 필요한 시간은 그 학교에서 제공하는 시간을 초과하였다. 따라서 적절한 전문성 개발과 시간 배분이 교사들에게 도움이 될 것 같지만, 실행에 대한 부담을 완전히 없애지는 못할 것이다.

4.3. 학생 기대

학생들이 동영상에 참여한다는 기대에 대해 교사들이 논의할 필요성과 소프트웨어의 내장 기능을 사용하여 학생들의 활용을 모니터링하는 능력은 케이트가 거꾸로 수업을 구현하는데 중요한 요소였다. 교사들은 원격 학습 환경에서 학생들의 참여하려는 마음가짐을 유도하려는 전략과, 또한 학생들의 기대를 모니터링하기 위한 전략(예를 들어, 분석 도구의 활용)이 필요할 것이다.

4.4. 중등 수학에서 거꾸로 수업을 위한 앞으로의 방향

이 연구는 교사가 일차 방정식을 푸는 방법을 학생들에게 가르치기 위해 평소 사용하던 예제와 설명을 이용한 거꾸로 수업 접근법의 효과를 탐구하는데 초점을 두었다. 이 연구에서 교사는 태블릿에 필기를 하여 절차를 보여주었고, 이는 대면 수업에서 화이트보드에 하는 것과 유사하였다. 동일한 예제와 설명을 사용함으로써 거꾸로 수업의 효과를 교사의 평소 접근법과 비교할 수 있었다. 거꾸로 실행을 통해 긍정적인 효과가 입증된 후, 교사들이 고려해야 할 사항은 다양한 설명과 예제를 사용하고, 수업 내 활동에 의도적인 변화를 포함시켜 학생들의 학습 향상 가능성을 조사하는 것이다.

모든 설명을 '거꾸로' 방식으로 진행할지, 아니면 설명의 특정 측면을 부각하거나 특정 유형의 예제에만 이 방식을 적용할지에 대해 추가적인 고려는 필요하다. 앞서 언급했듯이, 학생들의 이해 발전에 있어 논쟁과 의사소통이 필수적인 요소라는 것을 뒷받침하는 상당한 연구가 있다. 따라서 한 가지 가능한 방법은 학생들이 사전 수업 활동으로 참여할 수 있는 일부 도입 자료를 교사가 제공하고, 다음 수업에서 이를 바탕으로 토론, 추가 설명, 활동을 통해 학생들의 이해를 확장시키는 것이다. 수업 내 요소에서 의도적인 활동 변화는 분명히 계획 시간의 추가적인 증가로 이어지겠지만, 이 연구에서 관찰된 이점들을 더욱 향상시킬 것이다.

이 연구의 기간은 한 학기보다 짧았으며, 따라서 케이트의 인식은 새로운 거꾸로 접근법의 신선함에 영향을 받았을 것이다. 더 긴 기간의 연구(예, Guerrero 외, 2015; 한 학기)에서는 학생들에게 "동영상의 신선함이 사라지고, 매일 같은 교수법에 대한 피로와 지루함이 하나의 요인이 된다."(p. 827)고 지적하였다. 케이트는 자신의 교실에서 긍정적인 영향을 보고하였는데, 이는 거꾸로 학습 개입의 짧은 시간 범위 때문일 수도 있다. 거꾸로 수업이 다양한 수학 주제에 걸쳐 학생들의 긍정적인 태도와 참여를 유지할 수 있는 능력에 대한 추가 연구가 필요하다.

이 연구는 9학년에서 일차 방정식을 가르치기 위해 거꾸로 수업을 구현한 한 교사의 접근 방식을 조사하였다. 한 교사로부터의 결과를 일반화할 수는 없지만, 이 연구 결과는 다른 교사들이 직면할 수도 있는 잠재적 장애물과 기회들에 대한 견해를 제공한다. 거꾸로 수업의 광범위한 구현을 고려하는 학교나 시스템에서는 실제 교실 교사의 살아있는 경험이 중등 수학교육 환경에서 직면할 수 있는 잠재적인 도전과 기회들에 대한 통찰을 제공한다.

Lo et al.(2017)가 소개한 교사 실행 원칙들을 고려할 때, 케이트는 10가지 원칙 중 첫 5가지를 활용한 것으로 보인다.

케이트의 관점과 경험을 파악한 후, 실행의 다음 단계로는 케이트와의 인터뷰 분석에서 드러나지 않은 나머지 5가지 원칙을 고려하고, 거꾸로 수업 구현을 지원하기 위한 전문성 개발을 고려할 수 있다. 예를 들어, 테크놀로지가 강화된 거꾸로 수업의 장점을 더욱 활용할 수 있는 수업 내 차별화 활동이나 소그룹 학습 활동들을 개발하는데 주의를 기울일 수 있다.

따라서 이러한 제안된 앞으로의 방향을 지원하기 위해, 교사들이 거꾸로 접근 방식을 실행하는데 필요한 교수학적 내용 지식과 역량을 지원할 수 있는 전문성 개발을 제공하는 것이 중요하다. 〈표 3〉에서는 거꾸로 접근 방식을 실행할 때 이러한 지원을 달성하기 위한 교사 전문성 개발에 대한 몇 가지 주요 고려 사항을 제시하고 있다.

거꾸로 접근법을 가르치기 위한 교사들의 교수학적 내용 지식을 구축하는 〈표 3〉의 전문성 개발의 요구사항 외에도, 학교는 이러한 혁신이 가능하고 지원되는 환경을 제공해야 한다. 거꾸로 수업을 탐구하는데 관심이 있는 학교들에게 이 연구는 교사들이 초기 거꾸로 실행에서 추가적인 계획 시간을 제공하는 것과 함께 테크놀로지 역량을 개발할 수 있도록 지원하고 기회를 주는 것이 중요함을 강조한다.

따라서 학교는 교사들이 동영상을 제작하고, 새로운 플랫폼에 탑재하며, 원격으로 진행 상황을 모니터링하고, 위에서 언급한 권고 사항에 참여하는 등의 테크놀로지 분야에서 역량을 향상시켜야 할 필요성을 인식해야 한다. 동시에 학교는 교사들이 거꾸로 수업을 위한 새로운 테크놀로지 관련 해결책을 요구할 때, 파트너쉽을 형성하고 거꾸로 수업 구현 전에 기술 격차를 파악하기 위해 교사들과 협의해야 한다.

이 모든 요소들은 교사에게 상당한 시간 투자가 필요할 수 있으며, 학교에서 내재된 기회를 통해 지원되어야 한다.

4.5. 코로나19 팬데믹으로부터 교훈 활용하기

많은 학교가 원격 환경으로 강제 전환된 코로나19 팬데믹으로 인해 거꾸로 수업에 대한 독특한 시각이 제공되었다. 평소에는 동영상 제작 기회를 가지지 못했던 많은 교사들이 지금은 그들의 학생들의 학습 연속성을 보장하기 위해 동영상 제작이 의무가 되는 상황에 처하게 되었다. 이러한 교사들은 이미 원격 학습 환경을 구축하는데 투자한 시간이 테크놀로지 역량 획득과 동영상 설명 제작의 초기 장벽을 넘어섰기 때문에 거꾸로 구현에 적합한 위치에 있다. 이 교사들은 이제 코로나19 팬데믹에서 얻은 교훈을 활용하고, 대면 학습으로 복귀하면서 이러한 동영상을 학생들의 학습을 강화하는데 더 활용할 수 있는 주요 후보자들로 간주할 수 있다.

부록: 반구조화된 인터뷰 질문과 그 근거

첫 번째 인터뷰: 거꾸로 수업 시작 전 학생들과 함께

질문	추가 유도 질문(필요할 경우)
일차 방정식 수업의 일반적인 준비 방식에 대해 시간과 자료 측면에서 설명해주세요.	50분 수업을 계획하는데 걸리는 평균 시간 주로 사용하는 자료 (예, 맥북을 어떤 방식으로 활용하시나요?)
수학 교실에서 당신의 일반적인 교수 방식에 대해, 화이트보드 사용 및 질문 측면에서 설명해주세요.	일차 방정식 내에서 개념들을 보통 어떻게 '가르치나요'? 학생들이 당신이 가르치는 내용을 이해하고 있다는 것을 어떻게 아시나요?
현재 테크놀로지 활용에 대한 경험과 편안함에 대해 이야기해주세요.	보통 당신의 수학 수업에서 이러한 편안함이 어떻게 발휘되나요? 이런 수업 준비에서, 특히 이전 일차 단원 준비 시 이러한 편안함이 어떻게 발휘되나요?
거꾸로 수업 그룹을 위한 일차 방정식 수업 준비 과정에 대해 설명해주세요. 이를 설명할 때, 테크놀로지를 활용해 내용을 제작하고 EdPuzzle에 탑재한 경험을 자세히 말씀해주세요.	유도 질문: 특별히 쉽거나 간단했던 부분이 있었나요? 특히 어려웠던 부분이 있었나요? 그 어려움 때문에 포기한 부분이 있었나요? 거꾸로 수업 방식이 기존 교수 방법과 얼마나 일치한다고 생각하시나요? 유사점과 차이점에 대해 논의해주세요.
이전에 일차 방정식을 가르칠 때, 기존 교수 방식에서 학생들이 어떻게 일차 방정식을 수행하고 인식했는지에 대해 말씀해주세요.	
거꾸로 방식으로 진행할 경우, 학생들의 이해도나 참여도에서 어떤 차이가 있을 것으로 예상하시나요?	왜 그런가요?/ 왜 그렇지 않은가요?
하나의 특정 그룹을 선택해 거꾸로 방식으로 수업하게 된 이유가 있었나요? 그렇다면, 이에 대한 당신의 기대와 관련하여 자세히 설명해 주실 수 있나요?	

두 번째 인터뷰: 거꾸로 수업 도입 중 (중간 시점)

질문	추가 유도 질문(필요할 경우)
거꾸로 수업을 적용한 학생들에게 거꾸로 수업에 대한 기대를 어떻게 설정하셨나요?	
학생들이 거꾸로 수업에서 긍정적으로 받아들인 부분은 무엇인가요?	
학생들이 어려움을 겪은 부분은 무엇인가요?	
거꾸로 수업과 거꾸로가 아닌 수업에서 당신이 본 차이점과 유사점에 대해 말씀해주세요.	이러한 문제들 중 일부를 학생들과 해결해야 했던 경험이 있나요?
거꾸로 그룹과 거꾸로가 아닌 그룹 간의 참여도나 이해도에서 눈에 띄는 차이점이 있었나요?	그 차이점에 대해 설명해주세요.
각 그룹 내에서 학생들 간에 차이점이 있었나요?	그 차이점에 대해 설명해주세요.
학생들이 기술적인 어려움을 겪었나요?	어떤 어려움이 있었나요?
학생들이 거꾸로 수업 방식을 통해 일차 방정식을 배우는 것에 대해 어떻게 느끼고 있다고 생각하시나요?	
두 수업 모두에서 학생들이 과제를 얼마나 자주 완료하는지 확인하시나요?	각 수업에서는 이를 어떻게 확인하시나요?
학생들이 거꾸로 수업 내용에 접근하는 시점을 알고 계신가요?	예를 들어, 집, 기차, 버스에서 접근하는지 등.
학생들이 EdPuzzle 질문에 답한 내용에서 놀라운 점이 있었나요?	왜 놀라웠는지 설명해주세요.
거꾸로 수업 학생들이 EdPuzzle 질문에 답한 내용을 바탕으로 대면 수업 내용을 조정하거나 수정한 부분이 있었나요?	그 이유 또는 그러지 않은 이유는 무엇인가요?
첫 번째 인터뷰에서 나타난 주제와 관련하여 추가적으로 유도 질문	기술적인 어려움이 있었나요? 예상하지 못한 이점이나 단점이 있었나요? 학생 간 또는 학생-교사 간 상호작용에서 차이점이 있었나요?

세 번째 인터뷰: 거꾸로 수업 완료 후

질문	추가 유도 질문(필요할 경우)
거꾸로 수업을 구현한 경험을 기존 교수 방식과 비교해서 설명해 주실 수 있나요?	
특정 학생 그룹이 거꾸로나 거꾸로가 아닌 방식 중 하나에서 더 많은 혜택을 얻었다고 생각하시나요?	그렇게 생각하는 이유는 무엇인가요?
특정 학생 그룹이 어느 한 방식에서 더 불리했다고 생각하시나요?	그렇게 생각하는 이유는 무엇인가요?
지난 인터뷰에서 언급하신, 대수를 이해하지 못할 것 같다고 생각했던 학생에 대해 더 자세히 설명해 주세요. 그 학생의 학습 과정이 어떻게 당신의 예상과 달랐는지 말씀해 주세요.	(지난 인터뷰에서 언급된 학생의 이름을 사용해 주세요.)
거꾸로 수업을 진행한 학생들이 다른 수업에 비해 더 어려움을 겪은 점 또는 덜 어려움을 겪은 점은 무엇이었나요?	그렇게 생각하는 이유는 무엇인가요?
교실을 돌아다니며 관찰했을 때, 수업에서 어떤 일이 벌어지고 있다고 느끼셨나요?	그러한 인상을 받은 이유는 무엇인가요?
외부인이 각 수업에 들어와서 본다면, 어떤 일이 일어난다고 생각할까요?	
거꾸로와 거꾸로가 아닌 수업에서 학생들이 겪는 문제 유형에 차이점이 있었나요?	어떤 문제였나요?
거꾸로 수업을 준비하는데 필요한 작업량에 대해 설명하고, 이를 기존 준비 방식과 비교해 주세요.	
추가적인 작업량이 장기적으로 볼 때 가치가 있다고 생각하시나요?	그렇게 생각하는 이유 또는 그렇지 않은 이유는 무엇인가요?
미래의 수학 수업에서 거꾸로 수업의 미래를 어떻게 보시나요?	기존 접근 방식과 비교하여 이 부분에 대해 왜 그렇게 생각하시나요?
거꾸로 방식에 적합하다고 생각하는 요소들이 있나요? (예, 학생 그룹, 가르치는 주제, 교실 환경, 학년 수준 등)	이러한 요소들에 대해 논의하고, 왜 이러한 요소들이 거꾸로 수업 방식의 성공에 영향을 미친다고 생각하는지 설명해 주세요.

질문	추가 유도 질문(필요할 경우)
수학 과목을 위한 거꾸로 수업 내용을 만들고자 하는 사람에게 어떤 조언을 해주시겠습니까?	
거꾸로 수업을 성공적으로 진행하기 위해 교사들에게 필요한 교육이나 자원은 무엇이라고 생각하시나요?	교육, 자료, 시간
거꾸로 학습에서 최대한의 효과를 얻기 위해, 학생들에게 반드시 알려야 할 중요한 조언은 무엇이라고 생각하시나요?	

참고문헌

Adams, C., & Dove, A. (2016). Flipping calculus: The potential influence, and the lessons learned. *Electronic Journal of Mathematics & Technology, 10*(3), 155–164.

Akçayır, G., & Akçayır, M. (2018). The flipped classroom: A review of its advantages and challenges. *Computers & Education, 126*, 334–345. https://doi.org/10.1016/j.compedu.2018.07.021

Anderson, L., & Brennan, J. P. (2015). An experiment in "flipped" teaching in freshman calculus. *Primus, 25*(9–10), 861–875. https://doi.org/10.1080/10511970.2015.1059916

Ball, L. (2011). Analysing interview data for clusters and themes. In J. Clark, B. Kissane, J. Mousley, T. Spencer, & S. Thornton (Eds.), *Mathematics: Traditions and (new) practices: Proceedings of the 34th annual conference of the Mathematics Education Research Group of Australasia and the Association of Mathematics Teachers. AAMT–MERGA Conference, Adelaide, 3–7 July 2011* (pp. 89–97). MERGA and AAMT.

Ball, L., & Barzel, B. (2018). Communication when learning and teaching mathematics with technology. In L. Ball, P. Drijvers, S. Ladel, H.-S. Siller, M. Tabach, & C. Vale (Eds.), *Uses of technology in primary and secondary mathematics education: Tools, topics and trends* (pp. 227–244). Springer International Publishing.

Bergmann, J., & Sams, A. (2016). *Flipped learning for maths instruction*. Hawker Brownlow Education.

Bhagat, K. K., Chang, C. N., & Chang, C. Y. (2016). The impact of the flipped classroom on mathematics concept learning in high school. *Journal of Educational Technology & Society, 19*(3), 134–142.

Bishop, J. L., & Verleger, M. A. (2013). The flipped classroom: A survey of the research. In *Proceedings of the 120th American Society for Engineering Education National Conference, Atlanta, 23–26 June 2013* (pp. 1–18).

Brunsell, E., & Horejsi, M. (2013). Flipping your classroom in one 'take'. *The Science Teacher, 80*(3), 8.

Clark, K. R. (2015). The effects of the flipped model of instruction on student engagement and performance in the secondary mathematics classroom. *Journal of Educators Online, 12*(1), 91–115.

Critz, C. M., & Knight, D. (2013). Using the flipped classroom in graduate nursing education. *Nurse Educator, 38*(5), 210–213.

Drever, E. (1995). *Using semi-structured interviews in small-scale research: A teacher's guide*. Scottish Council for Research in Education.

Finkel, E. (2012). Flipping the script in K12. *District Administration, 48*(10), 28.

Fulton, K. (2012). Upside down and inside out: Flip your classroom to improve student learning. *Learning & Leading with Technology, 39*(8), 12–17.

Groff, J., & Mouza, C. (2008). A framework for addressing challenges to classroom technology use. *AACE Journal, 16*(1), 21–46.

Guerrero, S., Beal, M., Lamb, C., Sonderegger, D., & Baumgartel, D. (2015). Flipping undergraduate finite mathematics: Findings and implications. *Primus, 25*(9–10), 814–832. https://doi.org/10.1080/10511970.2015.1046003

Hamilton, L., & Corbett-Whittier, C. (2013). *Using case study in education research* (BERA research methods). SAGE Publications Ltd.

Hoffman, E. S. (2014). Beyond the flipped classroom: Redesigning a research methods course for e3 instruction. *Contemporary Issues in Education Research* (*CIER*), *7*(1), 51–62.

Jensen, J. L., Kummer, T. A., & Godoy, P. D. D. M. (2015). Improvements from a flipped classroom may simply be the fruits of active learning. *CBE—Life Sciences Education, 14*(1), ar5. https://doi.org/10.1187/cbe.14-08-0129

Johnson, L., & Renner, J. (2012). *Effect of the flipped classroom model on secondary computer applications course: Student and teacher perceptions, questions and student achievement*. [Unpublished doctoral dissertation]. University of Louisville.

Kadry, S., & El Hami, A. (2014). Flipped classroom model in calculus II. *Education, 4*(4), 103–107. https://doi.org/10.5923/j.edu.20140404.04

Kearney, M., Schuck, S., Aubusson, P., & Burke, P. F. (2018). Teachers' technology adoption and practices: Lessons learned from the IWB phenomenon. *Teacher Development, 22*(4), 481–496. https://doi.org/10.1080/13664530.2017.1363083

Låg, T., & Sæle, R. G. (2019). Does the flipped classroom improve student learning and satisfaction? A systematic review and meta-analysis. *AERA Open, 5*(3), 1–17. https://doi.org/10.1177/2332858419870489

Lo, C. K., & Hew, K. F. (2017). A critical review of flipped classroom challenges in K–12 education: Possible solutions and recommendations for future research. *Research and Practice in Technology Enhanced Learning, 12*(1), 4. https://doi.org/10.1186/s41039-016-0044-2

Lo, C. K., Hew, K. F., & Chen, G. (2017). Toward a set of design principles for mathematics flipped classrooms: A synthesis of research in mathematics education. *Educational Research Review, 22*, 50–73. https://doi.org/10.1016/j.edurev.2017.08.002

Love, B., Hodge, A., Grandgenett, N., & Swift, A. W. (2014). Student learning and perceptions in a flipped linear algebra course. *International Journal of Mathematical Education in Science and Technology, 45*(3), 317–324. https://doi.org/10.1080/0020739X.2013.822582

McAlindon, A. P. (2020). *Investigating the impact of a flipped classroom approach for a teacher and students in year 9 in the topic of linear equations* [Unpublished doctoral thesis]. The University of Melbourne.

McGivney-Burelle, J., & Xue, F. (2013). Flipping calculus. *Primus, 23*(5), 477–486. https://doi.org/10.1080/10511970.2012.757571

Mishra, P., & Koehler, M. J. (2006). Technological pedagogical content knowledge: A framework for teacher knowledge. *Teachers College Record, 108*(6), 1017–1054.

Moyle, K. (2010). *Building innovation: Learning with technologies*. ACER Press.

O'Flaherty, J., & Phillips, C. (2015). The use of flipped classrooms in higher education: A scoping review. *The Internet and Higher Education, 25*, 85–95.

Saunders, J. M. (2014). *The flipped classroom: Its effect on student academic achievement and critical thinking skills in high school mathematics* [Unpublished doctoral thesis]. Liberty University.

Speller, S. (2015). *Mathematics teacher's experience with flipped learning: A phenomenographic approach* [Unpublished doctoral dissertation]. The University of Toledo.

Srivastava, P., & Hopwood, N. (2009). A practical iterative framework for qualitative data analysis. *International Journal of Qualitative Methods, 8*(1), 76–84. https://doi.org/10.1177/160940690900800107

Strayer, J. F. (2012). How learning in an inverted classroom influences cooperation, innovation and task orientation. *Learning Environments Research, 15*(2), 171–193. https://doi.org/10.1007/s10984-012--9108-4

Talbert, R. (2015). Inverting the transition-to-proof classroom. *Primus, 25*(8), 614–626. https://doi.org/10.1080/10511970.2015.1050616

van Teijlingen, E. (2014). Semi-structured interviews. Retrieved from http://www.fao.org/docrep/x5307e/x5307e08.htm

Wanner, T., & Palmer, E. (2015). Personalising learning: Exploring student and teacher perceptions about flexible learning and assessment in a flipped university course. *Computers & Education, 88*(1), 354–369. https://doi.org/10.1016/j.compedu.2015.07.008

Yackel, E. (2002). What can we learn from analyzing the teacher's role in collective argumentation. *Journal of Mathematical Behavior, 21*, 423–440.

Yeung, K., & O' Malley, P. J. (2014). Making 'the flip' work: Barriers to and implementation strategies for introducing flipped teaching methods into traditional higher education courses. *New Directions in the Teaching of Physical Sciences, 10*, 59–63.

07

교수-학습 활동의 긴장과 근접성: 한 교사의 태블릿 기반 수업 실행에 관한 사례 연구

Maha Abboud
Fabrice Vandebrouck

이 장에서는 수학교사가 교실 활동에 태블릿을 통합하는 방법에 관한 사례를 제시한다. 이 장은 인지적 관점과 실천적 관점 모두에서 교수-학습 상황에서의 중재와 행동에 초점을 맞추고, 긴장과 근접성이라는 2개의 새로운 이론적 개념을 제시함으로써 이 책의 초판에 대한 저자들의 기여를 발전시키고자 한다. 첫 번째는 활동 이론에 토대를 둔 것으로, 교사의 관행과 학생의 활동에 주목한 프랑스 교수학적 연구의 맥락에서 개발되었다. 두 번째는 보다 비고츠키적인 관점을 취한다. 이는 교사가 학습을 지원하기 위해 설계하는 학생들의 근접 발달 영역과 발시너의 자유 이동 영역 및 촉진 행동 영역의 복합체를 고려한다. 이러한 이론적 요소들은 문제해결을 위해 태블릿 기반 동적 기하를 사용하는 초등학교 6학년 담당의 한 수학 교사의 사례 연구를 통해 설명된다. 이 연구는 태블릿이 도입되었을 때 자유 이동 영역/촉진 행동 영역 복합체의 변화와 관련된 몇 가지 문제를 강조한다. 또한, 이러한 변화에서 나타나는 인지 긴장과 실천 긴장, 더 구체적으로 이러한 긴장들의 도구적 본성을 파악하고 구체화하고자 한다. 이 연구는 교사가 제공한 근접성 중, 교사가 완전히 인식하지 못하면 학생의 근접 발달 영역을 벗어날 수 있는 근접성을 확인한다. 이 장은 이러한 이론적 도구가 제공하는 통찰과 일상적인 수학 수업 관행에서 태블릿의 사용을 더 잘 이해하기 위해 알아야 할 사항에 대한 논의로 마무리된다.

주요 용어: 태블릿, 영역 이론, 교사 활동, 수학 학습, 근접성, 긴장

1. 서론

전 세계 다른 많은 국가와 마찬가지로 프랑스에서는 디지털 시대의 도래에도 불구하고 디지털 테크놀로지를 교육에 통합하는 것이 여전히 교육자와 연구자에게 어려운 과업이다. 이러한 과업의 대부분은 수업 관행, 특히 이러한 새로운 자원의 교수학적 잠재성을 극대화하는 방법과 관련이 있다. 학교에는 다른 직업 환경과 마찬가지로 노트북, 전자 칠판, 최근에는 태블릿, 스마트폰과 같은 새로운 테크놀로지가 자주 도입된다. 사용하기 쉬운 그래픽 화면은 어떤 면에서는 인간 신체의 연장으로 볼 수 있는데, 이는 새로운 문제를 야기하고 있다. 수학 수업에서 이러한 문제는 주로 수학적인 대상의 표현, 시각화, 조작과 관련이 있다. 적어도 프랑스에서 테크놀로지를 수학 수업에 통합하는 것에 관한 대부분의 제도적 문헌과 제안에 따르면, 이러한 테크놀로지의 사용자 친화성과 접근 용이성이 교수-학습의 도구로 통합되는 것을 지원한다는

낙관적인 전제를 바탕으로 하고 있다.[1]

몇몇 연구자들은(예, Depover et al., 2007; Mullet et al., 2019; Tamin et al., 2015) 아이패드와 같은 태블릿이 학습을 지원하는 데 큰 잠재성 가지고 있으며, 학생들에게 동기를 부여하고 참여를 유도할 수 있다고 주장한다. 또한 협력, 대화, 협상에 관한 능력을 향상시킨다는 주장도 있다(Ingram et al., 2016). 그러나 일부 저자들은 태블릿이 매력적이긴 하지만 교실에서 실질적인 교육적 가치를 가지려면 주의해서 사용해야 한다고 지적한다(Villemonteix & Khaneboubi, 2013). 따라서 교사는 테크놀로지 활용을 극대화하는 방법에 대한 깊은 이해가 필요하며(Galligan et al., 2010; Karsenti &Fievez, 2013), 이러한 학습 활동의 영향을 이해하는 것에 관한 연구가 필요하다.

태블릿은 프랑스 교실에서는 비교적 최근에 도입되었다. 태블릿은 출시된 지 10년이 채 되지 않았으며, 아직 그 잠재성에 관한 충분한 연구가 필요하다. 일부 교사는 태블릿을 사용하여 새로운 형태의 수학 과제를 개발하였다. Villemonteix & Khaneboubi(2013)는 일부 이러한 형태의 과제가 교실 환경에서 평가, 지식의 재활성화, 또는 개별 활동과 관련됨을 시사하였다. 예컨대 태블릿 애플리케이션이 대화형 또는 자기 평가를 위한 연습문제를 제공하는 경우가 그러하다. 이러한 멀티미디어 환경은 학생들에게 보다 풍부한 학습 환경을 제공하면서도 전통적인 방식에 충실할 수 있다. 예를 들어, 학생들은 개별 과제를 수행하기 위해 컴퓨터실에 갈 필요 없이 교실에서 태블릿을 사용하여 기존의 종이와 연필로 하는 활동을 대신할 수 있다.

저자들이 참여하고 있는 더 큰 규모의 탐구 프로젝트에서는 기관에서 제공한 태블릿을 교사와 학생들이 교실에서 일상적으로 어떻게 사용하는지를 연구의 목표로 삼고 있다. 보다 구체적으로, 이 장에서는 태블릿 기반 수업에서 기하 학습에 초점을 맞춘 수업 활동에 대한 사례 연구를 소개한다. 탁상용 컴퓨터에서 동적 기하 환경을 사용할 때와 비교하여 태블릿은 활동에 관한 인지적 측면과 중재적 측면을 강화할 수 있다. 예를 들어, 터치스크린을 사용하여 손가락으로 직접 글씨를 쓰거나 기하적인 대상을 조작할 수 있다. 태블릿은 보통 중재를 용이하게 하고 학생들의 활동을 풍성하게 하는 관점에서 생각하지만, 새로운 기하 개념을 학습하기 위한 도구로도 사용될 수 있다.

저자들의 대규모 탐구 프로젝트의 전반적인 연구 문제는 태블릿 및 관련 테크놀로지가 중등학교에서 효과적인 수학 학습을 어느 정도 지원할 수 있는가와 관련된다. 따라서 이 연구는 디지털 및 모바일 테크놀로지가 어떻게 수학 교수-학습을 향상시킬 수 있는지 이해하고자 하는 일련의 연구(Hoyles & Lagrange, 2010)와 맥을 같이 하며, 수업 관행과 교육에 대한 시사점을 제공하고자 한다(Clader et al., 2018; Clark-Wilson et al., 2014).

이 장에서 다루고자 하는 연구는 교사의 활동, 특히 도구적 활동(Rabardel, 2002)에서 중재(mediations)를 관찰하고 이러한 중재가 학생의 학습에 미치는 영향을 조사하는 것을 목표로

---

[1] https://www.education.gouv.fr/repenser-la-forme-scolaire-l-heure-du-numerique-versde-nouvelles-manieres-d-apprendre-et-d-2678

한다. 구체적인 연구 문제는 교사, 학생, 태블릿 테크놀로지, 수학 지식 간의 상호작용과 관련된다. 자세한 연구 문제는 다음 절의 마지막에 제시된다. 먼저 연구 문제의 초점을 명확히 하기 위해 교수-학습 활동에서 긴장과 근접성의 개념을 소개하는 것으로 시작하고자 한다.

2. 이론적 배경과 분석 도구

이 연구의 이론적 출발은 **디지털 시대의 수학교사**라는 저서의 초판(Abboud-Blanchard, 2014)에 설명되어 있다. 이는 Robert & Rogalski(2002)에 의해 프랑스에 소개된 일반적인 이중 접근(Double Approach)에 관한 분석틀이다. 이 분석틀은 교사와 학생의 수업 활동과 그러한 활동을 결정하는 요인을 분석할 때 교수학적 관점과 인간공학적(ergonomic) 관점을 결합한다. Rogalski(2008)는 활동 이론이 이중 접근을 이해하기 위한 방향을 제공한다고 주장한다. 활동 이론은 비고츠키의 사회문화 이론(Vygotsky, 1934)을 토대로 Leontiev(1978)에 의해 처음 제안되었고, 프랑스에서는 인간공학적 심리학의 맥락에서 채택된 후(Leplat, 1997) 수학 교수-학습에 통합되었다(Abboud-Blanchard & Vandebrouck, 2012; Vandebrouck, 2013).

저자들은 Abboud-Blanchard(2014)에서 이러한 일반적인 분석틀을 토대로 다양한 연구에서 도출된 테크놀로지 기반 관행을 정리하여 종합적인 이론적 개념을 제시하였는데, 원래 목표는 사실적인 다양성을 넘어서는 근본적인 유사성을 확인하는 것이었다. 이중 접근에 관한 개념은 인지적, 실천적(pragmatic), 시간적이라는 3개의 차원으로 구성된다. **인지적** 차원은 교사의 수학적 목표와 이러한 목표를 달성하기 위해 학생들이 수행해야 하는 과제와 관련이 있다. **실천적** 차원은 디지털 테크놀로지를 사용할 때 교실 환경의 개방성을 강조한다. 이는 도구적 문제와 관련된 교사-학생 상호작용의 특수성과 수업 운영에 중점을 둔다(Abboud et al., 2018a). **시간적** 차원은 교사가 교수학적 시간과 물리적 시간이라는 2개의 유형의 시간을 관리하는 방법과 관련된다. 이는 교실에서 일어나는 일뿐만 아니라 수업 준비, 자료 검색, 다른 교사와의 협업 등 교실 밖에서 보내는 시간도 포함된다.

그러나 인지적, 실천적, 시간적 차원은 교수-학습 활동에 관한 거시적 수준의 분석을 제공하는 반면, 이 장에서는 테크놀로지 기반 수업의 맥락에서 보다 세밀한 접근 방식으로 미시적 수준의 분석을 채택한다. 이 연구의 목적은 태블릿이 사용되는 환경에서 수업 활동에 대한 이해를 높이고 학생들의 수학 활동 및 학습에서 직면하게 되는 도전을 확인하는 것이다.

2.1. 긴장에 관한 정의

Abboud & Rogalski(2017b)에서 지적하였듯이, 가르칠 수학 내용에 관한 교사의 개념화와 학생들을 그 내용에 어떻게 관계시킬 것인지는 교사의 전문적 활동을 결정하는 요소이다. 이러한 요소는 교사가 학생들이 따르기를 바라는 교수학적 경로, 즉 계획된 인지적 경로와 수업 중에 전개되는 과정을 어떻게 관리하는지에 영향을 미친다(Robert & Rogalski, 2005). 교사는 전자의 교수학적 형식에 익숙하겠지만, 학생 활동의 다양성과 교실 맥락의 특수성으로 인해 불확실성이 발생한다. 이러한 불확실성은 학생들이 테크놀로지 도구를 사용할 때 더욱 심화되는데, 도구가 제공하는 피드백은 학생의 조작에 따라 달라지며 교사는 이러한 피드백에 대한 학생의 해석을 이해하는 데 어려움을 겪을 수 있다. 따라서, 이러한 교수-학습 환경에서 교사는 학생들의 활동에서 도구 사용과 도구의 역할뿐만 아니라 도구와 학습할 수학 지식과의 상호작용으로 발생하는 긴장에 직면하게 된다.

Abboud & Rogalski(2017a)는 교사의 활동에서의 **긴장**(tensions)을 **"의도된 인지적 경로를 유지하는 것과 수업 상황의 역동성과 관련된 현상에 적응하는 것 사이에 나타나는 갈등의 표현"**(p.2336)으로 정의하였다. 이러한 긴장 중 일부는 예측할 수 있으며 교사는 현장에서 이를 다루는 방법을 계획할 수 있다. 다른 예상치 못한 긴장도 있다. 이 경우 교사는 행동을 위한 결정을 현장에서 즉각적으로 해야 한다. 긴장은 교사와 학생 활동의 다양한 차원과 관련이 있으며, 인지적, 실천적, 시간적 차원에 따라 다양한 형태를 취한다.

인지적 차원과 관련된 긴장은 교사가 학생들이 사용하고 발달시킬 것으로 예상하는 수학 지식과 학생들이 과제를 수행할 때 실제로 사용하는 것 사이의 격차에서 나타난다. 실천적 차원과 관련된 긴장은 특히 교사가 만든 도구적 수행 환경과 관련된다. 한편으로, 이러한 긴장은 학생들의 자율성, 헌신, 동기 부여에 영향을 미치는 잠재적 혼란을 고려함으로써 예측할 수 있다. 다른 한편으로, 이러한 긴장은 테크놀로지를 조작하고 테크놀로지가 제공하는 피드백을 개별적으로 또는 집단적으로 활용하는 문제와 관련된다. 실천적 차원과 인지적 차원 모두에 관련된 긴장은 주로 소프트웨어에서 구현된 수학적인 대상과 연산이 종이와 연필 맥락에서의 수학적인 대상 및 연산과 매우 유사하다는 착각과 관련이 있다. 시간적 차원과 관련된 긴장은 학습 속도 그리고 학생의 예상 활동 시간과 과제를 완료하는 데 필요한 실제 시간 사이의 불일치와 관련이 있다.

교사는 수업이 진행되는 동안 이러한 긴장을 인식할 수 있다. 교사는 예상되는 답을 직접 제시하거나 소프트웨어를 직접 조작하여 이러한 상황을 관리할 수 있다. 즉각적으로 파악되지 않거나 제대로 관리되지 않은 긴장은 계획된 인지적 경로에서 크게 벗어나거나 심지어 완전히 이탈할 수도 있다. 교사는 자신의 목표를 달성하지 못한 것에 불만족스러워하거나 목표를 달성하였다는 착각 속에서 학생의 활동을 직접 관리해야 할 수도 있다.

2.2. 근접성에 관한 정의

테크놀로지 기반 수업에서 교수-학습 활동에 대한 새로운 이해는 비고츠키(Vygotsky, 1986)의 근접 발달 영역(zone of proximal development, 이하 ZPD)과 발시너(Valsiner, 1987)의 자유 이동 영역(zone of free movement, 이하 ZFM) 및 촉진 행동 영역(zone of promoted action, 이하 ZPA)에 토대를 두고 있다. 이 연구는 이러한 영역들을 수학 수업에서 테크놀로지, 특히 태블릿을 사용할 때 교수-학습 활동을 개념화하기 위한 분석틀로 사용한다. 따라서, 이 연구는 **근접성**(proximities)을 이러한 영역 내에서 학생들의 활동을 지원하는 수업 행동으로 정의한다. 먼저 이 3개의 영역에 대해 저자들이 어떻게 이해하였는지 제시한 다음 분석틀의 개념에 대해 간략히 설명한다.

학습의 관점에서 ZPD는 학습자가 누군가의 도움 없이 과제를 완료할 수 있는 수준과 교사와 같은 자신보다 지식이 풍부한 사람의 도움을 받아 학습할 수 있는 수준 사이를 에워싸는 영역을 의미한다. 따라서 이 개념은 일련의 지식 발달의 가능성을 나타낸다. 실제적인 관점에서 교사는 학생들이 배울 수학 내용에 대한 이해를 돕기 위해 태블릿이나 여타 도구를 사용하는 학습 환경을 조성한다. 이러한 환경을 설정하면 학생들이 환경에 대한 서로 다른 영역에 접근하고 이러한 영역 내에서 다양한 도구와 상호작용하는 방법을 구조화하는 ZFM과 새로운 지식 습득을 촉진하는 ZPA라는 2개의 영역이 나타난다. 교사는 학생들의 학습을 돕는 활동과 도구에 직접적으로 접근할 수 있는 환경을 조성한다. 교사가 ZFM에서 제공하는 것과 ZPA에서 촉진하는 것은 서로 연관되어 있으며, 일반적으로 이 2개의 측면은 동시에 고려되어야 한다. 따라서, 많은 연구자들은 과제를 해결하기 위해 교사가 무엇을 제공하고 어떻게 환경을 구성하는지를 설명하기 위해 ZFM/ZPA 복합체를 언급한다. 이 복합체는 환경과의 상호작용 속에서 학습자가 발달시키는 개념을 포착한다.

또한 ZPA는 학생의 ZPD와 일치해야 하며, 교사가 만든 ZFM 내에서 학생 개인이 실현 가능하다고 생각하는 행동을 지원해야 한다(Goos, 2020). Galbraith & Goos는 "ZFM과 ZPA 사이의 연결은 ZPD에 의해 제공된다. 학습이 가능하려면 ZPA는 개인의 학습 역량인 ZPD와 일치해야 하고, 학습에 대한 의도된 접근이 성공할 수 있으려면 ZPA가 효과적인 ZFM 내에 있어야 한다"(2003, p.3)고 말한다.

관찰할 수 있는 중요한 요소는 교사와 학생의 상호작용과 관련된 것으로, 이러한 상호작용이 학생들의 활동에 미치는 영향을 가정하여 분석된다. 교사의 개입 중 일부는 인지적 수준에서 이루어지며 도움, 평가, 개념 복습, 설명, 지식 표현 등과 같은 수학 내용과 관련되는 반면, 다른 일부는 실천적인 수준에서 교실 과제 수행의 형태, 사용할 수 있는 자원, 하나의 도구에서 다른 도구로의 전환과 같은 학생이 과제를 해결하기 위해 환경과 상호작용하는 방식과 관련된다. 따라서 이 연구의 중요한 초점은 이러한 개입이 학생들의 습득한 지식, 즉 학생들의 ZPD에 얼마나 근접한지를 살펴보는 것이다.

저자들의 이전 연구는 담론적 근접성(discursive proximities) 개념을 토대로 진행되었다(Abboud et al., 2018b). **담론적 근접성**은 교사가 학생의 기존 지식과 이 지식과 직·간접적으로 연관된 활동을 통해 학습할 지식 사이의 간극을 메우기 위해 사용하는 담론의 명시적인 요소 또는 일부이다. Robert & Vandebrouck(2014)은 담론적 인지 근접성을 설명하면서, 교사 담론의 이러한 요소가 학생들의 기존 지식과 그들이 수행하는 활동과 관련하여 학생들의 이해에 어떻게 영향을 미칠 수 있는지를 보여준다. 보다 구체적으로, 이들 연구자들은 이러한 담론적 근접성 중 일부를 발달시켜 종이와 연필 환경을 연구하는 데 사용한다.

이 연구는 실천 근접성의 개념을 정의함으로써 선행연구의 논의를 확장하고자 한다. 특히, 이 개념을 테크놀로지 기반 환경에서 관찰되는 도구적 문제와 관련된 교사의 말과 행동에 연관시킨다. 태블릿 기반 수업에서 ZFM/ZPA 복합체에 관한 검토는 교사, 학생, 테크놀로지 사이의 상호작용에 대한 통찰을 제공한다. ZPD 내의 '인지 근접성'은 학생들이 (잠재적으로) 배울 수 있는 새로운 수학 지식에 직접적으로 주목하는 반면, 실천 근접성은 테크놀로지를 통해 학생들을 수학 학습에 참여하도록 설정된 ZFM/ZPA 형태에서 교사가 학생들에게 제공하는 기회를 살펴보게 한다. Galbraith & Goos(2003)를 따라, 테크놀로지는 역량 강화를 위한 수학적 도구 또는 사고의 재구조화를 위한 변혁적 도구로 간주될 수 있다. 어떤 경우든, 과제 수행 환경에서 테크놀로지의 존재는 교사, 학생, 과제 사이의 관계를 변화시킨다.

이 연구에서 관찰한 교실에서는 종이와 연필(이와 관련된 도구)과 태블릿(이와 관련된 소프트웨어)이라는 2개의 도구가 학생들의 ZFM 내에서 규칙적으로 제공되었다. 이와 대응하여 교사에 의해 설계된 ZPA는 과제 수행을 용이하게 하는 것을 목표로 하였다. 교사의 행동과 개입과 같은 지원은 학생들의 발달을 돕는 도구적(instrumental) 근접성과 도구 간(inter-instrumental) 근접성의 형태를 취한다. ZFM/ZPA와 관련된 다른 실천 근접성은 교사가 태블릿을 문화적 도구로 사용하는 방법과 관련이 있다. 한 가지 예는 학습을 촉진할 수 있다는 가정하에 청소년기 학생들의 맥락에 기반을 둔 게임, 가상현실과 같은 실생활 기반 시나리오를 활용하는 것이다. 그러나 효율적인 실천 근접성과 인지 근접성은 잠재적으로 학습될 수 있는 것, 즉 ZPD와 일치해야 한다. 따라서 수업 활동은 적절하게 설정되어야 하며 과제 수행 환경은 의도된 학습 활동을 지원해야 한다.

데이터 분석 과정에서 예측된(predicted) 근접성과 효과적인(effective) 근접성' 을 구별하는 것이 중요하다. 예측된 근접성은 교사가 의도한 것과 관련된다. 이러한 인지 근접성과 실천 근접성은 ZFM/ZPA를 설정할 때 예측되거나 예측될 수 있다. 예를 들어, 교사는 수업 목표를 교사의 개입 없이 학생들이 독립적으로 학습하게 하는 것일 수도 있고, 학생들의 ZPD에 최대한 가깝게 근접하도록 담론적 또는 비담론적 개입을 계획할 수도 있다. 효과적인 근접성은 2개의 형태를 취하는데, 첫 번째는 실제로 행해지는 계획된 행동이고 두 번째는 현장에서 즉흥적으로 전개되는 행동이다. 후자는 학생들이 그 순간에 하고 있는 행동에 직접적으로 의존하며, ZPA가 지원하는 행동이 ZPD에서 가능하게 하거나 도달할 수 있도록 하는 것을 목표로 한다. 전자의 경우, 교사가 실제 그렇지 않은데도 효과적인 근접성이 있다고 가정할 수 있으며, 이는 교실에서 관찰되는 긴장의 원인이 된다.

결론적으로 이 연구는 긴장과 근접성의 관점에서 연구 문제를 설정한다. 교수-학습에 태블릿을 도입되면서 ZFM/ZPA 복합체에 변화가 생기는 것은 분명하다. 첫 번째 연구 문제는 특히 도구의 도입으로 인해 직접적으로 발생하는 도구적 긴장에 초점을 맞춰 이러한 변화로 인해 발생하는 인지 긴장과 실천 긴장이 무엇인지와 관련된다. 이 연구는 교사가 이러한 새로운 긴장을 어느 정도 인식하고 있는지, 그리고 교사가 이를 어떻게 대처하는지 조사한다. 두 번째 연구 문제는 새로운 환경에서 학생들의 학습을 지원하기 위해 개발되었거나 개발될 수 있는 근접성에는 어떤 것이 있는지와 관련된다. 이 연구는 이러한 근접성 중 어떤 것이 예측 가능하고, 어떤 것이 효과적인지, 그리고 인지 근접성과 실천 근접성이 학생의 ZPD 내에 포함되는지 또는 포함되지 않는지를 평가하고자 한다.

3. 사례 연구

이하에서는 사례 연구를 통해 이 연구의 이론적 접근과 분석 도구를 제시하고, 이러한 개념들이 만들어 낼 수 있는 새로운 결과에 주목한다. 먼저, 이론적 접근과 관련된 연구의 맥락과 연구 방법을 제시한다. 이후 연구 참여 교사를 간략히 소개하고, 관찰된 수업 순서와 학생들에게 기대되는 활동에 대한 사전 과제 분석을 실시한다. 이 분석을 통해 교수-학습 상황에서 긴장의 잠재적 원인과 예측된 근접성을 파악한다. 마지막으로, 효과적인 근접성, 특히 도구적 관점에서 수업 과정을 분석하고 이들이 학생들의 학습에 미치는 영향을 분석한다.

3.1. 맥락과 데이터

저자들은 일상 수업에서 교사와 학생이 태블릿을 어떻게 사용하는지 연구하는 장기 프로젝트[2]에 참여하고 있다. 이 프로젝트는 중등학교 교사를 위한 태블릿 기반 수학 자료 제작을 지원하기 위해 마련되었다. 프랑스 여러 지역에서 온 10명의 수학 교사가 공동 작업 과정을 통해 태블릿 기반 학습 상황과 관련 자료를 개발하는 실험에 참여하고 있다. 이들은 이미 수학교육 연구소(Institutes for Research in Mathematics Education)의 일원으로, 수업 시간에 디지털 테크놀로지를 정기적으로 사용하고 있다. 이들은 수학 교실에서 동적 기하 소프트웨어인 지오지브라를 활용하는 다양한 방법을 소개하는 교사용 지도서를 집필하기도 하였다.[3] 이 새로운 프로젝트에 참여하는 교사들의 목표는 태블릿을 수학 교수-학습에 활용하고 다른 교사들에게 새로운 자원을 제공하는 것이다. 그들은 프로젝트의 재원을 통해 교실에 태블릿을 구비하고 지난 3년 동안 정기적인 모임을 개최할 수 있었다. 여기서 소개하는 사례 연구는 이러한 교사 중 한 명인 로저의 사례이다. 그는 약 10년 동안 수학교육 연구소에 참여한 경험이 풍부한 교사이다. 그는 프랑스 북부의 릴에 있는 한 중등학교에서 6학년부터 9학년(11세부터 14세)의 학생들을 가르치고 있다.

[2]http://perseverons.inspe-bordeaux.fr/

[3]Créer avec GéoGébra: https://tice.univ-irem.fr/lexique/perso/frontLexiqueGGB/

6학년 기하 수업이 관찰 대상이었다. 학생들은 지오지브라가 설치된 태블릿을 사용할 수 있었다. 이 태블릿은 학생들의 소유는 아니며 수업이 시작될 때 배포된다.

3개 유형의 데이터가 수집되었다. 첫 번째는 수업 비디오 녹화로, 이를 전사하고 교사의 행동의 순서에 따라 수업 진행 과정을 단계별로 나누었다. 두 번째는 수업이 끝난 후 교사가 작성한 짧은 설문지에 대한 응답이었다. 여기에서 교사는 먼저 수업의 목표를 설명하고 이와 관련된 과제 수행 환경을 기술하였다. 이후, 실제로 어떤 일이 일어났고 처음에 설정하였던 목표가 어느 정도 달성되었는지 기술하였다. 비디오 녹화와 설문지를 분석한 뒤 세 번째 유형의 데이터가 수집되었다. 이는 분석 결과를 바탕으로 수업 후 교사와의 면담에 대한 응답으로, 결과 해석 중 일부를 삼각 측량하고 나머지에 대한 불확실성을 제거하는 데 사용되었다. 또한, 수업 후 면담 데이터는 교사의 수업 관행에 대한 더 많은 통찰을 제공하였고, 수업 진행 중 그가 내린 몇 가지 선택이 수업 전개에 미친 영향을 조명하는 데 기여하였다.

3.2. 로저 소개

로저는 20년 동안 중등학교(11~14세) 학생들에게 수학을 가르쳤다. 그는 약 13년 전 학교에 전자 칠판이 도입되면서 교실에서 테크놀로지를 사용하기 시작하였다. 그는 지오지브라를 잘 사용하는데, 보통 수업을 준비할 때나 수업 시간에 수학 개념을 설명하고 기하 도형을 동적으로 움직일 때 사용한다.

로저는 약 600명의 학생이 있는 도시 외곽의 일반적인 학교에 재직하고 있다. 학생들은 다양한 사회경제적 배경을 가지고 있는데, 예를 들어 집에서 테크놀로지를 사용할 수 없는 경우와 같은 낮은 사회경제적 배경을 가진 학생도 어느 정도 있다. 학교에서 다른 동료 수학교사들은 가끔 컴퓨터실에서 디지털 테크놀로지를 사용하지만 일상적으로는 사용하지 않는다. 로저는 태블릿 프로젝트에 관심이 있는 유일한 교사이며, 학교에서 태블릿을 구입한 이후 정기적으로 태블릿을 사용해 왔다. 그는 학교 동료보다는 수학교육 연구소의 구성원들과 태블릿 활용에 대한 경험을 공유하곤 한다.

면담에서 로저는 수학을 가르치는 것이 즐거움, 창의성, "무언가를 실천하는 것"을 아우르는 것이라고 말하였다. 그는 이러한 이유로 일찍이 태블릿을 사용하게 되었고, 전통적인 컴퓨터와 달리 손가락으로 조작할 수 있고, 특히 기하 대상을 다루기에 적합하며 실제 상황을 재미있게 시뮬레이션할 수 있다는 점을 강조하였다. 따라서 그는 태블릿을 미리 정해진 "전통적인 과제"에 사용하는 것뿐만 아니라 창의성과 탐구를 위한 도구로도 보고 있다.

이 연구에서 관찰하고 분석한 수업은 6학년(11세) 학생을 대상으로 한 수업으로, 로저가 계획한 학습 상황이다. 첫 번째 목표는 지오지브라 태블릿 소프트웨어를 사용하여 이전 수업에서 이미 다룬 주제인 원의 개념을 복습하는 것이었다. 그는 종이와 연필 환경과 태블릿 환경간의 상호작용에 초점을 두고 설계하였는데, 원의 중심과 반지름에 대한 학생들의 이해와 컴퍼스를 사용하여 원을 그리는 방법을 다시 학습할 수 있도록 하였다. 두 번째 목표는 학생들에게 원의 또 다른 정의를 탐구할 수 있는 기회를 제공하고자 하였는데, 이에 대해서는 아래에서 더 자세히 설명된다. 해당 수업에 앞서 로저는 이미 학생들에게 지오지브라를 소개하였다. 그러나 수업 후 면담에서 그는 동적 기하에 대한 소개가 너무 건조했었다고 말하였다. 그래서 그는 이번 수업에서 소프트웨어의 인터페이스와 태블릿 환경의 드래그 방식을 사용하여 학생들의 참여를 유도할 수 있는 상황을 제공하고자 하였고, 지오지브라의 다른 기능을 사용하여 과제를 다르게 수행하는 것을 제한하는 방식으로 진행하였다.

3.3. 과제 분석

여기서는 먼저 과제와 기대되는 수학 활동에 대해 분석하고자 한다. 이러한 분석은 과제를 완료하는데 요구되는 수학 지식에 대한 깊은 통찰을 제공하기 때문에 이중 접근에 관한 분석틀(Vandebrouck, 2013)을 사용한 연구들에서 반복적으로 관심을 가지는 부분이다. 이는 학생들이 수학 개념에 접할 때 교실에서 불가피하게 발생하는 예측 불가능을 교사가 어떻게 조율하였는지를 조명한다(Abboud & Coles, 2018). 수업 후 검토에서 이 연구는 수학 내용을 포함하여 실제 학생 활동과 과제 분석 사이의 깊은 연관성을 고려한다(Vandebrouck, 2018). 가능한 경우, 이 연구는 잠재적인 실천 및 인지 긴장이나 근접성 사이를 연결하고자 한다.

이 과제는 학생들이 원에 대한 그들의 지식을 활용하도록 설계되었다. 학생들은 이미 곡선의 기하적인 형태로 제시된 원을 접하고 관찰과 도구를 사용하여 원을 탐구해 보았다. 학생들은 컴퍼스를 사용하여 원의 두 요소인 중심과 반지름을 학습할 것으로 기대되었다. 수업 후 설문지에서 로저는 중심으로 보이는 한 점으로부터 같은 거리에 있는 기하학적 점들의 집합으로 원을 식별하고 이 거리를 반지름으로 정의하는 것이 새로운 도전이라고 말하였다. 이러한 개념은 학생들이 오로지 눈에 보이는 것 또는 도구를 사용하지 않고도 자신의 주장을 논리적으로 제시하고 입증할 수 있어야 함을 요구한다. 학생들에게 주어진 종이와 연필 과제는 아래와 같다([그림 1]).

Traversée de la pièce 6e
Fiche élève

Élève :

Auteur : PETIT Raphaël © octobre 2015

Une petite fille vient d'entrer dans une pièce sombre par la porte E.
La porte se referme violemment (clac !).
Elle est verrouillée, impossible de l'ouvrir !
Elle se retourne, ses yeux s'habituent à l'obscurité ....
Ah ! Elle devine 3 monstres qui se réveillent !
Vite ! Elle veut rejoindre la porte de sortie qu'elle aperçoit enfin en S ...

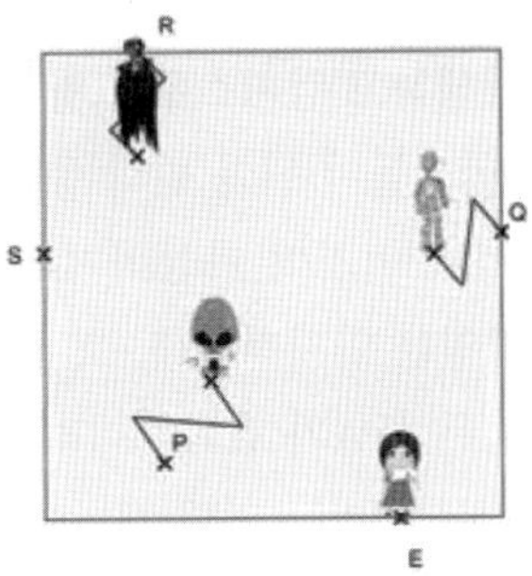

A toi de l'aider à traverser la pièce !
Dessine un chemin qu'elle pourra suivre sans se faire attraper.

Quelques informations utiles pour que tu puisses l'aider :

- la pièce est un carré de côté 8 m ;
- elle est représentée à l'échelle avec 1 cm pour 1 m en réalité ;
- un monstre est attaché au point P par une chaîne de 3,8 m de long ;
- un autre monstre est attaché au point Q par une chaîne de 3 m ;
- un dernier monstre est attaché au point R par une chaîne de 2,6 m.

방 건너기 과제

한 작은 소녀가 E 문을 통해 불이 꺼진 방에 들어갑니다. 문이 쾅 소리 나며 닫히고 잠겨버렸습니다! 문을 열 방법이 없습니다!

그녀가 돌아서자, 그녀의 눈은 어둠에 익숙해졌습니다... 오, 안돼! 그녀는 3마리의 괴물이 보이기 시작하는데... 그 괴물들이 깨어나고 있습니다! 빨리, 무언가 해야 해요! 그녀는 출구 S로 가야합니다...

당신은 그녀가 방을 건너도록 도와줘야 합니다! 괴물들에게 잡히지 않고 따라갈 수 있는 경로를 그려주세요.

도움을 주기 위한 유용한 정보는 다음과 같습니다.

- 방은 한 변의 길이가 8m인 정사각형입니다.
- 도면의 축척은 1cm:1m입니다.
- 첫 번째 괴물은 P지점에 3.8m 길이의 체인으로 묶여 있습니다.
- 두 번째 괴물은 Q지점에 3m 길이의 체인으로 묶여 있습니다.
- 세 번째 괴물은 R지점에 2.6m 길이의 체인으로 묶여 있습니다.

[그림 1] 과제 설명(프랑스어 원문과 번역)

첫 번째 단계에서 과제는 종이와 연필 환경에서 수행되며, 학생들은 자, 컴퍼스, 삼각자와 같은 인공물(첫 번째 ZFM)을 사용할 수 있다. 학생들은 2개의 방법으로 문제를 해결할 수 있다. 먼저, 방을 가로지르며 괴물에게 잡히지 않는 경로를 그릴 수 있다(첫 번째 ZPA). 이 경우 학생들은 여러 가능한 위치에서 측정하고, 몇 가지 조건을 고려한 경로를 그리며 비교해야 한다. 이 활동은 자로 측정하는 방법에 관한 이미 알고 있는 지식을 활용할 뿐 원에 대한 특정 수학 지식이 필요하지 않기 때문에 모든 학생이 접근할 수 있다. 이 단계에서는 환경으로부터의 피드백이 없다. 결과에 대한 확인은 소녀가 괴물 중 하나에게 잡힐 수 있거나 없는 경로 위의 지점을 식별하는데 도움을 줄 수 있는 교사로부터만 가능하다. 새로운 지식과의 가능한 인지 근접성은 없다.

그럼에도 불구하고, 이 과제는 소녀가 괴물에게 잡히지 않는 경로를 찾기 위해 학생들이 해야 할 중요한 조정을 포함하고 있다. 학생들은 방 안의 소녀와 소녀의 움직임이 아닌 괴물과 괴물의 행동반경에 초점을 맞춰 관점을 전환해야 한다. 괴물과 괴물의 행동반경에 초점을 맞추는 접근은 높은 수준의 학생에게만 가능한 **최대** 활동(maxima activity)이며, 소녀와 소녀의 움직임에 초점을 맞추는 것은 모든 학생들이 가능한 **최소** 활동(minima activity). 만약 교사가 두 접근 방식 사이의 전환을 다루지 못한다면, 인지 긴장이 발생하고 이 긴장이 활동 내내 지속된다는 합리적인 추측을 할 수 있다.

이 단계에서 교사는 학생들이 괴물의 행동반경을 탐색하고 컴퍼스로 그릴 수 있는 원의 개념에 대해 생각해야 하는 ZPA를 설정하였다. 이 과정은 학생들이 원과 원의 중심 및 반지름에 대해 그들이 가지고 있는 지식을 인식하는 것을 요구한다. 이것이 가능하게 되면, 3개의 영역에 닿지 않는 경로를 그릴 수 있게 된다. 결과에 대한 확인은 인지적인데, 소녀는 괴물에게 잡히지 않도록 3개의 원 밖에 있어야 한다. 그러나 교사가 만든 ZPA가 효과적이려면, 학생들이 새로운 지식을 발달시킬 수 있도록 인지 근접성을 제공해야 한다. 이는 원의 개념이 문제해결의 방법인 것을 인식하지 못한 최소 활동만 전개한 학생들에게도 필요하다. 일부 학생들에게는 이러한 도약이 쉬울 수 있지만, 다른 학생들에게는 ZPD 밖의 영역일 수 있다.

두 번째 단계에서 학생들은 동일한 과제를 태블릿 환경에서 수행한다. 여기서 학생들은 지오지브라 소프트웨어(두 번째 ZFM)를 사용한다.

이 환경에서([그림 2]), 학생들은 종이와 연필 환경에서처럼 소녀를 움직이는 실험을 할 수 있지만 괴물도 움직일 수 있다(두 번째 ZPA). ZFM/ZPA의 변화로 인한 실천 긴장을 방지하기 위해, 2개의 환경의 과제 설계는 동일하다. 실제로, 종이와 연필 환경에서의 과제는 태블릿 화면의 인쇄본이었다. 그러나 ZPA에는 큰 변화가 있다. 태블릿 환경에서 괴물은 실제처럼 움직일 수 있으며, 이를 통해 2개의 결과가 나타난다. 만약 소녀가 괴물의 행동반경에 들어가면 즉시 잡히고 "패배"라는 메시지가 나타난다([그림 3]). 만약 소녀가 괴물에게 잡히지 않고 S 지점에 도달하면 "승리"라는 메시지가 나타난다([그림 4]). 학생들은 즉각적인 피드백과 함께 여러 번 시도할 수 있다. 관점의 전환이 나타나는 조정은 태블릿 환경에서 괴물이 쉽게 움직일 수 있기 때문에 종이와 연필 환경보다 더 쉽다. 따라서 태블릿 환경은 새로운 지식과 함께 실천 근접성과 인지 근접성을 지원한다.

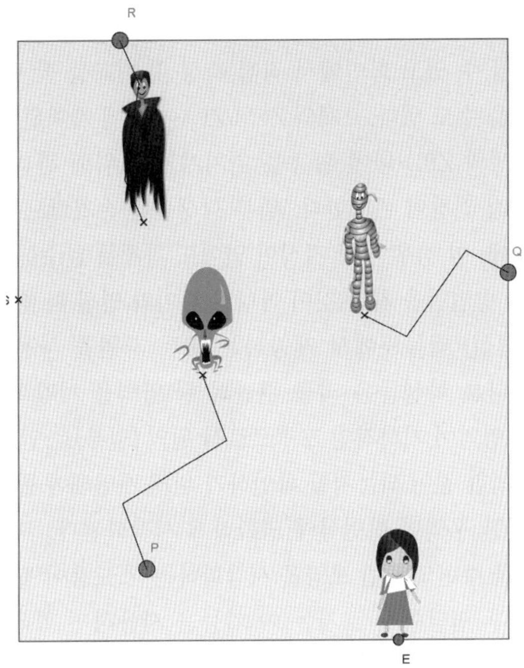

[그림 2] 태블릿 환경

[그림 3] 패배 결과

[그림 4] 승리 결과

모든 학생들은 태블릿 환경에서 이러한 활동에 접근할 수 있다. 그러나 이 과제에서 학생들은 손가락으로 대상을 움직일 수 있고 화면에서 직접 측정 및 비교를 할 필요가 없기 때문에 수학 지식을 전혀 요구하지 않을 수도 있다. 2개의 ZFM/ZPA 사이에 계획된 실천 도구적 근접성에도 불구하고, 교사가 각 학생의 ZPD 내에 활동을 위치시키기 위해 관리해야 하는 새로운 인지 도구적 긴장과 실천 도구적 긴장이 존재한다. 일부 학생들은 손가락으로 대상을 움직이는 최소 활동만 발달시킬 수 있는데, 이 경우 수학 지식이 없어도 과제를 완수할 수 있다. 교사는 과제가 단지 승리를 위한 한 가지 방법만을 찾는 것이 아니라 종이와 연필 환경에서의 이전 과제 수행을 참조하면서(도구 간 근접성) 태블릿에서 제공하는 모든 자원을 사용하여 승리 전략을 찾는 것임을 강조해야 한다. 다른 학생들은 괴물 주변의 원 영역을 시각화할 수 있다. 그러나 이 경우 교사가 첫째 이러한 영역이 기하적인 도형으로서 원의 (일부)로 인식되고, 둘째 3개의 원이 밧줄이 팽팽하게 뻗어 완벽한 원이 되는지를 확인하기 위해 개입해야 할 수 있다. 그래야 괴물이 있는 영역과 소녀의 안전한 구역이 평면상에 명확하게 시각화된다. 지오지브라 상의 (괴물의) 자취 기능은 학생들이 괴물 주변의 원반 모양을 시각화하는 데 도움이 될 수 있다. 여기서 언급할 점은, 이와 관련된 수업 후 면담에서 로저는 이 기능을 사용하면 학생들이 원반 모양을 원의 내부 영역으로 시각적으로 인식하게 할 수 있다는 것을 인지하지 못했었다고 말하였다. 따라서 괴물 영역의 시각화 여부와 관계없이 원을 인식하는 것은 높은 수준의 학생들에게 여전히 최대 활동으로 남아있으며, 심지어 종이와 연필 환경에서보다 훨씬 더 어려운 과정일 수 있다.

그러므로 두 번째 단계에서 생성된 ZFM/ZPA는 수업 활동에서 기존의 인지 긴장을 강화할 수 있다. 이러한 긴장은 기대되는 수학 지식이 부족한 첫 번째 최소 접근에서 학생이 원을 중심과 반지름을 가진 기하적인 대상으로 인식할 수 있는 두 번째 최대 접근으로 전환하는 과정에서 발생한다. 태블릿은 관점의 전환과 관련된 실천 근접성과 인지 근접성을 가져오지만, '우리는 더 이상 수학을 하는 것이 아니라 그냥 놀고 있다'는 첫 번째 접근을 부추길 수 있으며, 원의 개념이라는 목표가 작용하도록 하는 조정이 훨씬 덜 분명해지게 조장할 수 있다. 또한, 태블릿 환경에서 원을 인식하는 것이 종이와 연필 환경에서 컴퍼스를 사용하는 데 장애가 될 수 있기 때문에 두 환경 사이에 새로운 실천 긴장과 인지 긴장이 존재한다. 실제로 태블릿에서 손가락으로 괴물을 움직이는 것과 원의 중심 및 반지름 사이에는 명확한 연관성이 없으며, 원의 중심 및 반지름은 전체적인 점들의 집합으로 나타나지 않는다. 교사는 도구 간 측면을 고려하면서, 담론적 근접성을 예상하기 위해 이러한 새로운 인지 긴장을 인식해야 한다.

3.4. 교수-학습 활동에서 긴장과 근접성

수업은 55분 동안 진행되었으며, 11명의 학생이 참석하였다([그림 5]). 수업은 7단계로 구성되며, 1단계에서는 학생들에게 과제가 제시되었다. 과제의 상황과 관련하여, 교사는 소녀가 불이 꺼진 방에 있고, 문은 잠겨 있으며, 괴물들을 보면서 빠져나갈 수 있는 유일한 방법은 S

라고 표시된 문을 통과하는 것이라고 설명하였다. 2단계에서 학생들은 종이와 연필 환경에서 개별적으로 과제를 수행하였고, 교사는 개별적 설명과 피드백을 제공하였다. 3단계에서 학생들은 태블릿과 종이로 과제를 계속해서 해결하였다. 교사는 화이트보드를 사용하여 태블릿 환경에 관해 간략하게 소개하고, 학생들에게 손가락으로 괴물과 소녀를 움직이는 방법을 보여주었다. 태블릿 환경에서 과제를 완료한 학생들에게는 종이에 해결 과정을 그리도록 요구하였다. 4단계에서 교사는 학급 전체를 대상으로 해결 과정을 보여주었다. 교사는 화이트보드에 지오지브라를 사용하여 괴물의 자취를 보여주었지만([그림 11]), 학생들의 태블릿으로는 자취 기능이 불가하기에 동일한 작업을 수행할 수 없었다. 괴물들의 영역을 보여주는 원이 일부 그려졌으나, 교사는 "원"이라는 단어는 사용하지 않았다. 5단계에서 학생들은 태블릿 환경에서 괴물을 움직이는 것과 종이와 연필 환경을 오고 가며 다시 한 번 개별적으로 과제를 해결하였다. 교사는 학생들이 종이에 괴물 영역을 나타내는 원을 그린 다음 소녀의 경로를 찾아내기를 기대하였다. 6단계에서 교사는 학급 전체를 대상으로 원의 개념을 설명하였다. 마지막으로, 7단계에서 교사는 학생들에게 과제를 어떻게 해결하였는지 적고, 그들이 사용한 수학에 관해 설명하도록 요구하였다.

[그림 5] 교실 전체의 모습

1단계에서 로저는 학생들에게 과제를 제시하였다. 이는 연극 공연 형식으로, 로저가 소녀 역할을 맡았다. 불을 끄고 정문을 통해 교실로 들어온 그는 3마리의 괴물을 발견하고 교실 뒤편의 문으로 나갔다([그림 6]). 따라서 이러한 방식으로 과제를 제시하는 것은 해당 수학 문제보다 훨씬 더 현실적이었고, 학생들이 수학을 배우면서 즐거움을 느껴야 한다는 로저의 목표와도 일치하였다. 그러나 이로 인해 시뮬레이션과 수학 문제 사이에 실천 긴장이 발생하였다. 이러한 긴장은 수업 내내 지속되었고 몇몇 학생들과 로저 본인도 현실 용어와 기하 개념을 혼용하여 사용하였다. 예를 들어, 로저는 센티미터와 미터를 혼용하여 사용하였으며, 괴물과 소녀를 언급하면서 센티미터를 사용하였다. 이 단계에서 태블릿 화면이 화이트보드에 나타났고,

로저는 오직 괴물의 가능한 움직임을 설명하는 데만 태블릿을 사용하였다. 학생들에게 태블릿을 제공하였지만 사용하지 말 것을 지시하였다.

[그림 6] 과제 제시

2단계에서는 사전 과제 분석에서 강조한 바와 같이, 모든 학생이 접근할 수 있는 최소 활동과 더 유능한 수준의 학생들만 도달할 수 있는 관점의 전환 및 원에 대한 인식을 포함한 최대 활동 사이에 인지 긴장이 발생하였다. 종이와 연필 환경에서의 피드백은 학생들이 제시한 경로를 확인하였거나 확인하지 않았던 교사에 의해서만 제공되었다. [그림 7]과 [그림 8]은 일부 학생들이 제시한 해결 과정과 교사가 피드백을 제공하는 장면을 보여준다.

이 과정에서 교사는 소녀가 잡힐 수 있는 경로 위의 점들을 보여주며 학생이 제시한 경로가 잘못되었음을 지적하였다. 결과적으로 학생들은 그들의 해결 방법에 어떤 문제가 있었는지 확인하기 위해 측정하고 비교하였다. 때때로 교사는 몇 가지 부분을 강조하였다. "그래서 소녀는 이 두 괴물 사이를 걸을 수 있어. 맞아. 그런데 여기는? 여기서도 소녀가 도망갈 수 있니?([그림 8]에서 교사는 학생이 제시한 경로의 점들을 언급하고 있음) 보이지? 이 점에서는 괜찮은데, 이 점에서는 그렇지 않아."

대부분의 학생들에게 이러한 개입은 기대되는 활동을 발전시키는 데 충분하지 않았고, 인지 긴장은 여전히 남아있었다. 일부 학생들은 빠르게 달리기와 같은 대안의 전략을 만들어 냈지만, 교사는 화이트보드의 태블릿 창을 통해 괴물이 소녀보다 더 빨리 달린다는 것을 보여줄 수 있었다. 소녀가 괴물의 영역에 들어서자마자 괴물은 소녀를 잡아버리고 "패배"라는 메시지가 표시된다. 2단계가 끝날 무렵, 어떤 학생도 기대했던 최대 활동을 발전시키지 못하였다.

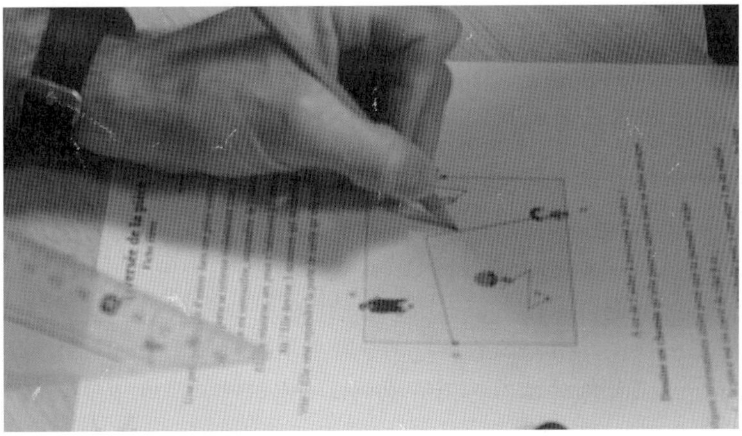

[그림 7] 2단계에서 학생들의 해결 과정에 대한 예시 1

[그림 8] 2단계에서 학생들의 해결 과정에 대한 예시 2

3단계에서 교사는 태블릿 환경을 도입하여 학생들의 ZPM/ZPA를 향상시켰다. 여기서 목표는 태블릿에서 제공하는 피드백을 기반으로 시행착오를 쉽게 겪을 수 있는 과정을 제공하는 것이었다. 그러나 학생들에게 태블릿을 사용할 수 있다고 말한 직후 교사가 "이제 우리는 괴물을 움직일 수 있고, 소녀가 어디로 가면 안전한지 어디로 가면 안되는지 볼 수 있어요"라고 말하였을 때, 중요한 전환이 관찰되었다. 이러한 관점의 전환은 인지 긴장의 주요 요소로, 교사에 의해 시작되었고 ZPA에 의해 직접 지원되었다. 사전 과제 분석에서 확인된 인지 도구적 근접성은 교사가 목표한 전략을 직접 언급함으로써 발생할 수 있었다. 또한 일부 학생들은 ZFM 내 도구가 달랐기 때문에 전략이 다르다고 생각할 수 있기에 새로운 도구 간 실천 긴장이 발생하였다. 로저는 이러한 긴장을 인식하지 못한 듯 보였고, 대부분의 학생들에게 관점의 전환을 반복해서 다음과 같이 말해야 했었다. "괴물을 움직여 보세요." "루시, 각 괴물이 갈 수 있는 모든 위치를 찾아봐요." "괴물들이 갈 수 있는 모든 위치를 찾는 것이 목표에요." 잠시 후 학생들이 여전히 관점을 바꾸지 못하자 로저는 다음과 같이 새로운 전략의 이유를 정당화해야 했다. "패니, 목표는 각 괴물이 어디로 갈 수 있는지 알아내는 것이고, 이것을 이해했다면 소녀가 갈 수 없는 모든 위치를 종이에 그려야 해요." "각 괴물이 갈 수 있는 모든 위치, 다시 말해 소녀가 갈 수 없는 모든 위치를 종이에 그려 보세요." "종이에 괴물이 갈 수 없는 모든 장소를 그려 보세요."

어떻게든 관점을 전환하고 그 이유를 이해한 학생들도 여전히 괴물이 접근할 수 있는 영역을 원으로 인식하지 못하였다. 지오지브라 상에서 괴물의 자취를 활성화할 수 없었기 때문에 원을 시각화하는 것은 어려웠다. 인지 긴장은 여전히 남아있었고, 대부분의 학생들은 여전히 배워야 할 수학 지식을 인식하지 못하였다. ZPA는 괴물이 움직일 때 밧줄을 팽팽하게 늘리는 행동을 포함하지 않았다. 이 시점에서 로저는 기하 용어를 사용하여 괴물의 영역을 구체화하고 종이 위에 그리는 담론적 근접성을 활용하였는데, 로저가 생각하기에 이러한 접근이 당시 대부분의 학생들의 ZPD 내에 있다고 판단하였기 때문이다. 그러나 이러한 노력은 대부분 실패하였다. 저자들은 로저가 대부분의 학생들의 화면이나 종이 위에 자신의 손가락으로 가상의 원을 보여주고 그리는 모습을 볼 수 있었다. 이 시점에서 일부 우수한 학생들은 이러한 근접성을 활용하여 원을 볼 수 있다고 말하거나 컴퍼스를 사용하여 종이에 원을 그릴 수 있었다. 하지만 이는 대부분의 학생들에게 매우 어려운 과정이었다. 예를 들어, 로저는 한 마리의 괴물 주위에 여러 개의 반지름을 그린 학생에게([그림 9]) 그가 그린 기하 모양이 무엇인지 물었다. 그러나 이 학생은 영역에 대한 부분적이고 불연속적인 시각만 가졌고, 영역을 원으로 파악하는 것은 전체적이고 연속적인 시각을 요구하기 때문에 학생의 시도는 실패로 돌아갔다.

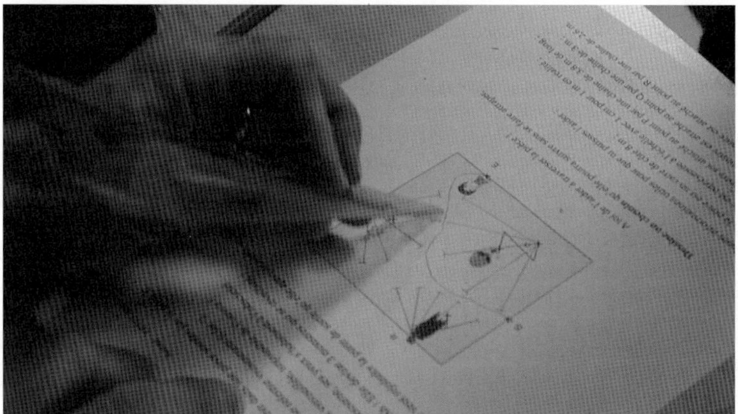

[그림 9] 여러 개의 반지름을 그려 과제를 완성하였지만 원을 시각화할 수 없었던 학생

따라서 로저는 학급의 인지 긴장을 관리하는 데 어려움을 겪었고, 대부분의 학생들은 주어진 ZPA의 이점을 누리지 못하였다.

또한, 사전 과제 분석과 기대된 활동에서 언급한 바와 같이, 교사가 예상하지 못한 것으로 보이는 새로운 인지 긴장과 실천 긴장이 있었다. 일부 학생들은 태블릿 환경에서 관점을 바꾸지도 않고 수학적 추론 없이도 과제를 완성할 수 있었다([그림 10]). 예를 들어, 로저는 한 학생을 자신이 기대하는 해결 방법으로 이끌어야 했었다. "결국 성공했네요. 좋아요. 소녀가 아직 거기에 있으니 이긴 거예요. 맞죠? 그런데, 괴물이 갈 수 있는 모든 위치를 알아낼 수 있나요? 뱀파이어 위치는요? 미라도 알 수 있나요?…" 사전 과제 분석에서 예측한 대로, 모든 학생들이 수행할 수 있는 최소 활동과 원에 대한 지식을 사용하여 달성할 수 있는 최대 활동 사이의 초기 인지 긴장이 강화된 것으로 보였다. 또 다른 예로, 로저는 소녀만 계속해서 움직이다 항상 성공하지 못하는 한 학생을 제지하면서, "하고 있는 것을 잠시 멈췄봐요. 내 생각에는 각 괴물이 도달할 수 있는 위치를 찾아보면 좋겠는데요, 지금까지는 그렇게 하고 있지 않은 것 같네요. 뭔가 하고 있기는 한데, 상황을 제대로 이해하지 못하고 있는거 같아요…"라고 하였다. 결국 태블릿 환경에서 교사가 설정한 ZPA는 이 시점에서 해당 활동에 관해 일부 학생의 ZPD에 적합하지 않은 것으로 보인다.

[그림 10] 어떠한 원도 시각화하지 않고 승리한 사례

4단계에서 로저는 학생들에게 화이트보드에 있는 괴물의 경로를 보여주었다([그림 11]). 학생들이 개인 태블릿에서 같은 작업을 수행할 수 없었기 때문에 그는 새로운 제안을 하였다. "보세요. 괴물을 여기로 옮기면, 이 괴물은 달팽이처럼 끈적끈적한 자국을 남겨요. 알겠죠? … 이 검은 자국은 모두 소녀가 갈 수 있는 곳인가요? 못 가는 곳인가요? (학생들의 대답: 못 가는 곳이요!) 내가 최대한 멀리 가면 거기에 갈 수 있어요. 알았죠? (교사가 괴물을 드래그하며) 그리고 나서 조금 더 가면 … 더 이상 갈 수가 없어요. 보이죠? 그리고 여기서도 더 이상 갈 수 없어요. 나는 이제 저기로 갈 수 있지만, 그러면 여기서 막히게 돼요. 지금은 여기에서 막혀 있어요. 괜찮나요? 다른 괴물도 마찬가지예요. 여기에 갇혀 있다가, 저기로 갈 수도 있고, 저기로 갈 수도 있지만, 거기에서 갇히게 돼요. 알겠나요? 괴물이 갈 수 있는 장소의 경계가 어디인지 아는 것이 도움이 되나요? 많이 도움이 되나요? 그렇죠? 자, 이제 여러분의 노트를 살펴보고, 경계가 정확히 어디인지 알려주는 것을 찾아보세요." 로저는 설명하는 동안 화이트보드에서 괴물을 움직이며 그들이 갈 수 있는 곳과 갈 수 없는 여러 장소를 보여주었다. 이런 식으로 괴물을 움직일 때 밧줄을 팽팽하게 늘리는 행동이 ZPA에 통합된 것을 관찰할 수 있다.

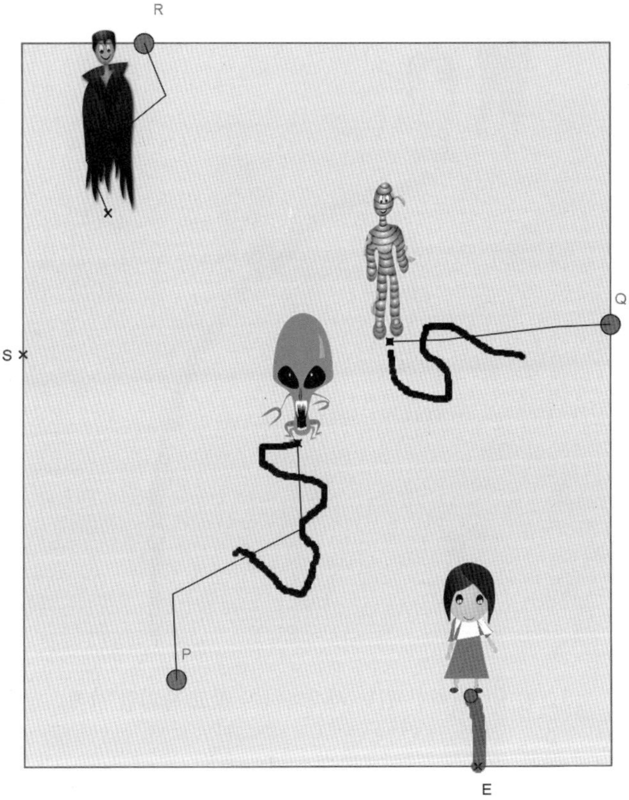

[그림 11] 화이트보드에 보인 괴물들의 경로

5단계에서는 학생들의 진행 과정과 활동이 다양하게 나타났는데, 이는 테크놀로지 환경에서 종종 관찰되는 현상이다. 일부는 태블릿으로 계속 실행하면서 소녀에 초점을 맞춘 최소 활동을 발전시키거나 관점을 막 전환한 상태였다. 일부는 괴물을 한 지점에서 다른 지점으로 이동시키는 데는 성공하였지만, 원의 개념에 대한 전체적인 이해로는 나아가지 못하였다. 어떤 학생들은 교사의 화이트보드처럼 자신의 태블릿에 괴물의 자취를 남겨달라고 요구하였지만, 로저는 그것이 불가능하다고 말하였다. 학생들이 괴물을 움직일 때 밧줄이 팽팽하게 늘어남으로써 대부분은 결국 과제를 완성하였다. 즉, 소녀는 방에서 나갔고 그들은 "성공"이라는 메시지를 볼 수 있었다. 이 경우, 교사는 학생들에게 다시 종이와 연필 환경으로 돌아가 기하적인 시도로 소녀의 경로를 그려 보라고 하였다. 그러나 대부분은 이를 수행하지 못하였고, 일부만이 괴물의 영역을 원 또는 원판 모양으로 인식한 것으로 보였다. 원을 인식한 학생들에게는 3개의 원 각각의 중심과 반지름을 찾아내는 새로운 과제가 주어졌으며, 이는 학생들이 컴퍼스 사용법을 알고 있음을 보여주는 것이었다. 이 외에는 학생들에게 이러한 새로운 과제가 아무런 의미가 없었다.

6단계에서 로저는 원에 대한 아이디어를 강조하였다. 한 학생이 괴물의 영역을 원으로 파악한 후, 로저가 "글쎄요, 내가 매번 최대한 멀리 가서 밧줄을 팽팽하게 늘리고 괴물을 움직이면, 우리가 알고 있는 무언가가 나타나요. 무엇이 나타나죠? 손가락을 사용해 봐요… 밧줄을 최대로 늘린 상태에서 괴물을 움직이면 무엇이 나타날까요? 루나? (한 학생이 말한다: 원이요) 맞아요. 원이죠…"라고 말한 부분에서 인지 근접성을 확인할 수 있다. 로저가 이 학생에게 화이트보드로 가서 괴물의 영역의 경계를 그려달라고 하였을 때, 나머지 학생들은 영역의 경계를 원으로 보고 있는 것처럼 보였지만, 이 학생의 팔 움직임은 중심과 경계 사이의 일정한 반지름이라는 아이디어와 일치하지 않음이 관찰되었다([그림 12]). 이 순간, 모든 학생들이 원을 볼 수 있었는지 그리고 인지 근접성이 효과적이었는지는 분명하지 않다. 지오지브라에서 기하적인 성질을 고려하지 않고 도형을 그리는 것이 가능하다는 사실은 이미 존재하는 도구 간 실천 긴장을 강화한다. 로저는 이러한 긴장을 관리할 기회를 포착하지 못하였고, 계속해서 모든 학생들에게 그들이 수행한 것에 대한 수학적인 추론을 써볼 것을 요구하였다.

위에서 언급한 바와 같이, 학생 대부분의 활동과 배워야 할 수학 지식 사이의 담론적 인지 근접성은 이미 괴물의 영역을 기하적인 대상으로 파악한 학생들의 ZPD에만 해당하였다. 예를 들어, 소렌은 원을 그려야 한다는 필요성을 성공적으로 파악하였고, 태블릿 환경의 원과 교사가 요구한 종이와 연필 환경에서 컴퍼스로 그리는 원을 연결하였다. 로저는 이렇게 말한다. "소렌, 네가 한 일을 설명해 줄래요? (소렌: 글쎄요, 저는 원을 만들었어요) 뭐라고요? (소렌: 저는 괴물들이 갈 수 있는 곳을 제한하기 위해 원을 만들었어요) 그렇죠. 그럼 어떻게 원을 그렸나요? (소렌: 글쎄요, 저는 컴퍼스와 자를 가지고 여기에 적힌 대로 측정해서 그렸어요.) 그렇죠 …."

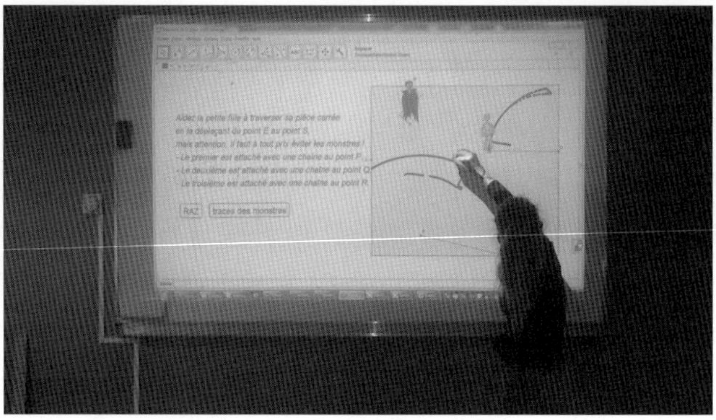

[그림 12] 괴물 Q의 밧줄을 늘여 괴물 P의 영역과 겹치게 원을 그린 학생

그러나 다른 학생들에게서는 원과 컴퍼스가 그들의 ZPD 밖에 있었으며, 심지어 태블릿 환경에서 과제를 성공적으로 완료하여 승리 메시지를 본 학생들과 괴물들의 영역에 몇 개의 점을 찍은 학생들에게도 그러하였다. 4단계에서의 상호작용을 보면, 원을 전체적이고 연속적인 점들의 집합으로 인식하기가 매우 어렵다는 것을 보여준다. "3.8에 표시를 해봐요. 3.8cm에 표시를 해봐요. 괴물은 점 P에서 3.8cm 떨어져 있는데 괜찮나요? 점 P에서 3.8cm 떨어진 곳에 다른 점을 하나 더 찍을 수 있나요? 한 번 더 해보세요. 점 P로부터. 점 P로부터. 점 P로부터. 점 P가 있는 곳에서. 아, 계속해 보세요. 점 P에서 3.8cm 떨어진 또 다른 점 (학생: 같은 선에 있나요?) 아니요, 그렇지 않으면 다시 같은 점에 있게 돼요. 좋아요. 여기 또 하나가 있어요. 그래서 목표는 점 P에서 3.8cm 떨어진 모든 점을 모두 그리는 것이에요. 점들이 많지 않나요? 무한히 많아요. 그렇죠? 그것을 모두 찾는 것은 여러분에게 달려 있어요. 모두 다 찾을 수 있는 해결 방법을 말해보세요." 또 다른 예는 앞서 3단계가 끝날 때 다른 학생에게서 관찰되었다. 교사는 학생이 찾은 괴물의 여러 경계 위치를 가리키며([그림 9]) 다음과 같이 물었다. "방법이 있지 않을까요, 방법이 없나요? 이건 괜찮기 때문에, 이건 괜찮고요, 이건 괜찮고요, 그런데 여기서는 어디서 멈추는지 모르겠어요 … 그렇다면 측정할 수 있나요? 예, 그런데 여기서는요? 알겠어요. 그리고 이 둘 사이는요? 그리고 이 점과 이 점 사이는요? 어디서 멈춰야 할지 모르겠어요. 이걸 언제까지 해야 할까요? (학생: 수십 년) 수십 년, 그렇죠. 하지만 더 빠른 방법은 없을까요?" 이러한 예는 태블릿 환경에서 수행된 작업과 원을 연속적인 점의 집합, 중심, 반지름으로 정의된 기하적인 대상으로 인식하는 것 사이의 지속적인 인지 긴장이 있음을 강조한다. 이 학생들에게 교사의 개입은 그들이 수행한 작업과 배워야 할 수학 지식 사이의 근접성 부족으로 효과적이지 않았다. 원에 대한 아이디어는 학생들의 ZPD 내에 있지 않았다.

7단계에서 모든 학생들은 종이와 연필을 사용하여 해결 방법에 대한 그림을 그리고 그들의 수학적 추론에 관해 기술하였다. 그러나 원에 대한 아이디어가 승리 전략의 핵심임을 확인할 수 있었음에도 불구하고, 이 단계에서 한 학생은 여전히 손으로 괴물 주위에 3개의 원을 그렸다.

이는 기하적인 대상으로서의 원이 그 학생의 ZPD 내에 있지 않다는 것을 다시 한 번 보여주었다. 로저는, "어떤 도구를 사용했나요? 경계를 그리는 도구로 무엇을 사용했나요? 연필이 전부네요. 원을 그리려면 무엇을 사용할 수 있나요? (학생: 컴퍼스요) 그렇다면요? 왜 컴퍼스를 사용하지 않나요? 글쎄요, 컴퍼스를 사용해야 한다는 것을 안다면 사용해야죠, 맞나요?" 여기서도 교사의 개입은 그의 의도에도 불구하고 근접성이라고 할 수 없었다. 그는 학생에게 어떻게 원을 그릴 수 있는지에 대해 질문했지만, 컴퍼스 사용과 관련된 수학적인 대상은 아직 학생의 ZPD 내에 있지 않았다.

로저가 인식하고 있었던 유일한 긴장은 현실 상황과 수학 문제 사이의 실천 긴장이었다. 그는 학생들에게 수학 용어를 사용하도록 반복적으로 요구함으로써 이 긴장을 관리하려고 노력하였다. "다시 한 번 말하지만 기하 용어를 사용하면 좋겠어요. 괜찮나요? 가능한 한 정확하게, 가능한 한 정확하게…" 그러나 2개의 접근에 대해 학생들과 교사의 담론에서는 지속적인 혼란이 있었다. "괴물이 밧줄을 늘이려고 하면 점 P에서 줄이 늘어나는데, 최대 거리가 얼마일까요? 점 P에 붙어 있는 괴물의 최대 거리는 얼마일까요? 밧줄의 길이는 얼마나 되나요? (학생: 3.8m 요). 좋아요, 그럼 실제로 3.8 뭐까지 갈 수 있다는 거죠? (학생: 미터요) 여기는 미터가 아니고 뭐예요? (학생: 센티미터) …" 교사는 심지어 수업이 끝날 무렵에 현실 세계의 용어를 사용하여 수업에서 다룬 기하적인 대상 중 일부를 무효화하였다. "여러분 그림이 정확한가요? 나는 정확한 그림을 원해요. 소녀의 생명이 위태로운 상황이라는 것을 잊지 마세요. 그래서 우리는 위험을 감수하지 말아야 해요. 그렇죠? 컴퍼스를 가지고 있나요? 어서 꺼내 보세요." 수업은 이 2개의 접근 방식 간의 혼란 속에서 마무리되었다. 일부 학생들은 수학 용어를 사용하지 않고 해결 방법을 설명하였다. 교사와 학생 사이의 마지막 대화는 학생의 혼란스러운 마음을 잘 보여준다. "아, 해결 방법을 적었네요. 궁금하군요. 이렇게 적었네요. 나는 컴퍼스를 이용해 괴물의 움직일 수 있는 경계를 그려 소녀를 탈출시키는 데 성공했어요. 수학 용어가 하나 빠져있네요. 뭘까요? 빠진 수학 용어가 무엇인지 모르겠네요. (학생: 괴물의 미터?) 아니, 아니, 아니, 아니, 아니, 아니, 아니, 아니, 아니, 아니, 아니. 무엇을 그렸나요? 컴퍼스로 괴물의 경계를 그렸다고 했잖아요. 이 경계의 이름이 무엇인지 아나요? 수학에서 무엇이라고 하죠? (학생: 원?) 네, 이 단어를 듣기를 원했어요. 우리가 이미 알고 있는 용어로는 원, 중심, 반지름 등…"

4. 결과

연구 결과는 2개의 관점으로 요약될 수 있다. 첫째, ZFM/ZPA 복합체는 과제가 종이와 연필 대신 태블릿으로 수행될 때 여러 방향으로 크게 변화한다. 교사는 이러한 모든 변화를 인식해야 하는데, 활동이 진행됨에 따라 이러한 변화가 새로운 긴장을 생성하거나 기존의 긴장을 강화하여 관리하기가 점점 더 어려워지기 때문이다. 이 연구에서 교사의 노력은 ZFM과 ZPA 사이에 몇 가지 예측된 실천 긴장에만 대처한 것으로 보이는데, 예를 들어 태블릿 화면을 인쇄하여 종이와 연필 환경에서 사용한 것이 그러하다. 그는 태블릿이 종이와 연필 환경에서 얻을 수 없는 피드백을 제공할 수 있고, 학생들이 잠재적 해결 방법을 더 많이 실험할 수 있게 한다는 것을 인식하고 있었다. 그러나 그는 ZFM/ZPA 복합체에서의 다른 중요한 변화는 인식하지 못한 것처럼 보였다. 태블릿에서 제공하는 새로운 ZPA, 즉 종이와 연필로는 불가능했었던 행동인 학생들의 손가락으로 괴물을 자연스럽게 움직이는 것은 관점의 전환을 지원하였고 학생들이 올바른 해결 방법을 찾는데 도움을 줄 수 있었다. 따라서 태블릿은 원에 대한 목표 지식과 자연스럽게 연결되며 인지 도구적 근접성을 제공하였다.

그러나 관찰된 수업에서 교사는 스스로 관점의 전환을 시작하였다. 그는 과제를 재정의 하였는데, 이렇게 함으로써 초기 과제가 학생들의 학습을 지원할 수 있는 잠재성을 줄였다. 또한 일부 학생들은 새로운 환경에서 새로운 과제와 전략을 택해야 하는 이유를 이해하지 못했을 수도 있다는 점에서 새로운 도구 간 긴장을 초래하였다. 이 연구에서는 교사가 이 새로운 전략을 많은 학생들에게 여러 번 설명해야 했다는 것을 관찰한 바 있다. 이 연구에서는 교사가 의도적으로 새로운 ZFM을 설정했지만 의도치 않게 ZPA도 변경했다고 주장한다. 도구 자체가 ZPA를 변화시켰으며, 이는 교사가 인식해야 할 중요한 테크놀로지의 효과이다. 태블릿 환경에서 일부 학생들은 해당 학습에 토대가 되는 수학에 대해 더 이상 배우지 않고도 "승리"할 수 있었다. 태블릿 환경에서 제공되는 피드백으로 인해 종이와 연필 환경에서는 불가능했던 대상을 자유롭게 움직이는 것이 가능해졌다. 이렇듯 학생들은 태블릿 환경에서 더 많은 동기를 부여받았지만, 종이와 연필 환경에서보다 학생들의 발전을 더디게 할 더 큰 위험 요소가 있었다. 학생들의 최소 활동과 기대되는 수학적 이해 사이의 인지 긴장이 강화된 반면, 교사는 새로운 ZFM/ZPA 복합체에 의해 유발된 변화를 인식하지 못하였다. 새로운 실천 긴장과 인지 긴장에 직면하면서, 로저는 수업이 진행됨에 따라 이 새로운 복잡성을 관리해야 했으며 태블릿 환경에서 새로운 전략이 필요한 이유를 두 번 이상 설명해야 했다. 또 다른 어려움은 일부 학생들이 수학 과제에 참여하는 대신 태블릿으로 노는 것에 집중하였다는 점이다.

이 연구 결과의 두 번째 관점은 태블릿 환경 내에서 교사가 학생의 활동을 기반으로 새로운 지식에 관한 담론적 인지 근접성을 활용하기 어렵다는 점과 관련된다. Vandebrouck & Robert(2017)가 언급했듯이, 테크놀로지 환경에서 수학적인 대상의 인식은 다르게 나타난다. 종이와 연필 환경에서는 인식이 인지적으로 이루어지며, 이는 학생들이 컴퍼스를 사용하여 괴물의 영역을 그릴 수 있는 능력에 앞선다. 반면 태블릿 환경에서 인식은 보다 실천적으로 이루어지며, 보이거나 보이지 않는 괴물의 경로를 시각화할 수 있는 능력과 관련이 있다. 종이와 연필 환경에서 이 경로는 처음에는 이산적인 점들의 집합으로 나타나고, 컴퍼스 사용과 관련된 인지적 노력을 통해서만 연속적인 형태가 된다. 반면, 태블릿 환경에서 원 모양을 괴물 영역의 '도상적 시각화' (iconic visualisation)를 통해 인식하는 것은 이러한 모양을 기하적인 도형으로 식별하거나 종이와 연필 환경에서 컴퍼스를 사용하여 그리기에 충분하지 않을 수 있다.

더욱이, 6단계에서 화이트보드 위 학생의 팔 움직임([그림 12])이 컴퍼스를 사용하는 형상과 일치하지 않음을 관찰한 바 있다. 더 구체적으로 말하면, 이 장면은 중심과 괴물 영역의 경계 사이의 일정한 반지름 개념에 대한 인지 도구적 근접성을 제공하지 않았다. 기하 도형의 도상적 시각화와 비도상적 시각화를 구별한[4] Duval(1999)에 따르면, 이 연구의 태블릿 환경에서 시각화는 대부분 도상적 시각화였다. 다시 말해, 태블릿 환경에서 관찰된 원 모양을 중심과 반지름이라는 수학적인 속성과 연관시키지 않았다는 것이다. 게다가, 이러한 도상적 인식은 기대되는 비도상적 인식과의 실천 긴장과 인지 긴장을 유발할 수 있다. 이 연구에서는 수업 내내 일부 학생들이 괴물 주위에 위치한 이산적인 점들의 집합을 기반으로 원을 전체적이고 연속적인 기하적인 대상으로 식별하는 것이 얼마나 어려운지를 관찰하였다([그림 13]). 더욱이, 학생들은 태블릿 환경에서 형성된 원에 대한 인식을 종이와 연필 환경에서 컴퍼스를 사용하는 것으로 전환하는 데 어려움을 겪었다.

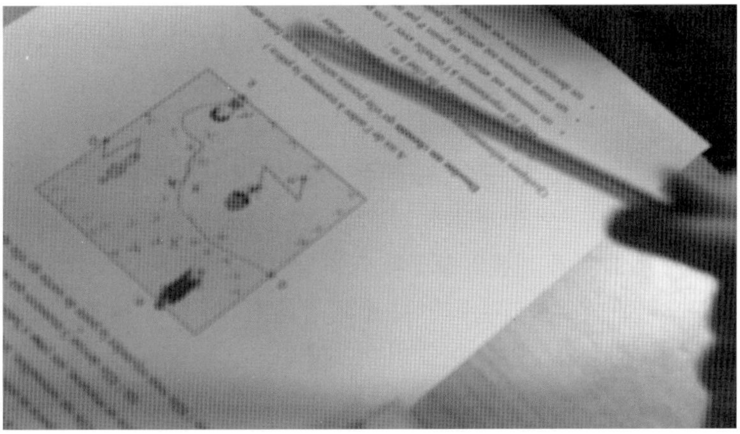

[그림 13] 괴물 R 주변의 여러 개의 점을 확인하였지만,
중심과 반지름을 파악하여 원을 그릴 수 없었던 학생

결과적으로 교사가 태블릿 환경에서 학생들의 효과적인 활동을 기반으로 인지 담론적 근접성을 활용하는 것은 여전히 도전적이었다. 3단계에서 교사가 약간의 담론적 근접성을 제공할 기회를 가졌음에도 불구하고, 그의 노력이 많은 학생들에게 실패했다는 것을 관찰한 바 있다. 그는 학생들의 화면이나 종이 위에 손가락으로 원을 그림으로써 절차적 도움을 제공해야 했다. 여기서 언급하고자 하는 것은, 수학적인 대상에 대한 학생들의 인식이 오로지 도상적이었기

[4]Duval은 표상과 관련된 2개의 유형의 시각화로 도상적 시각화와 비도상적 시각화를 도입한다. "도상적 표상은 표현된 대상에 대한 이전 인식을 의미하며, 이를 통해 그 대상의 구체적인 특성을 추론할 수 있다. … 수학에서 시각화는 이러한 도상적 표상으로 작동하지 않는다. 즉, 이를 바라보는 것만으로는 실제로 무엇이 표현되고 있는지를 인지하고 이해하는 데 충분하지 않다."(Duval, 1999, p.14).

때문에 학생들의 ZPD 내 또는 ZPD 근방에서 수업을 진행하고 있다는 교사의 믿음이 환상에 불과했다는 점이다.

5. 결론

정책 입안자들은 줄곧 학교에서 테크놀로지 사용을 지지해 왔으며, 교육 당국은 학교 현장의 테크놀로지 통합을 지원하기 위해 재정적 투자를 해왔다. 이는 태블릿과 같은 테크놀로지 기기를 교실 활동에 도입하는 것이 교수-학습에 긍정적인 영향을 줄 것임을 전제하고 있다.[5] 실제로 열정적인 수학 교사들이 새로운 테크놀로지를 활용하도록 장려하는 프로젝트는 학생들이 수학적 아이디어를 개념화할 때 직면하는 어려움을 해결하는데 도움이 될 수 있다. 교실에 테크놀로지를 제공하려는 제도적 프로젝트는 혁신적인 관행을 구현할 능력이 있는 소수의 교사에 의존하는 경우가 많다. 이러한 협업 프로젝트는 교사들이 그들의 경험을 공유하고 더 넓은 공동체에 전파할 수 있는 자원을 개발할 기회도 창출한다. 저자들은 디지털 테크놀로지 통합 분야의 관찰자이자 전문가로서 이러한 프로젝트에 참여하였다. 연구의 초점은 태블릿을 사용하는 교실 환경에서 교사가 어떻게 수업을 계획하고, 학생들을 다양한 활동에 참여시키는지에 관한 것이었다.

이 연구에서 실시한 전반적인 분석의 첫 번째는 이전 연구에서 개발한 분석 도구, 즉 인지적, 실천적, 시간적 차원으로 이루어진 개념과 교사 활동에서 긴장에 관한 개념을 바탕으로 진행되었다. 미세한 교실 관찰을 통해 기존의 도구와 맥을 같이 하지만 태블릿 사용에 더 적합하다고 생각되는 새로운 도구를 개발하였다. 특히, 관찰 결과를 해석하기 위해 비고츠키의 ZPD와 발시너의 ZFM 및 ZPA를 탐색하였다. 이를 바탕으로, 근접성의 개념, 즉 이러한 영역들 내에서 학생들의 활동을 지원하는 담론적 또는 비담론적 교수 행위라는 개념을 개발하였다. 교사가 제공하는 근접성은 ZPD의 발달로 이어진다. 여기에는 2개의 유형의 근접성이 있는데, 인지 근접성은 ZPD 내에서 작동하는 지식과 직접적으로 관련되어 있는 반면, 실천 근접성은 과제 수행 환경과 관련된 ZFM/ZPA 내의 행동과 더 밀접하게 연관되어 있다. 이러한 분석 도구는 특히 테크놀로지 환경에서 수학 교수-학습을 위해 사용되는 경우 교사의 행동에 대한 새로운 통찰을 얻는데 도움이 되었다. 이는 이 연구에서 기하 교수-학습에서 사용된 태블릿과 관련된다.

이 연구의 주요 결과는 이러한 환경에서 교사가 ZFM/ZPA 복합체를 이해하는 것이 더욱 어려워진다는 것이다. 이는 종이와 연필 환경에서 태블릿 환경으로의 변화가 명백히 인지적이지만 대부분 실천적인 새로운 긴장과 근접성의 기회를 가져오기 때문이다. 비록 교사가 이를 도구적 근접성 또는 도구 간 근접성으로 인식하더라도, 교사가 완전히 인식하지 못하는 인지적

[5]태블릿 사용에 관한 프랑스 교육부의 보고서는 다음에서 확인할 수 있다: https://eduscol.education.fr/numerique/dossier/apprendre/tablette-tactile

측면이 존재한다. 수학 교수-학습에 대한 기호학적 관점의 연구 결과와 연결된다. 이러한 연구는 동일한 내용과 관련된 서로 다른 인공물의 사용 사이에 발생할 수 있는 잠재적 시너지를 강조하였다(Faggiano et al., 2018). 동시에 이러한 연구는 교사가 '기호학적 간섭' (semiotic interferences)[6]을 인식하지 못할 때 어떤 일이 발생하는지와 이를 인식하고 관리하기 위해 무엇이 필요한지에 대한 질문을 제기한다(Maffa & Maracci, 2019).

또한, 이 연구에서는 학습으로 이어지는 활동에 대한 인식이 일종의 환상일 수 있기에 담론적 근접성이 더욱 어렵게 되었으며, 결과적으로 기하적인 대상에 대한 도상적 시각화의 사례에서와 같이 실제 ZPD를 파악하는데 실패하였다. 이러한 상황은 Blanton et al.(2005)이 지칭한 환상 영역(illusionary zone)의 예로 볼 수 있는데, 이 영역은 교사가 학생들에게 행동을 위한 기회가 제공되고 있다고 믿지만 실제로는 그렇지 않은 경우에 해당한다. 그럼에도 불구하고 Blanton et al.(2005)의 연구에서 발시너의 영역을 사용한 것은 오히려 교사의 ZPD를 탐구하고 그들의 발전 가능성에 대한 통찰을 얻기 위한 것이다. 후속 연구에서는 환상 영역에 대한 개념을 더 자세히 검토할 계획이다. 저자들의 목표는 교사가 학생의 ZPD에 도달하거나 이를 바탕으로 하기 위해 개발하고자 하는 근접성을 이해하는 데 있어 환상 영역 개념의 유용성을 연구하는 것이다.

이 연구는 로저에 대한 사례 연구와 그가 설계한 과제가 구체적이며 일반화될 수 없다는 것을 알고 있다. 이는 이 연구의 의도가 아니다. 그러나 한편으로는, 이 연구를 통해 다른 교사들의 관행 및 다양한 테크놀로지 도구에 관한 연구에 일반화될 수 있는 이론적 도구를 개발할 수 있었다. 다른 한편으로는, 이러한 프로젝트에 참여한 교사들에 의해 개발된 관행이 교육기관에 의해 어느 정도 지원받을 수 있을지, 그리고 그들이 개발한 학습 시나리오가 얼마나 널리 퍼질 수 있는지에 대한 문제가 제기된다. 이러한 관행에 대해 비판적인 관점을 갖고 있는 전문가로서 저자들은 디지털 테크놀로지 통합에 대한 정책 입안자들의 열망과 교실 현장 간의 간극을 좁히는데 기여하는 것을 목표로 하고 있다. 특히 지역 차원에서 교사들이 자신의 수업에 대해 성찰할 수 있도록 돕는 것이 이러한 간극을 좁히는 한 가지 방법이다. 교사 교육자로서 이 연구는 교사의 테크놀로지 사용을 향상시키기 위한 자원과 방법을 제공한다. 글로벌 차원에서 교사의 전문성 개발은 교육기관과 연구 공동체 간의 기대되는 협력에 의해 영향을 받을 수 있다. Lerman(2014)은 다음과 같이 말하였다.

> … 수학교육 연구 공동체는 대체로 수학교육자 공동체와 동일하다. 이는 연구자로서 수학 교수-학습의 본연적 문제에 초점을 맞추는 경향이 있음을 의미한다. 이러한 경향은 연구자들의 연구 분야를 살펴보면 정책 문제에 관한 관심이 상대적으로 부족하다는 사실로 보여준다.

태블릿을 활용하는 프로젝트에 참여한 목표는 태블릿을 학교에 통합하는 방법에 대한 현실적

[6]Maffia & Maracci(2019)는 기호학적 간섭을 다양한 인공물을 사용하는 맥락에서 서로를 참조하면서 나타나는 기호들의 연결로 정의한다(p. 57).

인 비전을 성찰하고, 논의하며, 구체화하는 데 건설적인 역할을 하는 것이었다. 아직 해야 할 일들이 많이 남아 있다!

연구 윤리 교사와 학생(부모)은 실험 프로젝트와 관련된 모든 연구 목적 및 구술 또는 서면 의사소통에 대한 이미지를 사용할 수 있도록 허가하는 동의서에 서명하였다. 이 논문에서 교사와 학생 모두 익명화되었다

참고문헌

Abboud, M., & Coles, A. (2018). The practice theme in mathematics education: Development of a French-English collaboration on the role of theories. *Annales de Didactique et de Sciences Cognitives, SI-2018*, 17–24.

Abboud, M., & Rogalski, J. (2017a). Real uses of ICT in classrooms: Tensions and disturbances in the mathematics teacher's activity. In *Proceedings of the 10th Conference of the European Society for Research in Mathematics Education* (pp. 2334–2341). Dublin City University.

Abboud, M., & Rogalski, J. (2017b). Des outils conceptuels pour analyser l'activité de l'enseignant "ordinaire" utilisant des technologies en classe. *Recherches en Didactique des Mathématiques, 37*(2–3), 161–216.

Abboud, M., Clark-Wilson, A., Jones, K., & Rogalski, J. (2018a). Analyzing teachers' classroom experiences of teaching with dynamic geometry environments: Comparing and contrasting two approaches. *Annales de Didactique et de sciences cognitives, SI-2018*, 93–118.

Abboud, M., Goodchild, S., Jaworski, B., Potari, D., Robert, A., & Rogalski, J. (2018b). Use of activity theory to make sense of mathematics teaching: A dialogue between perspectives. *Annales de Didactique et de Sciences Cognitives, SI-2018*, 61–92.

Abboud-Blanchard, M. (2014). Teachers and technologies: Shared constraints, common responses. In A. Clark-Wilson, O. Robutti, & N. Sinclair (Eds.), *The mathematics teacher in the digital era: An international perspective on technology focused professional development* (pp. 297–318). Springer.

Abboud-Blanchard, M., & Vandebrouck, F. (2012). Analysing teachers' practices in technology environments from an Activity Theoretical approach. *The International Journal for Technology in Mathematics Education, 19*(4), 159–164.

Blanton, M. L., Westbrook, S., & Carter, G. (2005). Using Valsiner's zone theory to interpret teaching practices in mathematics and science classroom. *Journal of Mathematics Teacher Education, 8*, 5–33.

Calder, N., Larkin, K., & Sinclair, N. (Eds.). (2018). *Using mobile technologies in the teaching and learning of mathematics*. Springer.

Clark-Wilson, A., Robutti, O., & Sinclair, N. (Eds.). (2014). *The mathematics teacher in the digital era: An international perspective on technology focused professional development*. Springer.

Depover, C., Karsenti, T., & Komis, V. (2007). *Enseigner avec les technologies. Favoriser les apprentissages, développer des compétences*. Presses Universitaires du Quebec.

Duval, R. (1999). Representation, vision, visualisation: Cognitive functions in mathematical thinking, basic issues for learning. In F. Hitt & M. Santos (Eds.), *Proceedings of the 21st North American PME Conference, Vol. 1* (pp. 3–26). Kluwer Academic Publishers/Morelos.

Faggiano, E., Montone, A., & Mariotti, M. A. (2018). Synergy between manipulative and digital artefacts: A teaching experiment on axial symmetry at primary school. *International Journal of Mathematical*

Education in Science and Technology, 49(8), 1165–1180.

Galbraith, P., & Goos, M. (2003). From description to analysis in technology aided teaching and learning: A contribution from zone theory. In L. Bragg, C. Campbell, G. Herbert, & J. Mousley (Eds.), *Proceedings of the 26th Annual Conference of the Mathematics Education Research Group of Australasia*. Deàkin University.

Galligan, L., Loch, B., McDonald, C., & Taylor, A. J. (2010). The use of tablets and related technologies in mathematics teaching. *Australian Senior Mathematics Journal, 24*(10), 38–51.

Goos, M. (2020). Theoretical perspectives on learning and development as a mathematics teacher educator. In K. Beswick & O. Chapman (Eds.), *The mathematics teacher educator as a developing professional: Vol. 4 of The International Handbook of Mathematics Teacher Education* (*Edition 2*) (pp. 53–77). Brill | Sense Publisher.

Hoyles, C., & Lagrange, J. B. (Eds.). (2010). *Digital technologies and Math Education. Rethinking the terrain. The 17th ICMI Study*. Springer.

Ingram, N., Williamson-Leadley, S., & Pratt, K. (2016). Showing and telling: Using tablet technology to engage students in mathematics. *Mathematics Education Research Journal, 28*, 123–147.

Karsenti, T., & Fievez, A. (2013). L'iPad à l'école: usages. In *avantages et défis. Résultats d'une enquête auprès de 6057 élèves et 302 enseignants du Québec*. CRIFPE.

Leontiev, A. N. (1978). *Activity, consciousness and personality*. Prentice Hall.

Leplat, J. (1997). *Regards sur l'activité en situation de travail*. PUF.

Lerman, S. (2014). Mapping the effects of policy on mathematics teacher education. *Educational Studies in Mathematics, 87*, 187–201.

Maffia, A., & Maracci, M. (2019). Multiple artifacts in the mathematics class: A tentative definition of semiotic interference. In M. Graven, H. Venkat, A. Essien, & P. Vale (Eds.), *Proceedings of the 43rd conference of the international group for the psychology of mathematics education* (Vol. 3, pp. 57–64). PME.

Mullet, J., Van de Leemput, C., & Amadieu, F. (2019). A critical literature review of perceptions of tablets for learning in primary and secondary schools. *Educational Psychology Review, 31*, 631–662.

Rabardel, P. (2002). *People and technology. A cognitive approach to contemporary instruments*. https://hal.archives-ouvertes.fr/hal-01020705. Accessed Sept 2020.

Robert, A., & Rogalski, J. (2002). Le système complexe et coherent des pratiques des enseignants de mathématiques: une double approche. *Revue Canadienne de L'enseignement des Sciences, des Mathématiques et des Technologies, 2*(4), 505–528.

Robert, A., & Rogalski, J. (2005). A cross-analysis of the mathematics teacher's activity. An example in a French 10th grade class. *Educational Studies in Mathematics, 59*, 269–298.

Robert, A., & Vandebrouck, F. (2014). Proximités en acte mises en jeu en classe par les enseignants du secondaire et ZPD des élèves: analyses de séances sur des tâches complexes. *Recherche en Didactique des Mathématiques, 34*(2/3), 239–285.

Rogalski, J. (2008). Le cadre général de la théorie de l'activité. Une perspective de psychologie cognitive. In F. Vandebrouck (Ed.), *La classe de mathématiques: activités des élèves et pratiques des enseignants* (pp. 23–30). Eds Octarès.

Tamin, R., Borokhovski, E., Pickup, D., Bernard, R., & El Saadi, L. (2015). *Tablets for teaching and learning: A systematic review and meta-analysis*. Commonwealth of Learning.

Valsiner, J. (1987). *Culture and the development of children's actions: A cultural–historical theory of developmental psychology*. Wiley.

Vandebrouck, F. (Ed.). (2013). *Mathematics classrooms. Student's activities and teachers' practices*. Sense Publishers.

Vandebrouck, F. (2018). Activity theory in French didactic research. In G. Kaiser, H. Forgasz, M. Graven, A. Kuzniak, E. Simmt, & B. Xu (Eds.), *Invited lectures from the 13th international congress on mathematical education* (*ICME13*) (pp. 679–698). Springer.

Vandebrouck, F., & Robert, A. (2017). *Activités mathématiques des élèves avec des technologies. Recherche en Didactique des Mathématiques, 37*(2-3), 333–382.

Villemonteix, F., & Khaneboubi, M. (2013). Étude exploratoire sur l'utilisations d'iPads en milieu scolaire: entre séduction ergonomique et nécessités pédagogiques. *Revue STICEF, 20*, 1764–7223.

Vygotsky, L. S. (1934/1986). *Thought and language*. MIT Press

08

유치원 교사들의 문서 및 자원 시스템에서 디지털 자원: 프랑스 사례 연구

Ghislaine Gueudet
Sylvaine Besnier
Laetitia Bueno-Ravel
Caroline Poisard

이 장은 유치원 교사들의 디지털 자원 활용을 다룬다. 이 장은 이론적 관점과 문서 기반 접근 방법을 사용하여 3년간의 연구를 제시한다. 유치원 경력 교사 미아의 사례 및 수(numbers) 수업에 초점을 맞춘다. 미시적 수준에서는 미아가 2년 동안 수학 소프트웨어 활용을 중심으로 개발했던 문서가 어떻게 발전해 나갔는지 탐색한다. 거시적 수준에서는 3년 동안의 연구 기간 동안 미아의 자원 시스템의 발달, 특히 이 시스템에서 디지털 자원의 역할에 대해 추적한다. 미아의 사례를 통해 우리는 유치원 수준에서 디지털 자원이 교사의 전문성 개발에 기여할 수 있다고 주장한다. 교사가 디지털 자원을 활용하려면 교사의 설계 역량, 특히 실물 자료와 관련된 디지털 자원의 연관성을 설계하는 능력이 동시에 개발되어야 한다. 문서 발생에 대한 미시적 분석과 교사 자원 시스템에 대한 거시적 분석을 결합함으로써 이러한 현상에 대한 이해를 깊게 할 수 있다.

주요 용어: 디지털 자원, 설계 역량, 교수법에 대한 문서 기반 접근, 유치원, 자원 시스템, 실물 자료

1. 서론

이 장에서 우리는 유치원 교사에 초점을 둔다. 이 연구가 진행된 프랑스에서는 3세부터 5세까지의 아동이 유치원에 다닌다. 유치원에는 자체적인 공식 교육과정이 있는데, 여기에는 유치원을 마칠 때까지 달성해야 하는 목표, '수와 수의 활용 학습'이라고 명명된 목표가 있다. 이 목표에는 특별히 30까지 수 이름을 학습하기, 10까지 숫자(digits)로 쓰인 수 읽기를 학습하기, 10까지 작은 수의 가르기와 다시 모으기를 포함하여 양(quantities)을 묘사하는 수의 활용 학습하기가 포함된다.

'교수법에 대한 문서 기반 접근'(documentational approach to didactics, 이하 DAD, 예, Gueudet, 2019; Trouche et al., 2020a 참조)의 이론적 관점과 방법론적 관점을 활용하여, 우리는 디지털 자원에 특히 초점을 맞추어 유치원에서 수를 가르치는 맥락에서 교사와 자원간의 상호작용을 연구한다. DAD는 교사가 전문적 활동의 일환으로, 활동의 다양한 목표를 지원하는 구조화된 자원 집합인 **자원 시스템**(resource system)을 개발한다고 주장한다. 더욱이, 주어진 목표를 위해 자원과 상호작용하는 교사는 자원을 선정하거나 변형하고 전문적 지식을 연결하면서 **문서**(document)를 개발한다(DAD에 대한 자세한 내용은 3절 참조).

이 책의 초판에서 우리가 저술하였던 장에서도 유치원 수업을 고려했었는데, 여기서 '오케스트레이션(orchestration)'의 개념과 연관된 DAD 관점을 활용하였다(Gueudet et al., 2014). 이 장에서는 2가지 새로운 종류의 발달(evolutions)을 소개한다. 첫째, DAD의 이론적 발달 및 방법론적 발달에 이어, 활동의 한 목표라는 미시적 수준에서 교사에 의한 문서 개발과, 수학과 연결된 다양한 목표라는 거시적 수준에서 교사의 자원 시스템의 발달에 초점을 둔다. 둘째, 동일한 프로젝트의 후속 단계에서 수집하였던 새로운 데이터를 경험적 분석에 활용한다. 여기서 프로젝트는 MARENE로 그 의미는 '수학적 자원 패키지(Mathematical Package of Resources)'를 뜻하며, 유치원과 초등학교를 위한 디지털 자원을 연구하고 설계하는 것을 목표로 하는 교사와 연구자들로 구성된 그룹이다.

다음 2절에서는 유치원 수준, 특히 교사에 의한 테크놀로지 사용에 관한 최근 연구를 간략하게 종합하여 제시한다. 3절에서는 문서 기반 접근의 핵심 개념을 명확히 하고, 연구 문제를 제시한다. 4절에서는 유치원 교사인 미아를 3년 이상 추적 관찰한 사례 연구의 설계에 대해 진술한다. 5절에서는 미아가 개발했던, 선택된 문서와 미아의 자원 시스템의 발달과 관련된 결과를 제시한다. 6절에서는 이러한 연구 결과가 연구 문제에 어떻게 답하는지 논의한다.

2. 디지털 시대의 유치원 수학과 교사의 관행

이 책의 초판 이후 유치원 수준에서 수학 학습을 위한 디지털 도구의 활용에 관한 연구의 수가 증가해 왔다. 이러한 경향은 여러 가지 요인, 특히 국제적으로 교육과정에 비봇(Bee-Bots)과 같은 로봇을 활용하여 공간의(spatial) 내용 지식을 향상하고 연습하기 위한 프로그래밍이 도입되고 터치스크린(touchscreen) 기술의 발달과 관련된 것처럼 보인다.

이러한 연구에서 분석했던, 유치원 수준에서 수를 가르치기 위해 사용되는 디지털 도구는 2가지 범주로 구분할 수 있다. 이러한 도구 중 일부는 연구 결과를 바탕으로 수 세기(Hundeland et al., 2013; Ginsburg, 2016), 수에 대한 다중 표상을 활용한 기수, 서수 및 수 감각(Sinclair & Heyd-Metzuyanim, 2014; Sinclair & Pimm, 2015; Coles & Sinclair, 2017; Sinclair, 2018; Baccaglini-Frank et al, 2020), 덧셈과 뺄셈(Zaranis et al., 2013; Sinclair & Heyd-Metzuyanim, 2014; Carlsen et al., 2016; Zaranis, 2017) 및 손가락 감각 발달(Sinclair & Pimm, 2015)과 같은 정교한 수학 내용을 학습하기 위해 의도적으로 설계된다. 이와 대조적으로, 다른 저자들은 오락용으로 개발되었지만 어린 아동들이 수학 개념과 상호작용할 수 있는 가능성을 제공하는, 상업용 터치스크린 앱에 초점을 둔다(Byers & Hadley, 2013; Lange & Meaney, 2013; Baccaglini- Frank & Maracci, 2015).

이러한 대부분의 연구에서 분석은 학생들의 학습과 관련되며, 디지털 도구가 특히 "멀티 터치 어포던스(affordances)와 청각, 시각, 상징적 어포던스"를 결합할 때 아동들의 수 감각 발달에 새로운 가능성을 열어준다는 점을 강조한다(Baccaglini-Frank et al, 2020, p. 2). 터치스크린 기술을 활용함으로써 수학과 새로운 형태의 상호 작용(Byers & Hadley, 2013)과 터치카운트(TouchCounts) 앱의 경우 손가락 감각을 포함하는 "새로운 과제 세트"를 개발할 수 있다(Sinclair & Heyd-Metzuyanim, 2014, p. 98).

유치원 수준에서 활용되는 디지털 도구가 무엇이든 간에, 도구의 조작성(manipulability)은 항상 우선시된다. 예를 들어, Jung et al.(2014, p. 223)은 "구체적 조작물(manipulatives)이 있을 때, 학생들의 수학 성취도는 크게 증가하였다"라고 언급한다. 그러나 실험적 개입에서 학생들에게 실물 자료와 디지털 도구를 모두 제시한 경우라고 하더라도 이 2가지 간의 조율(articulation) 문제는 거의 조사되지 않았다(예, Zaranis, 2017 참조). Sinclair & Pimm(2015), Sinclair(2018)와 마찬가지로, 디지털 도구의 활용은 유치원 교실에서 이용 가능한, 실물 자료와 다른 자원과의 관계 및 수학적 상황과의 상호작용을 고려하지 않고는 연구될 수 없다고 우리는 주장한다.

디지털 도구와 다른 자원을 함께 활용하기 위해서는 교사의 선택에 주의를 기울여야 한다. 여러 저자들은 디지털 기술의 잠재력을 충분히 활용하기 위해서는 교사의 중재(mediation)가 중요하다고 강조한다(Baccaglini-Frank et al., 2020; Bullock et al., 2017). 특히, 학생들이 사용하는 전략에 대해 교사가 언어화(verbalisation), 협상 및 논의를 유도하지 않으면 학생들의 학습은 표면적인 수준에 머물 수 있으며 학생들은 동일한 전략을 계속 사용할 수 있다(Baccaglini-Frank et al., 2020; Baccaglini-Frank & Maracci, 2015). 그러나 유치원 교사가 수학 수업을 위한 디지털 테크놀로지 활용에 초점을 둔 연구는 여전히 부족하다. Hundeland et al.(2013), Carlsen et al.(2016)은 유치원 교사가 테크놀로지를 활용할 때 3가지 역할, 즉 조력자, 중재자, 교사의 역할을 채택한다고 확인하였다. 이 저자들은 "이러한 역할이 유치원 교사들에 의해 상호 교환적으로 그리고 의도적으로 활용되었다"고 관찰하였다(Carlsen et al., 2016, p.1). 따라서 Hundeland et al.(2013)에 따르면, 유치원 수학 교수 학습에서 디지털 테크놀로지 통합의 질을 분석하기 위해서 유치원 교사의 수학적 지식과 교수학적 지식이 고려되어야 한다.

최근에 Trgalová & Rousson(2017)은 유치원 수준에서 수 학습을 위한 디지털 게임을 설계하였다. 이 연구자들은 '전용(appropriation)'이라는 개념에 초점을 두면서, 도구 기반 접근(instrumental approach) 특히 오케스트레이션의 개념과 문서 기반 접근을 바탕으로 이론적 모델을 개발하였다. 이 모델을 사용하여 연구자들은 유치원 교사의 디지털 게임 활용을 분석하였다. 연구자들은 게임의 융통성, 즉 교사가 다양한 매개변수를 선택할 수 있는 가능성이 게임의 활용에 중요한 요소였다는 것을 관찰하였다. 또한 Hundeland et al.(2013)과 마찬가지로 이 연구자들은 이러한 활용을 위해 탄탄한 수학적 지식과 교수학적 지식이 있어야 교사가 설계자의 선택을 이해할 수 있기 때문에, 그러한 지식이 중요했다고 언급하였다. 이 연구는 또한 교사의 전문성 개발도 제시했는데, 해당 교사는 가장 적합한 오케스트레이션에 대해서, 그리고 학생들의 발달을 지속적으로 평가하는 방법에 대해서 성찰하였다.

이 책의 이전 판에 실린 장(Gueudet et al., 2014)에서 우리의 관점은 Trgalová & Rousson(2017)의 연구와 매우 유사하였다. 우리는 유치원 교사들이 가상 주판과 수의 서수적 측면을 다루는 '승객열차' 게임인 수학 소프트웨어를 사용하여 개발한 오케스트레이션을 조사하였다. 분석 결과 교사의 지식과 이러한 오케스트레이션 사이에 강한 연관성이 있었다. Besnier & Gueudet(2016)에서 오케스트레이션에 대한 분석을 심화하였고 유치원 교사 미아가 2년 동안 개발했던 문서를 체계적으로 조사하기 시작하였다. 이 장 또한 셋째 해의 자료를 추가로 수집하여 미아의 사례를 연구한다. 그러나 미아의 오케스트레이션을 고려하지 않고 대신 수를 가르치기 위해 그녀가 개발했던 특정한 문서와 자원 시스템의 발달을 연구한다.

3. 교사용 문서, 교사용 자원 시스템에 대한 이론적 틀

디지털 테크놀로지가 학습과 교수 과정에 미치는 영향을 이해할 필요가 있기 때문에, 많은 이론이 개발되어 왔다. 수학교육 연구에서는 1990년대와 2000년대 초반에 개발된 도구 기반 접근(Rabardel, 1995; Guin et al., 2005)이 이러한 이론 중 하나이다. 도구 기반 접근을 사용한 최초의 연구는 학생들이 계산기를 사용하여 수학을 어떻게 학습하는 지에 초점을 두었다(Guin et al., 2005). 연구 문제는 교사의 교실 내 디지털 테크놀로지 활용을 포함하는 것으로 발전하여 **오케스트레이션**이라는 개념이 도입되었는데(Drijvers, 2012; 이 책의 Buteau et al.), 이는 교사가 설계한 테크놀로지가 풍부한 환경과 수학을 가르치기 위해 교사가 학생들과 함께 이러한 환경을 어떻게 활용하는지를 설명하는 것이다. 오케스트레이션에 관한 연구는 주로 예를 들어 계산기나 스프레드시트와 같은 단일 기기나 애플리케이션의 교실 내 활용에 초점을 두었다. 도구 오케스트레이션(instrumental orchestration)은 교사와 교사 활동을 위해 현재 이용 가능한 자원의 복합 세트, 곧 전자 교과서, 화상 회의 시스템, 온라인 커뮤니티 내 논의 등을 통합하는 세트 사이의 상호 작용을 밝히는 도구를 제공하지 않는다.

이러한 이론적 간극은 교수법에 대한 문서 기반 접근(DAD, Trouche et al., 2020a)의 개발 동기가 되었는데, 이는 교사와 교사의 전문적 활동에 개입하는 **자원** 간의 상호작용에 초점을 맞춘 것이다. DAD는 교사의 **문서 작업**(documentation work), 즉 교실에서 자원을 선정하고 수정하며 활용하는 것이 교사의 전문적 활동의 중심이며 교사의 전문성 개발에 핵심적인 역할을 한다고 간주한다. DAD에서 자원의 개념은 Adler(2000)가 제안한 정의(definition)와 상응하며, 교과서, 소프트웨어뿐만 아니라 동료 또는 학생과의 논의 등과 같이 교사의 전문 활동에 '재자원화(re-source)'될 가능성이 있는 어떤 것이든 자원으로 간주한다. 활동 이론(Vygotsky, 1978)을 참조하여 DAD는 교사의 활동을 목표 지향적인 것으로 간주한다. 활동의 특정한 목표,

예를 들어, '일련의 사물과 수 단어 사이의 대응을 소개하기'라는 목표를 위해 교사는 교과서, 소프트웨어, 동료와의 논의와 같은 다양한 자원과 상호 작용한다. 이 목표를 위한 활동과 함께 교사들은 선정·변형·결합되는 자원과 이러한 자원의 활용 스킴(scheme)을 문서로 개발한다(Vergnaud, 1998). 우리는 이 정의를 다음과 같이 간단한 방정식으로 표현한다.

자원 + 활용 스킴 = 문서

문서 발생(documentational genesis)이라고 불리는 문서의 개발은 다음과 같은 2가지 과정으로 이루어진다. "교사의 성향과 지식은 서로 다른 자원 간의 선택과 변환 과정을 안내하기 때문에(**도구화** instrumentalization 과정), 자원의 어포던스는 교사의 관행에 영향을 끼친다(**도구 사용** instrumentation 과정)"(Trouche et al., 2020a, p. 239).

스킴은 Vergnaud(1998)가 주어진 목표를 위한 활동의 안정적인 조직으로 정의한 인지 구조이다. 스킴은 활동의 **목표**(goal)와 하위 목표인 **행동 규칙**(rules of action), **조작 불변성**(operational invariants), 그리고 **추론**(inferences) 가능성이라는 4가지 구성 요소와 연관된다. 조작 불변성은 스킴의 인식론적 측면으로 2가지 종류가 있다. 관련된 것으로 간주되는 개념인 **행동 내 개념**(concepts-in-action)과 참(true)으로 간주되는 명제인 **행동 내 정리**(theorems-in-action)이다. 예를 들어, '일련의 사물과 수 단어 사이의 대응을 소개하기'라는 목표의 경우, 교사의 조작 불변성은 '일대일대응'을 행동 내 개념으로 통합할 수 있고, '학생들은 일련의 사물과 수 단어의 계열 사이의 일대일대응을 설정하는 것을 학습해야 한다'를 행동 내 정리로 관련지을 수 있다. 이러한 조작 불변성은 선택할 수 있는 교사의 행동 규칙을 조정하는데, 교사는 예를 들어 사물을 움직일 수 있는지 여부와 같이 다양한 종류의 사물 집합을 제안할 수 있다. 상황 내에서 교사는 추론을 통해 그 상황의 특정한 특색에 맞게 행동을 조정할 수 있다. 예를 들어, 모든 학생들이 실물 대상으로 성공하면 종이에 나타낸 대상을 제공할 수 있다.

교사가 자신의 전문적 활동에 활용하는 모든 자원 집합을 **자원 시스템**(resource system)이라고 한다(Trouche et al., 2020a). 이 자원 시스템은 활동의 목표에 따라 조직된다. 실제로 Rabardel & Bourmaud(2003)에 따르면, 한 과목의 활동은 예를 들어 '수학 수업 계획하기', '수의 서수 측면에 대한 활동을 설계하고 실행하기' 등과 같이 활동의 유사한 목표에 대응되도록 **활동 족**(activity families)으로 구조화된다. 2개 또는 그 이상의 서로 다른 활동 족에 개입하는 자원을 **핵심 자원**(pivotal resources)이라고 부른다. 이 장에서는 한 유치원 교사의 자원 시스템에서 디지털 자원의 위치와, 디지털 자원의 활용과 연계된 자원 시스템의 발달에 초점을 맞춘다. 이 연구는 다음과 같은 연구 문제를 바탕으로 한다.

1. 한 유치원 교사가 수학 수업을 위해 디지털 자원을 활용하여 개발한 문서의 특징은 무엇인가? 이전의 자원과 전문적인 지식은 결과적으로 문서에 어떤 영향을 끼치는가? 새로운 자원은 전문적인 지식의 진화에 어떤 영향을 끼치는가?
2. 한 유치원 교사의 자원 시스템에서 디지털 자원의 역할은 무엇이며, 이러한 자원 시스템의 발달은 디지털 자원의 활용과 어떻게 관련되는가?

우리는 미아 교사의 사례를 연구한다. 첫 번째 연구 문제를 위해, 미시적 수준에서 미아의 개발과 문서의 발달에 초점을 맞춘다. 두 번째 연구 문제를 위해, 거시적 수준에서 수 수업을 위한 미아의 자원 시스템을 고려한다.

4. 사례 연구 설계

이 절에서는 먼저 교사의 문서 작업에 대한 성찰적 탐색이라고 불리는 DAD와 관련된 일반적인 방법론의 근거가 되는 원리를 제시한다(Trouche et al., 2020a). 그런 다음 이 장에서 활용된 사례 연구를 제시한다. 마지막으로 자료 분석 방법을 소개한다.

4.1. 방법론적 원리

교사의 문서 작업에 대한 탐색은 다양한 종류의 자료 수집을 초래할 수 있다. 그러나 이러한 탐색은 항상 다음과 같은 **성찰적 탐색**(reflective investigation)의 원리에 따라 진행된다.

- 자료 수집의 조직과 목표를 교사에게 제시하고 함께 논의한다.
- 교사가 활용하고 제작한 자료 자원을 수집한다.
- 교사의 수업을 단지 한 번만 추적할 것이 아니라 가능하면 몇 년 동안 장기간에 걸쳐 추적한다.
- 교실 내이든 교실 밖이든 교사의 문서 작업이 이루어지는 모든 장소에서 교사를 추적한다.
- 교사는 자료 수집과 분석에 적극적으로 참여한다.
- 면담에서의 교사 진술은 항상 실제 활동 및 산출된 자료 자원과 비교된다.

이러한 원리의 필요성은 DAD의 이론적 관점으로부터 직접적으로 비롯된다. 교사의 문서 작업은 여러 순간과 장소에서 펼쳐지며 해당 교사만이 완전히 접근할 수 있다. 스킴은 안정적인 조직이다. 결과적으로 교사의 활동에서 안정적인 패턴을 확인하기 위해서는 장기적인 추적 관찰이 필요하다. 이러한 스킴의 대부분은 무의식적이며, 교사의 진술만으로는 그런 스킴을 확인하기에 충분하지 않다. 교사의 활동과 설계된 자원을 관찰하고 교사의 진술과 비교하면 스킴의 요소에 접근할 수 있다.

4.2. 미아 사례: 프로필 및 작업 환경

미아는 프랑스의 한 중소 도시에서 근무하는 10년 경력을 가진 유치원 교사이다. 미아는 MARENE 프로젝트 그룹의 일원이었다. 우리는 2012년부터 2015년까지 3년 동안 미아와 함께 일하였다. 미아는 처음 2년 동안 도심에 있는 학교에서 근무했고, 2014년부터 2015년에는 같은 도시의 소외된 지역에 있는 학교로 이동했다. 이 3년 동안 미아는 만 3세 아동들 '소과(small section)'반을 가르쳤다. 프랑스의 3세 아동들은 오후에 낮잠을 잔다. 이 시간 동안 학교의 다른 학급은 소그룹으로 나뉘게 되고 3세 반 교사가 가르친다. 이 작업은 프로젝트 또는 특정 학습 주제를 중심으로 구성되며 각 그룹이 1~2주 동안 다른 주제를 경험할 수 있도록 그룹이 순환하도록 계획되어 있다. 따라서 1학년과 2학년의 오후 시간에 미아는 4~5세의 아동들로 구성된 소그룹을 대상으로 특정 수학 활동을 가르쳤다. 〈표 1〉에는 첫 3년 동안 미아의 근무 맥락 즉 학교, 아동의 나이, 디지털 도구에 의한 준비 등이 요약되어 있다.

〈표 1〉 미아의 작업 맥락

연도	작업 맥락
1년차와 2년차	R의 도심 내에 있는 학교. 미아는 오후에 수학에 초점을 두고 3세 및 4세 아동들을 가르쳤다. 미아는 자신의 교실에 있는 컴퓨터 3대에 접근 권한을 가졌다.
3년차	미아는 학교를 옮겨 R의 소외된 지역에서, 오후에 언어에 초점을 두고 3세 및 4세 아동들을 가르쳤다. 미아는 자신의 교실에서 컴퓨터 1대와 전자칠판(Interactive White Board, 이하 IWB)에 접근 권한을 가졌다.

3년 동안 우리는 위에 제시한 원리에 따라 다양한 종류의 자료를 수집하였다. 〈표 2〉에 자료 유형을 요약한다.

발표 설문지를 보면, 미아는 탄탄한 수학적 지식과 교수학적 지식을 가진다. 사실, 미아는 이전에 고등학교 경제학 교사였는데, 이후 더 어린 학생들을 가르치기로 결정하였다. 미아는 초기 학습 경험에서 교수학적 이슈를 인식하게 만든, 유치원 수학 수업에 관한 몇 가지 전문적 개발 과정을 언급하였다. 선행 연구에 따르면(Hundeland et al., 2013; Trgalová & Rousson, 2017) 이러한 지식은 수학 수업을 위해 디지털 자원을 적절히 활용하는 데 매우 중요한 조건이다. MARENE 프로젝트에 참여한 여러 교사들 중에서 이 장에 미아의 사례를 선택하게 된 동기가 바로 이것이다.

〈표 2〉 미아의 사례, 수집된 자료

1년 차에 수집된 자료
- 발표 설문지, 여기에는 교사의 전문 경력, 근무 환경, 수학 수업에 대한 관점, 테크놀로지에 대한 관점, 공동 작업, 수학에 대한 개인적인 관계가 포함되어 있음. - 수학을 가르치기 위한 자원과 문서 작업에 대한 초기 면담. - 수업을 위한 자신의 자원에 대한 '안내 책자(guide tour)'. - 미아가 산출한 자원 시스템의 인지구조적 표상(Schematic representation of her resource System, 이하 SRRS). - 오후에 4세 아동들과 함께 '자동차와 차고' 자원을 기반으로 한 6회의 세션 비디오와 참관. - 연구자와의 세션 전과 세션 후 논의. - 컴퓨터 파일을 포함한 미아의 자원 모음.
2년 차에 수집된 자료
- SRRS 업데이트. - 3세 아동들과 함께 한 동물원 상황을 다룬 3회의 세션 수업 비디오와 참관. - 오후에 4세 아동들과 함께 '자동차와 차고' 자원을 기반으로 한 6회의 세션 비디오와 참관. - 연구자와의 세션 전과 세션 후 논의. - 컴퓨터 파일을 포함한 미아의 자원 모음.
3년 차에 수집된 자료
- 미아의 자원에 대한 '안내 책자'. - SRRS 업데이트. - 3세 아동들과 함께 한 대규모 온라인 공개 강좌(Massive Open Online Course, 이하 MOOC) 프로젝트를 기반으로 한 3회의 세션 비디오와 참관. - 연구자와의 세션 전과 세션 후 논의. - 컴퓨터 파일을 포함한 미아의 자원 모음.

4.3. 수집된 자료 분석

4.1절에서는 자신들의 활동에 대한 교사들의 관점과 이러한 실제 활동에 대한 우리의 관찰을 비교하는 것을 포함하여, 자료 분석에 지침이 되었던 일련의 핵심 원리를 개괄적으로 설명하였다. 여기에서는 한편으로 문서의 요소를 파악하고 다른 한편으로는 자원 시스템의 구조를 탐색하기 위해 우리가 어떻게 자료를 분석했는지에 대해 좀 더 자세히 제시한다.

문서 분석을 위해 '문서 표(document table)' 라고 불리는 방법론적 도구를 도입하였다 (Gueudet, 2019). 아래의 〈표 3〉은 첫 번째 예시이다.

〈표 3〉 '문서 표' 의 예시

목표	주요 자원	행동 규칙	조작 불변성
종합하여 설계하고 실행한다.	칠판과 소프트웨어의 요소를 재생산하는 자석 스티커	소프트웨어 작업시 사용되는 어휘와 유사한 어휘를 사용한다.	언어화는 수학에서 중요하다.

이러한 표에서 행은 문서, 즉 자원과 해당 구성 요소와 연관된 활용 스킴(scheme of use)을 나타낸다. 첫 번째 열은 활동의 목표를 설명한다. 이 목표를 파악하기 위해 교사와의 면담에서 예를 들어 "도입 활동을 설계하기 위해 …", "학부모와 의사소통하기를 원했을 때 …"와 같이 이러한 목표를 암시하는 발언을 찾았다.

그런 다음 수집된 모든 자료에 걸쳐서 이 목표 달성을 지원하는 데 활용된 자원을 기록하였다. 다음 단계는 과 관련된 행동 규칙을 찾는 것이다. 조작 불변성은 교사가 설계했던 자원의 내용과 함께 면담에서 유추될 수 있다. 예를 들어, 설계된 자원을 보면, "아동들이 수의 다양한 표상을 연관시키는 것이 중요하다"는 아마도 교사의 행동 내 정리이고, 이는 "나는 항상 학생들에게 수의 여러 가지 표상을 제안한다"와 같은 행동 규칙과 연관되어 있다는 증거일 수 있다. 연구자들이 자원에 대한 분석으로부터 이러한 조작 불변성을 관찰했다면, 이를 특별한 색깔로 표에 기록한 다음 교사에게 제시하면서 문서 표에 포함된 요소에 대해 성찰적 관점을 가져보게 할 수 있다.

DAD에 따라 자원 시스템으로 이동하면 활동의 서로 다른 목표에 의해 구조화된다. 몇 가지 유사한 목표는 "활동 족(activity families)"을 파악하기 위해 수집될 수 있다(Rabardel & Bourmaud, 2003). 스킴에 대해 위에서 설명한 바와 같이, 우리의 출발점은 다시 목표 파악을 지원하기 위한 교사들의 면담이었다. 우리는 또한 중등학교 수학 교사들을 대상으로 활동 족을 파악했던 이전 문헌(Gueudet et al., 2012)을 참고하여 유사한 목표를 모았다. 그런 다음 면담으로 시작하여 이러한 목표와 관련된 자원의 목록을 작성한 후, 면담과 관찰된 활동을 비교하였다. 우리는 5.3절에 제시한 바와 같이 자원 시스템의 표상을 만들었고 다시 교사에게 제시하여 교사가 적절하다고 생각하는 대로 수정하게 하였다.

5. 미아의 사례 분석

이 절에서는 먼저 미아의 자원 시스템에서 수학을 가르치는 데 사용된 일부 디지털 자원을 설명한다. 그런 다음 첫 두 해 동안 미아가 개발했던 특정한 문서를 분석한다. 마지막으로, 미아의 자원 시스템의 구조와 이 시스템이 3년에 걸쳐 어떻게 발달했는지 논의한다.

5.1. 미아가 활용했던 선정된 디지털 자원

교육용 소프트웨어

우리가 자료 수집을 시작했을 때 미아는 이미 '지컴프리스(GCompris)'라는 소프트웨어를 사용하고 있었다.[1] '지컴프리스'는 2세부터 10세까지의 아동들을 위해 수학, 과학, 읽기 등에서 상호작용이 가능한 다양한 연습을 제공하는 교육용 소프트웨어이다. 미아는 키보드, 마우스와 같은 컴퓨터 탐색 활동과 수와 모양(forms)이라는 수학 활동을 위해 '지컴프리스'를 활용하였다. '지컴프리스'는 아동들이 일부 기능(techniques)을 연습할 수 있게 하며 문제 해결 중심은 아니다.

대조적으로, '자동차와 차고'(이하 CG) 자원은 디지털은 아니지만, 이전에 있었던 문제 해결 상황으로부터 영감을 받았다(Charnay et al., 2005). 이 상황은 수를 양에 대한 기억으로 활용하여 아동들의 수 감각, 더 정확하게는 '기수(cardinality)' 측면을 향상하기 위해 설계되었다(Baccaglini-Frank et al., 2020).

아동들은 여러 개의 차고인 상자를 마음대로 활용할 수 있다. 아동들은 정확한 개수의 자동차를 가지고 있어서 각 차고에 정확히 한 대의 자동차가 있도록 먼 곳에서 한 번만 이동해야 한다. 즉, 차고가 없는 자동차는 없다. 아동들에게 도전은 수 기반 절차를 활용하여 차고를 세고 그런 다음 자동차를 세어 수량을 추적할 수 있다는 것을 알아차리는 것이다. MARENE 그룹은 [그림 1]과 같이 이러한 상황과 관련된 실물 자료를 디지털 버전으로 설계하였다.

소프트웨어에서 차고는 왼쪽 위에 나타나고, 교사가 수를 선택한다. 그러면 차고가 사라지고, 화면 오른쪽에 자동차가 나타난다. 아동들은 정확한 개수의 자동차를 왼쪽 아래의 영역으로 이동시키고 자동차의 보관을 상징하는 화살표를 클릭해야 한다. 차고가 다시 나타나고 선택된 자동차는 이 차고에 저장됨으로써 아동들의 선택이 타당한지 그렇지 않은지 알게 된다.

이 그룹이 설계한 자원에는 교실 시나리오도 포함되어 있다. 더 자세한 내용은 Besnier(2016, 2019) 또는 MARENE 그룹의 웹사이트[2]를 참조하기 바란다.

[1] "지컴프리스(GCompris)"는 프랑스어로 "알았다"라는 뜻이다.

[2] http://seminaire-education.espe-bretagne.fr/wp-content/uploads/marene_main.pdf

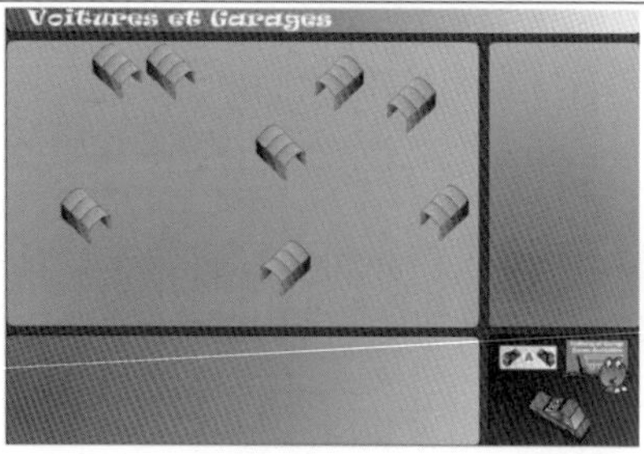

화면 1. 차고가 보인다.

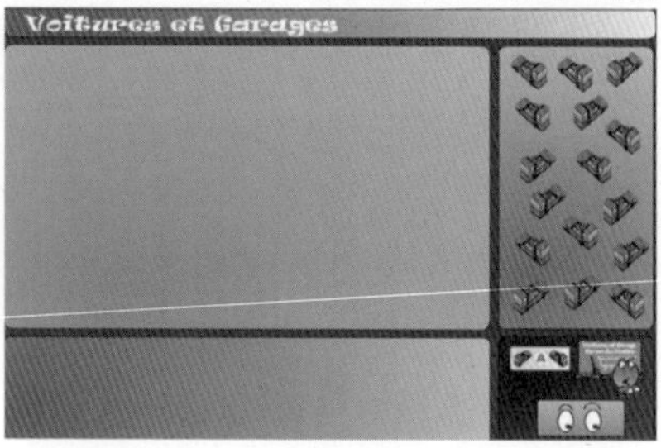

화면 2. 차고는 숨겨지고,
오른쪽에 이용할 수 있는 자동차가 모여있다.

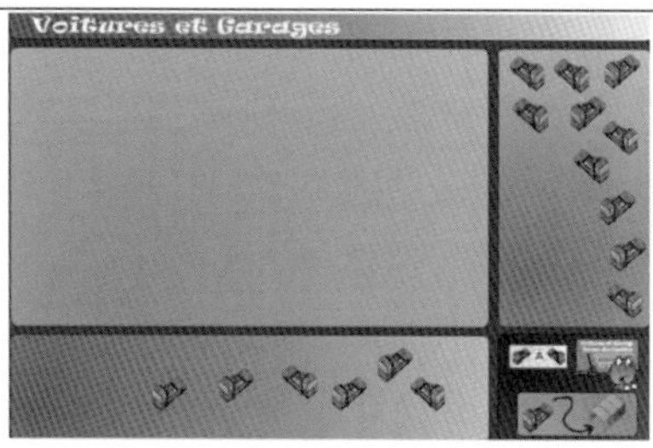

화면 3. 6대의 자동차가 선택되어
왼쪽 아래의 영역에 놓여 있다.

CG 실물 자료.

[그림 1] CG 소프트웨어와 실물 자료

MOOC '수학에서 디지털 도구로 가르치고 배우기'와 동요

3년 차에 미아는 수학 수업에서 디지털 자원을 활용하는 것에 대해 더 많이 배우기 위해 '테크놀로지와 함께 하는 수학 교수 학습'(Panero et al., 2017)이라는 MOOC에 참여하기로 결정하였다. 이 MOOC는 비디오, 퀴즈 및 다양한 종류의 자원을 제공하였다. MOOC를 수강하는 동안 참여자들은 디지털 테크놀로지를 수업에 활용하는 프로젝트를 설계하고 공유하였다. 미아는 학교 동료이자 이 장의 두 번째 저자와 함께 팀을 구성하여 '세기 전략 개발 및 수 3 만들기'라는 제목의 프로젝트를 제안하였다. 이 프로젝트는 IWB와 '까치(The magpies)'라는 동요를 활용하였다. 프랑스 학교에서 전통적으로 불러온 이 동요는 까치 3마리가 나무에 연이어 앉았다가 떠나는 이야기를 담고 있다. 이 프로젝트는 5.3절에서 자세히 제시한다.

5.2. 미아의 문서 개발에 집중하기

이 절에서의 분석은 1년 차와 2년 차에 수집했던 자료를 기반으로 한다. 미아는 3년 차에 CG 상황을 다루지 않았다.

1년 차에 미아는 오후 시간에 4세 아동들 6명에게 일주일에 한 번씩 수학을 가르쳤다. 〈표 4〉에 제시된 것처럼 CG 상황은 6개 세션에서 다뤄졌다.

〈표 4〉 1년 차에 CG 상황을 다룬 작업

S1	초기 진단, 컴퓨터(마우스)와 수
S2	소프트웨어의 탐색
S3, S4	짝을 지어 소프트웨어로 연습 및 교육
S5	보드에서 종합
S6	재투자 활동, 즉 활동지에서 양에 대한 기억으로 수에 대해 연습하기

미아는 CG 소프트웨어를 통합한 문서 여러 개를 개발하였다. 여기서는 간결성을 위해 '1년 차 세션 3과 4에서 다룬, CG 상황에 대한 연습 및 통합 활동을 설계하고 실행한다'라는 목표에 초점을 맞춘다.

아동 6명은 짝 활동으로 CG 소프트웨어를 다루었고, [그림 2]에 제시한 바와 같이, 미아는 이들을 매우 긴밀하게 지원하였다.

테오: 모든 자동차를 가져갈 거야!
미아: 자동차를 모두 가져간다고?
아나도 동의하니?
아나: 아니오!
미아: 왜 동의하지 않지? 아나?
테오: 저는 동의해요!
우리는 모든 자동차를
가져갈 거예요!
아나: 안돼, 그렇지 않으면 우리는 져!

[그림 2] 1년 차 CG 소프트웨어 연습, 미아는 테오와 아나의 짝 활동을 지원한다.

이 선택은 미아의 전문 지식을 반영한 것으로, 수학에서 언어화의 중요성과 또래 간의 교류가 학습을 촉진한다는 아이디어를 반영한 것이다. 실제로 미아는 여러 면담에서 학생들이 자신의 대답을 말로 표현하고 정당화할 수 있도록 질문하는 것의 중요성을 강조하였다. 게다가 미아는 어린 학생들의 경우에는 교사가 언어화를 지원해야 한다고 생각하였다.

동시에, 미아는 1년 차 마지막 면담에서 본인이 있는 것이 일부 아동들이 해결책을 찾는 데 방해가 될 수도 있었다는 것을 관찰하였다. 그래서 미아는 아동들에게 소프트웨어 작업에 대한 자율성을 더 많이 부여하기로 결정하였다. 이를 위해서는 사전에 아동들이 상황을 이해할 필요가 있다. 그래서 미아는 다음 해에 실물 자료를 먼저 활용하고 그런 다음 소프트웨어와 실물 자료를 연결하여 연습하고 통합하기로 결정하였다.

2년 차에 미아는 매일 오후에 6~7명의 아동들로 구성된 여러 모둠을 가르쳤다. 〈표 5〉에 제시된 바와 같이 CG 상황을 다룬 작업은 여전히 6개 세션으로 구성되었다.

〈표 5〉 2년 차 CG 상황을 다룬 작업

S1	초기 진단, 컴퓨터(마우스) 및 수
S2	실물 자료로 상황 탐색
S3, S4	짝을 지어 소프트웨어로 연습/짝을 지어 실물 자료로 연습
S5	보드에서 종합
S6	소프트웨어와 자료로 연습

미아는 위에 제시한 자신의 의도에 따라 작업을 조직하였다. 전년도와 달리, 서로 다른 모든 모둠은 상자를 직접 만지면서 그 상황에 익숙해졌다. 그런 다음 아동들은 짝을 지어 소프트웨어로 연습하거나, 소프트웨어와 실물 자료를 모두 사용하여 연습하였다. 중간쯤 각 모둠을 대상으로 종합해서 작업을 시행하였다. 이러한 종합 이후, [그림 3]에 제시한 바와 같이 아동들은 소프트웨어와 실물 자료로 계속 연습하였다.

[그림 3] 2년 차. 컴퓨터와 실물 자료로 연습하기

우리는 1년 차에 그랬던 것처럼, 여기서도 미아가 수학에서 언어화를 얼마나 중요하게 여기는지 관찰하였다. 또한 2년 동안 개발된 문서의 발달에도 주목하였다(〈표 6〉 참조).

〈표 6〉 'CG 상황을 중심으로 연습 및 교육 활동을 설계하고 실행한다' 목표를 위한 문서

목표	주요 자원	행동 규칙	조작 불변성
CG 상황을 중심으로 연습 및 교육 활동을 설계하고 실행한다.	CG 소프트웨어, **실물 CG 자료,** 논의, 학생들이 제안한 소프트웨어 활용 전략	**학생들은 상황을 이해한 이후에만 컴퓨터로 연습해야 한다.** **학생들은 컴퓨터와 실물 자료로 연습한다.** **종합은 교육과 연습의 두 단계 간에 조직된다.** 학생들에게 자신을 표현하게 하고 다양한 절차를 시도하게 한다.	**실물 자료는 상황에 대한 이해를 지원한다.** **종합 이후 두 번째 연습을 구성하는 것이 학습을 지원한다.** 수학에서 언어화는 중요하다. 또래 간 교류는 학습을 촉진한다.

*볼드체는 1년 차와 2년 차에 바뀐 부분을 나타냄

자료와의 상호작용을 통해 미아는 전문적인 지식을 개발하였다. 미아는 이전에 예를 들어 '수학에서 언어화는 중요하다', '또래와의 교류는 학습을 촉진한다'와 같은 조작 불변성을 개발했었는데, 이는 'CG 상황을 중심으로 연습 및 교육 활동을 설계하고 실행한다'는 문서에 개입되어 있다. 미아는 또한 실물 자료와 소프트웨어의 연관성에 관한 새로운 조작 불변성을 개발했다. 실제로 미아는 1년 차 때 학생들이 새로운 상황과 새로운 소프트웨어를 동시에 탐색하는 것이 어렵다는 것을 관찰하였다. 실물 자료는 탐색과 통합을 위해 활용되었지만, 소프트웨어는 통합에만 국한되어 활용되었다.

2년 차에 개발된 문서는 CG 소프트웨어와 실물 자료를 연결한다. 두 종류의 자원은 모두 미아의 자원 시스템에 속한다. 다음 절에서는 이 시스템을 더 광범위하게 고려하고 그 발달에 대해 논의한다.

5.3. 미아의 자원 시스템과 발달

이 절에서 우리는 [그림 4]에 제시된 1년 차(Y1), 2년 차(Y2), 그리고 [그림 6]에 제시된 3년 차(Y3)의 수 수업을 위한 미아의 자원 시스템을 제시한다. 자료 분석을 통해 몇 가지 활동족을 파악할 수 있었다. 일부 활동족은 수학과 연계되어 있고, 다른 활동족은 수학을 넘어서는 범위의 일반적인 활동족이지만, 수학뿐만 아니라 다른 모든 과목을 가르치는 데 도움이 될 것 같은 활동족이다.

매년, 우리는 여러 활동족에 개입하는 자원으로 정의된, 핵심적인 자원을 파악하고 이러한 시스템에서 디지털 자원의 역할을 논의하면서, 시스템의 구조를 분석하였다. 또한 Y1과 Y2, 그런 다음 Y2와 Y3 사이의 발달 과정을 분석하였다.

3~4세 학생들에게 수를 가르치기 위한 설계와 실행

〈수업을 계획하기〉
컴퓨터(미아), 인터넷, Grid
inattendu.org
세부 계획표(Y1만 해당)
동료와의 논의(Y1만 해당)
교과서(Y2만 해당)
일지(Logbook), 전년도 학급 생활 노트

〈수학에서 도입 활동을 설계하고 실행하기〉
컴퓨터(미아와 교실), 인터넷, 소프트웨어: 지컴프리스(GCompris), 자동차와 차고(Y1만 해당)
교과서, 상업용이거나 설계된 게임,
스티커
동요

〈수학에서 연습 및 교육 활동을 설계하고 실행하기〉
컴퓨터(미아와 교실), 인터넷, 소프트웨어: 지컴프리스(GCompris), 자동차와 차고
Y2에서는 실물 자료로 자동차와 차고
Y2에서는 수에 관한 새로운 게임
조작물, 상업용이거나 설계된 게임

〈4~6세용 수학에서 종합을 설계하고 실행하기〉
칠판, 스티커
학생들이 발표한 전략, 논의.
회색 영역을 가진 컴퓨터 CG 화면을 칠판에 재현하기(Y2만 해당).

〈의사소통하기〉
세부 계획표
올해 학생들의 생활 노트, 평가 노트
컴퓨터(미아), 부모님의 USB

〈학생들을 팔로우하기〉
올해 학생들의 생활 노트, 평가 노트
컴퓨터(미아), 카메라
미아의 컴퓨터에 사진이 있는 개별 폴더

〈전문성 개발〉
자신의 교육구에서 전문성 개발 과정
MARENE 그룹
컴퓨터(미아), 인터넷, 전문성 개발 활동에서 수집하고 설계한 디지털 자원

[그림 4] 연구자가 표상한 미아의 Y1과 Y2의 자원 시스템. 이탤릭체는 디지털 자원을 나타냄. 실선 프레임은 수학에 특화된 활동족임. 점선 프레임은 일반적인 활동족임.

전문 활동족을 중심으로 한 미아의 1년 차와 2년 차의 자원 시스템의 구조

위에 제시된 바와 같이, 이 시스템의 표상은 연구자가 자원 목록을 위한 미아의 SRRS와 활동 목표를 위한 미아의 일반 면담에 기초하여 구성한 것이다. 미아와의 면담을 통해 우리는 수 수업과 관련된 7가지 활동족을 파악하였다. 이 중 4개는 다른 과목, 즉 1년 전체에 대한 계획도 포함하지만, 또한 한 수업에 대한 세부 계획도 포함하여 수업을 계획하기, 동료 및 가족과 의사소통하기, 학생들을 팔로우하기(following the students), 전문성 개발과도 관련이 있다. 나머지 3개는 미아의 수 수업에만 관련된 것으로, 도입 활동을 설계하고 실행하기, 연습과 훈련 활동을 설계하고 실행하기, 종합 활동을 설계하고 실행하기이다. 여기서 마지막 활동족은 미아가 오후에 가르치는 4세 학생 그룹에만 관련된다. 왜냐하면 이 종합 활동에 참여하기에 3세 학생들은 너무 어리다고 미아가 생각하였기 때문이다.

1년 차 미아의 자원 시스템에서 중추적인 자원

- **미아의 컴퓨터와 인터넷**. 미아는 인터넷에서 다양한 목표를 위한 자원을 검색하고 대부분의 수업 자원을 설계하기 위해 컴퓨터를 활용한다. 미아는 비디오 프로젝터가 없기 때문에 종합하는 데 컴퓨터를 직접 사용하지는 않지만, 칠판에 종합하기 위해 스티커를 고안하는 데 컴퓨터를 사용한다.
- **세부 계획표**. 1년 차에 미아는 동료와 함께 1년 동안의 공통 주제 순서를 설계하기로 결정하였다. 그들은 매우 상세한 공통 계획표를 설계하였다. 이러한 세부 계획표는 동료와 소통하고 학습을 계획하기 위한 목적으로 활용되었기 때문에 매우 중추적인 자원이다.
- **생활 노트**. 미아의 학급 학생들은 개인별 생활 노트(Life Notebooks)를 가지고 교실에서 했던 모든 활동의 흔적을 수집하였다. 미아 또한 학급의 생활 노트를 설계하여 다음 해에 이 노트를 사용하여 이전 해에 했던 기록을 살펴보았다. 따라서 이 생활 노트는 학생들의 학습을 추적하고 가족들과 소통하기 위해 설계되고 활용된다.
- **수학 소프트웨어**. 2가지 수학 소프트웨어인 지컴프리스와 CG는 도입 활동과 연습용으로 2가지 수학 활동족에 통합되어 있다.
- **스티커**. 미아는 다양한 많은 활동과 연계된 스티커를 설계했는데, [그림 5]는 특히 수학과 관련된다. 미아가 CG 소프트웨어를 통합했을 때, 도구화 과정에서 이 소프트웨어와 관련된 스티커를 고안하였다. 이 스티커는 도입 활동과 종합에 모두 활용되었기 때문에 중추적인 자원이다.

[그림 5] 미아가 설계한 스티커

1년 차 미아의 자원 시스템에서 디지털 자원

디지털 자원과 관련하여 우리는 다음에 대해 주목한다.

- 미아의 컴퓨터는 종종 인터넷과 연계되면서 그녀가 인용하는 가장 중요한 중추적 자원이다. 미아의 컴퓨터, 인터넷에서 찾은 자원과 다른 디지털 자원 특히 사진은 다른 중추적인 자원 특히 생활 노트를 설계하기 위해 필수적이다.

- 여러 디지털 자원들이 미아의 작업에 집단적인 측면으로 연관되어 있었는데, 미아의 계획 활동은 동료와 함께 웹사이트(inattendu.org)의 그리드를 활용하여 수행되었다. 가족들과의 의사소통에는 많은 활동 사진이 포함되었다. 디지털 형태로 이러한 사진들은 학부모가 가지고 있는 USB에 복사되었다.

- 수학과 관련하여, 미아는 이미 '지컴프리스'로 작업하는 데 익숙하였다. 이는 미아의 시스템에 CG 소프트웨어를 통합하도록 촉진하였다. 미아는 어떤 소프트웨어가 수학 학습에 유용할 수 있다는 것을 알았고, 자신의 교실에 있는 몇 개 안되는 이용가능한 컴퓨터로 그룹 작업을 구성하는 데 이미 익숙하였다.

1년 차와 2년 차 사이에 미아의 자원 시스템의 안정성과 발달

이 두 해 동안 미아의 자원 시스템에 주요한 변화는 없었다. 아래에 가장 중요한 변경 사항을 기록한다.

- **교과서의 활용과 계획하기**

  1년 차 때 미아는 수학 교과서를 도입 활동을 설계하는 데만 활용하였다. 2년 차에 교과서의 역할은 수학 수업을 계획하는 데까지 확장되었다. 미아는 더 이상 inattendu.org 웹사이트의 그리드를 사용하지 않았고 교과서를 계획 활동에 활용하였다. 따라서 교과서는 중추적인 자원이 되었다.

- **CG 소프트웨어 및 관련 자료**

  CG 자원 활용과 관련된 발달은 5.2절에 제시된 분석과 연결된다. 2년 차에 미아는 CG 상황에 대한 실물 자료를 작업에 통합하였다. 미아는 이 자료가 그 상황을 이해하기 위해 필요하다고 생각했고, 교육을 위해 소프트웨어와 실물 자료를 연결하기로 결정하였다. 또한 2년 차에 미아는 칠판에 소프트웨어 화면의 모습을 충실히 재현하기 위해서 CG 상황이 합성되도록 왼쪽 아래의 영역을 칠판에 전시되도록 설계하였다. 미아는 소프트웨어, 실물 자료, 칠판의 스티커 등과 같이 어떤 매개체를 사용하든지 간에 CG 상황을 유사하게 표상하는 것이 4세 아동들에게 매우 중요하다는 것을 알아차렸다.

- **수 주제에 대한 새로운 게임 소개**

  2년 차에 미아는 3세 학생들과 함께 수에 관한 새로운 게임을 활용하였다. 예를 들어 교과서에서 영감을 받아 '동물원'이라고 제목을 붙인 게임 자료를 설계하였다. 이 새로운 게임을 도입한 동기는 수 교육을 강화해야 한다는 느낌에서 비롯되었다. 2년 차 미아와의 면담에 따르면, 이는 MARENE 그룹에서 특히 CG 소프트웨어로 작업한 결과였다. 4세 학생들에게 수를 도입하는 방법에 대한 미아의 지식은 MARENE 그룹에 참여하면서 발달되었다.

우리는 2년 차에 어떠한 새로운 디지털 자원도 미아의 자원 시스템에 통합되지 않았다는 것을 알았다. 반대로, 미아는 오히려 상황 소개를 위해 CG 소프트웨어를 더 이상 사용하지 않았고, 수업 계획을 설계하기 위해 inattendu.org 웹사이트를 더 이상 사용하지 않았다.

이제 3년 차를 고려한다. 독자들에게 미아가 2년 차와 3년 차 사이에 학교를 옮겼다는 것을 상기시킨다. 이 중대한 변화는 로카(Rocha)가 교사의 "**문서 경로**(documentational trajectory)"라고 소개했던 것에 영향을 끼쳤는데(Trouche et al., 2020b), 여기서 문서 경로는 "개인적이든 집단적이든 교사가 살아온 전문적 사건을 연결하는 연속성과 파열이 있는 경로"로 정의된다(Trouche et al., 2020b, p.1245). 새 학교에서 미아는 새로운 동료들을 만났고 더 이상 4세 학생들을 가르치지 않았기 때문에 CG 자원을 활용하지 않게 되었으며 교실에는 IWB가 있었다. [그림 6]에 제시한 바와 같이, 우리는 미아의 자원 시스템에서 상당한 변화를 관찰했다.

3세 학생들에게 수를 가르치기 위한 설계와 실행

〈수업을 계획하기〉
컴퓨터(미아), 인터넷
교과서, 계획표
동료와의 논의, 공통 계획
일지, 전년도 학급 생활 노트

〈의사소통하기〉
올해 학생들의 생활 노트, 평가 노트
IWB 동요 소책자
컴퓨터(미아)

〈수학에서 도입 활동을 설계하고 실행하기〉
컴퓨터(미아와 교실), 인터넷, ***IWB***
IWB의 동요
MOOC: 수학에서 디지털 도구로 가르치고 배우기
교과서, 상업용이거나 설계된 게임

〈학생들을 팔로우하기〉
올해 학생들의 생활 노트, 평가 노트
블로그 Matern'ailes
컴퓨터(미아), 카메라
미아의 컴퓨터에 사진이 있는 개별 폴더

〈수학에서 연습 및 교육 활동을 설계하고 실행하기〉
컴퓨터 (미아와 교실), 인터넷, ***IWB***
IWB의 동요와 게임
MOOC: 수학에서 디지털 도구로 가르치고 배우기
상업용이거나 설계된 게임, 조작물

〈전문성 개발〉
MOOC: 수학에서 디지털 도구로 가르치고 배우기
MARENE 그룹
컴퓨터(미아), 인터넷, 전문성 개발 활동에서 수집하고 설계된 디지털 자원

[그림 6] 연구자가 표상한 미아의 Y3의 자원 시스템. 이탤릭체는 디지털 자원을 나타냄.
Y2와 비교하여 자원의 변화는 볼드체로 나타냄.
실선 프레임은 수학에 특화된 활동족임. 점선 프레임은 일반적인 활동족임.

여기서 우리는 디지털 자원 및 수 수업에 연결된 변화에 초점을 맞춘다.

- **새로운 중추적 자원인 IWB**

  IWB는 미아의 자원 시스템에 매우 빠르게 통합되었고 즉시 중추적 자원이 되었다. 실제로 미아의 이전 자원 시스템과 IWB의 호환성은 매우 높았다. IWB를 통해 게임을 조직할 수 있었고, 관련된 IWB 소프트웨어는 교실 활동 기록을 제공하여 미아는 이것을 가족과의 의사소통에 기여하는 소책자로 변환시킬 수 있었다.

- **또 하나의 새로운 중추적 자원인 MOOC 프로젝트**

1년 차와 2년 차에, CG 상황을 다루면서 미아는 실물 자료와 디지털 자료 사이의 연결에 대한 문제에 어려움을 겪었다. 그래서 미아는 3세 학생들을 위해 실물 자료와 디지털 자원을 명료하게 하는 수학 프로젝트를 설계할 것을 제안하였다. MOOC 프로젝트를 통해 세션 3개로 구성된 수업을 설계할 수 있었다. 세션 1은 학생들이 배워야 하는 '까치 세 마리' 동요에 관한 작업이었다. 세션 2는 [그림 7]에 제시한 이 동요의 디지털 버전을 IWB에서 활용하도록 안내하는 워크숍이었다. 이 디지털 버전은 미아가 3년 차의 초반에 MOOC 프로젝트를 위해 설계한 것이었다. 세션 3은 교과서에 나오는 '곰의 생일 케이크'라는 상황을 중심으로 한 워크숍이었다. 워크숍에서 학생들은 먼저 실물 재료인 생일 양초로 작업한 다음, IWB에서 '곰의 생일 케이크' 상황의 디지털 버전을 다루었다.

[그림 7] "까치 동요"의 디지털 버전

MOOC의 맥락에서 이러한 첫 번째 경험 이후에, 미아는 IWB에서 다른 수학 동요의 디지털 버전을 설계하였다.

미아의 자원 시스템에서 2년 차와 3년 차 사이에 디지털 자원의 사용 빈도와 중요성이 증가했음을 알 수 있다. 이러한 변화는 수업에 IWB가 도입된 것과 관련이 있지만, 미아의 조작 불변성에 의해서도 지원되는데, 이에 대해서 다음 절에서 더 자세히 논의한다.

6. 논의 및 결론

이 장에서 제시한 연구는 미아의 사례만을 다루고 있기에 자연스럽게 우리가 도출할 수 있는 결론을 제한하게 된다. 미아는 숙련된 교사로 MARENE 그룹 내에서 일했기 때문에, 이러한 소프트웨어의 설계에 관여하지 않은 덜 전문적인 교사가 이 소프트웨어를 어떻게 통합할지에 대해서는 미아의 CG 자원 활용으로부터 정보를 얻을 수 없다. 게다가 미아는 유치원이 자체적인 수학 교육과정을 갖춘 초등학교의 일부로 간주되는 프랑스에서 근무하였다. 이러한 제도적 맥락 및 문화적 맥락은 분명히 우리의 관찰에 영향을 끼쳤다.

그럼에도 불구하고 우리의 분석은 연구 문제에 대한 답변의 요소를 제공하며, 이 단일 사례를 뛰어넘어 유치원 교사들에 대한 가설도 제안한다. 첫 번째 연구 문제는 문서의 미시적 수준에 관한 것이었다.

1. 유치원 교사가 수를 가르치기 위해 디지털 자원을 활용하여 개발한 문서의 특징은 무엇인가?

미아의 경우, 'CG 상황에 대한 연습 및 교육 활동을 설계하고 실행한다'는 목표를 위한 문서 개발을 추적했다. '연습 및 교육 활동을 설계하고 실행한다'라는 일반적인 목표에 대한 미아의 이전 지식이 문서 개발에 도구화 과정으로 영향을 미치는 것을 관찰하였다. 미아는 언어화가 학습에 매우 중요하다고 생각했지만, 동시에 어린 아동들에게는 어렵다고 생각하였다. 그래서 미아는 1년 차에 짝을 지어 소프트웨어로 학습하는 학생들을 강력하게 지원하였다. 이러한 도구화 과정은 미아의 문서 발생 내에서 도구 사용 과정과 연결되어 있었다. 미아는 실제로 1년 차에 아동들이 소프트웨어를 다루면서 동시에 CG 상황을 탐색하는 것이 어렵다는 것과, 자신의 존재가 해결책을 찾는 데 방해가 될 수 있다는 것을 알아차렸다. 그래서 2년 차에 실물 자료와 함께 CG 상황을 도입하고 그 자료와 소프트웨어를 연계하기로 결정하였다. 또한 미아는 종합하는 과정을 수행한 다음에 새로운 단계의 연습과 교육을 조직함으로써 실물 자료와 CG 소프트웨어 간의 연결을 강화하기로 결정하였다.

우리는 미아의 사례 분석이 유치원 교사들이 수학에서 특정한 소프트웨어를 통합하는 것에 대한 일반적인 통찰을 제공한다고 주장한다. 1년 차에 미아는 소프트웨어를 재현한 통합을 위해 스티커를 사용하여, 이미 컴퓨터 없이도 소프트웨어와 작업 간의 연결 고리를 만들었다. 1년 동안 미아는 또한 소프트웨어와 실물 자료를 연결하는 것에 대한 추가 지식도 개발하였다. 이전 연구(예, Maschietto & Soury-Lavergne, 2013)에서는 수 학습을 위해 자료와 디지털 인공물(artefacts) 조합의 잠재성을 입증하였다. 유치원 수준에서 실물 자료는 특히 중요하지만, 이를 소프트웨어 사용과 효과적으로 결합하는 것은 복잡하다. 미아는 1년 차에 문서화 작업을 통해 이러한 이슈에 대한 새로운 지식을 개발하였다.

CG 소프트웨어 및 이와 관련된 자원은 유치원 교사들이 적절히 활용할 때, 다시 말해, 유치원 교사들의 자원 시스템에 통합된다면, 이들의 전문성 개발에 기여할 수 있다(Trgalová & Rousson, 2017). 가상 자료와 실물 자료의 연관성 및 언어화의 중요성에 관한 MARENE 프로젝트의 연구 결과는 브리타니(Brittany)의 모든 유치원 교사들, 약 1200명의 교사들을 대상으로 '수 배우기 놀이'라는 주제로 3시간짜리 연수의 공통 주제였다. 또한, CG 소프트웨어의 설계와 첫 실행에 이어서 MARENE 그룹은 '유치원을 위한 수학 게임: 수 감각을 위한 자료와 소프트웨어'라는 제목으로 하이브리드 전문성 개발 과정을 만들었는데, 이 과정은 실행 시간을 포함하여 4.5시간의 원격 연수와 4.5시간의 대면 연수로 이루어졌다. 이 연수의 어려움 중 하나는 교사들이 수학 수업을 위해 새로운 테크놀로지와 조작물의 통합에 대해서 생각하게 하는 것이다. 이 과정은 유치원 교사들을 위한 95개의 하이브리드 연수 과정으로 구성된 전국 단위 목록의 일부이다. 이 과정은 2016년부터 52회 시행되었으며 현재 20개의 세션이 개설되어 있다.[3]

2. 유치원 교사의 자원 시스템에서 디지털 자원의 위치는 무엇이며, 이 자원 시스템의 발달은 디지털 자원의 활용과 어떤 관련이 있는가?

미아의 컴퓨터는 처음부터 미아의 시스템에서 중추적인 자원이었으며 인터넷도 마찬가지였다. 이는 수업 시간에는 사용하지 않고 수업 준비를 위해 디지털 자원을 활용하는 것에 해당된다. 그럼에도 불구하고 미아는 학부모와의 의사소통에 디지털 수단을 사용했는데, 이는 이 나이의 학생들에게 매우 중요한 측면이다. 게다가 미아는 이미 학생들과 함께 교실에서 수학 소프트웨어 지컴프리스를 활용해 본 경험을 가지고 있었다. 우리는 미아의 자원 시스템에 이 소프트웨어가 있었기 때문에 CG 소프트웨어의 통합을 촉진했다고 주장하는데, 이 CG 소프트웨어는 1년 차에 동일한 활동족, '도입'과 '연습'에 정확하게 통합되었다. 두 번째 해에는 도입 활동에 CG 소프트웨어가 활용되지 않았다. 실물 자료를 활용한 상황을 도입하는 것으로 대체되었으며, 위에서 논의한 대로 소프트웨어와 실물 자료는 연습과 교육을 위해 연계되었다.

3년 차에 미아의 자원 시스템에서 상당한 변화를 관찰했는데, 이는 주로 새 학교의 교실에 IWB가 있었기 때문이었다. 특히 미아의 전문 지식으로 인해 3년 차의 교수 관행이 1년 차와 2년 차의 교수 관행과 연결되고 미아의 자원 시스템도 마찬가지였기 때문에, 이러한 변화가 불연속적인 것이 아니라는 점을 강조하고 싶다. 미아는 IWB를 활용하고 MOOC의 맥락에서 동료 및 연구자와 함께 학생들이 IWB를 사용하여 수학 동요를 다루고 동시에 실물 자료로 작업하는 프로젝트를 설계하였다. 이러한 교수 관행은 새로웠고, 미아의 자원 시스템에서의 발달과도 연관되었다. 그럼에도 불구하고, 미아의 선택은 실물 자료와 디지털 자료의 연관성에 대해 1년 차와 2년 차에 개발된 전문 지식이 개입했음을 입증한다. 또한 동요의 선택은 1년 차에 이미 관찰되었던 다른 전문 지식, 즉 어린 학생들의 수학 학습을 위한 언어화의 중요성과도 연관된다. 우리는 또한 IWB와 함께 가족과의 의사소통을 위한 소책자의 설계는 1~2년 차의 자원 시스템과 3년 차의 자원 시스템 간의 지속적인 발전을 입증한다고 생각한다. 실제로 미아에게 가족과의 의사소통은 항상 중요한 것이었으며, 미아는 특히 수학 수업 활동에 대해 더 발전시키기 위해 IWB를 활용하였다.

수를 가르치기 위한 유치원 교사들의 자원 시스템과, 이러한 시스템에서 디지털 자원의 역할에 대해 미아의 사례로부터 무엇을 배울 수 있을까? 미아의 IWB 전용은 매우 빨랐다. IWB는 학생

[3] https://magistere.education.fr/local/magistere_offers/index.php?v=course#offer=84 (accessed 30 March 2021).

그룹을 위해 공통의 시각적 초점을 제공할 수 있는데, 이는 특히 유치원 수준에서 유용할 수 있다(Carlsen et al., 2016). 그럼에도 불구하고 미아는 기성품 애니메이션 그림만 제시한 것이 아니라 오픈보드(Openboard) 소프트웨어로 동요 삽화를 설계하였다. 새로운 디지털 자원, 여기서는 CG 소프트웨어, 그 다음에는 IWB의 통합이 교사의 자원 시스템을 풍부하게 하는데, 이는 이전 연구에서 언급되었듯이 **교사의 설계 역량**(design capacity)의 발달과도 연결된다(Pepin et al., 2017). 디지털 자원은 교사의 설계에 새로운 기회를 만들어 내는 동시에 공동의 문서 작업을 통해 개발될 수 있는 새로운 전문성을 필요로 한다.

미아의 사례와 유치원 교사들의 디지털 자원 통합에 관한 연구 문제에 대한 이러한 답변 이외에도 우리는 이론과 방법론 측면에서 이 장의 몇 가지 시사점을 강조하기를 원한다.

미아를 3년 동안 추적 관찰했는데, 이 긴 기간으로 인해 우리는 미아의 문서 발생과 자원 시스템에 접근할 수 있었다. DAD를 활용한 연구가 점점 더 많아짐에 따라 수년에 걸쳐 교사의 작업을 고려하게 된다(예, Trouche et al., 2020b). 이 장은 교사 자원 시스템의 발달 및 안정성을 이해하는 데 이러한 연구의 가치를 확인한다.

우리는 문서의 미시적 수준과 자원 시스템의 거시적 수준에서 동시에 분석 기법을 개발하였다. 미시적 수준에서의 분석을 통해 특정한 자원의 활용과 함께 개발된 정확한 전문 지식 또는 이러한 활용에 영향을 끼치는 전문 지식을 알 수 있다. 거시적 수준에서의 분석을 통해 교사의 지식이 어떻게 여러 자원들을 연관시킬 수 있는지, 그리고 이 시스템에서 새로운 자원의 도입이 어떻게 다른 자원의 역할에 영향을 미칠 수 있는지 추적할 수 있었다. 또한 이러한 분석을 통해 중추적인 자원의 중요성, 교사의 활동 측면에서 매우 영향력이 있음을 입증하였다. 디지털 자원이 중추적이게 될 때, 교사의 자원 시스템은 변형된다(Trouche et al., 2020b).

교사의 자원 시스템, 그 구조, 교사의 전문성 개발, 특히 설계 역량의 개발에서 중추적인 자원의 역할에 대한 연구가 추가적으로 필요하다. 2020년 코로나19 팬데믹과 그에 따른 봉쇄 조치로 인해 많은 국가에서 유치원 교사들의 업무가 중단되었고, 자원 시스템에서 디지털 자원의 새로운 역할에 대한 길이 열리게 되었다. 따라서 이러한 연구 방향은 유치원 교사를 위한 관련 전문성 개발 프로그램의 설계와 실행에 정보를 제공하는 데 중요하다.

윤리 개진 미아 교사는 연구 프로젝트의 일원이자 적극적인 참여자였으며, 출판 및 의사소통을 포함하여 연구 목적을 위해 수집된 모든 자료의 사용에 대해 서면으로 동의하였다. 3년간의 자료 수집 기간 동안 미아 교사의 수업에 참여한 아동들의 부모는 교실 관찰과 동영상 촬영, 그리고 출판 및 의사소통을 포함하여 연구 목적을 위해 수집된 모든 자료의 사용에 대해 서면으로 동의하였다.

참고문헌

Adler, J. (2000). Conceptualising resources as a theme for teacher education. *Journal of Mathematics Teacher Education, 3*, 205–224.

Baccaglini-Frank, A., & Maracci, M. (2015). Multi-touch technology and preschoolers' develop-ment of number-sense. *Digital Experiences in Mathematics Education, 1*, 7–27.

Baccaglini-Frank, A., Carotenuto, G., & Sinclair, N. (2020). Eliciting preschoolers' number abili-ties using open, multi-touch environments. *ZDM, 52*(4), 779–791.

Besnier, S. (2016). *Le travail documentaire des professeurs à l'épreuve des ressources tech-nologiques: le cas de l'enseignement du nombre à l' école maternelle* [*Thèse de doctorat*]. Université de Bretagne Occidentale.

Besnier, S. (2019). Travail documentaire des professeurs et ressources technologiques: le cas de l'enseignement du nombre à l'école maternelle. *Education & Didactique, 13*(2), 119–153.

Besnier, S., & Gueudet, G. (2016). Usages de ressources numériques pour l'enseignement des mathématiques en maternelle: orchestrations et documents. *Perspectivas em Educação Matemática, 9*(21), 978–1003. http://seer.ufms.br/index.php/pedmat/article/view/2215/2279

Bullock, E. P., Shumway, J. F., Watts, C. M., & Moyer-Packenham, P. S. (2017). Affordance access matters: Preschool children's learning progressions while interacting with touch-screen math-ematics apps. *Technology, Knowledge and Learning, 22*, 485–511.

Byers, P., & Hadley, J. (2013). Traditional and novel modes of activity in touch screen math apps. In J. P. Hourcade, N. Sawhney, & E. Reardon (Eds.), *Proceedings of the 12th international conference on interaction design and children*. ACM.

Carlsen, M., Erfjord, I., Hunderland, P. S., & Monaghan, J. (2016). Kindergarten teachers' orches-tration of mathematical activities afforded by technology: Agency and mediation. *Educational Studies in Mathematics, 93*, 1–17.

Charnay, R., Bouculat, N., Colomb, J., Drouaire, J., & Guillaume, J.-C. (2005). *ERMEL, appren-tissages numériques et résolution de problèmes: grande section*. Hatier.

Coles, A., & Sinclair, N. (2017). Re-thinking place value: From metaphor to metonomy. *For the Learning of Mathematics, 37*(1), 3–8.

Drijvers, P. (2012). Teachers transforming resources into orchestrations. In G. Gueudet, B. Pepin, & L. Trouche (Eds.), *From text to 'lived' resources: Mathematics curriculum materials and teacher development* (pp. 265–281). Springer.

Ginsburg, H. P. (2016). *Interactive mathematics books and their friends*. 13th International Congress on Mathematical Education, Hamburg, 24–31 July 2016.

Gueudet, G. (2019). Studying teachers' documentation work: Emergence of a theoretical approach. In L. Trouche, G. Gueudet, & B. Pepin (Eds.), *The "resource" approach to mathematics education* (pp. 17–

42). Springer.

Gueudet, G., Pepin, B., & Trouche, L. (Eds.). (2012). *From textbooks to 'lived' resources: Mathematics curriculum materials and teacher documentation*. Springer.

Gueudet, G., Bueno-Ravel, L., & Poisard, C. (2014). Teaching mathematics with technology at kindergarten: Resources and orchestrations. In A. Clark-Wilson, O. Robutti, & N. Sinclair (Eds.), *The mathematics teacher in the digital era* (pp. 213–240). Springer.

Guin, D., Ruthven, K., & Trouche, L. (Eds.). (2005). *The didactical challenge of symbolic calculators: Turning a computational device into a mathematical instrument*. Springer.

Hundeland, P. S., Erfjord, I., & Carlsen, M. (2013). Use of digital tools in mathematical learning activities in the kindergarten: Teachers' approaches. In B. Ubuz et al. (Eds.), *Proceedings of the eighth congress of European research in mathematics education* (pp. 2108–2117). Middle East Technical University.

Jung, E., Brown, E., & Karp, K. (2014). Role of teacher characteristics and school resources in early mathematics learning. *Learning Environments Research, 17*(2), 209–228.

Lange, T., & Meaney, T. (2013). iPads and mathematical play: A new kind of sandpit for young children? In *Eight Congress of European Research in Mathematics Education*. Retrieved from http://cerme8.metu.edu.tr/wgpapers/WG13/WG13_Lange_Meaney%20.pdf

Maschietto, M., & Soury-Lavergne, S. (2013). Designing a duo of material and digital artefacts: The pascaline and Cabri Elem e-books in primary school mathematics. *ZDM, 45*(7), 959–971.

Panero, M., Aldon, G., Trgalova, J., & Trouche, L. (2017). Analysing MOOCs in terms of teacher collaboration potential and issues: The French experience. In T. Dooley & G. Gueudet (Eds.), *Proceedings of the tenth congress of the European mathematical society for research in math-ematics education* (pp. 2446–2453). DCU Institute of Education and ERME.

Pepin, B., Gueudet, G., & Trouche, L. (2017). Refining teacher design capacity: Mathematics teachers' interactions with digital curriculum resources. *ZDM, The International Journal on Mathematics Education, 49*(5), 799–812.

Rabardel, P. (2002/1995). *People and technology, a cognitive approach to comtemporary instru-ments/ Les hommes et les technologies: Approche cognitive des instruments contemporains*. Armand Colin. Retreived on http://ergoserv.psy.univ-paris8.fr/Site/default.asp?Act_group=1

Rabardel, P., & Bourmaud, G. (2003). From computer to instrument system: A developmental per-spective. In P. Rabardel & Y. Waern (eds.), *Special Issue "From Computer Artefact to Mediated Activity", Part 1: Organizational Issues, Interacting With Computers 15*(5), 665–691.

Sinclair, N. (2018). Time, immersion and articulation: Digital technology for early child-hood mathematics. In I. Elia, J. Mulligan, A. Anderson, A. Baccaglini-Frank, & C. Benz (Eds.), *Contemporary research and perspectives on early childhood mathematics education* (pp. 205–221). Springer Nature.

Sinclair, N., & Heyd-Metzuyanim, E. (2014). Learning number with touch counts: The role of emotions and the body in mathematical communication. *Technology, Knowledge and Learning, 19*, 81–99.

Sinclair, N., & Pimm, D. (2015). Mathematics using multiple senses: Developing finger gnosis with three- and four-year-olds in an era of multi-touch technologies. *Asia-Pacific Journal of Research in Early Childhood Education, 9*(3), 99–110.

Trgalová, J., & Rousson, L. (2017). Model of appropriation of a curricular resource: A case of a digital game for the teaching of enumeration skills in kindergarten. *ZDM, 49*(5), 769–784.

Trouche, L., Gueudet, G., & Pepin, B. (2020a). Documentational approach to didactics. In S. Lerman (Ed.), *Encyclopedia of mathematics education* (2nd ed., pp. 239–247). Springer. [An updated version and translations in different languages in the contetxt on the DAD-Multilingual project is available at: https://hal.archives-ouvertes.fr/DAD-MULTILINGUAL/]

Trouche, L., Rocha, K., Gueudet, G., & Pepin, B. (2020b). Transition to digital resources as a critical process in teachers' trajectories: The case of Anna's documentation work. *ZDM, 52*(7), 1243–1257.

Vergnaud, G. (1998). Toward a cognitive theory of practice. In A. Sierpinska & J. Kilpatrick (Eds.), *Mathematics education as a research domain: A search for identity* (pp. 227–241). Kluwer.

Kluwer. Vygotsky, L. S. (1978). *Thought and language*. MIT Press. (Original work published 1934).

Zaranis, N. (2017). Does the use of information and communication technology through the use of realistic mathematics education help kindergarten students to enhance their effectiveness in addition and subtraction? *Preschool and Primary Education, 5*(1), 46–62.

Zaranis, N., Kalogiannakis, M., & Papadakis, S. (2013). Using mobile devices for teaching realis-tic mathematics in kindergarten education. *Creative Education, 4*(7A1), 1–10.

09

어려운 사회경제적 환경에서 테크놀로지 자원을 통합하는 역동적인 수학 수업을 위한 초등학교 교사의 역할 분석

Ivonne Sandoval
María Trigueros

이 장에서는 멕시코의 사회경제적 수준이 낮은 지역에 위치한 학교에서 테크놀로지를 활용하여 수학을 가르치는 교사들에 대한 연구를 보고한다. 이 연구의 목적은 수업에서 테크놀로지를 사용하는 두 교사의 역할이 어떻게 학생들의 수학적 활동과 학습을 촉진하는 풍부한 환경이 발달되도록 지원하는지 연구하는 것이다. 우리는 어떻게 교사들의 행동과 디지털 자원의 활용이 학생들로 하여금 중요한 수학적 아이디어를 학습하게 하는 교실 문화를 조성하는 데 기여하는가에 초점을 맞춘다. 행화주의 접근 방법을 활용하여 불리한 환경에서 생활하는 학생들이 어떻게 테크놀로지를 활용하는 수업에 온전히 참여하도록 동기를 부여할 수 있는지에 초점을 맞춤으로써, 교사의 행동과 그 결과로 드러나는 학생들의 활동을 특징짓기 위해 교사의 수업을 조사하였다. 연구 결과는 평소 수학적 사고력을 키우고 이용 가능한 테크놀로지 자원을 활용하여 학습하는 데 동기가 부족한 학생들을 돕기 위해서 교사가 몰입형 환경을 개발하는 방법을 강조한다.

주요 용어: 디지털 자원, 교사의 역할, 자원이 부족한 학교, 초등학교, 행화주의

1. 서론

교실에서 교사의 테크놀로지 활용이 어떻게 학생들의 학습을 촉진할 수 있는 환경을 조성하는지에 관한 연구는 중요하다. 이러한 결과는 교사의 계획하기, 디지털 자원의 선정과 수업 내내 학생들의 필요에 따라 자신의 역할을 조정하는 능력에 달려 있다. 학습이 이루어지는 맥락이 학생들의 학습 결과에 영향을 미친다는 것은 잘 알려져 있기 때문에, 교사가 사회경제적 수준이 낮은 지역에 위치한 학교에서 가르칠 때 이러한 요소는 더욱 중요하다. 이러한 연구는 학생의 학습 기회와 교사 전문성 개발의 필요성에 대한 단서를 제공하고 향후 교사교육 방향에 대한 정보를 제공할 수 있다.

우리는 교사가 특히 첨단 테크놀로지가 널리 보급되어 있지 않고 학생들이 가정에서 테크놀로지에 접근할 수 없는 불리한 사회경제적 조건에 처한 학생들과 어떻게 협력하는지를 연구하는 데 흥미가 있다. 멕시코와 같이 자원이 부족한 국가에는 수업 여건이 열악한 학교가 많고, 교사들은 테크놀로지 자원에 대한 접근성이 제한되어 있으며 학생들의 특별한 요구가 있기 때문에 특정한 도움이 필요하다. 이러한 여건에서 교사의 역할에 대한 지식은 특히 학교 환경을 극복하고 수업에 테크놀로지를 활용하여 학생들이 생산적으로 학습할 수 있는 환경을 조성한

교사와 관련하여 유용할 수 있다. 이 장에서는 이러한 교사 역할 중 열악한 학교에서 풍부한 학습 환경을 조성하는 측면을 분석함으로써 문헌에 기여하고자 한다. 연구 결과는 학생들에게 주요 수학적 아이디어를 소개하기 위해 교사가 어떻게 테크놀로지 자원을 활용하는지에 대한 이해를 높이고 교사가 직면하는 제약을 더 잘 이해하는 데 도움이 될 수 있다.

2. 문헌 검토 및 배경

많은 연구에 따르면, 가정과 학교 주변 환경의 사회경제적 조건이 학생의 학업 성취도에 강한 영향을 끼치는 것으로 나타났다(예, Ferguson et al., 2007). 멕시코에는 많은 학교의 학생들이 학교 주변, 가정 및 학교 자체의 지배적인 조건 때문에 중도 탈락의 위험에 처해 있다. 멕시코 정부는 소외 지수(marginalisation index)를 개발했는데, 이 지수는 문맹, 수도, 전기, 하수도와 같은 기본 서비스가 없는 주택, 과밀, 그리고 미화 10달러 미만의 가구 소득 등 학교로부터의 배제를 암시하는 사회경제적 지표를 포함하는 다차원적 척도이다(Conapo, 2013). 이처럼 열악한 학교의 경우, 테크놀로지가 이용가능한 곳이라도 장비와 소프트웨어가 오래된 것이다. 이러한 장비와 소프트웨어는 과거 170,000개의 교실에 대규모 국책 사업이었던 '엔시클로미디어(Enciclomedia)'의 일환으로 배포되었는데, 이는 의무 교과서(mandatory textbooks)와 같이 초등학교 교실에 이미 존재하는 자료를 디지털 자원으로 보완할 의도로 2004년에 조성되었다(SEP, 2004). 이 프로젝트는 컴퓨터 한 대와 상호작용형(interactive) 화이트보드를 통해 초등학교 5, 6학년의 모든 교과목의 교수-학습을 지원하는 것을 목표로 하였다. 이 프로젝트는 정치적 이유로 2008년에 중단되었지만, 멕시코의 많은 교사들은 특히 수학 수업에서 게임과 상호작용형 활동을 통해, 그리고 흥미로운 학습 맥락을 제공함으로써 학생들이 수학 문제에 참여하도록 동기를 부여하기 위해 상호작용형 소프트웨어를 계속 활용하고 있다(Trigueros et al., 2014, 2020).

열악한 학교에 다니는 학생들은 중퇴하기 쉬우며, 대부분 표준화 시험에서 낮은 성취도를 보인다(Solís, 2010; Tapia & Valenti, 2016). 이는 2018년 국가시험 결과에서 확인되었는데, 소외계층이 많은 학교에 다니는 학생 중 90.5%가 수학에서 낮은 성적을 받은 반면, 소외계층이 중간 정도인 학교에 다니는 학생 중 77.9%가 수학에서 낮은 성적을 받았다(INEE, 2018). 그러나 학생들이 이러한 어려움을 극복하도록 학교가 도움을 줄 수 있다고 주장하는 연구도 있다(Mc Neil et al., 2009; UNESCO, 2017). 학업 목표, 교사의 경험, 이용 가능한 자원과 함께 학생에 대한 보살핌, 제도적 풍토, 학생의 소속감은 학생이 학교를 계속 다니게 하고 수행 능력(performance)을 뒤집는 데 중요한 역할을 할 수 있다(Schmalenbach, 2017; Treviño Villarreal et al., 2019). 사회 이동(social mobility)에 대한 다른 연구(즉, Adelantado, 2000)에서는 교육이 학생의 미래 성공을 예측하는 가장 중요한 요소라고 주장한다.

수학 성취도와 관련된 연구에서는 수학 성취도와 학생의 사회경제적 지위와의 관계를 조사하였다. 수학 교사의 행동과 관련된 연구 결과는 학생들이 수학을 즐기고 수학과 좋은 관계를 개발할 수 있는 조건을 조성하는 것이 중요하다고 강조한다(Lerman, 2000). 또 다른 연구에서는 학습 부진 학생의 지식을 변화시키기 위한 요인으로 동기 부여 과제를 활용하여 학생의 자율성을 증진하는 것이 중요하다고 강조한다(Jorgensen et al., 2014). 다른 연구에서는 존중하며 '평등한(equitable)' 관계가 수학 학습에 유리한 환경을 조성하는 데 기여하는 것으로 나타났으며(Boaler & Staples, 2008), 다른 연구자들은 의사소통의 역할, 학생들의 의견이 교사와 친구들에 의해 존중받는 것의 중요성을(Civil & Planas, 2004), 문제해결에서 학생들의 추론 및 교사, 학생, 학부모 사이에 서로 존중하는 관계의 중요성을 강조하기도 한다(Civil, 2006). 멕시코의 초등학교 수학 수업에서 테크놀로지 활용과 관련하여 교사의 테크놀로지 접근이 제한적이고 이를 활용할 수 있게 하는 장기적인 프로젝트가 지속되기에는 많은 어려움이 있는 것으로 드러났지만(Sacristán & Rojano, 2009), 열악한 학교에서 근무하는 일부 교사들은 관찰된 학생들의 성취도 향상에 자극을 받아 테크놀로지를 지속적으로 활용하는 것으로 나타났다(Sacristán, 2017).

수년간의 연구에 따르면 고차원 사고 기능을 다루고 학생들에게 강력한 수학적 아이디어를 소개하는 디지털 자원을 활용하면 학생들의 수학 학습을 향상시킬 수 있다(예, Papert, 1980; Noss & Hoyles, 1996). 이러한 자원은 학습 맥락, 의사소통 및 관련된 행위자 간의 상호작용을 변화시킨다(Niess, 2005; Drijvers et al., 2018). 그러나 디지털 자원에 대한 접근만으로는 수업을 개선하기에 충분하지 않으며, 학습 잠재력은 교사의 교수학적 계획(didactic planning), 디지털 자원의 선정 및 교실에서의 행동에 달려 있다. 게다가, 학생과 교사의 학습을 촉진하기 위한 가능성은 참여자가 관여하는 풍부한 환경을 조성하는 데 기여하는 활동과 밀접하게 관련된다(Hoyles, 2018; Ruthven, 2018; Trigueros et al., 2020).

최근 수학 수업에서 교사의 디지털 자원 활용에 관한 연구에 따르면, 교사들이 새로운 혁신을 접할 수 있는 학습 기회와 이를 수학 수업에 효과적으로 통합할 수 있는 방법을 개발해야 할 필요성이 커지고 있다(Urbina & Poly, 2017; Ruthven, 2018). 수학 교실에 초점을 맞춘 연구들은 교사들이 테크놀로지를 활용할 수 있는 다양한 방법(Goos, 2010; Trigueros & Lozano, 2012; Trigueros, Lozano, Sandoval, 2014; Urbina & Poly, 2017; Loong & Herbert, 2018)과 수학적, 교수학적, 테크놀로지 지식 간의 다양한 상호 관계(예, Niess, 2005; Urbina & Poly, 2017)를 지적한다.

지난 10년 동안 초등학교에서 테크놀로지를 활용한 수학 교수-학습에 관한 문헌이 증가하였다(예, Sinclair & Yerushalmy, 2016; Sinclair & Baccaglini-Frank, 2016; Spiteri & Chang-Rundgren, 2020). 대부분의 연구는 학생들의 학습에 초점을 맞추고 있으며(예, Moyer-Packenham et al., 2018), 매일의 수업에서 그 잠재력을 다루는 연구가 여전히 필요하다(Drijvers et al., 2018). 초등학교 교사의 수업 중 테크놀로지 활용에 관한 연구 결과에 따르면, 디지털 자원이 항상 깊이 있는 수학적 사고를 촉진하기 위해 활용되는 것은 아니며, 이를 위해서는 특정 테크놀로지의 선정 및 혁신적인 활용과 함께 전문화된 수학 지식이 필요하다는 데 동의한다(Goos, 2010). 일부 연구자들은 상호작용형 모바일 테크놀로지의 보급 증가와 함께, 플랫폼의 급격한 변화와 디지털 자원의 생성 및 삭제로 인해, 초등학교 교사들이 해당 프로그램의 목표에 도달하고 학생들의 학습을 촉진하기 위해 적절한 테크놀로지를 선택할 수 있게 하는 명확한 기준을 가질 필요성이 커지고 있다고 지적한다(Cuban, 2001; Pierce & Stacey, 2013; Larkin, 2015).

테크놀로지가 풍부한 교실에서 소외계층 초등학생을 가르치는 성공적인 수학 교사들의 관행에 대한 연구에 따르면, 학생들이 자존감과 수학적 성취를 달성하는 데 있어서 관계, 언어적 상호작용, 신뢰가 핵심임을 입증한다(Page, 2002). 다른 연구에 따르면, 이러한 학생들의 수학 학습, 참여의 향상, 자기 효능감, 학교에 대한 태도, 기능 개발은 특히 교사가 고차원 사고 기능을 개발하고 발견을 촉진하며 학생들 간의 상호작용 기회를 제공하는 지원 환경을 제공할 때 테크놀로지와의 상호작용으로부터 혜택을 받는 것으로 나타났다(Zielezinski & Darling-Hammond, 2016). 교사가 학생 및 테크놀로지와 상호작용하는 기회에 영향을 미치는 초등학교 교실 환경에 대한 연구는 여전히 주목할 필요가 있으며, 특히 열악한 학교에서 근무하는 교사들의 사례는 더욱 그렇다. 이 연구는 이러한 연구 격차를 다루는 데 기여하고자 한다. 이 장에서 우리는 디지털 자원을 활용하는 초등학교 교사의 역할이 학생들의 수학 활동을 어떻게 촉진하는지 분석한다. 우리는 교사의 디지털 자원 활용과 행동이 사회경제적으로 취약한 환경에 있는 학생들에게 중요한 수학적 아이디어를 소개하는 교실 문화를 조성하는 데 어떻게 기여하는 지에 초점을 맞춘다.

3. 이론적 틀

Maturanad & Varela(1992)가 개발한 행화주의는 몸, 마음, 세계를 분리할 수 없는 것으로 간주한다. 이 이론은 인지에 있어 체화(embodiment)와 행동의 중요성에 초점을 맞춘다. 결과적으로, 이 이론에서는 개인이 어떻게 자기 자신 및 환경과의 상호작용 속에서 새로운 경험과 도전을 변화시키고 이해하는지를 고려한다. 학습은 세계 및 과거의 개인적 경험과의 상호작용을 통해 의미를 생산하는 것으로 간주된다(Lozano, 2015).

행화주의는 교실에서 학습하고 행동하는 것에 대한 우리의 아이디어를 뒷받침한다. 행화주의는 아는 것(knowing)을 **효과적인 행동**(effective action)으로 간주하는데, 이는 개인이 주어진 환경에서 계속 존재할 수 있도록 하는 행동을 의미한다. 주어진 환경에서 효과적으로 행동한다는 것은 그 환경에서 허용되는 행동을 수행하는 것을 의미하는데, 우리의 관점에서 효과적인 행동이란 교사와 학생이 테크놀로지가 활용되는 맥락에서 교사와 학생 간의 상호작용에 부합하는 방식으로 행동하는 것을 의미한다. 효과적인 행동은 즉각적 대처(immediate coping)를 포함하는데(Varela, 1999), 이는 상황에 반응(reaction)이 필요할 때 행동하는 것으로, 우리가 보기에 교사는 생각할 겨를도 없이 행동하며, 이러한 행동은 나중에 그것에 대해 성찰할 때 비로소 떠오른다.

행화주의는 교수(teaching)를 협력적인 과정으로 제안하고, 학습을 개인의 행동을 통해 특정한 특징을 노티싱(noticing)하는 것으로 간주하므로, 상호작용이 일어나기 위해서는 주어진 학습 상황이 교사, 학생, 내용, 그리고 맥락을 모두 포함해야 한다(Davis, 1996). 행화주의 관점에서 볼 때, 테크놀로지의 활용은 인간 경험의 일부인데, 이는 인간의 관행과 문화적 경험을 포함한다(Davis et al., 2000). 디지털 자원이 교실에서 활용될 때, 이 자원은 교사와 학생의 행동을 형성하고 교사, 학습자, 자원 간의 상호작용을 촉진하는 도구로서 환경의 일부가 된다. 이러한 상호작용에서 나타나는 관계는 역동적이고 복잡하다. 디지털 자원이 있는 환경에서 학습은 역동적인 상호작용을 통해 일어난다. 테크놀로지는 행동이 일어날 수 있는 맥락과 가능한 행동에 대한 일련의 제약을 생성한다. 교실에서 테크놀로지를 활용할 때 학습자로서의 교사는 자신의 이력에 따라 자신의 행동을 수정할 수 있다. 학습자로서의 교사가 취하는 행동은 교실에서 교사의 다양한 역할과 테크놀로지 도구의 활용을 통해 〈표 1〉과 같이 정의할 수 있다(Trigueros et al., 2014). 이 연구에서, 이러한 행동을 자세히 살펴봄으로써, Hughes(2005)에서 설명된 것과 같이 교사들의 테크놀로지 활용을 포함하여 수업 전반에 걸친 교사의 행동이 어떻게 소외된 학생들의 동기와 학습을 촉진하는 풍부한 환경을 개발하게 하는지 알아본다. 우리는 교사의 역할이 다양한 측면에 중첩되어 명확하게 구분될 수 없다는 것을 알고 있으며, 이러한 분류는 자료 분석 목적으로만 사용한다.

〈표 1〉 테크놀로지를 활용하는 교사의 역할 측면(Trigueros et al., 2014, pp. 114-115)

다음과 같은 측면에서의 역할	설명
수학에 대한 의사소통	교사와 학생이 의견을 나누고 함께 작업할 수 있는 보완적인 정보를 제공함으로써 테크놀로지는 수학에 대한 교사의 역할에 영향을 미칠 수 있다. 효과적인 행동에는 프로그램에 포함된 수학적 내용과 여러 형태의 상호작용이 포함된다.
학생과의 상호작용	특정한 프로그램을 활용하지 않았다면 아마도 발생하지 않았을 예기치 않은 상황을 제공함으로써, 테크놀로지를 포함하는 것은 교사가 상호작용을 조절하는 방식에 영향을 줄 수 있다. 효과적인 행동에는 학생들의 탐구, 프로그램 활용 및 테크놀로지를 활용하는 동안 발생하는 수학에 대한 논의가 포함될 수 있다.

다음과 같은 측면에서의 역할	설명
수학적 지식의 검증	테크놀로지는 학생들에게 피드백을 제공할 수 있다. 교사는 프로그램에서 답을 검증하기 전에 학생들과 함께 답을 논의하거나, 학생들이 답을 검증하기 위한 수단으로 프로그램을 활용하도록 허용할 수 있다. 교사의 행동에는 예상치 못한 테크놀로지의 활용이 나타났을 때조차도 학생들에게 그러한 문제를 해결하도록 격려하는 것이 포함될 수 있다.
수학적 문제의 원천	테크놀로지 장치로 인해 이전에는 다루지 않았고 수업 계획이나 교육과정에 포함되지 않았을 수학적 문제에 다다를 수 있다. 효과적인 행동에는 학생들의 요구를 고려하면서 이러한 문제를 다루는 것이 포함될 수 있다.
학생의 행동 및 자율성	수학적 대상과 도구에 대한 작업은 교사와 학생 모두 수행할 수 있다. 테크놀로지는 교실에서의 역동성을 변화시킬 수 있다. 교사의 행동에는 학생들이 프로그램과 수학적 문제를 가지고 작업하고 탐구하도록 허용하는 것이 포함될 수 있다.

행화주의 관점에서 이러한 모든 측면을 함께 고려함으로써, 우리는 교사가 수학 수업에 테크놀로지를 어떻게 통합하는지 보다 명확하게 파악할 수 있다. 이러한 측면은 또한 불리한 환경에서 생활하는 학생들과 함께하는 교사의 일(work)에 대해서도 정보를 제공한다. 또한, 테크놀로지와 함께하는 교사의 행동을 통해 교사가 언제 어떻게 학생들의 요구에 즉각적으로 대처하여 풍부한 학습 기회를 창출하는지 알 수 있다.

4. 연구 문제

우리는 다음과 같은 질문을 다루기 위해 정보를 수집하는 데 관심이 있다.

- 교실에서 디지털 자원을 활용할 때, 교사의 역할 중 어느 측면이 소외된 학생들의 수학 활동을 촉진하는가?
- 교사의 역할에 관한 측면이 예를 들어, 시각화, 논증(argumentation), 개념 간의 관계 구성과 같은 특정한 수학적 활동의 출현을 어느 정도 설명하는가?
- 디지털 자원의 활용과 교사의 행동이 사회경제적으로 불리한 환경에 있는 학생들에게 중요한 수학적 아이디어를 소개하는 교실 문화를 조성하는 데 어떻게 기여할 수 있는가?

5. 방법

멕시코시티 및 인근 주에 위치한 도시에 있는 5개의 열악한 학교가 이 연구에 참여하였다. 수업에서 학생들의 수학적 활동을 촉진하는가, 수학 수업에서 디지털 자원을 활용한 경험이 있는가, 교사의 행동이 교실에서 참여 문화를 조성하는 데 기여하는가라는 기준에 따라 참여할 교사들을 선정하였다. 모든 참여자는 이 연구가 수행된 학교와 국립교육대학교(National Pedagogical University)와의 연구 파트너십을 통해 연구에 참여하기로 동의하였다. 특정한 수학 주제와 관련하여 최소 2회의 수업에서 테크놀로지를 활용한 15명의 교사들을 관찰하고 그들의 수업 영상을 녹화하였다. 그런 다음 모든 영상 녹화물을 검토하고 분석하였으며 다양한 교수 경험, 개인 이력, 그리고 우리의 관점에서 교사가 수업 중에 학습을 위한 풍부한 환경을 조성했는지 여부를 고려하였다.

그런 다음 동료 교사나 관리자로부터 우수한 교사라고 별도로 인정받는 교사들 중 테크놀로지를 활용한 교수 경험이 다르고 소외 지수가 다른 학교에서 근무하는 두 교사, 카를라(Carla)와 야스민(Yasmin)[1]을 사례 연구로 선정하였다. 우리는 같은 수학 주제를 다루면서 디지털 자원도 활용한 2개의 수업을 선정하여 그들의 교수 행동을 대표할 수 있는 사례로 보고, 각 수업에 대해 보다 구체적인 면담을 진행하였다. 면담은 그들의 교수 경험, 열악한 학교에서의 수학 수업에서 디지털 자원을 활용하는 것에 대한 관심, 수업 계획에서 이러한 자원을 선정하고 활용하기 위해 사용하는 기준에 대한 추가 정보를 수집하는 것을 목표로 하였다. 카를라는 **사이클 트랙**(Cycle Track)을 활용했는데, 이는 상호작용형 화이트보드와 컴퓨터 한 대에서 교사가 사용할 수 있도록 개발된 운동(movement) 관련 맥락에서 비례를 가르치기 위해 고안된 엔시클로미디어 상호작용형 환경이다. 야스민은 교실에 있는 14대의 컴퓨터를 이용하여 기하적 사고와 공간적 사고를 가르치기 위해 **레고-로고 디지털 디자이너**(Lego-Logo Digital Designer, 이하 LDD) 소프트웨어를 활용하였다.

5.1. 교사, 학생, 학교

카를라는 쿠에르나바카의 외곽에 있는 초등학교에서 20년동안 교사로 근무하였다. 카를라는 수업에서 디지털 자원을 자주 활용하였다. 카를라는 연수 워크숍에 참여하는 것을 좋아하였는데, 그 중 하나가 이 프로젝트가 시작될 당시의 '엔시클로미디어의 자원' 활용에 관한 것이었고, 다른 것은 '지오지브라(GeoGebra)'와 '스크래치(Scratch)'와 같은 다양한 프로그래밍 소프트웨어의 활용에 관한 것이었다. 4년 동안 카를라는 다른 교사들과 비공식적이지만 정기적으로 만나 교실에서의 디지털 자원 활용에 대해 논의하고 경험을 공유하였다. 카를라는 학생들의 생활 환경에

[1] 교사와 모든 학생 이름은 가명이다.

관심을 가지고 학생들이 학교에 다니고 수업에 참여하는 데 흥미를 갖도록 동기를 부여하는 환경을 조성하기 위해 노력하였다. 면담에서 카를라는 다음과 같이 말했다. "교실에서 테크놀로지를 처음 사용했을 때부터 아이들이 테크놀로지를 좋아한다는 것을 알았습니다. 학교에 흥미를 느끼지 못하는 아이들은 항상 있습니다 … 집에 문제가 있거나 길거리에서 친구들과 어울리는 것을 더 좋아하는 아이들도 있습니다 … 그러나 내가 테크놀로지를 활용할 때 아이들이 더 관심을 가지고 참여합니다 … 아이들이 다르게 생각하고 배울 수 있다고 생각합니다." 카를라는 이전 학년에서 테크놀로지를 사용한 경험이 있는 10~12세 5학년 학생 33명을 가르쳤다.

야스민(Yasmin)은 멕시코시티 도심의 한 초등학교에서 2년 동안 가르쳐 왔던 교사이자 연구자이다. 야스민의 초기 교육(training)은 수학 수업에 관한 것이었고 디지털 자원의 활용이 포함되었다. 그녀는 4년 동안 수학교육을 공부했고, 쉽게 접근할 수 있는 자원을 활용하여 아동들의 공간 추론 능력을 개발하기 위한 활동을 설계하는 것에 관심이 있었다. 야스민을 선택한 이유는 이 교사가 자신의 경험으로부터 학습하는 것에 관심을 보였고, 취약계층을 대상으로 STEM 학문의 통합을 가능하게 하는 혁신적인 프로젝트를 활용하기를 원했기 때문이었다. 우리가 야스민의 동영상을 봤을 때, 그녀는 수업에서 디지털 자원을 통합하면서 학생들에게 풍부한 수학 학습 기회를 제공했다고 생각하였다. 면담에서 야스민은 "디지털 테크놀로지를 통해 이러한 환경에서 살고 있는 학생들이 가치 있는 수학적 아이디어에 접근할 수 있고, 이를 활용해 다른 경험을 제공하는 표현으로 수학을 행할 수 있다"고 말했다. 야스민은 마이크로소프트 워드(Microsoft Word)나 페인트(Paint) 소프트웨어와 같은 테크놀로지를 활용한 경험이 거의 없는 28명의 3학년 학생들을 가르쳤다.

두 학교 모두 무료 공립학교로 각 도시의 외곽에 있으며, 두 교사는 모두 오후 2시부터 6시 30분까지 오후 교대로 근무한다. 카를라가 근무하는 학교는 다소 소외된 지역에서 2교대로 나누어 700명의 학생을 가르치고 있으며, 야스민이 근무하는 학교는 매우 소외된 지역에서 2교대로 나누어 1000명의 학생을 가르치고 있다.

5.2. 연구 도구

교실에서 교사의 역할을 조사할 때 교사의 행동을 연구하기 위해 수업 참관 기록, 교사의 수업 비디오 녹화 영상, 면담 오디오 녹음 자료를 분석하였다. 참관자들은 각 수업마다 수업 중 교사와 학생의 행동과 테크놀로지 활용 측면에서 중요한 사건(Hughes, 2005)을 기록하였다. 더 큰 프로젝트의 일부로 진행된 면담에서 교사들에게 그들의 배경, 교육, 수학 수업 중 테크놀로지를 활용한 방법에 대해 질문하였다. 이 특정한 연구를 위해서, 수업 중 학생들의 행동, 언어 사용, 참여자 간의 관계에 대해서도 주의를 기울였다.

각 연구자는 행화주의 이론과 〈표 1〉의 코드를 사용하여 여러 가지 출처에서 얻은 정보를 분석하였다. 그런 다음 분석의 신뢰성을 보장하기 위해 해석에 대한 합의에 도달할 때까지

각자의 독립적인 분석 결과를 논의하고 협의를 거쳤다.

6. 결과

6.1. 카를라의 사례

카를라는 물리와 수학의 관계를 가르치는 것을 좋아했고, 자신의 경험상 비례(proportionality)를 가르치는 것이 적절했기 때문에 사이클 트랙 프로그램을 선택하였다. 이 학교의 대부분의 교사는 수업 중에 학생들과 상호작용을 하지만, 카를라는 이에 대해 다음과 같이 설명했다. "대부분의 교사들은 아동들이 교과서 활동을 하고 그게 옳은지 점검하게 하는 것과, 정답을 설명하는 데 초점을 둡니다. 일부 교사들은 테크놀로지를 사용하는데, 빈번하게 엔시클로미디어나 파워포인트를 사용합니다. 저는 학생들이 논의하고 자신들의 아이디어를 듣게 하는 것을 선호합니다 …." 면담에서 카를라는 본인이 학생들에게 친절하지만 엄격했으며, 첫날부터 존중, 관용, 참여의 행동 규칙을 "**학습을 위해 필수적인 것**"이라고 강조했다고 말했다. 카를라는 또한 자신의 학교 환경에 대해서 다음과 같이 설명하였다.

> 학교 밖의 여건이 열악하기 때문에, 교장 선생님과 모든 교사들은 학생들이 책임감과 관용을 배우고 모든 학생들을 소중히 여기는 학교 안의 환경을 조성하기 위해 노력합니다. 이를 통해 우리는 학생들이 중도 탈락하지 않고 자신감을 가지고 자신의 삶에 유용한 지식을 소중히 여길 수 있도록 돕고 있습니다. 제 경우에는 학생들이 상호 작용하고 자신의 아이디어가 경청될 것임을 알고 자신의 아이디어에 대해 말할 수 있는 것이 학생들 스스로 자신감을 개발하는데, 그리고 자신들이 배울 수 있고 배움을 즐기기 시작할 수 있다는 느낌을 가지게 하는 데 기본이 된다고 생각합니다.

6.1.1. 사이클 트랙 프로그램을 활용한 비례와 운동

사이클 트랙은 특정한 수학적 개념을 가르치기 위한 새로운 기반을 제공하는 상호작용형 도구로 간주될 수 있다(Hoyles, 2018). 이 도구의 목적은 비례 관계의 예로 일정한 운동을 소개하는 것이다. 이 프로그램에는 쌍으로 또는 개별적으로 동시에 제시될 수 있는 3가지 운동 표현이 포함되어 있다([그림 1] 참조). 이 프로그램은 3가지 다른 일정한 속도로 집에서 학교로 가는 자전거 타는 사람의 운동을 동적으로 시뮬레이션한다. 이 프로그램은 자전거 타는 1명 또는 2명의 사람이 트랙에서 서로 다른 속도로 동시에 이동하는 것을 제시할 수 있는데, 여기서 서로 다른 속도는 경사 또는 화면이나 전자 화이트보드를 터치하여 여러 개의 선분으로 나뉘게 하여 표현될 수 있다(Trigueros et al., 2020).

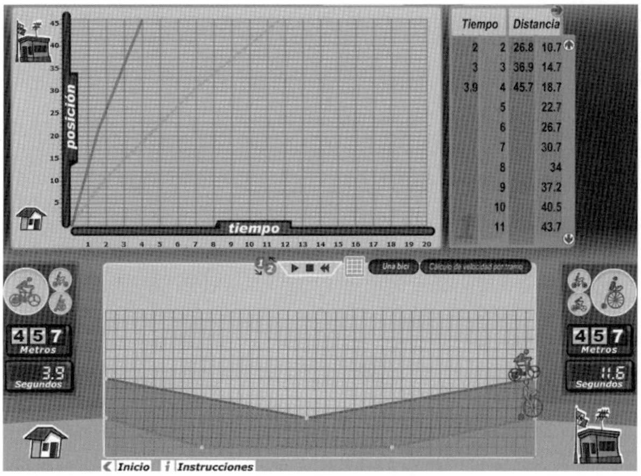

[그림 1] 사이클 트랙 프로그램

6.1.2. 카를라의 사례: 첫 번째 차시

비례를 다루고 있었던 카를라는 과학에도 관심이 많았기 때문에 학생들의 경험에 연결되는 흥미로운 예로 등속 운동을 선택하였다. 카를라는 각 차시에서 활용되는 자원이 제공하는 가능성을 다르게 하여, 두 차시로 구성된 수업을 설계하였다.

카를라는 이전 수업에서 다양한 표현을 활용하여 비례인 예와 비례가 아닌 예에 관한 조별 활동을 통해 학생들에게 비례를 도입했으며, 비례의 정의를 제공하는 것으로 수업을 마무리하였다. 카를라는 이후 두 차시에서 사이클 트랙 프로그램을 활용하였다.

첫 번째 차시에서 카를라는 학생들에게 자전거 타는 사람의 이동을 어떻게 설명할지 논의하도록 요청하였다. 운동과 관련된 중요한 아이디어가 나왔고, 카를라는 학생들의 아이디어와 주장(arguments)을 들었고, 학생들의 제안을 검증하기 위해 학생들과 상호작용하였다. 카를라는 소외된 학생들에게 특히 중요한 학생들의 경험과 관련된 활동을 선택하였다. 이러한 행동을 통해 교사는 학생들이 참여하도록 동기를 부여하였고 나중에 교사가 테크놀로지로 무엇을 할 것인지에 대한 학생들의 관심을 집중시켰다.

그런 다음, 사이클 트랙 프로그램과 전자 화이트보드를 활용하여 카를라는 학생들이 이러한 새로운 맥락에서 논의를 계속할 수 있게 하였다. 학생들이 속도와 시간의 관계에 대해 언급하자, 카를라는 자전거 타는 사람의 운동을 [그림 2]와 같이 표와 함께 보여주며 “무엇이 보이나요?” 라고 물었다. 학생들은 자신의 경험에 기초한 주장을 활용하여 논의했지만, 표를 볼 때는 표에 초점을 두고 “그가 말했던 것처럼요. 그는 항상 같은 속도로 갑니다 … 1분이 지날 때마다 그가 항상 같은 거리만큼 이동한다고 생각하면, 즉 균등하게 가는 겁니다”와 같은 주장을 제안하였다. 그러자 엘레나(Elena)가 제안하였다. “선생님, 이 표는 우리가 전에 본 것 … 비례에 관한 것과 비슷해요.” 카를라는 학생들에게 어떻게 생각하는지 물었고 학생들은 표와 비례 개념의 관계에 대해 논의하였다.

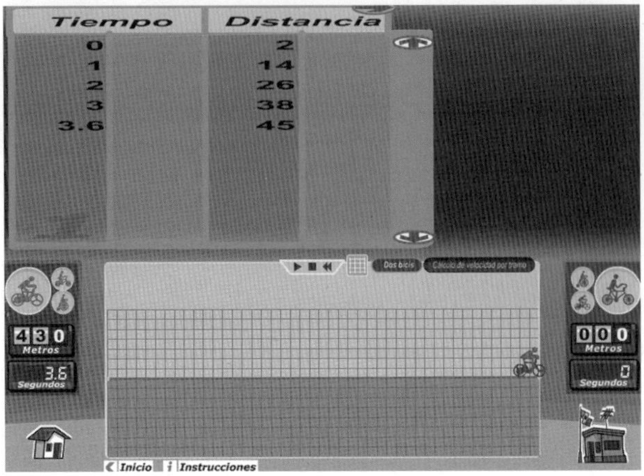

[그림 2] 운동에 대한 2가지 표현

카를라는 학생들의 말을 경청하였고 학생들이 수학을 의사소통하게 만들었다. 학생들은 이전에 운동에 대한 공부를 접해본 적이 없었지만, 자신의 경험을 활용하여 관련된 변수인 시간, 거리, 속도를 파악하고 관련지었다. 카를라는 학생들의 상호작용을 촉진하였고 학생들은 두 가지 표현을 관련지을 뿐만 아니라 비례와의 관계도 인식할 수 있었다.

카를라가 수학 문제의 원천이었지만 학생들은 수학적 아이디어를 의사소통하였다. 학생들은 관련된 변수들을 고려하였고 그들 사이의 관계를 찾았다. 애니메이션에서 자전거 타는 사람의 운동을 보여주기, 적절한 질문을 제기하기, 학생들의 제안을 듣기, 그리고 학생들이 수학을 의사소통하도록 하기와 같은 카를라의 행동은 학생들의 상호작용과 그들만의 언어 사용을 촉진했다. 카를라는 테크놀로지를 증폭기(amplifier)로 활용하여 학생들이 2가지 표현과 비례 관계에 집중할 수 있도록 도왔다. 따라서 카를라는 학생들의 기여를 가치 있게 여기는 풍부한 환경을 조성했는데, 이는 일반적으로 이러한 학생들의 생활 환경과는 다르다.

카를라는 적절한 순간에 효과적인 질문을 하였다. “운동 그래프에 대해 말해 줄 수 있나요?” 라고 질문하며 논의를 이어갔다. 엘레나는 “기울어질 것입니다, 직선”이라고 대답했고, 다른 학생들은 “네, 자전거 타는 사람이 천천히 가면 속도는 … 그래프는 천천히 증가할 것입니다.” 또는 “다른 자전거를 사용하면 더 기울어질 것입니다. 확인해 봐요!”라고 덧붙였다. 카를라는 동의했고 사이클 트랙에서 2명의 자전거 타는 사람을 표 및 그래프와 함께 활용하자고 제안했다. 학생들은 “우리가 옳았어요!”라고 소리쳤고, 카를라는 “직선의 기울기는 무엇에 따라 달라질까요?”라고 질문하였다. 학생들은 “속도에!”라고 응답하였다. 카를라는 운동에 관한 비례 관계를 형식화함으로써 이 에피소드를 마무리하였다.

카를라의 행동은 학생들이 상호작용하고 흥미로운 주장을 제시할 수 있는 자율성을 가지는 풍부한 환경을 조성하였고, 이를 통해 학습을 촉진하였다. 학생들의 답변은 테크놀로지 활용(Hughes, 2005) 및 학생들과의 상호작용을 결합하여 그 상황에 포함된 수학에 대한 학생들의 성찰을 촉진한 그녀의 행동이 적절했음을 뒷받침하였다. 카를라의 효과적인 행동에는 학생들이 자신의 아이디어를 예측하고 정당화하도록 강하게 주장하는 것이 포함되었다. 그런 다음 테크놀로지를 혁신적 도구로 활용하여(Ibid.), 카를라는 학생들이 자신의 생각을 탐구하고 설명하며 검증하도록 도왔다. 학생들의 제안에 대한 답변으로 자전거 타는 사람 2명을 활용하기로 결정한 것은 원래 계획은 아니었다. 왜냐하면 수업 후 면담에서 "나는 그것이 학생들의 주장을 평가하는 데 도움이 될 것이라고 결정했습니다"라고 했기 때문이다. 테크놀로지를 변환(transformation)으로 활용하여 운동에 대한 3가지 다른 표현을 보여주려는 카를라의 행동은 학생들의 성찰과 논증(argumentation)을 위한 풍부한 환경을 조성하여 학생들에게 동기를 부여하고 운동 및 비례에 대한 학습을 촉진하였다.

수업 내내 카를라는 수학적 문제와 의사소통의 원천이 되는 것으로부터 학생들의 상호작용과 수학적 아이디어의 소통을 촉진하고 학생들에게 수학 문제를 제기할 수 있는 자율성을 부여하는 것으로 자신의 역할과 자원의 활용을 조정하였다.

카를라는 이 학생들이 목소리를 내는 것이 안전하다고 느낄 수 있고, 학생들이 말한 것은 존중되며, 학생들은 질문을 제기하고 자신들의 수학적 아이디어를 공유할 수 있는 환경을 조성하기 위해 증폭기에서 변환에 이르기까지(Ibid) 자신의 역할과 테크놀로지 활용을 조정하였다.

6.1.3. 카를라의 사례: 두 번째 차시

카를라는 학생들에게 사이클 트랙에서 경로를 변경하는 방법을 보여주었다. 카를라는 [그림3]과 같이 새로운 경로를 선택하고 "속도는 어떻게 될까요?"라고 질문하였다. 다음과 같은 대화가 이어졌다.

S[2]: 우선, 속도는 작습니다 … 그 다음에는 더 커질 거예요.

카를라: 표와 그래프를 가지고 살펴봅시다.

E: … 그래프의 두 직선이 올라갑니다! 하나는 내려가야 합니다.

J: 왜요? 괜찮아요. 시간이 지남에 따라 그는 항상 점점 더 멀리 갈 거예요. … 속도는 변하는데, 두 번째 부분에서 더 커집니다.

L: 네, 하지만 그가 올라갈 때 속도는 점점 줄어들어야 하고, 표에서 보이는 것과 같지 않도록, 그런 다음, 속도는 증가할 거예요.

S: 확실하지는 않지만, 경로가 내려가기 때문에 속도도 내려가야 합니다.

카를라: 다시 한번 살펴봅시다. 이번에는 표에 주목해 봅시다.

M: … 거리는 항상 더 커지고, 그는 더 멀리 있어요! 그래프가 올라갑니다.

카를라: 그래프에서 직선이 내려간다는 것은 무슨 뜻일까요?

M: 그가 집으로 돌아가나요?

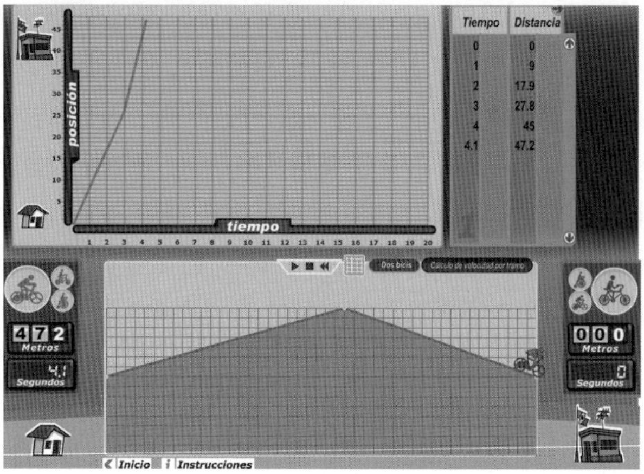

[그림 3] 다른 경로

카를라의 행동에는 테크놀로지를 증폭기이자 변환 도구로, 그리고 학생들의 이해를 평가하기 위해 논의를 촉진하는 문제의 원천으로 활용하는 것을 포함하였다. 카를라는 학생들에게 자신의 아이디어를 예측하고 주장할 수 있는 자율성을 부여하였다. 학생들의 의견이 서로 다른 상반되는 상황에 직면했을 때 카를라의 즉각적인 대처 전략은 분명했는데, 여기에는 다른 표현으로 주어진 정보에 학생들의 주의를 유도하고 학생들이 자신들의 주장을 비교할 수 있도록 자신의 역할과 테크놀로지 활용을 조정하는 것을 포함하였다. 카를라는 협력적인 논증 공간을 열어서 학생들의 상호 작용을 촉진하였고 학생들이 표현 간의 중요한 관계에 주목하고 이동의 궤적과 수학적 표현 간의 차이를 "보는(see)" 능력을 길러주었다. 따라서 카를라는 학생들이 학습할 가능성을 열어주었다. 그러자 새로운 수학이 생겨났다. 이스마엘(Ismael)이 "… 이 그래프는 … 비례하지 않아요 … 첫 번째 작은 부분은 비례하지만, 다른 부분은 …0에서 시작하지 않아요." 라고 말하였다. 레지나(Regina)는 "왜 그가 올라가는 데도 속도는 똑같지 … 만약 내가 올라가면 … 속도는 줄어들어 … 그러나 내가 내려가면 속도는 증가해야 해요."라고 질문했다. 다른 학생들도 동의했다. 카를라가 테크놀로지를 증폭기로 활용하는 것은 학생들이 운동과 그 표현에 집중하도록 도왔고, 학생들이 운동의 다양한 표현과 자신의 경험에 직면했을 때 테크놀로지는 수학 문제의 원천이 되었다. 이 상황에 대처하기 위해 카를라의 역할이 바뀌었고, 그녀는 수학과 의사소통하였다. 카를라는 학생들과 함께 활용된 테크놀로지의 한계에 대해 논의하고 일상적인

[2]이니셜은 대화에 참여한 학생들을 나타낸다.

예를 통해 평균 속도를 설명하고 문제를 단순화하기 위한 방법으로 자신의 경험을 언급하는 등의 효과적인 행동을 취하였다.

이스마엘은 "비례하지 않습니다! … 저 그래프는 0에서 시작하지 않아요."라고 주장하였다. 카를라는 그 학생에게 설득력 있는 방법으로 어떻게 그 그래프가 두 개의 연속적인 운동을 나타낼 수 있는지 설명하여 즉각적으로 대처하였다. 카를라는 "두 번째 운동에 대하여 네가 0부터 시간을 세기 시작하면 그 그래프는 비례를 나타낼 거야 … 여기서는 전체 운동을 설명하고 비교하기 위해서 … 두 그래프가 함께 있는 거야."라고 말했다. 이스마엘은 동의하였다.

카를라의 효과적인 행동은 학생들의 필요에 초점을 맞추어 학생들의 상호작용을 안내하고 학생들이 서로의 아이디어를 경청하게 하였다. 카를라는 그런 다음 학생들과 함께 표와 그래프를 만들어 가속도 운동에 대한 거리-시간 변화를 설명함으로써 새로운 관련 수학 문제의 원천을 제공하였다. 학생들은 비례 관계와 비례가 아닌(non-proportional) 관계의 차이를 시각화하고, 논의하고, 추론하였다. 또한 카를라는 학생들의 일상 경험을 바탕으로 수학에 대한 의사소통에 책임을 다했고 가속도 운동을 단순화하는 평균 속도의 역할을 설명하였다. 다시 말하지만, 카를라의 행동과 역할의 역동적인 측면은 학생들의 상호작용과 학생들의 의견을 경청하려는 의지를 촉진하였다. 학생들은 자신의 의견이 틀렸더라도 자유롭게 표현할 수 있었다. 서로 존중하는 환경을 조성한 카를라의 행동은 학생들의 교사에 대한 신뢰, 학생들 자신의 자존감과 상호작용, 결과적으로 학습을 촉진하였다. 이 에피소드를 통해 카를라가 다양한 역할을 수행하고 테크놀로지 및 다른 자원을 번갈아 활용함으로써 참여자 간의 상호 작용이 지식 교환을 촉진하는 교실 문화를 조성하였다.

그런 다음 카를라는 학생들에게 조별 게임을 제안하였다. 학생들은 세 부분으로 구성된 자전거 타는 사람의 운동 그래프를 한 조각씩 그려야 했고, 그 자전거 타는 사람의 궤적을 다른 조들이 그리도록 했다. 학생들에게 자율성을 부여하여 새로운 수학적 문제의 원천이 되게 하였다. 학생들은 수학적 아이디어를 논의하고, 정당화하고, 주장하는 과정을 거쳤다. 카를라는 학생들에게 테크놀로지를 사용하여 제안된 경로와 그에 해당하는 거리-시간 그래프를 그려 수학적 사고를 검증하도록 하였다. 그래서 카를라는 학생들이 수학을 행하기(doing mathematics)와 테크놀로지와 상호작용하는 데 참여할 수 있는 동기 부여 환경을 조성하였다. 예를 들어 한 조가 그래프를 제안하였다. 아드리(Adri)는 "자전거 타는 사람이 이 긴 거리를 짧은 시간 동안 빠르게 이동합니다. 그런 다음 … 수평으로 … 시간이 지나가지만, 그 사람은 같은 장소에 있습니다 … 아마도 그 사람은 멈췄다가 다시 천천히 계속해서 … 경로는 [그림 4]와 같이 될 것입니다"라고 설명하였다.

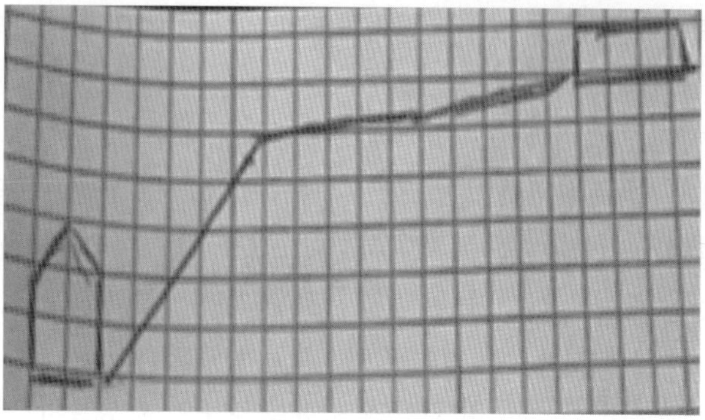

[그림 4] 한 조의 그림

다른 학생들은 "그것은 맞지 않아요! 저렇게 올라간다면 그 사람은 천천히 가야 해요" 또는 "그는 두 번째 부분에서 움직여요"라고 이의를 제기했다. 아드리는 "제가 틀렸어요. 멈추지 않아요. 그 사람은 매우 천천히 그런 다음에 조금 더 빠르게 움직입니다."라고 정정하였다. 아드리는 "움직이지 않는다"는 아이디어를 소개했는데, 이 아이디어가 이 상황에 맞지는 않았지만, 수평 그래프에 해당하는 것으로 설명할 수 있었다.

카를라의 행동은 학생들이 수학 활동에 몰입할 수 있었던 풍부한 맥락을 조성하였다. 아드리가 경로를 거리-시간 그래프와 혼동하는 것처럼 보였을 때, 다른 학생들은 자신들의 이해를 바탕으로 아드리의 실수를 교정할 수 있었다. 학생들은 역(inverse) 문제를 해결할 수 있었다. 즉, 학생들은 운동에 관여되는 변수들 간의 관계를 이해하면서 거리-시간 그래프로부터 자전거 타는 사람의 경로를 재구성하였다. 학생들은 일반적으로 테크놀로지를 변환 도구로 활용하여 상호작용형 화이트보드에 자전거 타는 사람의 경로를 그릴 수 있었다. 학생들은 매우 가파른 경로나 조각 함수(piece-wise function)에서 두 부분 간의 매우 뾰족한 각을 표시해야 할 때 종종 어려움을 겪었다. 이 프로그램은 자전거 타는 사람이 잠시 멈추는 궤적을 허용하지 않는다. 학생들이 이 문제에 직면했을 때 카를라의 역할은 학생들의 탐구와 논증을 촉진하는 것으로부터 학급 전체에 테크놀로지의 제약을 설명하는 것으로 바뀌었다. 이러한 제약 덕분에 학생들은 이 자원이 허용하지 않았던, 자전거 타는 사람의 궤적과 이에 대응되는 위치-시간 그래프 및 표를 나타내는 새로운 전략을 찾을 수 있었다.

요약하면, 두 차시에서 카를라의 역할과 테크놀로지 활용을 통해 학생들의 주장과 기여를 존중하는 상호작용의 공간을 조성하였다. 카를라의 행동을 보면, 학생들이 운동의 유사점과 차이점을 인식하고 관련된 변수들 간의 관계에 주목하여 결과적으로 학습을 촉진하는 기회를 추구했음을 알 수 있다. 학생들이 테크놀로지와 상호작용할 수 있도록 카를라가 조성한 탐구 공간은 학생들의 문제 제기, 소통, 상호작용을 가능하게 하였다. 학생들은 자유롭게 말하고, 수학을 활용하여 다양한 문제를 설명하고, 자신의 아이디어를 검증할 수 있었다. 즉, 학습과 학생들의 수학적 지식에 대한 자율성과 자신감을 모두 촉진하는 고무적인 환경이었다. 학생들이 참여하는 데 동기를 부여받고 흥미를 느꼈다는 증거가 있다. 다시 말해, 카를라의 행동, 역할, 테크놀로지 활용은 소외된 학생들이 학습에 대한 흥미와 수학을 다루고 즐길 수 있는 가능성에 대한 자신감을 키우는 데 기여하였다.

6.2. 야스민의 사례

6.2.1. 레고(Lego)의 2D-3D 차원 변화로 공간 추론과 협업 기능을 개발하기

야스민은 8세 학생들을 위해 3D 물체를 조작할 수 있는 가능성과 함께 다양한 관점을 보여줌으로써 2D와 3D 표현 간의 관계를 파악할 수 있는 접근성 높은 테크놀로지를 선택하였다.

LDD는 3D 물체의 디지털 표현을 탐구하기 위한 무료 소프트웨어이다. 이 소프트웨어는 목록에서 선택할 수 있는 여러 가지 모양, 크기, 기능을 가진 디지털 모듈식 가상 블록 세트를 제공한다. 학생들은 가상 블록을 삽입하기, 회전하기, 움직이기, 부착하거나 분리하기와 같은 다양한 행동을 시작할 수 있다. 학생들은 LDD를 가지고 여러 가지 표현으로 실험하여 간단한 조립 모형을 분석하고 설계하며 만들 수 있거나 단계별 지침에 따라 물체를 구성할 수 있다. LDD는 "학교 수학과 학습자의 의제 및 문화 간의 연결을 제공하는" 도구로 간주된다(Hoyles, 2018, p.3).

야스민은 이전에 LDD에 각 학생이 레고 블록으로 재현할 구조물을 설계하였다. 야스민은 전체 2차시의 수업을 위한 활동을 고안하였는데, 이 활동에는 개인별, 조별, 전체 활동이 결합되어 있었고, 각 조는 각자 만든 모든 물체를 포함하여 공원을 만들었다.

이전 차시에서 학생들은 3D 물체를 다양한 모습으로 보고 2D 표현으로 나타낸 것을 보면서 분석하였다. 야스민은 학생들을 조로 구성하고, 학생들은 각 수업에 필요한 자료를 가져와 전달할 책임감 있는 또래를 선택하였다. 이 활동의 목표는 레고 블록으로 물체를 구성하기 위한 LDD 지침을 해석하는 것이었다. 학생들은 집에서 이용할 수 없는 레고 블록을 가지고 놀이하는 것에 동기를 부여받고 흥미를 느꼈다. 이 기하 활동은 학생들의 공간 추론을 지원하기 위해 입체 도형의 모습과 관점을 시각화하고, 그 표현을 해석하는 행동을 촉진하였다. 학생들에게는 레고나 가상 블록을 이동시키기 전에 회전이나 다른 이동으로 인한 결과를 예상해 보게 하였다. 이러한 활동은 학생들의 수학적 사고와 협업 기능을 모두 발달시켰다.

사용 가능한 컴퓨터의 수 때문에, 그룹을 2개의 하위 그룹으로 나누었다. 1차시 수업에서 한 그룹은 레고 블록([그림 5])으로 공원의 성을 만들고, 다른 그룹은 개별적으로 블록을 사용하여 LDD에 제시된 물체를 조립하였다. 2차시 수업에서는 두 그룹이 서로 활동을 교환하였다. 학생들은 이전에 이 소프트웨어를 사용해 본 적이 없었기 때문에 각각의 만들기 동작을 위해 회전하기, 앞으로 이동하기와 뒤로 이동하기 화살표에 익숙해지기 위한 활동을 수행하였다.

LDD 활용을 통해 학생들이 주어진 물체를 만들고 그 결과를 검증할 때 단계별 지침을 따르도록 자율성을 촉진함으로써 수업의 역동성을 변화시켰다.

[그림 5] 교실 활동

학생들은 LDD를 사용하여 물체를 조립하는 동안 자신의 속도에 맞춰 작업하고 그 결과를 스스로 평가하였다. 야스민의 행동은 학생들의 주의를 블록의 크기나 색깔 대신에 도형의 특성에 초점을 맞춤으로써 실제 레고 블록과 가상 레고 블록 간의 표현을 촉진하였다. 야스민은 만들 물체의 다양한 모습을 활용함으로써, 특히 성공적인 결과물을 얻는 데 유용한 접근 방식인 회전을 활용하여 형태를 비교하고 시각화하도록 격려하였다. 야스민은 자신의 행동을 통해 닮음과 배율(scaling), 기하적 변환, 2D-3D 표현과 관점 간의 관계에 대한 학생들의 기하 지식을 강화하고 연결하였다. 야스민의 행동은 또한 학생들이 수학 문제를 해결하면서 프로그램으로 작업하고 탐구할 수 있게 하였다. 야스민은 테크놀로지를 증폭기이자 변환 도구로 활용하여 학생들이 구조물을 조립 및 분해하고, 회전 및 표현에 대한 해석과 같이 이용 가능한 도구를 활용할 수 있게 하였다.

LDD 과제 설계를 통해 학생들은 자율적으로 자신들의 구조물을 검증할 수 있었다. LDD는 과정의 옳고 그름에 대한 피드백을 제공하지 않기 때문에 학생들은 LDD에 제시된 동작과 레고 블록으로 만든 동작을 비교하였다. 그럼에도 불구하고, 블록을 붙이거나 떼어내는 것과 같은 학생들의 행동은 자신의 결과물을 대조할 수 있는 가능성을 열어주었고, 상호작용 과정을 통해 학생들이 탐구할 수 있도록 도와줬다. 이는 종이와 연필 환경에서의 수업으로는 달성하기 불가능한 것이었다. 수업 중 야스민의 역할은 학생들이 실수하고 이를 수정하는 동안 의사결정을 내리도록 학생들의 자율성을 촉진하는 것이었다. 야스민은 학생들끼리 그리고 자신과의 존중과 신뢰 관계를 형성하는 것과 더불어, 자신과 학생들이 절차를 공유하고, 질문을 제기하며, 도움을 요청하는 의사소통이 촉진되는 환경을 조성했는데, 이는 언어적 상호 작용과 조별 협업을 통해 관찰될 수 있었다.

학생들이 자신의 구조물을 검증하기 위한 전략은 [그림 6]과 같이 LDD 위에 자신의 구조물을 겹쳐보고, 변경해 보면서 다른 모습들이 서로 일치하는지 확인하는 것이었다. 학생들이 어려움을 겪을 때 야스민은 유사점과 차이점에 집중하게 하거나, "마음속으로(in their mind)" 그 과정을 재구성해 보도록 요청하였다. 교사의 역할은 "어떻게 했나요?", "이 블록은 네가 사용한 블록과 같나요?" 또는 "다시 탐구해 볼 수 있나요?"와 같이 질문하는 것이었다. 예를 들어 다음은 사무엘(Samuel)의 실수에 대해 논의할 때였다.

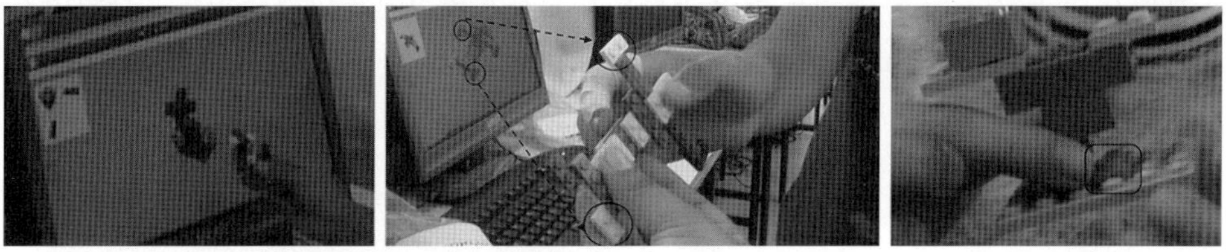

[그림 6] 회전 및 평행 이동을 활용하여 구조물을 겹쳐보고 비교하기

야스민: 어느 블록인가요? 어디에 놓아야 하나요?

사무엘: [새 블록을 보여주고 구조물을 변경하면서] 이것이요.

야스민: 블록 하나가 빠진 것 아닌가요?

사무엘: 다 됐어요!

야스민: 확실한가요? 확인해 보세요. 뭔가 빠진 것 같아요. 뭔가 다른 위치에 있나요? 원한다면 비교해 볼 수 있어요([그림 6]의 가운데).

사무엘은 블록 4개를 분리하고 부착하여 그 문제를 해결할 수 있을 때까지 비교했고 LDD의 설명서를 활용했으며 "해냈어요."라고 외쳤다. 이 과정에서 2D 및 3D 표현 동작에 대한 시각화와 해석은 필수적이었다.

화살표를 사용하고 각 단계를 하나씩 탐구하는 것은 학생들에게 검증 도구가 되었다. Hoyles(2018)가 지적했듯이, 학생들이 화면에 표시되는 피드백을 통해 잠시 멈추고, 성찰하고, 돌아가서 테스트할 수 있기 때문에 동적인 것과 정적인 것의 상호 작용은 핵심 요소였다.

학생들이 대칭에 대한 해석과 관련하여 어려움을 겪었을 때([그림 6]의 가운데와 오른쪽), 야스민은 "오리의 다리를 확인해 보세요.", "비행기 날개의 방향이 구조물의 방향과 달라요", "보세요! LDD에 돌기(stud)가 몇 개나 있는지 세어 보세요."라고 알려주었다. 면담 중에 야스민은 아동들이 실수를 파악하고 자신의 능력에 의존하여 문제를 해결할 수 있도록 탐구 활동을 장려했다고 하였다. 야스민의 행동은 학생들이 기하 문제를 해결하는 동안 학생들에게 자율성을 부여하는 것이었다. 야스민은 이 전략이 "학생들이 자신의 행동을 다른 학생들과 비교하고 교실 활동에 참여할 수 있는 자신감을 길러 주었다"고 간주하였다. 야스민과 학생들의 행동을 통해 야스민은 수학적 아이디어의 의사소통을 중요하게 여겼고, 학생들은 자신의 의견이 옳고 그름에 관계없이 가치 있는 것으로 여겼다는 것을 관찰할 수 있었다. 학생들은 자신의 어려움을 공유하고 자신의 성취를 보여줄 만한 자신감을 느꼈다.

페드로(Pedro)가 관찰자의 위치 및 대칭과 관련하여 문제가 생겼을 때, 자신이 계획하고 있었던 행동을 야스민에게 공유했고, 그렇게 하는 동안 필요한 옳은 행동에 대해 성찰하였다([그림

7]). 이것은 그에게 성취(achievement)였다. 대부분의 학생들과 마찬가지로 페드로도 이러한 경험을 시작할 때 많이 참여하지 않았다. 처음에는 자신의 실수를 인식하지 못하였고 무엇을 해야 하는지, 또는 자신이 하고 있는 것이 괜찮은지 교사가 자기에게 말해 주기를 기대하였지만, 이제는 자신의 아이디어에 대한 자신감을 더 많이 드러내었다.

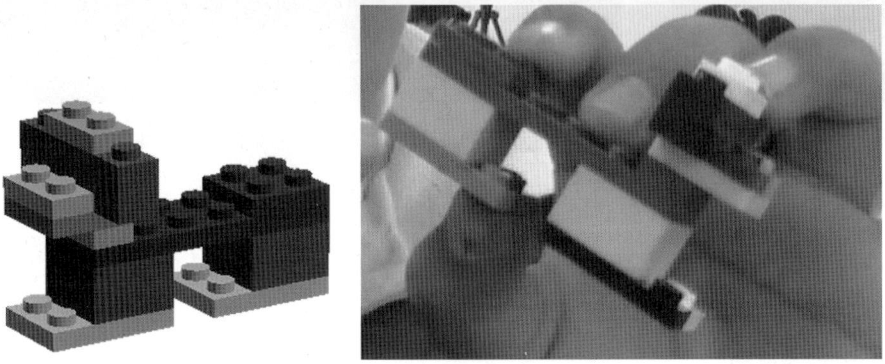

[그림 7] 페드로의 실수

야스민: 어떤 실수를 했나요?

페드로: 이것이요. [개의 뒷다리를 보여주며] 이것처럼 되었는데, 거꾸로 되어 있어야 해요. 그리고 이 작은 블록[2×3 판을 가리키며]에는 바깥쪽에 돌기 줄(stud line)이 하나만 있는데, 두 줄이 있어야 해요.

이 에피소드를 보면 디지털 자원을 활용한 탐구의 중요성을 알 수 있다. 페드로는 필요한 수정 사항을 파악하였고 "이것은 거꾸로 되어 있어요"(대칭적)와 같은 기하 용어를 활용하여 설명하였다. 블록 조작과 함께 디지털 자원을 활용한 행동은 학생들이 자원의 효과를 구성하고, 묘사하며, 설명하는 능력을 개발하는 데 도움이 되었다.

예기치 않게, 아나(Ana)와 후안(Juan)은 블록이 없어졌다는 것을 알게 되었다. 그들은 야스민에게 이 사실을 말했고 야스민은 이 상황을 이용해 책상 위에 있는 블록 중에서 없어진 블록을 찾으라고 했다. 학생들은 블록을 비교하였다. 아나는 비슷한 블록 2개를 선택하였다. 야스민은 아나에게 LDD의 구조물과 비교해 보라고 했다.

야스민: 블록은 어떻게 생겼나요?

아나: 이거요. 이것은 [그녀가 손에 들고 있다] 여기에 [화면을 가리키며] 이것이 없기 때문입니다.

야스민: 단지 그것 때문에요?

아나: 아니요, [두께를 언급하며] 이것이 더 크기 때문입니다.

아나는 없어진 블록을 찾아내어 구조물을 완성했지만, 그 블록을 반대 위치에 배치하였다([그림 6]의 오른쪽). 야스민은 "자세히 보세요. [다른 모습을 보기 위해 블록을 회전시키는 것을 언급하며] 돌려보세요. 위에서 보면 L자처럼 보입니다. [LDD 구조물을 언급하며] 이것처럼 보이려면 어떻게 해야 할까요?"라고 말했다. 아나는 자신의 L이 위아래가 바뀌었음을(대칭) 알아차리고 디지털 구조물을 탐구한 후 블록을 사용해 단계별로 재구성하였다. 각 단계마다 야스민은 "어느 것이 여기 아래에 있을까요? 어느 것이 다음에 와야 할까요? 어떻게 알죠? 조금만 돌려봅시다, 어떻게 되어야 할까요?"와 같은 성찰적인 질문을 하였다.

야스민은 상호작용을 통해 아나가 따라야 할 과정에 대한 성찰을 촉진하고 각 결과를 가상 표현과 비교하도록 도왔다. 이 상호작용에서 야스민은 공간적 위치 어휘를 사용했는데, 면담 중에 "위치에 대한 의사소통 활동과, 블록과 관련하여 위에 있거나 아래에 있거나, 판에 돌기가 몇 개 남아 있는지, 오른쪽에 있는지, 회전하는지, 아래 쪽을 관찰하는지 등의 관계를 사용하는 것이 필요합니다."라고 말하였다. "[손가락으로 위치를 가리키며] 어떤 블록을 저기에 놓아야 하는지 어떻게 파악했나요? 블록이 옳은 위치에 오도록 그 블록을 어떻게 움직였나요?"라고 질문함으로써 학생들이 자신의 행동을 성찰하고 의식하도록 장려하였다. 야스민이 어떻게 학생들의 요구에 효과적으로 반응하고 기하 변환을 학습할 기회를 만들었는지 관찰할 수 있었다. 몇몇 학생들은 대칭적인 위치([그림 8a]), 블록의 형태, 돌기의 수 세기, 그리고 이러한 것들의 관계를 구별함으로써 구조물과 LDD의 물체를 비교하면서 학습하는 것을 보여주었다.

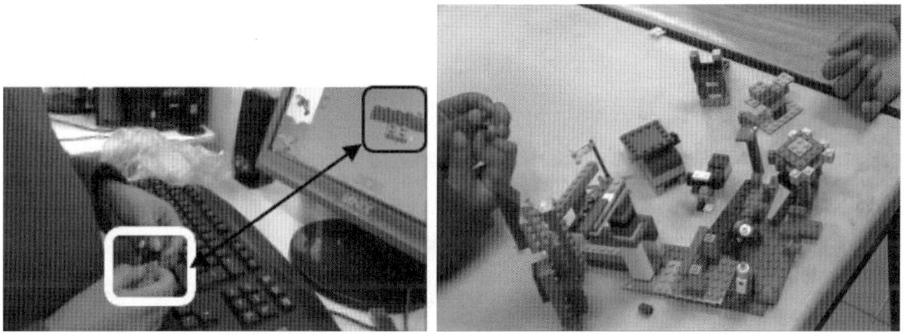

[그림 8] (a) 대칭 도형을 파악하기, (b) 최종 구조물

모든 학생들이 LDD 구조물을 재현할 수 있었고 모든 조가 공원을 조립하였다([그림 8b]). 야스민은 학생들이 모형의 구성 요소 간의 규모와 비례를 유지하면서 만들어야 하는 형태를 상상하고 시각화할 수 있는 동기 부여 환경을 조성하였다. 이 과정에서 학생들은 협동적으로 작업하고 공간, 물체, 묘사에 대한 이해와 개념을 의사소통하는 방법을 배웠다. LDD를 활용하여 의미 있는 조작 활동을 제공하고, 구조물에 대한 묘사를 발전시키며, 수학적 아이디어를 의사소통하는 능력을 중심으로 블록을 움직이는 효과를 설명함으로써 학생들의 학습 경험을 향상시켰다.

교사의 효과적인 행동은 수학 학습을 촉진하는 풍부한 학습 환경을 조성하는 데 기여하였다. 야스민은 수업 내내 학생들의 사전 요구 사항에 맞춰 적절한 결정을 내렸다. 야스민은 학생들이 독립적으로 학습하는 동안 학생들의 말을 주의 깊게 경청하고 반응하였다.

면담에서 야스민은 학생들이 조별로 활동하는 데 어려움을 겪고 있으며 장애 학생들이나 친구가 아닌 학생들과 함께 활동하는 것에 대해 거의 인내심이 없다고 말하였다. 학생들은 자신감이 부족해 수업에 거의 참여하지 않았고 교실에 있는 자료를 사용하고 관리하는 데 책임감이 없었다. 야스민은 이 학생들과 함께 조별 활동 및 개별 활동이 모두 중요시되며, 타인의 의견을 존중하고 인정하는 새로운 교실 문화를 만들기 위해 노력하였다. 야스민은 이를 "아동들이 학습하고 자신들이 처한 불리한 환경에 대응할 수 있도록 사회적 능력과 정서적 능력을 개발할 기회를 제공하는 방법"으로 간주했다.

7. 논의

교사 역할의 측면에 대해

두 교사가 수업에서 테크놀로지를 활용하고 학생들의 수학적 필요 및 사회적 필요를 고려하는 것을 포함하여, 교사 역할을 조정하는 것을 관찰하였다. 두 교사 모두 학생들이 자신의 계획을 **검증**(validate)하기 위해 테크놀로지를 활용하기 전에 행동의 결과를 **예상**(predict)하도록 지속적으로 권유하였다. 카를라는 학생들이 운동과 관련된 수학적 상황에 몰입할 수 있는 수업 분위기를 조성하였다. 카를라는 학생들의 참여를 촉진하고 분석을 통해 다양한 표현을 활용하는 데에 초점을 맞추게 하였다. 카를라는 학생들의 **개입**(involvement), **자율성**, 수학적 아이디어의 **의사소통**을 추구함으로써 자료에 기반하여 학생들의 참여를 강조했고, 테크놀로지와의 상호작용을 통해 학생들의 가정을 **검증**하기 위한 복잡한 수학적 상황을 다루는 데 있어서 조별 활동을 권장하고 학생들의 흥미를 유발했다. 카를라의 행동으로 조성된 환경에서 학생들의 자신감과 학습이 촉진되었다. 야스민의 경우, 실물과 일대일로 테크놀로지를 활용하여 활동함으로써 **자율성**, **참여도**(participation), **참여**(engagement)[3]를 장려하는 환경을 조성할 수 있었다. 카를라가 고안한 문제와 활동은 테크놀로지와 블록이 없었다면 불가능했을 학생들의 행동을 자극하였다. 예를 들어, 카를라의 행동은 물체에 대한 숨겨진 정보를 얻기 위해 회전과 같은 중요한 변환에 대한 학생들의 주목에 초점을 두었지만, 학생들은 목표를 달성하기 위해 테크놀로지를 활용하여 더 탐구해야만 했다. 수업 내내 카를라는 학생들이 테크놀로지 및 또래들과 **상호작용**하도록

[3]역자 주: 한 문장에서 participation과 engagement를 구분하여 쓰고 두 단어가 각각 강조되어 있기에 번역할 때도 구분하였다. 두 단어는 간단히 '참여'로 번역할 수 있으나, engagement는 어떤 주제나 문제에 대한 관심과 참여를, participation은 engagement에 비해서 더 구체적이고 행동적인 참여를 의미한다.

자극하였다. 그 결과 학생들은 더 개방적이게 되었고, 교사에 대한 신뢰를 보였으며, 야스민 및 또래에게도 자신의 어려움과 진척에 대해 의사소통할 수 있었다.

두 경우 모두 교사의 효과적인 행동은 학생들이 자유롭게 탐구하고 상호 작용하며 고차원적인 수학적 아이디어를 발견할 수 있는 풍부한 환경을 조성하여 학생 학습을 촉진하였다. 수업 내내 학생들의 일관된 행동은 동기 부여와 자존감뿐만 아니라 어른에 대한 신뢰, 조별 활동 능력, 책임감, 수학적 의사소통 능력의 발달에도 기여하였다. 또한, 카를라와 야스민의 효과적인 행동은 수학 학습과 고차원적 사고 능력의 발달을 위해 핵심으로 간주될 수 있는 관행을 통해 소외된 학생들에게 지지하는 환경을 조성하였다(Page, 2002; Zielezinski & Darling-Hammond, 2016).

7.1. 수학적 활동의 출현에 대하여

이 경험에서 교사들이 활용한 디지털 테크놀로지는 풍부한 학습 환경을 조성하기 위해서 그들의 지식과 경험을 활용하기 위한 다른 기회를 가능하게 하였다(Hoyles, 2018; Ruthven, 2018).

두 교사의 행동은 학생들에게 복잡하면서 연령에 맞는 수학적 아이디어를 도입하였다. 야스민의 경우는 공간 기하, 정사영 및 변환이었고, 카를라에게는 비례, 운동에 대한 연구 및 다양한 표현의 활용이었다(Noss & Hoyles, 1996). 두 교사는 관련된 변수를 이해하기 위해 행동하고 자신의 행동을 성찰할 수 있는 기회를 학생들에게 제공하는 과제를 설계함으로써 각 테크놀로지의 어포던스(affordances)를 활용하였는데, 카를라의 경우에는 운동에 관한 것이었고, 야스민의 경우에는 물체를 조립하기 위해 적절한 변환을 찾는 것이었다. 두 교사는 학생들에게 서로 다른 수학 주제와 테크놀로지 도구를 소개하였지만, 카를라와 야스민은 새로운 수학적 아이디어의 출현을 촉진하기 위해 학생들의 일상 경험과 상상력을 활용하도록 지속적으로 예측을 활용하였다.

카를라는 학생들이 운동에 대한 시각화와 추론을 통해 자신의 경험을 활용하고 대조할 수 있도록 테크놀로지를 증폭하거나 변환하는 도구로 활용하는 공간을 만들었다. 사이클 트랙 테크놀로지가 다양한 운동의 가능성을 제공하기 때문에 카를라는 이를 통해 학생들이 다양한 상황에서 변수 및 변수 간의 관계가 어떻게 변화하고 무엇이 일정하게 유지되는지 이해하고 추론할 수 있는 기회를 제공하였다.

야스민의 학생들은 목표를 달성하기 위해 필요에 따라 테크놀로지를 증폭기나 변환기로 활용할 수 있음을 보여주었다. 이 학생들은 또한 레고 블록과 LDD 간의 위치 및 방향 공간 관계에 대해 의사소통하기 위해 적절한 어휘를 개발하였다. 야스민의 효과적인 행동으로 인해, 학생들이 공간 관계를 설명하기 위해 필요한 용어의 의미를 통합하고, 이를 일부 절차에 대한 설명이나 다른 사람과의 의사소통에 통합하는 데 도움이 되었다. 특히 2차원적 표현을 따라 레고 블록을 조립하는 것은 학생들이 블록을 조립하는 방법과 자신의 구조물을 앞으로 또는 뒤로 이동하고 회전하는 방법을 '보는(see)' 데 도움이 되었다. 이러한 행동은 동일한 물체의 다른 모습을 인식하고 이를 3D 물체를 조립하는 데 활용하는 것과 관련되며, 결과적으로 구조물의 숨겨진 요소를 식별하는 데 도움이 되었다.

두 교사는 수업에서 학생들의 새로운 수학적 아이디어에 대한 제안이 중요시되는 정당화 및 논증 공간을 조성하였다(Lerman, 2000; Civil, 2006). 두 교사는 학생들이 작업할 때 항상 학생들의 말에 귀를 기울이고 연령에 적합한 질문을 활용하여 학생들을 안내하였다. 야스민과 카를라는 테크놀로지와 함께 그럴듯한 오해를 파악하는 것이 가능하면서 서로 존중하는 분위기를 조성하였다(Civil & Planas, 2004). 또한 학생들이 주장의 타당성에 대한 인식을 개발할 수 있도록 두 교사는 반박을 장려하였다. 두 교사는 학생들의 논증과 논의를 장려함으로써 학생들이 자신에 대해서, 그리고 자신의 수학적 사고에 대해서 자신감을 키울 수 있게 도왔으며, 이는 학생들이 생활하는 환경에서 흔치 않은 일이다. 예를 들어, 카를라는 다양한 운동의 그래픽 표현을 논의하는 동안 직선의 기울기라는 개념의 출현을 촉진하였다. "왜?" 또는 "무엇을 해야 할까요?"와 같은 질문에 학생들이 반응하도록 유도하는 야스민의 행동은 학생들이 테크놀로지로 회전 및 다양한 모습을 활용하도록 장려하여 결과적으로 화면 속 물체와 손에 있는 물체 간의 관계에 대한 인식을 발전시켰다. 두 교사의 효과적인 행동은 즐거운 환경과 풍부한 수학적 맥락을 개발하는 데 기여하였는데, 행화주의에 따르면 이러한 맥락에서 교사와 학생들이 학습할 수 있는 것이다.

7.2 사회경제적으로 취약한 환경에 있는 학생들에게 중요한 수학적 아이디어를 도입하는 교실 문화의 조성

사이클 트랙 테크놀로지는 학생들에게 등속 운동과 관련된 변수를 탐구할 수 있는 가능성을 제공한다는 점에서 독특한 시뮬레이터(simulator)이다. 이 학교의 학생들은 집에 테크놀로지가 없고 상업 시설에서 디지털 게임을 하기 위한 비용을 지불하기 어렵다. 카를라의 사이클 트랙 과제 선택, 카를라 자신 및 역할의 역동성, 학생들의 테크놀로지 활용은 이 학생들이 처한 불리한 환경에서는 흔하지 않은 중요한 경험을 제공하였다. 학생들은 자전거 타는 사람의 경로가 바뀌면, 거리-시간 그래프와 표가 동시에 바뀌는 것을 주목할 수 있었다. 학생들은 서로 다른 경로를 따라 동시에 움직이는 2가지 운동을 이에 대응하는 표 및 그래프 표현과 대조하면서 비교하였다. 테크놀로지-교사-학생의 상호작용 패턴은 학생들이 자료와 다양한 표현을 접할 수 있는 흥미로운 기회를 열어 주었다. 그 결과, 이 학생들은 상급 학생들조차도 어려워하는 운동 표현과 경로를 구분하면서 일정하게 유지되는 것과 변하는 것을 인식함으로써 수학적 관계를 추상화할 수 있었다.

야스민의 학생들에게 LDD 도구는 특정 3차원 물체를 만들기 위해 테크놀로지와 역동적으로 상호 작용할 수 있는 가능성을 열어주었다. 학생들은 이 도구를 활용하여 움직여 볼 수 있도록 돕는 상징적 참조물에 익숙해지고, 특히 가상의 물체를 회전하여 다양한 관점에서 볼 수 있어 실물을 단계별로 제대로 구성할 수 있는 기회를 가졌다. 이 학생들은 평소 레고 블록이나 테크놀로지를 접할 기회가 없었다. 이 경험을 하는 동안 학생들은 물체의 중요한 3D 기하적 성질을 발견하였고 레고 블록을 가지고 즐겁게 놀면서 정사영, 대칭, 변환을 해석할 수 있었다.

이 연구에 참여한 두 교사는 서로 다른 삶의 이력과 경험을 가졌지만, 테크놀로지를 활용하여 수업하는 동안의 교사 역할을 분석해 보면, 수업에서 만들어 낸 교실 문화 측면에서는 중요한 특성을 얼마나 공유하는지 알 수 있다.

면담에서 알 수 있듯이, 카를라의 이력을 보면, 부지런하고 책임감 있는 교사임을 알 수 있다. 카를라는 학생들의 학습을 지원하기 위해 지속적으로 연수에 참여하고 엔시클로미디어 자원 활용에 대한 아이디어를 공유하기 위해서 다른 교사들과 협력하는 것에서 알 수 있듯이, 학생들에게 마음을 쓰고 자신도 준비되게 하였다. 자신이 근무하는 학교의 열악한 테크놀로지 조건에도 불구하고, 카를라는 경험, 그 학교가 위치한 환경에 대한 지식, 학생들의 요구 사항과 학교 관리자의 지원을 통해 학생들의 학습 결과에 테크놀로지가 미치는 영향을 극대화할 수 있었다.

야스민은 교육 경험이 적은 젊은 교사였지만, 수학교육에서의 테크놀로지 활용에 관한 연구에 참여하여 배우는 것에 관심이 있었다. 야스민은 다양한 디지털 자원이 제공하는 가능성을 알고 있었고, LDD를 활용하여 학생들이 레고 프로젝트를 할 수 있도록 과제를 설계할 수 있었다. 야스민은 학생들이 집에서 조립 장난감이나 테크놀로지를 접할 수 없다는 것을 알고 있었기 때문에 학생들이 좋아할 만한 활동을 통해 수업 중에 이 2가지를 모두 다룰 수 있는 기회를 제공하였다.

두 교사는 학생들의 필요에 따라 자신의 역할을 유연하게 조정하고 학생들이 학습할 수 있도록 풍부하고 동기 부여가 되는 활동을 설계함으로써 학생의 참여를 촉진하였다. 교사들의 행동은 학생들이 경험을 공유할 수 있는 기회를 조성하였다. 학생들은 수업 내내 자율성을 부여받았고(Jorgensen et al., 2014), 수학적 아이디어를 공유하며, 자유롭게 질문하고, 교사 및 다른 학생들을 존중하며 상호작용할 수 있었고, 수학을 계획하고 활용하며 검증하고 중요시하기 위해 설계된 상호작용형 테크놀로지를 활용할 수 있었다. 야스민은 공원 만들기를 통해 이를 해냈다. 야스민의 학생들은 공원 만들기에 활용했던 블록 및 다른 재료를 책임지고, 필요할 때 다른 학생들을 도왔고, 모든 학생들의 구조물이 크기와 위치 면에서 조화를 이룰 수 있는 공원을 설계하기 위해서 조 및 전체 그룹과 협상하였다. 카를라는 학생들에게 테크놀로지를 활용했을 때와 활용하지 않았을 때의 다양한 표현의 관계에 대해 생각해 볼 수 있는 기회를 여러 번 제공하였다. 카를라는 학생들에게 사이클 트랙 테크놀로지와 직접적으로 상호작용할 수 있는 기회를 제공했고, 게임을 활용하여 학생들이 논의된 아이디어에 대해 흥미를 유지하고 자신의 수학적 지식을 평가하며 어려움에 대해 친근하게 논의할 수 있게 하였다.

이러한 다양한 기회를 통해 이 교사들은 열악한 환경에서 생활하는 학생들이 참여하고 수학 학습에 자신감을 느끼는 수업 문화를 만들었다(Schmalenbach, 2017; Treviño Villarreal et al., 2019). 테크놀로지를 활용한 카를라와 야스민의 효과적인 행동은 학생들이 중요한 수학 주제에 대해 생각하고 이야기하며 수학적으로 사고하고 활동을 즐기며 결과적으로 학습할 수 있는 능력을 인식하는 풍부한 교실 문화를 만들었다(Civil & Planas, 2004).

두 교사 모두 학생들의 학습 능력에 대해 기대치를 높게 가지고 있었다. 두 교사는 취약한 조건에 있는 아동들이 어려운 수학적 아이디어를 학습하는 것을 돕기 위해 촉진하는 테크놀로지를 활용하였다. 상호작용형 테크놀로지, 즉각적인 피드백, 그리고 학생들이 흥미로운 시나리오를 선택하고 그 결과를 비교할 수 있는 가능성을 활용함으로써 기대치가 낮은 환경에서 생활하는 학생들이 자료를 활용하고, 획득된 결과를 비교하며, 수학 개념을 추상화할 수 있는 기회를 가졌다. 이러한 기회는 학생들이 학교를 계속 다니고 자신의 미래를 위한 결정을 하는 데 중요한 영향을 끼칠 수 있다(Boaler & Staples, 2008). 또한 교사들은 수학을 행하기 위해 테크놀로지를 활용하는 기회가 학생들의 상호작용 및 의사소통 능력과 함께 자존감을 촉진할 수 있음을 보여주었다(Sacristán, 2017).

위에서 언급된 모든 특징이 다른 많은 수업에 공통적이며 테크놀로지가 이용 가능하지 않은 수업 환경에서도 그러한 결과를 얻을 수 있다고 인식될 수도 있지만, 그렇지 않을 수도 있다. 두 교사의 테크놀로지 활용은 대부분의 경우에 인지적으로 낮고 동기 부여가 안되는 연습 문제만 해결하도록 제한되는, 불리한 환경에서 생활하는 학생들에게 특히 중요한 역할을 하였다. 이러한 학생들에게 의사소통이나 오락 이상의 용도로 활용할 수 있는 학습 도구로서 테크놀로지를 접할 수 있다는 것 자체가 큰 장점이다. 게다가, 연구 사례에서 테크놀로지를 활용함으로써 학생들은 자신과 수학을 소중히 여기며 데이터 활용, 추상화 및 문제 해결 전략과 같은 특정한 역량을 개발할 수 있게 되었는데, 이는 학생들이 학교의 역할을 재평가하고 자신의 미래에 중요한 역할을 할 수 있는 것이다.

8. 결론

이 장은 수학교육 연구에서 그다지 주목받지 못했던 주제인, 열악한 초등학교 환경에서 초등학교 교사가 테크놀로지를 활용하여 어떻게 수학을 가르치는 지 분석하는 데 기여하였다. 연구 결과는 일반적으로 저평가된 것으로 느끼는 학생들이 참여적이고 동기를 부여받는 방식으로 이용가능한 테크놀로지 자원을 활용하여 수학적 사고에 접근하도록 이러한 교사들이 어떻게 학생들을 도울 수 있는지에 대한 통찰을 제공한다. 행화주의 접근 방법에 따라 학생들의 학습을 촉진하는 환경의 개발 측면에서 교사들의 행동을 특징짓기 위해 수업을 조사하였다.

두 교사는 제한된 테크놀로지에도 불구하고 다양한 형태의 사고를 균형 있게 발전시킬 수 있는 활동을 설계하였다. 두 교사 모두 학생들이 아이디어를 자유롭게 표현하고 적극적으로 참여할 수 있는 공간을 조성할 수 있었고, 결과적으로 구성적인 관계가 풍부한 맥락을 만들 수 있었다(Goos, 2010). 두 교실 모두 게임을 활용함으로써 학생들의 동기 부여에 기여하였으며, 학생들 모두 즐겁게 수학을 할 수 있었다(Lerman, 2000; Civil, 2006).

연구 대상 교사들의 테크놀로지 활용의 몇 가지 특정한 측면이 이러한 소외된 학생들에게 긍정적인 행동과 흥미로운 아이디어의 출현을 촉진하는 풍부한 환경을 조성하는 데 중요한 역할을 하였다. 이 학생들에게 주어진 자율성의 정도로 인해, 수학 교실에서 이 학생들에게 기대되는 역동성이 완전히 변화하였다. 학생들은 테크놀로지로 다양한 시나리오를 탐구하고 상호작용을 통해 수학 문제를 독립적으로 제기할 수 있는 가능성을 얻었다. 이를 통해 학생들은 수학을 적극적으로 다루고, 자신만의 수학적 아이디어를 가지고, 테크놀로지를 활용하는 동안 교사 및 다른 학생들과 공개적으로 의사소통할 수 있는 자신감을 키웠다. 교사들의 격려 덕분에 학생들은 자신의 수학적 아이디어를 검증하고, 기존 문제 및 새롭게 발생한 문제를 해결하며, 자신감을 키울 수 있었다. 주요 수학적 아이디어의 출현을 촉진하는 교사들의 행동에는 활동의 다양한 순간에 대한 결과 예측의 활용, 학생들의 아이디어에 대한 협력적이고 존중하는 논의, 학생들의 제안에 대한 정당화 및 논증, 제시된 과제와 관련된 수학을 탐구하거나 자신의 개념을 검증하기 위해 테크놀로지를 활용할 수 있는 학생들의 가능성이 포함되었다. 이러한 모든 행동은 학생의 자율성을 촉진했고, 서로 존중하는 관계와 의사소통이 가능한 학습 환경을 조성하는 데 기여했으며(Boaler & Staples, 2008), 학생들의 의견은 교사와 또래들에게 소중히 여겨졌다(Planas & Civil, 2008). 즉, 두 교사 모두 소외된 학생들의 수학 학습에 영향을 미치는 데 중요한 것으로 간주되는 조건을 조성하였다.

두 그룹의 학생들은 선택된 테크놀로지 자원의 활용, 교사들의 수학 수업에 대한 협력적 접근 방법, 안정적 환경을 지원하는 제도적 여건을 통해 수학 학습을 향한 좋은 태도를 지녔다. Schmalenbach(2017)와 Treviño Villarreal et al.(2019)이 강조한 바와 같이, 이러한 조건은 소외된 학생들을 학교에 유지하고 일반적으로 낮은 수행 능력을 뒤집는 데 기여하는 요인이다.

이 연구를 보면, 학생들의 특정 상황에 적응할 수 있는 교사의 지식과 능력의 중요성을 알 수 있다. 두 교사의 이력을 보면, 이러한 학교 여건에서 테크놀로지를 활용할 때 자신의 경험을 논의하기 위해 교사들 또는 연구자들로 구성된 지원 그룹과 함께 협력의 긍정적인 영향이 교실 관행을 풍부하게 하는 데 얼마나 중요한 역할을 했는지 알 수 있다.

이 연구에서 보고된 사례 연구는 예비 또는 현직 교사교육 프로그램, 특히 사회경제적으로 낙후된 지역의 학교에서 근무하는 교사를 위한 교육 프로그램에 포함될 수 있는 과제를 설계하는 데 중요한 통찰력을 제공한다. 예를 들어, 행동에 대한 성찰을 촉진하는 세미나를 하는 동안 학생들의 학습을 촉진하는 조건을 조성하고, 협력적인 작업의 학습 결과와 교실에서 주요 수학적 아이디어의 출현을 촉진하기 위해 기존 테크놀로지 자원을 활용하는 창의적인 방법의 개발에 대해 논의하기 위한 워크숍을 개최할 수 있다. 이러한 시작은 교사에게 큰 영향을 미칠 수 있다. 교사들은 일상생활에서 어려운 환경에 직면한 학생들이 풍부한 경험을 통해 수학을 학습할 수 있고, 이를 통해 강력한 수학적 지식을 습득함으로써 그들의 미래를 바꿀 수 있도록 도울 수 있다는 것을 발견할 수 있다.

참고문헌

Adelantado, J. (coord.). (2000). *Cambios en el Estado del Bienestar. Políticas sociales y desigual-dades en España*. Icaria.

Boaler, J., & Staples, M. (2008). Creating mathematical futures through an equitable teaching approach: The case of Railside School. *Teachers College Record, 110*, 608–645.

Civil, M. (2006). Working toward equity in mathematics education: A focus on learners, teachers and parents. In S. Alatorre, J. L. Cortina, M. Sáiz, & A. Méndez (Eds.), *Proceedings of the 28th annual meeting of the North American Chapter of the International Group for the Psychology of Mathematics Education* (Vol. 1, pp. 30–50). Universidad Pedagógica Nacional.

Civil, M., & Planas, N. (2004). Participation in the mathematics classroom: Does every student have a voice? *For the Learning of Mathematics, 24*, 7–12.

Conapo. (2013). *Índice absoluto de marginación 2000–2010*. http://www.conapo.gob.mx/es/CONAPO/Indice_Absoluto_de_Marginacion_2000_2010

Cuban, L. (2001). *Oversold and underused: Computers in the classroom*. Harvard University Press.

Davis, B. (1996). *Teaching mathematics. Toward a sound alternative*. Routledge.

Davis, B., Sumara, D., & Luce-Kapler, R. (2000). *Engaging minds: Learning and teaching in a complex world*. Lawrence Erlbaum.

Drijvers, P., Tabach, M., & Vale, C. (2018). Uses of technology in K–12 mathematics education: Concluding remarks. *In Uses of technology in primary and secondary mathematics education* (pp. 421–435). Springer. https://doi.org/10.1007/978-3-319-76575-4_26

Ferguson, H. B., Bovaird, S., & Mueller, M. P. (2007). The impact of poverty on educational outcomes for children. *Pediatrics & child health, 12*(8), 701–706.

Goos, M. (2010). Using technology to support effective mathematics teaching and learning: What counts? Proceedings of the Teaching Mathematics? *Make it count: What research tells us about effective teaching and learning of mathematics Research Conference*. Retrieved from http://research.acer.edu.au/cgi/viewcontent.cgi?article=1067&context=research_conference

Hoyles, C. (2018). Transforming the mathematical practices of learners and teachers through digital technology. *Research in Mathematics Education, 20*(3), 209–228.

Hughes, J. (2005). The role of teacher knowledge and learning experiences in forming technology-integrated pedagogy. *Journal of Technology and Teacher Education, 13*(2), 277–302.

INEE. (2018). *Evaluaciones de logro referidas al Sistema Educativo Nacional. Sexto grado de primaria. Ciclo escolar 2017–2018*. https://historico.mejoredu.gob.mx/evaluaciones/planea/sexto-primaria-ciclo-2017-2018/

Jorgensen, R., Gates, P., & Roper, V. (2014). Structural exclusion through school mathematics: Using Bourdieu to understand mathematics as a social practice. *Educational Studies in Mathematics, 87*, 221–239.

https://doi.org/10.1007/s10649-013-9468-4

Larkin, K. (2015). BAn app! An app! My kingdom for an app:̂ An 18-month quest to determine whether apps support mathematical knowledge building. In T. Lowrie & R. Jorgensen (Eds.), *Digital games and mathematics learning: Potential, promises and pitfalls* (Vol. 4, pp. 251–276). Springer.

Lerman, S. (2000). The social turn in mathematics education research. In J. Boaler (Ed.), *Multiple perspectives on mathematics teaching and learning*. Ablex Publishing.

Loong, E., & Herbert, S. (2018). Primary school teachers' use of digital technology in mathematics: The complexities. *Mathematics Education Research Journal, 30*(4), 475–498.

Lozano, M. D. (2015). Using enactivism as a methodology to characterise algebraic learning. *ZDM, 47*(2), 223–234.

MacNeil, A., Prater, D., & Busch, S. (2009). The effects of school culture and climate on student achievement. *International Journal of Leadership in Education, 12*, 73–84.

Moyer-Packenham, P. S., Litster, K., Bullock, E. P., & Shumway, J. F. (2018). Using video analysis to explain how virtual manipulative app alignment affects Children's mathematics learning. In *Uses of technology in primary and secondary mathematics education* (pp. 9–34). Springer.

Niess, M. L. (2005). Preparing teachers to teach science and mathematics with technology: Developing a technology pedagogical content knowledge. *Teaching and Teacher Education, 21*(5), 509–523. https://doi.org/10.1016/j.tate.2005.03.006

Noss, R., & Hoyles, C. (1996). *Windows on mathematical meanings: Learning cultures and computers*. Kluwer.

Page, M. S. (2002). Technology-enriched classrooms. *Journal of Research on Technology in Education, 34*(4), 389–409. https://doi.org/10.1080/15391523.2002.10782358

Papert, S. (1980). *Mindstorms: Children, computers, and powerful ideas*. Basic Books.

Pierce, R., & Stacey, K. (2013). Teaching with new technology: Four 'early majority' teachers. *Journal of Mathematics Teacher Education, 16*(5), 323–347.

Ruthven, K. (2018). Constructing dynamic geometry: Insights from a study of teaching practices in English schools. In G. Kaiser, H. Forgasz, M. Graven, A. Kuzniak, E. Simmt, & B. Xu (Eds.), *Invited lectures from the 13th international congress on mathematical education* (pp. 521–540). Springer. https://doi.org/10.1007/978-3-319-72170-5_29

Sacristán, A. I., & Rojano, T. (2009). The Mexican national programs on teaching mathematics and science with technology: The legacy of a decade of experiences of transformation of school practices and interactions. In A. Tatnall & A. Jones (Eds.), *Education and technology for a better world. IFIP advances in information and communication technology* (Vol. 302, pp. 207–215). Springer. https://doi.org/10.1007/978-3-642-03115-1_22

Sactristán, A. I. (2017). Digital technologies in mathematics classrooms: Barriers, lessons and focus on teachers. In E. Galindo & J. Newton (Eds.), *Proceedings of the 39th annual meeting of the North American*

Chapter of the International Group for the Psychology of Mathematics Education. Hoosier Association of Mathematics Teacher Educators.

Schmalenbach, C. (2017). Cooperación y participación como respuesta a situaciones desafiantes en las vidas de estudiantes. *Revista de Investigación Educativa-UANL, 4*, 46–59.

SEP. (2004). *Programa enciclomedia: Documento base. Subsecretaría de Educación Básica y normal.* Secretaría de Educación Pública.

Sinclair, N., & Baccaglini-Frank, A. (2016). Digital technologies in the early primary school classroom. In L. D. English & D. Kirshner (Eds.), *Handbook of international research in mathematics education* (pp. 662–686). Taylor & Francis.

Sinclair, N., & Yerushalmy, M. (2016). Digital technology in mathematics teaching and learning: A decade focused on theorising and teaching. In *The second handbook of research on the psychology of mathematics education* (pp. 235–274). Brill Sense.

Solís, P. (2010). La desigualdad de oportunidades y las brechas de escolaridad. In A. Arnaut y S. Giorguli (Coords.), *Educación.* El Colegio de México.

Spiteri, M., & Chang-Rundgren, N. (2020). Literature review on the factors affecting primary teachers' use of digital technology. *Technology, Knowledge and Learning, 25*, 115–128. https://doi.org/10.1007/s10758-018-9376-x

Tapia, L. A., & Valienti, G. (2016). Desigualdad educativa y desigualdad social en México. Nuevas evidencias desde las primaria generales en los estados. *Perfiles educativos, 38*, 32–54.

Treviño Villarreal, M. A., & González Medina, M. A. (2019). Resultados en matemática y su asociación con algunas prácticas de los docentes en un estado mexicano. *Dilemas Contemporáneos Educación Política y Valores, 2*, 1–25.

Trigueros, M., & Lozano, M. D. (2012). Teachers teaching mathematics with Enciclomedia: A study of documentational genesis. In G. Gueudet, B. Pepin, & L. Trouche (Eds.), *From Text to "Lived" Resources* (Vol. 7, pp. 247–263). Springer. https://doi.org/10.1007/978-94-007-1966-8_13

Trigueros, M., Lozano, M. D., & Sandoval, I. (2014). Integrating technology in the primary school mathematics classroom: The role of the teacher. In A. Clark-Wilson, O. Robutti, & N. Sinclair (Eds.), *The mathematics teacher in the digital era* (Vol. 2, pp. 111–138). Springer. https://doi.org/10.1007/978-94-007-4638-1

Trigueros, M., Sandoval, I., & Lozano, M. D. (2020). Ways of acting when using technology in the primary school classroom: Contingencies and possibilities for learning. *ZDM Mathematics Education, 52*, 1–13. https://doi.org/10.1007/s11858-020-01171-9

UNESCO. (2017). *Guía para asegurar la inclusión y la equidad en la educación.* http://unesdoc.unesco.org/ima-ges/0025/002595/259592S.pdf. Accessed 5 Jan 2021.

Urbina, A., & Polly, D. (2017). Examining elementary school teachers' integration of technology and enactment of TPACK in mathematics. *The International Journal of Information and Learning Technology,*

34(5), 439–451.

Zielezinski, M. B., & Darling-Hammond, L. (2016). *Promising practices: A literature review of technology use by underserved students*. Stanford Center for Opportunity Policy in Education.

10

중등 교사의 동적 수학 테크놀로지를 활용한 도형의 닮음 수업 과정안 특징 분석

Ali Simsek
Nicola Bretscher
Alison Clark-Wilson
Celia Hoyles

우리는 중등 교사들이 동적 수학 테크놀로지를 교실 수업에 통합하는 과정을 탐구하는 큰 연구, 특히 도형의 닮음이라는 수학 영역에 중점을 두는 연구의 일부를 보고한다. 이 연구는 다중 사례 연구 방법을 채택하였으며, 영국의 중학교 환경에서 수행되었다. 참여자는 교사 경력과 디지털 테크놀로지 사용 경험이 서로 다른 세 명의 교사였다. 데이터는 비디오로 기록된 교실 관찰, 관찰 후 녹음된 교사 인터뷰, 교사 자료 및 학생 작업을 포함한 자료이다. 수업 실행 양상의 구조화 이론 분석틀은 데이터 수집과 분석을 안내하는 역할을 하였다. 이 장에서 제시된 결과는 특히 수업 실행 양상의 구조화 이론의 구성 요소인 '수업 과정안'에 초점을 맞추었으며, 동적 수학 테크놀로지를 사용한 도형의 닮음 수업 과정안의 몇 가지 주요 특징에 관해 교사들의 실행에서 두드러진 차이를 드러내었다. 이 논문은 두 가지에서 기여하였다. (1) 도형의 닮음과 수업 실행 양상의 구조화 이론 분석틀에 대한 연구를 결합하여 동적 수학 테크놀로지를 활용한 도형의 닮음 수업 과정안의 세밀한 수학 버전을 구체화하는 것, (2) 도형의 닮음 교육을 위한 동적 수학 테크놀로지의 교실 사용에서 교사의 실행 양상을 파악하는데 이 세밀한 분석틀의 가치를 보여주는 두 가지이다.

주요 용어: 교실 관행, 동적 수학 테크놀로지, 도형의 닮음, 중등 수학교사, 수업 실행 양상의 구조화 이론, 수업 과정안

1. 서론

2000년대 초반부터 연구자들은 역동적 수학 테크놀로지(dynamic mathematical technologies, 이하 DMTs)의 잠재력을 교사들이 어떻게 최대한 활용할 수 있는지 그 방법을 이해하기 위해 DMT(s)를 포함한 수업 실행에 초점을 맞춰 연구하고 이해하려고 노력해왔다(예, Bozkurt & Ruthven, 2017; Monaghan, 2004; Ruthven et al., 2008; Vahey et al., 2020). 연구자들은 DMT를 활용한 수업 실행의 특징을 규명하고 더 잘 이해하기 위한 총체적 이해 방식을 개발하는데 목표를 두었다(Ball & Stacey, 2019; Trgalová et al., 2018). 이러한 특징과 그 기저에 있는 메커니즘을 발전시키는 것은 교사들의 복잡한 테크놀로지 통합 과정을 향상시키고 이것이 학생들의 학습 향상을 이끌어낼 수 있을 것이라는 동기부여적인 가정이 존재한다(Clark-Wilson et al., 2014).

교사들이 수업에서 수학 교수-학습으로 DMT를 통합하는 복잡성을 완전히 다루기 위해서는 추가적인 연구가 필요하다(Clark-Wilson et al., 2020; Drijvers, 2019). 특히, 연구자들은 다양한

이론적 렌즈를 통해 진행되는 **체계적인** 사례 연구들이 필요하다고 주장해왔다(Goos, 2014; Ruthven, 2014; Trgalová et al., 2018).

또한 DMT가 풍부한 실행에 대한 연구는 특정 수학 영역 내에서 연구가 필요함을 강조해왔다(예, Vahey et al., 2020). 도형의 닮음은 그러한 영역 중 하나로, 도형의 닮음을 가르치기 위해 DMT를 사용하는 교사들의 수업 실행에 대해 조사하는 것은 학교 수학에서의 도형의 닮음의 중요성과 학생들에게 이 주제를 제시하였을 때의 어려움의 측면에서 중요하다(Denton, 2017; Edwards & Cox, 2011; Lamon, 2008; Noss & Hoyles, 1996). 이는 이러한 테크놀로지의 역동적으로 연결된 다중 표현의 잠재력이 학생들에게 이 주제를 예를 들어, 드래깅, 동적 측정, 애니메이션 등을 더 구체적으로 탐구할 기회를 제공하기 때문이다(Adelabu et al., 2019; Denton, 2017; Noss & Hoyles, 1996). 학생들이 DMT에 참여하는 것은 그 기저 개념과 포함된 가변 및 불변 관계에 대한 이해를 동시에 촉진할 수 있다. 그러나 우리가 아는 한 교사들이 DMT를 활용하여 도형의 닮음을 가르치는 실행 방식을 깊이 조사한 연구는 없다.[1]

이 장에서 보고된 연구는 이러한 연구 공백을 다루기 위한 목적의 더 큰 연구의 일부분이다. 더 큰 연구는 수업 실행의 구조화 이론(Structuring Features of Classroom Practice, 이하 SFCP)을 이끄는 분석틀(Ruthven, 2009)에 따라 진행되는데, 그 연구는 교사들이 특정 DMT인 코너스톤 매스(Cornerstone Math, 이하 CM)라는 소프트웨어를 사용하여 13~14세 중학교 나이대의 학습자들에게 도형의 닮음을 가르칠 때 교사들의 실행에 대해 조사하는 것을 목표로 하였다(Simsek, 2021). 이 장에서는 SFCP 분석틀의 다섯 가지 특징 중 하나인 '수업 과정안'에 초점을 맞추며, 이는 다음 절에서 좀 더 자세하게 다룰 것이다. 우리의 분석 결과는 수업 과정안이 수학 및 테크놀로지 측면 모두와 더 밀접하게 연관되어 있다는 결과에 근거한다. 우리는 다음의 연구 문제를 다루고자 한다.

> 교사들이 교실에서 DMT를 사용하여 학생들의 도형의 닮음 이해를 촉진할 때, 중등 교사의 수업 과정안의 특징에서 어떤 차이점을 식별할 수 있는가? 이러한 차이점들은 교사들이 교실에서 DMT를 사용하여 학생들의 도형의 닮음 이해를 촉진하는 수업 과정안을 실행하는 방식에 어떤 영향을 미칠 수 있는가?

이후 절에서는 수학을 위해 SFCP 분석틀을 구체화할 필요성을 주장하고, DMT를 사용한 도형의 닮음 교육을 깊이 탐구하기 위한 구성의 개념으로서 수업 과정안의 실행 방식을 설명할 것이다.

---

[1] Clark-Wilson & Hoyles' s(2017)의 연구는 예외적인 것이다. 하지만 그들의 연구도 도형의 닮음에 특별히 중심을 두고 있지 않았고 따라서 그들의 자료는 활용할 수 있지만 제한적인 통찰을 제공한다.

2. 수학에서 SFCP 분석틀 구체화하기: 도형의 닮음을 가르치는 경우

DMT가 풍부한 수업 실행에서 복잡하고 역동적인 특징을 이해하기 위한 체계적이고 총체적인 접근법 때문에 SFCP 분석틀이 이 연구에 선택되었다(Bozkurt & Ruthven, 2017; Ruthven, 2009). 특히 테크놀로지 통합이라는 특정 문제를 염두에 두고, Ruthven(2009)은 교사의 전문적 지식과 함께 교실 조직 및 상호작용에 대한 이전 연구를 바탕으로 수업 실행의 특징을 식별하였다(예, Anderson, 1981; Burns & Anderson, 1987; Cohen et al., 2002; Putnam, 1987; Rivlin & Weinstein, 1984). 그 결과, 수업 실행의 다섯 가지 특징으로 **수업 과정안**, **자원 시스템**, **활동 구조**, **작업 환경**, **시간 경제**가 도출되었다. 우리는 먼저 **수업 과정안**이라는 핵심 개념을 정의하고, 그 이후 이 다섯 가지 특징이 교실에서 새로운 테크놀로지들의 통합과 어떻게 관련되는지 간략히 설명할 것이다.

심리학적 관점에서 **수업 과정안** 개념은 지식의 사건이 구조화된 조직을 의미하며, 이는 잠재적인 발생 문제와 대체 가능한 실행 방식을 포함하여 특정 주제를 가르치기 위해 관련된 목표, 자원, 실행의 느슨하지만 명확히 정의된 순서가 있는 모델을 정립한 것이다(Leinhardt et al., 1991; Ruthven, 2009). 교사들이 새로운 테크놀로지를 자신의 수업 실행에 도입할 때, 그들은 특정 수학 영역을 가르치기 위해 자신들의 **수업 과정안**을 개발하거나 수정할 필요가 있다. 이 과정안은 교사들이 수업 계획을 위해 전체 구조를 어떻게 기획하고 이를 유연하고 대응력 있는 방식으로 실행할지를 안내한다. 또한 새로운 테크놀로지의 활용은 이미 사용 중인 도구와 자원과 함께 교사들이 일관된 **자원 시스템**을 구축하고, 이를 보완적이고 조율된 방식의 그런 시스템을 사용할 적절한 교수학적 접근법을 개발할 것을 요구한다. 교사들은 또한 기존 그들의 **활동 구조**의 패턴을 수정하여, 수업의 다양한 단계에서 교사, 학생, 테크놀로지 간의 상호작용을 장려할 새로운 교실 루틴을 만들 필요가 있다. 더 나아가, 새로운 테크놀로지의 도입은 교사의 수업에서 **작업 환경**에도 여러 요구사항들을 제기한다. 이는 교사들의 교수 목표와 교수학적 목표에 따라 교실 위치나 물리적 배치의 변화뿐만 아니라 교실 조직의 변화를 수반할 수 있다. 마지막으로, 새로운 테크놀로지의 사용은 교실의 **시간 경제**에 영향을 미칠 수 있다. 교사들은 할당된 수업 시간을 어떻게 효율적이고 경제적으로 관리하여 테크놀로지로 학생들의 학습 시간을 극대화할 수 있을지를 재고하게 할 수 있다.

이 분석틀은 원래 수학이나 도형의 닮음 개념에 특화된 것이 아님을 주목할 필요가 있다. 이 자체로는 연구에서의 현상을 충분히 세밀하게 분석하여 보다 총체적인 이해를 위한 분석을 제공하지 못한다. 따라서 도형의 닮음과 관련된 연구 아이디어를 활용하여(예, Chazan, 1988; Clark-Wilson & Hoyles, 2017; De Bock et al., 2002; Denton, 2017; Edwards & Cox, 2011; Noss & Hoyles, 1996; Seago et al., 2014; Son, 2013), DMT를 사용한 도형의 닮음 수업 맥락에 더 적합한 이론적 모델을 구축함으로써 SFCP 분석틀을 구체화하는 것이 필수적일 것 같다.

다음에 나오는 절에서는 DMT를 사용하여 도형의 닮음을 가르치는 수업 과정안의 실행 방식을 〈표 1〉처럼 설명한다. 분석틀의 모든 구성 요소를 구체화한 이론적 모델의 전체 설명은 Simsek(2021)에 제공되어 있다.

〈표 1〉 교실에서 DMT를 사용하여 도형의 닮음을 가르치기 위한 SFCP 분석틀의 수업 과정안 요소를 구체화하는 이론적 모델

수반되는 전문 지식의 구체적 정의	사례
(C1) 도형의 닮음을 위한 교육 목표를 설정하고 구체화하며, DMT의 유용성을 활용하여 학생들이 이러한 목표를 달성하도록 지원하기	교사는 DMT에서 동적 스케일 팩터 슬라이더, 각도 슬라이더, 비율 확인기 등을 사용하여 수학적으로 닮은 도형들의 가변 및 불변 속성을 식별한다. 예를 들어, 수학적으로 닮은 도형 집합에서, 도형의 전체적인 모양과 대응하는 각도는 불변이다. 수학적으로 닮은 도형에서, 대응하는 변 **사이의** 비율은 가변적이지만, 대응하는 변 **내의** 비율은 불변이다.
(C2) 도형의 닮음과 관련된 DMT가 풍부한 과제의 수학적 측면 및 테크놀로지 측면을 연결하기 위해 필요한 모든 어휘를 사용하고, 학생들이 정확한 수학 및 테크놀로지 언어를 사용하여 그들의 구술 및 서면 설명을 지원하도록 촉진하기	교사는 테크놀로지 용어인 '스케일 팩터 슬라이더'와 수학적인 용어인 '대응하는 변' 및 '대응하는 각' 등을 사용하여, 학생들이 스케일 팩터 슬라이더를 움직일 때 세 개 혹은 그 이상의 수학적으로 닮은 도형에서 대응하는 각은 동일하게 남아 있지만, 스케일 팩터와 대응하는 변의 비율은 함께 변한다는 것을 탐구하고 설명하도록 독려한다. 또한 교사는 학생들이 설명과 정당화 과정에서 '스케일 팩터 슬라이더', '대응하는 변', '대응하는 각'이라는 용어들을 얼마나 정확하게 사용할 수 있는지에 주의를 기울인다.
(C3) 과제의 테크놀로지적인 측면보다는 수학적인 측면에 더 집중하여, 각 과제를 뒷받침하는 수학에 대해 학생들에게 명확하게 설명하기	교사는 그 기저에 깔려있는 수학에 전혀 또는 약간의 언급만 한 채 스케일 팩터 슬라이더의 기능에 주로 초점을 맞추는 대신에, DMT에서 스케일 팩터 슬라이더를 움직일 때 수학적으로 닮은 도형의 가변 및 불변 속성에 학생들의 주의를 집중시킨다.
(C4) 수업의 다양한 단계에서 과제의 수학적이고 테크놀로지적인 측면과 연관된 질문들, 후속 질문을 포함하여 효율적인 질문들을 개발하여 학생들에게 제시하며, 학생들이 제시된 질문에 대해 생각하고 그와 관련된 생각을 정당화하며 표현하도록 '생각하기-짝-공유하기' 교수학적 루틴을 수업에 구현하기	교사는 DMT와 관련한 전체 수업 토론 중에 다음과 같은 질문을 개발하여 제시한다. "DMT에서 애니메이션을 재생할 때, 비율 확인기에 있는 두 문장의 값들이 어떻게 동적으로 변화하며, 그런 값들의 변화가 수학적으로 닮은 도형에서의 **내부** 비율에 대해 우리에게 무엇을 알려주는가?" 그런 다음 교사는 학생들이 짝을 이루어 생각하고 추측을 하도록 한 후, 그 추측을 전체에게 공유하도록 한다.

수반되는 전문 지식의 구체적 정의	사례
(C5) 수업을 계획할 때 도형의 닮음과 관련해 학생들이 할 것 같은 오개념들을 예상하고, DMT가 풍부한 수업을 가르치는 동안 추가적인 오개념들을 파악하고 나서, 학생들이 그들의 오개념들에 직면하고 반성하며 결국은 해결할 수 있도록 DMT를 활용하는 방법 모색하기	교사는 도형의 닮음에 대한 가장 일반적인 오개념, 예를 들어 마름모와 정사각형을 제외하고서 기하 도형의 변에 동일한 길이를 더하면 항상 수학적으로 닮은 도형이 된다는 오개념을 예상한다. 교사는 학생들이 이러한 오개념에 직면하고 반성하며 결국은 해결할 수 있도록, 동적 환경에서 길이 슬라이더를 사용해 기하학적 도형의 변을 일정량만큼 증가시키고, 그 결과 얻어진 도형이 원래 도형과 수학적으로 닮았는지 시각적으로 수치적으로 관찰하고 탐구할 수 있도록 학생들을 돕는다.

2.1. DMT를 사용해 도형의 닮음의 맥락에서 수업 과정안을 구체화하기

수업 과정안은 교사들이 DMT를 통해 발전시키려는 목적을 가진 수학적 아이디어, 강조하고자 하는 수학 및 테크놀로지 어휘, DMT를 참조하여 제시하려는 질문들, 그리고 학생들이 DMT를 통해 직면하고 반성해야 할 오개념들을 포함한다(Bozkurt & Ruthven, 2017; Ruthven, 2009, 2014; Simsek, 2021). 우리의 연구 맥락에서 교사들은 도형의 닮음을 가르치기 위한 적절한 교수 목표들을 설정하고, 이러한 목표들을 달성하기 위해 DMT를 활용할 것으로 기대될 것이다. 예를 들어, 교사들은 DMT를 통해 수학적으로 닮은 도형의 각도와 길이 속성처럼 가변 및 불변 속성을 탐구하는 것을 고려한 교수 목표를 설정할 수 있을 것이다(Clark-Wilson & Hoyles, 2017; Edwards & Cox, 2011). 수업 과정안을 개발할 때, 교사들은 수업 중 사용하는 과제의 수학 및 테크놀로지 측면과 관련된 다양한 어휘를 구별할 것으로 예상된다. 예를 들어, 교사들은 스케일 팩터 슬라이더를 움직일 때, 수학적으로 닮은 도형에서 대응하는 각도는 똑같이 남아 있지만 스케일 팩터와 대응하는 변의 비율은 함께 변한다는 점에 학생들이 주목할 수 있도록 '스케일 팩터 슬라이더', '대응하는 변', '대응하는 각'이라는 단어들을 명확하게 사용할 목표를 세울 수 있을 것이다.

더 나아가, 교사들은 DMT의 테크놀로지적인 기능보다는 가르치는 수학 아이디어에 **우선순위**를 둔다는 점은 중요하다(Clark-Wilson & Hoyles, 2017). 이는 교사들이 수업 중 DMT의 테크놀로지 특징을 주된 논의로 삼기보다는, 학생들의 도형의 닮음에 대한 수학적인 이해를 향상시키기 위해 DMT를 활용할 것으로 기대된다는 것을 의미한다. 예를 들어, 학생들이 스케일 팩터 슬라이더의 사용 방법을 이해하도록 한 후, 교사들은 스케일 팩터 슬라이더를 **끌면서** 수학적으로 닮은 도형의 불변 비율 속성 같은 가변 및 불변 속성에 주의를 집중시킬 수도 있다. 또한, 교사들은 과제의 수학 및 테크놀로지 측면 **모두**에 초점을 맞춘 보다 개방형 질문들을 형성할 필요가 있을 수 있다(Hollebrands & Lee, 2016). 예를 들어, 교사들은 "애니메이션을 재생할 때, 비율 확인기의 두 문장에 있는 값들이 어떻게 동적으로 변화하며, 그런 변화가 수학적으로 닮은 도형들 간의 **내부** 비율에 대해 우리에게 무엇을 알려주는가?"와 같은 질문들을 개발하고 제시할 수 있을 것이다. 마지막으로, 교사들이 수업 과정안을 계획할 때, 학생들이 수학적인 아이디어를 경험할 때 겪을 수 있는 가능성이 높은 오개념을 일반적으로 미리 예측할 것으로 예상된다(De Bock et al., 2002). 또한, 교실 수업 중에 학생들이 직면하거나 발전시킬 수 있는 오개념들을 식별하고, DMT를 **사용하여** 이 오개념들을 해결할 방법을 찾을 것으로 기대된다. 예를 들어, 교사들은 학생들이 도형의 닮음 과제에서 덧셈 전략을 잘못 사용하는 것과 관련된 오개념들을 겪을 가능성을 예측할 것이고(Chazan, 1988; Son, 2013), 그렇다면 학생들이 이 오개념에 직면하고 이를 반성할 수 있도록 DMT를 사용하는 방법을 식별할 수 있다(Noss & Hoyles, 1996).

3. 연구 배경

이 절에서는 연구 상황을 설정하고 연구 설계, 참가자, 자료 수집 및 분석 절차를 개략적으로 설명함으로써 연구 맥락을 제시한다.

3.1. 상황 설정하기

이 연구에서는 CM 프로젝트(Clark-Wilson & Hoyles, 2017)의 일환으로 제공된 전문성 강화 연수(professional development, 이하 PD)를 받은 약 1년 후 교사들의 수업 실행을 조사하였다. 이 연구는 원래 CM 프로젝트와는 독립적으로 진행되었으며, 프로젝트 공동체에서 교사들을 모집하여 그들이 도형의 닮음을 가르치기 위해 DMT를 사용하는 수업 실행을 탐구하였다. 이 교사들은 프로젝트 참여 후에도 여전히 CM 소프트웨어를 사용하여 중학교 수학에서 도형의 닮음에 관한 단원을 가르치고 있었기 때문에 우리 연구의 적합한 참여자로 간주되었다.

3.1.1. CM 프로젝트 소개

CM은 2011년부터 2017년까지 영국 런던 대학교의 교육 연구소인 UCL에서 진행된 대규모 다년간의 프로젝트[2]였다. 이 프로젝트의 핵심 목표는 중등 교사들이 교실에서 DMT를 제대로 활용하지 않는 문제에 대해 제기하는 것이었다. 이를 위해 연구진은 교사들이 DMT를 통합하여 영국 중학교 수학 국가 교육과정에서 중요한 세 가지 수학 개념 즉, 도형의 닮음, 대수 패턴과 식, 일차 함수 등의 교수-학습을 향상시키는데 도움을 주었다. 이 세 가지 CM 교육과정 단원의 각각은 CM 소프트웨어를 사용하여 신중하게 설계된 DMT, 학생용 교재, 교사용 안내서, 그리고

[2]CM 프로젝트의 웹사이트 주소: https://www.ucl.ac.uk/ioe/research/projects/cornerstone-maths

교사 PD 활동으로 구성되어 있다. 연구진은 이러한 자원들과 PD 기회들을 통해 DMT를 바탕으로 한 새로운 교수법을 도입하면서 교사들이 수학 개념에 대해 재고할 것이라고 가정하였다 (Clark-Wilson & Hoyles, 2017).

3.1.2. DMT로 CM 소프트웨어를 정의

CM 소프트웨어[3]는 앞서 언급된 세 가지 CM 교육과정 단원에 내장된 웹 기반 DMT이다. 이 소프트웨어는 디지털 테크놀로지의 역동적이고 시각적이며 다중 표현 가능성을 활용하도록 특별히 설계되었다. 도형의 닮음을 포함한 세 단원의 각각은 여러 개의 주의 깊게 사전 설계된 동적 과제가 포함되어 있다. 이 과제들은 시각적으로 역동적으로 연결된 여러 수학적 표현들, 예를 들어, 기하학적 도형, 측정 표, 그래프, 대수식 등이 있는 테크놀로지 학습 환경에서 현실적인 맥락을 바탕으로 만들어졌다. 소프트웨어는 학생들이 이러한 동적 표현들을 조작함으로써 추측을 만들고 검증할 수 있는 가능성을 제공하도록 설계되었으며, 이를 통해 학생들이 현실적인 맥락에서 기초적인 수학 개념과 관계들을 탐구하도록 유도한다(Clark-Wilson & Hoyles, 2019).

도형의 닮음과 관련하여, CM 소프트웨어는 12개의 서로 다른 동적 탐구와 19개의 하위 과제를 제공하도록 설계되었다. 이 과제들은 **드래그**, **평행 이동**, **확대**, **회전**, **측정**, **색칠**, **라벨링** 등의 몇 가지 주요 기능과 함께 [그림 1]에서 보는 것처럼 **길이**, **각도 및 스케일 팩터**, **비율 확인 도구**, **측정 표**, **스냅샷 기능**을 포함하여 학생들이 기능들을 사용하여 기하 도형을 탐구할 수 있게 해준다. 따라서 학생들은 수학적으로 닮은 도형의 가변 및 불변 속성을 잠재적으로 인식하고 식별할 수 있다. 시각적이고 역동적이며 상호작용적인 학습 환경에서, 예를 들어 학생들과 교사들은 기하 도형을 평행 이동, 확대 및 회전시켜 수학적으로 닮음인지 여부를 확인하거나 원래 도형과 닮은 도형의 군을 생성할 수 있다. 또한 다양한 비율, 길이 및 각도 슬라이더를 움직이는 동안 도형의 외형과 방향, 대응하는 각과 변, 도형 **내부** 및 도형 **간** 대응하는 변과 길이의 비율에 집중하여 수학적으로 닮은 도형의 가변 및 불변 속성을 조사하고 식별할 수 있다.

---

[3]소프트웨어 웹사이트는 다음과 같다: https://www.cornerstonemaths.com/modules/2/investigations

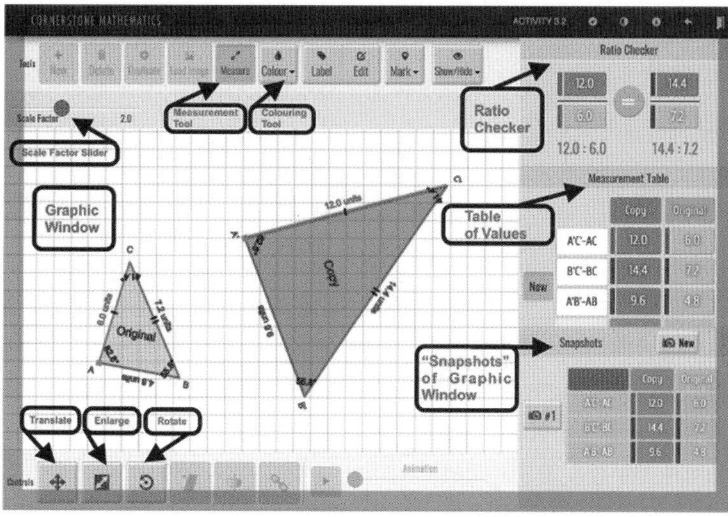

[그림 1] 한 과제에서 알 수 있는 CM 소프트웨어의 주요 기능

3.2. 연구 설계

우리는 질적 접근 방식인 **다중 사례 연구 방법**을 선택하였다. 이 방법이 교실 현실이나 조건을 고려하여(Yin, 2014), 복잡하고 현대적인 현상인 도형의 닮음에 중점을 두면서 DMT를 포함한 교사의 수업 실행을 자연스러운 방식으로 조사하고 깊이 있게 이해하고자 하는(Ruthven, 2009) 우리의 연구 목적에 부합하기 때문이다.

3.3. 참가자

참가자들은 원래 CM 프로젝트에 대한 참여 정도, CM 자원의 사용, 그리고 교육 경력의 차이를 반영하여 선정되었다. 우리는 이러한 차이가 도형의 닮음에 중점을 두고 DMT를 통합한 교사들의 수업 실행 양상에서 차이를 드러낼 것이라고 기대하였다. 이러한 실행 양상 수준이 높은 교사들은 전문가 교사의 특성을 보여주고, 상대적으로 실행 양상이 낮은 수준의 교사들은 숙련 초보자의 특성을 보여줄 것이라고 예상하였다(Berliner, 2004). 우리는 이러한 교사들과의 작업을 통해 모범적인 대조적 성과를 얻을 수 있으며, 이는 사례 연구 자료의 출처가 되어 교사들, 특히 초임 교사들이 DMT를 활용한 수업 실행의 복잡하고 역동적인 본질에 대한 통찰과 이해를 얻을 수 있을 것이라고 가정하였다.

이 장의 세 번째와 네 번째 저자인 CM 프로젝트의 주요 연구자들의 도움을 통해, 연구에 참여할 의사가 있으며 원래 CM 프로젝트 참여 정도, CM 자원의 사용, 교육 경력이 대조적인 세 명의 교사를 선정하였다. 이들은 런던에 있는 두 개의 남녀 공학 중등학교 소속이었다. 아래

〈표 2〉는 전문가와 숙련 초보 교사를 대표하기 위해 선정된 세 명의 교사에 대한 간단한 다른 특성들을 요약한 것이다.

〈표 2〉 사례 연구 교사들의 프로필

교사	교육 경력	원래 CM 프로젝트에 참여 정도와 CM 자원을 사용한 정도
잭	10년	적극 참여, 항시 사용
라라	3년	중간 정도 참여, 가끔 사용
알렉스	4년	

- 잭(가명)은 교실에서 이러한 테크놀로지들의 역동적인 기능을 활용하는 데 있어 상당한 경험과 전문성을 가지고 있었기 때문에, 수학 교수-학습에서 DMT의 활용에 있어 **전문가 교사**의 특성을 보여줄 것으로 기대되었다. 잭은 특히 테크놀로지 사용 능력과 자신감 면에서 학교에서 매우 존경받고 성공적인 교사로 인정받았다. 그의 학교에서 잭은 테크놀로지를 활용한 수업 계획과 실행을 동료 교사들에게 지원하는 책임을 맡았다. 그는 원래 CM 프로젝트에서 제공한 모든 직무연수 세션에 자발적으로 참여하며 프로젝트에 적극적인 참여를 보였다. 또한 그의 동료 교사들이 CM 프로젝트에 참여하도록 이끌었고, 그의 학교는 이들이 CM 프로젝트에 참석하는 것을 지원하였다. 잭은 교실에서 계속 CM 자원을 사용할 것을 약속하였다.
- 알렉스와 라라(가명)는 교실에서 이러한 테크놀로지들을 사용하는데 어느 정도 경험과 전문성을 쌓았기 때문에 수학 교수-학습에서 DMT의 활용에 있어 **숙련 초보 교사**의 특성을 보여줄 것으로 기대되었다. 그들은 같은 학교에서 가르치는 동료 교사였다. 두 사람은 원래 CM 프로젝트에서 제공된 직무연수 세션에 중간 정도로 참여하였다. 그들의 학교는 그들이 CM 프로젝트에 참여하는 것을 권장하였다. 비록 이들이 교실에서 CM 자원을 간헐적으로만 사용했지만, 연구에 참여하기를 원했기 때문에 이번 연구를 위해 그들의 교실에서 해당 자원을 사용하기로 동의하였다.

라라와 알렉스는 비슷한 프로필을 가지고 있었지만, 그들의 관찰된 실천에서 나타난 차이는 분석적 일반화 측면에서 연구에 통찰을 제공할 수 있었다. 세 명의 사례 연구 교사 간의 차이점들은 DMT를 활용한 수업 실행의 특성을 더 명확하고 분석 가능하게 만드는데 유리한 점으로 작용하였다(Bellman et al., 2014; Bozkurt, 2016; Bozkurt & Ruthven, 2018; Thomas & Hong, 2013).

자료 수집 과정은 2018년 4월부터 11월까지 이루어졌으며, 세 명의 교사 모두 약 한 달 동안 9학년 학생들(13~14세)에게 CM 교육과정의 도형의 닮음 단원에서 첫 번째 8개의 CM 탐구 과제를 가르쳤다. CM 교육과정의 도형의 닮음 단원의 수업 계획과 진행 전에, 그들은 모두 도형의 닮음을 가르치기 위해서 동일한 DMT가 풍부한 교육 자원을 제공받았다. 이전에 대강 설명했듯이, 이 단원은 도형의 닮음과 관련된 일련의 학습 목표와 과제 순서를 포함하여 신중하게 설계된 DMT를 학생 및 교사용 교재와 함께 사용하도록 구성되어 있었다. 따라서 이 교사들은 수업에서 도형의 닮음을 위한 동일한 학습 목표를 채택하고 관련된 과제를 학생들에게 제공할 수 있는 동일한 기회를 가졌다.

3.4. 자료 수집 방법

이 장에서 보고된 연구는 첫 번째 저자가 수행한 더 큰 연구인 박사과정 연구의 일부이며, 두 번째, 세 번째, 네 번째 저자가 공동 지도하였다. 첫 번째 저자는 연구 과정에서 모든 데이터를 수집하고 분석하였다.

이 연구에서 세 가지 사례 연구 각각은 비참여형, 교사 시점을 녹화한 영상을 포함한 비디오로 기록된 교실 관찰, 반구조화된 오디오 녹음 형식의 관찰 후 교사 인터뷰, 그리고 디지털 및 종이 환경에서 학생들의 작업을 포함한 교사의 수업 자료 검토 등 다양한 데이터 출처를 기반으로 진행되었다.

3.4.1. 교실 관찰

각 사례 연구에서 첫 번째 저자는 라라와 잭의 수업 각각 8회, 알렉스의 수업 7회를 관찰하였다. 라라와 알렉스의 경우, 컴퓨터실 가능 여부에 따라 미리 예약된 컴퓨터실이나 평범한 일반 교실에서 수업을 진행하였다. 컴퓨터실에서 교사들은 학생들이 데스크톱 컴퓨터를 사용하여 DMT와 상호작용하고 과제를 수행할 수 있게 하였다. 반면에, 일반 교실에서는 학생들이 아이패드를 사용하도록 하였다. 잭은 그의 모든 수업에서 노트북 컴퓨터를 사용하여 가르쳤고 자신의 일반 교실에서 진행하였다.

교사의 교실에서 실제로 발생하는 상황에 대한 신뢰할 만한 증거를 수집하기 위해, 우리는 교사의 허락을 받아 두 가지 다른 유형의 비디오 기술로 그들의 행동을 녹화하였다. 삼각대에 설치된 두 대의 일반 디지털 카메라를 사용하였으며, 하나의 카메라는 교실 뒤쪽에 위치해 전체 교실을 고정된 상태로 촬영하였고, 다른 카메라는 교사에게 집중하여 관찰하는 연구자가 교실에서 교사의 움직임에 따라 카메라를 회전시키며 촬영하였다. 카메라의 방향을 회전시킬 수 있는 것은 교사의 움직임과 발언을 포착하는데 필수적이었으며, 특히 전자칠판에서 DMT를 '실시간으로'[4] 사용하거나 데스크톱 컴퓨터에서 할 때 교사의 행동과 이에 수반되는 담화를 기록하는데 중요하였다.

이 두 대의 카메라 외에도, 학생들이 DMT를 사용하여 독립적으로 작업하는 동안 풍부하고 신뢰할 만한 자료를 수집하기 위해 귀에 착용하는 미니 디지털 카메라를 자료 수집 도구로

[4]이 장에서 '실시간'이라는 용어는 서로 다른 목적으로 교사들 스스로 DMT를 조작하는 것을 언급하려고 사용한다.

사용하였다. 세 명의 교사 모두 이 카메라 사용에 동의하였으며, 이 카메라는 사용자의 귀에 부착해 대략 눈높이에서 앞을 향해 촬영할 수 있어 사람 중심의 시점 장면과 관련된 담화를 기록할 수 있었다. 사용된 미니 카메라는 [그림 2]를 참조한다.

[그림 2] 사례 연구에서 귀에 부착된 착용형 미니 카메라를 하고 가르치는 잭

우리는 연구자가 겪을 어려움을 극복하기 위한 보조 관찰 도구로 이런 카메라들을 사용하기로 하였다(Bozkurt, 2016 참조). 이런 어려움은 교사의 시점에서 교실을 보고 학생 및 기술과의 시각적·청각적 상호작용을 포착하는 것을 말한다. 두 대의 일반 디지털 카메라는 교사의 활동과 참여를 볼 수 있게 하고 연구자의 관점에서 그들의 행동을 기록할 수 있었다. 하지만, 이 착용형 카메라는 교사가 DMT를 사용하며 자연스러운 방식으로 활동하는 동안, 특히 학생들이 DMT로 개별 작업을 할 때, 교사가 '보았던' 것에 우리가 접근할 수 있게 해주었다. 결과적으로 교사가 컴퓨터 화면이나 전자칠판에서 DMT를 '실시간으로' 사용할 때 시각적으로 교사가 주목하는 부분을 탐구하는데 도움을 주었다.

관찰 과정에서 관찰하는 연구자는 교사를 집중적으로 촬영하는 카메라 옆 교실 측면에 자리를 잡아 교사의 수업 과정에 방해가 되지 않도록 교사의 행동을 관찰할 수 있었다.

3.4.2. 교사 인터뷰

첫 번째 저자는 알렉스와 잭과 6번, 라라와는 8번의 수업 후 인터뷰를 진행하였다. 인터뷰는 빈 교실에서 대면으로 이루어졌으며, 35분~45분 정도 지속되었다. 교사들의 허락을 받아 모든 인터뷰는 더 정확한 데이터를 얻기 위해, 논의된 내용에 집중하고 비언어적 의사소통을 포착하기 위해 오디오로 녹음되었다. 인터뷰 동안 녹음에 관한 어떠한 문제도 방지하기 위해 애플사의 퀵타임(QuickTime) 멀티미디어 소프트웨어와 모바일 스마트폰을 포함한 두 개의 디지털 녹음 도구가 사용되었다. 또한, 교사들이 DMT를 '실시간'으로 사용하여 DMT에서의 그들의 행동을 보여주거나 화면에 표시된 DMT가 풍부한 CM 과제를 참조하여 그들의 생각을 더 잘 설명할 수 있도록 인터뷰 중에 맥북 노트북도 사용되었다. 애플사의 퀵타임 소프트웨어를 사용하여 인터뷰 중 노트북 화면도 함께 녹화되었다.

3.4.3. 수업 자료

교실 관찰과 교사 인터뷰를 통해 수집한 자료 외에도, 교사들의 수업 자료도 함께 수집되었다. 이 자료는 전자칠판 또는 파워포인트 슬라이드, 학생들을 위해 제작된 워크시트, 학생들이 DMT를 사용한 화면 사진, 그리고 DMT가 풍부히 활용된 과제에 대한 학생들의 활동지에 작성된 답변 형태 등으로 이루어졌다.

3.5. 자료 분석

다음과 같은 일반적인 분석 접근법은 질적 자료 분석 방법으로 채택되어 사례들 간의 두드러진 차이와 몇몇 유사성을 확인하고, 공통된 주제를 드러내었다. 이 분석은 첫 번째 저자가 주도하였다.

먼저, 사례별 분석(within-case analysis, Mills et al., 2010)을 사용하여 개별 사례에 대한 설명을 서면으로 작성하여 각 사례를 심층적으로 검토하였다. 이를 위해 첫 번째 저자는 각 관찰된 행동에 대한 모든 비디오 녹화를 다시 시청하고, 수업에서 일어난 일들을 요약하는 풍부하고 자세한 서술을 작성하였다. 그런 다음, 이 수업 설명은 엔비보(NVivo 12)라는 컴퓨터 기반 질적 자료 분석 소프트웨어를 사용하여 우리의 이론적 모델에 따라 코드화 및 분류되었으며, 관련 개념과 주제를 확인하고 수정하였다. 마찬가지로, 첫 번째 저자는 인터뷰의 오디오 녹음을 다시 듣고 컴퓨터로 인터뷰 음성을 그대로 문자로 옮겼다. 그런 다음, 이론적 모델과 관련된 면을 파악하고, 통찰을 구하기 위해 인터뷰 기록을 검토하고, 전체적인 그림을 그렸다. 첫 번째 저자는 인터뷰 기록을 엔비보 12로 가져와, 이론적 모델과의 관련성에 따라 인터뷰 자료를 코드화하고 분류했으며, 필요하다면 관련 주제를 확인하고 수정하였다. 이러한 과정을 거친 후, 그는 그들이 관찰 후 성찰 중에 설명한 내용에 따라 관찰된 교사들의 DMT 사용 행동들과 그렇게 한 이유를 범주화하여 모든 자료로 삼각검증법을 실시하였다. 두 번째로, 교사들의 개별 사례를 주제별로 비교하고 대조하기 위해 스프레드시트를 활용한 사례 간 분석(cross-case analysis, Mills et al., 2010)을 수행하였다. 이것은 교사들의 실행에서 주요한 차이점과 유사성을 파악하고, 결과적으로 그 실행을 전체적으로 더 명확하고 분석 가능하게 만들었다.

분석의 신뢰성을 확보하기 위해, 첫 번째 저자는 자료 분석 과정의 각 단계에서 세 명의 공동 저자들과 정기적으로 자료 해석과 분석 결과를 논의하였다. 우리 모두는 자료 코딩, 다양한 주제, 관련 해석 및 결과의 개념화에 대해 합의를 도출하였다.

마지막으로, 우리의 분석 과정은 위에서 설명한 다양한 분석 단계들 사이를 반복적으로 오가며 진행되었음을 의미하기 때문에 선형적이 아니라 순환적인 과정이었음을 언급할 필요가 있다.

4. 연구 결과

이 장에서는 특정 DMT를 사용하여 도형의 닮음(기하와 공간)을 가르치기 위해 교실에서 실행된 교사들의 수업 과정안에 대한 사례 간 비교 분석만을 제시한다. 사례 간 비교를 통해, 우리는 DMT를 사용해 도형의 닮음을 가르치는데 있어서 전문가 교사와 숙련 초보 교사의 수업 과정안을 구별하는 특징을 확인할 수 있었다.

교사들의 전문성에 대한 우리의 기대는 사례 간 비교를 통해 입증되었다. 특히, 잭은 전문가 교사로서 알렉스와 라라에 비해 DMT를 사용하여 도형의 닮음을 가르치는데 더 포괄적인 수업 과정안을 가지고 있었으며, 다음과 같은 특성을 보였다.

- DMT를 사용한 수업에서 실행된 도형의 닮음 관련 교수 목표의 다양성
- 교실에서의 수학 및 테크놀로지 담화의 범위
- DMT를 참조하여 이루어진 질문의 깊이와 다양성
- 수업에서 DMT를 사용하여 예상되고, 확인되고, 제기된 도형의 닮음에 대한 학생 오개념의 다양성

이제 이 특성들을 세 명의 사례 연구 교사들과 관련하여 자세히 논의하고자 한다.

4.1. DMT를 사용한 수업에서 실행된 도형의 닮음 관련 교수 목표의 다양성

세 명의 교사 모두 첫 8개의 CM 탐구 과제를 전반적으로 수업에서 다루었지만, 그들이 집중한 교수 목표의 다양성과 실행된 과정안에서 DMT를 사용하여 다루는 방식에는 차이가 있었다. 알렉스와 라라에 비해 잭은 세 가지 추가적인 수학 목표를 자신의 과정안에 포함시켰으며, DMT의 역동적인 가능성을 더 효과적이고 빈번하게 활용하여 다음과 같은 목표들을 달성하였다.

- 수학적으로 닮은 도형을 만드는데 정수 비율뿐만 아니라 소수 비율을 사용하여 소개하기
- '합동'을 닮음의 특수한 경우로 소개하기
- 도형의 닮음에서 기히 도형이 수학적으로 닮음인지 여부를 결정하기 위해 변환 기반 접근 방식 사용을 소개하기

예를 들어, 잭은 DMT를 사용하여 원래 도형과 수학적으로 닮은 도형을 만들 때 1을 포함한 정수 비율 외에도 소수 비율(0과 1 사이의 값)을 사용하는 방법을 수업에 소개하였다. 수업 후 인터뷰에서 그는 "소수 비율을 소개한 주된 목표는 아이들이 항상 그것을 이해하지 못한다는 점을 알았기 때문에 학생들이 다양한 소수 비율을 다뤄보도록 하는 것이었고, 일부 학생들을 위해 DMT를 사용해 그 부분을 조금 더 집중적으로 다룰 기회라고 생각하였다"고 설명하였다. 구체적으로, 과제 3.2([그림 3] 참조)에서 잭은 학생들에게 먼저 다양한 비율 값들(1, 2, 0.5 등)이 도형의 변 길이에 미치는 영향을 예측하게 한 다음, DMT를 **사용해** 그들의 동반된 추측을 정당화하거나 반박하도록 하였다. 이후 잭은 전자칠판을 사용하여 비율 슬라이더를 조작하여 다양한 종류의 닮은 삼각형을 만들었다. 예를 들어, 비율 슬라이더를 0.2와 0.5 등 다양한 값으로 설정해 특정한 종류의 닮은 삼각형을 생성하였다. 반면 알렉스와 라라는 정수 비율만 수업에 소개하였다. 잭만이 비율 슬라이더를 역동적으로 조작해 여러 닮은 도형을 생성하고, 학생들이 닮은 삼각형의 대응변의 측정값 사이의 곱셈 관계를 조사하고 탐구할 수 있도록 하였다.

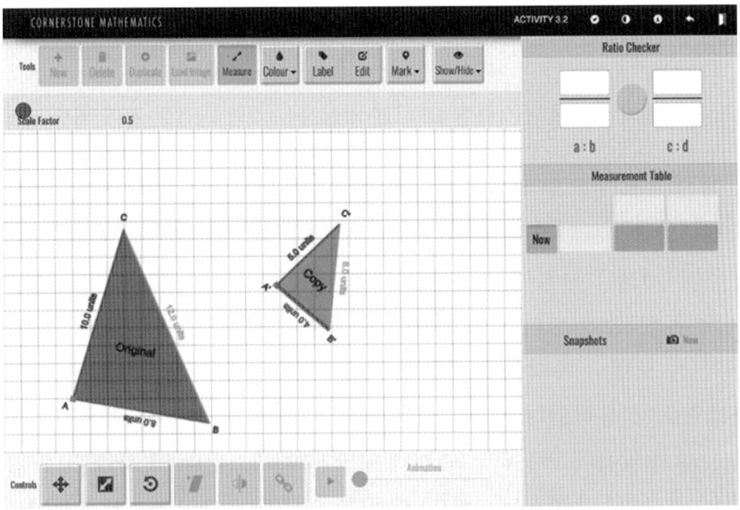

[그림 3] 잭이 학생들에게 사용하도록 허락한 것으로, 원래 도형과 수학적으로 닮은 삼각형을 생성하기 위해 동적 비율 슬라이더를 활용하여 탐구하는 DMT에서 과제 3.2

또한, 라라와 달리 잭과 알렉스는 수업에서 '합동'을 닮음의 특수한 경우로 언급하였다. 그러나 합동 개념이 DMT가 풍부하게 활용된 관련 CM 과제에서 중요하게 다루어졌음에도, 잭은 DMT를 사용해 학생들이 합동인 도형의 속성을 탐구하고 토론할 기회를 만들고 제공한 반면, 알렉스는 이를 학생들에게 단순히 구두로만 설명하고 동적으로든 고정적으로든 DMT를 사용하지 않았다. 예를 들어, 잭은 DMT를 활용하는 종이 기반 CM 과제를 수업에서 사용하였다([그림 4] 참조). 이 과제에서 그는 학생들에게 합동인 도형과 관련된 네 가지 진술에 대해 자신의 추측을 만들어 작성하도록 하고, DMT를 사용해 그 추측을 '실시간으로' 검증하게 하였다. 과제

3.2([그림 3] 참조)에서 잭은 비율 슬라이더를 1을 포함해 다양하게 설정하고, 전체 학급에게 가변 및 불변 속성을 탐구해서 삼각형이 수학적으로 닮음인지 여부를 확인하도록 요구하였다. 이는 학생들이 자신의 추측을 확인하고 자신들의 답변에 대한 정당화를 설명하도록 유도하였다. 예를 들어, "합동인 도형은 **항상** 닮음이지만, 닮은 도형은 **때때로** 합동이다"라고 말하는 모습이 관찰되었다.

합동인 도형에서 무엇이 참인가? 활동 3.2(문제 8)에서 배운 것을 사용하라.

	이것은 참이다 때때로/ 항상 / 결코 아니다
합동인 도형에서 대응 변의 길이는 같다.	
합동인 도형 사이의 비율은 1이다.	
합동인 도형은 닮음이다.	
닮음인 도형은 합동이다.	

[그림 4] 잭의 수업에서 사용된 DMT를 사용하는 것과 관련된 종이 기반 과제

마지막으로, 세 명의 교사 모두 교실에서 도형의 닮음에 어느 정도 변환 기반 접근법을 사용하여 학생들에게 소개하였다. 예를 들어, 잭과 알렉스는 도형들이 합동인지, 수학적으로 닮음인지를 결정할 때, 학생들이 DMT 환경에서 기하 도형을 비교할 수 있도록 이 접근법을 소개하였다. 이들은 전체 수업 토론 중에 평행 이동, 회전, 확대와 같은 일련의 변환을 적용하고, 학생들이 대응변과 대응각 등 도형의 속성을 조사하고 비교할 수 있도록 도형들을 서로 겹쳐놓는 것에 DMT를 '실시간으로' 사용하였다. [그림 5]는 잭의 사례를 보여준다. 역동적인 환경에서 변환 기반 접근법을 도형의 닮음에 적용하는 과정에서 잭은 알렉스보다 더 자주 DMT를 사용했는데, 잭은 6번의 수업 중 8회, 알렉스는 7번의 수업 중 2회 사용하였다. 잭은 이런 의도로 DMT를 사용하는 8회 동안 매번 소프트웨어의 동적 기능을 알렉스보다 더 효율적으로 활용하였다. 이런 잭의 효율적 사용을 잘 보여주는 예는 잭이 소프트웨어를 '실시간으로' 사용하면서 DMT 환경에서 가능한 다양한 수학적 표현들 간의 동적 연결을 만든 경우였다([그림 5] 참조). 라라의 경우, 도형의 닮음에 대한 변환 기반 접근법을 사용하도록 학생들을 유도하려는 시도가 있었지만, 관찰된 8번의 수업 중 한 번만 해당 접근법을 사용하였으며, 그 과정에서 어떤 식으로든 DMT를 전혀 사용하지 않았다. 인터뷰에서 이에 대해 성찰해 보라는 질문을 받았을 때, 그녀는 학생들에게 도형의 닮음 관련 과제를 완수하기 위해 의도적으로 변환 방식들을 장려하지 않았음이 분명하였다. 라라는 이러한 도형의 닮음 접근법에 대해 잘 알지 못하는 듯하였다.

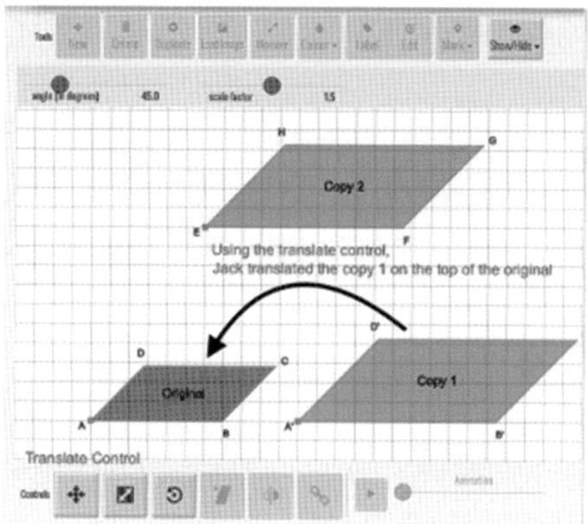

1단계: '변환 제어' 도구를 사용하여 잭은 원본 맨 위에 있는 Copy1을 변환하였다.

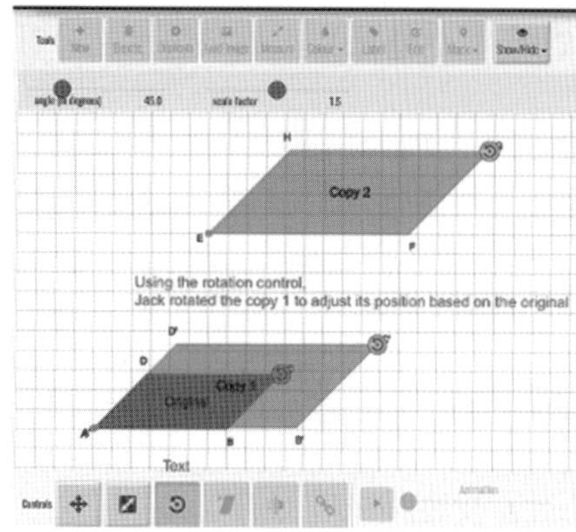

2단계: '회전 제어' 도구를 사용하여 잭은 원본 아래쪽 A에 A' 코너를 일치시켜 Copy1을 변환하였다.

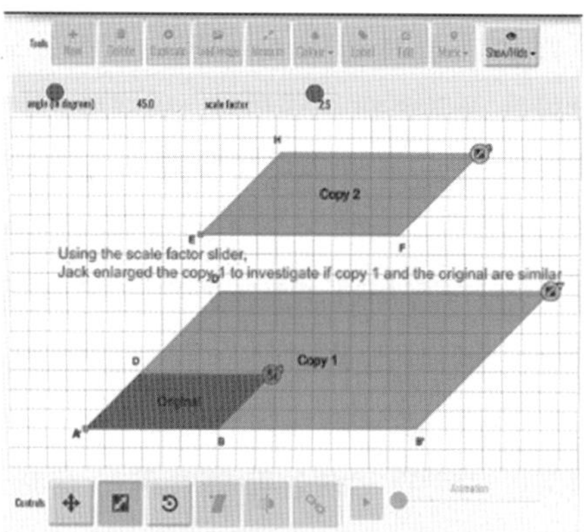

3단계: '스케일 팩터 슬라이더' 도구를 사용하여 잭은 Copy1이 원본과 닮음인지 Copy1을 늘려보았다.

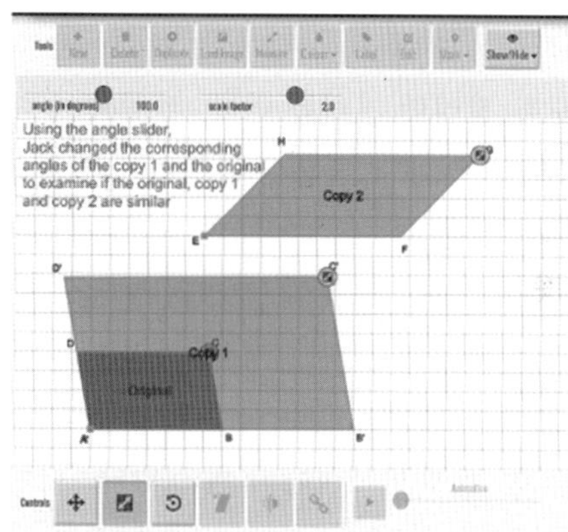

4단계: '각도 슬라이더' 도구를 사용하여 잭은 Copy1의 대응각을 변화시키면서 Copy1과 Copy2가 원본과 닮음인지 조사하였다.

[그림 5] 도형의 닮음에 대한 변환 기반 접근법을 사용할 때 잭이 따른 단계들

도형의 닮음과 관련된 이 세 가지 아이디어의 중요성은 기존 문헌에서도 넓게 다뤄지고 있음에도(예, Seago et al., 2014; Son, 2013), 알렉스와 라라는 수업에서 이를 소개하지 않거나, DMT를 '실시간으로' 사용하여 학생들이 이를 탐구할 수 있도록 지원하지 않음으로써, 자신들의 실행된 수업 과정안에서 이 아이디어에 주의를 기울이지 않은 것으로 보였다.

4.2. 수업에서 수학적이고 테크놀로지적인 담화의 범위

우리의 분석에 따르면, 세 명의 교사들이 학생들의 수학적 및 테크놀로지적인 언어(예, 대응변과 대응각, 비율, 슬라이더, 비율 검사기)에 주목하고 이를 촉진한 방식에 차이가 있었다. 잭의 학생들의 수학 및 테크놀로지 언어 발전에 대한 전반적인 인식과 주의는 알렉스와 라라에 비해 특히 더 정확하였으며, 이는 다음과 같은 측면에서 두드러졌다.

- 학생들과의 언어 상호작용의 빈도와 길이
- 초점을 맞춘 언어의 성격
- 학생들의 표현이 존중된 정도

알렉스와 라라에 비해 잭은 학생들 각각의 그룹과 그들의 공부에 대해 논의할 때 더 자주 상호작용하였다. 잭은 학생들과의 상호작용 시간도 알렉스와 라라보다 훨씬 길었다. 이러한 상호작용을 통해 잭은 수학 및 테크놀로지 어휘를 더 넓게 많이 사용하고, 학생들도 이를 사용하도록 장려할 기회를 얻어, 관련된 수학 담화를 풍부하게 이끌었다. 반대로, 알렉스의 경우, 학생들이 DMT가 풍부하게 활용된 과제를 DMT를 활용해 수행하는 동안 교사-학생 간 상호작용이 낮은 수준으로 이루어졌으며, 토론을 만들어내는 상호작용은 수업 중 한두 번으로 거의 드물었다. 학생들과의 상호작용이 소그룹 형식으로 이루어질 때도 1분미만으로 짧은 시간 동안만 지속되었다. 마찬가지로, 라라는 알렉스보다 독립적인 컴퓨터 작업 중인 학생들과 더 자주 상호작용하고 DMT로 하는 학생들의 작업에 대해 약간의 논의를 만들었지만, 그 상호작용과 논의는 잭에 비해서는 훨씬 짧았다. 다음 대화는 라라가 학생들과 했던 짧은 상호작용의 예를 보여준다.

> 라라: 화면에서 무슨 일이 일어나는지 관찰할 수 있나요?
>
> 학생: 내가 비율을 변경하니까 도형이 커지거나 작아져요.
> (학생은 비율 슬라이더를 계속 끌어서 도형의 변의 길이를 확대했다.)
>
> 라라: 좋아요, 그러면 한쪽만 커지는 건가요, 아니면 양쪽 다 커지고 있나요? 좋아요. 관찰한 내용을 활동지에 적어보세요.

또한, 잭은 알렉스와 라라에 비해 수업 중 전체 학급 토론이나 학생들이 컴퓨터에서 독립적으로 작업할 때 더 자주, 규칙적으로, 효과적으로 DMT를 '실시간으로' 사용하였다. 결과적으로 잭은 수업에서 DMT에 대한 자신과 학생들의 행동과 관련된 결과를 묘사하고 설명할 때 비율, 비율 슬라이더, 비율 검사기 같은 다양한 수학 및 테크놀로지 언어를 사용하고 강조할 기회를 더 많이 만들어냈다. 이를 통해 학생들이 더 적절하고 정확한 어휘를 사용할 수 있는 능력을 발전시키도록 지원할 수 있었다. 그러나 알렉스와 라라는 잭에 비해 DMT를 덜 자주, 덜 효과적으로 사용했기 때문에, 학생들은 정확한 수학 및 테크놀로지 언어를 사용을 지원할 기회를 덜 제공받았다.

두 번째로, 전체 학급 수업 기간 동안 주로 그들이 설명과 토론에서 DMT를 언급했는지 여부에 따라 교사들이 사용하는 언어의 초점에도 차이가 있었다. 예를 들어, 라라는 전체 학급 수업에서 주로 과제의 수학적인 측면에 초점을 맞췄고, 테크놀로지적인 측면에는 덜 집중하였다. 이는 그녀가 전자칠판에 정적으로 표시된 DMT를 언급하지 않거나, 이를 역동적으로 사용하지 않았기 때문이다. 라라에 비해 알렉스와 잭은 DMT를 동적으로 사용하였기 때문에, 수학 언어와 테크놀로지 언어 모두를 학생들이 명시적으로 사용하도록 만들었고 두 언어를 사용하도록 장려할 기회를 더 많이 가졌다. 하지만, 더 자세한 자료 분석에서는 알렉스와 잭의 사례 간에 몇 가지 차이가 드러났다. 예를 들어, 알렉스가 수업에 던진 질문들은 때때로 수학 언어보다 테크놀로지 언어를 우선시했다는 명확한 증거를 제공하며, 이로 인해 그가 만든 토론은 주로 DMT 과제의 테크놀로지적인 측면을 넘어서지 못하였다. 특히, 그는 초반 몇몇 수업에서 전체 학급 토론을 진행할 때 DMT를 '실시간으로' 사용하지 않았을 때 이러한 경향이 두드러졌다. 예를 들어, 그가 자주 던진 질문은 "여기서 우리가 이전 활동(과제)과 약간 다른 기능은 무엇인가요?" 또는 "DMT에서 제공되는 기능들을 다뤄보면서 무엇을 깨달았나요?"와 같은 것이었다. 그러나 시간이 지나면서 그는 테크놀로지적인 내용보다 수학적인 내용을 더 강조하기 시작하였고, 수업 중 학생들에게 수학에 대한 설명과 근거를 제시하도록 하는 개방형 질문을 더 자주 던졌다.

세 번째로, 세 명의 교사가 학생들이 올바른 어휘를 사용하는 것에 대해 인정하는 정도와 방식에서도 차이가 있었다. 잭의 경우, 전체 학급 토론과 학생들의 개별 작업에서 그가 던진 질문이나 워크북에 제시된 질문에 대해 학생들의 구두 및 서면 설명을 자주 격려하고 중요하게 여겼다. 잭은 전자칠판을 사용해 학생들의 언어를 설명하거나 시연함으로써 이를 전체 학급과 공유하였다([그림 6] 참조).

라라의 경우, 그녀의 질문은 학생들이 충분한 설명을 제공하도록 자극하지 않았고, 그들의 내면에 있는 사고 과정과 관련된 정당화를 탐구하거나 이해하려고 하지 않았다. 그녀의 주된 목표는 학생들의 답변이 맞는지 틀리는지를 확인하기 위한 것처럼 보였다. 알렉스는 때때로 학생들이 올바른 어휘를 사용하여 구두 및 서면 답변을 표현하도록 격려하였으며, 정확한 언어를 중요하게 여겼다. 알렉스는 이 점에서 라라보다는 자주, 그러나 잭보다는 덜 그렇게 하였다. 잭의 실행은 이 점에서 가장 발전된 사례였다. 수업 후 반성에서 잭은 자신의 실행을 다음과 같이 정당화하였다.

> 만약 내가 [학생들에게] [그들의 설명과 근거를] 적으라고 요청할 때, 나는 종종 그들에게 가능한 한 최상의 수학적인 언어를 사용하라고 말한다. 또한, 다른 학생들의 작업을 [전자칠판]

보드에 올리면, 그들은 그것이 잘된 것을 보고, [그 작업에서] 사용된 좋은 수학적인 언어들을 볼 수 있다.

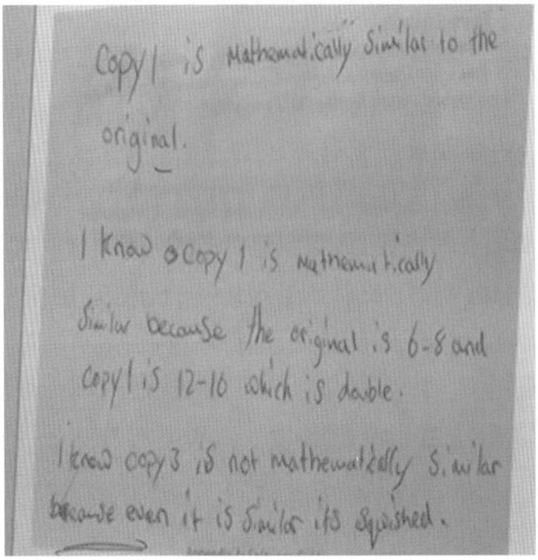

[그림 6] 잭이 전자칠판에 보여주려고 선택한 한 학생의 설명

4.3. DMT를 참조한 질문의 깊이와 다양성

우리의 분석에서 세 교사 간의 차이는 특히 다음과 관련하여 명확해졌다. 그들은 전체를 가르치는 시간과 학생들이 DMT로 독립적으로 공부하는 동안, 특별히 DMT를 언급하면서 개방형 질문을 한 후 추가적인 탐구 질문을 얼마나 많이 했는지, 그리고 이러한 질문들의 초점과 목적이 무엇인지에 차이가 있었다.

교사들이 그들의 교수 행동에서 개방형 질문을 제시한 정도의 차이는 다음과 같이 설명될 수 있다. 첫째, 잭은 그의 학생들에게 자신의 생각을 명확히 하고 자세히 설명하도록 요구하는 일련의 후속 개방형 질문을 던지는 경향이 있었다. 그는 이 방법을 통해 학생들의 이해를 탐구하려 하였다. 잭은 학생들에게 DMT를 사용한 작업과 그렇지 않은 작업에 대해 설명하고 그 근거를 제시하도록 요청했으며, 학생들이 가설을 세우고 그와 관련된 결과를 예측하며, 궁극적으로 자신들의 답을 정당화할 수 있도록 지원하고 안내하였다. 그러나 잭과 달리, 알렉스와 라라는 그들의 학생들에게 후속 개방형 질문을 제기하려 하지 않았다. 그들은 때때로 이러한 종류의 질문을 하였지만, 보통 이러한 질문들은 잭이 한 것처럼 학생들이 도형의 닮음의 가변 및 불변 속성을 조사하고 탐구하도록 의미 있고 풍부한 토론을 창출하지 못하였다. 알렉스와 라라는 둘 다 학생들과의 토론을 추구하지 않는 경향이 있었다. 둘째, 잭이 DMT를 그의 수업에서 활용한 방식은 그의 질문하는 방식을 가능하게 하고 질문 방식을 촉발하였다. 그는 전체 수업 토론과 학생들의 컴퓨터로 하는 독립적인 작업 중에 DMT를 역동적으로 자주 사용하였다. 그는 비율 슬라이더와 같은 역동적인 기능을 활용하고, 주요 수학적 표현들 간의 (역동적인) 연결을 명시적으로 보여줌으로써 DMT의 시각적이고 역동적인 특성을 최대한 활용하였다. 따라서 그의 질문은 다양한 표현들에서 무슨 일이 일어나고 있는지, 그들 간의 연결과 그들의 가능한 의미에 관한 것이었으며, 이는 DMT를 '실시간으로' 사용하는 동안 이루어졌다. 이것은 잭, 학생들, 그리고 역동적인 수학 환경 간의 상호작용을 촉진하고, 결과적으로 기초적인 수학적인 개념과 관계를 드러내는데 기여하였다. 그러나 알렉스와 라라는 그들의 수업에서 DMT를 참조한 탐구 질문을 거의 하지 않았다. 그럼에도 불구하고 알렉스는 그의 후반부 수업에서 전체 학급을 가르치는데 DMT의 역동적인 사용을 더 자주 통합하기 시작하였으며, 이러한 면에서 라라보다 더 많은 기회를 가졌다.

또한, 개방형 질문의 초점과 목적 측면에서, 잭의 질문은 수학적인 측면과 테크놀로지적인 측면을 모두 포함하고 있었다. 예를 들어, 두 명의 학생들과 상호작용할 때 그는 학생들에게 비율 슬라이더를 1로 끌어 결과로 나온 도형의 속성을 탐구하라고 암시하는 질문을 던졌다.

> 비율이 2일 때, [원래 도형의] 변들이 두 배가 되죠? 모든 변에 2가 곱해집니다. 그러면 비율이 1일 때는 어떻게 될 것 같나요? … 비율이 1일 때는 무슨 일이 일어날 것 같나요?

잭의 목표는 DMT와 종이 기반 문제 모두에서 학생들의 주의를 바탕에 깔린 중요한 수학적 개념에 집중시키고, 그들의 이해를 탐구하며 지원하여 발전시키는데 있었던 것으로 보인다. 그러나 앞서 언급한 바와 같이, 알렉스의 질문들은 특히 초반 수업에서는 테크놀로지적인 측면에 주로 초점을 맞추고 있었다. 학생들이 답변을 제시한 후, 알렉스는 수학에 대한 학생의 사고를 조사하거나 탐구하기 위한 후속 질문을 거의 하지 않았다. 그럼에도 불구하고, 후반부 수업에서는 전체 학급 토론 중에 DMT를 더 역동적으로 사용하기 시작하면서, 그의 질문 초점은 수학적 내용으로 좀 더 옮겨갔다. 이 새로운 맥락에서 알렉스의 질문들의 목적은 학생들이 DMT와 상호작용하는 동안 수학적인 측면에서 학생들이 무엇을 발견하고 탐구했는지를 알아보는데 주로 집중한 것으로 보인다. 그러나 잭의 경우와 달리, 알렉스의 개방형 질문은 학생들이 기초적인 수학적 개념과 그들 간의 관계를 인지하고 탐구하는 결과를 반드시 이끌어내지는 않았다. 그의 질문은 DMT 내에서 서로 다른 표현 간의 수학적인 연결을 명확하게 하도록 학생들을 자극하지는 않는 경향이 있었다. 예를 들어, 비율 슬라이더를 조작할 때 두 수학적으로 닮은 평행사변형에서 대응하는 각의 쌍들이 어떻게 변하는지를 명확하게 탐구하지 않았다. 이는 Hollebrands & Lee(2016)의 연구 결과와 유사한데, 이들은 교사들이 학생들에게 수학과 테크놀로지 모두에 초점을 맞춘 질문을 던졌지만, 학생들에게 그들이 인지한 관계가 왜 옳은지 설명하고 정당화하도록 물어보거나 유도하지는 않았다고 보고하였다. 마지막으로, 라라의 개방형 질문은 전체 학급을 가르치는 동안 DMT를 거의 사용하지 않았기 때문에 주로 과제의 수학적인 측면에만 집중하였다. 그러나 그녀의 질문은 대개 “무엇을 발견했나요?”와 같은 광범위한 질문이었으며, 학생들의 사고 과정을 이해하기보다는 그들의 답의 정확성을 평가하는데 중점을 둔 것으로 보이는 학생들로부터 증거를 수집하는데 사용되었다.

4.4. DMT를 사용한 수업에서 예측, 식별 및 제기된 도형의 닮음에 대한 학생 오개념의 다양성

이 자료는 잠재적인 오개념과 이를 해결하기 위해서 DMT를 역동적으로 사용하는 가능한 교수 전략에 대한 인식과 이해가 알렉스와 라라에 비해 잭이 더 뛰어났음을 보여주었다. 잭은 총 6개의 주요 오개념, 예를 들어, 기하 도형의 각도는 변의 길이와 함께 비율에 의해 곱해진다와 같은 오개념을 예측하고 식별하였고, 예를 들어, 비율 슬라이더와 함께 동적 각도 슬라이더를 조작하는 것과 같이 DMT를 역동적으로 사용하여 학생들이 그 오개념을 접하고 반성할 수 있는 기회를 제공하였다. 반면에 알렉스와 라라는 각각 3개와 2개의 다른 오개념만을 예측했고, 잭처럼 DMT를 동적으로 사용하지는 않았다.

또한 우리의 분석은 즉각적인 오개념 식별과 이를 해결하기 위한 DMT의 활용 측면에서 교사들 간의 두드러진 차이를 확인하였다. 예를 들어, 잭은 전체 학급 또는 그룹의 학생들이 이러한 오개념의 원인을 조사하고 진단하도록 유도하면서, DMT의 동적 사용을 통해 학생들이 올바른 해결책을 스스로 발견할 수 있도록 지원하려고 하였다. 예를 들어, 잭은 수업 중 DMT로 독립적인 작업을 하던 한 쌍의 학생들과 상호작용하면서 수학적으로 닮은 도형의 면적과 관련된 오개념을 식별하였을 때 이런 것이 명확히 나타났다. 그는 교실을 순회지도하는 동안 이러한 오개념을 즉각 발견하고 DMT의 기능, 특히 애니메이션과 격자선을 ‘실시간으로’ 가장 효과적으로 활용하였다. 그 결과, 학생들은 그들의 오개념을 깨닫고 수정할 수 있었으며, 왜 그런 오개념이 발생했는지에 대한 이유도 이해할 수 있었다. 이는 전문가 교사가 자신의 전문 지식의 일환으로 갖추고 있어야 할 능력과 일치한다. Bellman et al.(2014)에 따르면, 전문가 교사는 교실에서 식별한 오개념을 해결하기 위해 DMT를 어떻게 사용할지에 대해 ‘실시간으로 결정을 내리는’ 책임을 지려는 경향이 있다(p. 98). 잭과 달리, 알렉스와 라라는 학생들이 수업 중에 발생시키거나 접한 오개념을 인식하거나 식별하지 못하는 경향이 있었다. 두 교사 모두 학생들이 가진, 예를 들어 확대된 도형이 **항상** 원본보다 크다와 같은 잠재적인 몇몇 오개념에 주의를 기울이도록 유도했지만, DMT를 사용하여 학생들이 그 오개념을 인식하고 반성할 수 있도록 돕는 경향은 없었다.

5. 결론

이 연구에서는 학교 수학의 교수-학습에서 디지털 기술을 활용한 경험과 전문성의 정도가 다른 영국 중학교 수학 교사 세 명의 수업 행동을 조사하기 위해 다중 사례 연구 방법을 채택하였다. 사례 연구에 참여한 교사 중 한 명은 교실에서 DMT를 사용해서 가르친 경험이 있는 **전문가 교사**로 정의되었으며, 나머지 두 명은 교실에서 DMT를 사용하고 가르치는데 있어 초보는 아니지만 전문가도 아닌 숙련 초보 교사로 불렀다. 우리의 연구 결과에 따르면, 특히 **숙련 초보 교사**들이 교실에서 도형의 닮음 수업을 할 때 DMT의 동적 기능을 통합하는데 있어, 그들이 관련된 수업 과정안을 다시 생각하고 다시 구성하기 위해 "[그들의] 전문적 지식 매트릭스를 활용해야" 했기 때문에 수업 과정안를 개발하고 확장하는 것 등에서 어려움을 겪고 있음을 발견하였다(Ruthven, 2009, p. 138).

세 교사의 사례를 통해 우리의 연구 결과는 SFCP 분석틀에서 식별된 수업 행동의 여러 측면 중 하나인 **수업 과정안**과 관련하여 몇 가지 중요한 차이점을 제시하였다. 아래에서는 전문가 교사와 숙련 초보 교사의 수업 행동 전반에 걸쳐 이러한 차이를 개념화하여, DMT를 사용한 도형의 닮음 교육에서 교사의 수업 과정안 특성에 대한 이해를 발전시키고자 한다. 이 사례 연구에서는 두 개의 다른 학교에 일하는 세 명의 교사만을 대상으로 작업하였기 때문에, 이 연구의 결과를 추가 관찰 검증 없이 더 광범위한 교사 집단에 단순하게 일반화할 수 없다는 점을 인식하는 것이 중요하다. 다음과 같은 우리의 개념화를 일반화하는 문제를 제기하기 위해서는 다양한 교사를 포함하는 추가적인 연구가 필요할 것이다.

1. 전문가 교사들은 DMT를 사용하여 도형의 닮음을 가르치는 데 있어 숙련 초보 교사들보다 더 포괄적인 수업 과정안을 다음의 측면에서 개발한다.

   - DMT 사용을 포함한 수업에서 구현된 도형의 닮음 관련 교수 목표의 다양성
   - 교실에서 학생들이 DMT를 사용하는 동안 사용되고 주목된 수학 및 테크놀로지 어휘 범위
   - 특히 더 개방형인 질문과 후속 질문들을 포함한 DMT를 참조하는 질문의 깊이와 다양성
   - DMT의 동적 기능을 활용한 수업에서 예상되고 식별되며 제기된 도형의 닮음 관련 학생의 오개념의 범위

2. 전문가 교사들은 숙련 초보 교사들보다 도형의 닮음의 동적 본질에 대한 더 깊은 이해를 보여준다. 이 이해는 그들이 다음과 같이 DMT를 동적으로 사용할 수 있도록 한다.

   - 수학적으로 닮은 도형을 만들기 위해 소수 및 정수 비율을 도입
   - 수업에 '합동' 개념을 소개하고 학생들이 합동인 도형의 특성을 이해하도록 촉진

- 도형의 닮음과 관련된 일반적인 학생들의 오개념을 예측하고 식별하며, 학생들이 이를 직면하고 성찰할 수 있도록 유도
- 수학적인 닮음 또는 합동을 결정할 수 있도록 촉진하기 위하여 역동적인 수학 환경에서 기하 도형들에 여러 변환들을(예, 평행 이동, 회전, 확대) 적용하여 도형의 닮음과 기하학적 변환 사이의 연결 만들기
- DMT에서 도형의 닮음의 표현 간 여러 수학적인 연결을 만들어 학생들과의 의미 있는 전체 학급 토론 및 개별 토론을 촉진

3. 전문가 교사들은 테크놀로지보다 수학에 초점을 맞추는 반면, 숙련 초보 교사들은 그 반대의 경향을 보인다. 전문가 교사들은 DMT를 사용하는 기술보다는 수학적인 내용을 강조하며 학생들의 도형의 닮음 이해를 증진하기 위해 DMT를 '실시간으로' 사용하는 경향이 있다. 하지만, 숙련 초보 교사들의 수업에서는 특히 초기 수업에서는 수학이 암시적으로 남아 있는 경향이 있다. 그러나 시간이 지남에 따라 그들은 점점 수학을 중심에 두게 된다.

4. 전문가 교사들은 DMT의 '실시간' 사용을 통해 학생들이 구술 및 서면 설명과 정당화 과정에서 정확하고 올바른 수학적 및 테크놀로지적인 어휘를 사용하도록 장려할 기회를 만드는 경향이 있다. 반면, 숙련 초보 교사들은 DMT를 '실시간'으로 사용하지 않는 경향이 있으며, 이는 이러한 기회를 제한한다. 전문가 교사들은 DMT에서 활동과 그러한 활동의 수학적인 결과를 설명할 때 더 광범위한 수학 및 테크놀로지적인 어휘를 사용하는 반면, 숙련 초보 교사들은 좀 더 제한된 어휘 범위를 보여준다.

5. 전문가 교사들은 DMT를 참조하는 다양한 개방형 질문을 개발하여 학생들이 DMT의 동적 기능을 활용해 수학적인 추측을 만들고 테스트하도록 유도하고, 그들의 추론과 결과를 설명하고 정당화하도록 유도한다. 그러나 숙련 초보 교사들은 DMT 사용을 반드시 참조하지 않는 좀 더 제한된 범위의 개방형 질문을 개발하며, 그들의 질문은 주로 학생들이 올바른 답을 찾고 설명하는 것으로 이어져 학생들이 자세한 설명이나 정당화를 하지 않는 낮은 수준의 수렴적 추론을 요구한다.

우리의 연구는 교사들의 수업 실행 양상, 특히 그들의 수업 과정안에 초점을 맞춘 중요한 특성을 더 세밀하게 설명함으로써 관련된 선행연구에 기여한다. 특히, 수업 과정안의 추가적인 세분화가 전문가 교사의 더 효율적인 실천을 식별하는데 도움이 된다는 것을 보여준다. 또한, Ruthven(2014)은 이 책 시리즈의 첫 번째 판에서 연구자들에게 SFCP 분석틀을 자료 수집 및 분석 과정에서 사용하여 이 새로운 틀을 테스트하고, 설명하며, 개선하도록 하였다. 이와 관련하여, 우리의 연구는 SFCP 분석틀이 새로운 테크놀로지를 사용한 교사의 일상 수업 행동을

조사하는 도구로서 유용하고 기능적이라는 것을 추가적으로 테스트해 제공하였다. 또한 자료를 분석하기 위해 SFCP 분석틀을 사용함으로써 그리고 교사의 수업 실행 양상, 특히 그들의 수업 과정안에서 차이점 및 유사점을 식별하기 위해 분석틀을 운영함으로써 이 분석틀이 특정 수학 영역에 맞게 어떻게 구체화할 수 있는지를 보여준다. 마지막으로, 우리의 연구는 선행연구에 방법론적 기여를 하였다. 우리는 수업 관찰에서 세 가지 다른 디지털 카메라를 사용하였다. 하나는 교사에 초점을 맞추고, 또 하나는 전체 학급을 촬영하며, 세 번째는 '교사의 시선'을 캡처하기 위해 사용되었다. 우리의 지식에 따르면, 이 연구는 수학교육의 교육적 테크놀로지 분야에서 교사의 고유한 교실 시선을 포착하기 위해 귀에 장착된 착용형 비디오 기술을 데이터 수집 도구로 사용한 최초의 연구이다.

참고문헌

Adelabu, F. M., Makgato, M., & Ramaligela, M. S. (2019). The importance of dynamic geometry computer software on learners' performance in geometry. *The Electronic Journal of E-Learning, 17*(1), 52–63.

Anderson, L. W. (1981). Instruction and time on task: A review. *Journal of Curriculum Studies, 13*(4), 289–303.

Ball, L., & Stacey, K. (2019). Technology-supported classrooms: New opportunities for communication and development of mathematical understanding. In A. Büchter, M. Glade, R. Herold-Blasius, M. Klinger, F. Schacht, & P. Scherer (Eds.), *Vielfältige zugänge zum mathematikunterricht konzepte und beispiele aus forschung und praxis* (pp. 121–129). Springer Spektrum.

Bellman, A., Foshay, W. R., & Gremillion, D. (2014). A developmental model for adaptive and differentiated instruction using classroom networking technology. In A. Clark-Wilson, O. Robutti, & N. Sinclair (Eds.), *The mathematics teacher in the digital era: An international perspective of technology focused professional development* (pp. 91–110). Springer.

Berliner, D. C. (2004). Describing the behaviors and documenting the accomplishments of expert teachers. *Bulletin of Science Technology and Society, 24*(3), 200–212.

Bozkurt, G. (2016). *Teaching with technology: A multiple-case study of secondary teachers' practices of GeoGebra use in mathematics teaching*. Doctoral thesis (PhD), University of Cambridge, UK.

Bozkurt, G., & Ruthven, K. (2017). Classroom-based professional expertise: A mathematics teacher's practice with technology. *Educational Studies in Mathematics, 94*(3), 309–328.

Bozkurt, G., & Ruthven, K. (2018). The activity structure of technology-based mathematics lessons: A case study of three teachers in English secondary schools. *Research in Mathematics Education, 20*(3), 254–272.

Burns, R. B., & Anderson, L. W. (1987). The activity structure of lesson segments. *Curriculum Inquiry, 17*(1), 31–53.

Chazan, D. (1988). Similarity: Exploring the understanding of a geometric concept. *Technical Report*, 88–15.

Clark-Wilson, A., & Hoyles, C. (2017). *Dynamic digital technologies for dynamic mathematics: Implications for teachers' knowledge and practice*. London.

Clark-Wilson, A., & Hoyles, C. (2019). A research-informed web-based professional development toolkit to support technology-enhanced mathematics teaching at scale. *Educational Studies in Mathematics, 102*, 343–359.

Clark-Wilson, A., Robutti, O., & Sinclair, N. (2014). Introduction. In A. Clark-Wilson, O. Robutti, & N. Sinclair (Eds.), *The mathematics teacher in the digital era: An international perspective of technology focused professional development* (pp. 1–10). Springer.

Clark-Wilson, A., Robutti, O., & Thomas, M. O. J. (2020). Teaching with technology. *ZDM Mathematics Education, 52*(7), 1223–1242.

Cohen, D. K., Raudenbush, S. W., & Ball, D. L. (2002). Resources, instruction, and research. In R. Boruch & F. Mosteller (Eds.), *Evidence matters: Randomized trials in education research* (pp. 80–119). Brookings Institution Press.

De Bock, D., Van Dooren, W., Janssens, D., & Verschaffel, L. (2002). Improper use of linear reasoning: An in-depth study of the nature and the irresistibility of secondary school students' errors. *Educational Studies in Mathematics, 50*(3), 311–334.

Denton, J. (2017). Transforming mathematics: Using dynamic geometry software to strengthen understanding of enlargement and similarity. *Warwick Journal of Education, 1*, 69–84.

Drijvers, P. (2019). Head in the clouds, feet on the ground: A realistic view on using digital tools in mathematics education. In A. Büchter, M. Glade, R. Herold-Blasius, M. Klinger, F. Schacht, & P. Scherer (Eds.), *Vielfältige zugänge zum mathematikunterricht: Konzepte und beispiele aus forschung und praxis* (pp. 163–176). Springer Spektrum.

Edwards, M. T., & Cox, D. C. (2011). The frame game. Journal of Mathematics Education at Teachers College, 2, 18–27. Goos, M. (2014). Technology integration in secondary school mathematics: The development of teachers' professional identities. In A. Clark-Wilson, O. Robutti, & N. Sinclair (Eds.), *The mathematics teacher in the digital era: An international perspective of technology focused professional development* (pp. 139–162). Springer.

Hollebrands, K. F., & Lee, H. S. (2016). Characterizing questions and their focus when pre-service teachers implement dynamic geometry tasks. *The Journal of Mathematical Behavior, 43*, 148–164.

Lamon, S. J. (2008). Teaching fractions and ratios for understanding: Essential content knowledge and instructional strategies for teachers (2nd ed.). Lawrence Erlbaum Associates. Leinhardt, G., Putnam, R. T., Stein, M. K., & Baxter, J. (1991). Where subject knowledge matters. In J. Brophy (Ed.), *Advances in research on teaching* (*Teachers' knowledge of subject matter as it relates to their teaching practice*) (Vol. 2, pp. 87–113). JAI Press.

Mills, A., Durepos, G., & Wiebe, E. (2010). *Encyclopedia of case study research*. Sage.

Monaghan, J. (2004). Teachers' activities in technology-based mathematics lessons. *International Journal of Computers for Mathematical Learning, 9*, 327–357.

Noss, R., & Hoyles, C. (1996). *Windows on mathematical meanings: Learning cultures and computers*. Kluwer Academic Publishers.

Putnam, R. T. (1987). Structuring and adjusting content for students: A study of live and simulated tutoring of addition. *American Educational Research Journal, 24*(1), 13–48.

Rivlin, L. G., & Weinstein, C. S. (1984). Educational issues, school settings, and environmental psychology. *Journal of Environmental Psychology, 4*(4), 347–364.

Ruthven, K. (2009). Towards a naturalistic conceptualisation of technology integration in classroom practice: The example of school mathematics. *Education & Didactique, 3*(1), 131–159.

Ruthven, K. (2014). Frameworks for analysing the expertise that underpins successful integration of digital technologies into everyday teaching practice. In A. Clark-Wilson, O. Robutti, &N. Sinclair (Eds.), *The mathematics teacher in the digital era: An international perspective of technology focused professional development* (pp. 373–394). Springer.

Ruthven, K., Hennessy, S., & Deaney, R. (2008). Constructions of dynamic geometry: A study of the interpretative flexibility of educational software in classroom practice. *Computers and Education, 51*(1), 297–317.

Seago, N. M., Jacobs, J. K., Heck, D. J., Nelson, C. L., & Malzahn, K. A. (2014). Impacting teachers' understanding of geometric similarity: Results from field testing of the learning and teaching geometry professional development materials. *Professional Development in Education, 40*(4), 627–653.

Simsek, A. (2021). *Characterising features of secondary mathematics teachers' classroom practices with dynamic digital technology: The case of geometric similarity*. Doctoral thesis (PhD), UCL Institute of Education, University College London, London, UK.

Son, J.-W. (2013). How preservice teachers interpret and respond to student errors: Ratio and proportion in similar rectangles. *Educational Studies in Mathematics, 84*, 49–70.

Thomas, M. O. J., & Hong, Y. Y. (2013). Teacher integration of technology into mathematics learning. *International Journal for Technology in Mathematics Education, 20*(2), 69–84.

Trgalová, J., Clark-Wilson, A., & Weigand, H.-G. (2018). Technology and resources in mathematics education. In T. Dreyfus, M. Artigue, D. Potari, S. Prediger, & K. Ruthven (Eds.), *Developing research in mathematics education: Twenty years of communication, cooperation and collaboration in Europe* (pp. 142–161). Routledge.

Vahey, P., Kim, H. J., Jackiw, N., Sela, H., & Knudsen, J. (2020). From the static to the dynamic: Teachers' varying use of digital technology to support conceptual learning in a curricular activity system. *ZDM Mathematics Education, 52*, 1275–1290.

Yin, R. K. (2014). *Case study research: Design and methods* (5th ed.). Sage.

11

진정한 수학 탐구 프로젝트를 위한 프로그래밍 테크놀로지 사용의 도구 오케스트레이션

Chantal Buteau
Eric Muller
Joyce Mgombelo
Marisol Santacruz Rodriguez
Ana Isabel Sacristán
Ghislaine Gueudet

이 장은 수학과 대학생과 예비 수학교사를 대상으로 순수 또는 응용 수학 탐구 프로젝트를 위해 프로그래밍 테크놀로지 사용을 가르치는 것에 중점을 둔다. 이 연구는 도구 오케스트레이션에 관한 이론적 틀이 어떻게 이러한 수업을 이해하는 데 기여하는지 조사한다. 이 사례 연구는 지난 20년 동안 캐나다 브록 대학교에서 제공한 3개의 학부 수학 강좌를 배경으로 하는데, 이 강좌의 주요 활동으로 탐구 프로젝트를 포함하고 있다. 이 연구에서는 교수자가 암묵적 또는 명시적으로 촉진했을 수 있는 잠재적인 학생 스킴과 관련된 교수자의 행동과 의사 결정을 조사한다. 분석 역시 2가지 학생 스킴에 초점을 맞추는데, 첫 번째는 프로그래밍 언어로 수학 개념을 명확히 표현하는 스킴이고, 두 번째는 프로그래밍된 수학을 검증하는 스킴이다. 이 사례 연구를 통해 교수자 오케스트레이션의 다양한 요소를 특정 스킴의 의도된 발달과 연관시키는 도구 오케스트레이션과 도구 발생 연결 모델을 개발하였다. 연구 결과는 교수자의 이중 역할을 강조하는데, 구체적으로 교수자는 정책 담당자의 역할을 함과 동시에 학생들의 도구 발생, 즉 학생의 스킴망 발달을 조율할 책임이 있는 교사의 역할을 한다. 또한, 연구 결과는 활용 방식의 핵심 요소로서 프로젝트의 통합을 강조한다.

주요 용어: 도구 기반 접근, 도구 오케스트레이션, 스킴, 프로그래밍, 대학 수학, 탐구 프로젝트

1. 서론

캐시(Cassie)는 컴퓨터실에 들어간다. 캐시는 오늘 수업에서 로지스틱 함수의 분기 다이어그램 탐구 환경을 프로그래밍할 것이라는 이야기를 들었다. 그녀는 매우 들떠 있으며, 자신의 프로그램을 통해 "혼돈을 보고 경험할 수 있을 것"이라는 교수자의 단언을 기대하고 있다! 우리는 수학 개념을 프로그래밍하고 학생들의 탐구활동을 설계할 때, 다시 말해 프로그래밍 테크놀로지를 수학에서 "사고의 도구가 되는 대상"(object-to-think-with, Papert, 1980)으로 사용할 때 어떤 유형의 수업이 학생들에게 이와 같은 흥미를 불러일으키고 그들의 능력 발달을 지원하는지 질문하게 된다.

이 장에서는 도구 오케스트레이션(instrumental orchestration)에 관한 이론적 틀을 통해 어떻게 이러한 수업에 대한 이해를 심화할 수 있는지를 조사하기 위해 대학 환경에서 1명의 교수자를 대상으로 사례 연구를 실시한다. 2절에서는 수학 교실에서 프로그래밍 통합에 대한 개요를 제시하고, 캐시의 이야기를 이어가며 수학 탐구 프로젝트에서 프로그래밍을 사용하는 활동을

설명한다. 3절에서는 도구 기반 접근(instrumental approach)에 관한 이론적 틀을 제시하고, 인공물(artefact)이 프로그래밍이고 활동이 대학 수준의 수학 탐구 프로젝트일 때 이 이론을 어떻게 실제 적용할 수 있는지를 설명한다. 4절과 5절에서는 1명의 교수자를 대상으로 실시한 사례 연구의 방법과 결과를 설명하고, 6절에서는 이러한 수업의 모델을 제안한다. 7절에서는 도구 기반 접근의 관점을 통해 이러한 수업에서 얻은 통찰을 논의하고, 8절에서 몇 가지 권고와 보다 넓은 관점에서의 전망을 제시하며 결론을 맺는다.

테크놀로지를 활용한 수학 수업에 대한 최근의 설문 조사에서 Clark-Wilson et al.(2020)은 “더 깊이 연구할 가치가 있는 분야는 … 교사가 자신의 수학 교실에서 장기간 테크놀로지를 사용한 결과를 살펴보는 연구”(p. 1237)임을 강조한다. 이 장은 이러한 연구 분야에 기여하고자 한다. 실제로, 이 장의 사례 연구는 캐나다 브록 대학교(Brock University)에서 개설된 ‘컴퓨터 통합 수학 및 응용’(이하, MICA I–II–III/III*)이라는 3개의 대학 수학 시리즈 강좌의 일환으로 프로그래밍의 지속적 통합과 관련된다. 이 강좌들은 2001년에 처음 시행되었으며, 그 이후로 10명의 교수자가 이 강좌를 가르쳤다. 프로젝트 기반인 이 수업에서 수학과 학생들과 예비 수학교사들은 상호작용 환경을 설계하고 프로그래밍하여 사용함으로써 수학 개념, 추측, 응용을 탐구하는 방법을 배운다(Buteau & Muller, 2014; Buteau et al., 2015b). 이 사례 연구는 학생들이 “진정한” 수학 탐구를 위해 어떻게 프로그래밍 사용을 배우는지를 이해하고, 그 사용이 시간이 지나도 지속되는지 그리고 어떤 식으로 지속되는지를 확인하며, 교수자들이 이러한 학습을 어떻게 지원하는지 조사하는 5년 프로젝트의 일부이다. 이하에서는 수학교육에서 프로그래밍 통합에 대한 간략한 개요를 제시한다.

2. 수학 교실에서 수업과 프로그래밍 통합: 개요

지난 10년 동안 컴퓨터 프로그래밍, 혹은 더 넓게는 “컴퓨팅 사고”(computational thinking)를 통합한 교육에 관한 관심이 다시 부상하고 있다. 실제로, 이러한 통합이 세계 여러 지역에서 초등학교 필수 교육과정의 일부로 자리 잡고 있는 것을 목격하고 있다. 예를 들어, 캐나다 온타리오주(Ontario Ministry of Education, 2020)와 프랑스(Direction générale de l’ enseignement scolaire, 2020; Vandevelve & Fluckiger, 2020)에서는 수학 교과의 일부로 프로그래밍이 통합되었다. 영국(Benton et al., 2017; Department for Education, 2013)과 뉴질랜드(New Zealand Ministry of Education, 2020)에서는 컴퓨터 과학 교과의 일부로 통합되었으며, 핀란드에서는 교과 전반에 걸쳐 횡단적 접근으로 프로그래밍이 도입되었다(Bocconi et al., 2018). 중등학교 과정에서 프로그래밍은 주로 선택 과목인 컴퓨터 과학 수업의 일부로 통합한 지 어느 정도 시간이 흘렀는데, 일부 국가에서는 이러한 상황이 변화하고 있다. 예를 들어, 폴란드는 최근 중등학교 필수 과정에 프로그래밍을 통합하였으며(Sysło & Kwiatkowska, 2015; Webb et al.,

2017), 프랑스에서는 2009년부터 대학 STEM 계열을 목표로 하는 학생들을 위한 수학 수업에 알고리즘을 통합해 왔다(Lagrange & Rogalski, 2017; Ministère de l'Éducation nationale et de la Jeunesse, 2020).

일부 국가에서는 학교 수학과 교육과정에 프로그래밍을 통합한 것이 비교적 최근의 일이지만, 수학 학습을 위한 프로그래밍은 LOGO 프로그래밍 언어의 설계(Papert, 1972)와 구성주의(constructionism, Papert & Harel, 1991)를 시작으로 반세기의 역사를 가지고 있다. 구성주의 패러다임의 근본적인 전제는 학생 중심의 학습 상황을 만들어 학생들이 의미 있는 프로젝트를 통해 공유할 수 있는 실체적인 대상을 의식적으로 구성하는 데 참여하도록 하는 것이다. 수학교육에서 구성주의에 관한 연구는 프로그래밍이 "사고의 도구가 되는 대상"(Papert, 1980)으로 사용될 때, 학생들이 수학 개념을 이해하는데 어떻게 도움을 줄 수 있는지를 보여주었다(예, Noss & Hoyles, 1996; Wilensky, 1995). Papert(1980)의 시각에서 이와 같은 방식으로 프로그래밍을 통합할 때 "교사와 학습자의 관계는 매우 다르다. 즉, 교사는 학습자가 발견할 수 있는 마이크로월드에 학습자를 안내할 뿐, 발견 자체로 이끌지 않는다"(p. 209). 다시 말해, Papert의 관점에서 교사의 역할은 특히 학생들이 프로그래밍을 "사고의 도구가 되는 대상"으로 사용할 때, 발명, 창의성, 아이디어 탐구를 촉진하는 상황을 마련하는 것이다(Barabé & Proulx, 2017 참고).

1970년대부터 지난 10년까지 많은 연구는 주로 수학적 사고와 학습을 촉진하는 프로그래밍의 잠재성에 중점을 두었으며(Benton et al., 2017), 최근에는 "컴퓨팅 사고"라는 더 넓은 맥락으로 발전하였다(예, diSessa, 2018; Gadanidis et al., 2018; Sinclair & Patterson, 2018). 최근까지도 연구는 주로 학습에 초점을 맞추었으며, 교수학적 설계는 프로그래밍이 학교에서 충분히 통합되지 않았기 때문에 주로 부차적으로 분석되었다(예, Hoyles & Noss, 1992). 그러나 최근 학교 및 (수학과) 교육과정에서 프로그래밍의 통합이 증가함에 따라, 수학에서 "사고의 도구가 되는 대상"으로 프로그래밍을 가르치는 것에 관한 연구의 필요성이 더욱 중요해지고 있다. 이러한 연구의 예로 Benton et al.(2018)은 영국 초등학교에서 프로그래밍을 통해 수학 학습을 지원하기 위한 교사 전문성 개발에 대해 논의한다.

대학 수준에서 수학에 프로그래밍을 통합하는 방식은 여러 형태로 나타난다. 예를 들어, 모델링이나 수치해석 과목과 같이 특정 과목 내에 통합되거나, 컴퓨터 과학 과목의 선수과목과 같이 필수 능력으로 요구되거나, 데이터 과학이나 수학적 생물학과 같은 융합 프로그램의 일부로 포함되거나, 시리즈 과목이나 프로그램 전체에 걸치는 방식과 같이 더 통합된 접근 방식으로 이루어진다. Sangwin & O'Toole(2017)의 조사에 따르면, 예컨대 영국에서는 학부 수학 프로그램의 78%가 컴퓨터 프로그래밍 교육을 필수로 요구하는 것으로 나타났는데, 주로 수치해석과 통계학 과목에서 그러하였다. 더 통합된 접근의 예로, 노르웨이 오슬로 대학교(University of Oslo)의 수학과 물리학 프로그램은 학생들이 프로그램 전반에 걸쳐 수치적 방법을 적용하여 문제를 해결하는 능력을 개발할 수 있도록 개편되고 있다(Malthe-Sørenssen et al., 2015).

프로그래밍을 프로그램 전반에 걸쳐 통합하는 다른 예로 수치적 방법에만 국한되지 않는 더 넓은 범위를 다루는 사례들이 있다. 예를 들어, 미국의 캐롤 대학교(Carroll College)와 영국의 맨체스터 메트로폴리탄 대학교(Manchester Metropolitan University)에서는 모두 프로그래밍을 모델링에 활용하여 학생들이 Papert(1980)가 구상한 프로그래밍을 경험할 기회를 제공한다(Cline et al., 2020; Lynch, 2020). 1,000명 이상의 학생들이 수강하는 캐나다 맥마스터 대학교(McMaster University)의 생명과학 학부 미적분 수업에서 Python을 통합한 것(Clements, 2020)은 그러한 통합의 예이며, 앞서 언급된 '컴퓨터 통합 수학 및 응용'의 시리즈 과목들 역시 이에 해당한다(Buteau et al., 2015b). 다만, 후자의 시리즈 과목들의 경우는 정수론, 동역학 시스템 등 더 넓은 수학적 영역을 포함한다. 실제로 선행연구에서 프로그래밍은 대수학(Leron & Dubinsky, 1995), 미적분학(Clements, 2020), 확률(Wilensky, 1995), 조합론(Lockwood & De Chenne, 2019), 통계학(Mascaró et al., 2016)과 같은 다양한 분야의 대학 수학 학습을 지원할 수 있음을 보여준 바 있다. 예를 들어, Lockwood & De Chenne(2019)의 연구에서는 "Python 프로그래밍, 결과물의 표현, 코드에 반영된 공식이 결합되어 학생들의 조합론적 추론과 활동을 향상시키는 효과적인 접근을 제공하였다"(p. 306)고 보고하였다.

앞서 언급된 접근 중 많은 부분은 Weintrop et al.(2016)의 연구에서 설명한 것처럼, 대학 수학 교실에서 프로그래밍을 의미 있고 풍부한 방식으로 통합하는 방법을 다루고 있다. 이 연구에서는 전문 수학자와 과학자들이 그들의 연구를 수행하는 다양한 컴퓨팅 관행들을 자세히 설명하고 있다([그림 1] 참조). 그들이 제시한 세부적인 분류는 "이론 및 실험과 더불어, 복잡한 시스템에 관한 과학적 탐구의 세 번째 축은 모델링, 시뮬레이션, 최적화, 시각화를 결합한 형태로 등장하였다"고 말한 유럽 수학회(European Mathematical Society, 2011, p. 2)의 생각처럼, 수학 연구자들의 참여에 대한 통찰을 제공한다. 예를 들어, "수학적 모델링을 위한 문제를 해석하고 준비하기", "다양한 접근 방법 평가하기", "모듈화된 해결 방법 개발하기", "개념 이해를 위해 컴퓨팅 모델 사용하기"가 그러하다.

Weintrop et al.(2016)은 이러한 관행이 정책 담당자와 교수자에게 프로그래밍과 컴퓨팅 사고가 수학 및 과학 교실에서 어떻게 통합될 수 있는지에 대한 정보를 제공하여 "이들 분야의 현재 전문적 관행에 더 부합하도록"(p. 143) 해야 한다고 주장한다. 다시 말해, 이들 연구자는 모델링과 시뮬레이션 프로젝트와 같이 교수자가 "진정한" 순수 및 응용의 탐구 기반 활동들을 촉진하도록 하는 프로그래밍 통합 방식을 제안한다. Broley(2014)는 수학 교실에서 프로그래밍의 이상적인 통합에 대한 캐나다의 수학 연구자들의 견해가 이러한 컴퓨팅 관행을 실행하는 기반이 되는 어포던스를 강화한다는 것을 확인하였다. 최근 "컴퓨팅 사고와 수학적 사고 사이의 관계를 탐구하는 연구에 대한 요구"에서 Lockwood & Mørken(2021)은 "프로그래밍을 포함한 기계 기반 컴퓨팅에 대한 진지한 고려는 대학 수준의 수학교육 연구에서 거의 부재하며"(p. 2),

대학 수학에서 다양한 통합적 접근은 수업 연구에 관한 기회를 제공해야 한다고 주장한다. 이 장에서는 순수 또는 응용 수학적 모델링 프로젝트의 도구로 프로그래밍을 사용하는 수업에 관한 연구를 논의함으로써 이러한 간극을 해소하고자 한다. 다음 절에서는 1명의 학생의 참여 사례를 재구성하여 수학 탐구 프로젝트에서 프로그래밍을 사용하는 방식을 설명한다.

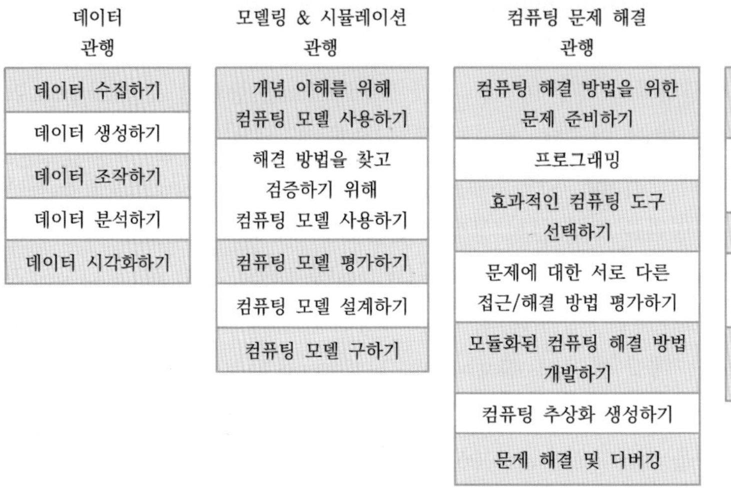

[그림 1] 수학과 과학에서 컴퓨팅 사고의 분류(Weintrop et al., 2016, p. 135)

2.1. 진정한 수학 탐구 프로젝트를 위한 프로그래밍: 하나의 사례

서론에서 설명한 것과 같이, 캐시는 MICA II 교수자로부터 로지스틱 함수 $f(x)=kx(1-x)$(여기서, $x\in[0,1]$과 $k\in[0,4]$는 상수)의 분기 다이어그램을 탐구하라는 요청을 받았다. 전년도에 수강한 MICA I에서 그녀는 VB.NET 프로그래밍을 사용하여 값과 초기 값을 고정하고 생성된 수열의 수렴, 즉 궤도에 관한 연구를 수치적이고 그래픽적으로 관찰함으로써 동역학 시스템을 탐구하였다. 과제를 시작하면서, 그녀는 프로그램, 로지스틱 함수에 대한 그녀의 당시 강의 노트, 프로젝트 지침을 읽으며 무엇이 같고 무엇이 달라져야 하는지를 확인한다. 이제 그녀는 $x_{n+1}=f(x_n)$의 반복 과정에 관한 전년도의 프로그래밍 코드를 기반으로 할 것이고, 올해의 입력과 출력이 달라져야 함을 알고 이해하고 있다. 실제로 입력에는 k값의 범위와 수열에서 항의 수에 대한 최소 임계값이 포함될 것이다. 출력은 가로축의 k값에 대해 초기 x값에 대해 생성된 수열의 더 높은 항, 즉 선택된 k의 범위에 대한 분기 다이어그램을 보여주는 그래프가 된다([그림 2] 참조).

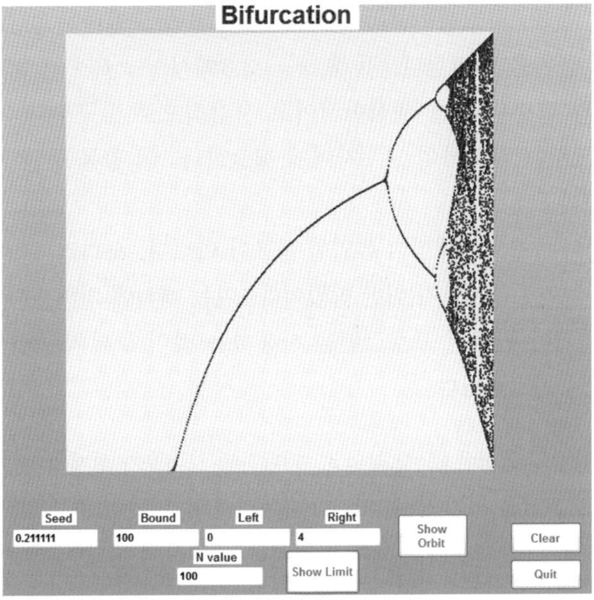

[그림 2] 분기 다이어그램 탐구를 위한 캐시 프로그램의 그래픽 사용자 인터페이스

캐시는 이제 VB.NET에서 작업을 시작한다. 먼저 Visual Studio의 드래그 앤 드롭(drag 'n' drop) 메뉴를 사용하여 그래픽 사용자 인터페이스(graphical user interface)를 생성한다([그림 3]의 왼쪽). 그런 다음 그녀의 수학 지식을 활용하여 수학적인 프로세스를 프로그래밍하고, 코드를 작성하는 동안 정기적으로 코드의 정확성을 검토한다([그림 3]의 오른쪽).

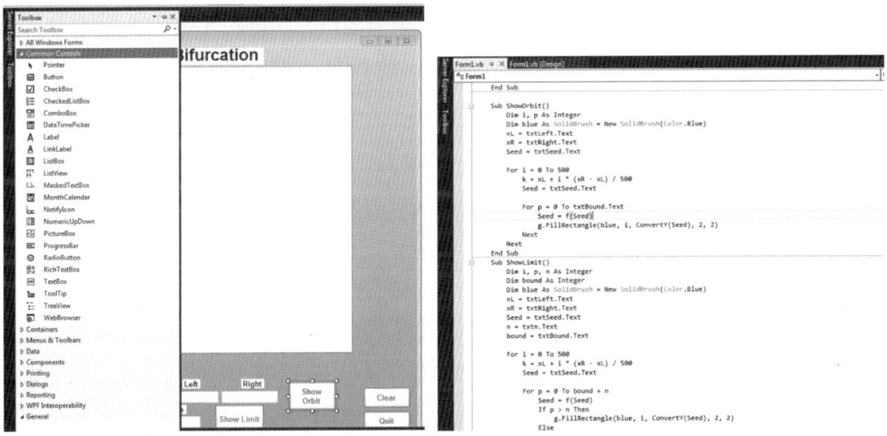

[그림 3] Visual Studio에서 드래그 앤 드롭 메뉴로 그래픽 사용자 인터페이스를 구성하는 장면(왼쪽), 분기 다이어그램 탐구를 위한 캐시의 VB.NET 프로그램에서 발췌한 장면(오른쪽).

캐시는 교수자가 제공한 예제와 비교하여 그래픽 출력이 올바른지 확인한 후 프로그래밍의 마지막 단계를 완료한다. 그런 다음 그녀는 자신의 프로그램을 사용하여 동역학 시스템을 2개의 방식으로 탐구한다. 첫째, 시스템이 처음으로 혼돈 상태에 도달하는 순간을 다이어그램에서 확인하기 위해 값의 범위를 변경한다. 둘째, $k = 3.3$에서 $f \circ f$, $k = 3.5$에서 $f \circ f \circ f \circ f$와 같이, 특정 경우의 고정된 점을 해석학적이고 시각적으로 탐구한다. 마지막으로 그녀는 프로그램과 탐구 보고서를 작성하여 교수자에게 제출한다. 이 활동 동안 캐시는 가끔 동료 및 교수자와 상호작용한다.

이러한 프로젝트에서는 프로그래밍이 유일한 목표가 아니다. 오히려, 프로그래밍은 테크놀로지를 통해 가능해진 수학에 참여하기 위한 방법이다. 이는 캐시에 의해 분명해졌는데, 캐시에게 프로그래밍에 참여하거나 완성된 프로그램을 사용하는 것이 그녀의 학습에 영향을 미쳤는지 물었을 때 아래와 같이 회고하였다.

> 둘 다 저의 학습에 영향을 준 것 같아요. 왜냐하면 그래프가 실제로 무엇을 보여주는지 이해하게 되었고, 그것을 직접 볼 수 있었기 때문이에요. 제가 함수를 입력하고 그래프가 어떻게 그려지도록 해야 하는지 지시한 후 그것을 직접 보게 되니까, 둘 다 도움이 된 것 같아요(Cassie et al., 2019).

대학생으로서 캐시는 일부 수학자들이 연구에서 프로그래밍을 사용하는 방식과 유사하게, 프로그래밍을 사고의 도구가 되는 대상으로 사용할 수 있었던 것으로 보인다(Broley et al., 2017). MICA 수업에서 이러한 진정한 탐구 프로젝트의 다른 예로는 1명의 학생이 우박수 수열(hailstone sequences)의 구조를 시각적이고 대수적으로 탐구하기 위해 상호작용 환경을 설계하고 프로그래밍한 사례, 또는 3명의 학생이 캐나다 이리 호수(Lake Erie)의 물 공급이 시간에 따라 어떻게 변하는지를 탐구하고 변화의 이유와 방법을 설명하기 위해 상호작용 환경을 설계하고 프로그래밍한 사례가 있다(Buteau et al., 2016). 이 장에서는 교수자가 이러한 프로그래밍 기반 수학 탐구 프로젝트에 학생들을 참여하도록 상황을 조성하고 그들을 가르치는 방법에 관심을 둔다. 이 연구의 틀은 아래에서 소개하는 도구 오케스트레이션 이론이다.

3. 이론적 틀

이 연구는 도구 기반 접근에 근거한다. 3.1절에서는 이 이론을 간략히 설명하고, 3.2절에서는 탐구 프로젝트를 위한 프로그래밍을 하나의 인공물로 고려할 때 학생 학습을 구체화한다. 마지막으로 3.3절에서는 이 연구가 저자의 2014년 연구(Buteau & Muller, 2014)에서 논의된 주제들을 어떻게 확장하는지 간략히 설명한다.

3.1. 도구 발생, 스킴, 도구 오케스트레이션

도구 기반 접근은 인간이 인공물을 사용하는 활동을 개념화하기 위해 인간공학(ergonomics) 분야에서 개발되었으며(Rabardel, 1995), 수학교육에서 인공물을 활용한 교수-학습 맥락을 설명하기 위해 더욱 발전되었다(Artigue, 2002; Guin et al., 2005). 이 접근은 인지에 대한 후기 피아제 관점과 비고츠키 관점을 결합한 이론적 틀에 기반을 둔다. 구체적으로, 개념 장(conceptual fields) 이론에서 설명된 후기 피아제의 스킴(scheme) 개념(Vergnaud, 1998)과 활동 이론(activity theories)에서 설명된 비고츠키의 문화적 인공물에 의한 중재(mediation by cultural artefacts) 개념을 통합한다. 이 접근은 주체와 대상이라는 이원적 상호작용과 달리 주체, 도구, 도구화된 행동이 지향하는 대상 간의 삼원적 상호작용을 강조한다.

도구 기반 접근 관점에서 보면, 물질적 또는 기호학적 구성으로서 인공물과 도구 발생 과정을 통해 주어진 목표를 위해 주체가 인공물을 사용하는 활동에서 나타나는 심리적 구성으로서 도구 사이에는 구분이 있다. 도구는 인공물의 일부와 인공물 사용에 관한 스킴으로 구성된다(Vergnaud, 1998). 피아제의 스킴 개념에 대한 Vergnaud(1998)의 재개념화는 도구화된 행동 스킴(instrumented action schemes)의 정의를 위한 토대를 제공한다. Vergnaud에 따르면, 스킴은 주어진 목표를 위한 주체 활동의 안정적 조직으로 정의되며, (i) 활동의 목표, (ii) 상황의 특성에 따라 행동을 생성하는 행동 법칙, (iii) 참인 명제로 간주되는 행동적 개념(concepts-in-action)과 행동적 정리(theorems-in-action)로 구성된 행동 법칙을 지배하는 조작적 불변자(operational invariants), (iv) 추론 가능성이라는 4개의 요소로 구성된다.

Trouche(2004)는 수학 교실에서 학생들의 도구 발생이 교사의 지도를 필요로 한다고 보는데, 이는 인공물을 교수학적으로 도입하는 방식이 학생들의 활동과 교사의 수행에 영향을 미치기 때문이다. 교사가 학생들의 도구 발생을 어떻게 안내하고 학습 환경을 제공하는지 설명하기 위해, Trouche는 도구 오케스트레이션이라는 개념을 제안하였다. 이 개념은 교실에서 디지털을 포함한 인공물을 체계적이고 의도적으로 조직, 배치, 교수학적으로 활용하는 방식을 의미한다. Trouche는 교사의 도구 오케스트레이션을 통해 수업에서 개인적인 측면뿐 아니라 학생들의 도구 발생에 영향을 미치는 사회적이고 집단적인 측면도 함께 동원된다고 설명한다. 교사는 인공물이 사용될 수 있거나 사용되어야 하는 특정 목표와 함께 과제와 자원을 제시하고 연관된 스킴 개발을 촉진하고자 노력함으로써 학생들의 스킴 발달을 이끈다.

이후, 도구 오케스트레이션 개념은 Drijvers et al.(2010)의 기여로 더욱 풍부해졌다. 이들은 Trouche(2004)의 교수학적 배치(didactical configuration)와 활용 방식(exploitation mode) 요소를 고려하고, 교실에서 발생하는 상황과 상호작용에 대한 교사의 수정, 조정, 변화를 설명하기 위해 교수학적 수행(didactical performance) 요소를 도입하였다. 이들은 이 3가지 요소를 아래와 같이 상세하게 설명한다.

- 교수학적 배치: "환경 내 인공물의 배열, 다시 말해, 수업 환경의 배치 및 이러한 환경과 관련된 인공물의 배치"
- 활용 방식: "교사가 교수학적 배치를 자신의 교수학적 의도에 맞게 활용하는 방식을 의미. 이는 과제가 도입되고 수행되는 방식에 관한 결정, 인공물이 수행할 역할에 관한 결정, 학생들이 개발하고 확고히 할 스킴과 기술에 관한 결정을 포함"
- 교수학적 수행: "선택한 교수학적 배치와 활용 방식을 실제 수업 중에 어떻게 수행할지를 교사가 즉석에서 결정하는 것을 의미"(p. 215).

활용 방식의 일부로, 평가와 채점도 포함하기 위해 과제가 진행되는 방식에 대한 교사의 결정도 포함됨을 볼 수 있다.

도구 오케스트레이션은 그래픽 계산기(예, Trouche, 2004), 동적 기하 소프트웨어(예, Ndlovu et al., 2013), 스프레드시트(예, Haspekian, 2014), 수학 애플릿(예, Drijvers et al., 2010) 등의 다양한 테크놀로지를 활용한 수학교육 연구에서 사용되었다. 이러한 연구들은 주로 초등학교 수준(예, Gueudet et al., 2014; Santacruz & Sacristán, 2019)이나 중등학교 수준(예, Drijvers et al., 2014; Ruthven, 2014)에 집중된 경향이 있으며, 고등교육 수준을 다룬 연구는 소수에 불과하다(예, Ndlovu et al., 2013; Thomas et al., 2017). 이 저자들의 연구(Buteau et al., 2020c; Sacristán et al., 2020)를 제외하고 프로그래밍 테크놀로지를 토대로 한 도구 오케스트레이션 연구는 찾아볼 수 없다. 또한 대부분의 연구는 3개의 오케스트레이션 요소의 측면을 다루고 있지만, 특정 학생의 스킴과 그에 따른 행동 법칙에 초점을 둔 연구는 드물다(예, Drijvers et al., 2010). 테크놀로지 기반 탐구 프로젝트의 도구 오케스트레이션을 분석한 연구는 수행된 적이 없는 것으로 보인다. 이 장에서는 진정한 수학 탐구 프로젝트에서 프로그래밍 사용 수업에 관한 오케스트레이션 분석을 오케스트레이션의 요소와 잠재적으로 의도된 학생의 스킴, 즉 교수자가 학생의 도구 발생을 지원하려는 의도를 가지고 행한 행동을 연결하여 집중적으로 살펴본다. 이하에서는 연구의 맥락에서 학생의 도구 발생을 설명한다.

3.2. 수학 탐구 프로젝트에서 프로그래밍 사용에 관한 도구 발생

도구 기반 접근에서 분석 단위는 도구 매개 활동(instrument-mediated activity)이다. 이 연구의 맥락에서 학생들의 도구 매개 활동은 프로젝트 기반 과제에서 수학 탐구를 목표로 프로그래밍을 사용하는 활동을 의미한다. 더 정확하게는, 인공물은 Jupyter Notebook IDE에서 사용하는 Python이나 Visual Studio IDE에서 사용하는 VB.NET와 같은 통합 개발 환경(integrated development environment, 이하 IDE)과 프로그래밍 언어이다(Buteau et al., 2019a). 학생들은 이러한 수학 탐구 프로젝트에서 프로그래밍을 사용함으로써 프로그래밍을 수학적 도구로 변환하며, [그림

4]에 도식화된 개발 과정 모델(development process model)과 같이 프로그래밍의 특정 측면과 구체적인 세부 목표를 위한 사용 스킴을 연결한다(Buteau et al., 2019a; Buteau & Muller, 2010). **예를 들어, 프로그래밍 언어로 수학 과정을 명확히 표현하는 스킴은 하나의 대상을 설계하고 프로그래밍하는 스킴**의 하위 스킴이다([그림 4]의 3단계). 학생 활동을 통한 모델의 동적 설명은 Balt & Buteau(2020b)에 제시된다.

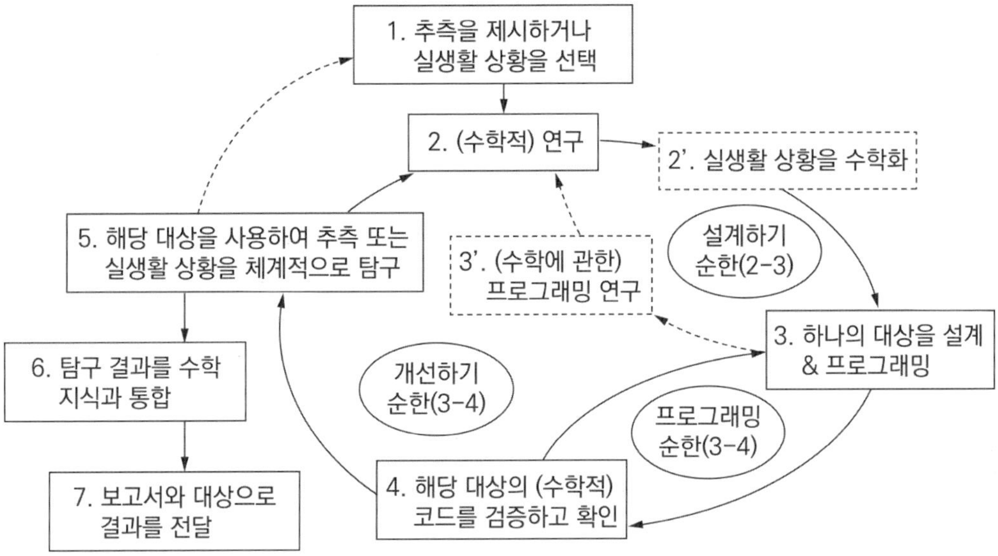

[그림 4] 진정한 순수 또는 응용 수학 탐구를 위한 프로그래밍에 참여하는 한 학생의 개발 과정 모델 (Buteau et al., 2019a)

이 모델은 동적이고 비선형적인 방식으로 발생하는 여러 단계를 포함하는 활동에서 학생 참여를 보여준다. 이 모델은 수학자들이 그들의 연구에서 프로그래밍을 사용할 때의 과정과 맥을 같이 하며(Broley et al., 2018 참조), 학생들의 활동과 그들이 활용하고 발전시키는 스킴의 구조를 이해하는 기초를 제공한다(Buteau et al., 2019a; Gueudet et al., 2020). 하나의 스킴에 초점을 맞춘 연구들과 달리, 이 연구의 맥락에서 학생들은 [그림 4]에 제시된 것을 포함한 여러 스킴의 파생적 요소들이 얽혀있는 복합적인 스킴망(web of schemes)을 활용하고 발전시킨다 (Buteau et al., 2020a, b). 이 스킴망의 동적인 시각화는 Balt & Buteau(2020a)에 제시된다.

3.3. 연구 문제와 이전 연구와의 연결

이 장에서의 연구 문제는 "프로그래밍을 인공물로 간주하고 도구 오케스트레이션의 이론적 틀 안에서 해석할 때, 진정한 수학 탐구를 위해 프로그래밍을 사용한 수업에 대해 무엇을 알 수 있는가?" 이다. 프로그래밍을 사용할 때 학생들의 도구 발생에 관한 저자들의 이전 연구(Buteau et al., 2019a; Gueudet et al., 2020)와 관련된 수업에 관한 구성주의적 측면(Buteau et al., 2019b; Sacristán et al., 2020)에 기반하여, 이 장은 학생들의 도구 발생을 이끌기 위한 수업의 측면에 초점을 맞춘 예비 연구(Buteau et al., 2020c)를 심화하고 확장한다.

이 장은 이 책의 초판에서 논의한 주제들을 더욱 발전시키는데(Buteau & Muller, 2014), 당시에는 학과 정책에 따라 테크놀로지를 교실 수업에 도입하는 과정에서 대학 교수자들이 교사이자 정책 담당자로서의 이중 역할을 수행하는 것을 다루었다. 이러한 역할은 Assude(2007)의 도구 통합(instrumental integration) 개념을 바탕으로 MICA I 수업에 대한 논의를 통해 설명되었으며, 이후 학생들의 스킴망의 발달 단계까지 확장되었다(Buteau et al., 2020b 참조). 보다 구체적으로, 이 장은 Buteau & Muller(2014)에서 사용된 도구 기반 접근 개념을 확장하여 도구 오케스트레이션을 포함하고, 학생 활동과 학습 과정에 대한 보다 심도 있는 최신의 이해(Buteau et al., 2019a; Gueudet et al., 2020)를 바탕으로 한다. 또한, 초판에서의 주요 초점은 MICA I 수업이었던 것에 반해, 이 장의 분석은 주로 MICA II 수업에 초점을 맞추고 있다. 다음 절에서는 이 연구의 연구 방법에 관해 제시한다.

4. 연구 방법

이 연구는 2019년 겨울에 MICA II 수업을 담당하였던 빌(Bill)의 도구 오케스트레이션 사례를 통해 진정한 수학 탐구를 위해 프로그래밍을 사용한 수업에 관해 조사하고자 한다. 이는 5년간의 비설계적(non-design)이고 비개입적(non-interventionist) 연구의 일부로, 연구 참여자 모집 및 자료 수집은 앞서 언급한 학부 MICA I–II–III/III* 연계 과정이라는 자연스러운 학습 환경에 최소한의 침해나 제약을 주도록 설계되었다.

4.1. 연구 참여자

빌은 수학자로서 30년 이상의 풍부한 수업 경험을 지닌 뛰어난 교사로, MICA 수업 과정의 초기 개발과 지속적인 발전 및 수업에 중요한 역할을 하였다(Buteau et al., 2015b). 이러한 교수자의 이중 역할은 고등교육 맥락에서 교육자들이 수업뿐만 아니라 수업의 개설 또는 개발을 모두 담당하는 경우가 많다는 점을 반영한다(Buteau & Muller, 2014). 빌은 연구자는 아니며, 자발적으로 프로젝트에 참여하였다. 이 두 번째 MICA 수업에 관한 자료를 처음 수집하였을 때, 빌은 유일한 MICA II 교수자였다. 2019년 겨울까지 빌은 MICA II를 약 15회 가르쳤다.

4.2. 자료 수집

빌의 수업에 관한 자료는 강의 개요와 과제 지침과 같은 모든 MICA II 강의 자료와 빌과 진행하였던 반구조화된 과제 기반 면담을 포함한다. 이 면담은 4개의 정해진 수학 탐구 프로젝트와 학생들이 주제를 정하는 1개의 자율 수학 탐구 프로젝트의 제출이 끝난 직후에 이루어졌다. 30~40분간 진행된 면담은 2019년 1월부터 2019년 4월까지 이루어졌다. 면담에서는 각 과제에 대한 학습 목표, 예상되는 쉬운 부분과 어려운 부분 그리고 그 이유, 학생들이 활용할 것으로 예상되는 지식에 관해 설명하도록 하였다. 이 연구에서는 빌의 프로젝트 과제 중 하나만 사용하며, 장기 연구의 출발점으로 '과제 1'을 선택한다. 이 과제에는 몬테카를로 적분법과 관련된 4개의 짧은 탐구 문제가 포함되어 있다. 빌이 선택한 문제에 대해서는 다음 절에서 설명하며, 전체 MICA II 과제 지침은 부록 또는 Ralph(n.d.)를 참고할 수 있다.

- 문제 1. Buffon의 바늘 문제
- 문제 2. 두 곡선 사이의 면적
- 문제 3. R^4에서 단위 초구(hyper-sphere)의 초부피(hypervolume)
- 선택 문제: 문제 4. Buffon-Laplace 문제 또는 문제 5. 보다 작은 무작위로 선택된 2개의 정수가 서로소일 확률의 극한

자료에는 2020년 2월에 진행된 추가적인 90분간의 수업 후 면담도 포함되었다. 이 면담은 프로그래밍 기반 수학 탐구 프로젝트 활동과 관련된 2가지 특정 학생 스킴에 대한 빌의 기대와 지도에 초점을 맞추었다. 이 연구는 이 2개의 학생 스킴을 저자들의 이전 연구(Buteau et al., 2019a)에서 스킴의 구성 요소에 대한 상세히 분석을 바탕으로 선정하였다. 면담은 2개의 부분으로 구성되었다. 하나는 1개의 개방형 질문에서 비롯된 빌의 성찰이며, 다른 하나는 2개의 스킴 각각에 대해 제공된 행동 법칙 목록(Buteau et al., 2019a에서 확인됨)에 대한 빌의 의견으로, 이는 Gueudet & Trouche(2012)가 제안한 방법론에 따르면 성찰적 탐구와 유사한 빌의 성찰 과정으로 볼 수 있다. 이 연구는 향후 학생들의 명시적 전략(즉, 행동 법칙)에 관한 자료 분석과 빌의 성찰을 일치시키기 위해 조작적 불변자보다 행동 법칙에 초점을 맞추기로 하였다.

마지막으로, 자료에는 2000년에 MICA 강좌가 설계 및 채택될 당시 발행된 학과 프로그램 설명문서도 포함되었다. 이 문서에는 학습 목표, 권장 수학 내용, 평가 방식, 그리고 이 강좌가 학부 수학 프로그램 원칙에 어떻게 부합하는지를 포함한 세부적인 강좌 설명이 담겨 있다(Buteau et al., 2015a).

이 연구를 위한 일반적인 윤리적 절차는 검토되어 승인되었고, 이에 따라 실행되었다. 교수자는 이메일 초대를 통해 공식적인 참여 요청을 받았고, 동의서에 서명함으로써 참여를 확인하였다. 동의에 따라 모든 면담은 교수자에게 적합한 시간에 진행되었다.

4.3. 자료 분석

빌의 '과제 1' 면담과 프로젝트 지침은 암묵적으로 또는 명시적으로 빌이 의도적으로 촉진하였을 가능성이 있는 학생들의 잠재적인 스킴을 파악함으로써 분석되었다. 이 분석은 두 단계로 이루어졌다. 먼저, 2명의 연구자가 일차적으로 자료를 분석한 후, 추가로 2명의 연구자(모두 이 장의 저자들)가 1차 코드를 검토하여 합의에 도달하였다. 빌의 수업 후 면담의 첫 번째 부분은 잠재적인 행동 법칙을 식별하여 유사하게 분석된 2개의 학생 스킴에 초점을 맞추었다. 면담의 두 번째 부분은 먼저 빌의 반응을 대표하는 발췌를 선택하면서 분석되었고, 이를 표로 요약한 후, 빌의 지도와 학생들의 행동 법칙 실행에 대한 그의 생각과 연결하여 범주화하였다. 이 또한 앞서 언급한 것과 유사하게 두 단계로 진행되었지만, 저자들 중 1명만 추가 검토를 실시하였다. 대부분의 경우, 스킴과 행동 법칙은 학생들의 도구 발생에 관한 저자들의 이전 연구(Buteau et al., 2019a 등)를 바탕으로 식별되었고, 일부 사례에서는 활동에 대한 저자들의 이해와 경험을 기반으로 식별되었다.

마지막으로, 교수자들의 주요 교육적 의도를 포함하여 MICA 강좌의 교수자들을 위한 정책 문서로서 일반적인 지침을 확인하기 위해 2000년에 제작된 학과 문서를 검토하였다. 또한, 분석 전반에 걸쳐 MICA 강좌의 수업에 대한 저자들의 다면적 이해를 바탕으로 연구를 진행하였다(Buteau et al., 2015a, 2019b).

심도 있는 분석을 위해, "수학", "인터넷" 등과 같은 수업에 관련된 인공물의 체계를 고려하기보다는 프로그래밍 인공물에 관련된 스킴 개발에 초점을 맞추었다. 분석 과정에서 빌의 스킴에 대해서는 상세히 다루지 않으며, "스킴"이라는 용어는 항상 학생들의 스킴을 의미한다. 또한, 저자들은 빌의 수업을 직접 관찰하지 않았다. 그의 수업 중 일부만 그가 제작한 강의 자료를 통해 접근할 수 있었다. 이것이 이 연구의 제한점이지만, 빌의 수업에서 캐시와 같은 학생들의 자료를 수집하였다는 점에서 향후 학생들의 도구 발생과 빌의 오케스트레이션을 연관 지어 볼 수 있다. 다음 절에서 빌의 도구 오케스트레이션에 대한 분석 결과를 제시한다.

5. 수학 탐구 프로젝트에서 프로그래밍 사용에 관한 도구 오케스트레이션: 사례 연구

빌의 도구 오케스트레이션에 대한 분석은 2가지로 나누어진다. 첫째, 활동에 관련된 모든 학생 스킴, 즉 [그림 4]의 개발 과정 모델의 단계와 순환에 의해 표현되는 스킴에 대한 빌의 지도를 고려한다. 둘째, **프로그래밍 언어로 수학 개념을 명확히 표현하는 스킴과 프로그래밍된 수학을 검증하는 스킴**이라는 2가지 특정 스킴에 관한 빌의 지도에 초점을 두어 그의 수업을 분석한다.

5.1. 빌의 전반적인 도구 오케스트레이션

이 절에서는 MICA 강좌의 정책 담당자로서 그리고 교사로서의 빌의 역할을 구분하여, 그의 MICA II 수업에 관한 오케스트레이션 구성 요소인 교수학적 배치, 활용 방식, 교수학적 수행을 간략하게 설명한다. 또한, 면담 자료에서 발췌한 내용은 학생 개발 과정 모델의 각 단계([그림 4])와 관련된 빌의 오케스트레이션에 관한 증거를 제공하기 위해 선택하여 제시한다.

5.1.1. 교수학적 배치

교수자의 오케스트레이션에서 교수학적 배치는 강좌 내 인공물의 조직과 관련된다(Drijvers et al., 2010, p. 215). 빌의 오케스트레이션의 경우, MICA 강좌에서 프로그래밍 테크놀로지 사용과 수업 환경의 배치에 관한 선택은 빌을 포함하여 2000년에 수학과에서 정착되었고 이후로 유지되고 있다(Buteau & Muller, 2014; Buteau et al., 2015a).

수업 형식은 일반 강의실에서 매주 2시간의 강의와 학생당 컴퓨터 1대를 사용하는 매주 2시간의 컴퓨터 실습이 수업 조교와 함께 진행되며, 교수자/조교와 학생의 비율은 약 1:10이다.

인공물과 관련해서는, MICA I~II 강좌에서 주로 Visual Studio와 함께 VB.NET 언어를 사용하기로 교수자들 간에 합의가 이루어졌다. 현재는 2개의 MICA III 강좌가 있다. 하나는 수학과 과학 전공자를 대상으로 GNU IDE와 함께 C++ 프로그래밍 언어로 넘어가는 과정이고, 다른 하나는 예비 수학교사를 대상으로 새로운 MICA III* 강좌가 개설되어 VB.NET, Scratch, 그리고 Jupyter Notebook과 함께 Python을 사용한다. 특히, 2019년 빌의 MICA II 수업에서는 두 번째 과제에 Excel 테크놀로지도 도입하기로 결정하였다. 이에 대해 빌은 "모든 수학 전공자는 엑셀을 사용할 수 있어야 한다고 생각한다. 왜냐하면 엑셀은 직업적 또는 실무적 환경에서 표준 도구 중 하나이기 때문이다"(B.A2.143)라고 설명하였다.

마지막으로, 교과서, 강의 노트, 인터넷 등과 같은 자원은 교수학적 배치의 일부이지만 실습이 포함된 모든 수학 강좌에서 당연히 사용된다고 가정되기 때문에 2000년 학과 문서에는 명시되지 않음을 밝힌다.

5.1.2. 활용 방식

활용 방식은 "교사가 자신의 교수학적 의도를 위해 교수학적 배치를 활용하기로 결정하는 방식"과 관련이 있다(Drijvers et al., 2010, p. 215). 빌의 오케스트레이션 경우를 다시 말해보면, 프로그래밍 테크놀로지를 3개의 MICA 강좌 시리즈에 통합하는 방식에 대한 주요 교수학적 의도는 2000년에 수학과에서 수립한 것으로, 학생들은 수학 활동을 위해 프로그래밍을 활용하는 법을 배우는 것이 목표였다(Buteau et al., 2015a). 실제로 2000년의 학과 문서는 다음과 같이 명시하고 있다.

> [학생들은] 순수 및 응용 수학의 문제들에 직면하게 될 것이며, 이러한 문제들은 실험적이고 발견적인 접근을 필요로 합니다. 이러한 문제를 다루는 과정에서, 학생들은 자신만의 전략을 개발하고, 해결책을 찾는 데 필요한 수학과 컴퓨팅의 최적의 조합에 대해 스스로 선택할 것으로 기대됩니다.

더욱이, 각 MICA 강좌의 핵심은 MICA 강좌의 최종 학점의 70~80%를 차지하는 순수 및 응용 프로그래밍 기반 수학 탐구 프로젝트이다. 이는 활용 방식의 중요한 요소인데, 여기서도 "교수자"는 "교사"보다는 "정책을 결정하는 교수"로 간주된다. 이러한 프로젝트를 통해 학과는 학생들이 [그림 4]에 기술된 과정에 참여하기를 기대하는 것으로 보인다(Buteau et al., 2015a). 강의 중 교수자는 학생들에게 실습 중에 수행되는 개별 수학 탐구 프로젝트에 필요한 수학을 소개한다. 이러한 프로젝트는, 예컨대 **프로그래밍 언어로 수학 과정을 명확히 표현하는 스킴과** 같은 학생들의 다양한 스킴을 개발하고 강화하도록 설계된 과제로 해석된다. 교수자가 이러한 수학 탐구의 주제와 방향을 선택하고 이를 세부 지침을 통해 전달하기 때문에, 이러한 프로젝트는 개발 과정 모델([그림 4])의 3단계에서 7단계와 관련된 스킴망을 학생들이 개발하는 것을 목표로 하는 것으로 해석할 수 있다. 또한 각 MICA 강좌는 기말고사 대신 학생들이 개별적으로 또는 짝을 이루어 스스로 주제를 정하고 수학 탐구 방향을 선택하는 기말 프로젝트를 포함한다. 이러한 기말 프로젝트는 학생들이 1단계와 2단계와 관련된 스킴을 포함하여 완전한 스킴망을 더욱 개발하거나 활용하는 것을 목표로 한다고 볼 수 있다.

"교사"로서 개별 MICA 교수자가 학과에서 구상하고 결정한 '교수학적 의도'(didactical intention)를 충족하기 위해 교수학적 배치를 활용하는 방식에는 수학 내용 및 관련된 탐구 프로젝트에 관한 결정이 포함된다. 또한, 강의에서 내용이 어떻게 전개되고 실습에서 진행되는 탐구 프로젝트와 어떻게 동기화되는지에 대한 결정도 포함된다.

MICA II의 수학 내용 선택과 관련하여, 교수자들은 수년에 걸쳐 자신의 변화하는 수학적 관심과 연구에 따라 탐구를 위한 컴퓨팅 접근과 관련된 다양한 수학 주제와 분야를 선택해 왔다(Buteau et al., 2019b). 빌의 경우, 그는 탐구 문제 5의 컴퓨팅 관련성과 이 분야에 대한 자신의 개인적 관심에 대해 다음과 같이 언급한다.

> [문제 5]는 정말 좋은 토론을 많이 이끌어냈어요 … 저는 이 아이디어를 좋아해요… 저는 해석적 정수론을 좋아하는데, 그 안에 패턴이 있다는 것이 좋아요 … 저는 그 부분에 대해 [학생들과] 신나게 얘기하곤 해요 … 이 과제는 학생들에게 충분히 설득력 있을 것 같아요. (B.A1.174)

저자들은 빌이 선택한 "관련 주제"를 [그림 4]의 1단계와 연결하고, 이를 손으로 행할 수 없는 수학 활동과 같이 프로그래밍 접근이 활동에 새로운 가치를 제공함을 식별하는 스킴을 개발하도록 학생들에게 암묵적으로 지도하는 것으로 해석한다.

MICA II 교수자들은 그들의 연구를 포함하여 다양한 자원을 활용하여 프로그래밍 기반 수학 탐구 프로젝트를 설계하고, 학생들이 프로젝트를 수행할 때 계획된 강의 내용과 실습에서 계획된 지도에 모두 부합하는 지침을 개발한다. 빌의 경우, 그는 MICA II 프로젝트 과제를 "컴퓨터로 수학을 하도록" 설계하고, 예컨대 개발 과정 모델의 3~5단계에서 수학을 프로그래밍할 때 MICA II 학생들이 직면할 수 있는 잠재적인 어려움을 고려하여 과제와 지침을 결정한다. 빌은 다음과 같이 언급한다.

> 저는 사실 이 공식에 도달하기 전에 정말 많은 것들을 시도했어요. 무언가를 시도해 보고는 "이건 너무 어렵다, 너무 빨리 나온다, 이건 이대로 가야 한다, 이건 순서를 바꿔야 한다"라고 말하곤 했어요. (B.A1.43)

빌이 탐구 과제를 설계할 때, 그는 학생의 특정 배경을 염두에 두고 있으며, 이를 기반으로 확장해 나가길 기대하는 것처럼 보인다. 예를 들어, 빌은 MICA I에서 발전시킨 VB.NET 프로그래밍 사용 스킴을 학생들이 활용할 수 있는 능력을 기대한다고 해석할 수 있다. 이는 빌이 문제 1에 대해, 이 문제가 "학생들을 안심시키기 위한 것"이며, "새로운 프로그래밍 기법은 없고 … 모두 복습 차원"이라고 말한 것에서 나타난다. 또한, 문제 1에서 빌은 학생들에게 기본이 되는 코드를 제공한다. 빌은 학생들에게 "잘 작성된 코드"를 제공하는 것이 "올바른 코딩 관행을 복습하는데, 예를 들어 수학 좌표에서 그래프 좌표로 변환하는 방법을 … 단계별로 그리고 명확하게 하는데 도움이 된다"고 말한다. 또한, 빌은 문제 3에 대해 학생들이 프로그램 대신 코드의 출력물을 제출하도록 요구하는데, 이는 "학생들이 제출한 코드를 실제로 내가 읽을 것이라고 말하면서 학생들에게 이러한 신호를 주는 것"이라고 말한다(B.A1.154). 이것은 빌이 "나는 표준에 맞춰 코드를 작성한다"라는 행동 법칙을 통해 학생들의 코딩 스킴의 활용 또는 개발하는 것을 유도하려는 의도로 해석된다.

빌은 강의에서 다룬 수학 내용과 실습에서 진행된 탐구 프로젝트 활동을 신중하게 동기화하려는 것을 항상 염두에 두고 있다고 말한다. 빌은 다음과 같이 언급한다.

> 이 강좌의 일부는 우리가 현실 세계의 상황을 가져올 수 있고, 그로부터 수학을 추출할 수 있으며, 이 수학을 바탕으로 시뮬레이션을 작성할 수 있다는 아이디어를 이해하는 것입니다. 이는 일종의 두 단계로 이루어진 과정이죠. 즉, 현실 세계에서 모델로, 교실에서 우리가 만드는 형식적 모델을 작성한 다음, 결론적으로 실습에서 컴퓨터 시뮬레이션을 작성하는 것에요. 저는 항상 이 순서를 염두에 두고 있습니다. (B.A1.96~98)

이는 각각 개발 과정 모델의 1단계, 2단계, 3단계와 연결시킬 수 있으며, 5.2절에서 자세히 설명할 **수학 개념을 VB.NET으로 표현하는 스킬**과 관련이 있다고 본다.

MICA 교수자가 개발한 프로젝트 지침은 강의에서 개발된(즉, 동기화된) 수학 맥락 내에서 탐구할 주제를 개괄하며, 입력과 출력과 같은 탐구 설계의 일부 세부사항이 함께 제공되는데, 앞서 언급한 '문제 1'의 경우에서처럼 부분적인 코드로 보완되기도 한다. 이것은 전체적으로 개발 과정 모델의 1단계, 2단계, 3단계와 연결된다. 이 지침은 매개변수 값의 범위 제안하는 것과 같이 때때로 수학 탐구를 위해 프로그램을 사용하는 방법을 상세히 설명하거나, 탐구 결과로부터 도출된 결론을 정당화해야 한다고 요구함으로써 학생들이 자신의 수학 지식 내에서 출력값을 해석해야 함을 강조한다. 이는 개발 과정 모델에서 각각 5단계와 6단계와 연결된다. '문제 3'에서, 빌의 지침은 다음과 같다.

> 출력에는 표본의 평균과 표준편차가 표시되어야 한다. 초부피(hypervolume)를 소수점 첫째 자리까지 정확하게 추정하고, 왜 그것이 정확하다고 확신하는지에 대해 자신의 관찰을 바탕으로 설명하라.

이것은 학생들에게 자신의 통계 지식을 활용하여 프로그램을 적절하게 사용하고 자신의 답을 정당화해야 한다는 것을 제안한다(5단계와 6단계 순환). 빌은 이 질문에 대한 자신의 견해를 다음과 같이 설명한다.

> [문제 3]의 마지막 부분은 학생들이 신뢰도가 무엇을 의미하는지, 표준편차가 신뢰도와 어떻게 관련이 있는지, 표준편차와 표본 크기를 사용하여 어떻게 소수점 첫째 자리까지 정확하다는 것을 납득시킬 수 있는지를 생각해야 한다는 것이다. (B.A1.117~119)

실제로, 빌은 과거 학생들이 프로그램 출력값을 제대로 해석하지 못하는 것에 대한 불만으로 지침을 수정했다고 언급한다. 여기서 빌이 6단계와 관련하여 이 문제에 대해 더 많은 학생 안내가 필요하다는 것을 암묵적으로 생각한 것으로 해석할 수 있다.

빌은 의도적으로 '과제 1'에 '문제 4' 또는 '문제 5' 중 하나를 선택하게 하여 보다 도전적인 문제를 포함시키면서, 1단계에 해당하는 문제 제시 외에는 추가적인 안내를 거의 계획하지 않는다. 그는 "모든 과제에는 생각할 질문이 하나씩은 있어야 합니다⋯ 이건 혼자 해야 합니다.

학생들은 저한테 많은 도움을 받지 못합니다"(A1.162~4)고 말한다. 이는 학생들이 교사의 도움 없이 해당 탐구 과제를 해결하기 위해 그들의 스킴망을 스스로 활용하고 개발하도록 빌이 의도했다고 해석할 수 있다.

5.1.3. 교수학적 수행

교수학적 수행은 "선택한 교수학적 배치와 활용 방식을 실제 수업 중에 어떻게 수행할지를 교사가 즉석에서 결정하는 것"을 의미한다(Drijvers et al., 2010, p. 215). 빌의 오케스트레이션과 다른 MICA 교수자의 오케스트레이션의 경우, 강의와 실습에서 수업은 주로 개별 수학 탐구 프로젝트를 통해 학생들이 순수 및 응용 수학 활동에 프로그래밍 테크놀로지를 사용하는 학습을 지원하도록 계획한 내용에 맞추어 즉각적인 결정을 내리는 것과 관련된다. 교수자는 개별적으로 또는 집단적으로 학생들과 상호작용하는 것과 학생들 사이의 상호작용을 관찰한 결과를 토대로 어떻게 반응할지 결정한다. 이러한 반응은 **특정 스킴을 개발하거나 활용**하는 데 어려움을 겪고 있는 학생에게 **개별적인 도움**을 제공하는 방식 또는 **특정 스킴의 집단적 개발**을 유도하려는 의도로 해석되는 학급 전체를 위한 개입의 형태로 나타날 수 있다.

빌은 실습 기간 중 다양한 개별적인 개입을 회상한다. 하나의 예로, 빌은 필요시 학생들이 개발 과정 모델에서 프로그래밍 순환에 해당하는 **디버깅 스킴**을 활용할 것을 기대한다. 그는 학생들에게 이를 명확하게 언급한다. "저나 조교가 여러분의 코드를 디버깅하는 일은 거의 없을 거예요. 그것은 저희의 일이 아니에요"(B.A1.207~8). 빌은 한 학생 옆에 앉아 "원리와 아이디어를 설명해 보세요. … 정말 필요할 때 여러분의 코드를 살펴볼 수도 있어요."(B.A1.216)라고 말하며, 자신의 기대에 맞는 개입을 회상한다. 빌은 "1학년 때는 훨씬 더 많은 도움이 필요하지만, 2학년 때는 스스로 해야 한다"(B.A1.216)고 말한다. 빌의 반응은 학생들에게 디버깅 스킴의 효과적인 행동 법칙을 상기시키는 것이라고 해석할 수 있다. 즉, **코드에서 잠시 벗어나 전체적인 코드 설계를 생각하고, 코드의 각 부분을 고려하라**는 행동 법칙이다.

빌은 또 다른 개별적인 개입을 회상하는데, 한 학생이 '문제 3'에서 자신이 발견한 내용을 열정적으로 그에게 전달했던 상황이다.

> 실습 과정에서 아주 우수한 학생이 "보세요, 제가 프로그램을 작성했고, 이 영역의 면적이 4.25입니다."라고 말했어요. 그래서 제가 "그런데, 보세요, 네가 보고 있는 영역은 면적이 4 안에 있습니다."라고 했어요. 그 학생이 "맞아요. 그런데, 제가 계산한 면적은 4.25입니다." 라고 말하길, 저는 계속해서 "아마도 다시 확인해 봐야 할 것 같네요."라고 말했습니다. (B.A1.102)

빌의 반응은 학생을 행동적 정리로 이끄는 것으로 해석할 수 있다. 즉, **프로그래밍된 수학을 검증하는 스킴에 관해 자신의 코드에서 예상치 못한 결과가 나왔다는 것은 코드에 어떤 문제가**

있다는 것을 의미한다는 것이라는 행동적 정리이다.

또한, 빌은 실습 과정에서 학생들이 '문제 3'에서 프로그래밍을 출력한 결과를 설명하는 데 어려움을 겪을 때 전체를 대상으로 반응한 것을 회상하는데, 이는 해당 과제에 대해서 6단계와 관련된 스킴을 활용하고 개발하도록 유도하는 집단적 개입으로 해석할 수 있다.

> 저는 실습 과정에서 상호작용을 많이 합니다…그래서 이 문제를 다룰 때 칠판에 변이성(variability)에 대해 이야기할 것입니다 … 여기서 얻은 답이 의미하는 것이 무엇인지 말이죠 … 이것은 학생들과 함께 칠판에서 활동할 수 있는 기회에요 … 이 모든 것은 따로 떨어져 있지 않습니다. (B.A1.140)

다음 절에서는 2가지 특정 학생 스킴에 초점을 맞추고 세부적인 분석을 진행해 보고자 한다.

5.2. 2개의 학생 스킴에 대한 빌의 오케스트레이션

이 절은 각각의 스킴에 대해 먼저 빌의 개방적인 질문에 대한 성찰을 제시한 후, 그가 행동 법칙 목록을 보고 제기한 견해를 소개하는 방식으로 구성한다.

5.2.1. 프로그래밍 언어로 수학 과정을 명확히 표현하는 학생 스킴

빌은 추상적인 수학과 이를 코드로 구체화하는 과정 사이에 전환이 있음을 인정한다. 그는 "어떤 것에 관해 코드를 작성하려면 그것에 관해 훨씬 더 잘 이해해야 한다"(B.Post.33)라고 설명한다. 또한, 빌은 "그것은 항상 도약이 필요한 부분"(B.Post.24)이며, "그래서 정말 어려운 부분이 바로 변환의 과정"(B.Post.47)이라고 말한다. 그는 강의에서 수학을 코딩하기 쉬운 형식으로 준비하고 제시함으로써 학생들이 겪는 어려운 전환을 돕는다.

> 저는 칠판에 수학을 아주 신중하고 명확하게 적곤 했어요… 왜냐하면 학생들은 이것을 프로그래밍할 것이라는 걸 알기 때문이죠. 그래서 제가 수업을 할 때도 칠판에 쓴 것을 학생들이 사용할 수 있다는 점에서 강의를 프로그래밍에 맞춰 구성하였고, 그것이 어떤 의미에서는 코드의 시작이라고 할 수 있어요. (B.Post.24~25)

또한, 빌은 실습 시간 동안 학생들이 강의 노트를 앞에 두고 있기를 기대하며 개별적인 개입 시 강의 노트를 가리키며 이를 활용한다. 빌의 이러한 행동은 그의 활용 방식의 일부이자 학생들에게 **나는 내가 손으로 직접한 것을 변환하는 것으로 시작한다**는 행동 법칙을 사용하도록 유도하는 것으로 해석할 수 있다.

또한, 빌은 강의 전반에 걸쳐 학생들이 감당해야 할 "도약"을 후반 과제에서 의도적으로 높이는 방식으로 강의 노트를 발전시킨다고 언급한다. 빌은 이러한 교수학적 선택을 "좌절이 없으면 학습도 없다"는 그의 신념으로 정당화하며, "제 학생들이 포기하기 전에 얼마나 많은 좌절을 견딜 수 있을지를 가늠하는 것"(B.Post.38)이라고 설명한다.

실습 시간 동안 빌은 학생들이 수학 과정을 코딩하는 데 있어 자신의 개별적인 도움의 정도, 즉 처음에는 많은 직접적인 도움을 주다가 나중에는 힌트만 주는 것으로 바뀐 것에 대해 언급한다. 빌의 이러한 결정과 행동은 그의 활용 방식과 교수학적 수행의 측면 모두에 관여하며, 앞서 언급한 그의 신념에 의해 정당화된 것으로 해석될 수 있다. 이는 '나는 내가 손으로 직접한 것을 변환하는 것으로 시작한다'는 행동 법칙을 포함하여, 학생들이 상황에 맞는 행동 법칙을 행하도록 장려하는 것으로 보인다. 또한, 빌은 가끔 학생들 옆에 앉아 종이 한 장을 들고 "이 모든 것이 어떻게 작동할지 생각해 봅시다"(B.Post.43)라고 말한다고 보고한다. 이는 빌이 학생들에게 나는 **개념에 대한 프로그래밍을 종이 위에 정리한다**는 행동 법칙을 유도하는 교수학적 수행을 보여준다.

〈표 1〉은 빌에게 행동 법칙 목록을 보여주었을 때 빌이 보인 반응 중 일부를 발췌하여 요약한 것이다. 각 행동 법칙을 지도하는 것에 대한 빌의 반응은 이 스킴의 지도와 관련하여 그가 오케스트레이션의 어떤 요소를 중요하게 여겼는지를 나타내는 것으로 해석될 수 있다. 빌은 행동 법칙 목록을 사전에 본 적이 없었음에도, 자신의 행동 중 일부가 행동 법칙에 관한 명백한 지도에 해당하는 것을 즉시 파악하였다. 이것은 빌이 자신의 지도에 대해 암묵적으로 알고 있었다고 해석할 수 있다. 일부 행동 법칙(d, g, h, i, j)의 경우, 빌은 자신의 지도를 언급하며, 학생들이 종종 또는 항상 이러한 행동 법칙을 실행한다고 말한다. 다른 행동 법칙(a, e)의 경우, 빌은 학생들을 더 지도했더라면 좋았을 것이라고 말하며, 이러한 행동 법칙을 실행한 학생은 소수에 불과하다고 언급한다. 행동 법칙 "f"의 경우, 빌은 흥미롭게도 자신이 무의식적으로 학생들을 이 행동 법칙으로 안내했을 수도 있다는 것을 깨달은 것으로 보이지만, 수학 탐구를 위해 프로그래밍을 사용하는 학습자로서는 너무 이른 시기였을 수 있다고 믿고 있다. 마지막으로, 빌은 목록에서 하나의 행동 법칙(k)이 누락되었다고 언급하였는데, 이는 빌에게 수학 과정을 코딩하는 것은 점진적으로 이루어지며 디버깅은 본질적으로 이러한 분산된 과정의 일부라고 해석할 수 있다.

〈표 1〉 프로그래밍 언어로 수학 과정을 상세히 표현하는 스킴과 관련된 행동 법칙(왼쪽 열)에 대한 빌의 지도를 다룬 발췌(중간 열) 그리고 학생들이 이러한 행동 법칙을 실행하는 것에 관한 빌의 견해 및 관찰(오른쪽 열)

학생 행동 법칙: 나는 수학 개념을 프로그래밍할 때 다음과 같이 한다.	학생들로 하여금 해당 행동 법칙을 개발하거나 유도하도록 지도한 방법에 대한 빌의 반응	학생들로 하여금 해당 행동 법칙을 실행하는지 여부에 대한 빌의 견해 및 관찰
a. 나는 하나 이상의 예제를 종이에 수행해 본다.	"연필을 들고 5초 동안 종이를 들고 앉아 이 모든 것이 어떻게 작동할지 생각해 보는 것에 대해 더 많이 이야기했으면 좋았을 것 같아요. 그게 도움이 되었을 것 같아요." (306) "이야기하다 보니 제가 학생들에게 큰 그림을 더 강조했어야 했다는 생각이 드네요. 그런 말을 하긴 했지만, 실제로 강조하지는 않았어요. 다만, 구조화된 프로그래밍을 강조하기는 했어요." (304)	"거의 하지 않아요… 학생들은 바로 코드를 작성하기를 원해요." (135)
b. 나는 하나 이상의 예제를 머릿속으로 수행해 본다.	[의견 없음]	"대부분의 학생들이 어느 정도는 그렇게 해요." (138)
c. 나는 VB.NET에서 코드를 작성하기 시작할 때, 필요할 것 같은 모든 변수를 먼저 선언한다.	[의견 없음]	"확실히 학생들은 그렇게 많이 해요." (139)
d. 나는 종이에 한 생각을 VB.NET으로 변환한다.	[강의에서 수학이 전개되는 것을 주의 깊게 제시함 — 위에서 논의됨]	"네. 학생들은 그렇게 많이 해요." (148)
e. 나는 개념에 대한 프로그래밍을 종이 위에 정리한다.	"이것을 훨씬 더 강하게 말했어야 했다고 생각해요." (153)	"아, 그랬으면 좋았을 텐데요!" (153)
f. 나는 개념에 대한 프로그래밍을 진행하면서 정리한다.	"학생들이 저의 '안 좋은 사례'를 따라할 수도 있을 것 같네요.[웃음]" (176)	"확실히 그래요. 학생들은 즉흥적으로 그렇게 해요." (158)
g. 나는 함수를 사용하여 코드를 정리한다.	"내가 옆에 앉아서 '그 코드를 한 블록에 다 쓰지 말라'고 말하기 때문에 학생들은 부분적으로 그렇게 해요.… 그리고 코드를 작은 단위로 나누는 것은 제가 정말로 강조하는 거예요." (188~192)	"학생들은 그렇게 많이 해요." (148)
h. 나는 동료, 조교, 교수자 등 타인에게 묻는다.	"몇몇 학생들은 질문하는 것을 부끄러워해요. … 그래서 이 부분을 주의 깊게 살펴봐야 해요. … 학생들이 정말 혼란스럽고 정말 힘들어하면, 당신에게 말을 하지 않아요.… 그래서 아주 부드럽고 친절한 개입과 지원이 필요해요." (198~201)	"학생들은 그것을 매우 잘해요… 제 튜토리얼 시간에 때론 학생들이 질문하는 것을 다 받아줄 수가 없어요. 그만큼 바빠요." (196, 205)
i. 나는 나의 강의 노트, 인터넷 등에서 수학 개념을 다시 검토한다.	"학생들이 그 수학 개념을 코딩할 것이기 때문에, [강의에서] 수학을 단지 올바르게 이해하는 것뿐만 아니라, 정말 깔끔하고 명확하게 칠판에 표현하는 것에 더 큰 중점을 둬요." (210)	"학생들은 거의 항상 실습 시간 동안 강의 노트를 앞에 펼쳐 놓고 있어요." (207)

j. 나는 루프, 루프 종료, 함수, 배열 등과 같은 일부 프로그래밍 개념을 어떻게 사용하는지 온라인이나 교재에서 찾아본다.	"나는 학생들에게 그렇게 하도록 권장해요 … 어디로 가야 할지, 어떻게 찾을지 … 어디서 찾아야 할지 방향을 제시하기도 하고요 … 때로는 제가 그것을 가르쳐 주기도 하고요 … 그건 학생에 따라 달라요. … 저는 그냥 학생들에게 자료를 찾으라고 보내요." (211~216)	"네, 학생들은 온라인을 이용해요. … 항상." (211~213)
k. [그 외?] 블랙박스를 열어본다. "프로그램을 중지하고 내부를 살펴 본다."	"저는 항상 학생들에게 그 안에 있는 것을 출력해 보라고 하거나 잠시 멈춰서 해당 시점에 코드에 무슨 일이 일어나고 있는지 확인하라고 말해요." (220)	

5.2.2. 프로그래밍된 수학을 검증하는 학생 스킴

이 학생 스킴은 이전 스킴과 관련이 있는데, 학생들이 VB.NET에서 수학 개념을 명확하게 표현함으로써 자신의 행동을 통제하는 복잡한 과정에 관한 것이기 때문이다. 빌이 학생들의 통제에 대한 그의 지도한 방법에 대해 보인 즉각적인 반응은, 실습 시간에 수행하고 있는 프로젝트를 시연하고, 학생들이 빌의 프로그램 출력을 사용해 그들의 프로그램의 피드백과 비교함으로써 그들의 프로그래밍된 수학을 검증하도록 기대한다는 것이었다. 빌은 다음과 같이 언급한다. "저는 [그것을] … 실습 초반에 작성하고 실행시켜요. 그리고 데이터가 바로 여기에 있어요. 이걸 따라 해볼 수 있나요?"(B.Post.68, 80).

빌의 행동은 학생들 전체를 '나는 시각적 결과물을 사용하여 프로그래밍된 수학을 검증한다'에 관한 행동 법칙과 '나는 나의 프로그램의 결과물을 신뢰할 만한 출처로부터의 예제와 비교한다'에 관한 행동 법칙으로 이끄는 것으로 해석될 수 있다. 또한, 여전히 그의 활용 방식의 일부로, 빌은 학생들이 따라 할 수 있도록 화면에 "단순 예제"를 보여주며, "이것은 학생들이 이 단순 예제에서 올바르게 하고 있는지를 검증할 수 있게 하기 위함이에요 … 학생들이 그것을 따라할 수 있으면, 더 복잡한 것도 할 수 있다는 자신감을 갖게 돼요"(B.Post.85 ~ 86)라고 말한다. 여기서 빌의 행동은 학생들을 '나는 내가 종이에 적은 것을 VB.NET에서 변환할 수 있다는 것을 믿는다'는 행동 법칙으로 이끄는 것으로 해석될 수 있다. 또한, 이것은 논의되고 있는 2개의 스킴을 학생들이 "점진적으로 수행"할 때 빌이 그들로 하여금 단순 사례와 관련된 스킴을 활용하고, 적응시키며, 발전시키도록 안내하고 있는 것으로도 해석될 수 있다. 이 행동 법칙은 수학 개념에 대해 작성 중인 코드를 이 시점에서 점검할 필요가 없다는 결정을 의미한다. 이 규칙은 방금 논의한 빌의 열린 의견 이후 그에게 보여준 〈표 2〉의 첫 번째 항목으로 나타난다.

〈표 2〉 프로그래밍된 수학을 검증하는 스킴과 관련된 행동 법칙(왼쪽 열)에 대한 빌의 지도를 다룬 발췌 (중간 열) 그리고 학생들이 이러한 행동 법칙을 실행하는 것에 관한 빌의 견해 및 관찰(오른쪽 열)

학생 행동 법칙: 나는 수학 개념을 프로그래밍할 때 다음과 같이 한다.	학생들로 하여금 해당 행동 법칙을 개발하거나 유도하도록 지도한 방법에 대한 빌의 반응	학생들로 하여금 해당 행동 법칙을 실행하는지 여부에 대한 빌의 견해 및 관찰
A. 나는 종이에 한 것을 VB.NET에서 정확히 변환할 수 있다고 믿는다.	"[학생들은] 제가 처음에 제공한 것과 일치하는지 알고 싶어 하는 것 같아요." (235)	"음, 저는 학생들이 자신이 코딩하는 것에 대해 그리 신뢰하지 않는다고 생각해요." (234~235)
B. 나는 모든 프로그래밍을 완료한 후, 몇 가지 다른 입력값으로 프로그램을 실행하고 출력값을 손으로 계산한 것과 비교한다.	"학생들은 손으로도 해야 하고, 코드로도 해야 하며, 두 결과가 일치해야 해요. 그래서 저는 이것이 교사로서 매우 중요한 도구라고 생각해요 … 이론적으로 알고 … 그런 다음 그것이 대략 어떻게 일어나는지 지켜보는 것이에요." (238)	"네, 그건 일부 … 과제에 포함되어 있어요." (236)
C. 나는 프로그래밍을 할 때 몇 개의 입력값으로 변환함으로써 몇 차례 점검한다.	"다른 입력값을 사용하고 손으로 계산하는 것은 초보자에게 정말 중요하고, 그건 제 과제 일부에 포함되어 있어요. 저는 학생들이 그렇게 하는 것이 정말 중요하다고 생각해요." (248)	"네, 학생은 항상 그렇게 해요." (255)
D. 나는 내 프로그램을 동료의 프로그램과 비교한다.	"[학생들은 이것을] 끊임없이 하고 있으며, 저는 그것을 장려해요." (257) "이곳은 공개 포럼이에요. 서로 말하고, 대화하고, 논의해 보세요." (261) "우리는 서로 협력하고 있으며, 저는 그런 분위기를 조성하고 싶어요." (268)	"끊임없이… [학생들은] 내가 원하는 방식 그대로 잘 하고 있어요. 그들은 공유하고, 함께 작업하며, 협력하고 있어요. 학생들의 시간이에요. 이것이 오늘날 사람들이 하는 일이에요." (257, 267)
E. 나는 내 프로그램의 결과를 동료의 결과물이나 인터넷의 예제와 비교한다.	"인터넷에 답이 나와 있는 곳들이 있어서, 나는 학생들에게 그들의 프로그램이 그 출력을 내는지 확인하라고 권장해요." (270)	"예." (270)
F. 나는 메이플(Maple), 데스모스(Desmos) 등 다른 테크놀로지를 사용해 예제를 생성하고 내 프로그램의 결과와 비교한다.	"문제 중 하나는 메이플이 학계를 벗어나서는 거의 쓰이지 않는다는 점이에요." (273)	"아니요. 나는 그런 걸 본 적이 없어요…. 사실 학생들이 그렇게 하면 정말 좋을 거예요. 메이플을 사용한다면 … 메이플이 그걸 할 수 있죠." (271~272)

G. 나는 동료, 조교, 교수자 등 타인에게 묻는다.	[빌은 이전에 자발적인 개인 도움과 협력을 장려하는 것은 언급한 바 있음; 위의 D 항목 참조]	"네, 항상 그래요." (283)
H.* 나는 이것이 제대로 작동하는지 잘 모른다. *이것은 적절한 행동 법칙이 아니며, 스킴을 제대로 활용하지 못하고 있다는 표시이다.	"학생들이 내게 와서 '이거 작성했는데, 제대로 작동하는지 전혀 모르겠어요'라고 말해요. 그러면 온갖 대화와 토론이 시작되죠. '같이 살펴보자! 어떻게 작동되는지 보자!'" (289-290)	"네, 그런 경우가 꽤 많아요." (285)
I. [그 외?] "여기에는 없는 한 가지는 점진적으로 수행한다는 아이디어입니다. 무언가를 작성하고, 시도해 보고, 거기에 더하고, 또 시도하고, 또 더하고, 또 시도하는 식이죠. 그래서 점진적 접근 방식은 학생들에게 매우 중요해요."	[의견 없음]	"학생들은 자주 테스트해요 … 프로그램을 점진적으로 개발하죠. 예를 들어, 루프 같은 것을 몇 줄 작성하고 그것이 제대로 작동하는지 확인하는 거예요." (294)

앞서 기술한 바와 같이, 빌의 반응은 해당 스킴과 관련하여 그의 오케스트레이션에서 중요하게 여기는 요소들을 나타내는 것으로 해석할 수 있다. 일부 행동 법칙들(B, C, D, E, G)에 대해, 빌은 자신의 지도를 언급하며 학생들이 종종 이 행동 법칙을 실행한다고 말한다. 행동 법칙 "A"에 대해서는, 빌이 열린 의견에서 이미 언급한 지도를 다시 강조하면서, 자신의 견해와 관찰에 따르면 학생들이 대부분 이 행동 법칙을 아직 실행하지 않고 있다고 덧붙인다. 행동 법칙 "F"에 대해서 그는 학생들을 지도하지 않으며, 그들이 이 행동 법칙을 실행하는 것을 관찰한 적도 없다고 말한다. 또한, 메이플이 학계 밖에서는 유용하지 않은 테크놀로지라고 보기 때문에 이에 대해 별다른 신경을 쓰지 않는다고 말한다. 행동 법칙이 아니라고 설명한 "H"에 대해서는, 빌은 학생들이 자신의 수행을 통제하는 과정에서 단계별로 도움을 주는 개별적인 개입을 언급하며 답한다. 마지막으로, 이전 스킴과 마찬가지로, 빌은 점진적으로 행동 법칙 "I"를 수행하는 것은 목록에서 누락되었다고 언급한다. 이것은 빌이 코딩하고, 테스트/검증하고, 디버깅하는 것이 역동적이고 순환적인 과정으로 자연스럽게 이루어진다는 것을 강조한 것으로 해석할 수 있다. 다음 절에서는 수업 요소들과 의도된 학생들의 도구 발생 간의 연결을 강조하는 모델을 통해 5.1절의 결과를 일반화한다.

6. 교수자의 도구 오케스트레이션과 학생들의 도구 발생 간의 연결 모델

이전 절의 분석에 따르면, 빌의 교수학적 배치, 주요 교수학적 의도, 활용 모드의 일부로서 프로젝트 요소는 교수자로서의 역할보다 강좌 설계자 및 정책 담당자로서의 역할에서 비롯되었음을 보여준다. 이 3가지 구성 요소는 2000년에 학과에서 채택한 모든 MICA 강좌에서 동일하게 나타난다. 이러한 결과는 모든 MICA I–II–III/III* 강좌의 강의 계획서, 프로젝트 지침, 실습 지침 등의 자료 검토를 통해 뒷받침된다. 또한, 이 3가지 요소는 모든 MICA 교수자들이 따르고 통합하는 요소들이다. 이 결과는 이전의 MICA 수업에 관한 연구를 포함하여 다양한 연구(Buteau & Muller, 2014, 2017; Buteau et al., 2015a, 2015b, 2019b)에서도 추가적으로 입증된다.

빌의 오케스트레이션에 대한 분석을 더 넓은 관점에서 검토해 본 결과, 진정한 수학 탐구 프로젝트를 위해 프로그래밍을 사용하는 것에 관한 도구 오케스트레이션을 설명하는 모델을 제안하고자 한다([그림 5] 참조). 더 구체적으로, 진정한 순수 또는 응용 수학 탐구 프로젝트를 위해 프로그래밍을 사용하는 것과 관련된 "(교수자의) 도구 오케스트레이션과 (학생들의) 도구 발생 연결 모델"(이하, OGA 모델)을 제안한다. [그림 5]의 왼쪽 다이어그램은 주요 교수학적 의도와 도구 오케스트레이션의 3가지 구성 요소를 보여준다. 이러한 구성 요소들 간의 주요 관계는 세로 화살표로 표시되며, 이는 아래에서 더 자세히 설명한다. 진한 글씨로 쓰인 요소들은 MICA 교수자의 정책 담당자로서의 역할에서 도출된 오케스트레이션 요소이고, 회색 글씨로 쓰인 요소들은 교수자로서의 역할에서 도출된 것이다. 직선 화살표는 교수자의 오케스트레이션 요소의 각각을 오른쪽 다이어그램 학생 개발 과정 모델([그림 4])에 표현된 의도된 학생 활동의 부분들과 연결한다. 즉, 직선 화살표는 교수자의 수업 활동과 의사 결정을 학생 활동의 다양한 단계와 연계하여 의도된 학생의 스킴망 발전, 즉 도구 발생과 연결한다.

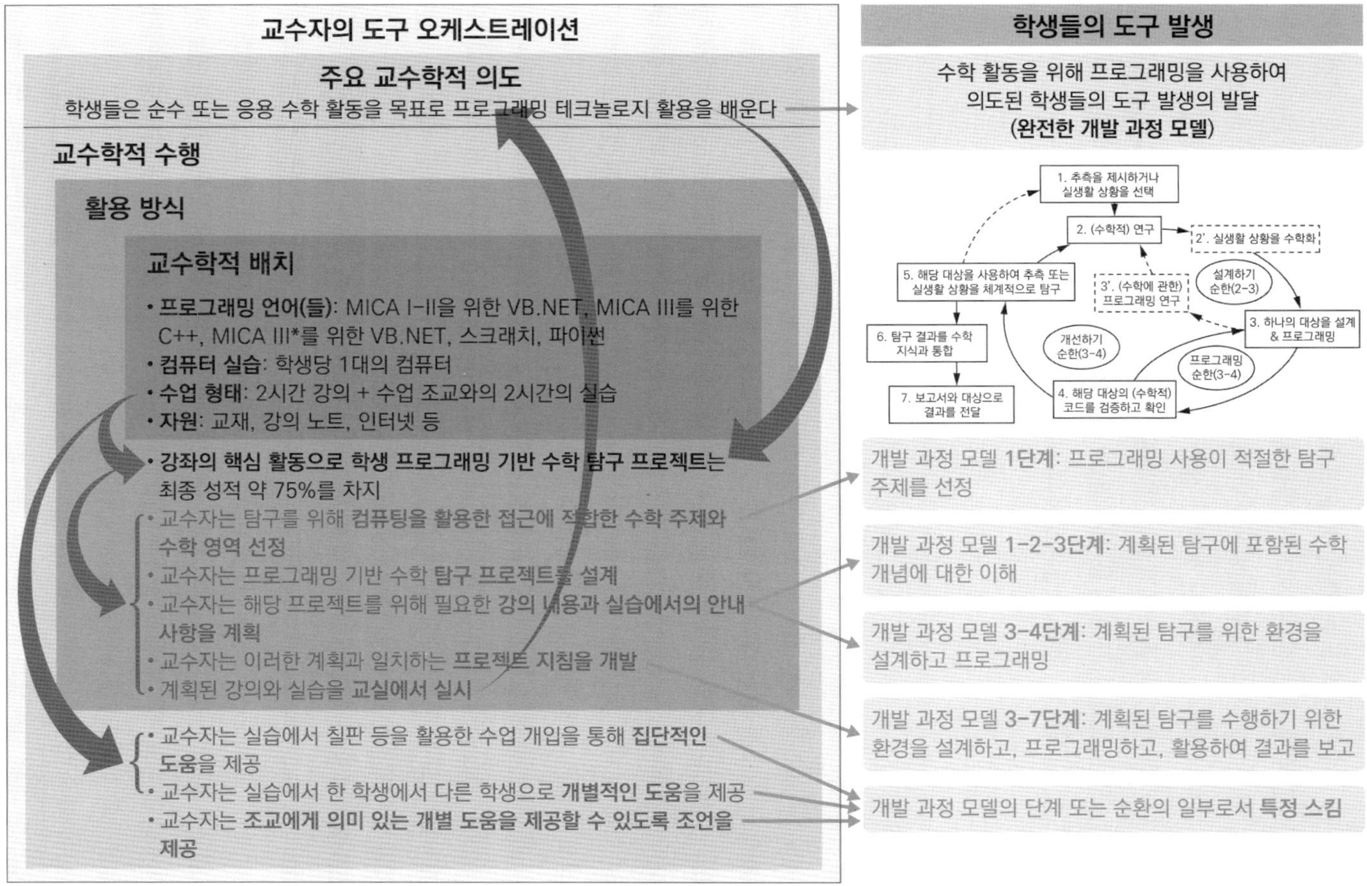

[그림 5] 진정한 순수 또는 응용 수학 탐구 프로젝트를 위한 프로그래밍의 오케스트레이션과 도구 발생 연결 모델

이 모델에서, 오케스트레이션 구성 요소의 특정 측면들이 세로 화살표와 같이 본질적으로 연결되어 있음을 보여준다. 즉, 학생들이 진정한 수학 활동을 위해 프로그래밍을 사용하는 방법을 배우도록 하는 주된 교수학적 의도는 개별 탐구 프로젝트를 강좌의 핵심 활동으로 설정하게 만든다(활용 모드). 결국 후자는 컴퓨터에서 학생들에게 시간을 할애하는 수업 형태(교수학적 배치)를 요구하며, 이는 교수자의 집단적 지원뿐만 아니라 개별적 지원(활용 방식과 교수학적 수행)을 가능하게 한다. 예컨대, 5장에서 설명한 실습 시간 동안의 빌의 집단적 개입과 개별적 개입이 그러하다. 이러한 개별 탐구 프로젝트는 핵심 활동으로서, 교수자가 수업에서 구상하고, 준비하고, 실행하는 모든 것을 이끄는 활용 방식의 한 측면이며, 이 모든 것은 학과에서 설정한 주요 교수학적 의도와 일치한다(정책 담당자로서의 교수자).

7. 논의

이 장에서는 다음의 질문을 다룬다. 프로그래밍을 하나의 인공물로 간주할 때, 도구 오케스트레이션에 관한 이론적 틀을 사용하여 진정한 수학 탐구를 위한 프로그래밍 사용을 위한 수업에 대해 무엇을 배울 수 있는가? MICA II 수업의 사례 연구 결과를 바탕으로, 여기서는 이 질문에 답할 수 있는 다양한 요소들을 논의하고자 한다.

확인된 교수학적 배치, 주요 교수학적 의도, 활용 방식의 일부로서 프로젝트 요소는 학과에서 채택한 모든 MICA 강좌에서 동일하였으며, MICA 교수자들도 이를 따르고 있는 것으로 나타났다. 이러한 교수학적 배치와 활용 방식 요소는 "학생 중심"의 수업 방식과 주로 형성평가 방식을 강조하며, 강좌의 핵심은 개별 학생 프로젝트에 초점을 맞추고 있어 구성주의 접근(Papert, 1980)과 일치한다. 교수자는 프로그래밍 기반 수학 탐구 활동과 관련된 학생들의 복잡한 스킴망의 집단적 도구 발생을 이끌어내려는 의도에 따라, **프로젝트 지침**을 통한 "내용" 선택과 **강의 및 실습에서의 계획된 지도**를 통해 집단 활용 방식에 부합한다. 이 과정은 제도적 결정이 개별 교수자들을 어떻게 지원하는지를 보여주는 통찰을 제공한다.

도구 오케스트레이션은 다양한 테크놀로지를 사용하는 몇몇 연구에서 주로 학교 수준을 중심으로 사용되었다(예, Drijvers et al., 2010; Trouche, 2004). 이 연구는 대학 수준에서 프로그래밍 기반 수학 탐구를 통해 교수자가 학생 학습을 조율하는 방식을 보여줌으로써 도구 오케스트레이션 관련 연구를 확장한다. 고등교육 맥락에서 도구 오케스트레이션 틀을 사용함으로써 교실과 제도적 수준에서 교사의 활동이 얼마나 복잡한지를 확인할 수 있었으며, 정책 담당자이자 교수자로서의 교사의 이중 역할을 규명할 수 있었다.

MICA II 수업의 활용 방식은 대부분의 테크놀로지 중심 수학 수업과 달리, 프로그래밍을 통합하는 선택이 수학 내용 선택보다 우선된다는 점을 강조한다. 이로 인해 수학 내용을 일반적인 **집단적** 수준, 다시 말해 "정책 결정자 수준"이 아닌, **개별적인** 수준에서 설명하게 되었다. MICA

II 수업의 교수학적 수행은 MICA II 교수자가 학생들의 개별적 및 집단적 스킴 발전을 이끌 수 있는 교수학적 배치의 중요한 요소로서 실습 환경의 중요성을 지적하였다. 교수학적 배치와 달리, MICA 도구 오케스트레이션의 다른 2개의 구성 요소는 변화하고 있는 것으로 보인다. 예를 들어, 빌이 프로젝트 지침을 개선하여 프로그램의 결과물을 수학적으로 해석하는 스킴의 활용 또는 발전을 명시적으로 유도하는 것이 그러하다.

이 연구는 대학 수준에서 교수자가 학생들의 프로그래밍과 수학의 결합을 어떻게 지원하려고 시도하는지를 이해하는 데 기여한다. 실제로 인공물이 프로그래밍 테크놀로지일 때, 도구 오케스트레이션 틀을 사용하여 행동 법칙 수준에서 학생 스킴을 조정하려는 암묵적 또는 명시적 의도를 가진 빌의 행동과 의사결정을 설명할 수 있었다. 구체적으로 빌이 어떤 학생 행동 법칙을 강조하였는지, 그리고 그의 활용 방식과 교수학적 수행의 일부로서 학생들이 그러한 행동 법칙을 실행하도록 지도하기 위한 다양한 방식에 대해 확인할 수 있었다. 이러한 분석은 학생들의 도구 발생을 스킴과 그 구성 요소 수준에서 상세히 분석한 덕분에 가능했다고 볼 수 있다(Buteau et al., 2019a; Gueudet et al., 2020). 이 연구는 인공물이 프로그래밍일 때 도구 오케스트레이션의 사용을 확장함으로써 그리고 교수자의 선택과 학생들의 활동을 교수자가 의도한 스킴과 연결함으로써 도구 오케스트레이션이라는 이론적 틀에 기여한다. 특히, 행동 법칙이라는 학생 스킴의 구성 요소 수준에서 도구 오케스트레이션을 분석한 연구는 매우 드물다.

대부분의 도구 오케스트레이션에 관한 연구들은 탐구 프로젝트를 포함하는 복잡한 과제보다는 비교적 구체적인 활동이 포함된 테크놀로지 기반의 과제를 분석한다. 결과적으로, 오케스트레이션 분석은 주로 1~2개의 학생 스킴에 집중하게 된다. 예컨대, 함수의 극한을 찾기 위해 그래픽 계산기를 사용하는 것이 그러하다(Trouche, 2004). 도구 오케스트레이션 틀을 사용하여 빌의 수업을 살펴본 결과, 전체 탐구 프로젝트를 수행하는 과정에서 학생들을 안내하려는 명시적 또는 암묵적 의도를 가진 빌의 다양한 행동과 결정을 확인할 수 있었다. 그리고 이러한 행동과 결정은 [그림 4]의 개발 과정 모델의 다양한 단계, 즉 스킴에 연관되어 있음을 확인할 수 있었다. 다시 말해, 도구 오케스트레이션 틀은 교수자의 의사결정과 행동이 프로젝트 유형의 과제와 관련된 학생들의 스킴망의 발달을 어떻게 지원할 수 있는지를 조명한다.

더 나아가 모든 MICA I–II–III/III* 강좌를 분석으로 빌의 사례 연구를 바탕으로, 이 연구는 교수자의 프로그래밍 기반 수학 탐구 프로젝트 수업에 관한 모델인 OGA 모델([그림 5] 참조)을 제안하였다. 이 모델은 다양한 오케스트레이션 방식들 사이의 관계, 그리고 개발 과정 모델에서 기술된 것과 같이 이러한 방식과 학생들의 활동 사이의 관계를 강조한다. 더 정확하게 말하면, OGA 모델은 교수자 오케스트레이션의 다양한 요소들을 학생들의 스킴망의 일부로서 의도된 특정 학생 스킴의 발달과 연결한다. 특히 본 모델은 과제 유형이 프로그래밍 기반 수학 탐구 프로젝트일 때 도구 오케스트레이션 틀의 사용을 확장함으로써 이 틀의 발전에 기여한다. 이러한 모델은 20년이라는 기간, 서로 다른 교수자, 여러 강좌, 다양한 프로그래밍 언어라는 학습 환경을 장기간에 걸쳐 지속적으로 구현하였기 때문에 가능하였다.

또한 이 연구는 도구 오케스트레이션 접근에 대한 방법론적인 기여를 강조한다. 교수자에게 잠재적인 학생 행동 법칙 목록을 제시함으로써 빌은 자신의 오케스트레이션을 인식하는데 성찰적으로 참여하게 되었다. 예를 들어, 빌은 학생들이 어떤 행동 법칙을 사용하는지 관찰하게 되고 수업에서 어떤 행동 법칙을 자신이 강조하는지를 인식하는 것이 그러하다. 후속 연구에서 이 방법을 더 탐구할 것을 기대한다.

8. 권고 및 전망

프로그래밍은 수학과 연계되어 학교 교육에서 점점 더 많이 통합되고 있다(예, Benton et al., 2018; Webb et al., 2017). 이러한 흐름에 따라 대학 수학교육에서도 프로그래밍 통합을 촉진할 필요성과 기회가 있을 것으로 보인다. 이 장에서 소개한 연구를 바탕으로, 고등교육에서 실천할 수 있는 3개의 권고사항을 도출하였다. 첫째, 이 연구는 빌이 전문가로서 프로그래밍을 수학 활동에 매일 사용하기 때문에 학생들의 스킴에 대해 암묵적으로 알고 있다는 점을 강조하였다. 그러나 빌은 이러한 스킴을 명시적으로 설명하는 것이 얼마나 큰 깨달음을 주었는지를 다음과 같이 언급한다.

> 이야기하다 보니 제가 학생들에게 큰 그림을 더 강조했어야 했다는 생각이 드네요. 그런 말을 하긴 했지만, 실제로 엄청 강조하지는 않았어요. (Bill.Post.304)

따라서 수학 탐구 프로젝트에 프로그래밍을 사용하는 것에 관한 연구 결과를 고등교육 교수자들에게 더 잘 전달하기 위한 노력을 기울일 것을 권고한다.

둘째, 20년간 다양한 교수자들에 의해 지속적으로 시행된 MICA는 이러한 교수학적 배치와 활용 방식 요소가 프로그래밍 기반 수학 탐구 수업을 잘 지원한다는 것을 시사한다. 특히, 교수자는 특정 수학 주제에 프로그래밍을 억지로 적용하려 하기보다는, 교수자의 지도 여부와 관계없이 학생들의 능력에 맞는 수준의 프로그래밍을 요구하는 "진정한" 수학 탐구 프로젝트를 선택하는 데 집중할 것을 권고한다.

셋째, 4~5개의 프로젝트를 중심으로 한 MICA 경험은 이러한 진정한 수학 탐구 프로젝트가 한 강좌 내에서 상당한 시간을 필요로 한다는 점을 강조한다. 예를 들어, Franklin et al.(2020)은 계획된 내용을 모두 다루는 것과 학생들을 구성주의적 경험에 참여시키는 것 사이의 긴장을 논의한다. 이에 프로그래밍 기반 수학 탐구 프로젝트를 포함하는 강좌를 계획할 때, 정책 결정자로서 교수자가 강좌를 교육 내용을 결정할 때 너무 많은 내용을 다루지 않을 것과 교수자가 실제 프로젝트에 충분한 수업 시간을 할애하도록 계획할 것을 권고한다.

또한 이 연구로부터 2가지 전망을 언급하고자 한다. 첫째, 프로젝트 지침이 하나의 집합체로서 학생들이 수학 탐구 활동과 관련된 복잡한 스킴망 전체를 개발하거나 활용하도록 유도하는 것으로 보인다는 점에 주목한다. 이는 프로그래밍이 MICA 기말 프로젝트와 같이 독립적인 탐구를 수행하는데 필수적인 수학 활동을 위한 부가적인 가치를 제공하는지 여부를 식별하는 스킴에 대한 암묵적인 지도를 포함한다. 전체 과제 집합체의 일부로서, 어떤 그리고 어떻게 서로 다른 스킴이 프로젝트 지침 내에서 그리고 강의 및 실습에서 안내되는지에 영향을 미치는 탐구 프로젝트 과제의 측면을 연구하는 것은 개별 프로젝트 지침의 핵심이 되는 특성과 강좌 내 또는 강좌 간 프로젝트 지침 순서에 대한 실천적 권고사항을 도출할 수 있을 것이다. 둘째, 이 연구는 학생인 캐시와 교사에 대한 자료를 모두 수집하였는데, 이는 자연스러운 학습 환경에서 빌의 도구 오케스트레이션과 학생들의 실제 도구 발생 사이의 연결을 스킴과 행동 법칙과 같은 스킴 구성 요소 수준에서 모두 분석할 수 있는 특별한 기회를 제공한다.

프로그래밍을 사용한 진정한 순수 또는 응용 수학 탐구 프로젝트에 대한 빌의 견해를 잘 나타내는 그의 말을 인용하며 이 장을 마무리하고자 한다. "이 2가지 측면이 있어요 … 학생들은 컴퓨팅을 사용하여 작업을 하고, 이론적으로도 작업을 해요. 이들이 어느 정도 일치해야 할까요? … 그것은 이론 수학의 아름다운 발레와 같아요."

부록: 빌의 MICA II '과제 1' 지침, 2019년 겨울

참고: 모든 코드는 주의 깊게 구조화되어야 하며, 변수, 함수, 하위 루틴들이 모두 직관적이고 이해하기 쉽게 라벨링되어야 한다. 또한 인터페이스는 사용자 친화적이고 매력적이어야 한다.

1. 길이가 $\frac{1}{2}$인 바늘을 1단위 간격의 평행한 선들로 그려진 평면에 떨어뜨렸다고 가정하자. 수업 시간에 제시한 'Buffon의 바늘' 프로그램을 수정하여, 바늘이 선에 닿을 확률을 구하라. 수업 시간에 제공된 프로그램과 비슷하지만, 적절히 수정된 최종 프로그램을 제출하여라. 이 프로그램에 "Buffon의 바늘 문제"라는 제목을 붙여라. (25점)

2. $[0,2]\times[0,2]$에서 $\sin ax^2 + by^3 > \sin cx^2 + dy^2$인 영역 R을 생각해 보자. 서로 다른 값 a, b, c, d에 대하여, 이 영역을 화면에 표시하고 무작위로 선택된 개의 점을 사용하여 영역의 면적을 추정하는 프로그램을 제출하라. 사용자가 a, b, c, d와 n값을 입력할 수 있어야 한다. 이 프로그램에 "사각형의 면적"이라는 제목을 붙여라. (25점)

3. $[-1,1]^4$ 내에 무작위로 n개의 점을 선택하여, R^4에서 $x^2+y^2+z^2+w^2 \leq 1$ 인 단위 초구의 초부피를 추정하는 프로그램을 작성하라. 사용자는 표본 크기 n과 표본의 수 w를 입력할 수 있어야 한다. 출력값으로 w개의 표본에 대한 평균과 표준편차가 나타나야 한다. 소수점 첫째 자리까지 정확하게 초부피를 추정하고, 추정한 소수점 첫째 자리의 값이 왜 정확하다고 확신하는지 설명하라. 코드의 출력물을 제출하되, 가장 단순한 형태로 작성된 코드를 제출하라. 작성 중인 코드를 제출할 필요는 없다. (25점)

문제 (4) 또는 (5) 중 하나를 선택해서 제출하라!

4. 길이가 1인 바늘을 1단위 간격의 수평 및 수직으로 평행한 선들로 그려진 평면에 떨어뜨렸다고 가정하자. 수업 시간에 제시한 'Buffon의 바늘' 프로그램의 코드를 수정하여, 바늘이 어느 선에든 닿을 확률을 구하라. 이 방법에 내재된 수학에 대해 기술하고 작성한 프로그램을 제출하라. 그래픽 요소를 넣는 것을 좋아하지 않는다면 이 프로그램에 그래픽적 요소를 포함할 필요는 없다. 이 프로그램에 "Buffon-Laplace 문제"라는 제목을 붙여라. (25점)

5. $\{1, 2, \cdots, n\}$에서 2개의 숫자 와 가 무작위로 선택된다고 가정하자. 이 두 수가 서로소일 확률 이라 하자. 이 무한대로 갈 때, 의 극한의 존재하는가? 이 문제를 탐구하는 프로그램을 작성하고 관찰한 내용에 대한 논의를 함께 제출하라. '정확한' 극한값을 추측할 수 있나? (25점)

참고문헌

Artigue, M. (2002). Learning mathematics in a CAS environment: The genesis of a reflection about instrumentation and the dialectics between technical and conceptual work. *International Journal of Computers for Mathematical Learning, 7*(3), 245–274. https://doi.org/10.1023/A%3A1022103903080

Assude, T. (2007). Teachers' practices and degree of ICT integration. In D. Pitta-Pantazi & G. Philippou (Eds.), *Proceedings of the fifth congress of the European Society for Research in Mathematics Education* (pp. 1339–1348). ERME. http://www.mathematik.uni-dortmund. de/~erme/CERME5b/WG9.pdf

Balt, K., & Buteau, C. (2020a, September 4). *A complex web of schemes development for authentic pure/applied mathematics investigations* [Video]. YouTube. https://youtu.be/teJAd3TDw9E

Balt, K., & Buteau, C. (2020b, September 4). *Process of using programming for pure/applied mathematics investigations* [Video]. YouTube. https://youtu.be/irTlCE-eXhc

Barabé, G., & Proulx, J. (2017). Révolutionner l'enseignement des mathématiques: Le projet visionnaire de Seymour Papert [Revolutionizing mathematics education: Seymour Papert's visionary project]. *For the Learning of Mathematics, 37*(2), 25–30. https://flm-journal.org/Articles/318D3351495F8F94E785130E59D4CE.pdf

Benton, L., Hoyles, C., Kalas, I., & Noss, R. (2017). Bridging primary programming and mathematics: Some findings of design research in England. *Digital Experiences in Mathematics Education, 3*, 115–138. https://doi.org/10.1007/s40751-017-0028-x

Benton, L., Saunders, P., Kalas, I., Hoyles, C., & Noss, R. (2018). Designing for learning mathematics through programming: A case study of pupils engaging with place value. *International Journal of Child–Computer Interaction, 16*, 68-76. https://doi.org/10.1016/j.ijcci.2017.12.004

Bocconi, S., Chioccariello, A., & Earp, J. (2018). *The Nordic approach to introducing computational thinking and programming in compulsory education*. Nordic@BETT2018 Steering Group. https://doi.org/10.17471/54007

Broley, L. (2014, December 5-8). *Computer programming and the ideal undergraduate mathematics program: Some mathematicians' perspectives* [Paper presentation]. Canadian Mathematical Society (CMS) winter meeting, Hamilton, ON, Canada. https://www2.cms.math.ca/Reunions/hiver14/abs/ume

Broley, L., Buteau, C., & Muller, E. (2017, February 1-5). (Legitimate peripheral) computational thinking in mathematics. In T. Dooley & G. Gueudet (Eds.), *Proceedings of the Tenth Congress of the European Society for Research in Mathematics Education* (pp. 2515-2523). DCU Institute of Education & ERME. https://hal.archives-ouvertes.fr/CERME10/public/CERME10_Complete.pdf

Broley, L., Caron, F., & Saint-Aubin, Y. (2018). Levels of programming in mathematical research and university mathematics education. *International Journal of Research in Undergraduate Mathematics Education, 4*(1), 33–55. https://doi.org/10.1007/s40753-017-0066-1

Buteau, C., & Muller, E. (2010). Student development process of designing and implementing exploratory and learning objects. In V. Durand-Guerrier, S. Soury-Lavergne, & F. Arzarello (Eds.), *Proceedings of the sixth congress of the European mathematical society for research in mathematics education* (pp. 1111–1120). Institut National de Recherche Pédagogique and ERME. http://ife.ens-lyon.fr/publications/edition-electronique/cerme6/wg7-07-buteau-muller.pdf

Buteau, C., & Muller, E. (2014). Teaching roles in a technology intensive core undergraduate mathematics course. In A. Clark-Wilson, O. Robutti, & N. Sinclair (Eds.), *The mathematics teacher in the digital era* (pp. 163-185). Springer. https://doi.org/10.1007/978-94-007-4638-1_8

Buteau, C., & Muller, E. (2017). Assessment in undergraduate programming-based mathematics courses. *Digital Experiences in Mathematics Education, 3*(2), 97–114. https://doi.org/10.1007/s40751-016-0026-4

Buteau, C., Muller, E., & Marshall, N. (2015a). When a university mathematics department adopted core mathematics courses of an unintentionally constructionist nature: Really? *Digital Experiences in Mathematics Education, 1*(2/3), 133–155. https://doi.org/10.1007/s40751-015-0009-x

Buteau, C., Muller, E., & Ralph, B. (2015b, June 19-21). *Integration of programming in the undergraduate mathematics program at Brock University* [Paper presentation]. Math + Coding Symposium, London, ON, Canada. https://researchideas.ca/coding/docs/ButeauMullerRalph-Coding+MathProceedings-FINAL.pdf

Buteau, C., Muller, E., Marshall, N., Sacristán, A., & Mgombelo, J. (2016). Undergraduate mathematics students appropriating programming as a tool for modelling, simulation, and visualization: A case study. *Digital Experiences in Mathematics Education, 2*(2), 142–166. https://doi.org/10.1007/s40751-016-0017-5

Buteau, C., Gueudet, G., Muller, E., Mgombelo, J., & Sacristán, A. I. (2019a). University students turning computer programming into an instrument for "authentic" mathematical work. *International Journal of Mathematical Education in Science and Technology, 57*(7), 1020-1041. https://doi.org/10.1080/0020739X.2019.1648892

Buteau, C., Sacristán, A. I., & Muller, E. (2019b). Roles and demands for constructionist teaching of computational thinking in university mathematics. *Constructivist Foundations, 14*(3), 294-309. https://constructivist.info/14/3/294

Buteau, C., Gueudet, G., Dreise, K., Muller, E., Mgombelo, J., & Sacristán, A. (2020a). A student's complex structure of schemes development for authentic programming-based mathematical investigation projects. *Proceedings of INDRUM 2020: Third conference of the International Network for Didactic Research in University Mathematics*. Bizerte, Tunisia. https://hal.archives-ouvertes.fr/hal-03113837/document

Buteau, C., Muller, E., Mgombelo, J., Sacristán, A. I., & Dreise, K. (2020b). Instrumental genesis stages of programming for mathematical work. *Digital Experiences in Mathematics Education, 6*(3), 367–390. https://doi.org/10.1007/s40751-020-00060-w

Buteau, C., Muller, E., Rodriguez, M. S., Gueudet, G., Mgombelo, J., & Sacristán, A. I. (2020c). Instrumental orchestration of using programming for mathematics investigations. In A. Donevska-Todorova, E. Faggiano, J. Trgalova, Z. Lavicza, R. Weinhandl, A. Clark-Wilson, & H.-G. Weigand (Eds.), *Proceedings of the Tenth ERME Topic Conference (ETC 10) on Mathematics Education in the Digital Age* (pp. 443–450). ERME. https://hal.archives-ouvertes.fr/hal-02932218/document

Clark-Wilson, A., Robutti, O., & Thomas, M. (2020). Teaching with digital technology. *ZDM, 52*(7), 1223-1242. https://doi.org/10.1007/s11858-020-01196-0

Clements, E. (2020). *Investigating an approach to integrating computational thinking into an undergraduate calculus course* [Doctoral dissertation, Western University]. Scholarship@ Western. https://ir.lib.uwo.ca/etd/7043

Cline, K., Fasteen, J., Francis, A., Sullivan E., & Wendt T. (2020). Integrating programming across the undergraduate mathematics curriculum. *Primus, 30*(7), 735-749. https://doi.org/10.1080/10511970.2019.1616637

Department for Education. (2013). *National curriculum in England: Computing programmes of study*. https://www.gov.uk/government/publications/national-curriculum-in-england-computing-programmes-of-study

Direction générale de l'enseignement scolaire. (2020). *Programme du cycle 3-En vigueur à la rentrée 2020* [Cycle 3 program-Effective at the start of the 2020 academic year]. https://cache.media.eduscol.education.fr/file/A-Scolarite_obligatoire/37/5/Programme2020_cycle_3_com-paratif_1313375.pdf

diSessa, A. A. (2018). Computational literacy and "the big picture" concerning computers in mathematics education. *Mathematical Thinking and Learning, 20*(1), 3–31. https://doi.org/10.1080/10986065.2018.1403544

Drijvers, P., Doorman, M., Boon, P., Reed, H., & Gravemeijer, K. (2010). The teacher and the tool: Instrumental orchestrations in the technology-rich mathematics classroom. *Educational Studies in Mathematics, 75*(2), 213–234. https://doi.org/10.1007/s10649-010-9254-5

Drijvers, P., Tacoma, S., Besamusca, A., van den Heuvel, C., Doorman, M., & Boon, P. (2014). Digital technology and mid-adopting teachers' professional development: A case study. In A. Clark-Wilson, O. Robutti, & N. Sinclair (Eds.), *The mathematics teacher in the digital era* (pp. 189-212). Springer. https://doi.org/10.1007/978-94-007-4638-1_9

European Mathematical Society. (2011). *Position paper of the European Mathematical Society on the European Commission's contributions to European research*. EMS Secretariat. http://ec.europa.eu/research/horizon2020/pdf/contributions/post/european_organisations/european_mathematical_society.pdf

Franklin, D., Palmer, J., Coenraad, M., Eatinger, D., Zipp, A., Anaya, M., White, M., Pham, H., Gokdemir, O., & Weintrop, D. (2020). An analysis of use-modify-create pedagogical approach's success in balancing structure and student agency. In *ICER '20: Proceedings of the 2020 ACM Conference on International Computing Education Research* (pp. 14–24). https://doi.org/10.1145/3372782.3406256

Gadanidis, G., Clements, E., & Yiu, C. (2018). Group theory, computational thinking, and young mathematicians. *Mathematical Thinking and Learning, 20*(1), 32–53. https://doi.org/10.1080/10986065.2018.1403542

Gueudet G., & Trouche L. (2012). Teachers' work with resources: Documentational gen- eses and professional geneses. In G. Gueudet, B. Pepin, & L. Trouche (Eds.), *From text to "lived" resources. Mathematics teacher education* (vol. 7). Springer. https://doi.org/10.1007/978-94-007-1966-8_2

Gueudet, G., Bueno-Ravel, L., & Poisard, C. (2014). Teaching mathematics with technology at the kindergarten level: Resources and orchestrations. In A. Clark-Wilson, O. Robutti, & N. Sinclair (Eds.), *The mathematics teacher in the digital era* (pp. 213-240). Springer. https://doi.org/10.1007/978-94-007-4638-1_10

Gueudet, G., Buteau, C., Muller, E., Mgombelo, J., & Sacristán, A. (2020, March). Programming as an artefact: What do we learn about university students' activity? *Proceedings of INDRUM 2020 Third Conference of the International Network for Didactic Research in University Mathematics*. https://hal.archives-ouvertes.fr/hal-03113851/

Guin, D., Ruthven, K., & Trouche, L. (Eds.). (2005). *The didactical challenge of symbolic calculators: Turning a computational device into a mathematical instrument*. Springer. https://doi.org/10.1007/b101602

Haspekian, M. (2014). Teachers' instrumental geneses when integrating spreadsheet software. In A. Clark-Wilson, O. Robutti, & N. Sinclair (Eds.), *The mathematics teacher in the digital era* (pp. 241–275). Springer. https://doi.org/10.1007/978-94-007-4638-1_11

Hoyles, C., & Noss, R. (1992). A pedagogy for mathematical microworlds. *Educational Studies in Mathematics, 23*(1), 31–57. https://doi.org/10.1007/BF00302313

Lagrange, J. B., & Rogalski, J. (2017). Savoirs, concepts et situations dans les premiers appren- tissages en programmation et en algorithmique [Knowledge, concepts and situations in early learning in programming and algorithmics]. *Annales de Didactiques et de Sciences Cognitives, 22*. https://hal.archives-ouvertes.fr/hal-01740442/document

Leron, U., & Dubinsky, E. (1995). An abstract algebra story. *American Mathematical Monthly, 102*(3), 227–242. https://doi.org/10.1080/00029890.1995.11990563

Lockwood, E., & De Chenne, A. (2019). Enriching students' combinatorial reasoning through the use of loops and conditional statements in Python. *International Journal of Research in Undergraduate Mathematics Education, 6*, 303–346. https://doi.org/10.1007/s40753-019-00108-2

Lockwood, E., & Mørken, K. (2021). A call for research that explores relationships between com- puting and mathematical thinking and activity in RUME. *International Journal of Research in Undergraduate Mathematics Education*, 1–13. https://doi.org/10.1007/s40753-020-00129-2

Lynch, S. (2020). Programming in the mathematics curriculum at Manchester Metropolitan University. *MSOR Connections, 18*(2), 5-12. https://doi.org/10.21100/msor.v18i2.1105

Malthe-Sørenssen, A., Hjorth-Jensen, M., Langtangen, H. P., & Mørken, K. (2015). Integration of calculations in physics teaching. *Uniped, 38*, Article 6. https://www.idunn.no/uniped/2015/04/integrasjon_av_be regninger_ifysikkundervisningen

Mascaró, M., Sacristán, A. I., & Rufino, M. M. (2016). For the love of statistics: Appreciating and learning to apply experimental analysis and statistics through computer programming activities. *Teaching Mathematics and Its Applications, 35*(2), 74–87. https://doi.org/10.1093/teamat/hrw006

Ministère de l'Éducation nationale et de la Jeunesse. (2020). *Programme de mathématiques de seconde générale et technologique*. https://cache.media.eduscol.education.fr/file/SP1-MEN-22-1-2019/95/7/spe631_annexe_1062957.pdf

Ndlovu, M., Wessels, D., & de Villiers, M. (2013). Competencies in using sketchpad in geometry teaching and learning: Experiences of preservice teachers. *African Journal of Research in Mathematics, Science and Technology Education, 17*(3), 231–243. https://doi.org/10.1080/10288457.2013.848536

New Zealand Ministry of Education. (2020). *Technology in the New Zealand curriculum (revised Technology learning area)*. https://nzcurriculum.tki.org.nz/The-New-Zealand-Curriculum/Technology

Noss, R., & Hoyles, C. (1996). *Windows on mathematical meanings: Learning cultures and computers*. Kluwer Academic. https://doi.org/10.1007/978-94-009-1696-8

Ontario Ministry of Education. (2020). *Elementary mathematics curriculum*. https://www.dcp.edu.gov.on.ca/en/curriculum/elementary-mathematics

Papert, S. (1972). Teaching children to be mathematicians versus teaching about mathematics. *International Journal of Mathematics Education, Sciences and Technology, 3*(3), 249–262. https://doi.org/10.1080/0020739700030306

Papert, S. (1980). *Mindstorms: Children, computers, and powerful ideas*. Basic Books. https://tinyurl.com/3kvnjauz

Papert, S., & Harel, I. (1991). Situating constructionism. In I. Harel & S. Papert (Eds.), *Constructionism* (pp. 1–11). Ablex. http://www.papert.org/articles/SituatingConstructionism.html

Rabardel, P. (1995). *Les hommes et les technologies: Approche cognitive des instruments contemporains* [People and technology: A cognitive approach to contemporary instruments]. Armand Colin. https://hal.archives-ouvertes.fr/hal-01017462/document

Ralph, B. (n.d.). *Mathematics integrated with computers and applications II: Five programming-based math project assignments*. Brock University. https://ctuniversitymath.files.wordpress.com/2020/08/mica-ii-assignment.pdf

Ruthven, K. (2014). Frameworks for analysing the expertise that underpins successful integration of digital technologies into everyday teaching practice. In I. A. Clark-Wilson, O. Robutti, & N. Sinclair (Eds.), *The mathematics teacher in the digital era* (pp. 373–393). Springer. https://doi.org/10.1007/978-94-007-4638-1_16

Sacristán, A., Santacruz-Rodríguez, M., Buteau, C., Mgombelo, J., & Muller, E. (2020). The constructionist nature of an instructor's instrumental orchestration of programming for mathematics, at university level. In B. Tangney, J. K. Byrne, & C. Girvan (Eds.), *Proceedings of the 2020 Constructionism conference* (pp. 523–536) http://www.constructionismconf.org/wp-content/uploads/2020/05/C2020-Proceedings.pdf

Sangwin, C. J., & O'Toole, C. (2017). Computer programming in the UK undergraduate mathematics curriculum. *International Journal of Mathematical Education in Science and Technology, 48*(8), 1133–1152. https://doi.org/10.1080/0020739X.2017.1315186

Santacruz, M., & Sacristán, A. (2019). Una mirada al trabajo documental de un profesor de pri-maria al seleccionar recursos para enseñar geometría [A look at the documentary work of an elementary school teacher selecting resources to teach geometry]. *Educación Matemática, 31*(3), 7–38. https://doi.org/10.24844/EM.

Sinclair, N., & Patterson, M. (2018). The dynamic geometrisation of computer programming. *Mathematical Thinking and Learning, 20*(1), 54–74. https://doi.org/10.1080/10986065.2018.1403541

Sysło, M. M., & Kwiatkowska, A. B. (2015). Introducing a new computer science curricu- lum for all school levels in Poland. In A. Brodnik & J. Vahrenhold (Eds.), Informatics in schools. *Curricula, competences, and competitions* (pp. 141–154). Springer. https://doi.org/10.1007/978-3-319-25396-1_13

Thomas, M. O., Hong, Y. Y., & Oates, G. (2017). Innovative uses of digital technology in undergraduate mathematics. In E. Faggiano, F. Ferrara, & A. Montone (Eds.), *Innovation and technology enhancing mathematics education* (pp. 109–136). Springer. https://doi.org/10.1007/978-3-319-61488-5_6

Trouche, L. (2004). Managing the complexity of human/machine interactions in computerized learning environments: Guiding students' command process through instrumental orchestrations. *International Journal of Computers for Mathematical Learning, 9*(3), 281–307. https://doi.org/10.1007/s10758-004-3468-5

Vandevelde, I., & Fluckiger, C. (2020). L'informatique prescrite à l'école primaire. Analyse de programmes, ouvrages d'enseignement et discours institutionnels [Computers prescribed in elementary school. Analysis of programs, educational works and institutional discourse]. *Colloque Didapro-Didastic, 8*. https://hal.univ-lille.fr/hal-02462385/document

Vergnaud, G. (1998). Towards a cognitive theory of practice. In A. Sierpinska & J. Kilpatrick (Eds.), *Mathematics education as a research domain: A search for identity* (pp. 227–240). Springer. https://doi.org/10.1007/978-94-011-5470-3_15

Webb, M., Davis, N., Bell, T., Katz, Y. J., Reynolds, N., Chambers, D. P., & Syslo, M. M. (2017). Computer science in K-12 school curricula of the 21st century: Why, what and when? *Education and Information Technologies, 22*, 445–468. https://doi.org/10.1007/s10639-016-9493-x

Weintrop, D., Beheshti, E., Horn, M., Orton, K., Jona, K., Trouille, L., & Wilensky, U. (2016). Defining computational thinking for mathematics and science classrooms. *Journal for Science Education and Technology, 25*, 127–147. https://doi.org/10.1007/s10956-015-9581-5

Wilensky, U. (1995). Paradox, programming and learning probability. *Journal of Mathematical Behavior, 14*(2), 253–280. https://doi.org/10.1016/0732-3123(95)90010-1

12

디지털 테크놀로지 통합과 관련한 전문성 경로 연구: 초임 수학교사 베라의 사례

Mónica E. Villarreal
Cristina B. Esteley

이 연구는 초임 수학교사인 베라가 그녀의 디지털 테크놀로지를 통합하는 것과 관련한 전문성 경로를 탐구한다. 이 사례 연구는 (1) 수학교육에서 테크놀로지 사용에 관한 학생으로서 베라의 초기 견해와 경험을 특징짓고, (2) 수학교사로서 일할 때 베라가 테크놀로지를 통합하는 방식을 심층적으로 분석하는 것을 목표로 한다. 베라는 디지털 테크놀로지 사용에 대해 긍정적인 태도를 보였기 때문에 이 연구에 참여하도록 초대되었다. 예비교사 및 초임 교사로서 그녀의 여정에 관한 여러 시점들은 그녀가 디지털 테크놀로지와 맺은 다양한 관계 유형을 강조하면서 분석되었다. 이러한 관계 유형을 분석하기 위해 테크놀로지와의 서로 다른 관계를 나타내는 네 가지 은유(**주인**, **하인**, **파트너**, **자기 확장**)의 분류 체계를 사용하였다. 이후 베라의 교수 관행에 새로운 테크놀로지가 통합된 방식은 다섯 가지 차원 즉, **작업 환경**, **자원 체계**, **활동 구조**, **수업 과정안**, **시간 경제**에서 분석하였다. 연구 결과에 따르면 베라는 테크놀로지를 파트너 또는 자기 확장의 관계로 주로 활용하였으며, 정기적으로 학교에서 가르치기 시작한 후에는 더 정교한 방식으로 새로운 테크놀로지를 통합해 나갔다. 이 연구는 교사교육 프로그램 내에서 테크놀로지 사용을 도입하고 교육하는 방식을 재고하는데 유용한 통찰을 제공한다.

주요 용어: 전문성 경로, 초임 수학교사, 디지털 테크놀로지 통합, 교수 관행

1. 서론

1990년대부터 라틴 아메리카 교육 시스템 전반에 디지털 테크놀로지를 통합하려는 정책들이 각기 다른 모델을 바탕으로 시작되었으며, 나라에 따라 다양한 영향을 미쳤다. Lugo & Delgado(2020)는 2007년 이후 지역 교육 시스템에서 정보통신기술(information and communication technology, 이하 ICT) 정책의 시행을 분석하며, 이러한 정책에도 불구하고 "교수 관행을 개선하기 위해 디지털 테크놀로지의 장점을 활용하는 방식으로 교육 실천을 변화하는 것은 불가능했다"라고 결론짓는다(p. 22 저자 번역). 이러한 사실은 교사교육, 특히 디지털 테크놀로지의 교육적 활용에 대한 준비가 지속적으로 요구되는 초기 교사교육과 직접적으로 연관이 있다. 따라서 저자들은 "디지털 테크놀로지의 교육적 활용에서 교사교육 정책을 강화할"(p.22 저자 번역) 필요성을 인식하고 있다. 이 교사교육과 관련한 지역적 상황은 수학 교사교육의 특수한 사례를 포함한다. Ruiz(2017)는 일부 라틴 아메리카 국가에서 수학교사들의 디지털 테크놀로지

사용에 대한 훈련이 부족하다고 보고하고 있다. 국제적으로 Clark-Wilson et al.은 다음과 같이 주장한다.

> … 수학 교실에서 테크놀로지 사용과 관련된 20년 이상의 연구와 교육과정 개발에도 불구하고, 학생들이 수학을 학습하는 경험에 미친 영향은 처음 기대했던 변혁적 방식과는 상당히 거리가 멀다(2014, p.1).

그 출판물로부터 6년이 지난 지금, 적어도 우리나라 아르헨티나에서는 수학 교사교육에서 디지털 테크놀로지의 통합과 관련된 문제들이 여전히 충분히 해결되지 않은 것 같다.

2009년부터는 교수법에 관한 권고문서와 2011년부터는 수학 교사교육 표준에서도 디지털 테크놀로지의 사용이 권장되었고 동시에 2011년부터 아르헨티나 중등학교(12~17세 학생들) 수학 교육과정에서는 디지털 테크놀로지의 사용이 권장되어 왔다. 그러나 두 맥락 모두에서 여전히 그 사용은 미미하다. 이러한 미미한 사용의 이유는 업데이트된 장비의 부족이나 학교에서 디지털 테크놀로지 사용을 장려하지 않는 보수적인 학문적 문화가 존재하는 등의 기관 제약과 관련이 있다. 또 다른 이유는 학생과 교사 모두의 접근성 문제나 불충분한 디지털 리터러시와 관련이 있다. 게다가, 초기 교사교육이나 재직 중 교사교육에서 디지털 테크놀로지 사용이 부실하거나 수학교육에서 디지털 테크놀로지의 가치를 낮게 평가하는 것도 디지털 테크놀로지가 학교에서 적게 사용되는 이유와 관련이 있다. 동시에, 특정 교사들이 디지털 테크놀로지를 상당히 통합한 교수법적인 제안을 하는 수학 수업의 교육 실천 사례도 존재한다(Mina, 2018; Sessa, 2018; Esteley, 2014). 따라서 디지털 테크놀로지가 거의 사용되지 않거나 제대로 통합되지 않은 학교와 디지털 테크놀로지가 상당히 통합된 학교를 둘 다 찾을 수 있다.

이 장에서는 마지막 사례에 초점을 맞추어, 수학 수업에서 디지털 테크놀로지를 성공적으로 통합한 초임 여성 수학교사 베라의 경로를 심층적으로 연구할 것을 제안한다.

우리 연구는 두 가지 목표와 각 목표에 맞는 일련의 연구 문제가 있다.

목표 1: 베라가 학생 시절 수학교육에서 테크놀로지 사용에 대해 가진 초기 견해와 경험을 특징짓기

연구 문제 1: 베라는 고등학교나 대학의 교사교육 프로그램에서 학생으로서 디지털 테크놀로지에 대해 어떤 경험을 하였는가?

연구 문제 2: 베라는 수학을 가르치고 배우는 데 있어 테크놀로지 사용에 대해 어떤 자발적인 견해를 가지고 있었는가?

연구 문제 3: 베라는 특정 수학교육 강좌를 수강하는 과정에서 디지털 테크놀로지를 어떻게 사용하였는가?

목표 2 : 베라가 수학교사로서 테크놀로지를 통합하는 방식을 심층적으로 분석하기
연구 문제 4: 베라는 처음 가르치는 활동에서, 그리고 나중에 초임 교사로서 디지털 테크놀로지를 어떤 방식으로 통합하였는가?

다음 절에서는 우리 연구와 관련된 선행 연구에 대한 간략한 검토를 제시한다.

2. 교사교육과 디지털 테크놀로지

여러 연구에서 강조된 바와 같이, 수학 수업에서 테크놀로지 통합은 다양한 복잡한 요인들에 의해 좌우된다. 이러한 요인들은 때로 교사의 의지뿐만 아니라 다른 요소들도 포함되며, 일부는 이러한 통합에 장애물이 될 수 있다. 예를 들어, Desimone et al.(2013)과 Ertmer & Ottenbreit-Leftwich(2010)는 **자원**, **지식과 테크놀로지**, **기관**, **평가**, **과목 문화**, **교사의 태도와 신념**과 같은 여러 장애 요인들을 확인하였다. 또한, Drijvers(2015)는 디지털 테크놀로지의 성공적인 통합을 방해하거나 촉진할 수 있는 세 가지 요인인 **교육 설계**, **교사의 역할**, 그리고 **교육 맥락**을 식별하였다.

Ndlovu et al.(2020)은 남아프리카의 예비교사들이 미래의 수학 수업에서 ICT를 통합하려는 의도에 관한 신념을 조사한 연구 결과를 보고하였다. 이 연구는 태도 관련 신념과 ICT 사용에 대한 통제력이 예비교사의 수업에서 테크놀로지 사용 의도에 영향을 미친다는 것을 보여준다. 저자들은 그들의 분석에 기초해서 예비교사들이 미래 수업에서 ICT를 통합하도록 하려면 가능한 한 일찍 교사교육 과정에 테크놀로지를 통합해야 한다고 권장한다.

Gurevich et al.(2017)은 테크놀로지 사용이 장려된 교사교육 프로그램에 참여한 이스라엘의 초임 수학교사 그룹을 대상으로 연구를 진행하였다. 저자들은 참가자들이 테크놀로지 도구를 선택하고 수학 교수에서 테크놀로지 통합에 대한 태도를 추적하기 위해 장기 연구를 진행하였다. 연구는 세 가지 전문성 개발 단계에서 이루어졌는데, 두 단계는 교생 기간이었고 세 번째는 초임 교사 시기였다. 그들의 연구는 참가자들이 실습생이 되었을 때 테크놀로지적인 이점에 대한 인식이 크게 증가했으며 새로운 테크놀로지 도구를 가르치는데 통합하는 사례가 증가했다고 보고하였다.

Drijvers et al.(2014)은 중등학교 수학 수업에서 디지털 테크놀로지의 통합이 아직 성공하지 못했다고 주장한다. 또한, 저자들은 교사들이 이러한 통합에서 "핵심적인 역할"을 한다고 본다. 그들의 연구는 네덜란드에서 두 명의 경험 많은 교사들이 점진적으로 디지털 테크놀로지들을 수업에 도입한 사례를 보고하였다. 그들은 수학 수업에서 테크놀로지를 통합하는 과정은 간단하지 않으며, 교사들이 가르치는데 일찍부터 테크놀로지 사용에 몰입할 필요가 있다고 결론지었다. 이와 관련하여 Ertmer & Ottenbreit-Leftwich(2010)와 Hammond et al.(2009)은 테크놀로지 사용

을 포함한 예비교사 교육이 교사들의 미래 교육 방식과 테크놀로지 사용의 어려움을 관리하는 능력에 영향을 미친다고 지적한다.

Stein et al.(2019)은 초임 수학교사들의 수업에서 테크놀로지 도구 사용에 대한 태도를 연구하였다. 이스라엘에서 테크놀로지가 풍부한 환경에서 교육을 받은 14명의 초임 교사를 대상으로 연구를 진행한 결과, 초임 교사들이 의도적이고 합리적인 방식으로 교수-학습에서 디지털 도구를 채택한 것을 확인하였다. 비록 초임 교사들이 그들의 수업에서 ICT 사용의 이점을 인식했지만, 기관의 제도와 관련된 몇 가지 어려움도 지적하였다.

Goos(2005)는 호주의 중등학교에서 수학을 가르치는데 테크놀로지 통합과 관련된 예비교사와 초임 교사들의 교수학적 실천과 신념을 연구하였다. 이 연구는 테크놀로지가 풍부한 교사교육 프로그램을 졸업한 초임 교사들의 사례에 초점을 맞추었다. 저자는 교사의 신념은 사회적 환경과 교사의 관련 목표 및 행동에 따라 변화할 수 있다고 보는 사회문화적 관점에서 연구를 진행하였다. 연구한 사례들은 테크놀로지 사용과 관련된 초임 교사들의 교수학적 정체성 발달이 그들의 교수 환경, 행동, 신념 사이의 끊임없는 협상을 통해 형성된다는 것을 보여준다. 또한, 초임 교사들이 테크놀로지를 자신의 수업에 통합하기 위해 그들의 일하는 환경의 제약을 극복해야 했다는 것도 확인되었다.

수학교사들의 전문가로서 정체성과 주체성 발달을 고려하여, Losano et al.(2018)은 아르헨티나 코르도바 시의 한 중등학교에서 일하는 한 명의 초임 수학교사를 중심으로 해석적 사례 연구를 진행하였다. 교생 시절에 그녀는 테크놀로지가 풍부한 환경에서 일할 수 있는 경험을 하였다. 교사로서의 첫 해 동안, 그녀는 근무 환경의 여러 제약에도 불구하고 수학 수업에 테크놀로지를 통합할 방법을 찾아냈다. 그녀는 주로 그녀의 학교에서 실현 가능한 교수 실천을 통합하고, 신입 교사로서 학교 내에서 차지할 수 있는 위치, 그리고 예비교사 교육과정에서 체득한 문화적 실천과 담론을 통해 테크놀로지와 관련된 자신의 전문가로서 정체성과 주체성을 발전시켰다.

이 문헌 검토는 교사와 그들의 교육적 경로에 초점을 맞추어, 수학 수업에서 테크놀로지 통합 과정을 방해하거나 촉진하는 요인을 식별하는 몇몇 연구 사례들을 보고한다. 교사는 이 통합에서 중요한 역할을 하는 핵심 인물로 인식된다. 따라서 우리는 우리의 연구가 초임 교사의 초기 교육 과정이 그녀가 이후 수업에서 디지털 테크놀로지를 통합하는 방식에 어떻게 영향을 미치는지에 대한 증거를 제공함으로써 기존 연구 결과를 보완한다고 본다.

3. 이론적 배경

이 절에서는 디지털 테크놀로지와 관련된 교사교육에 대한 몇 가지 기본적인 아이디어를 설명하고, 베라의 테크놀로지 통합을 분석하는데 고려되는 차원들을 개괄한다.

교사교육과 교사가 디지털 테크놀로지와 맺는 관계들은 수학 수업에서 디지털 테크놀로지를 통합하는 데 중요한 영향을 미치는 요인으로 인식될 수 있다. 이러한 관계는 교사들이 다양한 환경에서 경험한 것에 의해 형성된다. 보다 구체적으로, (예비 또는 현직) 교사들의 경로와 과거의 개인적 경험은 교사들이 자신이 속한 학습 환경에서 관련된 주제, 논쟁, 과제를 해석하고 이해하는 토대를 구성한다(Menghini, 2015; Edelstein, 2011; Vezub, 2009).

Vezub(2013)에 따르면, 교사들의 전문성 경로[1]는 여러 가지 객관적 요소들, 예를 들어, 교사들의 성과, 초기 및 지속적 교육 맥락과 주관적 요소, 예를 들어, 그들의 동기와 기대 등의 상호작용의 결과로 나타난다. 저자는 교사교육을 예비교사 교육과 재직 중 교육이 긴밀히 연관된 복잡하고 장기적인 과정으로 강조하기 위해서 경로라는 개념을 제안한다. Vezub는 전문성 경로가 선형적이거나 균일하지 않으며, 시간이 지남에 따라 특정 상황에서 개인이 발전시킨 행동과 실천의 결과로 볼 수 있다고 주장한다. 이러한 경로는 개인의 객관적, 주관적 가능성에 따라 기존의 기회 구조와 개인이 성취한 자산과의 상호작용을 통해 종합된다.

Vezub의 아이디어는 교사의 전문성 경로에서 디지털 테크놀로지의 통합 여부가 기존 기회와 그 기회를 활용할 수 있는 가능성에 의해 좌우된다는 것을 이해하는데 도움이 된다. Borba & Villarreal(2005)에 따르면, 테크놀로지는 교수 및 학습 실천, 교육 과정 내용, 사고방식과 인식을 재구성할 수 있다. 특히, 수학 수업에서 디지털 테크놀로지[2]는 새로운 교수학적 접근 방식을 요구하는 행위자로 이해된다. 그러나 수학 수업에 디지털 테크놀로지를 통합하려는 이러한 새로운 교수학적 접근 방식은 위에서 언급된 여러 요인들로 인해, 교실에서 참여하는 행위자들이 그 기술과 의미 있는 관계를 형성하지 않으면 구현되지 않을 수 있다.

Goos et al.(2000)은 "교사와 학생이 테크놀로지와 함께 작업하는 정교함의 분류 체계"(p. 307)를 형성하기 위해 네 가지 은유를 개발하였다. 이 분류 체계는 교수-학습 상호작용에서 테크놀로지가 맡는 네 가지 서로 다른 역할을 설명한다.

- **주인으로서 테크놀로지**: 사용자는 테크놀로지에 종속되어 있으며, 제한된 개인 지식과 상황의 제약으로 인해 테크놀로지의 일부 기능만을 사용할 수 있다.
- **하인으로서 테크놀로지**: 사용자는 테크놀로지에 대해 알고 있지만, 자신의 일상적인 작업 수행 방식을 지원하는 데 제한적으로 테크놀로지를 사용한다.
- **파트너로서 테크놀로지**: 사용자는 학습에 대한 통제력을 증대시키기 위해 창의적으로 테크놀로지를 활용한다.

[1] Vezub(2013)은 특정 사회적 영역 내에서 주체들의 경로를 언급할 때 부르디(Bourdieu)의 용어 사용과 정의를 고려하여 경로라는 용어를 제안한다.

[2] 간략히 말해, 이 연구의 목적을 위해서 우리는 특히 인터넷, 다양한 소프트웨어(지오지브라, 스프레드시트) 및 프로그래밍 언어(Python 등)를 포함하는 디지털 테크놀로지에 관심을 둔다.

- **자기 확장으로서 테크놀로지**: 사용자는 테크놀로지 전문 지식을 교사나 학생으로서 자신의 역량의 필수적인 부분으로 통합한다. 이 경우, 테크놀로지의 강력한 사용은 "사용자의 수학적 능력의 확장을 형성하고"(p.312) 또한 교사로서의 교수학적 테크놀로지 능력을 확장한다. 이는 가장 높은 수준의 기능을 포함하는 테크놀로지와의 관계 유형이다.

Goos et al.(2000)의 은유는 베라가 그녀의 교육 경로 전반에 걸쳐 구축한 테크놀로지와 관계 유형을 분석할 수 있는 분석 도구를 제공한다. 또한 Ruthven(2009)이 제안한 수학 수업에서 새로운 테크놀로지의 일상적인 통합을 이해하기 위한 **수업 실행의 다섯 가지 구조적 특징** 간의 상호작용은 베라가 예비교사와 초임 교사로서 수행한 수업 실행을 면밀히 분석할 수 있는 풍부한 분석 렌즈를 제공한다. 교사의 일상적인 업무에 초점을 맞춘 관점에서, Ruthven은 테크놀로지 사용과 관련된 수업 실행의 다섯 가지 주요 구조적 특성을 **작업 환경**, **자원 체계**, **활동 구조**, **수업 과정안**, **시간 경제**로 확인하였다.

작업 환경은 가르치기 위한 테크놀로지 도입에 필요한 물리적 배열과 교실 조직을 의미한다. 테크놀로지는 학교 수학을 지원할 수 있는 도구와 자료의 범위를 확장할 수 있는 가능성뿐만 아니라 일관된 **자원 체계**를 구축할 필요성을 암시한다. 디지털 테크놀로지의 사용은 교사와 학생 간, 또는 학생들 간의 활동과 상호작용을 구성하는 교실 활동 구성에서 특별히 설정된 레퍼토리에 대한 일련의 적응을 필요로 할 수 있으며, 이는 특정 유형의 수업에 대한 전형적인 **활동 구조** 또는 순환을 만들어야 한다는 것을 의미한다.

도구와 자원의 도입과 통합은 교사가 가르칠 내용, 가르치기 위한 활동과 자원 등을 새롭게 선택하고 조직하며 순서를 재구성하는 것을 요구한다. 이는 교사가 **수업 과정안**을 재조직해야 함을 내포하며, 이 과정안에는 활동과 과제가 포함된다. 이러한 과정안은 통합된 자원, 학생들이 겪을 수 있는 어려움, 학습 환경 등에 의해 영향을 받는다.

마지막으로, 디지털 테크놀로지의 도입은 수업에서 **시간 경제**에 영향을 미쳐 작업의 "리듬"을 바꾸고 "교육적 시간"을 만들 수 있다. 이 교육적 시간은 교실 내에서 지식의 진전이라는 측면에서 측정된다.

4. 연구의 맥락적 틀

우리의 연구는 2017년 말 코르도바 대학교(UNC)의 수학 교사교육 프로그램을 졸업한 초임 수학교사 베라의 참여로 진행되었다. 이 연구에서 우리의 결과와 분석을 만드는 두 가지 주요 맥락을 고려해야 한다. 첫 번째는 UNC 교사교육 프로그램이고, 두 번째는 베라가 2018년부터 수학교사로 근무하고 있는 학교이다.

4.1. 베라의 예비교사 시절 교육적 맥락

코르도바 대학교(UNC)의 교사교육 프로그램은 중등학교 수학교사를 양성하는데 4년이 소요된다. 교육과정의 66%는 수학에 할당되며, 주로 수학자들이 가르친다. 나머지 과목들은 교육과 관련된 문제들을 다루며, 교육학자나 수학교육 전문가들이 가르친다. 이 두 번째 그룹의 과목들 중에는 예비교사교육에 핵심적인 두 가지 연간 개설 과정인 수학교육(Mathematics Education, 이하 ME)과 교수 방법론 및 실습(Teaching Methodology and Practics, 이하 TMP)이 있다. 두 과목은 각각 3학년과 4학년 과정에 포함된다. 두 과목 모두 주당 4시간씩 30주간 진행된다. 2011년부터 매년 이 장의 저자 중 최소 한 명이 이 과목들을 가르쳤다.

교사교육 프로그램의 수학 과목에서는 예비교사들이 디지털 테크놀로지가 상당히 통합된 수학적 활동을 경험할 기회가 거의 없다. 따라서 미래의 교사들이 학교 수학 수업에서 테크놀로지를 통합하도록 기대되기 위해서는 ME와 TMP 과정에서의 테크놀로지 활용이 필수적이다.

ME 과정에서는 다양한 주제를 다루는데, 그 중 하나가 테크놀로지 사용이다. 이 과정에서는 Borba & Villarreal(2005)이 제시한 인식론적 관점을 채택하며, 이는 지식이 미디어와 함께하는 인간들의 집단[3]에 의해 생산된다고 가정하고, 인지는 지식이 생산되는 미디어를 포함한 사회적 활동이라는 관점을 포함한다. 수업 중 교사와 예비교사들은 이러한 아이디어를 논의하고, 사례를 분석하며, 지식 생산 과정뿐만 아니라 수학 교수-학습 과정에서 미디어의 역할을 인식한다. 또한 교육적인 맥락에서 테크놀로지 사용의 가능성, 범위, 조건을 논의하고, 디지털 테크놀로지를 활용해 시너지 효과를 내는 교수학적 접근 방식을 분석한다. 계산기, 지오지브라, PhET 인터액티브 시뮬레이션[4]과 같은 다양한 테크놀로지를 사용하여 수학 과제를 해결한다. 서로 다른 맥락에서 테크놀로지 사용의 장단점은 학습된 텍스트, 개인 경험, 토론, 수업 중 과제 해결 과정에서 드러난다.

비록 "수학교육에서의 디지털 테크놀로지"라는 주제가 한 달 반 동안 특정적으로 다뤄지지만, 디지털 테크놀로지는 수학교육 과정 전반에서 다양한 교육과정 주제를 다룰 때도 등장한다. 예를 들어, 또 다른 중요한 주제로 수학적 모델링을 학습할 때, 예비교사들이 자유롭게 개방된 모델링 프로젝트를 개발할 때 테크놀로지와 모델링 과정 사이의 시너지가 자연스럽게 드러난다(Villarreal et al., 2018).

ME 과정에서 제안된 경로는 다음 해에 많은 예비교사들이 수강하는 TMP 과정에 대한 몇 가지 기초 도구와 전략을 제공한다. TMP 과정의 핵심 목표는 예비교사들이 중등학교 수업에서 첫

---

[3]이 저자들에게 있어 미디어란 테크놀로지 발전으로 인해 만들어진 도구, 장치, 기기, 기구, 인공물 또는 자료를 의미할 뿐만 아니라 구술과 글쓰기 또한 포함된다.

[4]PhET 인터액티브 시뮬레이션(https://phet.colorado.edu/)은 미국 콜로라도 대학교 볼더 캠퍼스에서 운영하는 비영리 오픈 교육 자원 프로젝트로, 물리학, 화학, 생물학, 지구과학 및 수학 등의 교육과 학습을 위한 연구 기반의 인터액티브 컴퓨터 시뮬레이션 세트를 제공한다.

번째 수업 실습을 개발하는 것이다(1개월 동안 진행). TMP 과정의 첫 4개월 동안, 교육과정의 거시적 교육 수준 및 미시적 교수법적 수준에 해당하는 문제들이 다뤄진다. ME 과정에서 이미 도입된 특정 학습 환경의 분석이 심화되며, 수업 계획에 영향을 미치는 주요 변수들을 논의한다.

예비교사들의 첫 중등학교 교육 실습은 같은 학교와 학년에서 두세 명의 그룹으로 진행되며, TMP 과정의 교사와 실습이 배정된 해당 학년의 중등학교 교사의 감독 아래 이루어진다. 수업이 시작되기 전에 각 그룹은 배정된 수업을 관찰하고, 수업 계획을 개발하며, 자료를 준비하고, 각 수업에 대한 과정안을 작성하면서 학생들의 예상 행동이나 어려움, 개입 사항 및 우려 사항을 예측한다. 수업에 대한 전반적인 작업은 학교에서 발생하는 조건과 요구 사항에 따라 계속 수정된다. 만약 학교가 디지털 테크놀로지들을 풍부하게 갖추고 있을 경우, 예비교사들은 이를 수업에 통합해야 한다. 교육 실습을 진행할 때, 한 명의 예비교사는 수업을 담당하고, 다른 예비교사는 그 수업을 관찰하며 필요시 조교 역할을 한다. 교육 실습이 끝나면, 각 예비교사 그룹은 보고서를 작성하고 구두 발표를 준비하여 예비교사 프로그램에서의 교사와 동료들에게 그들의 작업을 공유한다.

4.2. 베라가 현재 근무하는 학교의 맥락

2018학년도 초, 베라는 코르도바 시의 두 학교에서 단기간 임시로 근무하였다. 두 학교 모두 시간제 일자리였다. 이후, 그녀는 더 나은 근무 조건을 제공하는 현재 재직 중인 중등학교에 집중하기 위해 그 일자리들을 그만두었다. 베라는 이 사립 관리 공립학교[5]에서 2학년과 3학년(13~15세) 학생들에게 수학을 가르치고 있다. 지난 10년 동안 이 학교는 모든 과목과 모든 과정에서 교수-학습을 위한 디지털 테크놀로지 사용을 장려해 왔다. 각 교실에는 와이파이 인터넷이 연결되어 있으며, 데이터 프로젝터와 연결된 디지털 보드와 칠판이 설치되어 있다. 각 학생은 지오지브라와 같은 수학 전용 소프트웨어와 일반적인 사무용 오피스 제품군이 포함된 태블릿이나 개인 휴대전화를 가지고 있다.

이 맥락을 이해하면 베라가 디지털 테크놀로지와 관련하여 교사로서의 그녀의 경로의 맥락 속에서 베라가 내린 답변, 아이디어, 그리고 다양한 결정을 이해하고 해석하는데 도움이 된다.

[5]아르헨티나에서 사립 관리 공립학교는 학교 건물과 전체 인프라가 사립 기관에 속해 있지만, 학교 직원들의 급여는 주에서 지급하는 학교를 말한다. 이러한 학교에서는 학생들이 완전한 사립학교에 비해 높지 않은 월 수업료를 낸다.

5. 방법론적 절차

우리는 베라의 사례를 심층적으로 연구하기 위해 해석적 패러다임(Denzin & Lincoln, 2018)에 기반을 둔 질적 연구를 수행하였다. 그녀를 연구에 참여시키기로 한 데는 여러 가지 이유가 있다. 우리는 UNC에서 베라에게 교사교육 프로그램을 가르친 경험이 있어 그녀의 학생으로서의 경로를 관찰했으며, 수학 교수-학습을 위한 디지털 테크놀로지 사용에 대한 그녀의 긍정적인 태도를 알고 있었다. 베라가 대학을 졸업한 지 2년 후, 우리는 그녀가 중요한 테크놀로지 인프라가 잘 갖추어져 있고 디지털 테크놀로지의 교수학적 활용에 긍정적인 입장을 가진 학교에서 근무를 시작했다는 사실을 알게 되었다. 그 결과, 베라는 이제 디지털 테크놀로지를 그녀의 수업에 광범위하게 통합하기 시작했으며, 우리는 이와 관련된 그녀의 발전 경로를 연구하고자 하였다.

이 연구는 베라의 교육 및 전문성 경로에 초점을 맞춘 연구 목표와 일치하는 두 부분으로 구성된다. 연구 문제 1, 2, 3을 다루는 첫 번째 부분은 베라가 고등학교 학생이었을 때 경험과 예비교사로서의 첫 3년 동안 겪은 디지털 테크놀로지와의 경험에 관한 것이다. 연구 문제 4를 다루는 두 번째 부분은 UNC에서 예비교사로서의 베라의 첫 교육 실습 동안 수집된 데이터와 현직교사로서 역할에서 한 인터뷰를 분석한 것이다.

Goos et al.(2000)이 제안한 분류 체계와 Ruthven(2009)의 개념적 분석틀이 분석 도구로 사용되었다.

5.1. 학생 시절의 베라

우리는 베라가 2016년에 수강한 ME 과정에서 얻은 자료를 사용한다. 이 자료에는 디지털 테크놀로지와 관련된 과제에 대한 개인 서면 답변, 베라의 그룹이 수행한 모델링 프로젝트의 서면 보고서, 모델링 프로젝트 또는 다른 수학 문제를 해결할 때 사용된 소프트웨어(지오지브라, 스프레드시트, 파이썬 등)로 작성된 파일, 모델링 프로젝트의 구두 발표를 위한 슬라이드, 해당 구두 발표의 비디오 녹화, 그리고 우리의 현장 노트 등이 포함된다.

연구 문제 1과 2에 답하기 위해, 우리는 ME 과정에서 "수학교육에서의 디지털 테크놀로지"라는 주제를 다룰 때 교사가 전체 학생에게 제시한 과제에 대한 베라의 서면 답변을 분석한다. 이 과제에서 예비교사들은 (a)수학 수업에서 테크놀로지를 사용한 그들의 이전 경험, (b)테크놀로지 사용과 수학 교수-학습 간의 관계에 대한 자신의 견해를 설명하도록 요청받았다. 이 분석을 통해, 우리는 수학교육에서 테크놀로지 사용에 대한 베라의 초기 견해와 경험을 특징짓고자 하였다.

연구 문제 3에 답하기 위해, 우리는 모델링 프로젝트에서 디지털 테크놀로지를 집중적으로 사용한 결과 나온 베라의 결과물 분석에 초점을 맞춘다.

5.2. 수학교사로서 베라의 행동

연구의 두 번째 목표와 관련된 자료는 베라의 첫 교육 실습에 관한 서면 보고서[6](Lovaiza & Marchesini, 2017)와 반구조화된 인터뷰 프로토콜에서 비롯된다. 이 인터뷰는 2020년에 두 번째 저자가 비대면으로 진행했으며, 베라가 ME 과정에서 디지털 테크놀로지를 통합한 경험, 첫 교육 실습, 그리고 초임 교사로서의 현재 그녀의 실천에 대한 반성과 견해를 탐구한다. 인터뷰의 초기 질문은 다음과 같다.

1. UNC 과정 중에서 디지털 테크놀로지를 사용한 과목과 그 목적을 기억하시나요?
2. UNC를 졸업한 다음 해에 두 학교에서 가르쳤다. 그 학교들에서 디지털 테크놀로지를 사용하셨나요?
3. 현재 근무 중인 학교와 관련해서
   (a) 디지털 테크놀로지 사용을 위한 학교의 인프라에 대해 어떻게 생각하시나요?
   (b) 일상 수업에서 디지털 테크놀로지를 통합하시나요?
   (c) 사용하는 자원들을 어떻게 조직하고 보완하시나요?
   (d) 활동을 어떻게 선택하고 조직하시나요?
   (e) 디지털 테크놀로지 사용이 교실 내 상호작용이나 교육적 시간에 어떻게 영향을 미친다고 생각하시나요?

이 절을 마치기 전에, 윤리적 기준 준수에 대한 설명을 포함한다. 베라를 포함한 네 명의 예비교사는 그들의 모델링 프로젝트 서면 보고서 정보를 이 연구에서 사용하는 것에 대해 이메일을 통해 동의하였다. 또한, 이 장에 기술된 내용에 대해 이메일로 통보받았으며, 그들의 보고서 이미지와 내용을 출판하는 것을 허락하였다. 베라는 인터뷰 초대와 인터뷰 시작 전에 연구의 목적과 범위, 그리고 인터뷰 응답의 사용에 대해 설명 받았다. 베라와 다른 세 명의 예비교사 모두 보고될 내용에 대해 명확한 설명을 요청할 기회를 제공받았으며, 익명성도 보장되었다.

6. 결과

이 절에서는 베라가 디지털 테크놀로지와의 관계를 어떻게 발전시켜 나갔는지에 대한 결과를 제시한다. 우리는 그녀가 고등학생 시절과 대학생 시절에 테크놀로지에 접근한 사례들을 고려한다. 그 이후에 초임 교사로서 베라가 발전시킨 통합에 대한 아이디어와 경험을 보고한다. [그림 1]은 베라의 경로를 보여주는 시간 배열을 제시한다.

[6] 이 보고서는 오픈 액세스로 제공되며 크리에이티브 커먼즈 라이선스 하에 출판되었다.

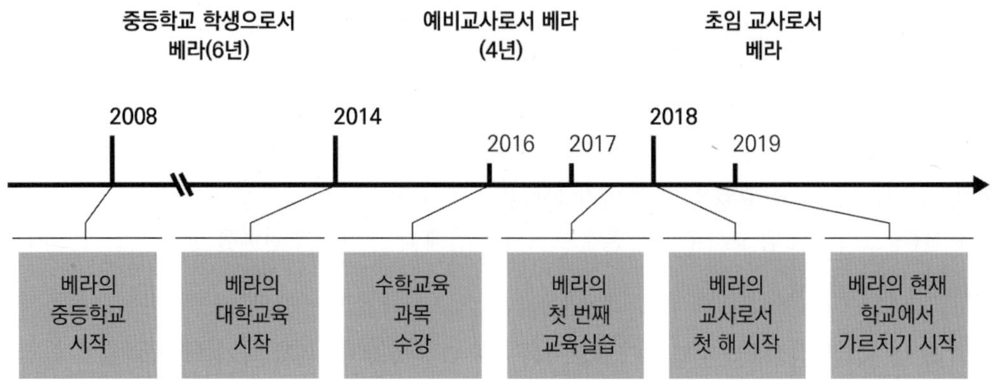

[그림 1] 베라의 경로에 대한 시간 배열

6.1. 다양한 교육 맥락에서 베라의 디지털 테크놀로지와의 관계

베라는 고등학교에서 디지털 테크놀로지를 사용한 경험이 없었다. 그녀는 "수학 수업에서는 테크놀로지를 많이 사용하지 않았어요. 다른 과목에서는 파워포인트를 준비해야 했지만요 … 주요 과제로요"라고 인정하였다. 또한 수학 수업에서 삼각함수, 로그 또는 지수 함수를 포함한 계산을 할 때만 공학 계산기를 사용할 수 있었다고 언급하였다. 하지만 함수 분석과 그래프를 그려야 할 때는 계산기를 사용할 수 없었고, 손으로 직접 작성해야 했다고 하였다. Goos et al.(2000)의 분류에 따르면, 베라의 고등학교에서 장려된 테크놀로지의 역할은 창의적으로 사용하지 않고 단순히 일상적인 계산을 수행하는 데 사용되었기 때문에 **하인으로서 테크놀로지** 은유와 연관될 수 있다.

베라는 예비교사 시절 계산기 사용에 대해 물어보았을 때 다음과 같이 반성했다.

> … 학생들이 특정 주제를 가르치거나 공부할 때 계산기 사용을 허용하는 것이 학생들의 사고나 추론 능력을 감소시키지 않는다고 생각해요. 저는 단순히 그것을 자나 컴퍼스처럼 사용하도록 만들어진 도구로 봅니다.

이 말은 베라가 그녀의 동료들 사이에서 지배적인 견해와는 다른 계산기 사용과 관련하여 열린 태도를 가지고 있음을 보여주며, 디지털 테크놀로지 사용에 대해서도 특별한 입장임을 드러낸다.

베라가 교사교육 프로그램 동안 수학 과목을 들었을 때, 디지털 테크놀로지 사용은 제한적이었다. 예를 들어, 모든 수학 교수진이 디지털 테크놀로지 사용을 수용하지 않았으며, 수학 전통은 여전히 손으로 작성하는 방식이었고, 시험에서도 계산기를 포함해서 디지털 테크놀로지를 사용할 수 없었다. 좀 더 구체적으로 한 유클리드 기하학 과정에서 지오지브라 소프트웨어가 도형을 구성하는데 사용되었지만, 실험하거나 가설을 세우는 데는 사용되지 않았다. 수학 과목 외에도,

물리학 교수들이 가르친 컴퓨터 프로그래밍과 수치 해석 방법 응용 과정에서 파이썬을 사용한 기본적인 프로그래밍 개념이 도입되었다. 동시에, ME 과정에서 베라는 디지털 테크놀로지를 풍부하게 사용하였다. 예를 들어, 앞서 언급된 협력 수학적 모델링 프로젝트와 그 작업의 진행 상황을 다른 수업 시간에 발표할 때도 디지털 테크놀로지를 사용하였다.

모델링 프로젝트에서 베라와 다른 세 명의 학생들은 "학교 숙제를 위한 잡지에서 글자 찾기"라는 주제를 선택하였다. 아르헨티나 초등학교 1학년 학생들이 흔히 받는 숙제는 여러 잡지에서 특정 글자의 조합을 포함한 글자나 단어를 찾아 잘라내 가져오는 것이다. 이 주제를 선택한 이유는 그룹에서 한 명이 자신은 집에 잡지가 거의 없어서 이 활동을 완수하는 것이 항상 어려웠다고 기억했기 때문이다. 이 그룹은 이 주제와 관련된 전형적인 학교 과제를 해결하기 위해 몇 가지 가정을 세우고 다음과 같은 질문을 제기하였다.

- 알파벳의 모든 글자를 찾기 위해 필요한 최소한의 잡지 수는 얼마인가?
- 또는 MB, BR, CH로 쓰인 3 ~ 5개의 단어를 잘라내는 것 같은 특정 과제를 받았을 때, 잡지 한 페이지에서 그 수의 단어를 찾을 확률은 얼마인가?
- 또는 잡지의 한 페이지 이상에서 그 수의 단어를 찾을 확률은 얼마인가? 그리고 한 권 이상의 잡지를 사용할 경우는 어떻게 되는가?

그룹은 몇 가지 가정을 세웠는데, 여기에는 표준 잡지는 약 45페이지로 구성되어 있고, 한 아이가 최대 4권의 잡지에서 글자나 단어를 찾을 수 있으며, 최소 1cm 높이의 글자를 잘라낼 수 있다는 내용이 포함되었다. 그룹은 또한 다음과 같은 확률 조건을 정의하였다. 그들의 말에 따르면, 사건의 확률이 0.7 이상일 때 "충분히 높은 확률"로 간주되었다. 이 선택한 과제와 가정은 초등학교 교사와의 상담을 통해 설정되었다.

특정 학교 과제를 완수할 확률에 대한 질문에 답하기 위해, 베라와 그녀의 그룹은 파이썬 프로그래밍을 사용하였다. 이를 위해, 각 45페이지로 구성된 30개의 잡지 샘플에서 최소 1cm 높이의 글자로 문장을 재현한 워드프로세서를 사용한 후, 그들은 해당 과제에 맞는 단어를 세기 위한 코드를 작성하였다. 데이터베이스가 구축된 후, 그들은 스프레드시트를 사용하여 확률을 계산하고, 차트와 그래프를 작성하였다. 일부 결합된 과제에서는 스프레드시트 내에서 직접 프로그램을 작성하기도 했다. [그림 2]와 [그림 3]은 각각 파이썬과 스프레드시트로 개발한 작업을 보여준다.

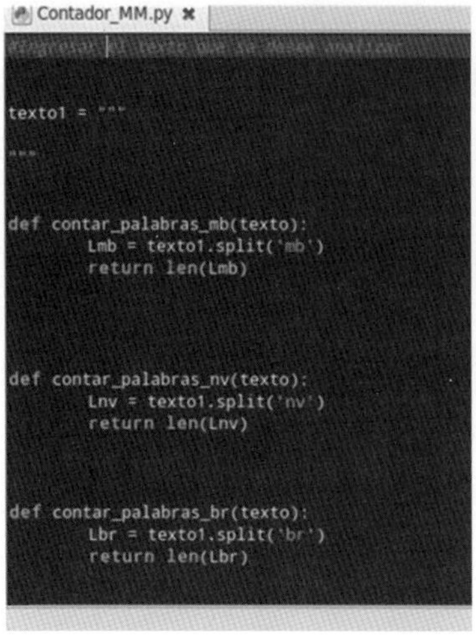

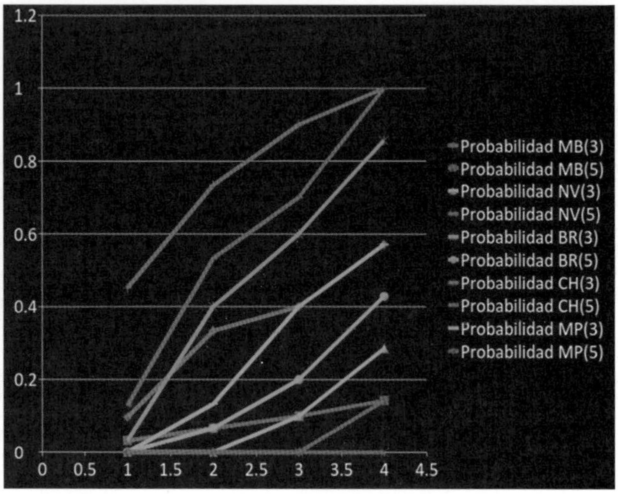

[그림 2] 파이썬 코드
(출처: 학생들의 서면 보고서)

[그림 3] 3개 또는 5개의 단어 찾기 과제 수행의 학률
그래프 대 사용된 잡지 수 (출처: 학생들의 서면 보고서)

결론에서 그 그룹은 알파벳 27개의 모든 글자를 "충분한 확률"로 찾기 위해서는 최소한 잘라낼 3권의 잡지가 필요하다고 밝혔다. 단지 한 권의 잡지로는 제안된 어떤 과제를 수행하는 것도 "충분히 가능하지" 않다는 것이다. 또한 이와 같은 활동이 아이들과 그들의 부모에게 줄 수 있는 어려움에 대해 인식하지 못했으며, 특히 현재 가정에서 잡지를 구하기가 점점 더 어려워지고 있다는 점도 알지 못하였다.

모델링 프로젝트의 최종 보고서에서 베라와 그녀의 동료들은 모델링 프로젝트의 다양한 단계에서 다양한 목적으로 사용된 여러 테크놀로지들(파이썬, 사무용 오피스 제품군, Google Docs)의 중요성과 지원을 인식하였다. 그들은 "이들(디지털 테크놀로지)은 자료와 계산의 조직 및 분석을 간소화하고, 그 결과를 보다 명확하고 간결한 그래픽 방식으로 시각화할 수 있게 해주었다"고 썼다. 이 경우, 디지털 테크놀로지는 그룹 작업의 효율성을 높이고 수학적 생산성을 향상시키는 **파트너** 역할을 하였다. 또한 학생들은 모델링 프로젝트에서 필요했던 테크놀로지들, 특히 파이썬 프로그래밍과 스프레드시트를 협력적으로 사용하는 법을 배웠다고 강조하였다. 이 프로젝트는 **디지털 테크놀로지와 함께하는 인간**들의 집단적 사고를 통해 이루어졌으며, 테크놀로지가 단순히 독립된 개인의 **확장**이 아니라, **그들 자신을 확장**하는 도구로 통합되었음을 보여주었다.

다음 절에서는 베라가 예비교사로서 그리고 현직 교사로서 학교 환경에서 수학을 가르치기 위해 디지털 테크놀로지를 어떻게 사용했는지에 집중할 것이다.

6.2. 베라의 첫 교육 실습: 수학적 생산을 가르치고 촉진하는 매체로서의 디지털 테크놀로지

2017년 동안 베라와 그녀의 교육 파트너는 공립 고등학교에서 첫 교육 실습을 수행하였다. 그들은 12~13세 학생들과 함께 일하였다. 교육 실습의 수학 주제는 각도와 삼각형이었으며, 여기에는 평행선을 가로지르는 직선이 있을 때 형성된 특수 각도의 쌍, 삼각형의 분류, 삼각형의 합동 등의 정의와 성질에 대한 학습이 포함되었다.

실습의 서면 보고서(Lovaiza & Marchesini, 2017)에 상세히 기록된 수업 계획에 따르면, 그들은 일반 목표를 다음과 같이 고려하였다. "… 필수 지식을 다루는 수업 제안서를 작성하고, … 학생들의 비판적이고 논리적인 사고 개발에 대한 기관에서 부여된 중요성을 고려한다"(p. 31). 따라서 그들은 "우리의 계획은 테크놀로지 사용을 통해 진행되어야만 한다고 결정했다"(p. 32)라고 주장하였다. 교실에서 사용된 자원과 교육 자료로는 교과서, 예비교사들의 노트, 칠판과 분필, 데이터 프로젝터, 파워포인트 소프트웨어, 컴퓨터, 학생들의 휴대전화, 지오지브라 소프트웨어, 자, 컴퍼스, 각도기, 그리고 활동과 정의가 포함된 복사된 자료가 있었다.

그들은 일반 목표와 디지털 테크놀로지 사용 결정을 토대로 세 가지 교수 단원인 정의, 논증, 삼각형의 합동을 고려하여 수업 과정안을 구성하였다.

첫 번째 교수 단원에서는 수학적 정의의 개념을 교수 대상으로 삼았다. 이를 위해 정의가 무엇인지, 정의가 구성되는 부분, 그리고 특정 개념에 대해 생성된 예와 반례를 다루었다. 또한 그들은 정의에 대한 지식을 이후 각도를 정의하고 분류하는 데 적용하는 교수 계획을 설계하였다.

두 번째 교수 단원에서는 수학적 명제의 정당성에 중점을 두었다. 그들은 주어진 명제의 타당성을 뒷받침하는 논증을 지원하기 위해 정의 분석 활동을 설계하였다. 이 경우, 그들은 두 개의 평행선과 이를 가로지르는 하나의 직선에 의해 정의된 각도 간의 개념과 관계에 의지했다. 그들은 또한 학생들이 칠판에 손으로 그린 기하 도형, 종이로 자른 도형, 또는 지오지브라에서 생성한 도형과 지오지브라에서 손으로 조작한 애니메이션 동적 도형을 사용하여 자신의 명제와 다른 학생들의 명제를 검증하는 서면 및 구두 논증을 개발하는 활동을 제안하였다.

세 번째 교수 단원에서는 첫 번째 단원에서 다룬 수학적 정의와 연관된 합동 개념을 적용하였다. 그들은 "삼각형의 합동에 대한 성질과 기준에 대한 추측을 세우기 위해 지오지브라를 교수 자원으로 사용하는"(p. 33) 합동인 삼각형 구성 활동을 설계하였다.

베라와 그녀의 파트너가 설계한 지오지브라 파일 일부가 [그림 4]와 [그림5]에 나와 있다. [그림 4]는 두 개의 평행선과 이를 가로지르는 직선에 의해 생성되는 두 대응각의 합동을 공부하기 위해 지오지브라에서 사용된 애니메이션 이미지를 보여준다. [그림 5]는 두 평행선과 교차하는 직선에 의해 결정된 각들이 서로 같다는 논증과 관련하여, 삼각형의 내각의 합 성질을 증명하는 과정의 일부를 보여준다.

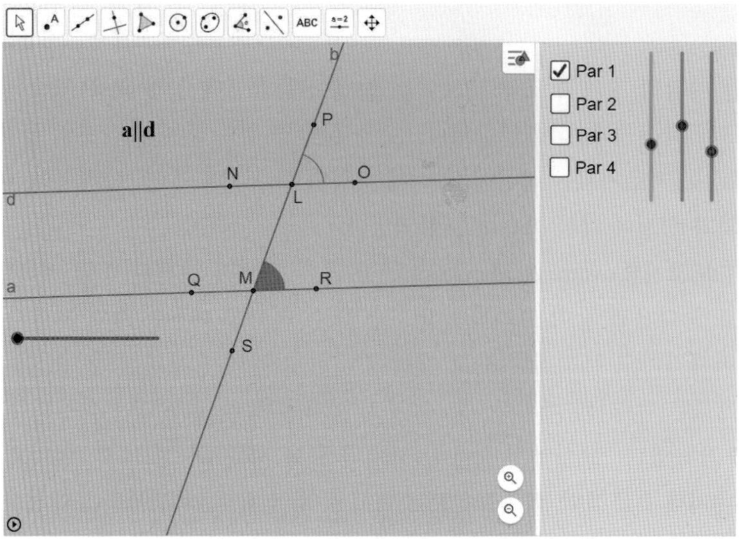

[그림 4] 지오지브라에서의 애니메이션 이미지.

(출처: Lovaiza & Marchesini, 2017, p. 48. https://www.지오지브라.org/m/esPBcwR3 에서 접근 가능)

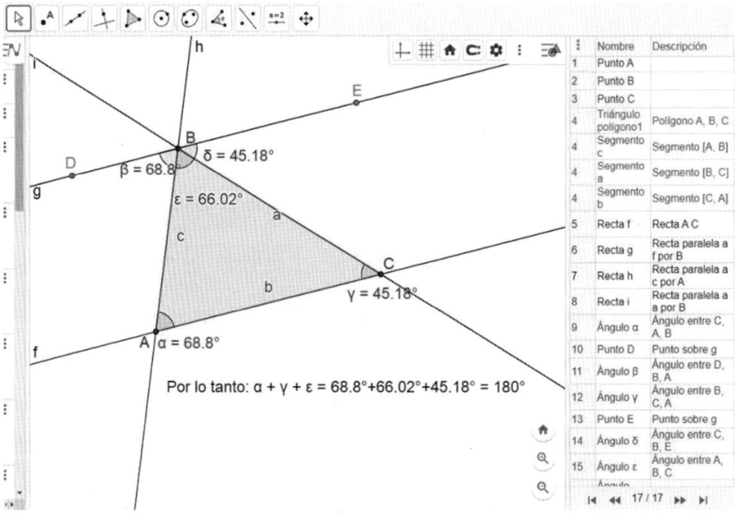

[그림 5]삼각형의 내각의 합과 오른쪽에 있는 구성 절차.

(출처: Lovaiza & Marchesini, 2017, p. 55. https://www.지오지브라.org/m/naaEb7xY 에서 접근 가능)

첫 교육 실습 동안, 베라와 그녀의 파트너는 디지털 테크놀로지를 집중적으로 사용하였다. 이 사용은 단순히 아이디어를 제시하거나 학생들과 논의하거나 논증하기 위한 것뿐만 아니라, 디지털 테크놀로지를 매개로 한 과제를 학생들에게 제안하기 위한 것이기도 하였다. 이러한 과제는 소그룹 또는 집단으로 디지털 테크놀로지를 사용해 상황을 탐구하고, 추측을 제시하며,

그 추측을 뒷받침할 논거를 발전시키도록 유도하였다. 베라와 그녀의 교육 파트너가 최종 보고서에서 한 여러 성찰 중에서 그들은 다음과 같이 강조하였다.

> 테크놀로지의 사용은 그것이 모든 교수 단원을 관통하고 영향을 미쳤기 때문에 우리의 실습에서 매우 중요하였다. 파워포인트와 지오지브라와 같은 소프트웨어는 학생들이 도형을 구성하고, 분석하고, 추측을 생성하며 가정을 세우고, 그것을 질문하고 검증하는 것을 가능하게 하였다. 이러한 테크놀로지들은 실험과 토론의 장을 마련해 그룹 간 상호작용과 집단적 지식으로 협력적인 지식 생산을 촉진하게 하였다(Lovaiza & Marchesini, 2017, p. 108).

위에서 강조한 것처럼, 베라의 첫 교육 실습 동안 테크놀로지는 베라 뿐만 아니라 학생들에게도 필수적이었다. 둘의 보고에 따르면, 활동을 선택하고 조직하며 순서를 정하는 초기 교수법 결정과 관련 자료들은 학생들이 생산한 지식의 질과 유형에 영향을 미치는 중요한 역할을 하였다. 베라에게 테크놀로지는 교사로서 **그녀 자신을 확장**시키는 도구가 되었고, 이를 통해 학생들이 스스로 및 디지털 테크놀로지와 **집단적으로 사고**하도록 독려하였다.

또한 베라가 첫 번째 인터뷰 질문에 답하는 동안, 그녀는 그녀의 그룹에서 수학적 모델링 프로젝트와 첫 교육 실습이 다양한 테크놀로지적 자원을 교사로서 사용하도록 동기부여하고 기여한 사례라고 설명하였다.

6.3. 베라의 현재 일상 업무에서 디지털 테크놀로지 통합

베라는 처음에 코르도바에 있는 두 고등학교에서 짧은 기간 동안 가르치기 시작하였다. 그 학교들에서 디지털 테크놀로지를 사용했었는지에 대한 질문에, 그녀는 짧고 명확하게 답하였다. "… 아니요, 자원(디지털 테크놀로지)이 없었기 때문에요." 그리고 곧바로 그녀가 현재 근무하는 학교에서는 자주 디지털 테크놀로지를 사용한다고 강조하며, "… 이 학교에서는 주로 학생들이 탐구하고 추측할 수 있도록 엑셀과 지오지브라를 많이 사용해요 … 디지털 화면인 Activ[7]도 사용합니다."라고 말하였다.

베라의 현재 학교에서는 디지털 테크놀로지를 사용하기 위해 학생들과 교사가 기존의 수학 교실을 벗어나 특별한 장소로 이동할 필요가 없었다. 교실에는 와이파이 인터넷이 제공되고, 학생들은 개인용 태블릿이나 휴대전화를 사용하며, 교사는 디지털 화면에 연결된 탁상용 컴퓨터를 가지고 있었다. 이처럼 사용 가능한 인프라가 디지털 테크놀로지 도입을 용이하게 하였고, 작업 환경이나 물리적 배치를 변경할 필요가 없었기 때문에 수업에서의 일상적인 작업 리듬을 수정할 필요도 없었다.

---

[7]그녀는 ActivInspire에 대해 언급하고 있는데, 이는 인터액티브 디스플레이를 위한 수업 진행 소프트웨어이다. 디지털 스크린과 Activ 장치는 교실에 설치되어 있다.

베라에게 이 새로운 **작업 환경**은 디지털 테크놀로지를 사용하기에 적합했으며, 그녀에게 익숙한 지식과 테크놀로지를 활용할 수 있게 하였다. 그러나 이 새로운 환경은 그녀가 그녀의 지식을 확장해야만 한다는 의미도 있었다. 베라는 가르치는 동안 디지털 화면과 같은 새로운 자원을 사용하기 위해 배우고 있었다고 설명하였다. 그녀는 동료의 작업을 관찰하면서 배우기 시작하였고, 이후 학교에서 제공하는 디지털 화면과 그 학교의 Moodle 플랫폼 사용법을 배우는 과정에 참여하였다.

비록 이 작업 환경은 교실에서 일상적인 작업에 필요한 모든 디지털 테크놀로지에 그녀가 접근할 수 있게 해주었지만, "전기가 끊기거나, 인터넷이 작동하지 않거나, 화면이 켜지지 않는…" 기술적인 문제를 겪기도 하였다. 베라에게 **수학 수업의 일상 루틴**을 위해 중요한 것은 단지 디지털 테크놀로지에 접근하는 것만이 아니라, 디지털 테크놀로지 활용을 포함한 활동을 제안하는 것이었다. 그녀는 이렇게 설명하였다.

> … 저는 제 수업을 테크놀로지가 매개되지 않은 상태로 상상하기 어려워요. 물론 항상 같은 방식이나 같은 강도 또는 같은 역할로 사용하지는 않아요. 예를 들어, 계산기 사용이나 간단한 공유를 위한 발표 자료를 준비하는 것 같은 보조적인 수업들이 있어요. 그러나 지오지브라 애니메이션을 관찰하고 추측을 세우거나, 도구(디지털 테크놀로지) 없이는 할 수 없는 도형을 만드는 것과 같은 수업에 기초해서 활용을 만들어요… 이것은 수업에서 설정된 목표에 따라 달라집니다.

베라는 일상 수업 **과정안**에 활동, 목적, 디지털 테크놀로지, 기타 자원들을 통합하였다. 그러나 **교육과정**은 학생들이 디지털 테크놀로지와 상호작용하는 과정에서 형성되었다. 예를 들어, 베라는 보통 각 수업에서 하나의 구조를 따르려고 하였다. 그녀는 먼저 수업의 목표와 구성을 제시하는 것으로 시작하였다. 베라가 준비한 발표 슬라이드를 사용해 새로운 주제를 소개하거나 디지털 화면을 통해 과제를 학생들에게 할당하였다. 수업 중 그룹 활동에서는 각 그룹이 발표 슬라이드를 준비하고, 몇몇 그룹은 디지털 보드와 칠판을 둘 다 사용해 동료들에게 자신들의 작업을 발표하였다. 학생들은 필기하거나 활동을 완료할 때 펜과 종이, 디지털 펜과 태블릿, 혹은 두 가지를 함께 사용할 수 있다.

베라와 학생들이 다양한 자료와 도구를 사용할 수 있음에도 불구하고, 그 결과물을 항상 PDF 파일로 저장할 수 있기 때문에 그녀는 디지털 화면을 사용해 수업 자료를 개발하는 것을 선호하였다. 수업이 끝난 후, 그녀는 이 파일들을 Moodle 가상 교실에 탑재해 모두가 이 자료에 접근할 수 있도록 하였다. 일부 경우에는, 컴퍼스, 자, 기타 기하학 도구 또는 연필과 종이를 사용해 미세한 운동 기술을 개발하도록 장려하기도 하였다. 이러한 비디지털 매체의 통합은 학교 규정에 따라 시험은 반드시 손으로 작성해야 한다는 제도적 요인에 의해 동기부여가 되었다.

학교의 특정 요구 사항을 인식함으로써 베라는 디지털 도구와 비디지털 도구로 구성된 **일관된 자원 체계**를 구축하는 어려움을 극복할 수 있었다.

베라는 교실에서 디지털 테크놀로지를 다룰 때, "저는 디지털 테크놀로지가 교실에서 상호작용을 촉진한다고 생각해요. 특히 지금, 코로나19 팬데믹 동안의 수업을 언급하며, 이 가상 모델에서는 Moodle 플랫폼이 토론을 촉진하고, … 추측과 탐구를 만들게 해주죠"라고 강조하였다.

추측을 만드는 것 관련해서는, "그것은 제 첫 교육 실습의 주제였고, 저는 여전히 그것을 실행하고 있습니다."라고 하면서 현재의 교육학적 접근 방식을 설명하였다. 디지털 테크놀로지와 시간의 관계에 대해 질문을 받았을 때, 베라는 디지털 테크놀로지와 함께 작업하는 시간은 **시간 절약**이 아니라 학생들의 학습에 대한 기여에 기초한다고 언급하였다. 그녀는 이것을 한 가지 예시로 설명하였다. 교사가 삼각형의 내각의 합에 대한 성질을 설명할 때, 단순히 그 합이 180도라고 알려주는 것은 시간을 절약하는 전략이 될 수도 있다. 하지만 학생들이 그 성질을 발견하게 하고 싶다면, 디지털 테크놀로지를 사용한 탐구 활동을 제안할 수 있다. 이 경우, 지식과 학습의 본질이 더 의미 있게 될 것이며, 투자된 시간은 **교육적 시간**이 될 것이다.

베라에게 **교육적 시간**은 수학적 개념과 과정에서의 학습 진전의 측면만큼이나 교실에서 참여자들 간의 상호작용의 풍부함 측면으로 측정되는 것 같다. 시간과 리듬의 경제는 시계로 측정되는 시간을 넘어서는 것이지만, 학생들의 학습 진보의 측면에서 측정되는 것처럼 보인다.

베라의 인터뷰 응답은 디지털 테크놀로지 통합에 적합한 **작업 환경**을 보여주는데, 이는 그녀가 수업의 수업 과정안을 작성할 때부터 시작되는 것으로 보인다. 이 **과정안**은 **목표**, **활동 구조**, **일관된 자원 체계**, 그리고 풍부한 수학 및 테크놀로지 지식을 생산하는 만큼이나 학생들과 그들의 학습을 우선순위에 두는 **교육적 시간**을 **결합한다**. 그런 면에서 베라의 대부분의 응답은 Ruthven(2009)이 제안한 차원들이 명확히 드러나는 흥미로운 아이디어의 네트워크를 보여준다.

마지막으로 베라는 디지털 테크놀로지 통합에 대해 그녀가 인식하는 깊은 통찰의 비전을 다음과 같이 요약하였다. "… 테크놀로지는 현재 어디에나 존재하죠. 아이들은 항상 손에 휴대전화를 들고 있어서 항상 그들의 수학 폴더[8]를 손에 들고 있는 셈이죠."

7. 논의 및 결론

우리 연구는 한 교사가 예비교사에서 첫 번째 수업에서부터 교사가 되어가는 과정을 다루면서 수학교사의 전문성 경로에 관한 연구에 기여하고 이 맥락에서 디지털 테크놀로지 통합과 관련된 문제에 초점을 맞춘다.

[8]이 문장에서 "**수학 폴더**"로 번역된 것은 아르헨티나에서 "**카르페타 데 마테마티카**"로 알려진 것을 지칭하는 것으로, 이는 학생들이 수학 과제물, 필기 과제, 수업 노트 등을 보관하는 학교 자료를 의미한다. 휴대전화의 경우, "**카르페타 데 마테마티카**"는 수학 수업에서 수행한 모든 작업이 담긴 파일 폴더를 의미한다.

문헌에 따르면, 수학 수업에서 현재 교사들이 중요한 역할자로 인식하고 있는 디지털 테크놀로지의 통합은 수학 학습을 개선하려는 초기 기대를 충족하지 못하고 있다(Drijvers et al., 2014). 많은 저자들(Desimone et al., 2013; Ertmer & Ottenbreit-Leftwich, 2010; Drijvers, 2015)은 이러한 통합에 장애 또는 촉진 요인으로 작용할 수 있는 요소들을 언급하였다. 베라의 사례 분석에서 이러한 촉진 요인들 중 일부가 실제로 작용하고 있음을 관찰할 수 있다. 예를 들어, 학교환경에서 디지털 테크놀로지의 통합을 장려하는 **교육적 맥락**이 존재하는 것과 디지털 테크놀로지 사용에 대한 베라의 긍정적인 **태도**가 그 예이다. 이러한 태도는 다음과 같은 상황에서 드러났다. 계산기 사용에 대한 그녀의 입장, 그룹 모델링 프로젝트에서 디지털 테크놀로지를 풍부하고 창의적으로 사용한 사례, 첫 교육 실습에서 제안한 과제 유형, 그리고 현재 교사 일상에서 디지털 테크놀로지의 변화하는 역할에 대한 그녀의 발언 등에서이다. 우리 연구는 교사교육 초기의 디지털 테크놀로지 경험이 그들이 발현하는 교수 스타일에 어떻게 영향을 미치는지에 대해 Ertmer & Ottenbreit-Leftwich(2010), 그리고 Hammond et al.(2009)이 제시한 주장을 뒷받침하는 증거를 제공한다.

베라의 경우, UNC의 수학교사 프로그램에서 디지털 테크놀로지 사용은 ME 과정과 첫 교육 실습에서 특히 집중적으로 이루어졌다. ME 과정에서는 예비교사들이 그룹으로 수학적 모델링 프로젝트를 수행하였다. 베라와 그녀의 동료들이 다양한 테크놀로지를 사용해 수행한 이 프로젝트는 이 장의 앞에서 논의한 Villarreal et al.(2018)에서 보고한 연구의 일부 자료에 포함되었다. 그 연구에서 우리는 테크놀로지 사용과 모델링 과제 개발 사이의 시너지 효과에 대한 증거를 제시하였다. 우리가 이 장에서 제시한 분석은 이러한 시너지 관계에 대한 새로운 증거를 제공하며, 수학 수업에서 디지털 테크놀로지의 자연스러운 통합을 허용하는 과제 유형의 예를 보여준다. Borba & Villarreal(2005)은 탐구 활동, 테크놀로지, 모델링의 결합이 자연스러운 시너지를 나타낸다고 지적한다. 디지털 테크놀로지의 통합을 의미 있는 방식으로 요구하는 또 다른 과제의 예는 베라와 그녀의 교육 파트너가 첫 교육 실습에서 수행한 것처럼, 테크놀로지가 탐구, 추측 생성 및 그것의 타당성을 논증하도록 하는 학습 시나리오의 창출이다.

베라의 경로 전반에 걸쳐 그녀가 테크놀로지와 맺은 다양한 종류의 관계를 관찰할 수 있었다. Goos et al.(2000)의 분류 체계에 따르면, 우리는 테크놀로지가 하인으로 인식된 사례들을 찾았지만, 테크놀로지가 다른 중요한 역할을 맡은 사례들도 있었다. 예를 들어, 협력적 모델링 프로젝트가 개발될 때, 인간과 디지털 테크놀로지의 집합체가 형성되었고, 테크놀로지는 **파트너**로 인식되었으며, 심지어 **자신을 확장**하는 도구가 되었다. Goos(2005)가 관찰한 바와 같이, 디지털 테크놀로지와 함께 작업하는 방식은 시간이 지남에 따라 더 다양하고 정교해질 수 있으며, 테크놀로지를 **하인**으로 사용하는 것에서 **자신을 확장**하는 도구로 발전할 수 있다.

개인 사례 연구라는 연구 유형의 한계로 인해 광범위한 일반화 가능성이 제한되기는 하지만, 초임 교사의 디지털 테크놀로지와 관련된 전문성 경로의 세부 사항은 디지털 테크놀로지가 여러 수학 과목의 교육에서 완전히 부재한 우리의 교사교육 프로그램을 재고할 단서를 제공한다. 다른 과목에서는 디지털 테크놀로지가 단순히 보조적인 역할만 수행하며, 하인처럼 작용할 뿐이다. 즉, 그것은 교수 또는 학습 과정에 의미 있게 통합되지 않으며, 그들의 존재가 과제에 변화를 가져오지 않고, 단지 기존의 과제 수행을 동반할 뿐이다. 따라서 테크놀로지를 하인으로 사용하는 것에서 파트너이자 자신을 확장하는 도구로 접근 방식을 바꿀 필요가 있다(Goos et al., 2000). 그러나 Goos가 지적했듯이, 이것은 쉬운 일이 아니다. 이를 위해서는 초기 교사교육 과정에서, 아르헨티나 대학 맥락에서 흔히 볼 수 있는 교사 중심의 강의식 교수법을 넘어서는 테크놀로지 사용을 요구하는 학습 시나리오를 만들 필요가 있다. 앞서 강조했듯이, 모델링이나 테크놀로지를 활용한 탐구 시나리오가 디지털 테크놀로지와 다른 유형의 관계를 형성할 수 있는 한 가지 가능성이다.

베라의 사례는 그 독특성 때문에 선택되었다. 베라가 디지털 테크놀로지와 맺은 관계는 **자신을 확장**하는 도구로서의 관계로 특징지을 수 있다. 그녀의 수업에서는 다양한 디지털 테크놀로지의 통합이 제시된 과제의 유형과 학생들이 참여하는 방식 모두에서 두드러졌다. 베라가 학생이었을 때의 이전 경험과 현재 그녀가 몰입한 **작업 환경**이 그녀의 학생들이 디지털 테크놀로지에 접근하는 방법을 조직하고 관리하는데 기여하였다. 베라가 개발한 **자원 체계**는 디지털 테크놀로지와 비디지털 테크놀로지 간의 조율된 작업을 가능하게 하였다. 이런 조율은 그녀의 **수업 과정안**에서 선언된 **활동 체계** 선택과 관련이 있다. 교실에서 보내는 시간은 베라에게 학생들의 학습과 지식 측면에서 측정되는 진정한 **교육적 시간**이었다.

최근에는 베라의 지식, 학교 인프라, 그리고 디지털 테크놀로지 통합에 대한 그녀의 적극적인 태도가 2020년 전 세계를 강타한 코로나19 팬데믹 상황에서 완전히 가상 교육 환경으로 빠른 적응을 가능하게 하였다. 인터뷰에서 베라는 학생들과 하는 활동 수를 줄였음에도 불구하고, 공동 상호작용과 논증의 생산을 계속해서 중시했다고 언급하였다. 이는 상호작용 규칙에서 몇 가지 변화를 필요로 하였다. 그 학교의 Moodle 플랫폼은 학교 과제의 기록을 보존하는 공간으로 계속 사용되었다.

베라의 현재 상황은 디지털 테크놀로지의 채택에 유리하다. 반면에 베라는 그녀가 처음 근무했던 학교들에서는 교실에서 테크놀로지 자원이 부족해 디지털 테크놀로지를 사용하지 않았다고 밝혔다. 이것은 같은 교사라도 그 교사가 처한 환경에 따라 다른 방식으로 행동할 수 있음을 보여준다. 이러한 이유로 모든 학습자를 위해 학교 과목들의 교수-학습에 디지털 테크놀로지를 통합하는 질 높은 교육을 받을 수 있도록 학교에서 디지털 테크놀로지 접근성을 보장하는 것이 필수적이다.

우리나라의 현재 사회경제 조건인 인구의 40% 이상이 빈곤선 아래에 있는 상황[9]에서, 공립학교는 가장 가난한 학생 인구가 집중된 곳이라 공립학교에서 모든 학생들에게 테크놀로지 접근 권리를 보장하기 위한 디지털 포용 공공 정책이 절대적으로 필요하다. 코로나19 팬데믹으로 인해 이러한 불평등 상황은 더욱 악화되었다. 원격 교육으로의 급격한 전환은 교육 지속성을 위해 필요한 디지털 테크놀로지 접근에서 불평등을 드러내었다. 이러한 원격 교육으로의 변화는 사회에서 가장 빈곤한 계층의 학생들에게 특히 불리하였다.

이러한 조건들에서는 교실에서 디지털 테크놀로지를 통합하는 것을 교사에게만 전적으로 책임지울 수 없다. 그러나 학교에서 접근 조건이 보장된다면, 교사들은 개인적 편견을 극복하고 디지털 테크놀로지에 대한 접근을 시민의 권리로 이해하며 그들의 수업에서 디지털 테크놀로지를 통합할 준비가 되어 있어야만 한다. 이를 위해, Ndlovu et al.(2020)이나 Lugo & Delgado(2020)의 권장 사항에 따라, 초기 교사교육 과정에서 이른 시기에 디지털 테크놀로지 사용을 통합하는 것이 필수적이다.

우리는 이러한 연구 결과를 통해, 초기 전문성 개발 과정이 예비교사가 그들의 활동에서 디지털 테크놀로지를 적절히 그리고 활용할 수 있는 방법에 어떤 영향을 미칠 수 있는지 강조할 수 있음을 제안한다. 보고된 사례의 범위 내에서, 이 연구의 발전이 연구자, 교사 교육자, 교육과정 개발자들에게 유용한 정보를 제공할 수 있기를 기대한다.

우리 연구는 몇 가지 질문을 남긴다. 이 특정 사례를 조사함으로써 이 연구의 범위를 다른 가능한 경로의 탐색과 다른 아르헨티나인 또는 라틴 아메리카인의 교육 맥락에서 디지털 테크놀로지의 통합 수준을 탐색하는 것까지 넓힐 필요가 있음을 강조하게 된다. 예를 들어, 학교에서 디지털 테크놀로지에 대한 접근이라는 선행 조건이 충족되지 않더라도 학생들이 휴대전화에 접근할 수 있다면, 수학교사는 교실에서 그러한 테크놀로지를 통합할 수 있는 어떤 종류의 과제를 제안할 수 있을까? 수학 교사교육 프로그램에 어떻게 휴대전화 테크놀로지를 통합하여 나중에 교사들이 그들의 수업에 통합할 수 있도록 할 수 있을까? 수학교사를 어떻게 교육하여 휴대전화에서 가능한 응용 프로그램을 그들의 수업에 통합할 수 있는 지적이고 유능한 테크놀로지 사용자로 양성할 수 있을까? 이러한 질문들은 우리가 미래에 탐구하고자 하는 새로운 연구의 지평을 열어준다.

[9]아르헨티나 공화국 국가 통계 및 인구 조사 기관(INDEC)에서 발표한 데이터.
접근 가능: https://www.indec.gob.ar/indec/web/Nivel4-Tema-4-46-152
접속일: 2020년 12월 19일

참고문헌

Borba, M., & Villarreal, M. (2005). *Humans-with-media and the reorganization of mathematical thinking: Information and communication technologies, modeling, experimentation and visualization*. Springer.

Clark-Wilson, A., Robutti, O., & Sinclair, N. (Eds.). (2014). *The mathematics teacher in the digital era. An international perspective on technology focused professional development*. Springer.

Denzin, N. K., & Lincoln, Y. S. (Eds.). (2018). *The SAGE handbook of qualitative research* (5th ed.). SAGE.

Desimone, L. M., Bartlett, P., Gitomer, M., Mohsin, Y., Pottinger, D., & Wallace, J. D. (2013). *What they wish they had learned. Phi Delta Kappan, 94*(7), 62–65. https://doi.org/10.1177/003172171309400719

Drijvers, P. (2015). Digital technology in mathematics education: Why it works (or doesn't). In S. Cho (Ed.), *Selected regular lectures from the 12th international congress on mathematical education* (pp. 135–151). Springer. https://doi.org/10.1007/978-3-319-17187-6_8

Drijvers, P., Tacoma, S., Besamusca, A., van den Heuvel, C., Doorman, M., & Boon, P. (2014). Digital technology and mid-adopting teachers' professional development: A case study. In A. Clark-Wilson, O. Robutti, & N. Sinclair (Eds.), *The mathematics teacher in the digital era* (pp. 189–212). Springer. https://doi.org/10.1007/978-94-007-4638-1_9

Edelstein, G. (2011). *Formar y formarse en la enseñanza*. Paidós.

Ertmer, P. A., & Ottenbreit-Leftwich, A. T. (2010). Teacher technology change: How knowledge, confidence, beliefs, and culture intersect. *Journal of Research on Technology in Education, 42*(3), 255–284.

Esteley, C. (2014). *Desarrollo Profesional en Escenarios de Modelización Matemática: Voces y Sentidos* [Doctoral dissertation, Facultad de Filosofía y Humanidades – Universidad Nacional de Córdoba]. Editorial Filosofía y Humanidades. E-books. https://ffyh.unc.edu.ar/publicaciones/wp-content/uploads/sites/35/2022/05/EBOOK_ESTELEY.pdf?

Goos, M. (2005). A sociocultural analysis of the development of pre-service and beginning teachers' pedagogical identities as users of technology. *Journal of Mathematics Teacher Education, 8*, 35–59. https://doi.org/10.1007/s10857-005-0457-0

Goos, M., Galbraith, P., Renshaw, P., & Geiger, V. (2000). Reshaping teacher and student roles in technology-enriched classrooms. *Mathematics Education Research Journal, 12*, 303–320. https://doi.org/10.1007/BF03217091

Gurevich, I., Stein, H., & Gorev, D. (2017). Tracking professional development of novice teachers when integrating technology in teaching mathematics. *Computers in the Schools, 34*(4), 267–283. https://doi.org/10.1080/07380569.2017.1387470

Hammond, M., Fragkouli, E., Suandi, I., Crosson, S., Ingram, J., Johnston-Wilder, P., Johnston-Wilder, S., Kingston, Y., Pope, M., & Wray, D. (2009). What happens as student teachers who made very good use of ICT during pre-service training enter their first year of teaching? *Teacher Development, 13*(2), 93–106. https://doi.org/10.1080/13664530903043939

Losano, L., Fiorentini, D., & Villarreal, M. (2018). The development of a mathematics teacher's professional identity during her first year teaching. *Journal of Mathematics Teacher Education, 21*, 287–315. https://doi.org/10.1007/s10857-017-9364-4

Lovaiza, P., & Marchesini, V. (2017). *Una propuesta para aprender a argumentar en geometría con alumnos de segundo año del nivel secundario* [Final teaching practice report, Facultad de Matemática, Astronomía, Física y Computación – Universidad Nacional de Córdoba]. Repositorio Diginal UNC. http://hdl.handle.net/11086/5784

Lugo, M. T., & Delgado, H. (2020). *Hacia una nueva agenda educativa digital en América Latina* (Documento de Trabajo n° 188). Centro de Implementación de Políticas Públicas para la Equidad y el Crecimiento. https://www.cippec.org/wp-content/uploads/2020/03/188-DT-EDU-Hacia-una-nueva-agenda--digital-educativa-en-Am%C3%A9rica-Latina-L....pdf. Accessed on 1 April 2021.

Menghini, R. A. (2015). Los profesores principiantes frente a su formación inicial: entre la información y la construcción de herramientas intelectuales para enseñar. Polifonías Revista de Educación. *Año IV, 6*(2015), 103–126.

Mina, M. (2018). *Simulaciones-con-Scratch como proceso de modelización matemática: Un estudio de caso acerca de la construcción de conocimiento matemático con alumnos de nivel secundario* [Master thesis, Facultad de Ciencias Sociales – Universidad Nacional de Córdoba]. Repositorio Diginal UNC. http://hdl.handle.net/11086/12854

Ndlovu, M., Ramdhany, V., Spangenberg, E., & Govender, R. (2020). Preservice teachers' beliefs and intentions about integrating mathematics teaching and learning ICTs in their classrooms. *ZDM Mathematics Education, 52*, 1365–1380. https://doi.org/10.1007/s11858-020-01186-2

Ruiz, A. (Ed.). (2017). *Mathematics teacher preparation in Central America and the Caribbean. The cases of Colombia, Costa Rica, the Dominican Republic and Venezuela*. Springer.

Ruthven, K. (2009). Towards a naturalistic conceptualisation of technology integration in classroom practice: The example of school mathematics. *Éducation et Didactique, 3*(1), 131–159. https://doi.org/10.4000/educationdidactique.434

Sessa, C. (2018). About collaborative work: Exploring the functional world in a computer-enriched environment. In G. Kaiser, H. Forgasz, M. Graven, A. Kuzniak, E. Simmt, & B. Xu (Eds.), *Invited lectures from the 13th international congress on mathematical education. ICME-13 monographs* (pp. 581–599). Springer. https://doi.org/10.1007/978-3-319-72170-5_32

Stein, H., Gurevich, I., & Gorev, D. (2019). Integration of technology by novice mathematics teachers–what facilitates such integration and what makes it difficult? *Education and Information Technologies, 25*, 141–161. https://doi.org/10.1007/s10639-019-09950-y

Vezub, L. F. (2009). Notas para pensar una genealogía de la formación permanente del profesorado en la Argentina. *Revista Mexicana de Investigación Educativa, 14*(42), 911–937. http://www.scielo.org.mx/pdf/rmie/v14n42/v14n42a14.pdf

Vezub, L. F. (2013). Hacia una pedagogía del desarrollo profesional docente: modelos de formación continua y necesidades formativas de los profesores. *Páginas de Educación, 6*(1), 97–124. http://www.scielo.edu.uy/pdf/pe/v6n1/v6n1a06.pdf

Villarreal, M., Esteley, C., & Smith, S. (2018). Pre-service teachers working in mathematical modelling scenarios with digital technologies. *ZDM Mathematics Education, 50*, 327–341. https://doi.org/10.1007/s11858-018-0925-5

13

코로나19 팬데믹으로 인한 갑작스러운 온라인 수학교육 전환: 라틴 아메리카 교사들의 목소리 듣기

Mario Sánchez Aguilar
Danelly Susana Esparza Puga
Javier Lezama

이 연구는 2020년에 시작된 코로나19 팬데믹으로 인해 수학 수업에 디지털 기술을 갑작스럽게 통합해야 했던 한 그룹의 라틴 아메리카 수학교사들이 이를 어떻게 극복했는지를 탐구한다. 이 연구는 팬데믹으로 인해 디지털 전환을 직접 경험한 수학교사들의 목소리를 담고 있다. 라틴 아메리카 여러 국가의 179명의 수학교사들을 대상으로 한 개방형 설문조사를 통해 교사들이 새로운 상황에 맞추어 수학 수업을 어떻게 조정했는지, 이러한 전환 과정에서 교사들이 어떤 감정을 느꼈는지, 그리고 관련된 물질적 지원이나 지침을 받았는지에 대해 물어보았다. 설문지는 동일한 디지털 전환을 경험하고 있는 다른 동료들에게 제안하거나 권장할 내용에 대해 질문하는 것으로 교사들의 지식과 경험을 반영한다. 이 연구는 특히 이런 통합이 강제로 이루어진 상황에서 수학교사들이 그들의 교수 행동에 테크놀로지를 통합하는 방식에 대한 우리의 이해를 넓히는데 기여한다.

주요 용어: 온라인 수학교육, 디지털 전환, 라틴 아메리카 교사들의 목소리, 코로나19 팬데믹

1. 서론

전염성 있는 코로나19 질병은 사스(SARS-CoV-2) 바이러스에 의해 발생하며 심각한 호흡기 합병증이나 심지어 사망에 이를 수 있다. 첫 번째 코로나19 발생은 2019년 12월 중국 우한에서 확인되었다. 이후 이 바이러스는 라틴 아메리카를 포함하여 전 세계로 서서히 확산되었고, 이 연구에 참여한 교사들이 거주하는 지역도 영향을 받았다. 세계적인 코로나19 팬데믹은 전 세계 국가의 사회적, 정치적, 경제적 역동성에 심오한 변화를 가져왔다. 특히 학교 수학 수업의 경우, 많은 교사들이 대면 수업 환경에서 디지털 도구 활용을 기반으로 한 원격 지도라는 완전히 다른 환경으로 갑작스러운 전환을 경험하게 되었다. 그러나 이러한 전환에는 여러 가지 어려움이 따랐다. 그래서 이 전환으로 인해 발생한 어려움을 표현하는 교사들의 다양한 이야기를 들을 수 있다. 이러한 어려움들 중 상당수는 수학을 가르치는데 테크놀로지 요소를 구현하는 것과 관련이 있으며, 이는 많은 경우 불리한 조건 하에서 수행되었다.

디지털 전환은 또한 다양한 교수 방식과 역량을 반영한 이질적인 디지털 문화를 드러내었다. 일부 수학교사들은 그들의 교수 활동에서 디지털 도구를 구현하는데 더 잘 준비되어 있었다. 이는 주로 이 교사들이 가진 수학에서 디지털 도구를 사용한 이전 경험과 접근성이 있었기 때문이다(Csachová & Jurečková, 2020).

이러한 디지털 전환은 수학교사들로 하여금 개인, 집단, 그리고 기관 수준에서 어려움이 따르더라도 교육 활동을 계속할 수 있는 교수 해결 방안을 구축하도록 개선을 요구하였다. 디지털 전환 중에 이탈한 학생들을 구제하려는 노력만큼이나 디지털 도구 사용을 스스로 훈련하기, 디지털 자료 제작을 개선하기, 비대면 환경에서의 수학 학습 촉진 및 평가 방법 설계 등이 포함되었다(Chirinda et al., 2021).

수학교사 교육 및 발전에 대한 연구는 수학 수업에서 디지털 테크놀로지 구현과 채택과 관련된 한계, 제약 및 장애 요인 등을 연구해 왔다(예, Abboud-Blanchard, 2014; Thomas & Palmer, 2014). 그러나 이러한 연구들은 코로나19 팬데믹처럼 아주 특별한 상황 하에서 진행된 것이 아니었다. 이 특정 시나리오에서는 경제 및 사회 조건이 항상 최적이 아닌 세계의 여러 지역에서 많은 교사들에게 디지털 도구의 갑작스런 구현과 채택이 강요되었다. 이 장에서 보고된 연구는 수학을 가르칠 때 디지털 테크놀로지를 구현하는데, 예를 들어, 수학 소프트웨어, 화상 회의 소프트웨어, 학습 관리 시스템, 유튜브 등을 코로나19 팬데믹으로 인해 그들의 일상 교수 활동에 테크놀로지를 갑작스럽게 통합하는 방식을 탐구해서 이 구현에서의 제약과 장애 요인에 대한 논의를 확장한다.

이 연구의 목적은 라틴 아메리카 수학교사들이 그들의 교수 행동에서 디지털 테크놀로지의 갑작스러운 구현을 다루는 방식을 탐구하는 것이다. 이 연구는 수학교사들이 디지털 구현을 어떻게 처리하는지 뿐만 아니라, 코로나19 팬데믹으로 인해 발생한 디지털 전환에 대한 그들의 감정과 이를 극복하기 위해 그들이 받은 지원에 대해서도 더 깊이 알기 위해서 수학교사들의 목소리를 제시한다. 이 연구는 특히 기술 통합이 강제되는 상황에서 수학교사들이 그들의 교수 활동에 테크놀로지를 통합하는 방식에 대한 우리의 지식을 넓히는데 기여하고자 한다.

2. 교사의 목소리에 대한 개념

교사의 목소리 개념은 교사와 그들의 업무에 대한 지식을 생산하는데 집중된 일종의 교육 연구에 대한 비판적 대응으로 등장하는데 이러한 연구는 역설적으로 교사 자신의 교수 활동에서 비롯된 질문과 실제 경험을 잠재적인 지식의 원천으로 간과하는 경향이 있다(Atkinson & Rosiek, 2008). 따라서 교사에게 **목소리**를 부여하고자 하는 관심은 교사들이 실제로 겪은 경험, 그들의 목소리가 형성되는 교수 환경, 그리고 그들이 교수-학습에 대해 말하고자 하는 다양한 내용을 고려한 연구 지식을 생성해야 할 필요성에서 비롯되었다(Hargreaves, 1996).

"교사의 목소리" 개념은 교사교육 연구 분야에서 다양한 방식으로 사용되고 개념화되어 왔다. 예를 들어 수학교사 교육의 경우, 교사 자신의 목소리 개발은 수학교사로서의 전문적 정체성 형성과 관련이 있다(Brown & McNamara, 2011). 이것은 또한 수학 수업과 관련된 비판적이고 반대되는 생각을 표현하는 도구로 사용되기도 하였다(De Freitas, 2004). 교사의 목소리 개념이 널리 사용된 교육 연구에서는 다양하고 세밀하게 다듬어진 정의들이 존재한다. 예를 들어, Frost(2008)는 교사의 목소리를 "교육 정책과 실천에 대한 교사의 견해, 경험, 관점"(p. 347)이라고 정의하고, Hargreaves(1996)는 이를 "학교 재구조화와 개혁에서 교사가 차지하는 위치와 역할"(p. 12)로 정의한다. Gyurko(2012)가 만든 또 다른 정의는 "교육의 과정과 결과에 넓은 영향을 미치는 쟁점 논의에서 학교나 기타 공공장소에서 공유된 교사들의 업무와 관련된 지식 또는 의견의 표현"(p. 4)이라고 정의한다.

이 연구에서 교사의 목소리 개념은 교사가 업무를 수행하는 교육 환경에서 만들어지는 중요한 결정과 변화가 있을 때 이러한 요소들이 고려되고, 포함되고, 경청되며, 실행되는 정도와 함께 그들의 업무에 대한 교사의 가치, 신념, 감정, 실제 경험, 그리고 관점 등으로 이해된다. 일부 학자들은 "교사의 목소리" 대신 대표적이고 통합적인 존재로서 교사들의 **목소리**(복수)를 사용하는 것이 중요하다고 주장해 왔다(예, Atkinson & Rosiek, 2008; Hargreaves, 1996). 이는 **교사들의 목소리**가 "그들이 가르치는 환경의 아주 큰 차이에 따라" 형성되어온 그런 목소리들의 개별적이고 때로는 불협화음이 될 수 있는 점을 강조하기 위함이다(Atkinson & Rosiek, 2008, p. 177).

이 장에서의 질적 연구에서 교사들의 목소리를 이끌어내기 위한 우리 연구방법을 소개하기에 앞서, 수학교사들이 수업에서 디지털 테크놀로지를 통합할 때 겪는 장애물과 제약을 분석하는데 초점을 둔 선행 연구를 간략히 검토한다. 연구들 간의 연계성과 지속성을 촉진하기 위해, 우리는 이 책의 첫 번째 판(Clark-Wilson 외, 2014)에 실린 관련 연구에 초점을 맞추어 우리 연구의 틀을 설정하였다.

3. 디지털 테크놀로지 통합의 장애물과 제약에 관한 선행 연구

수학교사들이 자신의 수업에 디지털 테크놀로지를 통합하면서 경험하는 장애물과 제약을 분석한 연구는 이 책의 첫 번째 판(Clark-Wilson 외, 2014)에서 잘 다루어져 있다. 특히 두 개의 장에서 이러한 문제를 서로 다른 관점에서 접근하고 있다(Abboud-Blanchard, 2014; Thomas & Palmer, 2014).

Thomas & Palmer(2014)의 연구는 중등교사들이 그들의 수학 수업에 디지털 테크놀로지를 구현할 때 직면하는 장애물과 제약을 규명한 연구들을 검토한다. 뉴질랜드에서 장기간 수행된 연구 결과를 바탕으로, 연구자들은 특히 컴퓨터와 계산기 같은 테크놀로지 사용에서 다음과 같은 장애물과 제약을 확인한다.

- 시간 제약 (예, 테크놀로지에 익숙해지기 위해 필요한 시간)
- 테크놀로지 접근성 (예, 계산기, 컴퓨터 및 소프트웨어의 부족)

- 테크놀로지 도구 사용에 대한 교육 부족
- 테크놀로지 도구 사용에 대한 자신감 부족
- 정부와 학교의 정책

Thomas & Palmer(2014)는 이러한 장애물과 제약을 테크놀로지 자원에 대한 접근 부족과 같은 외적 요인과 수학 교수 상황에서 테크놀로지 도구 사용에 대한 자신감 부족 같은 내적 요인으로 나눌 수 있다고 지적한다. 저자들은 또한 그들의 연구 결과가 다른 연구자들이 확인한 수학 교수에서 테크놀로지 채택과 실행에 영향을 미치는 요인들과 일치한다고 언급한다(Forgasz, 2006; Goos, 2005).

Abboud-Blanchard(2014)는 수학 교수에 동적 기하 소프트웨어와 온라인 전자 연습 포털과 같은 디지털 테크놀로지를 통합하는 연구에서 Thomas & Palmer(2014)와 다른 접근 방식을 취한다. 프랑스에서 진행된 세 가지 연구의 종합을 바탕으로, 연구자는 일반 수학교사들이 테크놀로지 통합과 관련해 공통된 제약에 대해 보이는 일반적인 반응에서 공통 특성을 식별한다. 여기서 **일반 교사**란 "테크놀로지 전문가가 아닌 교사로 실험적 프로젝트에 참여하지 않는 교사"(Abboud-Blanchard, 2014, p. 298)를 의미한다고 언급하였다.

Abboud-Blanchard(2014)는 고려된 세 가지 연구에서 분석된 교수 활동이 교사들이 근무하는 사회·교육적 및 제도적 조건뿐 아니라 그들의 개인적 경력에 의해 형성된다고 인정한다. 그럼에도 불구하고, 그녀는 이러한 연구들에서 보고된 교사들의 반응에서 일정한 규칙성을 발견할 수 있다고 주장한다.

> 이 규칙성들은 교사들이 테크놀로지를 사용할 때 직면하는 공통된 제약과 어려움, 그리고 이를 다루는 방식과 직접적으로 관련된 것으로 보인다. … 이는 제도적 및 사회적 제약에 따라 남은 선택지를 어떻게 최대한 활용하는지를 반영하는 (개인적 요소와 관련이 있을 수 있지만) 교사들의 선택이다(p.304).

Abboud-Blanchard(2014)는 교사들이 공유된 제약에 대해 보이는 공통 반응을 세 가지 축으로 분석하였다.

- 인지적 축: 수학을 가르치면서 동시에 테크놀로지를 수업에 활용하는 방법(테크놀로지를 통해 가르치는 수학 내용과 관련됨)
- 실용적 축: 새로운 교수 환경에서 수학을 가르치는 방법(테크놀로지를 사용하는 교실 상황을 구현할 때 교사가 하는 말과 행동과 관련됨)
- 시간적 축: 테크놀로지를 사용할 때 교수-학습 시간을 관리하는 방법(시간 관리의 다양한 측면과 관련됨)

Abboud-Blanchard(2014)와 Thomas & Palmer(2014)가 보고한 연구 결과에는 몇 가지 유사점이 있다. 예를 들어, 두 연구자 모두 교사들이 디지털 테크놀로지 사용에 대한 자신감 부족과 수학을 가르치는데 테크놀로지를 구현할 시간 부족을 디지털 테크놀로지 구현의 제약 또는 장애물로 지적하고 있다.

우리의 연구에서도 교사들이 그들의 수학 수업에서 디지털 테크놀로지를 구현하는 방식과 그렇게 하는 과정에서 발견하는 장애물에 중점을 둔다. 그러나 우리 연구는 이전 연구와 몇 가지 중요한 차이점을 가지고 있다. 첫째, 우리는 대체로 수학을 가르치는데 관련된 계산기나 동적 기하 소프트웨어 같은 디지털 테크놀로지의 구현뿐만 아니라, 화상회의 소프트웨어, 학습 관리 플랫폼, 유튜브 등과 같은 좀 더 일반적인 디지털 테크놀로지의 구현도 고려한다.

두 번째 선행 연구와의 중요한 차이점은 디지털 테크놀로지 구현 과정이 진행되는 맥락과 조건이다. 코로나19 팬데믹은 수학교사들에게 제도적 및 사회적 제약과 조건에 관계없이 디지털 도구 사용을 갑작스럽게 도입하도록 강요하였다. 이 연구는 이런 어려움과 요구되는 구현 과정의 초기 단계에서 수학교사들이 이를 어떻게 극복해 나가는지를 탐구한다.

마지막으로, 이 연구와 Abboud-Blanchard(2014) 및 Thomas & Palmer(2014)가 보고한 내용 간의 중요한 차이점은, 이 연구는 직접적으로 교사의 행동(Abboud-Blanchard에 따르면 이것은 "실용적 축")을 관찰하지 않는다는 사실이다. 다음 장의 연구 방법론에서 더 자세히 설명하는데, 이 연구는 개방형 설문지를 통해 수집된 자기 보고서를 통해 수학교사들의 행동에 접근하고, 이를 귀납적인 토대 접근법을 사용하여 분석하였다. 이에 따라 우리 연구는 수학 수업에서 디지털 테크놀로지 구현 및 채택과 관련된 한계, 제약, 장애물에 대한 탐구를 풍부하게 한다. 특히 이 연구는 수학교사들이 자신의 수업에서 디지털 테크놀로지를 갑작스럽게 구현해야 하는 현상에 직면했을 때 어떻게 행동하고 느끼는지 그 방식에 대한 이해를 넓히고자 한다.

4. 연구 방법

이 장과 여기의 연구는 세계적인 코로나19 팬데믹 동안 봉쇄 상태에서 개발되었다. 이 절은 이러한 상황에서 연구를 개발하기 위해 따라야 했던 방법을 설명하며, 연구가 진행된 팬데믹 상황에 대한 간략한 설명으로 시작한다.

4.1. 연구의 맥락

코로나19 팬데믹은 전 세계적으로 사회적, 경제적 위기를 촉발하였다. 팬데믹의 영향들 중 하나는 수천 명의 교사와 학생들이 대면 수학교육에서 온라인 수학교육으로 이동하는 전 세계적인 디지털 전환이었다. 이 연구는 이 대규모 디지털 전환의 첫 몇 개월 동안 진행되었다.

시기적으로 차이는 있지만, 라틴 아메리카 국가들에서는 2020년 첫 학기 동안 원격 교육을 시작하라는 제도적 명령이 내려졌다. 디지털 전환의 급작스러운 성격은 라틴 아메리카 국가들 간, 그리고 국가 내에서 인터넷 연결 품질, 디지털 도구 접근성, 디지털 역량 면에서의 이질성을 드러내었다. 그 결과, 지리적으로 멀리 떨어져 있거나 고립된 지역에 있는 학생들과 교사들은 그들의 수학교육을 지속하는데 더 큰 어려움을 겪었다. 심지어 인터넷과 디지털 도구에 대한 접근이 비교적 널리 퍼진 라틴 아메리카의 대도시 지역에서도 모든 학생들이 온라인 수업에 접근할 수 있었던 것은 아니었다. 팬데믹에 뒤따른 경제적 위기로 악화된 디지털 자원에 대한 접근 제한 때문에 사회경제적 취약 계층 학생들은 연결을 유지하는데 더 큰 장애물을 마주하게 되었다. 좀 더 심각한 경우들로 라틴 아메리카의 일부 매우 열악한 지역의 학생들과 교사들은 교육 시스템에서 완전히 단절되어 수학 수업이 중단되기도 하였다.

4.2. 연구 참여자

우리는 라틴 아메리카 수학교사들이 새로운 교육 환경에서 수학을 가르친 그들의 경험에 대한 목소리를 듣는 것에 관심이 있었다. 약 800명의 라틴 아메리카 수학교사들에게 코로나19 팬데믹으로 인해 그들의 교수 활동에서 겪은 디지털 전환에 관한 설문지를 자발적으로 작성해달라고 이메일 초대장을 보내 요청하여 기회 표본(opportunity sample)을 구성하였다. 설문지가 발송된 시점의 긴박함에도 불구하고, 179명의 교사들이 응답에 동의하였다.

설문에 응답한 교사들은 두 가지 주요 경로를 통해 연락을 받았다. 한편으로는 수학교육에 관심이 있는 수학교사들의 지역 소셜 네트워크인 도슨매트(**DocenMat**)(참고 https://docenciaen-matematicas.ning.com)에 가입된 교사들에게 연락하여 설문 응답을 요청하였다. 다른 한편으로는 수학교육 온라인 대학원 과정을 수료한 교사들에게 참여를 요청하고, 그들의 개인 네트워크를 통해 다른 교사들에게도 초대를 전달하도록 하였다. 비록 이 온라인 대학원 프로그램은 멕시코시티에 위치해 있지만, 다양한 라틴 아메리카 국가의 현직 수학교사들이 참여하고 있다 (Gómez-Blancarte et al., 2019).

응답한 179명의 교사들은 아르헨티나, 칠레, 콜롬비아, 멕시코, 우루과이 출신의 남성과 여성들이었다. 이 중 149명의 교사들이 공립학교에서 근무하고, 28명의 교사들이 사립학교에서 근무한다고 보고하였다(두 명의 교사는 이 정보를 제공하지 않았다). 이들은 대학교 수준(45명), 고등학교 수준(66명), 초등학교 수준(44명)에서 근무하고 있었고, 일부 교사들(24명)은 특정 교육 수준을 밝히지 않은 채 복수의 교육 수준에서 근무한다고 응답했다. 이 교사들이 근무하는 학교는 모두 도시 및 준도시 지역에 위치해 있으며, 예외적으로 6명의 교사들은 자신이 농촌 지역에서 근무한다고 응답하였다.

4.3. 설문지

많은 사람들에게 정보를 수집할 수 있는 가능성과 코로나19 팬데믹으로 인한 이동 제한 및 사회적 거리 두기 제한으로 인해 온라인 설문지를 설계하였다. 이 설문지는 자신의 견해를 표현하도록 교사들을 초대하는 공감적 태도로 구성되었다. 설문지(부록 1 참조)는 다음을 이끌어내기 위해 설계되었다.

- 수학 수업과 직접적으로 관련이 없는 일반적인 맥락 질문(질문 1, 2, 3)
- 교사들이 수학 수업을 어떻게 새로운 환경에 적응시키고 있는지(질문 7, 8, 9)
- 교사들이 이 전환에 대해 어떻게 느끼고 있는지, 그리고 관련 물질적 지원이나 지침을 받았는지(질문 5, 6, 10)
- 동일한 디지털 전환을 경험하고 있는 다른 동료들에게 해줄 제안이나 권장사항을 물어봄으로써 이끌어낼 교사들의 지식과 경험(질문 11)

이 책의 초점에 특히 중요한 질문들은 수학 내용과 그 내용 접근을 비대면 방식으로 교사들이 조정한 방법, 이 작업에 소요된 시간 및 결과, 수업의 형식과 관련된 내용이다.

4.4. 설문지 배포

최종 설문지는 설문 관리 소프트웨어인 구글 폼(Google Forms)을 사용하여 참여 교사들에게 배포되었다. 이 소프트웨어는 응답을 자동으로 익명화하고 스프레드시트에 정리하여 실증 자료를 수집하고 이후 분석을 용이하게 하였다. 설문지는 교사들이 디지털 전환을 시작한 지 몇 주 후인 2020년 5월 22일부터 6월 3일 사이에 배포되어, 이 전환 과정의 초기 단계에 교사들의 감정과 경험에 대한 자료를 수집하였다.

4.5. 교사 응답 분석

교사들의 응답에 대한 분석 과정은 각 질문 유형에 따라 달랐다. “예/아니오” 또는 가능한 답변이 제한적인 집합에서 응답한 질문의 경우, 교사들이 표현한 답변의 빈도수를 계산하였다(예, 질문 1, 6, 9).

수학교사들에게 목소리를 부여하기 위해 설계된 개방형 질문들은 개방형 코딩으로 분석하였다(Saldaña, 2013). 앞에서도 언급했듯이, 이러한 유형의 질문들은 교사들에게 새로운 환경에 맞추어 그들의 수학 수업을 어떻게 조정했는지 뿐만 아니라, 전환 과정에서 느낀 감정과 받은 지원에 대해 묻는다(질문 7, 8, 10). 이 개방형 코딩은 교사들의 응답에서 규칙성을 찾아내고 이를 범주로 그룹화 하는데 기여하였다. 첫 번째 수준의 코딩에서는 교사들의 응답 내에서 유사한 키워드나 구절을 식별하고 거기에 각각의 코드를 할당하여 이후 범주별 그룹화가 가능하도록 하였다. 예를 들어, 여러 응답에서 교사들은 디지털 전환과 관련해 그들이 겪은 어려움을 보고하였다. 교사들이 이러한 어려움을 표현한 발언은 그 성격에 따라 코딩되었다(〈표 1〉 참고). 이러한 코드들은 코로나19 팬데믹으로 인한 디지털 전환 과정에서 교사들이 직면한 **구현 장애물**의 범주로 그룹화 되었다.

〈표 1〉 교사가 직면한 구현 장애 범주를 구성하는 코드와 응답

코드와 응답자 수	코드 설명	예시 응답
훈련 부족(92)	교사들은 자신이 속한 교육 기관의 관계자로부터 교육을 받지 못했다고 진술하였다.	R127: **저는 조언을 받지 못했습니다.** 오직 학교 동료와 친구들 간에만 의지했을 뿐입니다. 지금까지도 변함이 없습니다. 그래서 저는 유튜브에 있는 자료에 의존하게 되었습니다.
컴퓨터 장비 부족(8)	교사들은 학생들이나 자신들이 온라인 수업이나 학습에 필요한 컴퓨터 장비를 갖추지 못했다고 진술하였다.	R147: 저는 가상 모드에 적응하는 데 큰 어려움을 겪었고, 이를 수행하기 위한 적절한 장비를 구하는 데도 어려움이 있었습니다. (**제 컴퓨터 장비는 오래되고 낡았습니다.**)
학생들이 인터넷에 제한된 접근(69)	교사들은 여러 가지 이유로 인해 학생들이 인터넷에 제한적으로 접근하거나 전혀 접근하지 못한다고 말하였다.	학생들이 농촌 지역 출신이기 때문에 **인터넷에 무제한 접근할 수 없고 컴퓨터도 없습니다.** 우리는 일반적으로 WhatsApp으로 작업합니다.
교사들이 사용하는 인터넷 서비스의 품질 부족(97)	대부분의 교사들은 인터넷에 접근할 수 있었지만, 일부는 서비스 품질이 낮다고 언급하였다.	R131: 인터넷 서비스는 보통 수준입니다. **인터넷 신호가 완전히 끊겨서 문제를 겪은 적이 몇 번 있었고,** 그중 하나는 바로 수업 당일이었습니다.

5. 결과

이 절에서는 개방형 질문에 대한 교사 응답의 분석 결과를 제시한다. 그 결과는 **구현 장애물, 수업 조정을 위한 시간, 교사의 수업 설명, 디지털 도구 구현, 교사의 감정, 교사의 제안 및 권장사항**이라는 여섯 가지 범주로 정리되었다. 이러한 범주는 교사들이 수학을 가르치면서 겪은 갑작스러운 디지털 전환 동안 교사들이 수행한 활동과 느낀 감정을 다양한 측면에서 나타낸다. 각 범주는 설문지에 대한 교사 응답의 발췌문으로 예시를 들었다.

5.1. 구현 장애물

앞서 언급한 바와 같이, 교사들의 응답에서 대면 수학 수업에서 온라인 수학 수업으로 전환하려고 할 때 직면한 장애물을 확인하는 것이 가능하였다(응답 예시와 응답자 수는 〈표 1〉 참고). 특히, 두 가지 유형의 장애물이 확인되었다. 첫 번째는 **훈련 부족**으로, 이는 교사들이 디지털 도구 사용에 대해 스스로 훈련받을 수 있도록 기관으로부터 받은 지원이 부족한 것을 의미한다.

응답 R35 : 우리는 지원이 제공되지 않아 온라인 화이트보드 사용법을 직접 조사해야 했습니다.

응답 R108: 나는 지원은 받지 못했지만, 나의 동료들과 서로 도우며 진행하였습니다.

두 번째 장애물은 **인터넷 접근성 부족**이다. 교사들은 학생들과 자신 모두 인터넷에 접근하지 못해 수업 진행이 어려웠다고 언급하였다.

응답 R67 : 제가 일하는 환경에서는 학생들이 가상 수업에 참여할 경제적 여유가 충분하지 않기 때문에, 온라인 수업을 그대로 진행하는 것은 매우 어렵습니다.

응답 R167: 인터넷은 연결되어 있지만 연결 서비스가 불안정합니다. 연결이 허락되지 않는 시간대가 있어서 원활하게 작업을 진행할 수 없습니다.

응답 R74 : 내 지역에서는 인터넷 접속이 불가능하여 WhatsApp으로 작업을 제한하고 있습니다.

여덟 명의 교사들은 적절한 컴퓨터 장비가 부족하여 수학 수업을 온라인으로 구현하는데 장애가 된다고 언급하였다(〈표 1〉의 R147 참고).

5.2. 수학 수업을 온라인에 맞추기 위해 필요한 시간

교사들은 수학 수업을 온라인 방식으로 조정하는데 필요한 시간에 대해 작성하였다. 교사들의 반복적인 불만은 대면 수업 계획에 필요한 시간보다 온라인 환경에서 그들의 수업 자료 준비에 훨씬 더 많은 시간을 투자해야 한다는 것이었다(91명의 교사가 이를 보고). 하지만 이전에 디지털 도구 사용 경험이 있는 몇몇 교사들(24명)은 수업 계획에 많은 시간이 필요하지 않았다고 말하였다.

응답 R72 : 시간이 많이 걸립니다. 활동을 찾고 주제에 대한 설명 영상을 찾기 때문입니다. 시간을 계산해 보면 이전에 내가 하던 것의 세 배는 됩니다. 사실상 하루 대부분을 일하고 있습니다.

응답 R149: 가장 쉬운 주제로 시작하도록 주제를 변경했습니다. 많은 시간이 소요되는데, 각 활동을 디지털 형식으로 준비하고 학생이 그것을 이해할 수 있도록 설명하는 것뿐만 아니라 [디지털] 도구를 사용하는 법을 익히고 각 학생에게 피드백을 제공하는 과정도 포함되기 때문입니다.

응답 R90 : 많은 시간이 필요하지 않습니다. 왜냐하면 수업에서 꾸준히 테크놀로지를 사용하고 있기 때문입니다.

5.3. 교사들의 수업 설명

교사들이 자신들의 수학 수업을 설명한 내용을 분석한 결과, 그 설명들에서 몇 가지 유사점을 확인할 수 있었다. 일부 교사들(42명)은 여러 다른 이유로 인해 수업을 비동기식으로 진행해야만 했다고 밝혔다. 76명의 교사들은 그들의 학생들과 실시간으로 소통할 수 있는 가능성이 있었다고 언급하였다. 그러나 교사들의 설명에서 두드러진 특징은 대면 수학 수업 형식을 온라인 환경에서 그대로 모방하거나 재현하려는 경향이었다(53명의 교사가 이를 밝혔다).

응답 R97 : 수업은 녹화되어 온라인에 게시되며, 매일 상담 시간이 있습니다.

응답 R64 : 활동과 제출 기한이 포함된 이메일만 보냅니다.

응답 R18 : 수업을 위해 두 가지 플랫폼이 사용됩니다. Zoom을 통해 주중 매일 아침과 저녁에 실시간 수업을 진행합니다. Schoology 플랫폼은 녹화된 영상과 온라인에서 해결할 활동들(설문지, 단어 퍼즐, 단어 찾기)을 게시하는데 사용합니다. WhatsApp과 이메일을 통해 부모님께 지시사항을 보내고 연락을 유지합니다.

응답 R168: 대면 수업과 매우 유사한 수업으로, 프레젠테이션, 비디오, 디지털 화이트보드로 지원되는 전통적인 설명을 포함합니다. 학생들은 언제든지 원할 때 질문을 하고, 플랫폼을 통해 지식을 강화하고 과제를 제출합니다.

응답 R25 : 대면 수업과 최대한 유사하게 진행하려고 합니다.

응답 R180: 학부(기하학)와 대학원(연구 방법론 및 논문 지도) 두 그룹의 학생이 있습니다. 두 경우 모두 Zoom 회의를 통해 작업합니다. 학부 수준에서는 주제를 제시합니다. 공유 도구를 사용하여 PDF로 된 책, 화이트보드 또는 지오지브라를 봅니다. 처음에는 노트에 초점을 맞추기 위해 보조 카메라를 필요에 따라 (칠판으로 사용하듯이) 계산이나 스케치를 하며 사용했습니다. 이후 파일에 직접 쓰거나 그릴 수 있게 해주는 유용한 도구를 발견하였습니다.

5.4. 디지털 도구의 구현

수학교사들이 구현했다고 보고한 디지털 도구들은 **수학 디지털 도구**, 즉 수학을 가르칠 때 관련된 디지털 도구(68명)와 **비수학 디지털 도구**, 즉 수학을 가르치는 것과 반드시 관련이 있지는 않지만 교사와 학생 간의 소통을 가능하게 해주는 도구(111명)로 나눌 수 있다. 예시 응답은 다음과 같다.

응답 R90 : 지오지브라, 스페인 카나리아 제도 게임, 줌 화이트보드에서의 상호작용을 사용하여 답을 구성하고, 디지털 책과 제가 직접 만든 주제 설명을 위한 유튜브 영상을 사용합니다.

응답 R114: 수치 해석 과목은 Visual Studio(C++), Mathematica 및 Simulink 세 가지 도구를 사용합니다. 이전에 사용되던 블로그 대신 유튜브 비디오를 쓴다는 것이 차이점입니다. 예제에는 연습문제와 팁으로 해결해야 하는 문제가 추가되었습니다. 과제는 WhatsApp 웹을 통해 제출합니다. 학생들은 블로그가 더 복잡하다고 해서 좋아하지 않습니다.

응답 R9 : 활동을 구글 클래스룸을 통해 보내고 학생들을 구글 미트에 초대하여 질문을 공유하도록 합니다. 그러나 애플리케이션의 제한된 시간과 칠판을 사용할 수 없다는 점 때문에 매우 어렵습니다.

응답 R11 : 짧은 설명, 유튜브 플랫폼에 녹화된 비디오, 구글 클래스룸 및 소셜 네트워크를 통한 질문 응답을 제공합니다.

5.5. 교사들의 감정

수학교사들에게 대면 수업에서 온라인 수업 방식으로 전환하는 과정에서 어떻게 느꼈는지 물었을 때, 대부분(148명)은 스트레스, 좌절감, 불확실성, 걱정과 같은 부정적인 감정을 표현하였다.

응답 R143: 너무 갑작스러웠고, 매우 스트레스가 많습니다. 학생들 간, 교사들 간에 [인터넷] 연결 상태가 동일하지 않습니다.

응답 R32 : 좌절감이 듭니다. 왜냐하면 학생의 절반에게도 다가갈 수 없기 때문입니다.

응답 R42 : 불확실성, 우리가 얼마나 오래 이렇게 일할지 알 수 없기 때문에, 또한 모든 학생이 디지털 도구에 접근할 수 있는 것이 아니라서 걱정됩니다.

응답 R3 : 인터넷 서비스가 없는 학생들이 매우 걱정됩니다, 그런 학생들이 많고, 이는 그들과 나의 상호작용을 크게 제한합니다. 당국은 이것을 문제 삼지 않으려 합니다.

응답 R169: 가상 수업에 참여하는 학생 중 10%만 참여합니다. 혼자 말하고 있는 기분입니다. 인간적인 온기가 부족합니다. 질서, 규율, 조직, 참여, 집중력, 시간 준수 그리고 학생 교육을 돕는 다른 요소들이 사라졌습니다.

5.6. 교사들의 제안 및 권장사항

설문을 통해 수학교사들은 같은 온라인 교수로의 전환을 겪고 있는 동료 교사들을 위한 제안과 권장사항을 주었다. 이러한 권장사항은 시간 관리(65명), 디지털 도구 탐색(77명), 자발적 훈련(43명), 감정 문제(68명)에 초점을 맞추고 있다.

응답 R108: 가장 중요한 것은 학생 상담 시간을 제한하는 것입니다. 학생들이 한 번 휴대폰 번호나 페이스북에 접근하면 언제든, 어느 날이든 메시지를 보내기 때문입니다. 이것은 건강에 매우 좋지 않습니다. 우리는 시간을 조직하고 활동을 계획하는 법을 우리 스스로 배워야 합니다.

응답 R155: 정해진 근무 시간을 설정하세요. 가상 수업에는 끝이 없습니다.

응답 R6 : 옵션을 탐색하세요. 우리가 알지 못하지만 많은 가능한 자원들이 있습니다. 우리 수업에 다른 기여를 할 수 있습니다.

응답 R2 : 테크놀로지가 우리에게 제공하는 가능성을 최대한 활용해야만 합니다. 심지어 우리가 [대면] 수업 환경으로 돌아가게 될 때에도 수업을 향상할 수 있는 도구들을 더 많이 탐구할 수 있는 좋은 기회가 될 것입니다.

응답 R31 : 교사로서 디지털 도구 사용에 대해 스스로 훈련해야 합니다.

응답 R18 : 그들의 학습 과정을 촉진할 수 있는 자원이 무엇인지 결정하기 위해서 배우고, 강의를 듣고, 학생들이 어떻게 생각하는지를 이해하거나 이해하려고 노력하세요.

응답 R11 : 인내심을 가지세요. 활동적인 학생 비율이 감소하거나 증가하지 않더라도 낙담하지 마세요.

응답 R47 : 우리 자신에게 인내심을 가지고, 지원을 요청하며 가능한 모든 도움을 받아들이세요. 정보를 찾을 준비를 하고 부모에게도 인내심을 가지세요.

응답 R69 : 두려워하지 말고 이 새로운 테크놀로지 도전에 과감히 맞서세요.

6. 논의

이 연구의 목적은 라틴 아메리카 수학교사들이 그들의 교수 활동에서 디지털 테크놀로지의 갑작스러운 도입을 다루는 방법을 탐구하는 것이다. 수학교사들에게 이러한 급작스러운 도입에 대한 그들의 감정과 그들의 활동에서의 대응 방식을 표현할 기회를 제공하였다.

교사의 목소리 개념은 교사들이 자신들의 업무에 대해 가지는 가치관, 신념, 감정, 실천적 경험 및 관점을 의미한다. 또한 그들이 그들의 작업을 발전시키는 교육 환경에서 중요한 결정과 변화가 있을 때 만들어지는 이러한 요소들이 얼마나 고려되고, 포함되고, 경청되고, 실행되는지 그 정도를 포함한다. 이에 따라 교사들이 디지털 전환 중에 겪은 물질적, 테크놀로지적인 어려움과 이 디지털 전환을 겪고 있는 동료들에게 도움이 될 제안을 자유롭게 서술할 수 있는 개방형 설문지를 설계하고 시행하였다. 또한 이 개방형 설문지는 수학교사들이 그들의 수업에 테크놀로지를 급격히 도입하는 것에 대한 그들의 감정적 반응을 표현할 공간을 제공하였다.

교사 응답의 분석 결과, 주로 인터넷 접근 불량 또는 접속 불가, 교육 당국의 관련된 지원과 교육 부족 등이 디지털 테크놀로지 구현의 장애물로 나타났다. 연구 결과는 또한 디지털 테크놀로지의 급격한 도입이 시간 소모가 크고, 수학교사들에게 부정적인 감정을 유발할 수 있음을 시사한다. 마지막으로, 교사들의 응답은 디지털 테크놀로지가 갑작스럽게 도입된 초기 몇 주 동안 많은 교사들이 학생들과 파일, 비디오 같은 정보를 공유하고 소통하는 문제에 집중하였으며, 새로운 교육 환경에서 수학 내용을 표현하고 다루는 방법에 대한 문제에는 덜 집중했음을 나타낸다. 이는 디지털 테크놀로지가 도입된 급박한 상황에서는 학생들과 연락을 구축하는 문제나 학생들과의 원활한 소통이 원격 교육의 발전과 온라인 수학교육을 위한 필수 조건으로 우선시되었기 때문일 수 있다.

이 연구의 일부 결과는 수학을 가르치는데 디지털 도구의 통합 현상을 연구한 Abboud-Blanchard(2014)와 Thomas & Palmer(2014)의 관찰 내용과 일치한다. 예를 들어, 우리는 비록 연구의 교사들이 서로 다른 맥락에서 왔다는 것과 상관없이 교사들이 테크놀로지를 그들의 교실 활동에 통합하는 방식에서 공통점이 존재한다는 Abboud-Blanchard의 관찰과 의견을 같이한다. 또한 이 연구에 참여한 다양한 교사들이 보고한 구현 활동과 장애물에서 일정한 규칙성을 확인하였다. 이러한 규칙성 중 하나는 디지털 테크놀로지의 통합이 시간 소모가 클 수 있다는 점으로, 특히 이전에 자신의 교수 활동에 디지털 도구 사용 경험이 없는 수학교사들에게 더욱 그렇다. 디지털 테크놀로지 통합에 따른 시간 제약 및 시간 관련 제한 사항은 Abboud-Blanchard와 Thomas & Palmer의 연구에서도 역시 확인되었다. 팬데믹 동안 온라인 수학 수업 준비와 진행에 필요한 시간이 크게 증가한 점은 이탈리아 대학교 수학교사들에 의해서도 보고된 바 있다(Cassibba et al., 2021 참고).

Thomas & Palmer(2014)의 연구와 마찬가지로, 이 연구에서도 수학을 가르치는데 디지털 테크놀로지 구현의 장애물로 교육 부족과 디지털 자원 접근성 부족이 확인되었다. 그러나 우리는 팬데믹 상황에서 디지털 자원, 특히 인터넷 접근성 부족이 수학교육에 미치는 영향이 팬데믹 이전의 시기에 비해 훨씬 더 크다고 주장한다. 여기서 우리의 자료는 안정적인 인터넷 연결 접근이 부족할 경우 교사와 학생 간 상호작용과 피드백 약화와 같은 교사 학생 관계에서 심각한 결과가 나타나고, 일부 경우에는 수학 수업에 지속적으로 참여할 수 없을 수도 있음을 보여준다. 안정적인 인터넷 연결이나 컴퓨터, 태블릿 같은 기본 디지털 도구에 대한 접근 부족은 선진국에서는 흔치 않은 문제일 수 있다. 그러나 라틴 아메리카에는 이러한 부족이 일상적인 일부 지역이 널리 존재한다.

이번에 우리가 목격한 것은 팬데믹으로 인해 발생한 교수 과정에서의 단절을 극복하는데 초점을 둔 대규모 디지털 전환이었다. 그러나 이 디지털 전환은 세계 여러 지역 학생들 간에 이미 깊이 자리 잡고 있는 불평등을 악화시켰다. 이 전환은 지리적 및 사회경제적으로 유리한 조건에 있는 학생들은 그들의 수학교육을 어느 정도 계속할 수 있도록 하였지만, 이 디지털 전환에 참여할 수 없는 수천 명의 학생들은 뒤처지게 되었다. 이것은 미래 성인이 될 이들과 그들이 속한 사회의 수학 문해력에 상당한 영향을 미치게 될 수학교육의 불평등 문제를 크게 제기한다.

이 연구 결과는 수학을 가르치는데 디지털 도구 통합과 관련된 정서적 요소에 관한 Abboud-Blanchard(2014), Thomas & Palmer(2014) 및 다른 학자들이 개발한 관점을 확장하는데 기여한다. 수학 수업에 디지털 도구의 채택과 통합에 대한 연구는 주로 교사의 디지털 도구 사용에 대한 **믿음**에 초점을 맞추어 왔다. 다양한 수학 교사들의 신념 체계가 확인되었으며, 일부는 디지털 도구 통합과 더 잘 맞는 반면 그렇지 않은 경우도 확인되었다. 교사들이 "전통적 방식"과 "테크놀로지 지지자"라고 불리는 두 가지 주요 신념 체계를 가지고 있다는 것을 확인한 Erens & Eichler(2015)의 연구가 그 예로, 이러한 신념이 미적분 교수에서 그래프와 컴퓨터 대수 시스템을 통합하는 교사들의 방식에 관련이 있다고 하였다. 반면에 Abboud-Blanchard(2014)와 Thomas & Palmer(2014)는 디지털 테크놀로지 사용에 대한 교사들의 자신감 부족이 수학을 가르치는 과정에서 디지털 테크놀로지 구현의 장애물이라고 지적하였다. 이러한 자신감 부족은 Bandura(1993)의 자기 효능감 신념, 즉 수학 교실에서 디지털 테크놀로지를 잘 활용할 수 있다는 교사 개인 효능감에 대한 교사들의 신념으로 해석될 수 있다. 그러나 이 장에서 보고된 탐색적 연구는 그들의 수업에 디지털 도구를 급격히 구현하는 과정에서 수학교사들이 겪는 **감정**을 부각한다. 감정은 신념보다 더 강렬하고 덜 안정적인 정서적 요소이지만, 신념과 태도는 감정에서 비롯된다고 여겨진다(McLeod, 1992; Schukajlow 외, 2017). 이 연구에 참여한 교사들이 표현한 대부분의 감정은 부정적 감정(스트레스, 좌절감, 걱정)으로 특징지어졌으며, 이러한 감정의 대상은 그들의 수업에 포함된 디지털 도구의 급격한 구현 과정이었다. 감정이 신념과 태도가 형성되는 기초라는 점에서, 우리는 디지털 도구 구현 과정에서 촉발된 이러한 정서적 요소에 더 많은 관심을 기울일 필요가 있다고 생각한다. 디지털 전환 과정에서 수학교사들이 느끼고 행동하는 바에 대해 귀를 기울이는 것은 중요하다.

앞서 언급한 바와 같이, 이 연구는 코로나19 팬데믹 동안 교사들의 활동에서 디지털 도구의 구현을 직접 관찰하지는 않았다. 이것은 이 탐색적 연구에서 보고된 발견을 입증하고 보완하기 위해 향후 연구에서 다뤄져야 할 측면이다. 팬데믹 이후 디지털 시대에서 수학교사들의 활동을 연구하는 것이 앞으로 몇 년간 연구자들이 주목해야 할 주제가 될 것이라 생각한다.

부록: 연구에 참여한 수학교사들에게 제공된 설문지

1. 근무 중인 곳의 교육 시스템은 공립인가요, 사립인가요?
2. 근무 중인 곳의 교육 수준을 표시하세요.
3. 가정에서 인터넷 접속이 가능한가요?
4. 보건 비상사태와 대면 수업 중단 이전에, 수업에서 디지털 도구를 사용하는 것이 일반적이었나요? 만약 그렇다면 당신이 사용했던 도구를 적어주세요.
5. 온라인 수업 형식으로 변경하라는 지시를 받았나요? 만약 그렇다면 어디에서 지시를 받았는지 알려주세요.
6. 지시를 받은 후 당신의 업무를 수행하기 위해 어떤 디지털 도구가 제공되었나요? 이에 대한 지원을 받았나요?
7. 수학 내용과 그 내용 접근 방식을 비대면 형식에 어떻게 적응시켰나요? 이에 시간이 얼마나 걸렸나요?
8. 비대면 환경에서의 당신의 수학 수업을 설명해주세요.
9. 여러분의 과목을 진행하기 위해 현재 여러분의 학생들과 사용하는 디지털 도구를 구체적으로 명시해 주세요.
10. 대면 수업에서 온라인 수업 방식으로 전환에 대해 당신은 어떻게 느끼시나요?
11. 동일한 디지털 전환을 겪고 있는 다른 동료들에게 당신은 어떤 제안이나 권장 사항을 주시겠습니까?

참고문헌

Abboud-Blanchard, M. (2014). Teachers and technologies: Shared constraints, common responses. In A. Clark-Wilson, O. Robutti, & N. Sinclair (Eds.), *The mathematics teacher in the digital era: An international perspective on technology focused professional development* (pp. 297–317). Springer. https://doi.org/10.1007/978-94-007-4638-1_13

Atkinson, B. M., & Rosiek, J. (2008). Researching and representing teacher voice(s). A reader response approach. In A. Y. Jackson & L. A. Mazzei (Eds.), *Voice in qualitative inquiry: Challenging conventional, interpretive, and critical conceptions in qualitative research* (pp. 175–196). Routledge.

Bandura, A. (1993). Perceived self-efficacy in cognitive development and functioning. *Educational Psychologist, 28*(2), 117–148. https://doi.org/10.1207/s15326985ep2802_3

Brown, T., & McNamara, O. (2011). *Becoming a mathematics teacher: Identity and identifications*. Springer. https://doi.org/10.1007/978-94-007-0554-8

Cassibba, R., Ferrarello, D., Mammana, M. F., Musso, P., Pennisi, M., & Taranto, E. (2021). Teaching mathematics at distance: A challenge for universities. *Education Sciences, 11*(1), Article number 1. https://doi.org/10.3390/educsci11010001

Chirinda, B., Ndlovu, M., & Spangenberg, E. (2021). Teaching mathematics during the COVID-19 lockdown in a context of historical disadvantage. *Education Sciences, 11*(4), Article number 177. https://doi.org/10.3390/educsci11040177

Clark-Wilson, A., Robutti, O., & Sinclair, N. (Eds.). (2014). *The mathematics teacher in the digital era: An international perspective on technology focused professional development*. Springer. https://doi.org/10.1007/978-94-007-4638-1

Csachová, L., & Jurečková, M. (2020). Mathematics teaching in Slovakia during COVID-19 quarantine season in spring of 2020. *Open Education Studies, 2*(1), 285–294. https://doi.org/10.1515/edu-2020--0131

De Freitas, E. (2004). Plotting intersections along the political axis: The interior voice of dissenting mathematics teachers. *Educational Studies in Mathematics, 55*(1–3), 259–274. https://doi.org/10.1023/B:EDUC.0000017694.18374.d6

Erens, R., & Eichler, A. (2015). The use of technology in calculus classrooms – Beliefs of high school teachers. In C. Bernack-Schüler, R. Erens, T. Leuders, & A. Eichler (Eds.), *Views and beliefs in mathematics education: Results of the 19th MAVI conference* (pp. 133–144). Springer. https://doi.org/10.1007/978-3-658-09614-4_11

Forgasz, H. (2006). Factors that encourage and inhibit computer use for secondary mathematics teaching. *Journal of Computers in Mathematics and Science Teaching, 25*(1), 77–93.

Frost, D. (2008). 'Teacher leadership': Values and voice. *School Leadership & Management, 28*(4), 337–352. https://doi.org/10.1080/13632430802292258

Gómez-Blancarte, A., Romo-Vázquez, A., Miranda, I., Aguilar, M. S., Castañeda, A., & Lezama, J. (2019). An online learning community for the professional development of mathematics teachers in Mexico. *Interciencia, 44*(4), 247–252.

Goos, M. (2005). A sociocultural analysis of the development of pre-service and beginning teachers' pedagogical identities as users of technology. *Journal of Mathematics Teacher Education, 8*(1), 35–59. https://doi.org/10.1007/s10857-005-0457-0

Gyurko, J. S. (2012). Teacher voice [Doctoral dissertation, Columbia University]. Columbia University Libraries. https://doi.org/10.7916/D8542VJ7

Hargreaves, A. (1996). Revisiting voice. Educational Researcher, 25(1), 12–19. https://doi.org/10.3102/0013189X025001012

McLeod, D. B. (1992). Research on affect in mathematics education: A reconceptualization. In D. A. Grouws (Ed.), *Handbook of research on mathematics, teaching and learning* (pp. 575–596). Macmillan.

Saldaña, J. (2013). The coding manual for qualitative researchers (2nd ed.). Sage. Schukajlow, S., Rakoczy, K., & Pekrun, R. (2017). Emotions and motivation in mathematics education: Theoretical considerations and empirical contributions. *ZDM Mathematics Education, 49*(3), 307–322. https://doi.org/10.1007/s11858-017-0864-6

Thomas, M. O. J., & Palmer, J. M. (2014). Teaching with digital technology: Obstacles and opportunities. In A. Clark-Wilson, O. Robutti, & N. Sinclair (Eds.), *The mathematics teacher in the digital era: An international perspective on technology focused professional development* (pp. 71–89). Springer. https://doi.org/10.1007/978-94-007-4638-1_4

14

메타-교수학적 변환 2: 테크놀로지 환경에서 교사와 연구자의 협업을 분석하는 틀 개발

Annalisa Cusi
Ornella Robutti
Monica Panero
Eugenia Taranto
Gilles Aldon

메타-교수학적 변환은 교사 전문성을 개발하는 맥락에서 교사와 연구자의 상호 작용을 해석 및 분석하는 틀이다. 대면 상황뿐만 아니라 MOOC 또는 협업 프로젝트 등의 구체적 상황에 적용해 봄으로써, 해당 틀의 주요 아이디어를 다양한 교육 주체의 상호작용에 주목한 여러 이론에 비추어 개선할 필요성이 대두되었다. 이 장은 교사와 연구자의 프락시올로지를 구성하는 외적 요소를 설명하는 "내면화" 현상에 대해 깊이 있게 해석하고 분석하기 위해 메타-교수학적 변환을 새로운 이론적 요소와 통합하여 발전시키는 과정을 다룬다. 특히 디지털 테크놀로지 환경에서 이러한 이론적 통합이 내면화를 "어디서", "왜", "어떻게"의 3가지 관점에 따라 탐색하는 데 기여하는 바를 살펴본다.

주요 용어: 수학교사의 전문성 개발, 메타-교수학적 변환, 협업, 프락시올로지, 동인(agents), 경계성 대상, MOOCs

1. 서론: 메타-교수학적 변환 틀

이 장의 저자들은 테크놀로지를 활용하는 수학교육에서 교사와 연구자의 상호 작용을 분석하는 연구를 수행해왔다. 이러한 연구는 이 책의 초판(Arzarello et al., 2014)에서 다룬 메타-교수학적 변환 틀(Meta-Didactical Transposition framework,이하 MDT 1)을 활용하였으며 이 틀을 확장하고 심화하는 데 간접적인 성과를 보였다.

이 장에서는 3가지 사례를 통해 MDT 1을 특징짓는 주요 요소를 개관하고 이를 정교화하기 위해 도입한 개선 사항에 대해 논의한다. 이를 통해 새로운 이론적 요소를 MDT 1에 통합하여 우리의 연구를 어떻게 심화하였는지 설명하고 이러한 통합의 결과로서 새로운 분석 틀인 MDT 2를 제시한다.

MDT 1은 연구자들이 설계한 전문성 개발 프로그램에 연구자와 수학교사가 공동으로 참여하는 제도적 맥락에서 이들의 관행이 어떻게 발전하는지 분석하기 위해 개발되었다(Aldon et al., 2013; Arzarello et al., 2014). 이는 수학교육을 다양한 이해 당사자가 실행하며 서로 다른 프락시올로지에 의해 진행되는 인간 활동으로 규정한, 쉐발라드(Chevallard)의 '인류학적 교수 이론'(Anthropological Theory of Didactics, Chevallard, 1985)에 기반을 둔다. 프락시올로지는 다음과 같은 4가지 **요소**로 구성된다. **과제**(task)와 과제 해결을 위한 한 개 이상의 전략으로 이러한 **전략**(technique)은 "프락시스(proxis)" 또는 "노하우"로 이루어진다. **기술**(technology)

은 전략(τέχνι: tekhnè)에 대한 담론(λόγος: logos)으로, 전략에 대한 정당화를 이른다. 마지막 요소는 **이론**(theory)이며, 기술과 이론이 "로고스(logos)"또는 "이유(know why)"를 구성한다. 동일한 유형의 과제를 처리하는 데 서로 다른 기술을 사용할 수 있으며 이러한 **프락시스**를 정당화하는 데는 제도적 입장에 따라 서로 다른 로고스를 참조할 수 있다. 이를테면 초등학교 또는 중학교 수준의 분수 지도 과제를 생각해 보라. 교사들과 연구자들이 참여하는 교사 교육 활동이나 연구 프로젝트, 협력적인 교육과정 설계 등의 맥락에서, MDT 1은 교사와 연구자의 전문가적 관행과 관련되는 서로 다른 공동체의 상호작용을 고려하여 그 프락시올로지의 발달을 모델링한다. 교사들과 연구자들이 처음에는 각자의 프락시올로지의 외부에 있는 구성 요소를 자신들이 수행하는 활동의 일부로 내면화하여 새로운 **프락시스**와 **로고스**를 구축하기 때문이다.

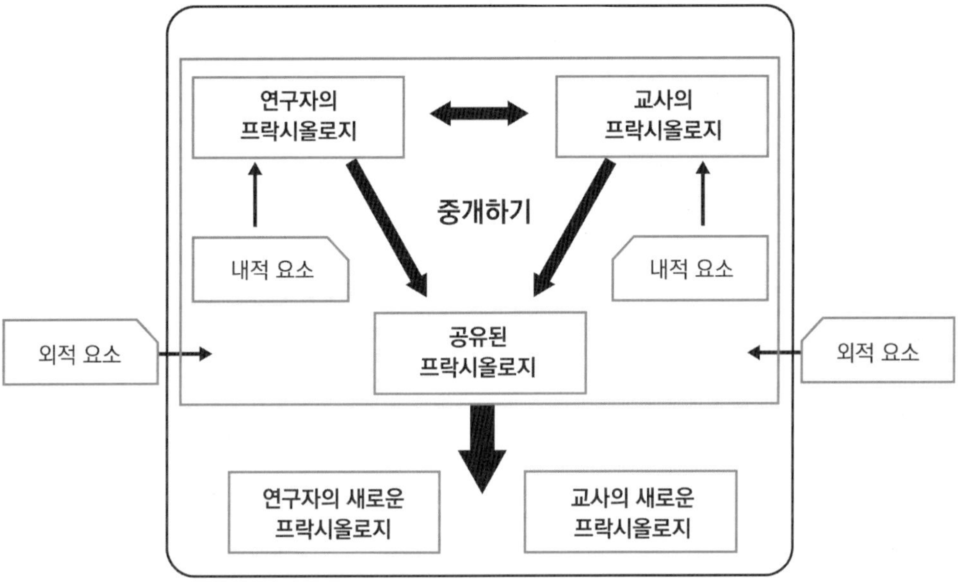

[그림 1] MDT 1 예시(Arzarello et al., 2014, p. 355)

[그림 1]은 MDT 1의 다음과 같은 구성 요소 5가지(Arzarello et al., 2014; Robutti, 2020)를 보여준다.

1) 관련 행위자는 서로 다른 기관 출신으로, 각 기관에는 특정한 운영 규칙과 규정, 목적 등을 결정하는 요구 사항이 있으며 **제도적 측면**(institutional aspect)은 이 점에 주목한다. 이를테면 M@t.abel(Arzarello et al., 2014)와 같은 국가 수준의 교사 교육 프로그램에서 관련 행위자는, 이탈리아 학교 체계 내의 특정 기관에 속하는 교사, 또 다른 유형의 기관인 대학 소속 연구자, 연구자들에게 교육받은 경력 있는 교육자 등이다.

2) 가르칠 지식과 관련되는 과제, 특정 기관을 통해 인지 및 정당화되는 전략과 관련되는 **교수학적 프락시올로지**(didactical praxeologies), 가르칠 내용 및 그에 상응하는 교수학적 프락시올로지에 대한 교사와 연구자의 인식에 주목하는 **메타-교수학적 프락시올로지**(meta-didactical praxeologies)가 있다. 프락시올로지는 본질적으로 역동적이며 지속적으로 진화한다. 이러한 진화는 서로 다른 기관 출신인 행위자들의 상호 작용을 통해 성장하는 성찰의 산물이다.

3) 프락시올로지를 구성하는 외적 요소를 내적 요소로 변화시키는 정신 역학을 거쳐 **내면화**(internalisation) 현상이 일어나며, 이는 교수학적 프락시올로지와 메타-교수학적 프락시올로지 발달의 토대가 된다. 내면화는 실용적이든 이론적이든 관련 지식과 연관이 있으며, 행위자들 사이의 상호 작용을 통해 행위자가 자신의 지식 체계를 개선함으로써 일어난다.

4) 서로 다른 공동체를 연결하고 그들 사이의 담화를 촉진하는 "조정자(mediator)"인 **중개인**(broker)의 역할이 있다. 의료 분야(예, Boissel et al., 2010; Gagnon et al., 2016; Lomas, 2007) 뿐만 아니라 다른 분야(Rasmussen et al., 2009)에서도 사용되는 "중개하기(brokering)" 개념은, 관련 행위자들을 연결하여 원활한 의사소통이 일어나도록 하기 위해 특정 행위자가 제도적 맥락의 어떤 시점에 수행하는 행위를 의미한다. 예를 들어, M@t.abel 프로그램에서 교육자는 교사들이 속한 제도적 맥락의 특정 아이디어를 참조하여, 연구자들이 도입한 개념을 해석할 수 있도록 지원함으로써 교사 공동체와 연구자 공동체 사이의 중개인 역할을 한다.

5) **이중 변증법**(double dialectics)에서 첫 번째는 수업 시간의 교수 활동과 관련되는 교수학적 변증법을 의미하며, 두 번째는 교수학적 경험에 대한 전문성 개발 과정을 이르는 메타-교수학적 변증법을 말한다.

[그림 1]에서 상단은 연구자와 교사 공동체의 초기 프락시올로지를 나타내며 하단은 메타-교수학적 변환 이후 새로워진 각 공동체의 프락시올로지를 의미한다. 이 과정은 두 공동체의 프락시올로지가 하나로 수렴하며 부분적으로는 중첩된다는 의미에서 "공유(shared)" 되었다고 불린다. MDT 1은 협업하는 공동체의 프락시올로지가 어떻게 발전하는지 설명하고 분석하기 위한 틀로 고안되었다. 이러한 발전은 각 공동체가 자신들의 전문적인 경험과 지식을 효과적으로 사용할 수 있도록 프락시올로지의 구성 요소로서 전략을 수정하고 담론을 정당화함으로써 일어난다. MDT 1은 전문성 개발 환경에서 일어나는 여러 과정을 분석하기 위해 도입되었지만, 컴퓨터 과학자 및 디자이너 등과 같은 다른 공동체 구성원에게 주목함으로써 공동 연구 맥락을 분석하는 데도 활용되었다(Aldon et al., 2017; Robotti et al., 2019; Robutti et al., 2019 ; Sanchez & Monod-Ansaldi, 2015). 이러한 연구는 새로운 환경을 심도 있게 분석하는 데 MDT

1의 잠재적 효용을 성찰적으로 검토하여 MDT 1에 새로운 이론적 요소를 통합하도록 하였다. 다음 절에서는 이러한 통합을 3가지 사례에 비추어 제시하되, 교사 공동체와 연구자 공동체간의 상호작용 효과를 다양한 맥락에서 분석하기 위해 도입한 새로운 이론적 관점을 구체화하는 데 주목한다.

2. MDT 1에서 MDT 2로의 발달 과정을 설명하는 3가지 사례

이 절에서 다룰 3가지 서술은 내면화 과정에 주목한다. 이는 전문성 개발 환경이나 공동 연구 상황에서 교사와 연구자의 상호 작용을 통해 그들의 내면화 과정과 관련되는 학습이 어떻게 심화되는지 보여주는 데 목표를 둔다. 또한 이러한 내면화 과정을 보다 효과적으로 기술하고 분석하여 해석하기 위해 MDT 1에 새로운 이론적 요소가 어떻게 포함되었는지를 설명한다.

각각의 사례는 내면화 과정의 특정 측면에 대한 이해를 깊게 하는 데 다음과 같이 기여할 것이다.

- 첫 번째 예는 내면화가 일어나는 "**지점**(where)"에 주목한다. 행위자 그룹이 속한 기관과 그러한 그룹이 상호작용하는 복잡한 네트워크 등의 맥락에서 발생하는 내면화를 이해하기 위해, '연결주의'(connectivism)가 MDT 1에 이론적 요소로 통합되었다.
- 두 번째 예는 내면화가 일어나는 "**이유**(why)"에 주목한다. 내면화의 다양한 효과를 설명하는 분석 틀을 개발하기 위해 '동인(agents)'이라는 개념이 이론적 요소로 통합되었다. 내면화 과정을 특징짓는 특정 프락시올로지의 구성 요소에 대해 그 발달을 촉진하거나 억제하는 추진력을 구체화하는 데 미시 수준의 분석이 어떻게 기여하는지 설명한다.
- 세 번째 예는 내면화가 일어나는 "**방법**(how)"에 주목한다. '경계성 대상'(boundary object)이라는 개념과 경계성이 발달하는 과정을 해석하는 틀이 MDT 1에 통합되었다. 이는 행위자들이 공통의 대상을 처리할 때 나누는 담화를 분석하여 특정 프락시올로지의 구성 요소가 발달하는 과정을 깊이 있게 해석하는 데 기여한다.

3가지 사례가 설정된 맥락과 이러한 맥락의 주요 특징을 개관하면 〈표 1〉과 같다.

〈표 1〉 3가지 사례가 설정된 맥락

	사례 1	사례 2	사례 3
맥락	수학교사를 위한 MOOC로서 기하 교육을 위한 전문성 개발 과정	지오지브라 활용 수업을 위해 현직 중등학교 교사를 대상으로 이탈리아와 호주에서 진행한 전문성 개발 과정 중 이탈리아의 사례	유럽 7개국의 연구자와 교사들이 참여한 FaSMEd 프로젝트의 공동 연구 중 이탈리아와 프랑스의 사례
강좌 및 프로젝트의 목적	연구자와 교사 연구자인 교육자는 대규모 교사 집단에게 국가 수준의 온라인 전문성 개발 경험을 제공하였다(Taranto, 2020; Taranto et al., 2020).	연구자와 교육자는 중등학교 수준에서 수학 문제 해결에 지오지브라를 활용하는 교사 역량을 개발하고 학생 중심 교수 관행을 실행하도록 지원하는 강좌를 설계하였다(Prodromou et al., 2018).	교사와 연구자는 수업 중 형성평가에 활용할 수 있는 디지털 도구와 자원을 설계 및 실행하는 데 협업하였다(Aldon & Panero, 2020; Cusi et al., 2017).
강좌 및 프로젝트 기간	MOOC는 1학기동안 진행되었다.	교사 교육 프로그램은 4개월에 걸쳐 진행되었다.	프로젝트 전체는 3년에 걸쳐 진행되었으며, 공식적으로 교사와 연구자의 협업 기간은 2년이었다. 이들의 협업은 프로젝트가 종료된 이후에도 지속되었다.
자료 수집	MOOC이 관리하는 무들(Moodle) 플랫폼을 통해 자료를 수집하였다. 여기에는 의사소통 게시판에 올라온 글과 교사들이 탑재한 자원이 포함된다.	사전, 사후 면담과 교사들이 작성한 일지를 통해 자료를 수집하였다.	학생 활동지, 수업 및 교사와 연구자들이 참여하는 회의 녹화 자료, 교사들의 사후 면담 자료, 학생들의 최종 면담 및 설문지 자료 등 프로젝트 전반을 통해 수집된 모든 자료를 활용하였다.
강좌 및 프로젝트에서 다룬 디지털 테크놀로지의 유형과 역할	플랫폼, 의사소통 게시판에 올라온 글, 지오지브라 영상과 같이 교수에 활용될 수 있는 자료 등 3가지 유형의 테크놀로지가 제시되었다.	해당 강좌는 지오지브라 활용에 목적을 두므로 교사들의 지속적인 활용 가능성에 주목하였다.	디지털 테크놀로지는 해당 프로젝트의 핵심요소로, 형성평가에 활용할 디지털 도구를 구체화하고 설계하는 데 해당 프로젝트의 목표가 있기 때문이다.

2.1. 사례 1: 내면화가 일어나는 지점

2.1.1. MDT 연구의 목적과 분석의 초점

이 사례에서 MDT 1은 교사 전문성 개발을 위한 온라인 맥락으로, 토리노 대학 수학과의 **Math MOOC UniTo** 프로젝트(2015~2020)를 분석하는 틀로 활용되었다. 이 프로젝트에서 하나의 MOOC은 특정 수학 내용을 다루기 위해 매년 기획 및 실행되었다. 각각의 MOOC에서는 두 개의 공동체가 상호 작용하였다. 하나는 연구자 3명과 교사-연구자[1] 10명으로 구성된 연구자 공동체이며, 다른 하나는 이탈리아 전역에서 모인 교사 424명으로 구성된 교사 공동체로, 이들은 학교급과 교육경력이 서로 달랐다.

MOOC에서 교사들은 교육자의 오케스트레이션이 없는 가상의 환경에서 실시간 또는 비실시간으로 상호 작용하였다. 이는 교사들의 관찰 결과와 아이디어, 성찰 및 공유된 자원을 통해 MOOC을 풍부히 하려는 교육적 선택의 결과로, 이를 위해 MOOC은 교사들이 활용 가능한 자극의 수를 확대하고 교사들이 지닌 프락시올로지의 구성 요소에 대한 내면화를 촉진하였다. 교사들이 지닌 프락시올로지의 특정 구성 요소를 내면화하는 데 MOOC 맥락이 미치는 영향을 연구함으로써 내면화가 일어나는 "**지점**"을 탐색하는 데 연구 목적이 있다.

2.1.2. 관련 행위자와 프락시올로지의 초기 상태

MOOC 맥락에서 교육자들은 테크놀로지 활용 수업을 위한 교사 및 학생 활동, 교수 방법과 고려사항, 이를 구현하기 위해 채택된 다양한 전략 등을 활용하여 국가 교육과정에 기반한 기하 지도방식을 온라인으로 완전히 변환하는 과제에 주목하였다. MOOC를 설계할 때 교육자들은 '교수학적 변환'(Didactical Transposition) 및 실천 공동체와 같은 여러 이론에 비추어 실행 요소를 설정하였다.

MOOC에 참여한 교사들은 전문적인 경험에 기반한 나름대로의 교수학적 프락시올로지를 지니고 있었다. 교사들은 MOOC에서 제시한, 문서 읽기, 비디오 보기 및 논평하기, 수업을 통해 이러한 활동을 실행하기와 같은 과제를 교사의 오케스트레이션이 명시적일 수도 있고 암묵적일 수도 있는 서로 다른 전략을 통해 다루었으며 이러한 전략에는 이론적 정당화가 수반되었다.

2.1.3. MDT 1 분석틀과 어떤 이론적 차이가 있는가?

MOOC의 참여자에게서 일어나는 학습의 역동성은, 예전에 MDT 1로 탐구한 바 있는 다양한 교육 환경에서 일어난 학습과 달랐다. 주어진 사례는 내면화가 일어나는 "지점"과 관련하여 새로운 측면을 고려하도록 하였다. MOOC가 새로운 환경이었기 때문에, 여기서 발생하는 내면

[1] 이 절에서 이들은 교육자로 기술한다.

화 과정을 연구하기 위해서는 상호 작용의 복잡성을 해석하기 위한 새로운 이론적 아이디어가 필요하였다.

2.1.4. 무엇을, 왜 추가하였는가?

MDT 1은 다른 이론적 틀(Taranto, 2018)과 융합되어 왔으며(Arzarello, 2016), 이 절에서는 '연결주의'(Siemens, 2005)와의 통합을 다룬다. MOOC은 그 복잡성을 설명하는 데 연결주의를 적용할 수 있는 특수한 학습 환경이다. 각 교사는 동료와 연결되며, 아이디어, 질문, 자원 등을 이들과 공유할 기회를 갖는다. 연결주의는 참여자의 상호작용이 활성화하는 MOOC에서의 학습 과정을 지식 네트워크의 발달(Siemens, 2005)로 해석한다. 이러한 발달은 다음과 같은 다양한 국면으로 이루어진다. 즉 자원과 그 활용법을 선택할 때 참여자가 수행하는 '자가 조직화'(self organisation, Siemens, 2005), 이러한 자원과 활용법을 참여자 자신의 인지 구조로 통합하여 나름의 상호작용 도구로 공유(Taranto, 2020; Taranto et al., 2017; Taranto & Arzarello, 2020)하는 단계 등이다.

연결주의에 따르면 지식은 특정 유형의 네트워크이며, 각 노드는 정보, 데이터, 이미지, 아이디어 및 감정 등의 "어떤 노드와도 연결될 수 있는 개체"(Siemens, 2005, p. 4)이다. 이러한 네트워크는 동적이며 시간의 흐름에 따라 변하므로, 학습은 지식의 구성과 발달, 자가 조직화 등을 포함하는 지속적인 네트워킹 과정이다. 따라서 연결주의에서 학습은 (a) 지식 네트워크에 새로운 노드를 추가하는 것, (b) 지식 네트워크의 이전 노드를 새로운 방식으로 연결하는 것을 의미한다.

연결주의는 MOOC에 참여한 교사의 활동을 관찰하고 이러한 활동을 통해 육성되는 학습의 특성을 설명하는 데 기여한다. 실제로 MOOC을 통한 학습은 교사들이 지닌 지식 네트워크의 발달로 해석할 수 있다. 이러한 발달은 교사가 MOOC을 자신의 네트워크 내에서 새로운 자원으로 인식하여 새로운 노드를 생성함으로써 촉발된다. 나아가 가상 환경에서 일어나는 교사들 사이의 상호작용은 새롭고 다양한 연결을 만든다. 교사 지식 네트워크의 이러한 발달은 MDT 틀을 통해 다음과 같이 해석되었다(Taranto et al., 2020).

(a) 교사가 자신의 지식 네트워크에 새로운 노드를 추가할 때, 이는 하나 이상의 요소가 메타-교수학적 프락시올로지의 내부가 됨을 의미한다.

(b) 교사가 자신의 지식 네트워크에 있는 이전 노드를 새로운 방식으로 연결할 때, 이는 교사가 자신의 교수학적 프락시올로지를 새로운 방식으로 살피고 이를 수정하여 자신의 메타-교수학적 프락시올로지도 변경함을 의미한다.

2.1.5. 데이터

기하 내용을 다루어 MOOC 기하학으로 불린 첫 번째 MOOC의 모듈 1은 점과 직선사이의 거리를 주제로 하며 이와 관련된 학생들의 전형적인 오개념을 극복하는 데 목표를 두었다. 교사들 사이의 토론을 촉진하기 위해 교육자들은 모듈 1의 의사소통 게시판에 "**[모듈 1]의 주제와 관련되는 의견이나 교수 경험을 공유하시오**"라는 과제를 제시하여 포럼이 진행되도록 하였다. 포럼에서 교사들 간에 다음과 같은 논의가 이루어졌다.

T1(2015년 10월 15일, 오후 6시 50분): 이 과제는 삼각형의 높이를 다루는 내용인데 학생들에게 제시하려고 생각했던 초안입니다. [그림 2]에 있는 삼각형의 세 꼭짓점에 남학생인 안토니오, 브루노, 칼로가 각각 있고, 여학생인 안토넬라, 바바라, 칼로타도 각각 있습니다. 왓스앱(WhatsApp)을 활용하여 남학생들은 삼각형의 수심에서 만나고, 여학생들은 무게중심에서 만나기로 하였습니다. 남학생들이 만나는 장소와 여학생들이 만나는 장소를 그려봅시다.

추신: 지도는 제가 살고 있는 도시 라티나(Latina)입니다.

지도상의 유의점: 일부러 둔각삼각형을 그려서 전형적인 삼각형 모양이 아니도록 하였습니다.

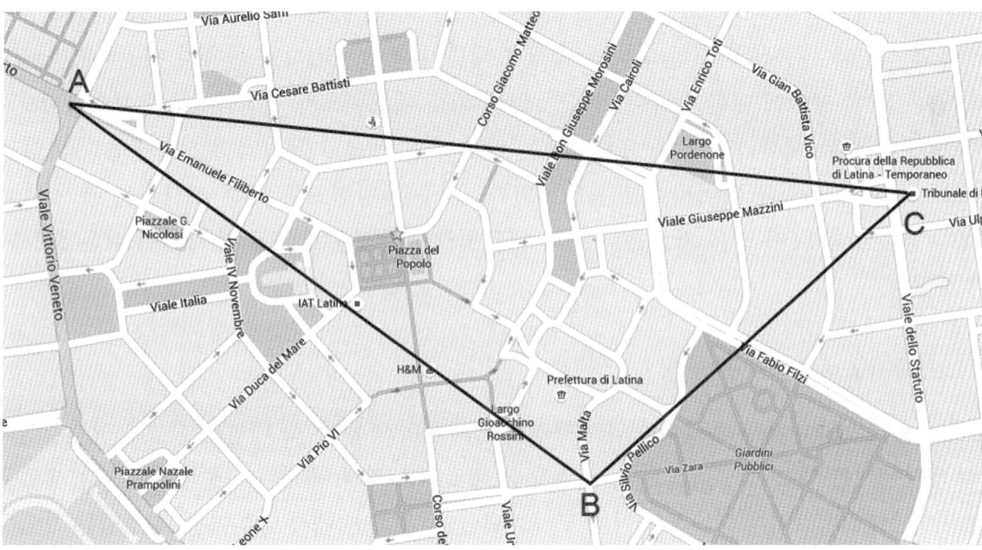

[그림 2] T1의 라티나 지도

T2(2015년 10월 27일, 오후 11시 16분): 멋진 과제입니다. 제 학생들에게 친근한 도시인 투린(Turin)을 소재로 하여 다음 주 수업에서 활용해 보겠습니다. 제 학생들이 이제 막 높이와 중선을 배웠기 때문에 수심과 무게중심을 어떻게 내면화하는지 살펴볼 수 있을 것 같습니다. …

T3(2015년 10월 28일, 오전 10시 40분): 좋은 과제인데 다음과 같이 맥락을 수정하면 어떨까 싶습니다. 보물찾기 게임에서 알베르토 팀은 꼭짓점 A에, 브루노 팀은 꼭짓점 B에, 카테리나 팀은 꼭짓점 C에 있습니다. 보물의 단서는 세 팀이 삼각형의 수심에서 만났을 때만 제공됩니다. 등등…. 또는 기하적으로 찾아낸 건물의 위치에 대해 몇 미터 정도 오차가 있다고 말할 수도 있겠습니다. 무게중심과 수심의 위치를 비교하는 추가 논의도 가능할 것 같습니다. 제 의견이 어떤지요?

T1(2015년 10월 29일, 오후 4시 45분): 오차와 관련된 제안, 아주 좋습니다. … 감사합니다.

2.1.6. 분석

위 논의는 T1이 스스로 만든 자원, 즉 수업 자료를 다른 교사들과 공유함으로써 얻은 자극을 보여준다. T1은 구체적인 상황에서 영감을 얻어, 구글 지도를 통해 라티나 지도를 가져와 [그림 2]와 같이 삼각형을 그리고 과제를 설계하였다.

T2는 수업시간에 이미 다룬 바 있는 수학 개념과 해당 과제를 연결하기 위하여 자신의 지식 네트워크("저는 이 과제를 활용해 보겠습니다.")에 새로운 노드와 특정 시점("다음 주")을 추가하였으며, 이는 T2의 자가 조직화 과정을 보여준다. T3은 T1의 아이디어를 긍정적으로 평가하고, 학생들의 성찰과 논증을 촉진하기 위해 원래 과제를 어떻게 변형하면 좋을지 제안하였다. T1의 답변은 T3의 제안에 대한 감사뿐 아니라 T1의 지식 네트워크가 개선되었음을 보여준다.

T1은 수업 자료 제작과 공유를 요청받지는 않았지만, 새롭고 독창적인 산출물을 개발하는 데 MOOC을 통해 얻은 아이디어를 활용하였다. 비슷한 방식으로 다른 교사들은 추가 학습 소재를 얻었으며 T1이 만든 자료를 자신의 네트워크에 새로운 노드로 추가하여 다른 노드와 연결하였다.

2.1.7. 프락시올로지의 최종 상태

프락시올로지의 내적 구성요소와 외적 구성요소 사이의 역동성, 즉 내면화 현상은 연결주의의 지식 네트워크를 통해 다루어졌으며, 이로부터 새로운 노드가 네트워크에 추가되거나 새로운 연결이 생성될 때 그것이 의미하는 바가 구체화되었다. MOOC에서 다루어진 의미 있는 지식은 강사가 전달한 것뿐 아니라 게시판을 통해 교사들 간에 일어난 수없는 상호작용의 결과였기 때문에 연결주의에서 다룬 여러 개념은 가상의 방대한 현상을 좀 더 잘 해석하는 데 기여한다.

교육자들의 메타-교수학적 프락시올로지의 발달은, 교사들이 작성한 숙제에 비추어 연수의 성과를 검토할 때, 설문조사나 면담에서 교사들이 제기한 질문을 살필 때, 게시판의 논의 내용을 주의 깊게 읽을 때 등과 같이 MOOC의 마무리 단계에서 일어났다. 교육자는 자신의 프락시올로지를 성찰하여 이를 발전시킬 수 있었다. 예를 들어 다양한 학교급의 교사들이 제안한 내용을 살피거나, 교사들에게 교수학적 의견을 좀 더 명확히 제시할 때 또는 연수 기간 중 교사들이 작성해야 하는 숙제의 제출 기한을 다양하게 설정할 때 이러한 발전이 가능하였다.

2.1.8. 위 사례의 결론

MOOC는 MDT 1이 개발된 원래 환경과는 다른, 새로운 전문성 개발 환경이다. 앞서 살펴본 예는 MDT 1에 연결주의를 통합함으로써 내면화가 일어나는 "**지점**"을 좀 더 잘 설명할 수 있음을 보여준다. 학습을 지식 네트워크의 발달로 해석하면 내면화를 개인이 속한 기관뿐 아니라 상호작용이 가능한 복잡한 네크워크 등의 폭넓은 맥락에서 일어나는 현상으로 이해할 수 있다. 나아가 연결주의는 교사가 MOOC에서 수행하는 활동, 즉 자원의 탐색, 인지 구조의 자가 조직화, 상호작용 도구를 활용한 용도 및 자원의 공유 등을 분석하는 데 기여하며, 각각의 활동으로 촉진되는 학습의 역동성이라는 특징을 설명하는 틀이 된다.

2.2. 사례 2: 내면화가 일어나는 이유

2.2.1. MDT 연구의 목적과 분석의 초점

이 사례는 MDT 1이 개발된 원래 맥락과 같은 교사 교육 프로그램을 다룬다. 이 절에서는 시간의 흐름에 따라 교사들의 프락시올로지가 어떻게 발달하는지 살펴봄으로써 해당 프로그램의 효과를 탐색하고자 한다. 특히 지오지브라(GeoGebra) 활용과 관련된 교사들의 프락시올로지와 이를 구성하는 특정 요소, 예를 들어 지오지브라를 활용하는 구체적인 전략 및 그와 관련된 메타-교수학적 프락시올로지 내의 정당화 등과 같은 내면화 과정을 분석한다. 이는 내면화 과정의 성공 여부를 결정하는 원인, 즉 내면화가 일어나는 "**이유**"를 파악하는 데 목적이 있다.

2.2.2. 관련 행위자와 프락시올로지의 초기 상태

이 절은 이탈리아와 호주에서 공동으로 개발한 프로젝트로부터 얻은 데이터 중 이탈리아의 사례에 주목한다. 이 사례는 이탈리아 교육부와 토리노(Torino)대학 수학교육과가 추진한 국가 수준 프로그램의 일부이며, 지오지브라와 관련된 중등학교 교사 전문성 개발 과정으로 구성된다. 전문성 개발 프로그램은 교사와 교육자의 3회에 걸친 대면 회의로 이루어지며 이는 무들(Moodle) 플랫폼을 통한 협업과 교사들의 수업 실행으로 구성된다. 각 회의는 대략 3시간씩 진행되었다.

연구자-교육자들은 "수학 실험실 방법에 따라 교사들의 지오지브라 활용을 촉진하기" 위한 과제를 다루었으며, 이 때 "수학 실험실"(Robutti, 2006)은 특정한 형태의 학생 중심 수업 방법을 말한다. 연구자-교육자들이 활용한 전략은, 탐구 목적으로 지오지브라를 활용하는 주요 활동을 제안하기, 제안된 활동에 대해 교사들끼리 논의하기, 문제 해결 활동의 교수 방법인 "수학 실험실"을 구현하기 위해 교사들이 마치 학생인 것처럼 과제를 독립적으로 수행하기 등으로 이루어진다.

참여한 교사들이 모두 지오지브라를 처음 접한 것은 아니었다. 일부는 주로 학생들에게 어떤 수학적 성질을 제시하기 위해 지오지브라를 활용하는 교사 중심 방식으로 활용하였으나, 이들은 "수학 실험실" 방식으로 지오지브라를 사용하는 데는 익숙하지 않았다. 이상에 따르면 지오지브라를 활용해 본 교사들의 초기 경험은 시범을 보이는 데 유용한 디지털 도구로 지오지브라를 간주하는 로고스에 기반한다.

2.2.3. 데이터: 2가지 대조되는 사례

여기서는 2가지 전형적인 사례를 소개하고자 한다.[2] 하나는 내면화가 일어난 리카르도(Riccardo)의 경우이고, 다른 하나는 내면화가 부족한 라라(Lara)의 경우이다.

리카르도의 사례: 프로그램 시작 단계에 진행된 사전 면담에서 리카르도는 수업 시간에 지오지브라를 "기본적인 방식보다 못한" 산발적인 방법으로 사용해 보았을 뿐이라고 말하였다.

> "(디지털 실험실에서) 지오지브라를 활용하여 13학년 학생들에게는 함수의 그래프를 어떻게 그리는지 보여주었고, 10학년 학생들에게는 몇 가지 통계값을 어떻게 구하는지 보여주었습니다. 9학년 학생들과는 아직 (디지털 실험실에) 가지 않았지만 지오지브라를 활용하여 일부 기하 내용을 보여줄 계획이 있습니다. 이번 연수는 이와 같은 의미에서 도움이 될 것 같습니다."

연수가 끝날 무렵에 리카르도는 학생들의 상상력을 개발할 목적으로 지오지브라를 활용하는 다양한 방법을 알게 되었다고 말하였다.

> "아이 같은 태도가 필요합니다. … 기하를 발견해 본 적이 없는 아이는 지오지브라를 다루어 보아야 합니다. … 학생들에게 이와 같은 방법을 사용해 볼 수 있습니다. … 제 생각에는 지오지브라를 통해 학생들의 상상력을 개발할 수 있을 것 같습니다. 일부 학생은 상상력이 있기 때문에 어떻게든 이를 훈련시키기에 충분합니다."

다른 면담과 회의 및 리카르도가 작성한 일지 등을 분석한 결과, 해당 교사는 전문성 개발 프로그램에 참여함으로써 지오지브라를 활용하는 자신의 수업을 좀 더 학생 중심적인 방식으로 개선하기 시작하였다는 것을 알 수 있었다.

라라의 사례: 라라는 도형이 지닌 불변의 속성을 보여주기 위해 칠판에 그렸던 그림을 지오지브라를 활용하여 전자칠판에 그려본 경험이 있었다. 그러나 수업시간에 이러한 활동을 해 본 다음 "지오지브라를 다시 활용하겠습니까?"라는 질문에 부정적으로 반응하였다.

[2] 보다 상세한 설명은 Prodromou et al.(2018)을 참조하기 바란다.

지오지브라를 다시 사용하지는 않을 것 같아요. 첫 번째는 시간 때문이고, 두 번째는 디지털 실험실도 없고 도움 받을 기술자도 없기 때문이에요. … 수업에서 전자칠판에 지오지브라를 종종 활용할 수는 하지만, 실제로 모든 것은 제가 그린 것이지요. 유일한 차이는 이미 만들어진 그림을 보여주는 것이 아니라 아무 것도 없는 것에서 시작하여 함께 그린다는 것 뿐예요.

2.2.4. MDT 1 분석틀과 어떤 이론적 차이가 있는가?

현재 상태의 MDT 1은 교사들의 프락시올로지 중 일부 구성 요소에 대한 내면화가 리카르도의 사례처럼 일어나기도 하고 라라의 경우처럼 일어나지 않는 이유를 설명하지 못한다. 가능한 가설은, 관찰 가능한 변수인 프락시올로지에 대하여 그것의 발달에 영향을 미치는 다른 기초 변수가 존재할 것이라는 점이다. 보다 구체적인 렌즈를 통해 이러한 기초 변수를 탐색함으로써 프락시올로지의 구성 요소가 내면화되는 과정을 결정하는 원인을 식별할 수 있다.

2.2.5. 무엇을, 왜 추가하였는가?

전문성 개발 과정을 분석하는 새로운 수준, 즉 기존의 거시 수준 프락시올로지에 더하여 미시 수준의 프락시올로지를 도입하였다.

이러한 접근은 온도, 압력, 부피 등과 같은 거시 변수와 입자의 질량 또는 속도와 같은 미시 변수를 구분하여 가스와 관련되는 물리 현상을 설명하는 방식과 비슷하다. 이를 위해 교사들의 프락시올로지 발달을 미시 수준에서 결정하는 동인에 대해 거시 수준에서 확인하였다. "동인(agents)"이라는 용어는 수학적 활동과 관련되는 인간 또는 비인간 모두를 의미한다(De Freitas & Sinclair, 2014). 미시 수준의 동인이 상호작용한 결과는 거시-수준에서 드러날 수 있으며, 이는 가스와 관련된 미시 변수 및 거시 변수와 마찬가지이다.

이와 유사한 현상이 전문성 개발 환경에서 일어나는데(Goldstein, 1999), 미시 수준의 작고 단순한 동인 사이의 상호작용이 거시 수준의 내면화 과정에 영향을 미칠 수 있다. 교사가 수업을 설계하고 실행할 때, 미시 수준에서 일어나는 다양한 동인 사이의 상호작용이 거시 수준에서 교사의 프락시올로지나 전략 또는 담화의 정당화 같은 일부 요소를 형성한다. 이러한 동인에는 방법론적 동인, 제도적 동인, 자료 및 기술 동인, 동기적 동인 등이 있다(Prodromou et al., 2018). 예를 들어, 설명 또는 강의, 시연, 직접적인 안내 등과 같은 교사 중심 수업 방식과 수업 참여, 탐구 기반 학습, 협동 학습, 토론, 수학 실험실 등과 같은 학생 중심 수업 방법은 방법론적 동인이며, 지오지브라는 자료 및 기술 동인으로 볼 수 있다.

2.2.6. 분석

수학 실험실 방법의 활성화라는 정당화 담론에 의해 뒷받침되는 지오지브라 활용 수업의 전략은 전문성 개발 과정의 시작 단계에서는 교사 공동체 외부에 존재하였다. 교사 공동체 또는 일부 개별 교사가 지닌 프락시올로지의 이와 같은 구성 요소를 외부에서 내부로 변환하기 위하여 연구자들은 다양한 종류의 동인, 예를 들어 종이, 연필과 같은 자료, 지오지브라, 전자칠판과 같은 기술, 수학 실험실과 같은 방법론, 국가 교육과정 및 다른 교사라는 제도, 사적 신념과 같은 동기 등과 관련되는 활동을 구현하였다.

참여 교사 각각에 대하여 이러한 동인은 이미 활성화된 경우도 있었지만, 미시 수준의 분석에서 관찰 가능한 다른 동인과의 상호작용을 촉진하는 전문성 개발 프로그램을 통해 활성화시킬 필요가 있기도 하였다. 교사의 활동과 성찰을 통해 독립적인 다양한 동인이 활성화되는 동안 연구자들은 교사 프락시올로지의 변화를 거시 수준에서 관찰하였다. 리카르도와 라라의 경우, 지오지브라는 교수학적 프락시올로지와 관련된 기술 동인으로 이미 활성화된 상태였지만, 이는 교사 중심 수업 관행이라는 방법론적 동인과 미시 수준에서 상호작용하고 있었다. 특히, 수학 실험실이라는 방법론적 동인은 활성화되지 않은 상태였으며, 이는 수학 실험실 활동에 지오지브라를 활용하는, 즉 교사에게 요구되는 프락시올로지의 내면화를 일으키는 주요 요소이다.

2.2.7. 프락시올로지의 최종 상태

전문성 개발 과정과 교육자들이 안내한 활동의 결과로, 리카르도와 같은 일부 교사들은 기술 동인인 지오지브라와 새로이 탐색된 수학 실험실 방법론간의 상호작용을 경험하였으며, 이는 프락시스와 로고스 수준에서 특정 프락시올로지의 구성 요소를 내면화하는 데 기여하였다. 특히 리카르도는 지오지브라를 활용하는 수업에서 보다 학생 중심적인 방법론을 사용하기 시작하였으며(전략), 지오지브라를 활용하면 학생들의 상상력을 개발할 수 있다고 설명함으로써 이러한 선택을 정당화하였다(로고스). 이 절에서 다룬 데이터는 교실 맥락에서는 관찰하기 어려운 교수학적 프락시올로지에 대한 교사의 성찰과 관련되므로, 이러한 내면화는 메타-교수학적 프락시올로지와도 연관이 있다.

라라의 사례는 그녀가 수학 실험실에서 지오지브라를 사용하기는 하였지만 전문성 개발 과정 이후에는 이를 다시 사용하지 않을 것이라고 말했다는 점에서 리카르도의 경우와 완전히 다르다. 라라의 발언은 그녀의 전략과 로고스가 지오지브라를 시연 목적으로 활용하는 당초 상태와 동일함을 보여준다. 이러한 차이는 시간이나 학교 맥락, 교육과정의 제한 등과 같은 제도적 동인뿐만 아니라 교사의 신념과 사적인 경험에서 나온 동기적 동인에 의한 것으로 해석할 수 있으며, 이들이 지오지브라 동인 및 수학 실험실 동인과 상호작용하여 "실험실 방식으로 지오지브라를 활용하는 것"을 외적 구성 요소에서 내적 구성 요소로 변환하지 못하게 하였다.

이와는 다른 관점에서 연구자-교육자들은 수학 실험실 방식으로 지오지브라를 활용하는 것을 촉진하거나 방해하는 주요 변수로 시간의 역할을 제도적 동인 내에서 명시적으로 논의할 필요가 있음을 강조하였다.

2.2.8. 위 사례의 결론

프락시스와 로고스 수준에서 교사들이 탐색한 바 없는 새로운 프락지올로지의 구성 요소와 관련된 내면화는, 특정 교육 프로그램을 통해 촉진하려고 해도 전문성 개발이라는 거시 수준에서 일어날 수도 있고 그렇지 않을 수도 있는 현상이다. 이러한 내면화가 어떤 개인에게는 일어나고 어떤 개인에게는 일어나지 않는 이유를 알아보기 위하여 이 절에서는 다양한 종류의 여러 동인이 상호작용하는 전문성 개발의 미시 수준을 고려하였다. 이 중 일부는 교사의 자발적이고 고유한 메타-교수학적 프락시올로지에 의해 활성화되었으며, 다른 일부는 교사들이 참여한 교육과정을 통해 촉진되거나 추가되었다. 여러 동인에 주목함으로써 내면화가 일어나는 "이유"를 깊이 있게 탐색하는 주요 아이디어를 얻었으며, 이는 미시 수준에서 일어나는 여러 동인의 상호작용이 전문성 개발 과정을 통해 거시 수준에서 개발하고자 하는 프락시올로지의 특정 구성 요소에 대한 내면화를 촉진하거나 억제할 수 있기 때문이다. 이러한 결과는 연구자-교육자의 메타-교수학적 프락시올로지에 영향을 미치며, 교사가 지닌 프락시올로지의 발달을 촉진하고 지원하기 위해서는 어떤 동인을 고려하여 활용화해야 하는지를 제안한다.

2.3. 사례 3: 내면화가 일어나는 방법

2.3.1. MDT 연구의 목적과 분석의 초점

이 사례에서 분석틀인 MDT 1은 유럽에서 수행된 프로젝트인 FaSMEd[3]에 참여한 연구자들과 교사들의 공동연구 맥락에서 활용되었다. 이는 MDT 1이 분석틀로서 새롭게 적용되었음을 보여주는데, 해당 프로젝트에서 전문성 개발은 공동 작업의 성과로 인식되었기 때문이다.

연구의 목적은 MDT 1이라는 렌즈를 통해 프로젝트에 참여한 교사와 연구자의 상호작용 데이터를 분석하여 그들의 학습이 어떻게 일어났는지 살펴보는 것이다. FaSMEd 프로젝트의 목표 및 방법론에 비추어 참여자들의 형성평가에 대한 학습 및 테크놀로지를 활용하는 형성평가 과정에 대한 성찰의 양상을 분석하는 데 초점이 있다.

내면화가 진행되는 "방법"을 밝히기 위해 데이터를 분석하고자 하며, 특히 참가자들이 수행한 공동 작업의 결과로서 어떻게 내면화가 일어나는지 알아본다.

[3] Robutti et al.(2016)이 제안한 공동 연구를 수행하는 프로젝트이다.

2.3.2. 관련 행위자와 프락시올로지의 초기 상태

이 절에서 검토할 데이터는 이탈리아의 투린(Turin) 대학교와 프랑스의 리옹 고등 사범학교(Ecole Normale Supérieure de Lyon)에서 수행된 FaSMEd 프로젝트를 통해 수집되었다. 연구 참가자는 (1) 투린 초등학교에서 4학년과 5학년을 지도하는 이탈리아 교사 및 이들과 협업하는 연구자들로 구성된 팀, (2) 리옹 교외에 있는 초등학교에서 3~5학년을 지도하는 프랑스 교사 및 이들과 협업하는 연구자들로 구성된 팀이다. 이들은 모두 디지털 도구를 활용하여 형성평가를 수행하는 교실 활동을 설계하는 메타 과업에 주목하였다.

처음에 연구자들은 과제를 다루는 데 사용할 만한 디지털 도구와 그 활용법 등의 전략을 담은 아이디어를 소개하였으며, 이러한 전략이 형성평가의 효과적인 분석틀(Black & Wiliam, 2009)이 되는 이유를 설명하는 논의를 진행하였다.

첫 번째 교수 실험 주기에서 이탈리아 연구자들은 모든 수업에 컴퓨터와 태블릿을 배치하여 교사가 사용하는 컴퓨터와 학생이 사용하는 태블릿이 네트워크로 연결되는 수업 공학을 설계하였다. 또한 연구자들은 교사들이 학생들의 답변을 전자칠판으로 제시할 수 있도록 디지털 문서를 다루는 일반적인 절차에 따라 수업을 조직하는 방법을 소개하였다.[4] 프랑스 연구자들은 전자칠판, 전자 투표용 키패드, TI 계산기를 수업에 구비하도록 하였다.

이탈리아 교사들은 형성평가를 주제로 하는 지역 프로젝트에 오랜 기간 참여한 경험이 있으며, 이는 이탈리아 교사들의 교수학적 프락시올로지에 대한 내적 요소를 구성하였다. 이들은 학생들이 종이에 연필로 작성한 답변을 수집하고 집에서 분석한 후, 수업에서 그 결과를 칠판에 적어 학생들과 논의하는 데 익숙하였다. 그러나 이들은 디지털 공학에는 익숙하지 않았기 때문에 연구자들이 제안한 전략은 이탈리아 교사들이 지닌 프락시올로지의 외부에 존재하였다.

시작 단계에서 프랑스 교사들에게 연구자들이 제안한 프락시올로지를 구성하는 전략적 요소는 외적인 요소에 불과하였으며, 이에 대한 정당화 담론도 마찬가지였다.

두 경우 모두에서 연구자들은 자신들의 아이디어를 설명하였으며, 지필 방식에 기반한 일상적인 평가 행위와 관련되는 교사들의 프락시올로지를 개선하고자 하였다.

2.3.3. 데이터

프랑스와 이탈리아 모두에서 FaSMed 프로젝트의 공동 작업은 교사들과 연구자들이 참여하는 정기적인 협의회를 통해 수행되었으며, 이는 교수 실험 결과를 성찰하는 데 목표를 두었다. 본 사례에서는 2가지 협의회, (1) 첫 번째 교수 실험 주기 이후 첫 해 프로젝트의 마무리 단계에 이탈리아에서 열린 협의회와, (2) 두 번째 교수 실험 주기 이후 전체 프로젝트의 종료 시점에

[4] 이와 관련된 자세한 설명은 Cusi et al.(2017)를 참조하기 바란다.

프랑스에서 열린 협의회를 다룬다. 이 절에서는 각 협의회를 통해 교사들이 연구자들에게 제안하는 오케스트레이션 장면에 주목한다.

장면 1: 첫 해 프로젝트의 마무리 단계에 이탈리아에서 열린 협의회

다음 스크립트는 학생들의 답변에 대한 토론을 계획 및 수행하는 데 테크놀로지와 전자칠판을 활용하는 것과 관련하여 연구자들과 교사들의 논의를 기술한 것이다.

> T1: "저희는 교실 토론을 진행하는 데 익숙하며 논쟁과 관련하여 많은 작업을 수행해 보았지만, 이를 위해서는 학생들의 답변을 모두 칠판에 적고 함께 읽어야 합니다. 디지털 공학을 사용하면 즉시성이 있습니다. 컴퓨터에 학생들의 답변이 모두 있습니다! 그 차이가 분명합니다!"
>
> T2: "학생들은 전자칠판에 자신들의 답변이 제시되고 이에 대해 토론하는 것을 매우 높이 평가합니다. … 학생들은 다른 학생들의 답변도 보고 싶었을 겁니다. 이는 어떤 것을 듣거나 읽는 것과는 완전히 다릅니다. 이 점이 테크놀로지가 기여하는 중요한 부분이라고 생각합니다."
>
> T3: "수업 중 하나가 기억납니다. 처음에는 틀린 답을 제시했던 학생이 토론을 통해 다른 학생의 설명을 듣고 정확하게 자신의 답변을 수정하였습니다. 이 학생에게는 곧바로 진행된 토론이 매우 효과적이었습니다. 이러한 논의가 다음 주에 이루어졌다면, 아마도 이러한 기회를 놓쳤을 것입니다."

장면 2: 전체 프로젝트의 종료 시점에 프랑스에서 열린 협의회

프로젝트 초기에 프랑스 연구자들과 교사들 사이에 진행된 토론을 분석한 결과, 두 공동체 사이에 일부 오해가 있으며, 이는 서로 다른 목표에서 기인하였음이 드러났다. 디지털 자료와 도구를 사용하여 교사들은 학생들의 실수를 방지하고 부진 학생들을 돕고자 하였으며, 연구자들은 다양한 형성평가 전략을 개발하는 데 주목하였다.

다음 스크립트는 수업에서 활용하는 디지털 도구의 새로운 용도에 대해 교사들이 제안한 의견이다.

> T4: 교사로서 저는 이를 활용하여 매우 정확하게 작업할 수 있으며, 이것이 저에게 잘 맞는다고 생각합니다. … 이를 통해 어려움을 겪는 학생들을 위해 시간을 할애할 수도 있고, 잘하는 학생들을 위해 그들의 역량을 개발하는 상황을 만들 수도 있습니다.
>
> T5: 목표는 빨간색 그룹을 녹색 그룹으로 바꾸어 개별 수준에서 뿐만 아니라 학습 수준에서도 녹색 그룹을 늘리는 것입니다.
>
> T6: … 그들은 이러한 역량을 서로 교환합니다. 경쟁을 통해 교환이 일어납니다. … 평가 측면에서 볼 때는 오히려 긍정적입니다!

2.3.4. MDT 1 분석틀과 어떤 이론적 차이가 있는가?

협의회에 참석한 교사들의 프락시올로지에서 일어난 변화를 분명히 하기 위해 앞 절에서 제시한 발췌문을 분석하는 데 MDT 1을 활용할 수 있다. 프락시올로지의 발달을 그 구성 요소의 변화로 명확히 설명할 수 있으며, 이것이 어떻게 촉발되는지 깊이 있게 해석하고 분석하는 기회로 삼을 수도 있다. 다시 말해, 내면화가 일어나는 "**방법**"을 보이기 위하여 어떤 종류의 분석을 수행할 수 있을까?

2.3.5. 무엇을, 왜 추가하였는가?

내면화가 일어나는 방법을 밝히려는 목적에서 이 연구는 MDT 1에 통합될 필요가 있는 새로운 이론적 요소를 구체화하였으며, 이를 통해 디지털 공학을 형성평가에 활용하는 공동 작업의 목표와 관련되는 교사들과 연구자들의 공통 행동 방식을 탐색하고 메타-교수학적 프락시올로지의 특정 구성 요소에서 내면화가 일어나도록 하였다.

Star & Griesemer(1989) 및 Star(2010)가 "관련 당사자들의 국소적 필요와 제약을 충족시킬 수 있을 정도로 유연하지만, 해당 지점에서는 공통의 정체성을 유지할 정도로 견고하다"(p. 393)고 설명한 '경계성 대상' (boundary objcet, 이하 BO)과 관련하여 공동 작업의 대상을 해석하였다. 이 절은 Star(2010)의 관점에 따라 BO를 공동 지점에서 여러 공동체가 개발하는 공통 행위의 대상으로 다룬다. 이와 같은 새 관점에 따라 BO의 경계를 협업 맥락으로 해석할 수 있으며, 이러한 맥락을 통해 BO에 대한 과업과 관련되는 사람들은 공통의 목표를 교환 및 추구할 수 있다. 과업의 대상을 BO로 변환함으로써 협업에 참여하는 여러 행위자들의 인정과 관심, 공통 행동 방식의 개발 등을 주요한 과정으로 해석할 수 있게 되었다.

BO에 대한 공동 조치로 촉진되는 내면화 과정을 설명하기 위해 다양한 상호작용 수준으로 수행될 수 있는 BO에 대한 3가지 행위를 Carlile(2004)에 비추어 다음과 같이 설명할 수 있다.

- **전송**(transfer): 구문(syntactic) 수준에서 수행되는 행위로, BO의 특정 요소에 공통의 용어를 붙이는 데 목표를 둔다.
- **번역**(translation): 의미(semantic) 수준에서 수행되는 행위로, BO의 특정 요소와 관련하여 공통의 의미를 만드는 데 목표를 둔다.
- **변환**(Transformation): 실용(pragmatic) 수준에서 수행되는 행위로, 행위자들이 BO의 특정 구성 요소를 자신들의 관행에 통합하도록 하는 데 목표를 둔다.

2.3.6. 분석

다음에 살펴볼 두 장면은 내면화 과정을 특징짓는 요소와 관련하여 상호보완적이다. 이 두 장면은 내면화가 일어나는 대상인 메타-교수학적 프락시올로지의 구성 요소와 연계된 서로 다른 역동성을 드러내기 때문이다.

실제 장면 1에서 교사들의 성찰은 교수학적 프락시올로지와 관련하여 새로운 전략에 주목하는 반면, 장면 2에서는 내면화된 새로운 요소에 비추어 교사가 지닌 메타-교수학적 프락시올로지의 로고스 부분을 풍부히 하는 데 초점을 둔다.

장면 1의 발췌문은 교사가 **의미 수준**(semantic level)에서 BO에 대해 수행한 행위의 효과를 드러낸다. 교사들은, 처음에는 그들의 프락시올로지 외부에 있던, 자신들이 실험에 옮긴 새로운 전략을 이전 경험에 비추어 정당화함으로써 의미를 부여하였다. 예를 들어 T1은 학생들의 답변을 칠판에 적는 비효과적인 방법과는 달리, 네트워크로 연결된 테크놀로지로 모든 학생들의 답변을 저장하여 접근할 수 있다는 점을 강조하였다. 또한 T2는 수업에서 토론을 통해 학생들의 답변을 읽는 이전 방식과 전자칠판에 학생들의 답변을 제시하는 활동이 지닌 영향력을 비교하였다. T3은 즉각적인 토론을 전개하도록 지원하는 디지털 도구의 잠재성을 강조하였으며, 이 때 새로운 프락시스를 이전 프락시스에 비추어 정의하면서 이전 관행과 새로운 관행을 통합하였을 때 일어나는 긍정적인 영향에 의미를 부여하는 번역 행위를 수행하였다. 번역 행위가 수행되었음을 보이는 또 다른 근거에는, 형성평가 과정을 지원하는 디지털 도구의 용도를 검토할 때 교사들이 다양한 관점을 취할 필요성을 제기한 것과 관련된다. 예를 들어 T2와 T3은 학생들의 입장을 고려해야 한다는 의견을 제시하였으며, 이는 여러 관점의 지속적인 확장을 지적한 것으로 **실용 수준**(pragmatic level)에서 수행된 **변환**(transformation) 행위로 해석할 수 있다. 경계 영역에서 수행된 협업은 교사들이 지닌 교수학적 프락시올로지의 전략 성분 내에 새로운 요소의 내면화를 촉진하기 때문이다.

장면 2의 발췌문은 BO의 성분을 다루는 행위가 수업을 효과적으로 조직하는 것과 관련되는 실용 수준에서 뿐만 아니라 형성평가 틀로 제공된 새로운 요소에 비추어 수업 방식을 해석하는 이론 수준에서도 어떻게 진행될 수 있는지 보여준다. 예를 들어 T4의 발언은, 학습 의도와 성공 준거를 명확히 하기("매우 정확히 할 수 있도록 하였습니다."), 학생의 이해를 입증하는 효과적인 교실 토론과 기타 학습 과제 조직하기("자신들의 역량을 강화할 수 있는 상황")와 같은, Black & Wiliam(2009)의 형성평가 전략에 비추어 해석할 수 있다. 또한 T5의 발언은 평가를 보는 개인적 관점이 집단적 관점으로 이동하였음을 드러내며, T6은 학생들을 서로의 학습 자원으로 활성화하는 형성평가 전략을 언급하였다. 비록 형성평가 전략을 명시적으로 언급하지는 않았지만, 연구자들이 소개한 이론적 틀에 따라 새로운 교수학적 프락시올로지를 정당화하였으며 이와 같이 새로운 성분에 대한 교사들의 내면화가 지속적으로 진행되는 과정을 관찰할 수 있었다.

그러므로 장면 2에서 드러난 내면화 현상은 교사들과 연구자들이 서로를 좀 더 잘 이해해 보고자 하는 BO에 대한 **구문 수준**의 행위에서 시작하여 수업 실행 전략을 개선하는 **실용 수준**의 행위를 거쳐, 해당하는 BO에 대해 공유하는 의미와 더 나은 이해를 개발하는 **의미 수준**의 행위로 진행되었다.

2.3.7. 교사들과 연구자들이 지닌 프락시올로지의 최종 상태

특정 디지털 테크놀로지를 활용한 경험 및 형성평가를 촉진하기 위해 도입된 방법론과 기존 방법론을 비교하는 논의 등을 통해 교사들은 새로운 전략 성분을 내면화하였으며 이러한 전략을 정당화하는 담론을 풍부히 하였다. 지면의 한계로 연구자들이 지닌 프락시올로지의 진화를 일일이 언급하지는 못하지만, 교사와의 대화는 연구자들의 프락시올로지를 확장하는 데 기여하였다. FaSMEd에 참여하기 전에 교사들이 제안한 형성평가 관행이 구체적인 디지털 도구를 활용하는 방법론이 되었으며, 이를 통해 연구자들이 지닌 프락시올로지의 전략 성분과 이에 대한 정당화 담론도 발달하였다. 두 경우는 행위자들의 프락시올로지가 "공유된 프락시올로지(shared praxeology)"로 발달함을 보여주며, 이는 서로의 프락시올로지에 대한 상호 이해 및 프락시올로지의 발달을 가능케 하는 성분의 내면화를 의미한다.

2.3.8. 위 사례의 결론

BO에 대한 작업은 교사들과 연구자들이 지닌 프락시올로지의 발달을 촉진하는 원동력이 된다. 이러한 발달이 일어나는 방법을 설명하기 위해, BO에 대한 칼릴리(Carlile)의 의사소통 수준을 참조하여 교사들과 연구자들의 성찰 과정을 분석하였으며 경험을 통해 이들이 학습한 바를 설명하는 정당화 담론을 해석하였다. 이로부터 (a) 두 공동체가 수행한 과업의 적정화에 기여하는 구문 수준의 의사소통이 지닌 역할, (b) 의미 수준의 의사소통과 프락시올로지의 로고스 성분에 대한 내면화 사이의 관계, (c) 실용 수준의 의사소통 담화와 프락시올로지의 전략 성분에서 일어나는 내면화 사이의 연결성 등을 설명할 수 있었다.

이상의 사례에 따르면, MDT 1에 BO의 아이디어를 통합하여 BO에 대해 일어나는 개발 활동을 해석하는 틀로 활용하는 것은 내면화가 일어나는 **"방법"**을 행위자들의 담화에 비추어 명확히 함으로써 깊이 있는 탐구를 가능하게 한다.

3. MDT 분석틀의 진화: MDT 1에서 MDT 2로

이 장은 프락시올로지 요소의 내면화 개념을 중심으로 MDT 1에서 MDT 2로의 MDT 분석틀이 발달하는 과정을 3가지 사례에 비추어 논의하였다. 이를 통해 내면화가 일어나는 "지점",

"이유", "방법"을 각각의 사례와 관련하여 그 과정을 탐색하기 위하여 새로운 이론적 요소를 MDT 1에 어떻게 통합하였는지를 설명하였다.

[그림 3]은 내면화 과정을 중심으로 구축된 이와 같은 다양한 통합의 최종 결과를 보여준다.

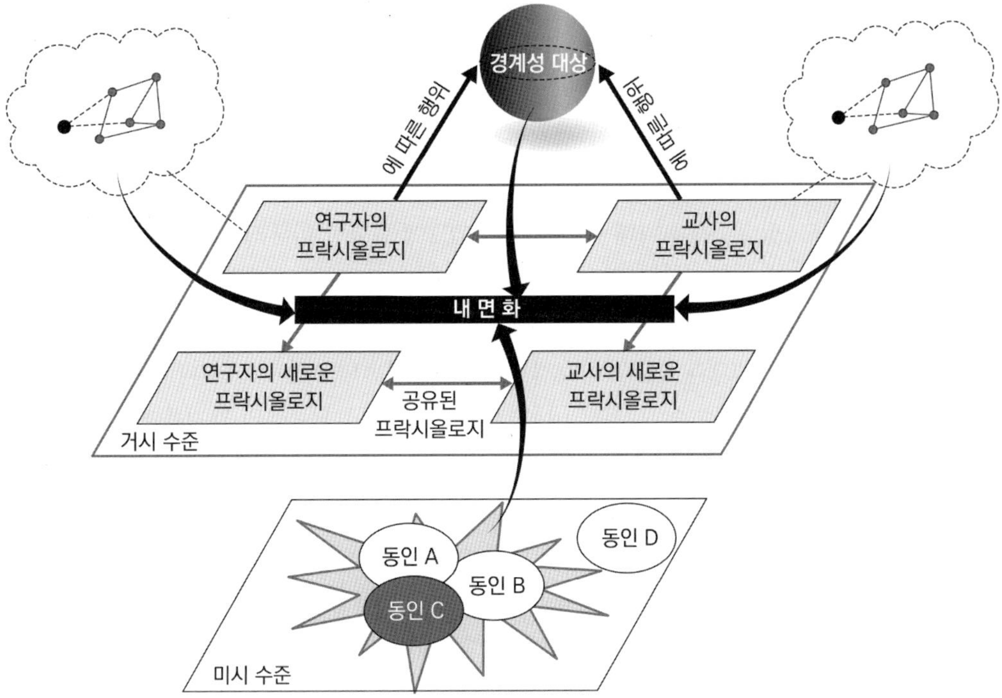

[그림 3] MDT 2 틀에 대한 다이어그램

이 장에서 내면화는, 3가지 사례를 통해 설명한 전문성 개발 상황이나 연구에 참여한 행위자들의 협력적 상호작용에 의해 일어나는 프락시올로지의 연속적 발달을 주도하는 지속적인 과정이다. 그러므로 특정 교육 프로그램에서든 연구 그룹에서든 프락시올로지 요소의 내면화가 없으면 상호작용의 성과인 전문성 개발이 가능하지 않다.

전문성 개발 프로그램이나 공동 연구 프로젝트에 참여함으로써 교사들은 전문적 경험과 지식에 기반한 초기 프락시올로지에 "새로운" 성분을 통합하는 내면화 과정을 통해 새로운 프락시올로지를 개발할 수 있다.

첫 번째 사례는 내면화가 일어나는 "**지점**"에 주목하여 MDT 1을 보완하는 이론적 렌즈로 연결주의를 도입하였다. 이를 통해 행위자들이 지닌 지식 네트워크의 확장으로 내면화 과정을 해석함으로써 MOOC이나 그밖에 다양한 전문성 개발 환경에서 관찰되는 역동성을 설명하였다. 실제로 내면화 과정의 성과로 교사들의 지식 네트워크에는 새로운 노드가 추가되거나 노드 사이에 새로운 연결이 형성되었다. [그림 3]의 구름 모양은 전문성 개발 프로그램이나 연구 프로젝트에 참여하기 전에 교사 또는 연구자들이 지니고 있던 지식 네트워크를 나타낸다. 회색 점은 지식 네트워크에 이미 존재하고 있는 노드를 나타내며 이들을 잇는 선분은 노드 사이의 현재 연결 상태를 보여준다. 점선으로 연결된 검은색 점은 새로운 연결 관계를 생성함으로써 지식 네트워크에 추가된 새로운 노드를 의미한다. 구름 부분에서 나와 내면화라는 단어로 향하는 화살표는 지식 네트워크의 발달과 내면화 현상 사이의 상호 관계를 나타낸다. 이는 지식 네트워크의 발달로 특정 프락시올로지의 성분이 외부에서 내부로 이동함을 보여준다. MDT 1에 연결주의 관점을 통합함으로써 연구자들은 학습을 지식 네트워크의 확장 및 발달로 보는 좀 더 광범위한 맥락을 통해 내면화 현상을 해석할 수 있었다.

두 번째 사례에서는 내면화 과정을 활성화하는 요인과 조건, 즉 내면화가 일어나는 "**이유**"와 관련하여 이를 탐색하였다. 이를 위해 분석틀인 MDT 1에 통합한 이론적 요소는 동인 개념으로, 이를 통해 교사 전문성 개발의 복잡한 과정이 어떻게 일어나는지 이해할 수 있었다. 실제로, 이 사례는 새로운 성분의 내면화를 거시 수준에서 일어나도록 하는 특정 동인이 미시 수준에서 수행하는 역할([그림 3]의 C)과 이들의 상호작용([그림 3]의 A와 B)을 보여준다. 이 사례를 분석함으로써 미시 수준과 거시 수준 모두에서 내면화 과정을 탐구하는 것의 가치를 확인하였으며, 교사들이 지닌 메타-교수학적 프락시올로지의 여러 성분에 대한 내면화를 촉진하거나 억제하는 원동력, 즉 동인에 주목할 수 있었다.

세 번째 사례에서는 교사들과 연구자들이 공통 작업 영역, 즉 BO에 대하여 수행하는 공동 행위를 구체적으로 분석함으로써 내면화 과정이 일어나는 "**방법**"을 깊이 있게 설명하였다. BO에 대한 작업은 서로 다른 공동체가 공동 작업을 수행하도록 촉진하는 기회를 제공하며, 이는 [그림 3]에서 교사들의 프락시올로지와 연구자들의 프락시올로지에서 BO으로 향하는 화살표로 표현되었다. BO에 대한 공동 작업은 두 공동체의 성찰을 촉진하며 BO 자체에 대한 깊은 이해를 개발하는 속성, 개념, 지식 또는 경험에 두 공동체가 주목하도록 한다. 이러한 과정의 성과로 내면화가 일어나며, 이는 성찰의 대상을 두 공동체의 교수학적 프락시올로지나 메타-교수학적 프락시올로지의 내적 성분이 되도록 한다.

특히, BO에 대해 수행한 활동의 수준은 3.3절의 끝부분에서 논의하였듯이 특정 성분의 내면화와 관련이 있다. 따라서 BO을 이해하려는 두 공동체의 동일한 목표는 이들이 지닌 프락시올로지를 개선하는 데 기여한다. 이는 내면화 과정을 촉진하며[5], 교사들과 연구자들이 개발한 새로운 프락시올로지에 비추어 이해 가능한 성분을 의미하는 "공유된 프락시올로지"에 주목하도록 한다([그림 3] 참조).

MDT 2는 3가지 사례와 같이 협업을 통한 전문성 개발 상황뿐 아니라 다양한 문화적 배경이 있는 전문성 개발 맥락을 특징짓는 역동성을 탐색하는 데도 활용되었다(Capone et al., 2020; Otaki et al., 2020; Shinno & Yanagimoto, 2020). 이처럼 다양한 맥락의 연구를 지원해 온 유연

[5] [그림 3]에서 BO로부터 내면화로 향하는 화살표를 통해 표현되었다.

성이 MDT 2의 견고함을 보여준다.

이 연구는 앞서 살펴본 사례를 통해 수학교육 및 교사 교육에 테크놀로지를 폭넓게 활용하는 과정을 중점적으로 분석하지는 않았지만, MDT 2가 이러한 분석을 심화시킬 정도로 충분히 유연함을 보였다. 3가지 사례에서 디지털 테크놀로지는 (a) 공동체간의 상호작용 맥락, (b) 특정 작업을 수행하는 도구, (c) 공통 작업 대상 등에서 다양한 역할을 하였으며, 특히 (b), (c)와 관련하여 3가지 사례는 수학 교수-학습과 교사 교육 맥락에 디지털 도구를 도입하거나 활용 및 성찰하는 것과 관련된 교수학적, 메타-교수학적 프락시올로지의 연구에 MDT 2가 효율적으로 적용될 수 있음을 보여준다.

이 연구는 새 분석틀인 MDT 2가 MDT 1과 관련하여 발달한 과정을 설명하였지만, 이론적 관점과 방법론적 관점 모두에서 전체 분석틀을 개선하기 위한 연구가 여전히 진행 중이다. 첫째, 교수학적 수준과 메타-교수학적 수준의 상호작용을 깊이 있게 연구하기 위하여 내면화 과정의 장기적인 효과를 분석하는 데 이중 변증법적 탐구를 진행할 것이며, 이는 협업을 통해 여러 행위자들이 활성화하는 다양한 관행의 발달에 주목한다. 둘째, 이중 변증법을 활용하여 교사와 연구자의 메타-교수학적 프락시올로지에 대한 정당화 담론에 영향을 미치는 신념, 정서, 태도, 가치 등의 역할을 분석함으로써 미시 수준의 동기적 동인에 대한 깊이 있는 연구를 추진하고자 한다.

참고문헌

Aldon, G., & Panero, M. (2020). Can digital technology change the way mathematics skills are assessed? *ZDM – The International Journal on Mathematics Education, 52*(7), 1333–1348.

Aldon, G., Arzarello, F., Cusi, A., Garuti, R., Martignone, F., Robutti, O., & Soury-Lavergne, S. (2013). The meta-didactical transposition: A model for analysing teachers education programs. In A. M. Lindmeier & A. Heinze (Eds.), *Proceedings of the 37th conference of the international group for the psychology of mathematics education. — Mathematics learning across the life span, July 28-Aug 02, Vol. 1* (pp. 97–124). Kiel, Germany.

Aldon, G., Cusi, A., Morselli, F., Panero, M., & Sabena, C. (2017). Formative assessment and technology: Reflections developed through the collaboration between teachers and researchers. In G. Aldon, F. Hitt, L. Bazzini, & U. Gellert (Eds.), *Mathematics and technology, a CIEAEM sourcebook* (pp. 551–578). Springer.

Arzarello, F. (2016). Le phénomène de l'hybridation dans les théories en didactique des mathématiques et ses conséquences méthodologiques, *Conférence au Xème séminaire des jeunes chercheurs de l'ARDM*, Mai 7–8, 2016, Lyon.

Arzarello, F., Robutti, O., Sabena, C., Cusi, A., Garuti, R., Malara, N., & Martignone, F. (2014). Meta-didactical transposition: A theoretical model for teacher education programmes. In A. Clark-Wilson, O. Robutti, & N. Sinclair (Eds.), *The mathematics teacher in the digital era* (pp. 347–372) Springer.

Black, P., & Wiliam, D. (2009). Developing the theory of formative assessment. *Educational Assessment, Evaluation and Accountability, 21*(1), 5–31.

Boissel, J.-P., Riondet, O., Cucherat, M., Stagnara, J., Wazné, H., & Nony, P. (2010). Le courtage des connaissances en thérapeutique. *Une étude pilote de faisabilité. Pratiques et Organisation des Soins, 41*(1), 55–64.

Capone, R., Manolino, C., & Minisola, R. (2020). Networking of theories for a multifaceted understanding on lesson study in the Italian context. In H. Borko & D. Potari (Eds.), *Proceedings of the 25th ICMI study* (pp. 102–109). National and Kapodistrian University of Athens. http://icmistudy25.ie.ulisboa.pt/wp-content/uploads/2020/11/201114-ICMI25Proceedings6.13.2020.pdf.

Carlile, P. (2004). Transferring, translating, and transforming: An integrative framework for managing knowledge across boundaries. *Organization Science, 15*(5), 555–568.

Chevallard, Y. (1985). *La transposition didactique du savoir savant au savoir enseigné*. La Pensée Sauvage.

Cusi, A., Morselli, F., & Sabena, C. (2017). Promoting formative assessment in a connected classroom environment: Design and implementation of digital resources. *ZDM Mathematics Education, 49*(5), 755–767.

De Freitas, E., & Sinclair, N. (2014). *Mathematics and the body: Material entanglements in the classroom*. Cambridge University Press.

Gagnon, J., Lapierre, J., Gagnon, M.-P., Lechasseur, K., Dupéré, S., Gauthier, M., Lechasseur, K., Dupéré, S., Gauthier, M., Farman, P., & Lazure, G. (2016). Processus de transfert et d'appropriation des savoirs d'étudiantes en sciences infirmières et de milieux de soins Africains: une étude de cas multiples. *Recherche en Soins Infirmiers, 124*(1), 53–74.

Goldstein, J. (1999). Emergence as a construct: History and issues. *Emergence, 1*(1), 49–72.

Lomas, J. (2007). The in-between world of knowledge brokering. *BMJ: British Medical Journal (International Edition)*, *334*(7585), 129–132. http://ezproxy.usherbrooke.ca/login?url=https://search.ebscohost.com/login.aspx?direct=true&db=a9&AN=23834807&site=ehost-live

Otaki, K., Asami-Johansson, Y., & Hakamata, R. (2020). Theoretical preparations for studying lesson study: Within the framework of the anthropological theory of the didactic. In H. Borko &D. Potari (Eds.), *Proceedings of the 25th ICMI study* (pp. 150–157). National and Kapodistrian University of Athens. http://icmistudy25.ie.ulisboa.pt/wp-content/uploads/2020/11/201114-ICMI25Proceedings6.13.2020.pdf

Prodromou, T., Robutti, O., & Panero, M. (2018). Making sense out of the emerging complexity inherent in professional development. *Mathematics Education Research Journal, 30*(4), 445–473.

Rasmussen, C., Zandieh, M., & Wawro, M. (2009). How do you know which way the arrows go. *Mathematical Representation at the Interface of Body and Culture*, 171–218.

Robotti, E., Grange, T., & Peloso, S. (2019). Recherche action et développement professionnel des enseignants de maths en maternelle et primaire. Le cas d' EduMathVallée (Italie). *Actes COPIRELEM, 46° colloque international sur la formation en mathématiques des professeurs des écoles*, 547–559, HEP Vaud, Lausanne, Suisse.

Robutti, O. (2006). Motion, technology, gestures in interpreting graphs. *International Journal for Technology in Mathematics Education, 13*(3), 117–125.

Robutti, O. (2020). Meta-didactical Transposition. In S. Lerman (Ed.), *Encyclopedia of mathematics education* (pp. 611–619). Springer.

Robutti, O., Cusi, A., Clark-Wilson, A., Jaworski, B., Chapman, O., Esteley, C., Goos, M., Isoda, M., & Joubert, M. (2016). ICME international survey on teachers working and learning through collaboration. *ZDM Mathematics Education, 48*, 651–690.

Robutti, O., Aldon, G., Cusi, A., Olsher, S., Panero, M., Cooper, J., Carante, P., & Prodromou, T. (2019). Boundary objects in mathematics education and their role across communities of teachers and researchers in interaction. In G. M. Liloyd & O. Chapman (Eds.), *International handbook of mathematics teacher* (Participants in mathematics teacher education) (Vol. 3, 2nd ed., pp. 211–240). Brill-Sense.

Sanchez, E., & Monod-Ansaldi, R. (2015). Recherche collaborative orientée par la conception. Un paradigme méthodologique pour prendre en compte la complexité des situations d'enseignement-apprentissage. *Education & Didactique, 9*(2), 73–94.

Shinno, Y., & Yanagimoto, T. (2020). An opportunity for preservice teachers to learn from in service teachers' lesson study: Using meta-didactic transposition. In H. Borko & D. Potari (Eds.), *Proceedings of the 25th ICMI study* (pp. 174–181). National and Kapodistrian University of Athens. http://icmistudy25.ie.ulisboa.pt/wp-content/uploads/2020/11/201114-ICMI25Proceedings6.13.2020.pdf

Siemens, G. (2005). Connectivism: A learning theory for the digital age. *International Journal of Instructional Technology and Distance Learning, 2*(1), 3–10.

Star, S. L. (2010). This is not a boundary object: Reflections on the origin of a concept. *Science, Technology, & Human Values, 35*(5), 601–617.

Star, S. L., & Griesemer, J. R. (1989). Institutional ecology, 'Translations' and boundary objects: Amateurs and professionals, Berkeley' s Museum of Vertebrate Zoology, 1907-39. *Social Studies of Science, 19*(3), 387–420.

Taranto, E. (2018). *MOOC' s zone theory: Creating a MOOC environment for professional learning in mathematics teaching education*. Doctoral Thesis. Turin University.

Taranto, E. (2020). MOOCs for mathematics teacher education: New environments for professional development. In J. P. Howard II & J. F. Beyers (Eds.), *Teaching and learning mathematics online* (pp. 359–384). CRC Press.

Taranto, E., & Arzarello, F. (2020). Math MOOC UniTo: An Italian project on MOOCs for mathematics teacher education, and the development of a new theoretical framework. *ZDM – The International Journal on Mathematics Education, 52*(5), 843–858.

Taranto, E., Arzarello, F., Robutti, O., Alberti, V., Labasin, S., & Gaido, S. (2017). Analyzing MOOCs in terms of their potential for teacher collaboration: The Italian experience. In T. Dooley & G. Gueudet (Eds.), *Proceedings of the tenth congress of the European Society for Research in mathematics education* (pp. 2478–2485). Dublin.

Taranto, E., Robutti, O., & Arzarello, F. (2020). MOOCs-UniTo: Theoretical framework and research lines on teachers and researchers. *Quaderni di Ricerca in Didattica (mathematics), Numero speciale n. 8*, 31–42. Palermo, Italy: G.R.I.M., Dipartimento di Matematica e Applicazioni. http://math.unipa.it/~grim/quaderno_2020_numspec_8.htm

15

디지털 테크놀로지를 활용하는 수학 수업 연구의 이론적 틀에 대한 논의

Nathalie Sinclair
Mariam Haspekian
Ornella Robutti
Alison Clark-Wilson

이 장에서는 테크놀로지를 활용하는 수학 수업 이론의 발달 및 적용과 관련된 주요 동향을 개관한다. 2014년 이 책의 초판이 출판된 이후에 일어난 다양한 이론의 발전을 소개하고, 이론이 새로운 질문과 학문적 통찰에 대응하기 위해 어떻게 성장하는지 예시함으로써 도구 기반 접근이 오랜 기간에 걸쳐 발전해 온 복합적인 방식을 심층적으로 검토한다. 이 장에서는 여러 이론이 기반하는 철학적 전제의 이분법을 명확히 하고, 이를 통해 서로 다른 전제와 이러한 전제가 테크놀로지 활용 수학 수업 연구에 미치는 영향에 대해 논의한다.

주요 용어: 수학교육 이론, 이론의 성장, 테크놀로지 활용 수업, 도구 기반 접근, 철학적 고찰, 가치론, 존재론, 인식론

1. 서론

이 책이 처음 출판된 2014년에는 테크놀로지를 활용하는 수학 수업의 관행을 이론화하는 것이 비교적 새로웠다. 이 분야와 관련하여 Ruthven(2014)은 당시에 사용되던 3가지 주요 이론을 소개하고 이를 통해 다양한 통찰을 제공하였으며, 이는 3가지 서로 다른 출처에서 기인한다. TPACK은 일반 교육 이론에 뿌리를 두며, '도구 기반 접근'(Instrumental Approach)은 인간 행동에 대한 심리-인체공학(psych-ergonomic) 연구에서 유래되었고, '수업 실행 양상의 구조화'(Structuring Features of Classroom Practice) 이론[1]은 테크놀로지 활용 수학 수업이라는 특수한 맥락에서 '자체 개발'되었다.

8년이 지난 지금, 이러한 이론 중 일부는 진화하였고 새로운 이론도 출현하였다. 2014년부터 2020년에 저명한 수학교육 저널 7개(부록 참조)에 발표된, 테크놀로지 활용 수학 수업에 대한 연구 논문을 검토한 결과[2], 도구 기반 접근이 최근 연구 환경에 주종을 이루며, 일부 논문은 이러한 관점을 다른 이론으로 확장하였음이 드러났다. 두 번째로 가장 많이 사용하는 분석

[1] 해당 이론의 구성 요소에 대한 아이디어는 다양한 일반 교육학 문헌에서 도출되었지만, "수업 실행 양상의 구조화 틀(Ruthven 2009)은 교실 조직과 상호 작용, 테크놀로지를 수업에 활용하기 위한 특정 쟁점과 관련된 교사의 실행 지식 및 사고 활동 등을 다룬 이전 연구가 제안한 폭넓은 개념을 수정, 보완하여 구체화되었다"(Ruthven, 2014, p. 386).

[2] 각 저널에서 "교사", "교수(teaching)", 또는 질문, 평가 등과 같이 교사의 수업 실행과 관련되는 단어, ICT, 소프트웨어, DGE 등의 테크놀로지 연관 단어 등이 포함된 논문을 검색하였으며, 해당 논문이 테크놀로지를 활용하는 수학 수업과 관련되는지 판단하기 위하여 초록과 연구 문제를 검토하였다. 이를 통해 최종적으로 논문 67편을 선정하였다.

틀은 TPACK이었다. 도구 기반 접근과 TPACK을 제외하면, 연구자들은 테크놀로지와 직접 관련되지 않는 다양한 이론을 폭넓게 사용하였다. 논문의 절반 이상은 테크놀로지와 관련되는 이론을 전혀 언급하지 않았으며, 67편 중 11편은 이론적 근거를 명시적으로 제시하지 않았다. 테크놀로지 활용 수학 수업을 뒷받침하는 이론의 도입이 더디기는 하지만, 기존 이론, 특히 도구 기반 접근과 관련하여 상당한 발전이 있었으며 이론 사이의 연결성도 확장된바, 이와 관련된 내용은 1, 2절에서 다룬다.

수학교육 연구 분야의 이론은 수학교육뿐 아니라 수학 자체와도 관련되며, 앎과 그 방법을 다루는 인식론적 전제, 개념과 같은 사물의 본성을 다루는 존재론적(ontological) 전제, 윤리적, 미학적 가치를 다루는 가치론적(axiological) 전제와도 연관된다. 모든 이론은 암묵적으로라도 이러한 전제 중 어떤 것을 선택할 수밖에 없다. 오랜 기간에 걸쳐 이론이 다양화되고 성장함에 따라, 이러한 전제를 비교하고 연결하는 것뿐만 아니라, 세계와 수학 교실에서 벌어지는 일을 해석하는 데 이론이 어떻게 작동하는지 알기 위해 이러한 전제를 명시적으로 살펴보는 것이 중요하다. 이러한 인식은 이론을 통해 얻을 수 있는 연구 결과를 더 잘 이해하는 데도 필요하다. 또한 수학교육 연구에서 전통적으로 사용되어 온 여러 이론은 특정한 인식론적 전제를 드러내며 이는 인지구조의 성장과 구축을 통하거나 실천 공동체에 참여함으로써, 또는 사회적, 경제적, 역사-문화적 입장을 통해 인식되는 반면, 존재론적, 가치론적 전제를 다루는 이론은 최근에야 등장하였다. 3절에서는 이러한 전제가 테크놀로지 활용 수학 수업의 이론화에 어떤 역할을 하는지 설명하고자 한다.

전반적으로 이 장에서는 주요 이론이 발전하는 과정에서 나타나는 몇 가지 특징을 살펴본다. 예를 들어, 수학 교수-학습을 분석하는 데 오랫동안 활용되어 온 이분법에 대한 문제 제기 등이 여기에 포함된다. 데카르트에서 기원한, 사고와 신체를 분리하는 사고-신체 이분법은 제스처와 같은 신체 활동을 통해 구성되는 앎(knowing)의 체화 방식을 강조하는 이론의 도전을 받았다. 이외에도 자연-문화, 인지-정서(cognition-affect), 과정-결과, 절차-개념, 직관-논리, 기술중심-인간중심 관점, 좀 더 일반적으로는 인간-비인간[3] 등의 이분법이 있다. 테크놀로지를 활용하는 수업 상황에서 사고-신체 이분법은, '기호학적[4] 중재 이론'(Theory of Semiotic Mediation, Bartolini-Bussi & Mariotti, 2008) 또는 '기호 묶음'(Semiotic Bundle, Arzarello, 2006) 개념과 같이, 수업에서 교사가 주목하거나 실행하는 제스처 등의 신체 활동을 다루는 이론의 정교화를 통해 완화되었다. 인지적 과정과 정서적 과정을 구별하기 어려운 특징 때문에 사고와

[3] 이는 사고할 수 있는 인간과, 동물, 식물, 돌 등과 같이 사고하지 못하는 것을 구별하기 위해 오랫동안 존재해온 이분법이다. 수학에서 이 이분법은 컴퓨터 기반 증명과 관련된 첨예한 논쟁에서 드러났다. 기계가 생각하고 알고 학습하여 수용 가능한 증명을 생성할 수 있는가? 아니면 타당한 증명은 인간만이 행할 수 있는가? 컴퓨터 과학의 연구 활동 전반은 의미론(semantics)을 통해 바로 이러한 질문을 다루어 컴퓨터 과학의 확고한 정당성을 모색하는 데 전념한다.

[4] 역자 주: 기호학(semiotics)은 기호현상(semiosis) 및 의미의 소통을 다루는 학문 분야이다(Presmeg, 2014).

정서에 대한 이분법도 느슨해졌다. 이 이분법은 교수-학습의 인지적 측면과, 사회적 측면 및 정서적 측면을 별도의 절로 다룬 **수학교육 심리학회의 두 번째 핸드북**(Second Handbook on the Psychology of Mathematics Education, 2016)과 같이 연구의 초점을 전적으로 둘 중 하나에만 두었을 때 명시적으로 드러난다.

테크놀로지 활용 수학 수업의 맥락에서, 이상과 같은 이분법에 문제를 제기하는 여러 이론은 테크놀로지 활용에 정서가 미치는 영향을 주요하게 다룬다. 예를 들어, 나눗셈하기, 방정식 풀기, 그래프 그리기 등과 같이 수기로 하던 많은 활동을 테크놀로지로 수행할 때 변화되는 학교 수학의 여러 내용과 관련하여 교사가 느끼는 불확실성을 기존 이론으로 어떻게 처리할 것인가? 일부 수학교육 이론을 재검토함으로써 이러한 이론이 암묵적으로 사용하거나 경우에 따라서는 이러한 이론을 해석하기 위해 도입하는 이분법을 더 잘 이해할 수 있으며, 이를 통해 좀 더 일반적인 관점에서 수학교육 분야에 대한 지식을 생산적으로 성장시킬 수 있다.

최종적으로 이 장은 다양한 이론과 이들이 활용되는 방식에 대해 상세하고 믿을만한 설명을 제공하고자 한다. 그러나 저자들의 철학적 견해와 이들이 중요하고 흥미롭게 여기는 바는 저자들의 문화적 배경 및 가치관과 관심사에 영향을 받기 때문에 이 글이 완전히 중립적으로 작성되었다고 주장하기는 어렵다. 이는 어떤 이론이라도 사용할 가치가 있다거나 모든 이론이 어느 정도는 타당하다는 주장을 하려는 것은 아니다. 나아가, 저자들은 교사, 학생, 연구자를 암묵적으로라도 소외시키거나 평가절하하려는 모든 이론에 비판적 태도를 견지한다.

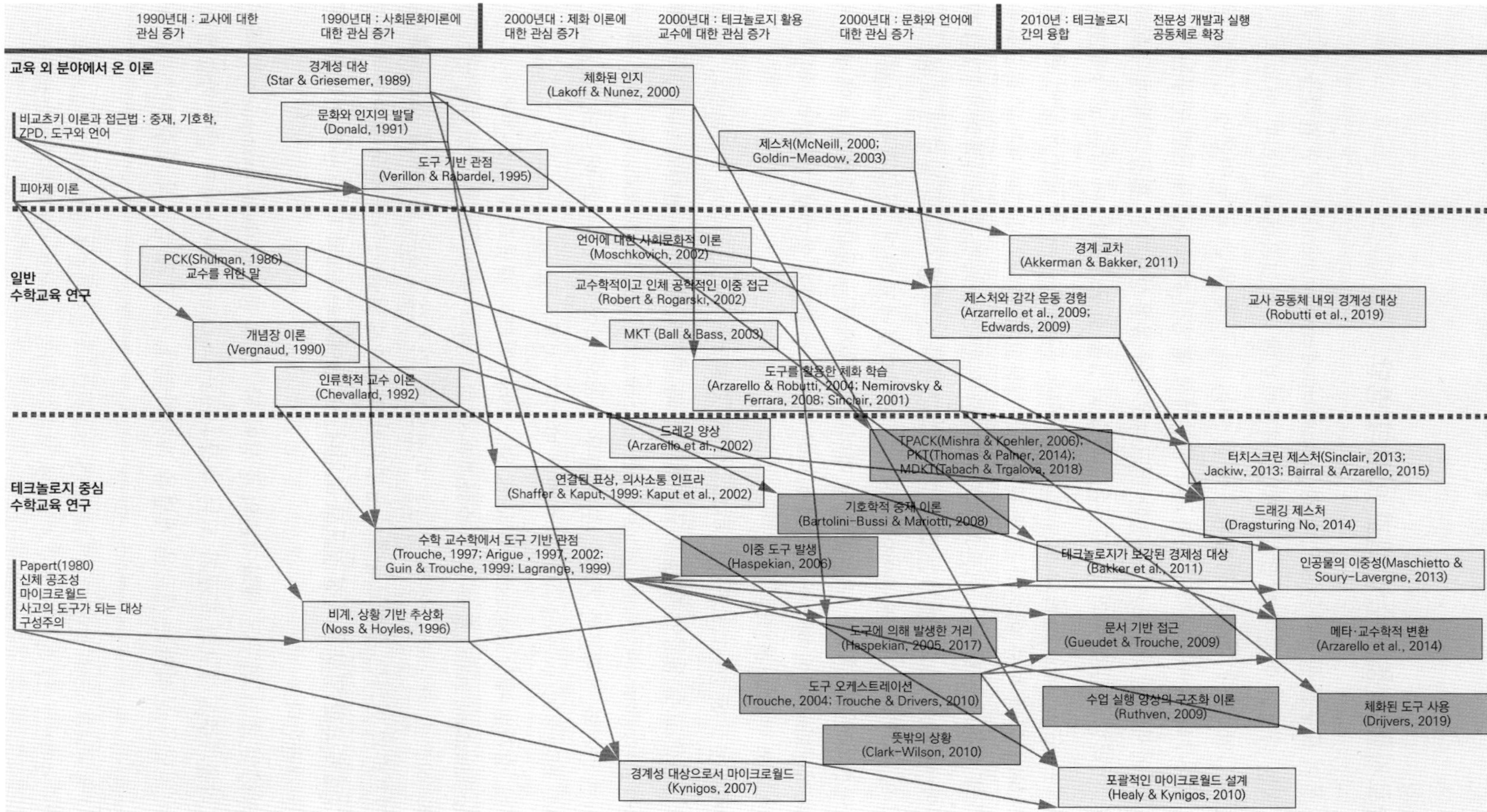

[그림 1] 세대에 걸친 이론과 주요 개념의 출현

2. 테크놀로지를 활용한 수업 관련 이론의 발달

오늘날에 들어 **도구를 활용하는 수업 환경**(instrumented environment)의 **교수** 관행을 연구하는 데 토대가 되는 다양한 이론이 발달하였지만, 되돌아보면 수학교육에서 이러한 이론은 [그림 1]에서 보듯이 1960년대 **학생의 학습**과 관련된 여러 연구 및 일반 교육 이론에 근거를 두고 있다. 1960년대부터 1990년대까지 수학교육 분야에서 행해진 테크놀로지 관련 연구는 이러한 일반적인 발전에서 출발하였으며, 특정한 테크놀로지의 **유용성**보다는 활용 자체에 주목하여 수행되었다. 이러한 이유로 여러 연구는 주로 **학습 과정**을 탐구하였다. 이 장은 교사에 초점을 두지만, 현재와 같이 교수 이론을 다루는 상황에서도 학습 이론의 확고한 영향이 존속하는 이유를 이해하기 위해 학습 이론의 발전 과정도 분석하고자 한다. 이 절에서는 수학교육에서 테크놀로지의 사용과 관련되는 이론의 발달에 대한 복합적인 과정을 도식화하여 [그림 1]의 맨 아래 행에 나타낸다. 2절에서는 도구 기반 접근이라는 특정 이론의 발달에 초점을 두어 테크놀로지 및 수학교육 이외의 분야에 속한 연구도 살펴보려고 하며, 이를 통해 [그림 1]의 세 행에 걸친 이론의 연결 관계가 모두 드러날 것이다. 3절에서는 현재의 주류 이론에서 벗어나 새로운 고려 사항과 전제에 비추어 미래의 이론이 어떻게 성장할지 알아보고자 하며, 이는 [그림 1]의 가장 오른쪽 열과 관련된다.

[그림 1]에서 보듯이 2000년대 중반 이후 교사에 주목하는 이론의 수가 증가하였다. 이러한 이론 중 한 그룹은 교수 상황에 대한 도구 기반 접근과 관련되며, 이는 '인지와 인체공학 기반의 도구 활용 관점'(cognitive-ergonomic instrumental approach, Vérillon & Rabardel, 1995)과 연관이 있다. 한편 인지와 인체공학 기반의 도구 활용 관점은 피아제(Piaget)와 베르뇌(Vergnaud)의 스키마 개념, 비고츠키(Vygotsky)의 중재 개념 및 도구 사용(instrumentation)의 사회적 측면에 뿌리를 둔다. '경계성 대상'(boundary objects, Star, 1989)이라는 개념과 교수-학습에서 제스처의 역할(Goldin-Meadow, 2005) 등과 같이 수학교육 이외의 연구 분야는 시간이 지남에 따라 교사에 주목하는 이론의 발달에 다양한 영향을 미쳤으며, 터치스크린의 출현처럼 소프트웨어 및 하드웨어 인프라의 변화는 수학교육에서 광범위한 이론의 발달을 가져와 결국 교사에 주목하는 이론의 성장에 주요한 영향을 미칠 것으로 보인다. 이 절에서는 [그림 1][5]을 통해 이러한 이론의 발달 과정을 개관한다.

Papert(1980)의 초기 연구는 체화이론의 중심이 된 '신체 공조성'(body syntonicity), 마이크로월드, 브리콜라주, '사고의 도구가 되는 대상'(objects-to-think-with) 등과 같이 학습에서 테크놀로지의 역할을 분석하는 새로운 개념을 제시하였다. 로고와 컴퓨터 대수 시스템(CAS),

[5] 이 그림을 통해 관련 이론과 개념을 모두 나타내려는 것은 아니며 이론의 발달과 연결 관계의 동향을 살펴보고자 하였다. 교사에 주목하는 이론은 음영처리를 하였으며, 연대순에 따라 대략적인 시대별 변화를 알아볼 수 있도록 작성하였다.

스프레드시트, 동적 기하 환경(DGE)과 같은 소프트웨어의 확산으로 인해, 테크놀로지와 관련된 문헌은 처음에는 주로 수학 학습을 변화시킬 테크놀로지의 잠재력을 기술하는 데 제한되었다 (Lagrange et al., 2003 참조).

1990년대부터 **비계** 및 **상황 기반 추상화**(situated abstraction) 등의 개념으로 학습이 일어나는 **방식**을 설명하려는 새로운 이론적 시도가 있었다(Noss & Hoyles, 1996 참조). 이러한 개념에는 피아제 및 상황 인지 등의 일반 교육 이론이 적용되었다. 브루너(Bruner) 등이 제안한 일반 수준 이론의 아이디어에서 시작된 표상 개념은 테크놀로지가 제공하는 표상에 주목한 Kaput(1989)의 연구를 통해 테크놀로지를 중점적으로 다루는 연구에 도입되었으며, 이로부터 표상과 관련된 일반 이론이 성장하였다. Drijvers et al.(2010)에 따르면 "새로운 테크놀로지와 이러한 테크놀로지가 제공하는 잠재성을 명확히 하려는 시도에 의해 표상에 대한 일관된 이론적 틀이 윤곽을 갖추게 되었다"(p. 97).

그러나 이러한 정교화의 대부분은 여전히 **학습 현상**만을 다루었다. 여기에는 "교수"라는 단어가 빠져 있으며, 학습 개념뿐 아니라 교사라는 전제와 관련되는 어떤 것도 언급되지 않았다. 물론 교사 교육에 대한 고민은 항상 존재하였다. 실제로 1992년 PME의 기조 강연에서 셀리아 홀리스(Celia Hoyles)는 교사 교육을 강조하였다. 그러나 홀리스는 주로 가르치는 데 필요한 수학 지식을 규정하는 데 중점을 두었다. 학습 내용의 전달 문제가 대두되면서 **교사**에 대한 연구가 점차로 등장하였으며, 테크놀로지를 **활용**하는 교수 관행에 대한 연구도 시작되었다. 1992년에 쉐발라드(Chevallard)는 "숙련된 교수학적 파수꾼"(a functionally integrative didactic stewardship, Chevallard, 1992, p. 195)을 명시적으로 관리하지 않으면 모든 교육 혁신은 실패할 것이라고 경고함으로써, 테크놀로지의 통합과 성공은 교사에게 달려있음을 강조하였다. 10년 후 Mariotti(2002)는 비록 아주 짧은 절에서지만, 테크놀로지 활용 수학 학습의 핵심적인 고려 사항으로 교사의 역할을 다루었다. 얼마 후 Mariotti(2009)는 DGE 활용 수업에서 교사의 역할을 분석하였다.

2000년대에 들어 교사에 대한 관심이 확대되었다. 예를 들어, 일부 연구는 그래픽 계산기에 대한 교사의 인식에 주목하였다(Simonsen & Dick, 1997; Tharp, Fitzsimmons & Ayers, 1997). 이 시기가 되면서 '도구 오케스트레이션'(Instrumental Orchestration) 개념은 그 자체로 하나의 틀이 될 정도로 성장하였으며, 이는 도구 기반 접근을 교사에게로 확대한 결과였다. 또한 CERME 학회는 CERME 8(2013)에서 테크놀로지와 관련되는 1개의 TWG를 CERME 9(2015)에서는 2개로 확대하였으며, 그 명칭도 '수학교육에서 테크놀로지 및 자원'에서 '자원 및 테크놀로지 활용 수학 교수'(TWG 15)와 '자원 및 테크놀로지 활용 학습'(TWG 16)으로 변경하였다. 2014년에 이 책의 초판(Clark-Wilson et al., 2014)은 테크놀로지 활용 수업을 다룬 다양한 이론을 소개하였으며, 이를 통해 교수 활동에 새로운 테크놀로지를 도입하는 것이 얼마나 복잡한지에 대한 인식의 확장을 가져왔다.

수학 수업과 테크놀로지의 통합을 다룬 연구는 이제 수업에 관한 일반 연구에도 기여한다. 이를테면 '메타-교수학적 변환'(Meta-Didactical Transposition, Arzarello et al., 2014; Robutti, 2020)이라는 새로운 연구 분야의 성장을 보자. 교사 전문성 개발과 교사 교육에 중점을 두었던 메타-교수학적 변환은 특정 시점의 교사 지식이나 구체적인 수업에서 교사가 수행하는 활동에 주목하기보다, 정책 연구 상황에 공동으로 참여하는 교사와 연구자의 '프락시올로지'(praxeology)[6]가 어떻게 성장하는지와 같이 이들의 활동에서 드러나는 공통 성질을 기술하고 그 이론적 정당화를 모색함으로써 '공유된 프락시올로지'(shared praxeology)의 성장 과정을 모델링하였다. 이 틀은 '인류학적 교수 이론'(anthropological theory of the didactic, Chevallard, 1989)에서 발전하였으며, 이는 수업에 주목한 쉐발라드와 달리 전문성 개발 과정에 참여하는 교사에 주목함으로써 가능하였다.

이론을 그 역사적 기원에 따라 분류할 수도 있지만, 이론을 통해 해석하고자 하는 현상에서 주목하거나 무시하는 바에 비추어 그 차이를 살피는 것도 흥미롭고 중요하다. 예를 들어, Ruthven(2014)이 지적하였듯이, TPACK은 교사의 명시적 지식에 중점을 둔 반면, 수업 실행 양상의 구조화 이론은 교사의 전문성과 관행에 주목하며, 이는 대부분 매우 암묵적이다. 수업 실행 양상의 구조화 이론은 자원 체계에 새로운 툴(tool)을 통합하여 활동 구조를 조정하는 데 "좀 더 차별화된 특징"(p. 391)을 보이지만, 도구 오케스트레이션 이론은 수학 지식에 대한 학생의 '도구 사용'(instrumentation) 과정에서 교사가 취하는 특정 행동 패턴을 구체화한다. '문서 기반 접근'(Documentational Approach)[7]은 교사의 활동을 다양한 툴 및 자원의 활용과 관련하여 수업뿐만 아니라 전문적인 업무 전반을 수행하는 과정으로 간주한다(Trouche et al., 2019).

이론은 또한 이론을 통해 생성하거나 주장하는 이분법에 비추어 구별될 수 있지만, 이러한 이분법 대부분은 명시적으로 기술되지 않고 암묵적으로 가정되는 경향이 있다. 예를 들어 Ruthven(2014)이 논한 3가지 이론과 관련하여 인지-정서 이분법은 이러한 이분법이 미치는 영향에 누구도 주목하지 않는다는 점에서 유지되며, 이는 기본적으로 교수-학습을 인지적 활동으로 간주하도록 만든다. 교사는 자신이 지도하는 과목의 미학적 측면과 학생이 드러내는 정서적 실마리에 부응하며 수학 학습을 풍부하게 할 만한 다양한 과제 중에서 학생들에게 즐거움이나 놀라움, 만족감을 줄 만한 과제를 선택한다. 교사는 학생에게 불안감이나 좌절감을 주지 않기 위해 교수학적 결정을 내리지만, 테크놀로지를 활용하는 수업과 관련되는 이론은 이러한 현상을 의미 있게 고려하지 않는다. 3절에서 다룰 다른 예는 정신-물질 이분법이다. 지금까지 논의된 모든 이론은 교사이든 학생이든 모든 인간 주체는 의도적 행위자이며 지식의 생성자로서 중요시하는 반면, 테크놀로지에는 좀 더 수동적이고 중재적인 역할을 부여함으로써 정신-물질

[6]역자 주: 반사적이거나 비의도적인 반응과 달리 목적 지향적인 인간 행동을 다루는 연구 분야이다.

[7]역자 주: 교수학에서 문서 기반 접근의 목표는 교사가 가르치기 위해 사용하거나 설계하는 자원을 통해 교사의 전문성 발달을 이해하는 데 있다(Brousseau & Warfield, 2014).

이분법을 고수한다. 여러 연구는 이러한 이분법을 비판하면서, 물리적 대상과 디지털 사물 및 환경의 다양한 측면에 해당하는 물질세계로부터 앎의 주체를 분리할 수는 없으며, 지식은 인간과 툴의 관계(Latour, 1987)나 수학, 물질, 수학자 사이의 '작용 관계'(dance of agency, Pickering, 1995)에서 생성된다고 주장한다. 서로 다른 이론의 네트워킹을 고려할 때 여러 이분법을 살펴볼 필요가 있으며 이를 통해 특정 이분법을 하나로 융합하려는 시도가 이론적으로 매우 생산적인바, 다음 절에서 이를 예시하고자 한다.

3. 이론 발전의 예, '도구 기반 접근'

수학교육에 테크놀로지를 통합하자는 주장의 근거 중 하나는 테크놀로지를 통해 학생들이 계산 활동보다 개념 활동에 주목할 수 있다는 점이다. 이러한 대조는 신체와 정신에 대한 포괄적인 이분법의 일부이며 데카르트에서 시작하여 여러 철학자, 심리학자, 교육학자들이 역사 전반에 걸쳐 주장한 관점으로, 신체 활동보다 인지 활동에 좀 더 '고귀한' 위계적 가치를 둔다. 도구 기반 접근은 도구의 '기술적(technical)' 사용과 도구 사용에 필요한 '인지적' 개념화 사이의 이러한 이분법에 의문을 제기한다.

3.1. 도구 기반 접근의 개요

Rabardel(1995)에 따르면 인지와 행동 사이의 관계에 대한 연구는 현대 심리학의 주요 과제 중 하나이다. Vérillon & Rabardel(1995)에 의해 인지-인체공학의 맥락에서 탄생한 도구 기반 접근은, 툴과 관련된 학습 과정에 초점을 둔 비고츠키의 이론화 작업에서 영향을 받았다. 주체-객체라는 고전적인 이분법 모델을 뛰어넘어 주체와 객체 사이에, 주체와 인공물 모두를 고려하는 혼합 개체로서 도구라는 세 번째 축이 도입되었다. "도구는 그 자체로 존재하지 않으며 주체가 이를 자신에게 맞도록 최적화하였을 때 도구가 된다"(Vérillon & Rabardel, 1995, p. 84). 이러한 맥락에서, 인지적 구성 요소는 주체가 인공물을 활용함으로써 학습한 바를 의미한다. 결과적으로 도구는 그것이 도구가 되는 과정에서 특정 과제를 수행하는 누군가에게 종속된다(Trouche, 2020). 주체의 행동을 통해 인공물이 도구가 되는 과정을 '도구 발생'(instrumental genesis)이라고 한다.

도구 기반 접근은 수학 수업에 테크놀로지를 통합하는 것과 관련하여 "충족되지 못한" 기대 때문에 수학 교수학에 도입되었다. 그러나 역설적이게도 테크놀로지는 다양한 자원과 교육과정 모두에 명시적으로 언급되어 왔다. 프랑스에서 이러한 역설을 다룬 첫 번째 연구는 CAS와 같은 계산 소프트웨어 및 기호 계산기와 관련되었다(Guin & Trouche, 1998). CAS연구에 따르면 실제 교수 상황은 앞서 논의된 긍정적인 주장에 비해 훨씬 복잡하다. 예를 들어 CAS와 같은 툴을 수업에 도입하면 학생들이 보일 반응의 수는 상당히 증가하지만, 이는 교사가 의도했거나 예상한 바가 아니다. 기호 계산기에 의해 새로운 유형의 과제, 교육과정에서 의도한 바와는 다른 수학 개념이 담긴 도구적 대상이 다루어지게 되었다. 더욱이, 교육과정 및 제도적인 평가에서 제시하는 교수학적 목표와 관련되는 전통적인 종이 기반 전략에 따라 도구를 활용하는 수업 환경의 활동과 과제를 설명하는 것도 그리 자명하지 않았다.

이제까지 과소평가되거나 무시되어 온 '이중 복잡성'(double complexity) 문제가 다음과 같이 제도적 측면과 도구적 측면에서 드러났다.

- 제도적 측면: 가르칠 지식은 제도적 맥락에 따라 달라진다. 이는 '수학자'의 지식에 교수학적 변환(Chevallard, 1985)을 가한 것으로, 이러한 변환은 지식을 가르치는 제도적 맥락에 따라 고유한 특징을 지닌다.

- 도구적 측면: 인공물은 교수-학습 상황에서 중립적으로 다루어질 수 없다. 인공물을 통해 그 사용법, 도구적 지식, 기호, 의미 등이 함께 전달되며, Balacheff(1994)의 컴퓨터 변환 개념이 보여주듯이 수학 지식의 기술 공학적 변환도 일어난다. 도구는 지식을 제도적으로 의도된 바와는 다른 지식으로 변환한다. 이처럼 '도구에 의해 발생한 거리' (instrumental distance, Haspekian, 2005)는 인공물에 따라 차이가 있다.

이러한 이중 복잡성을 해결하기 위해 여러 연구자들(Artigue, 1996; Trouche, 1997; Lagrange 1999; Defouad, 2000)은 **인류학적 교수 이론**(anthropological theory of the didactic, Chevallard, 1999, 이하 ATD)과 **도구 기반 접근**(Rabardel, 1995; Vérillon & Rabardel, 1995)을 통합하였다. ATD는 이중 복잡성의 조건과 제약을 제도적 차원에서 다루며, **도구 기반 접근**은 인간 사용자인 주체의 개념화 과정에서 인공물을 사용하는 것과 같이 '사고 과정에서 제스처'가 갖는 비중립적인 역할을 도구적 차원에서 설명한다.

ATD는 수학교육의 교수학적 변환론(Chevallard, 1985; Chevallard & Bosch, 2020)을 토대로 한다. 지식은 만들어져서 이론화되는 순간부터 교수 상황에서 사용되는 순간까지 다양한 변환 과정을 거치며, 이러한 변환을 통해 특정 교육 제도 하에서 가르쳐질 지식으로 선별되어 다듬어진다. ATD는 수학적 활동을 일반적인 인간 활동으로 해석하며, 인간 활동을 설명하는 일반 모델을 프락시올로지로 삼아 수학적 활동의 이론적 차원에 속하는 지식과 실천적 차원의 노하우를 연결하여 동등한 가치를 부여한다(Bosch & Gascon, 2006).

이상의 2가지 이론적 관점을 통합한, **수학 교수학에 대한 도구 기반 접근**(instrumental approach in didactics of mathematics)은 학문적 지식의 생성과 관련된 도구의 역할에 의문을 제기함으로써 이분법을 소생시킴과 동시에 이를 극복하였다. 특히, 도구 기반 접근은 '마음'이나 '신체' 등과는 무관한 ATD를 통해 **사용하기 쉽게 제공되는 도구**(instrumented techniques)[8]라는 아이디어에 주목하며, 인지 인체공학 관점에서 활용 스키마 개념(Vergnaud, 1990)을 취한다. 이는 주체와 툴 사이의 존재론적 구별을 필요로 하며, 주체가 툴을 이해하고 활용하는 방법을 설명하기 위해 심리 과정인 스키마의 도입을 필요로 한다. 물론 이러한 스키마를 직접 볼 수는 없으며 두뇌에 **존재한다고 추론할 뿐이다**. 도구 기반 접근은 활용 스키마 개념을 통해 정신과 신체를 연결하며, 주체의 인공물 사용을 도구의 기원으로 설명한다.

테크놀로지를 중재를 위한 보조적인 툴로만 보는 견해에 도전하여 수학 자체와 유기적으로 통합하려는 시도는 도구 기반 접근을 성장시키는 데 중요한 역할을 하였다. 오래 전부터 Shaffer & Kaput(1999) 등이 수차례 지적하였듯이, 지필 수학은 고정적이고 보편적인 대상이 아니며, 테크놀로지가 한낱 표상에만 쓰이는 것도 아니다. 이것이 교사에게 급진적인 변화가 요구되는 이유이다.

3.2. 교사를 중심으로: 도구 오케스트레이션, 교사의 도구 발생, 문서 기반 접근

도구 기반 접근은, 학생과 인공물, 도구 발생, 사용 스키마, 도구에 의해 발생한 거리 등에 비추어 인공물을 통한 학습에서 여러 인공물을 활용하는 교수에 초점을 두는 방향으로 변화를 거듭하였다. 이로 인해 다음과 같이 상호 관련되는 다양한 확장이 일어났다.

- 개별 주체의 도구 사용에서 교사에게로 초점이 확장되었다. 이를 통해 학급을 관리하고 학생의 도구 발생을 돕는 교사 활동을 **도구 오케스트레이션**(Trouche, 2004) 개념으로 다루게 되었다. 이러한 도구 오케스트레이션은 도구 사용의 집단적, 협력적 차원에 좀 더 관심을 둔다.
- 교사의 도구 발생을 분석함으로써 도구 발생의 아이디어를 교사까지 확장하였다.
- 인공물 개념을 교사의 자원으로 확장하여 **문서 기반 접근**을 유도하였다(Gueudet & Trouche, 2009).
- 관찰 관점을 전체적 접근으로 확장하여 교사의 문서 기반 접근 가능성을 다각도로 탐색하는 **자원 기반 접근**(resource approach)이 가능해졌다.

학생의 도구 사용(instrumentation)에서 교사의 도구 사용으로 관점이 전환됨에 따라, 학생의 도구 발생을 유도하고 수업을 실행하는 데 인공물 사용과 관련되는 사회적 스키마를 활용하려는 여러 시도는 학생의 도구 발생을 관리하고 안내하는 역할로서 교사의 활동을 국한하는 데

[8]역자 주: 도구화보다는 도구 사용에 가까운 개념으로, 해당 도구를 사용하는 방법이나 절차가 수월하여 이를 사용할 수밖에 없도록 제공되는 도구를 이른다.

의문을 불러일으켰다. 이에 Trouche(2004)는 학생의 도구 발생을 지원하는 수업을 조직하기 위해 교사가 수행할 필요가 있는 작업을 도구 오케스트레이션 개념으로 구체화하였다. **도구 오케스트레이션**에는 **교수학적 배치**(didactic configuration)와 **활용 양식**(exploitation mode)이 포함되며, 이러한 아이디어는 추후에 좀 더 발전되었다(Trouche & Drijvers, 2010). 예를 들어, Drijvers(2010)는 도구 오케스트레이션에 **교수학적 실행**(didactical performance)을 추가하였으며, Drijvers et al.(2013)은 도구 오케스트레이션의 유형을 전체 학급 활동/개별 활동, 교사 중심 수업/학생 중심 수업 등으로 분류하였다. 이는 기존 유형을 변형하여 새로운 오케스트레이션을 제안함으로써 **일련의 오케스트레이션**(chains of orchestration, Besnier & Gueudet, 2016)을 탐색한 후속 연구에 기여하였다.

라바델(Rabardel)의 도구 발생 개념을 학생뿐 아니라 교사에게 적용함으로써 교사라는 변수에 좀 더 주목하게 되었다. 이러한 확장을 통해 교사의 사적인 도구 발생과 교수학적 도구 발생을 결합한 **이중 도구 발생**(double instrumental genesis)이라는 아이디어가 구체화되었으며(Haspekian, 2011), 교수 관행을 **인체공학적 측면**과 **교수학적 측면에서** 다루는 **이중 접근** 이론(Robert & Rogalski, 2002)이 생겨났다. 이를 통해 수학교사가 수업에서 테크놀로지를 활용할 때, 도구에 의해 발생한 거리가 왜 그리고 어떻게 문제를 만드는지 제대로 설명할 수 있게 되었다(Haspekian, 2017). 이중 접근 이론은 도구 기반 접근과 관련을 맺음으로써 교수학적 관점과 결합된 인지 인체공학 이론의 토대를 마련하였다. Gueudet & Trouche(2009)는 테크놀로지를 활용하는 수업의 교사 활동에 주목하여 라바델이 구별한 '인공물/도구'(artefact/instrumen) 개념을 교사의 자원에 적용함으로써 "자원/문서"(resource/document)를 구별하여 설명하였으며, 이로부터 교수학에 대한 **문서 기반 접근**이 가능해졌다.

네 번째 이론적 확장은 문서 기반 접근에 따라 교사의 역할을 전체적인 관점에서 설명하고자 하는 **자원 기반 접근**으로, 이는 교사가 역할을 다하는 데 필요한 모든 것을 고려한다. 이는 교육을 위해 행위자가 어떤 것을 사용하거나 고안하며, 어떤 활동을 하는지에 주목한다. 자원이란 개인이나 조직이 효과적으로 기능하기 위해 활용하는 것을 의미한다(Trouche, 2019). 이러한 접근을 통해 누군가의 행위를 행위자의 지식이나 신념 같은 개별 특징보다는 행위와 관련되는 모든 것에 직접적으로 연결할 수 있다. 이는 교사의 전문적 활동을 일종의 과정으로 다룸으로써 디지털 자원뿐만 아니라 교육과정과 인지 자원을 다양한 맥락에서 연구하는 데 활용되었으며, 자원의 복잡성을 적절히 관리할 필요가 있음이 드러났다.

앞서 설명한 4가지 이론적 확장에 Drijvers et al.(2019)이 오케스트레이션에 관한 문헌에서 다룬 1가지를 추가하면 다음과 같다. "수학교육, 특히 교사 교육의 가치를 확대하는 5가지 지향에는 (1) 학생 중심 오케스트레이션으로 전환, (2) 오케스트레이션 레퍼토리의 확장, (3) 일련의 오케스트레이션, (4) 교수학적 실행, (5) 교사와 학생의 제스처 등이 있다"(p. 400). 여기서 다섯 번째는 수학적 사고와 학습에서 제스처의 중요성을 강조하는 체화된 인지 이론을 도구 기반 접근과 통합하는 데 목표를 둔다.

테크놀로지를 활용한 학습 맥락에서 주목하는 체화는 신체 동시성 개념을 다룬 Papert(1980)에 기반한다. 이후로 체화된 인지 이론은 Lakoff & Núñez(2000)의 은유적 접근(Sinclair, 2001; Edwards, 2009), 기호학적 접근(Arzarello & Robutti, 2008; Arzarello et al., 2009; Arzarello et al., 2015), 현상학적이면서 신유물론적인 접근(Sinclair et al., 2013; Nemirovsky & Ferrara, 2008) 등과 관련하여 다양하게 사용되었다. Drijvers et al.(2019)은 기호학적 접근에 따라 제스처를 "물리적" 차원이 아닌 "상징적" 차원에서 수학적 기법으로서 탐구하였다. 이는 수학 교수학에서 도구 기반 접근이 ATD에 기반하며, 수학적 기법에 대한 연구가 쉐발라드의 프락시올로지 개념과 밀접하게 관련되기 때문이다.

4. 수학교육 이론 발달에 대한 고찰

1980년대에 주로 거북 기하(Papert, 1980)를 통해 학교 수학에 테크놀로지가 도입된 이후 다양한 종류의 소프트웨어가 급속도로 발전하여 전 세계로 확산됨에 따라 연구자들은 이를 이론적으로 규정하는 방법을 찾고자 하였다. 이는 피아제의 수학교육 이론처럼, **학생들이** 테크놀로지를 활용하여 학습한 수학에 비추어 시도되었다. 이론은 수학교육 외부의 견해에 기반하여 개별 학생과 툴 사이의 상호 작용을 설명하는 데 활용되었으며, 인지 인체공학적인 도구 기반 접근이 그 하나의 사례이다.

현대 사회는, 광범위하며 고도로 통합되고 상호 연결 가능한 기반 시설을 갖춘 테크놀로지 활용의 3세대에 해당한다. 실제로, 예전에는 분리되었던 의사소통과 표상 인프라(Hegedus & Moreno-Armella, 2009)는 이제 다양한 어포던스를 지닌 복합 망으로 통합되었다. 연구자들은 상호 연결된 이러한 인프라에 기반하여 학생과 교사가 활용하는 툴을 어떻게 해석할 수 있을까? 최근 들어 이러한 기술 인프라의 변화에 부응하는 이론이 출현하였다. 예를 들어, 교사 관련 이론인 메타-교수학적 변환(Arzarello et al., 2014)은 MOOC(Massive Open Online Courses) 맥락 내에 '연결주의'(connectivism, Siemens, 2005)와 연합하여 새로운 유형의 인프라를 탐색하고 교사들의 온라인 공동 작업을 분석하였다(Taranto et al., 2020). 나아가 변화하는 철학적 관점에 부응하는 이론도 등장하였다. 이를테면 이론-실천 이분법을 해체하려는 역동적인 사회-물질적 배경 하에서 경계성 대상 개념(Star & Griesemer, 1989)을 교사 전문성 개발(Robutti et al., 2019) 및 교사 실행 연구(Sinclair et al., 2020)에 활용하여 여러 공동체가 특성화되는 과정과 이들 사이의 상호작용 현상이 해석되었다.

보다 일반적인 관점에서, 이론 발달의 몇 가지 계기를 다음과 같이 특정할 수 있으며, 이 중 일부 이론은 이미 그 발달이 시작되었다.

- 기존 이론 및 도구 오케스트레이션과 같은 이론적 개념을 적용하여 촉각성 등과 같은

새로운 디지털 경험 현상(Sinclair & de Freitas, 2014)이나 체화와 같은 기존 현상의 새로운 측면(Drijvers et al., 2019)을 설명하는 것.

- 설정한 구성 요소와 성과에 비추어 기존 이론이나 새로운 이론을 보다 포괄적이고 신뢰할만한 방식으로 연합하는 것(Prediger et al., 2008 참조).
- 정서의 미세한 순환에서, 토론과 툴의 활용 등 중간 수준의 변화와, 제도 및 학문 수준의 장기적 측면에 이르기까지 수학 수업에 영향을 미치는 다양한 규모의 현상과 교사 전문성 개발(Lemke, 2000)을 탐구하고 설명하는 것. 여기서 규모는 해당 맥락을 공동결정 수준에 비추어 살펴봄으로써 제도적 관점에서 파악된다(Chevallard, 2002; Barquero, Bosch & Gascón, 2013).
- 학습의 본질, 수학적 대상의 상태, 수학 및 수학 교수-학습에서 가치의 역할 등과 같이 기존의 철학적 전제에 의문을 제기하여, 이러한 전제가 현재의 기회와 도전을 생산적으로 다루는 새로운 이론적 아이디어를 어떻게 만들어내는지 확인하는 것.

다음 절은 이론의 철학적 전제를 제고함으로써, 이론의 연합 가능성, 수학 교수-학습에 쟁점이 되는 다양한 규모의 현상, 기존의 이분법 등에 대해 새로운 통찰을 제공한다.

4.1. 테크놀로지 관련 이론에 대한 철학적 검토

2가지 주요 이론적 경향이 수학교육에 대한 지난 수십 년간의 연구를 지배하였다. 첫 번째 경향은 인지 주체가 지식을 **자발적인 방식**으로 구성한다는 인식론적 입장을 띠는 학생 중심 이론으로, 구성주의와 급진적 구성주의가 여기에 속한다(Radford, 2008). 이 이론에 따르면 지식은 수동적으로 습득되지 않으며 능동적으로 구성되는 것으로, 이는 행동주의와 같이 학습을 선행 전이 이론으로 해석하는 것을 거부한다. 구성주의 이론 중에는 구성과 관련된 사회적 과정에 주목하는 '상호주의' (interactionism)도 있다. 인식론적으로 이러한 이론은 현실에 대해 특정 지식을 소유하는 것은 불가능하며, 주체의 경험적 현실을 조직하는 적응적 특징에 비추어 지식을 개념화한다. 이는 지식의 존재론적 실제를 거부하는바, 이러한 인식론적 입장은 칸트 철학에서 기원하였다. 그러나 칸트는 수학을 특정 지식의 패러다임, 즉 존재론적 실제로 본 반면, 수학교육에서 구성주의에 큰 영향을 미친 피아제는 모든 지식을 가설적으로 보고, 지식의 확실성보다는 그 적응성에 주목하였다.

이상에서 설명한 이론은 사회적 과정의 중요성을 고려하기는 하지만, 인지 주체를 주체가 행위하고 앎을 구성하는 문화와 분리하여 다루는 이분법을 따른다(Lerman, 1996). 사회적 구성주의에서 교사는 학생들이 지식을 구성하도록 돕는 동시에 수업에서 이러한 지식이 활용되도록 안내하기 때문에 핵심적인 역할을 한다. 구성주의와 달리, '교수학적 상황론'(Theory of Situation)은 학생이 자신의 지식을 구성한다는 구성주의적 전제를 계승하지만, **상황과 환경**(milieu)이라는 개념을 통해 사회를 고려하며 목표하는 문화적 지식이 존재한다고 가정한다. 이는 교사가 학생의 지식과 문화적 지식의 경계를 넘나든다는 것을 의미한다. 사회적 구성주의와 교수학적 상황론에 따르면, 새로운 테크놀로지를 활용하려는 교사는 역사적으로든 교사의 이전 경험에서든 학생의 지식을 합법화하고 이를 문화적 지식과 연결시키는 2가지 맥락 모두에서 상당한 어려움에 직면할 수 있다.

두 번째 경향은 사회-문화적 접근으로 여기서 자발성은 지식 구성의 전제가 아니다. '기호학적 중재 이론'(Theory of Semiotic Mediation, 이하 TSM)에서 보듯이, 이러한 접근은 지식이 언어와 툴을 통해 역사적으로 생성된다고 가정한다. 이는 상당히 다른 존재론적 입장에 따라 지식을 역사적 생성물로 보며, 수학이 시간 및 문화와 무관하게 존재한다는 실재론의 가정을 거부한다. Radford(2008)은 "사회 문화적 연구는 개인의 인지 활동에 선행하는 문화적, 물질적, 이상적 현실을 전제로 하며, 이러한 현실에서 분리된 개인을 고려하지 않는다"(p. 10).[9] 이는 사회-문화적 이론의 인식론적 입장을 보여주는바, 학생은 특정 사고방식을 이해하고 이에 관여하거나 익숙해지는 방법을 배우며, 지식의 기원은 내부가 아니라 외부라는 것이다. 교사의 목표는 학생의 자발적 인지 과정을 돕는 것이라기보다, 툴, 개념, 언어를 활용한 중재 활동을 통해 학생이 자발적으로는 성취할 수 없는 어떤 것을 배우도록 하는 것이다. 이런 의미에서 자발성은 학습 과정의 전제가 아니라 그 결과이다. 새로운 테크놀로지를 활용하는 교사는 이러한 테크놀로지로 학생들이 해결할 만한 타당한 수학 문제를 알아보는 데 어려움을 겪을 수 있으며, 특히 해당 문제가 교육과정의 의도와 명시적으로 연결되지 않을 때 더욱 그러할 수 있다. 이를테면, 동적 기하 환경에서 학생들이 점을 드래그하여 다양한 삼각형을 만들 수는 있지만, 이러한 행위에 내재한 문화적 지식이 무엇이며 교육과정 목표와 어떻게 연결되는지 구체화하기는 쉽지 않다.

루스벤(Ruthven)은 도구 기반 접근이 구성주의적 지향을 따른다고 보고, Rabardel(2002)을 인용하여 "툴을 사용할 때 전형적으로 드러나는 비명제적이며 행위 지향적인 지식을 탐구하려는 인지 인체공학에서 도구 기반 접근이 발달하였다"(p. 380)고 하였다. 도구 발생이 주체-인공물, 즉 학습자-툴의 관계에 대해 2가지 구별되는 방향을 고려하기는 하지만, 이들 모두는 인공물의 가능성과 한계를 다루는 주체에 의해 생성된다. 이에 수학교육 분야의 연구자 대부분은 초보자인 학생과 교사가 능숙한 사용자로 성장하는 과정을 연구하는 데 관심을 두었다. 이러한 접근은 수학교육 연구가 일반적으로 기반하는 개념적-기술적 이분법과 사고-행동 이분법 모두를 약화시킨다.

도구 오케스트레이션은 수업에서 다양한 도구 발생 과정을 다루는 교사의 활동에 주목하며, "생성된 지식을 좀 더 확대된 관습 또는 관행에 부합하도록 공유하는 공동체의 사회화 활동"(Ruthven,

[9] 사회적 구성주의는 교수-학습 과정에서 사회적 상호작용을 중요하게 다루지만, 개인이 지식을 구성한다는 인식론적 전제는 변하지 않는다.

2014, p. 381)에 관심을 둔 사회적 구성주의를 적용하여 "오케스트레이션(orchestration)"이라는 용어를 사용한다. Trouche(2005)에 따르면 Trouche(2004)에서 확인한 여러 '교수학적 배치'(didactic configuration) 중에서 단 하나만이 툴 자체의 활용에 주목하며 나머지는 이를 간접적으로만 포함한다. Ruthven(2014)은 도구 오케스트레이션을 다룬 연구 대부분이 수업 활동의 조직에만 초점을 두어, 툴의 활용에 대해서는 거의 언급하지 않았다고 지적하였다. 또한 Drijvers et al.(2010)은 "교사가 교수학적 의도에 맞도록 교수학적 배치를 활용하는 방식"(p. 215)인 교사의 '활용 양식'에 주목하여 교사의 의도적 행위만을 분석하였다. 교수학에서 도구 기반 접근은 학생 중심 도구 발생 개념에서 시작하여 나중에 교사 중심 개념을 낳은 반면, 사회-문화적 접근에 기반하는 TSM은 항상 교사와 학생을 동시에 고려한다(Bartolini Bussi & Mariotti, 2008). 이처럼 교수와 학습을 함께 연구하는 TSM은, 교사의 2가지 목표, 즉 과제, 인공물 및 수학 지식 등을 선별하여 활동을 설계하는 것과 이러한 활동을 조작하거나 모니터링하고 학생의 발화, 제스처, 인공물을 다루는 행위 등을 관리함으로써 설계한 활동을 제대로 작동시키는 것 모두를 탐색한다. TSM의 사회-문화적인 인식론적 가정에 따르면, 지식은 인공물, 언어, 수학적 대상과 같은 역사적 관행을 통해 획득되며, 이때 교사는 문화적 중재자의 역할을 한다. TSM은 주요한 선험적 입장을 취하는 바, 인공물, 과제, 수학 지식 사이의 연결성에 비추어 인공물의 기호학적 잠재성이 구체화된다고 본다. 따라서 교사는 특정 경로에 따라 점을 드래그하는 행위인 인공물적 기호를, 궤적이라는 수학적 기호로 변화시킴으로써 이러한 기호학적 잠재성을 다룰 수 있어야 한다. TSM은 수업 설계 방법과, 학급 토론을 어떻게 전개하는지 등과 같은 수업 실행 방법을 아우르는 '교수학적 주기' (didactic cycle)를 특징으로 갖는다(Bartolini Bussi & Mariotti, 2008). 학생의 학습을 연구하는 데 교수학적 주기를 활용함으로써(예, Bartolini Bussi & Baccaglini-Frank, 2015), 교사의 역할에 주목할 수 있으며 이를 구체화할 수도 있다.

구성주의와 사회-문화적 이론에서 그 인식론적 전제는 다르지만, 본질적으로 툴을 인간의 의도와 행동에 종속되는 수동적 대상으로 다룬다는 점은 동일하다. 반면에, 도구 기반 접근과 TSM은 툴의 수동성에 의문을 제기하며 학생들이 개념을 형성하는 데 도구가 주요한 역할을 한다고 봄으로써, 테크놀로지에 대한 관점의 변화가 앎을 획득하는 방법에 대한 철학적인 전제의 변화로 어떻게 이어질 수 있는지 보여준다. 이를테면 Rabardel(1995)은 이를 "활동에 대한 인공물의 구조적 영향"(p. 5)이라고 표현한 바 있다. 그는 "주체가 도구화 활동에서 마주하는 인공물 고유의 특징"(p. 6)과 같이 인공물이 지닌 다양한 유형의 구조적 제약을 구체화하였다. 그러나 이제까지 기술한 어떤 이론도 **지식이 무엇인지**에 대한 존재론적 질문을 명시적으로 다루지 않았다. 구성주의는 수와 같이 사전에 결정된 수학 지식이 존재하며 인지 주체가 이를 교사나 툴의 도움을 받아 구성한다고 보지만, 지식 자체를 독립된 실체로 간주하여 획득 및 전달, 성장과 연결 등이 가능하다고 간주한다. TSM과 같은 사회-문화 이론에 따르면 지식은 역사적으로 생성되며 문화 및 맥락과 분리될 수 없다. 지식은 특정 공동체에의 참여와 관련된 개념으로, 소유한다기보다 행하고 논하며 만드는 것에 가까운 개념이다. 지식은 문화에 그저 속하는 것이 아니라, 문화에 의해 정의되고 선별되며 문화에 따라 달라진다.

수학교육에는 구성주의와 사회-문화적 이론의 다양한 변형이 있지만, 이 장에서는 이론의 존재론적 가정과 가치론적 전제를 살펴봄으로써 이론을 생성적으로 검토하고자 한다. 이는 그저 하릴없는 이론 놀이가 아니라, 복잡한 수학 교수-학습을 분석하는 타당성 및 교수와 학습간의 형평성 등과 관련되는 쟁점을 다루는 새로운 관점에 기반한다. 다음 절에서는 프랑스 철학자 길버트 시몽동(Gilbert Simondon)에 비추어 이상의 논의를 전개한다. 이는 테크놀로지에 대한 시몽동의 방대한 저작이 라바델과 버릴롱(Vérillon)의 사상에 주요한 영향을 미쳤을 뿐만 아니라 앞서 언급한 일부 이분법에 문제를 제기하였기 때문이다.

4.2. 시몽동의 연구와 관련되는 테크놀로지 이론 탐구

시몽동은 과정 철학자로, **존재**(being)보다 **되기**(becoming to be)가 더 근본적이라고 보고, **정체성**(identity)보다 **변화**(change)와 **차이**(difference)를 현실의 핵심 특징으로 간주하였다. 따라서 그는 학생, 교사, 툴 등이 일련의 속성을 통해 적절히 정의될 수 있다는 실재론적 가정을, 존재하는 것, 즉 기술할 수 있는 것은 과정과 관계라는 조작적 가정으로 대체하였다. **과정**(process)에 주목함으로써 인지와 정서, 개인과 집단 등을 **선험적으로** 구분할 필요가 없어졌다. Simondon(1958)은 도구 사용, 내면화 또는 참여처럼 어떤 일이 발생하든 바뀌지 않는다고 가정된 주체와 관련하여 교사는 무엇을 아는가, 툴의 어포던스는 무엇인가와 같은 존재에 대한 질문 대신 다음과 같은 개체 발생적 질문을 제기하였다. 교사는 교과서 또는 툴과 상호 작용하여 어떻게 앎을 구성하는가? 동적 기하 활동을 통해 어떤 아이디어가 만들어지며 이는 시간이 지남에 따라 어떻게 유지되거나 변화되는가? 시몽동은 설명하려는 개체를 존재로서 가정하는 대신 개체 자체를 구성하는 역동적 과정인 **개체화**(individuation)에 주목하였다. 개체화는 툴이 되는 과정, 교사가 되는 과정이, 물리적, 생물학적, 심리 사회적, 공학 기술적인 다양한 영역에 걸쳐 일어난다고 설명한다. **존재** 개념은 고정적인 범주에 속하기보다 잠재성을 지닌 변화 과정과 관련된다. 시몽동은 이 과정이 본질적으로 정서적이라고 주장하였으며, 개체화를 집단과 관련하여 다루는 **초개체화**(transindividuation) 과정으로 봄으로써 개인과 집단의 구분을 희미하게 하였다.

이상은 테크놀로지 활용 교수에 대한 주요 연구 문제를 해결하는 데 기여한다. 예를 들어, 수학 교수-학습이 어떻게 개인**과** 문화적 맥락 **모두에서** 일어나는지 설명할 수 있으며, 툴의 개체화가 교사의 행동에 미치는 영향에 관심을 기울일 수 있다. 디지털 툴과 관련된 교사의 개체화에서 정서적 차원에 주목할 수 있으며, 이는 수학 수업에서 디지털 툴이 제한적으로 등장하는 이유를 이해하는 데 도움을 준다. 또한 디지털 툴이 집단적 개체화 과정에 어떻게 관여하는지도 다룰 수 있다. 결과적으로 기존 지필 상황, 즉 글과 숫자로는 기술할 수 없는, 살아있는 존재와 디지털 도구 사이의 새로운 관계를 파악할 수 있다.

시몽동은 개체화가 인간뿐 아니라 기술적 객체에서도 일어난다고 가정하였으며, 전형적인 예로 결정체(crystals)를 들었다. 툴은 개체화가 가능하다는 점에서 새로운 "존재론적 가치"를 지니며, 인간과 마찬가지로 주어진 환경(milieu)에 따라 변하는 잠재력이 있다. 이러한 관점에서 도구 발생 이론은 '도구 사용'(instrumentation)과 '도구화'(instrumentalisation)를 통한 도구 발생에 주목한다. 라바델은 도구 발생에서 "인공물의 제도적 개념화 과정과 사용 활동 내의 개념 지속성을 설명하고 이들 사이를 연결"(ibid, p. 5)하는 데 이론적 관심을 두었다. 그러나 라바델은 이처럼 기술적 객체가 **되는 것**은 주체 입장에서는 심리적 구성물이며 인간과의 관계를 통해서만 가능하다는 심리적 접근을 따랐다. 방법론적으로, 시몽동은 인간과 사회를 전제로 하는 심리학이나 사회학의 관점으로 이상과 같은 개체화 과정을 해석하지 않는다는 점이 중요하다.

시몽동은 의식적이거나 인지적인 해석과 추론에 앞서 인간이 세계에 대해 영향을 주거나 받는 방식인 정서(affectivity)를 강조하였으며, 이는 테크놀로지 활용 교수에 대한 연구에 흥미로운 방향을 제시하였다. 시몽동은 정서를 통해 개인과 세계를 연결하였으며, 이는 개체가 소유하고 있으면서도 자신의 외부에 있다고 느끼는 바와의 관계를 설명한다. 예를 들어, 이러한 관계는 컴퍼스를 고정 또는 회전이라는 촉각 반응과 연결하거나, 동적 기하 환경에서는 도형을 움직일 수 있다고 예상하는 것에서 드러난다. 세계에 대한 정서적 설명은 인간이 개체이상의 존재이며, 타인이나 집단, 여러 가지 툴, 산, 비, 거미 등과 같은 다양하고 이질적인 연합의 일부임을 보여준다. 이는 시몽동이 "개인을 넘어서는" 삶을 다루는 이유이다. 개체화는 관계를 강조하는 정서 세계와 구별에 주목하는 지각 세계의 통합으로 설명할 수 있다. 수학교육 연구는, 수업에 새로운 디지털 툴을 도입하거나, 교사가 전문성 개발 프로그램 또는 과제 설계 과정에 참여할 때 이러한 긴장을 해소하는 방법에 대해 설명하고자 한다.

시몽동에 따르면 기술적 객체는 "인간을 통해 외부에서 부여되는 의미, 형태, 목적 및 가치를 필요"(Grosz, 2012, pp. 52-53)로 하지 않는다. Trouche(2000)의 비유에 따르면, "손잡이가 있는 소스 팬"(casserole à bec)을 쓸 수 없는 왼손잡이 사용자는 요리를 하려면 다양한 선택지 중 하나를 골라야 한다. 중요한 것은 주체의 관점으로, 주체가 툴을 사용하기 위해 어떻게 변하는가이다. 툴의 "어포던스"를 인정하면서도 툴 자체의 개체화는 거의 연구된 바가 없다. 시몽동이 주목했어야 했던 바는, 손잡이와 주둥이처럼 분리 가능한 부품을 살피는 미시 공학적 수준과 손잡이가 있는 소스 팬이 다른 주방기구와 함께 유통 및 교환되는 거시 공학적 수준에서 손잡이가 있는 소스 팬이라는 도구 발생뿐 아니라 이 기술적 객체가 **개체화**되는 방식이다. 이렇게 함으로써 기술적 객체에 뭔가를 행하는 것과 관련되는 도구적 상태뿐만 아니라 어떻게 느껴지는가와 같은 미적 지위도 부여할 수 있다. 시몽동의 관점은 최근 교육에서 인간 주체를 탈중심화(Snaza et al.,

2014)하려는 시도와 동일한 맥락에 있으며, 교수-학습에서 물질세계, 지형, 교실의 좌석배치나 여러 가지 툴, 날씨 등이 갖는 중요성에 주목하는 포스트 휴먼적 접근과 잘 들어맞는다. 이는 수학교육 이론에서의 코페르니쿠스적 전환으로 볼 수 있다.

보다 일반적으로 시몽동은 인간과 문화처럼 기술적 객체에 존재 양상이 있다고 보았다. 기술적 객체도 그저 **존재하는 것**이라기보다 **되는 것**이므로, 고정된 독립체가 아니라 실현화(actualisation) 과정에 있는 실체로 이해하는 것이 적절하며 기술적 객체 사이에도 역동적 상호성이 존재한다. 이러한 관점에서 Gueudet & Trouche(2009)는 교사 자원의 개체화에 주목함으로써 '문서 발생' (documentational genesis) 이론의 아이디어를 얻었으며, 시몽동은 이를 교사 또는 학생뿐 아니라 자원에도 적용하였다. 시몽동의 존재론에서 지식은 더 이상 역사적, 문화적 대상이 아니며, 물질세계 역시 사회-문화적 실제로 해석될 수 없다. 이는 기술적 객체에도 존재론적 존엄성이 있음을 의미한다. 시몽동은 테크놀로지와 관련하여 수학교육 연구 이론을 활용하는 새로운 접근을 보여주며, 여기에는 고유한 생성 방식이 있다. 교육은 학생과 교사의 경험에 주목하므로 심리학이나 사회학 이론에 끌릴 수 있다. 그러나 시몽동을 통해 이론이 어떻게 디지털 기술을 덜 도구적이며 덜 수동적으로 다루어 주체-객체 및 개인-사회 이분법을 해체하는지 보일 수 있다. 현재의 이론이 심리학이나 사회학에 기반하는 반면 실제 경험은 이러한 2가지를 모두 아우른다는 점에서 이상의 과정은 매우 도전적일 수 있다.

시몽동의 관점에서 영감을 받은 여러 연구는 특정 기술의 생성 과정을 탐구하였다. 이 때 특정 기술은 퀴즈네르 막대와 같은 물리적 기술과 자동 모터처럼 나름의 존재 양상에 따라 다중 **개체화**, 즉 다양한 **되기** 과정을 겪는 동적 기하 환경 등의 가상적 기술 모두를 포함한다. 실제로 삼각형을 드래그하는 간단한 동작은 각과 변을 측정하기, 삼각형의 여러 측정값을 좌표평면에 나타내기, 이러한 측정값을 스프레드시트에 모으기 등의 다양한 활동으로 발전한다. 동적 기하 환경의 이러한 과정은 수학, 교사, 학교 수학 및 다른 테크놀로지로 어우러진 복잡한 군집을 통해 동적 수학 환경이 **된다**. 오늘날에는 다양한 목적을 지닌 대규모의 동적 수학 환경이 있으며, 그 중 일부는 온라인 교과서나 태블릿 기반 마이크로월드와 같은 기술적 객체에서 재사용되는 형태로 발견된다. 또한 이들은 새로운 미디어에 다시 쓰임으로써 또 다른 생성원이 된다. 예를 들어, 멀티터치 태블릿에서 삼각형의 세 꼭짓점을 모두 드래그할 수 있으며, 근본적으로 이는 드래그뿐만 아니라 수학에 대한 경험을 순차적 변형에서 동시 다차원적 변형으로 바꾼다.

교사와 관련된 이론의 관점에서 시몽동은 교수학적 배치, 활용 체계, 교실 담화 등의 쟁점에 비해 테크놀로지가 부수적이라고 보지 않는다. 예를 들어, 교사가 기술적 객체의 주체적 힘에 어떻게 반응하는지 연구함으로써 비의도적으로 발생하는 교실 활동을 살펴볼 수도 있다(Carlsen et al., 2016; Chorney, 2017). Clark-Wilson(2014)의 "뜻밖의 상황(hiccup)" 대한 연구는, 테크놀로지가 그 자체의 방식으로 작동하여 교사에게 새로운 반응을 요구하는 불안정한 특정 순간을 기술하였다는 점에서 이와 같은 맥락에 있다. 이처럼 불안정한 순간은 교수학적 기회로 바뀔

수 있는바, 침묵의 시간, 비수학적 잡담, 순간적인 흥분과 같이 이론화되지 않은 수업의 여러 측면과 함께 교수-학습 과정을 이해하는 데 상당히 중요하다.

5. 제언

Ruthven(2014)이 다룬 3가지 이론 모두는 Stinson & Walshaw(2017)의 교육 이론과 같이 **이해** 패러다임에 속한다. 행동주의 및 기타 실증주의 이론과 관련되는 **예측** 패러다임의 뒤를 잇는 **이해** 패러다임은 1980년대에 시작되었으며, 수학교육 연구에 지배적인 영향을 미쳤다. 사회-정치적 전환으로 출현한 2가지 다른 패러다임은 **해방**(Emancipate)과 **해체**(Deconstruct)로 특징지을 수 있다. 이는 구성주의 및 사회-문화 이론과 매우 다른 인식론적, 존재론적 가정에 기반한다. 예를 들어 **해방** 패러다임의 이론은 지식과 권력, 정체성이 사회-정치적 담론을 통해 구성된다고 가정한다. **해체** 패러다임의 이론은 언어의 명확성과 지식의 객관성에 도전하며, "앎은 인간의 의식과 해석의 산물이며 개인은 자신이 되고자 하는 바를 선택할 수 있는 자율적이고 안정적인 존재라는 생각"(Stinton & Walshaw, 2017, p. 139)을 비판한다. 나아가 이상의 2가지 패러다임은 인간을 탈중심화하여 인간과 비인간 모두에 걸쳐 '행위 주체' (agency)와 지식의 분배를 다루며, 인간 신체의 온전한 우월성과 물질계의 수동성에 문제를 제기한다.

흥미롭게도 수학교육에서 두 번째 연구 패러다임 2가지를 테크놀로지 활용과 관련하여 적용한 연구는 극히 제한적이다. 이는 과학적 아이디어의 진보에 동조하는 테크놀로지 추종자와 테크놀로지가 인간의 선택 의지를 빼앗고 부와 자유를 불평등하게 재분배할 것이라는 인본주의 입장의 비평가 사이에 오랫동안 존재해 온 단절의 결과이다(Simondon, 1958/2017). 이는 [그림 1]에서 보듯이, 2010년대 사회-정치적 전환에서 출현한 이론 사이에 아무런 연관이 없다는 것에서 드러난다(Gútierrez, 2013). 예를 들어 테크놀로지의 활용이 부자와 가난한 자, 남성과 여성, 백인과 흑인, 비장애인과 장애인 사이의 불평등을 어떻게 강화하는지 비판적인 이론적 안목으로 검토한 연구가 거의 없다.[10] 신자유주의적 사회 공학적 프로젝트인 STEM 운동을 비판하는 여러 연구가 있다. 일부 연구자는 STEM 기반 활동이 앎의 윤리적, 생태학적 형태에 좀 더 주의를 기울여야 한다고 주장한다(Glanfeld et al., 2020; Wisemant et al., 2020). 시몽동의 관점에 따라, 누가 인간이며 무엇이 이성인지에 대한 식민주의적 전제에 도전하는 흑인 페미니스트 연구자들은 아는 것과 행하는 것, 수학을 가르치는 것이 의미하는 바를 다시 생각해보게 한다.

이러한 2가지 패러다임에 대한 연구 부족은 교육과 사회 전반에 걸쳐 테크놀로지를 규정하는 기본 특징이 정치, 사회, 윤리 및 미학 등과 관련된 좀 더 광범위한 질문과는 무관하며 대체로

[10] 이와는 반대로, 사회-정치적 전환을 주도한 연구자 2명은 전자칠판의 역할을 분석하였으며, 해당 테크놀로지가 기존의 불평등을 악화한다고 주장하였다(Zevenbergen & Lerman, 2008).

실용적인 측면에만 관련됨을 보여준다. 시몽동에 따르면 이처럼 테크놀로지를 하찮게 여기는 경향은 역설적이게도 세계를 테크놀로지 추종자와 비평가라는 두 진영으로 나누어 해석하는 심각한 불안의 징후이다. 물론 지난 60년 동안 이는 매우 복잡한 양상을 띠었지만, 긴장을 설명하기 위해 이를 간단히 이분법으로 설명하자면 위와 같다는 것이다. 프란시스 베이컨(Francis Bacon)과 칼 막스(Karl Marx) 등의 열렬한 지지자가 있는 전자는 테크놀로지가 인간의 삶을 어떻게 개선할지 보이려고 하며, 사무엘 버틀러(Samuel Butler)의 Erewhon (1872)을 전형적인 예로 갖는 후자는 테크놀로지가 인간을 대체하거나 통제하게 될 것을 두려워한다. "두 문화" 사이의 격차가 커짐에 따라 인본주의자와 사회과학자는 후자에 속하게 되었으며, 과학자와 공학자는 전자와 관련하여 테크놀로지의 기술적 측면에 좀 더 주목하게 되었다.

교육에서 이러한 불안은 특히 테크놀로지 비평가들과 관련하여 좀 더 미묘한 방식으로 드러난다. 왜냐하면 계산기로 빠르고 정확한 계산이 가능해지고 동적 기하 환경에서 도형을 자유롭게 조작할 수 있게 된 것처럼 테크놀로지는 수학적 활동을 개선함과 동시에, 교사의 중요한 역할을 대신하기 때문이다. 수학교육 연구자들은 테크놀로지의 잠재성에는 환호하지만, 테크놀로지가 교사의 전문성과 수학적 정체성에 미치는 영향에는 거의 주목하지 않으며 시몽동의 관점에서 정서 세계와 지각 세계 사이의 긴밀한 관계를 어떻게 논할지에 대해서도 거의 다루지 않는다.

부록: 저널 목록

1. International Journal of Science, Mathematics & Technology Learning(From Volume 21 Issue 2 to Volume 27 Issue 1)
2. International Journal of Mathematical Education in Science and Technology(From Volume 46 Issue 1 to Volume 51 Issue 8)
3. Educational Studies in Mathematics (From Volume 88 Issue 1 to Volume 105 Issue 2)
4. Digital Experiences in Mathematics Education (From Volume 1 Issue 1 to Volume 6 Issue 3)
5. International Journal for Technology in Mathematics Education (From Volume 22 Issue 1 to Volume 27 Issue 3)
6. International Journal of Science and Mathematics Education (From Volume 13 Issue 1 to Volume 18 Issue 8)
7. ZDM Mathematics Education (From Volume 47 Issue 1 to Volume 52 Issue 7)

참고문헌

Abdu, R., Schwarz, B., & Mavrikis, M. (2015). Whole-class scaffolding for learning to solve mathematics problems together in a computer – Supported environment. *ZDM Mathematics Education, 47*(7), 1163–1178.

Akkerman, S., & Bakker, A. (2011). Boundary crossing and boundary objects. *Review of Educational Research, 81*(2), 132–169.

Aldon, G., & Panero, M. (2020). Can digital technology change the way mathematics skills are assessed? *ZDM Mathematics Education, 52*(7), 1333–1348.

Artigue, M. (1996). Using computer algebraic systems to teach mathematics: A didactic perspective. In E. Barbin & A. Douady (Eds.), *Teaching mathematics: The relationship between knowledge, curriculum and practice* (pp. 223–239). TOPIQUES éditions.

Artigue, M. (1997). Le logiciel DERIVE comme révélateur de phénomènes didactiques liés à l'utilisation d'environnements informatiques pour l'apprentissage. *Educational Studies in Mathematics, 33*, 133–169.

Artigue, M. (2002). Learning mathematics in a CAS environment: The genesis of a reflection about instrumentation and the dialectics between technical and conceptual work. *The International Journal of Computers for Mathematics Learning, 7*(3), 245–274. (hal-02367871).

Artigue, M. (2020). ICMI AMOR MOOC: *Michèle Artigue Unit.* https://www.mathunion.org/icmi/awards/amor/michele-artigue-unit. Accessed 6 Oct 2021.

Artigue, M., Cazes, C., Haspekian, M., Khanfour, R., & Lagrange, JB. (2013). Gestes, cognition incarnée et artefacts : une analyse bibliographique pour une nouvelle dimension dans les travaux didactiques au LDAR. *Cahiers du laboratoire de didactique André Revuz, n°8*, IREM Paris 7. ISSN 2105–5203. http://docs.irem.univ-paris-diderot.fr/up/publications/IPS13006.pdf

Arzarello, F. (2006). Semiosis as a multimodal process. *Revista Latinoamericana de Investigación en Matemática Educativa RELIME, 9*(Extraordinario 1), 267–299.

Arzarello, F., & Robutti, O. (2004). Approaching functions through motion experiments. *Educational Studies in Mathematics, 57*(3), 305–308.

Arzarello, F., & Robutti, O. (2008). Framing the embodied mind approach within a multimodal paradigm. In L. English (Ed.), *Handbook of International Research In Mathematics Education* (pp. 720–749).

Arzarello, F., Olivero, F., Paola, D., & Robutti, O. (2002). A cognitive analysis of dragging practises in Cabri environments. *ZDM: Zentralblatt für Ditaktik derMathematik, 34*(3), 6–72.

Arzarello, F., Paola, D., Robutti, O., & Sabena, C. (2009). Gestures as semiotic resources in the mathematics classroom. *Educational Studies in Mathematics, 70*(2), 97–109.

Arzarello, F., Robutti, O., Sabena, C., Cusi, A., Garuti, R., Malara, N. A., & Martignone, F. (2014). Meta-didactical transposition: A theoretical model for teacher education programs. In A. Clark-Wilson et al.

(Eds.), *The mathematics teacher in the digital era, mathematics education in the digital era 2* (pp. 347–372). Springer.

Arzarello, F., Robutti, O., & Thomas, M. (2015). Growth point and gestures: Looking inside mathematical meanings. *Educational Studies in Mathematics, 90*(1), 19–37.

Bairral, M., & Arzarello, F. (2015). The use of hands and manipulation touchscreen in high school geometry classes. In *CERME 9-Ninth Congress of the European Society for Research in Mathematics Education* (pp. 2460–2466).

Bakker, A., Kent, P., Hoyles, C., & Noss, R. (2011). Designing for communication at work: A case of technology-enhanced boundary objects. *International Journal of Educational Research, 50*(1), 26–32.

Balacheff, N. (1994). Didactique et intelligence artificielle. *Recherches en Didactique des Mathématiques, 14*(1–2), 9–42.

Ball, D. L., & Bass, H. (2003). Toward a practice-based theory of mathematical knowledge for teaching. In B. Davis & E. Simmt (Eds.), *Proceedings of the 2002 annual meeting of the Canadian Mathematics Education Study Group Edmonton* (pp. 3–14). CMESG/GDEDM.

Barquero, B., Bosch, M., & Gascón, J. (2013). The ecological dimension in the teaching of mathematical modelling at university. *Recherches en didactique des mathématiques, 33*(3), 307–338.

Bartolini Bussi, M. G., & Baccaglini-Frank, A. (2015). Geometry in early years: Sowing seeds for a mathematical definition of squares and rectangles. *ZDM, 47*(3), 391–405.

Bartolini Bussi, M. G., & Mariotti, M. A. (2008). Semiotic mediation in the mathematics classroom: Artifacts and signs after a Vygotskian perspective. In L. English et al. (Eds.), *Handbook of international research in mathematics education* (2nd ed., pp. 746–783). Routledge.

Besnier, S., & Gueudet, G. (2016). Usages de ressources numériques pour l'enseignement des mathématiques en maternelle: orchestrations et documents. *Perspectivas da Educação Matemática, 9*(21), 28 dez. 2016.

Bosch, M., & Gascon, J. (2006). Twenty-five years of the didactic transposition. *ICMI Bulletin, 58*, 51–65.

Bozkurt, G., & Ruthven, K. (2017). Classroom-based professional expertise: A mathematics teacher's practice with technology. *Educational Studies in Mathematics, 94*(3), 309–328. https://doi.org/10.1007/s10649-016-9732-5

Brousseau, G. (2002). Les doubles jeux de l'enseignement des mathématiques. *Questions éducatives, l'école et ses marges: Didactique des mathématiques*, Revue du Centre de Recherches en Education de l'Université Saint Etienne (22–23), pp. 83–155. hal-00516813.

Butler, S. (1872). *Erewhon*. Trübner & C.

Caniglia, B. J., & Meadows, M. (2018). Pre-service mathematics teachers' use of web resources. *International Journal for Technology in Mathematics Education, 25*(3), 17–34.

Carlsen, M., Erfjord, I., Hundeland, P. S., & Monaghan, J. (2016). Kindergarten teachers' orchestration of mathematical activities afforded by technology: Agency and mediation. *Educational Studies in Mathematics, 93*(1).

Chevallard, Y. (1985). *La transposition didactique – du savoir savant au savoir enseigné*. La Pensée Sauvage.

Chevallard, Y. (1989). Le passage de l'arithmétique à l'algèbre dans l'enseignement des mathématiques au collège. Deuxième partie. Perspectives curriculaires : la notion de modélisation. *Petit x, 19*, 43–72.

Chevallard, Y. (1992). Concepts fondamentaux de la didactique: perspectives apportées par une approche anthropologique. *Recherches en Didactique des Mathématiques, 12*(1), 73–112.

Chevallard, Y. (1999). L'analyse des pratiques enseignantes en théorie anthropologique du didactique. *Recherche en Didactique des Mathématiques, 19*(2), 221–266.

Chevallard, Y. (2002). Organiser l'étude: 3. Ecologie & régulation. *XIe école d'été de didactique des mathématiques* (Corps, 2130 de agosto de 2001) (4156). Grenoble: La Pensée Sauvage.

Chevallard, Y., & Bosch, M. (2020). Didactic transposition in mathematics education. In S. Lerman (Ed.), *Encyclopedia of mathematics education*. Springer.

Chevallard, Y., & Sensevy, G. (2020). Anthropological approaches in mathematics education, French perspectives. In S. Lerman (Ed.), *Encyclopedia of mathematics education*. Springer.

Chorney, S. (2017). Circles, materiality and movement. *For the Learning of Mathematics, 37*(3), 45–49.

Clark-Wilson, A. (2014). A methodological approach to researching the development of teachers' knowledge in a multi-representational technological setting. In A. Clark-Wilson, O. Robutti, &N. Sinclair (Eds.), *The mathematics teacher in the digital age* (pp. 276–295). Springer.

Cobb, P. (1988). The tension between theories of learning and instruction in mathematics education. *Educational Psychologist, 23*(2), 87–103.

Defouad, B. (2000). *Etude de genèses instrumentales liées à l'utilisation d'une calculatrice symbolique en classe de première S* (p. 7). Thèse de doctorat. Université Paris.

Donald, M. (1991). *Origins of the modern mind: Three stages in the evolution of culture and cognition*. Harvard University Press.

Drijvers, P. (2004). Learning algebra in a computer algebra environment. *International Journal for Technology in Mathematics Education, 11*(3), 77–90.

Drijvers, P. (2012). Teachers transforming resources into orchestration. In G. Gueudet, B. Pepin, &L. Trouche (Eds.), *From text to 'lived resources': Curriculum material and mathematics teacher development* (pp. 265–281). Springer.

Drijvers, P. (2019). Embodied instrumentation: Combining different views on using digital technology in mathematics education. In *Eleventh Congress of the European Society for Research in Mathematics Education*. Utrecht University.

Drijvers, P., Doorman, M., Boon, P., Reed, H., & Gravemeijer, K. (2010). The teacher and the tool: Instrumental orchestrations in the technology-rich mathematics classroom. *Educational Studies in Mathematics, 75*(2), 213–234.

Drijvers, P., Tacoma, S., Besamusca, A., Doorman, M., & Boon, P. (2013). Digital resources inviting changes in mid-adopting teachers' practices and orchestrations. *ZDM Mathematics Education, 45*(7), 987–1001.

Drijvers, P., Gitirana, V., Monaghan, J., Okumus, S., Besnier, S., Pfeiffer, C., ··· Rodrigues, A. (2019). Transitions toward digital resources: Change, invariance, and orchestration. In L. Trouche et al. (Eds.), *The 'Resource' approach to mathematics education* (pp. 389–444). Springer Nature Switzerland AG.

Edwards, L. D. (2009). Gestures and conceptual integration in mathematical talk. *Educational Studies in Mathematics, 70*(2), 127–141.

Glanfield, F., Thom, J. S., & Ghostkeeper, E. (2020). Living landscapes, Archi-text-ures, and land-guaging Algo-rhythms. *Canadian Journal of Science, Mathematics, and Technology Education, 20*, 246–263.

Goldin-Meadow, S. (2005). *Hearing gesture: How our hands help us think*. Harvard University Press.

Grosz, E. (2012). The nature of sexual difference: Irigaray and Darwin. *Angelaki, 17*(2), 69–93.

Gueudet, G., & Trouche, L. (2009). Towards new documentation systems for mathematics teachers. *Educational Studies in Mathematics, 71*, 199–218.

Guin, D., & Trouche, L. (1998). The complex process of converting tools into mathematical instruments: The case of calculators. *International Journal of Computers for Mathematical Learning, 3*(3), 195–227.

Guin, K., Ruthven, R., & Trouche, L. (Eds.). (2005). *The didactical challenge of symbolic calculators: Turning a computational device into a mathematical instrument*. Springer.

Gutiérrez, R. (2013). The sociopolitical turn in mathematics education. *Journal for Research in Mathematics Education, 44*(1), 37–68.

Haspekian, M. (2005). An "instrumental approach" to study the integration of a computer tool into mathematics teaching: The case of spreadsheets. *The International Journal of Computers for Mathematics Learning, 10*(2), 109–141.

Haspekian, M. (2011). The co-construction of a mathematical and a didactical instrument. In M. Pytak, E. Swoboda, & T. Rowland (Eds.), *Proceedings of CERME 7* (pp. 2298–2307).

Haspekian, M. (2017). Computer science in mathematics new curricula at primary school: New tools, new teaching practices? In G. A. & J. Trgalova (Eds.), *Proceedings of ICTMT 13* (pp. 23–31).

Healy, L., & Kynigos, C. (2010). Charting the microworld territory over time: Design and construction in mathematics education. *ZDM Mathematics Education, 42*, 63–76.

Hegedus, S. J., & Moreno-Armella, L. (2009). Intersecting representation and communication infrastructures. *ZDM, 41*(4), 399–412.

Højsted, I. H. (2020). Teachers reporting on dynamic geometry utilization related to reasoning competency in Danish lower secondary school. *Digital Experiences in Mathematics Education, 6*(1), 91–105.

Hoyles, C. (1992). Illuminations and reflections: Teachers, methodologies and mathematics. In W. Geelin & K. Graham (Eds.), *Proceedings of the 16th Conference of the Internal Group for the Psychology of Mathematics Education* (Vol. 3, pp. 263–286). University of New Hampshire.

Jackiw, N. (2013). Touch and multitouch in dynamic geometry: Sketchpad explorer and 'digital' mathematics. In E. Faggiano & A. Montone (Eds.), *Proceedings of the 11th International Conference on Technology in Mathematics Teaching* (pp. 149–155). Università degli Studi di Bari Aldo Moro.

Kaput, J. (1989). Linking representations in the symbol systems of Algebra. In S. Wagner &C. Kieran (Eds.), *Research issues in the learning and teaching of algebra* (pp. 167–194). NCTM.

Keeling, K. (2019). *Queer Times, Black Futures*. New York University Press.

Kynigos, C. (2007). Half-based Logo microworlds as boundary objects in integrated design. *Informatics in Education, 6*(2), 335–358. Lagrange, J. B. (1999). Techniques and concepts in pre-calculus using CAS: A two year classroom experiment with the TI92. *The International Journal for Computer Algebra in Mathematics Education, 6*(2), 143–165.

Lagrange, J.-B., Artigue, M., Laborde, C., & Trouche, L. (2003). Technology and mathematics educaiton: A multidimensional study of the evolution of research and innovation. In A. Bishop, M. A. Clements, C. Keitel, J. Kilpatrick, & F. Leung (Eds.), *Second international handbook of mathematics education* (pp. 237–269). Springer.

Lakoff, G., & Núñez, R. (2000). *Where mathematics comes from: How the embodied mind brings mathematics into being*. Basic Books.

Latour, B. (1987). *Science in action*. Harvard University Press.

Lemke, J. (2000). Across the scales of time: Artifacts, activities, and meanings in ecosocial systems. *Mind, Culture, and Activity, 7*(4), 273–290.

Lerman, S. (1996). Intersubjectivity in mathematics learning: A challenge to the radical constructivist paradigm? *Journal for Research in Mathematics Education, 27*(2), 133–150.

Mariotti, M. A. (2002). *The influence of technological advances on students' mathematics learning* (pp. 695–723). Handbook of International Research in Mathematics Education.

Mariotti, M. A. (2009). Artifacts and signs after a Vygotskian perspective: The role of the teacher. *ZDM, 41*(4), 427–440.

Maschietto, M., & Soury-Lavergne, S. (2013). Designing a duo of material and digital artifacts: The pascaline and Cabri Elem e-books in primary school mathematics. *ZDM, 45*(7), 959–971.

Mishra, P., & Koehler, M. J. (2006). Technological pedagogical content knowledge: A framework for integrating technology in teacher knowledge. *Teachers College Record, 108*(6), 1017–1054.

Moschkovich, J. (2002). A situated and sociocultural perspective on bilingual mathematics learners. *Mathematical Thinking and Learning, 4*(2–3), 189–212.

Nemirovsky, R., & Ferrara, F. (2008). Mathematical imagination and embodied cognition. *Educational Studies of Mathematics, 70*(2), 159–174.

Noss, R., & Hoyles, C. (1996). *Windows on mathematical meanings*: Learning cultures and computers. Kluwer.

Panero, M., & Aldon, G. (2016). How teachers evolve their formative assessment practices when digital tools are involved in the classroom. *Digital Experiences in Mathematics Education, 2*(1), 70–86.

Papert, S. (1980). *Mindstorms: Children, computers and powerful ideas*. Harvester Press.

Pickering, A. (1995). *The mangle of practice: Time, agency and science*. University of Chicago Press.

Prediger, S., Bikner-Ahsbahs, A., & Arzarello, F. (2008). Networking strategies and methods for connecting theoretical approaches: First steps towards a conceptual framework. *ZDM – The International Journal on Mathematics Education, 40*(2), 165–178.

Rabardel, P. (1995). *Les hommes et les outils contemporains. Armand Colin.* English version accessible at https://halshs.archives-ouvertes.fr/file/index/docid/1020705/filename/people_and_technology.pdf

Rabardel, P. (2002). People and technology – A cognitive appraoch to contemporary instruments. https://hal.archivesouvertes.fr/file/index/docid/1020705/filename/people_and_technology.pdf. Accessed 17 July 2022.

Radford, L. (2008). Theories in mathematics education: A brief inquiry into their conceptual differences. In *Working paper. Prepared for the ICMI survey team 7.* The notion and role of theory in mathematics education research. Available: http://www.luisradford.ca/pub/31_radfordicmist7_EN.pdf

Robert, A., & Rogalski, J. (2002). Le système complexe et coherent des pratiques des enseignants de mathématiques: une double approche. *Revue Canadienne de l'enseignement des sciences, des mathématiques et des technologies, 2*(4), 505–528.

Robutti, O. (2020). Meta-didactical transposition. In S. Lerman (Ed.), *Encyclopedia of mathematics education* (pp. 611–619). Springer.

Robutti, O., Aldon, G, Cusi, A., Olsher, S., Panero, M., Cooper, J., Carante, P. & Prodromou, T. (2019). Boundary objects in mathematics education and their role across communities of teachers and researchers in interaction. In G. M. Lloyd (Ed.). *Participants in mathematics teacher education* (Vol. 3, International Handbook of Mathematics Teacher Education). Sense Publishers.

Ruthven, K. (2009). Towards a naturalistic conceptualisation of technology integration in classroom practice: The example of school mathematics. *Education and Didactique, 3*(1), 131–152.

Ruthven, K. (2014). Frameworks for analysing the expertise that underpins successful integration of digital technologies into everyday teaching practice. In A. Clark-Wilson, O. Robutti, &N. Sinclair (Eds.), *The mathematics teacher in the digital era: An international perspective on technology focused professional development* (pp. 373–393). Springer.

Schwarz, B. B., De-Groot, R., Mavrikis, M., & Dragon, T. (2015). Learning to learn together with CSCL tools. *International Journal of Computer-Supported Collaborative Learning, 10*(3).

Shaffer, D. W., & Kaput, J. (1999). Mathematics and virtual culture: A cognitive evolutionary perspective on technology and mathematics education. *Educational Studies in Mathematics, 37*(2), 97–119.

Shulman, L. (1986). Those who understand: Knowledge and growth in teaching. *Educational Researcher, 15*(2), 4–14.

Siemens, G. (2005). Connectivism: A learning theory for the digital age. *International Journal of Instructional Technology and Distance Learning, 2*(1), 3–10.

Simonsen, L. M., & Dick, T. P. (1997). Teachers' perceptions of the impact of graphing calculators in the mathematics classroom. *Journal of Computers in Mathematics and Science Teaching, 16*(2), 239–368.

Sinclair, N. (2001). The aesthetic is relevant. *For the Learning of Mathematics, 21*(1), 25–33.

Sinclair, N. (2013). Touch counts: An embodied, digital approach to learning number. In E. Faggiano & A. Montone (Eds.), *Proceedings of ICTMT12* (pp. 262–267). University of Bari.

Sinclair, N., & de Freitas, E. (2014). The haptic nature of gesture: Rethinking gesture with new multitouch digital technologies. *Gesture, 14*(3), 351–374.

Sinclair, N., & Heyd-Metzuyanim, E. (2014). Learning number with Touch Counts: The role of emotions and the body in mathematical communication. *Technology, Knowledge and Learning, 19*(1–2), 81–99.

Sinclair, N., & Jackiw, N. (2005). Understanding and projecting ICT trends. In S. Johnston-Wilder & D. Pimm (Eds.), *Teaching secondary mathematics effectively with technology* (pp. 235–252). Open University Press.

Sinclair, N., de Freitas, E., & Ferrara, F. (2013). Virtual encounters: The murky and furtive world of mathematical inventiveness. *ZDM – The International Journal on Mathematics Education, 45*(2), 239–252.

Sinclair, N., Chorney, S., Gunes, C., & Bakos, S. (2020). Disruptions in meanings: Teachers' experiences of multiplication in *Touch Times*. ZDM: *Mathematics Education*. [On-line first].

Smit, J., Van Eerde, H. A. A., & Bakker, A. (2013). A conceptualization of whole-class scaffolding. *British Educational Research Journal, 39*(5), 817–834.

Smythe, S., Hill, C., MacDonald, M., Dagenais, D., Sinclair, N., & Toohey, K. (2017). *Disrupting boundaries in education and research*. Cambridge University Press.

Snaza, N., Applebaum, P., Bayne, S., Carlson, D., Morris, M., Rotas, N., Standlin, J., Wallin, J., & Weaver, J. (2014). Toward a posthuman education. *Journal of Curriculum Theorizing, 30*, 39–55.

Star, S., & Griesemer, J. (1989). Institutional ecology, translations' and boundary objects: Amateurs and professionals in Berkeley's Museum of Vertebrate Zoology, 1907–39. *Social Studies of Science, 19*(3), 387–420.

Steinbring, H., Bartolini Bussi, M. G., & Sierpinska, A. (1998). *Language and communication in the mathematics classroom*. National Council of Teachers of Mathematics.

Stinson, D., & Walshaw, M. (2017). Exploring different theoretical frontiers for different (and uncertain) possibilities in mathematics education research. In J. Cai (Ed.), *Compendium for research in mathematics education* (pp. 128–155). National Council of Teachers of Mathematics.

Tahta, D. (1981). Some thoughts arising from the new Nicolet films. *Mathematics Teaching, 94*, 25–29.

Taranto, E., Robutti, O., & Arzarello, F. (2020). Learning within MOOCs for mathematics teacher education. *ZDM – The International Journal on Mathematics Education*. https://doi.org/10.1007/s11858-020-01178-2

Tharp, M. L., Fitzsimmons, J. A., & Ayers, R. L. (1997). Negotiating a technological shift: Teacher perception of the implementation of graphing calculators. *Journal of Computers in Mathematics and Science Teaching, 16*(4), 551–575.

Thomas, M. O. J., & Palmer, J. M. (2014). Teaching with digital technology: Obstacles and opportunities. In A. Clark-Wilson, O. Robutti, & N. Sinclair (Eds.), *The mathematics teacher in the digital era: An international perspective on technology focused professional development* (pp. 71–89). Springer.

Tragalová, J., & Tabach, M. (2018). In search for standards: Teaching mathematics in technological environments. In L. Ball, P. Drijvers, S. Ladel, H.-S. Siller, M. Tabach, & C. Vale (Eds.), *Uses of technology in primary and secondary mathematics education: Tools, topics and trends* (pp. 387–397). Springer.

Trouche, L. (1997). *A propos de l'apprentissage de fonctions dans un environnement de calculatrices, étude des rapports entre processus de conceptualisation et processus d'instrumentation*. Thèse de doctorat. Université de Montpellier.

Trouche, L. (2000). La parabole du gaucher et de la casserole à bec verseur: Étude des rocessus d'apprentissage dans un environment de calculatrices symboliques. *Education Studies in Mathematics, 41*, 239–264.

Trouche, L. (2004). Managing complexity of human/machine interactions in computerized learning environments. *International Journal of Computers for Mathematics Learning, 9*(3), 281–307.

Trouche, L. (2005). Instrumental genesis, individual and social aspects. In D. Guin, K. Ruthven, & L. Trouche (Eds.), *The didactical challenge of symbolic calculators: Turning a computational device into a mathematical instrument* (pp. 197–230). Springer.

Trouche, L. (2019). Evidencing missing resources of the documentational approach to didactics. Toward ten programs of research/development for enriching this approach. In L. Trouche, G. Gueudet, & B. Pepin (Eds.), *The 'resource' approach to mathematics education* (pp. 447–489). Springer.

Trouche, L. (2020). Instrumentation in mathematics education. In S. Lerman (Ed.), *Encyclopedia of mathematics education* (pp. 404–412). Springer.

Trouche, L., & Drijvers, P. (2010). Handled technology: Flashback into the future. ZDM. *The International Journal on Mathematics Education, 42*(7), 667–681.

Trouche, L., Gueudet, G., & Pepin, B. (2019). *The "resource" approach in mathematics education*. Springer.

Vergnaud, G. (1990). La théorie des champs conceptuels. *Recherches en Didactique des Mathématiques, 10*(2,3), 133–170.

Vergnaud, G. (2009). The theory of conceptual fields. *Human Development, 52*, 83–94.

Vérillon, P., & Rabardel, P. (1995). Cognition and artifacts: A contribution to the study of thought in relation to instrumented activity. *European Journal of Psychology of Education, 10*(1), 77–101.

Whitacre, I., Hensberry, K., Schellinger, J., & Findley, K. (2019). Variations on play with interactive computer simulations: Balancing competing priorities. *International Journal of Mathematical Education in Science and Technology, 50*(5), 665–681.

Wiseman, D., Lunney Borden, L., Beatty, R., et al. (2020). Whole-some artifacts: (STEM) teaching and learning emerging from and contributing to community. *Canadian Journal of Science, Mathematics, and Technology Education, 20*, 264–280.

Zevenbergen, R., & Lerman, S. (2008). Learning environments using interactive whiteboards: New learning spaces or reproduction of old technologies? *Mathematics Education Research Journal, 20*(1), 108–126.

역자 참고문헌

Brousseau, G. & Warfield, V. (2014). Didactic situation in mathematics education. In S. Lerman(Ed.) *Encyclopedia of mathematics education* (pp. 163-170). NY: Springer.

Presmeg, N. (2014). Semiotics in mathematics education. In S. Lerman(Ed.) *Encyclopedia of mathematics education* (pp. 538-542). NY: Springer.

찾아보기

디지털 시대의 수학교사

지은이 Alison Clark-Wilson · Ornella Robutti · Nathalie Sinclair
옮긴이 신보미 · 권나영 · 신동조 · 방정숙
펴낸이 조경희
펴낸곳 경문사
펴낸날 2025년 2월 10일 2판 1쇄
등 록 1979년 11월 9일 제1979-000023호
주 소 04057, 서울특별시 마포구 와우산로 174
전 화 (02)332-2004 팩스 (02)336-5193
이메일 kyungmoon@kyungmoon.com

값 34,000원

ISBN 979-11-6073-766-0